COLLECTION HISTORIQUE DES GRANDS PHILOSOPHES

OPUSCULES
ET FRAGMENTS INÉDITS
DE LEIBNIZ

Extraits des manuscrits de la Bibliothèque royale de Hanovre

PAR

Louis COUTURAT

CHARGÉ DE COURS A L'UNIVERSITÉ DE TOULOUSE

PARIS
FÉLIX ALCAN, ÉDITEUR
ANCIENNE LIBRAIRIE GERMER BAILLIÈRE ET Cⁱᵉ
108, BOULEVARD SAINT-GERMAIN, 108

1903

OPUSCULES
ET FRAGMENTS INÉDITS
DE LEIBNIZ

DU MÊME AUTEUR :

De Platonicis mythis, thèse latine (épuisé).
De l'Infini mathématique. 1 vol. gr. in-8° (Alcan, 1896).
La Logique de Leibniz, *d'après des documents inédits*. 1 vol. gr. in-8° (Alcan, 1901).
La Logique algorithmique (en préparation).
Pour la Langue internationale. 1 brochure in-16 (Hachette, 1901).
Die internationale Hilfssprache. 1 brochure in-16 (Leipzig, Veit, 1902).

En collaboration avec M. LEAU :

Histoire de la Langue universelle (Hachette).

OPUSCULES
ET FRAGMENTS INÉDITS
DE LEIBNIZ

Extraits des manuscrits de la Bibliothèque royale de Hanovre

PAR

Louis COUTURAT

CHARGÉ DE COURS A L'UNIVERSITÉ DE TOULOUSE

> « Qui me non nisi editis novit, non novit. »
> *Lettre à Placcius,* 21 févr. 1696.
> (*Dutens,* VI, I, 65).

PARIS
FÉLIX ALCAN, ÉDITEUR
ANCIENNE LIBRAIRIE GERMER BAILLIÈRE ET Cie
108, BOULEVARD SAINT-GERMAIN, 108
—
1903
Tous droits réservés.

A

Monsieur Arthur HANNEQUIN

PROFESSEUR DE L'UNIVERSITÉ DE LYON

Témoignage de haute estime et de cordiale affection.

PRÉFACE

Notre ouvrage sur *La Logique de Leibniz* était presque terminé (nous le croyions du moins) lorsque nous eûmes le plaisir, au *Congrès international de Philosophie* (août 1900), de faire la connaissance de M. Giovanni Vacca, alors assistant de mathématiques à l'Université de Turin [1], qui avait compulsé, un an auparavant, les manuscrits de Leibniz conservés à Hanovre, et en avait extrait quelques formules de Logique insérées dans le *Formulaire de Mathématiques* de M. Peano [2]. C'est lui qui nous révéla l'importance des œuvres inédites de Leibniz, et nous inspira le désir de les consulter à notre tour [3]. La lecture du catalogue si détaillé et si complet qu'en a dressé M. le conseiller Bodemann, bibliothécaire en chef de la Bibliothèque royale de Hanovre [4], acheva de nous décider. Ce catalogue, avec le classement des manuscrits dont il est le résumé, a considérablement facilité, abrégé et guidé nos recherches; disons mieux, il les a rendues possibles. C'est, selon une métaphore chère à Leibniz, l'indispensable fil d'Ariane sans lequel nous n'aurions jamais pu nous aventurer dans le labyrinthe de ses manuscrits. M. Bodemann

---

1. A présent conseiller municipal de la ville de Gênes.
2. Tome II, n° 3, 1899; tome III, 1901; tome IV, 1902 (Torino, Bocca frères). Nous profitons de cette occasion pour dire ce que nous devons à M. Peano et à ses collaborateurs : ce sont leurs travaux qui ont attiré notre attention sur la logique algorithmique, et qui nous ont par suite amené à étudier la logique de Leibniz. Nous tenons d'autant plus à le reconnaître, que ces travaux tendent à réaliser, dans les mathématiques, la Caractéristique universelle rêvée par Leibniz.
3. Cf. G. Vacca : *Sui manoscritti inediti di Leibniz*, ap. *Bollettino di bibliografia e storia delle scienze matematiche* (1899) : « J'ai constaté que Leibniz connaissait les principales propriétés du signe de négation, attribué jusqu'ici à Segner; l'identité du signe de déduction entre les classes et entre les propositions; quelques-unes des intéressantes analogies qui existent entre les symboles de la Logique et les propositions sur la divisibilité des nombres entiers; enfin, la représentation si suggestive et si élégante des formes du syllogisme au moyen de systèmes de cercles, que l'on attribue d'ordinaire à Euler ».
4. V. l'article *Bodemann* aux Abréviations bibliographiques.

nous a libéralement ouvert le trésor dont il a la garde, et il nous a aidé dans nos recherches et dans un déchiffrement souvent pénible. Enfin M. Liard, directeur de l'Enseignement supérieur, a bien voulu nous charger, en vue de ce travail, d'une mission du Ministère de l'Instruction publique, qui nous a permis de compléter nos investigations, et qui nous a imposé en même temps le devoir d'en faire profiter le public. C'est à ce concours de bonnes volontés, de conseils et de protections que notre ouvrage doit le jour; nous nous faisons un plaisir et un devoir de le déclarer, et d'exprimer à MM. Liard, Bodemann et Vacca toute notre reconnaissance.

Nous avons dit ailleurs combien notre livre sur *La Logique de Leibniz* a profité des nouveaux documents que nous avons rapportés de Hanovre; et si nous le rappelons ici, c'est pour bien marquer le caractère de cette publication. Le présent volume n'est, en principe, que la collection des textes inédits qui nous ont servi à compléter notre travail historique. Le choix que nous en avons fait a donc été avant tout déterminé par le sujet qui nous occupait : c'est en général dans la mesure où ils se rapportaient à la Logique que nous en avons pris, soit une copie intégrale, soit des extraits seulement. Mais, comme la Logique de Leibniz est le centre de son système, nous avons été naturellement conduit à « rayonner » dans diverses provinces de son œuvre : c'est ainsi que nous avons trouvé certains opuscules métaphysiques du plus haut intérêt, comme le « Primæ veritates », qui résume toute la philosophie leibnizienne dans son ordre génétique et dans sa vraie perspective [1]; et certaines œuvres mathématiques qui nous ont paru intéressantes, ne fût-ce que pour l'histoire de la pensée de Leibniz, comme *La Méthode de l'Universalité* [2] et le *Pacidius Philalethi* [3], dont Gerhardt n'a daigné donner au public que quelques extraits, sous prétexte que c'était une « Vorstudie » [4]. De même, nous avons copié en passant quelques notes ou quelques coupons qui peuvent être précieux par la date qu'ils portent [5], comme ce fragment du 2 décembre 1676, qui suffit à ruiner l'hypothèse du spinozisme, même passager, de Leibniz [6]. En un mot, nous nous sommes efforcé, toutes les fois que nous en avons eu l'occasion, de combler les lacunes des éditions

---

1. Phil., VIII, 6-7; cf. Phil., I, 15; VIII, 100-101.
2. Phil., V, 10.
3. Math., X, 11.
4. *Math.*, VI, 8. Nous ne savons si l'on peut qualifier de *Vorstudie* un ouvrage complet dont il existe un brouillon de 23 pages et une copie soignée de 59 pages, revue par l'auteur.
5. Voir à la fin du volume la *Liste des fragments datés*. En général, les éditeurs paraissent avoir complètement négligé les morceaux datés, ce qui nous a procuré le plaisir de voir confirmer par nos trouvailles toutes nos conjectures chronologiques (V. *La Logique de Leibniz*, p. x et 323).
6. Phil., VIII, 71. Cf. Phil., I, 14, c, 8 (1676).

existantes. Par exemple, nous publions la fin du *Specimen Calculi universalis* [1], que GERHARDT avait laissée de côté parce qu'elle avait le caractère d'une « Studie »; comme si le commencement de cet opuscule, et tant d'autres fragments publiés par Gerhardt, n'avaient pas le même caractère! Nous avons eu la bonne fortune de trouver, inédits et inconnus, des opuscules très importants, que leur étendue et parfois leur date auraient dû suffire à recommander à l'attention des éditeurs : comme les *Generales Inquisitiones de Analysi Notionum et Veritatum* de 1686 [2], qui portent cette note de la main de Leibniz : « Hic egregie progressus sum »; ou comme la *Mathesis rationis* [3], où Leibniz a inscrit cette mention : « Proba sunt quæ hac plagula, et sic satis haberi possunt pro absolutis ». Il faut avouer que les éditeurs ont été bien difficiles, et bien outrecuidants, de dédaigner des œuvres dont Leibniz lui-même se déclarait satisfait, et qui étaient l'expression mûrie de sa pensée. On ne peut même pas alléguer, pour leur défense, qu'ils ne les ont pas connues : on trouve encore sur certains opuscules les titres que RASPE leur a donnés, avec des notes dédaigneuses comme celle-ci : « non nisi vulgaria continent, quæ impressionem non merentur [4] », ou bien : « Quales hic sunt, typis vix possunt committi, nam sine capite et calce apparent [5] »; sans parler du scrupule qui a empêché Raspe de publier le *De vera methodo philosophiæ et theologiæ* [6] : « Quod liberius de theologicis quibusdam loquatur, typis non commisi » [7].

Mais, si incomplètes que soient les éditions existantes, nous n'avons pas eu la prétention d'en combler toutes les lacunes, même en ce qui concerne spécialement la logique. Nous n'avons pu copier que les principaux opuscules, ceux dont le contenu nous a paru le plus instructif et le plus nouveau, et nous avons dû nous borner à prendre des extraits ou même à noter simplement le titre et le contenu des autres fragments, qui peuvent être au moins aussi intéressants à d'autres égards. Notre ouvrage n'est donc nullement une *édition*, même partielle ou complémentaire : c'est un *recueil de morceaux choisis*, qui parfois se réduit presque à un catalogue, destiné à compléter sur quelques points le catalogue *Bodemann* [8]. Il a avant tout pour but de mettre à la disposition du public les documents que nous avons employés dans l'élaboration de *La Logique*

---

1. PHIL., VII, B, II, 16-17.
2. PHIL., VII, C, 20-31.
3. PHIL., VI, 14.
4. PHIL., VI, 10, a.
5. PHIL., VI, 15.
6. PHIL., VI, 16; publié par ERDMANN (p. 109-111), puis par GERHARDT (*Phil.*, VII, 323-327).
7. *Bodemann*, p. 91.
8. Surtout dans la partie mathématique, due à GERHARDT (v. p. 538, note 1, de ce volume). En revanche, le catalogue *Bodemann* est un recueil de morceaux choisis

de Leibniz, et qui pourront servir à la contrôler, à la compléter, ou même fournir matière à d'autres études. Si fragmentaire que soit cette publication, on ne saurait nous reprocher de n'avoir pas gardé pour nous les copies et les notes dont nous nous sommes servi, et de ne pas nous être borné aux citations forcément écourtées que nous avons faites dans les notes de notre ouvrage historique. En publiant le contexte des passages cités, nous mettons le lecteur à même de vérifier et, s'il y a lieu, de rectifier notre interprétation. Est-il besoin d'ajouter que notre choix n'a été guidé par aucun parti pris dogmatique, et que nous avons recueilli avec le même soin et le même empressement tout ce qui peut contribuer à élucider la doctrine de Leibniz? En fait, du reste, les textes inédits que nous avons déjà publiés ont fourni à certains des raisons d'approuver notre interprétation et de s'y rallier, à d'autres des arguments pour la combattre : et nous nous sommes également réjoui de ces deux résultats contraires, qui témoignent à la fois de l'utilité de cette publication et de son impartialité.

Pour conserver à notre travail son caractère d'objectivité, nous nous y sommes abstenu de tout commentaire philosophique; nous nous sommes borné à quelques notes critiques sur l'établissement du texte, et à quelques remarques ou références destinées à avertir et à guider le lecteur. Le commentaire doctrinal de la plupart de ces fragments se trouve naturellement dans *La Logique de Leibniz*, et nous ne pouvions qu'y renvoyer le lecteur. C'est ce qui explique (et excuse au besoin) les nombreux renvois à notre ouvrage : il était naturel et nécessaire de relier autant que possible les textes de Leibniz aux passages de notre livre où ils se trouvent expliqués, commentés ou cités, et qu'ils servent inversement à justifier ou à illustrer.

En général, nous nous sommes efforcé de reproduire le plus exactement possible le texte avec sa physionomie : non seulement nous avons respecté l'orthographe dans toutes ses bizarreries [1], mais nous avons noté la pagination, et marqué par des signes spéciaux les passages ajoutés et les passages effacés [2]. Cette dernière précaution nous paraît très importante : elle a été constamment négligée par les éditeurs antérieurs, aussi nous permettons-nous de la recommander aux éditeurs futurs. Pour en comprendre l'utilité, il faut savoir comment travaillait Leibniz. Il écrivait le plus souvent sur des pages in-folio (à peu près du format « ministre ») pliées en deux dans la largeur. Le brouillon occupait une

---

souvent fort intéressants. Nous croyons utile d'ajouter que l'on peut se procurer, pour une modique somme, la copie de tel ou tel manuscrit inédit, en s'adressant à M. Bodemann.

1. Nous avons dû parfois corriger la ponctuation, extrêmement fantaisiste, pour éviter des contre-sens.
2. V. l'*Explication des signes*, p. XVI.

des deux colonnes ainsi marquées ; il s'augmentait successivement d'additions et de notes marginales inscrites dans l'autre colonne ; et il n'est pas rare que celle-ci soit aussi pleine que celle-là. Parfois, c'est dans le blanc réservé en tête, autour du titre, que l'on trouve des notes marginales d'une certaine étendue, comme celle qui figure au début du *Tentamen Anagogicum* [1]. On conçoit aisément que ces additions, souvent surchargées elles-mêmes d'additions ultérieures, compliquent et dénaturent le texte primitif et donnent lieu à des périodes d'une longueur insolite, qu'on ne s'explique pas quand on n'en connaît pas la formation progressive. Comme le disait un de nos maîtres, la phrase de Leibniz se développe par intussusception, ou plutôt à la façon d'une monade qui déroule ses replis. Il est extrêmement intéressant d'assister à ce développement de la pensée du philosophe, et c'est ce que nos signes critiques permettront au lecteur de faire comme s'il avait le manuscrit sous les yeux. Les ratures de Leibniz ne sont pas moins instructives : car elles trahissent souvent sa pensée intime, elles répondent au premier mouvement de son esprit, qu'il corrige ensuite pour des raisons de prudence, de politique ou de diplomatie [2]. Nous n'avons reproduit, parmi les innombrables ratures des manuscrits, que celles qui offraient quelque intérêt théorique, en montrant les tâtonnements de la pensée de l'auteur. Comme presque tous ces manuscrits ne sont que des brouillons, on assiste à l'éclosion de cette pensée, on suit pas à pas ses recherches, ses tentatives, ses insuccès, ses retours, et ce spectacle passionnant, parfois presque dramatique, est autrement intéressant que la lecture d'un texte définitif et fixé [3]. On pénètre ainsi dans l'intimité de ce grand esprit ; on s'initie non seulement à sa méthode de travail, mais à ses plus secrètes pensées, à ses habitudes inconscientes et à ses tendances fondamentales. C'est de cet avantage que nous avons tâché de faire profiter autant que possible le lecteur.

Nous n'avons pas cru pouvoir classer ces textes inédits dans un ordre systématique qui en fît ressortir les relations : d'abord, parce que, comme nous l'avons dit, nous ne prétendons pas en donner une édition défini-

---

1. MATH., VII, 5 (*Phil.*, VII, 270). Ce début est méconnaissable dans l'édition de Gerhardt, qui a confondu la note marginale avec le texte. Le *De Cognitione, Veritate et Ideis*, notamment, aurait grand besoin d'une revision critique de ce genre.

2. Voir, par exemple, p. 95-96, les ratures si instructives du fragment PHIL., V, 8, g : elles révèlent pleinement l'intention cachée et le but pratique de ce mémoire, qui n'apparaissent pas dans le texte déjà publié. Voir aussi les corrections curieuses du fragment PHIL., VIII, 57.

3. Voir notamment le « de Formæ Logicæ comprobatione per linearum ductus » (PHIL., VII, B, IV) et les *Generales Inquisitiones de Analysi Notionum et Veritatum*, 1686 (PHIL., VII, C, 20), où l'on voit Leibniz essayer tour à tour divers systèmes de Calcul logique, passer alternativement du point de vue de l'extension à celui de la compréhension, et se heurter à des difficultés qui viennent de ce qu'il veut à tout prix justifier les règles de la Logique classique.

tive; ensuite, parce que le seul classement légitime et objectif est selon nous le classement chronologique; enfin, parce qu'un tel classement ne sera possible que dans une édition *complète* des œuvres de Leibniz. En effet, les morceaux datés sont en minorité (bien qu'il y en ait beaucoup plus, proportionnellement, que les éditions existantes ne pourraient le faire croire). Par suite, le classement chronologique des manuscrits ne pourra se faire (si tant est qu'il soit possible) qu'après une comparaison minutieuse de *tous* les papiers entre eux, en particulier avec la correspondance [1]. Tant que tous les manuscrits de Leibniz ne seront pas intégralement publiés, on devra se contenter du classement, imparfait sans doute, mais approximatif et relativement commode, auquel ils se trouvent à présent soumis, et qui, consigné dans le catalogue *Bodemann*, permet de désigner exactement et de retrouver aisément le moindre bout de papier. C'est pourquoi nous avons suivi rigoureusement cet ordre, en indiquant en marge la cote et la pagination de chaque fragment. Seulement, pour suppléer en quelque mesure à l'absence de classement logique et guider au besoin le lecteur, nous avons dressé, d'une part, une *Classification systématique*, et, d'autre part, une *Liste des fragments datés* que l'on trouvera à la fin du volume. L'une et l'autre fourniront des rapprochements assez instructifs. Enfin l'*Index nominum et rerum* permettra au lecteur de trouver tous les passages où il est question d'un personnage, d'une idée ou d'une théorie, et de retrouver aisément un passage déjà vu. Nous espérons ainsi faciliter l'étude de ces textes et les rendre plus accessibles et plus maniables au lecteur, en attendant l'édition complète et définitive des œuvres de Leibniz, qui va bientôt être entreprise.

Nous croyons utile de donner ici quelques renseignements sur l'initiative de cette édition, à laquelle nous avons eu l'honneur d'être associé. A l'occasion de la première session de l'*Association internationale des Académies*, qui s'est tenue à Paris en avril 1901, M. Jules LACHELIER, membre de l'Académie des sciences morales et politiques, fit adopter par cette Académie un vœu tendant à proposer à l'*Association internationale* l'élaboration d'une édition complète des œuvres de Leibniz; et il voulut bien joindre à son rapport quelques notes qu'il nous avait demandées sur l'état des manuscrits et des éditions de Leibniz. La proposition fut éloquemment soutenue par M. BROCHARD, au nom de l'Académie des

---

[1]. On s'étonnera peut-être que nous n'ayons fait aucun emprunt à la correspondance. Nous n'avons pas fait de recherches de ce côté, d'abord, parce que notre récolte de documents était déjà suffisamment abondante, et que nous étions limité par le temps; ensuite et surtout, parce que les lettres de Leibniz ne contiennent en général que des allusions rapides et vagues à ses travaux, ou tout au plus des résumés de ceux-ci (comparer par exemple l'Appendice de la *Lettre à Huygens* du 8 septembre 1679 [*Math.*, II, 17], à la *Characteristica geometrica* du 10 août 1679 [*Math.*, V, 141]). C'est donc dans les manuscrits qu'il faut chercher l'explication et le développement des vues théoriques sommairement indiquées dans les lettres.

sciences morales, dans la séance générale de l'*Association*; elle fut approuvée et adoptée à l'unanimité. Trois Académies (l'Académie des sciences de Berlin, l'Académie des sciences morales et l'Académie des sciences de Paris) ont été chargées de préparer l'édition projetée. Peut-être nous sera-t-il permis de donner notre opinion à ce sujet, sans autre titre que celui d'avoir vu et manié les manuscrits de Leibniz, et sans autre prétention que de servir une entreprise à laquelle nous regrettons de ne pouvoir collaborer autrement.

Avant tout, il faut dire que ce qui fait la difficulté de la tâche, c'est son énormité : la totalité des manuscrits laissés par Leibniz à sa mort et conservés à la Bibliothèque Royale de Hanovre remplirait de 80 à 100 volumes in-8°; et il y faudrait ajouter les lettres et les papiers qui se trouvent dispersés en Europe. Aussi tous ceux qui ont entrepris une édition complète de l'œuvre de Leibniz, ou même d'une partie spéciale de cette œuvre, ont-ils succombé à la tâche [1], ou n'ont laissé que des éditions absolument incomplètes, même pour la partie qu'ils prétendaient épuiser [2]. C'est justement pour cela que l'on a fait appel à l'*Association internationale des Académies*, et c'est pour de telles entreprises qu'elle a été expressément créée, à savoir pour des entreprises qui dépassent les forces et les ressources d'un seul homme ou même d'une association privée, et qui demandent le concours et l'appui d'institutions publiques et permanentes.

Aussi ne peut-on s'élever trop énergiquement contre un avis qui aurait été émis au sein de l'*Association*, et qui tendrait à « faire un choix » entre les manuscrits. Faire un choix! Mais c'est ce qu'ont fait déjà tous les éditeurs précédents; et le résultat en est que nous n'avons de documentation complète sur aucune des parties de l'œuvre de Leibniz, sur aucune des faces de son génie encyclopédique et de son activité universelle. Si l'édition projetée ne doit pas être absolument complète, ce n'est pas la peine de l'entreprendre, et de mettre en branle trois Académies pour faire un recueil qui soit à l'édition Gerhardt ce que celle-ci est à l'édition Erdmann. On dira que ces savants, pourtant intelligents, ont mal choisi, et que le choix futur sera meilleur. Qu'en sait-on? Tout choix est essentiellement subjectif et arbitraire : ce qui intéresse celui-ci paraît sans importance à celui-là. Et puis, qui peut prétendre juger si tel fragment offre ou n'offre pas d'intérêt? Faut-il donc rappeler à des érudits que rien de ce qui émane d'un grand esprit comme Leibniz n'est insignifiant et indifférent, surtout lorsque cet esprit n'a presque rien publié de

---

1. Notamment Pertz (1843-47) et Klopp (1864-84).
2. Comme Erdmann, qui intitulait faussement son édition : « Opera philosophica quæ exstant ... *omnia* », et Gerhardt, qui a travaillé 50 ans (1849-99) à la publication des manuscrits mathématiques et philosophiques de Leibniz, et n'en a pas publié la moitié, ni même les plus intéressants.

ses idées, et les a léguées à la postérité sous la forme de notes détachées et de brouillons parfois informes? On publie jusqu'aux moindres ébauches de Victor Hugo, et même d'auteurs de bien moindre valeur; et l'on dédaignerait les « petits papiers » de Leibniz, et on lui marchanderait le nombre des volumes? Ce n'est pas possible, ce serait indigne de notre temps, si curieux d'histoire, et si respectueux du passé, parfois jusqu'à la superstition.

Au surplus, ce qu'on demande à l'*Association internationale des Académies*, ce n'est pas une « restauration » plus ou moins habile et savante de l'œuvre de Leibniz, une édition de « morceaux choisis » soigneusement triés *ad usum scholarum* : ce qu'on attend d'elle, c'est qu'elle tire de la poussière et de l'oubli cette masse énorme de documents, c'est qu'elle préserve de la destruction le fruit d'un demi-siècle de pensée et d'activité; en un mot, c'est la publication *intégrale* et scrupuleusement *objective* des « reliques » de Leibniz. Ce sera ensuite l'affaire des érudits d'y chercher les documents dont ils auront besoin pour leurs études, ou d'en extraire à leur gré la matière d'éditions classiques ou partielles. Mais, avant tout, il importe de mettre au jour (après tantôt deux siècles qu'il est enseveli!) Leibniz tout entier, et de le mettre à la portée de tout le monde savant.

Toutefois, on peut se demander s'il est bien utile de publier tous ces brouillons, souvent incomplets et presque informes, qui se répètent ou se ressemblent. Ici il convient de préciser. Lorsque l'on a à la fois le brouillon d'un opuscule et la copie (en général revue et corrigée par Leibniz), on peut évidemment se contenter de publier la copie, en notant les additions, les corrections et les variantes [1]. Mais ce n'est là qu'un cas très rare : et cela s'explique par la méthode de travail de Leibniz. Comme il « pensait toujours », il jetait sur le papier, n'importe où il fût, même en voyage [2], les idées qui lui venaient incessamment à l'esprit; puis il mettait de côté ces brouillons, *et ne les relisait jamais* : en effet, leur accumulation même l'empêchait de retrouver celui dont il eût eu besoin, et il avait plus tôt fait de l'écrire à nouveau. On comprend dès lors que ces ébauches successives d'un même opuscule ne soient jamais semblables : lors même que le fond des idées est le même, le développement ou parfois même le plan est différent; et si, en général, on peut constater un progrès de l'une à l'autre, les premières contiennent néanmoins souvent des détails ou des vues qui manquent aux dernières. Dans tous les cas, toutes sont intéressantes au même degré, à titre de manifestations de l'état d'esprit de Leibniz à un moment donné : tous ces « instantanés » de sa

---

1. Exemple : le *Pacidius Philalethi* (MATH., X, 11).
2. C'est probablement ainsi qu'il a écrit le plan d'un nouveau *De Arte combinatoria* sur une note d'hôtel (MATH., I, 27, d).

pensée sont également précieux pour en reconstituer l'histoire et la vie intime. Il est donc nécessaire de les publier tous, car entre tous les brouillons d'une même série il n'en existe jamais un qui puisse remplacer tous les autres; et d'ailleurs on n'a pas le droit de choisir le meilleur et le plus complet, et de le considérer plus que les autres comme l'expression définitive de la pensée de Leibniz [1].

Proposera-t-on enfin, pour faire l'économie de quelques volumes, de sacrifier les morceaux les plus courts, sous prétexte qu'ils sont écrits sur des feuilles volantes ou sur ces bouts de papier que nous appelons *coupons* [2], et qui, découpés le plus souvent dans les marges d'un autre manuscrit, ne sont quelquefois guère plus grands qu'un timbre-poste? Mais de quel droit dédaignerait-on une pensée que Leibniz n'a pas dédaigné, lui, de noter par écrit? D'abord, un certain nombre de ces fragments sont datés, et cela suffit pour leur donner du prix : car, quand ils ne feraient que répéter une idée exprimée ailleurs, ils nous apprennent que tel jour, telle année, elle était présente à l'esprit de l'auteur; et cela peut permettre de conjecturer la date de telle œuvre beaucoup plus importante [3]. Quant aux autres, ils ne sont pas moins intéressants par leur contenu : on peut en juger par ceux que M. Bodemann a publiés dans son catalogue, et par ceux que nous publions nous-même. La pensée de Leibniz procédait par « fulgurations », et son expression est en général d'autant plus nette et plus vive qu'elle est plus courte : certains résumés de quatre pages sont plus riches et plus instructifs que les grands ouvrages où cette pensée se dilue et se noie. Il n'est donc pas étonnant que quelques idées de Leibniz aient trouvé parfois leur expression adéquate dans certaines formules lapidaires, qu'il a pour cela même jetées sur le premier bout de papier venu [4]. Ailleurs, ce sont des remarques fines ou profondes qu'il note à propos d'une lecture : tout cela contribue à la connaissance de sa pensée, ou sert tout au moins à compléter sa physionomie intellectuelle et morale. Encore une fois, qui donc aurait l'audace de « faire un choix » entre tous ces morceaux, de déclarer celui-ci intéressant et celui-là inutile? Sait-on jamais si tel chiffon de papier, en apparence insignifiant, n'apportera pas à une étude future un complément

---

[1]. Exemple : les deux rédactions de la *Méthode de l'Universalité* (Phil., V, 10). On sait que la *Monadologie* existe en 3 versions différentes, dont aucune n'est la copie exacte des autres; mais, dans ce cas, on peut se contenter de noter les variantes.

[2]. Et que M. Bodemann appelle : *Schnitzelchen*.

[3]. C'est un coupon que cette note du 2 décembre 1676 dont nous avons indiqué plus haut la portée.

[4]. Par exemple, c'est sur un coupon que se trouve cette formule : « Theoremata ... Tachygraphias seu cogitandi compendia esse », qui non seulement résume, mais illumine toute la théorie de la pensée discursive et symbolique, et par suite l'idée même de la Caractéristique (Phil., VII, B, II, 53).

précieux, une confirmation inattendue, ou ne sera pas pour quelque chercheur un trait de lumière révélateur[1] ? La fréquence même et la répétition de certaines idées sont significatives et probantes : supprimer quelques fragments, sous prétexte qu'ils ne sont que des redites, serait affaiblir aux yeux du public l'importance et le poids des idées qu'ils expriment. Pour toutes ces raisons, la publication intégrale est la seule solution scientifique et loyale, la seule respectueuse du génie qu'il s'agit d'honorer et presque de ressusciter.

Une autre question se pose, qui n'est guère moins importante que la précédente : c'est celle de la classification des manuscrits. On a déjà proposé de les répartir en séries, d'après la nature des sujets traités (c'est d'ailleurs suivant ce principe qu'ils sont classés à présent, et cela facilite assurément les recherches). Mais ce serait encore retomber dans les erreurs des éditeurs précédents. Faut-il donc rappeler que, chez un philosophe comme Leibniz, *tout est dans tout*, et tout tient à tout? Séparer les diverses productions de cet esprit vraiment universel, c'est mutiler sa pensée. Ne suffit-il pas du spectacle des éditions existantes pour prouver à quel désordre on aboutit ainsi sous prétexte de classement logique? Dans les *Philosophische Schriften* se trouvent des écrits d'un contenu mathématique, et dans les *Mathematische Schriften* des lettres d'un grand intérêt philosophique[2]. Bien plus : des documents très précieux pour la philosophie se trouvent égarés dans les œuvres « historico-politiques » publiées par Klopp. Un tel classement n'est donc qu'un trompe-l'œil, qui entretient chez le lecteur l'illusion dangereuse de posséder et de connaître *tous* les écrits philosophiques ou *tous* les écrits mathématiques, et ainsi de suite. Et cela ne tient pas tant à la maladresse des éditeurs qu'à la nature des choses. Supposons qu'on veuille former la collection *complète* des œuvres philosophiques : il sera impossible d'en séparer, d'une part, les œuvres mathématiques, car toutes les théories logiques de Leibniz sont inspirées par ses études et ses découvertes mathématiques; et, d'autre part, les œuvres théologiques, car sa métaphysique est inséparable de ses travaux théologiques : la *Théodicée* est une œuvre de théologie au moins autant que de philosophie[3]. Aux œuvres mathématiques on devra naturellement joindre les écrits relatifs à la mécanique, à la physique, à la chimie, à la minéralogie, à la géo-

---

1. Telle phrase inédite, qui ne faisait que répéter, un peu plus nettement peut-être, une pensée exprimée dans vingt textes déjà connus, a réussi à convertir un philosophe à notre interprétation du principe de raison et de toute la métaphysique leibnizienne.
2. Il en est de même pour les manuscrits inédits classés sous les rubriques Phil. et Math., comme on peut le constater dans ce volume.
3. Elle est à présent classée sous la rubrique Théologie, où elle est entourée d'œuvres analogues et connexes.

logie; d'autant plus que, pour Leibniz et son temps, la *philosophie* comprenait encore toutes les sciences de la nature [1]. Ainsi le moins qu'on puisse faire est de réunir dans une série unique toutes les œuvres philosophiques, scientifiques et théologiques. On pourrait former, pour des raisons analogues, deux autres séries au plus : une série historique, politique et juridique, et une série littéraire et philologique. Mais que de liens encore romprait cette tripartition! Les œuvres théologiques de Leibniz se rattachent étroitement à son activité de politique et de diplomate : on sait à quelle méprise a donné lieu son *Systema theologicum*, qu'on a pris pour une profession de foi personnelle, alors qu'il n'est qu'un projet diplomatique d'entente et de conciliation entre catholiques et protestants [2]. De même, ses études scientifiques sont intimement unies à ses recherches historiques : on sait que sa *Protogæa* était dans sa pensée la préface naturelle de sa grande œuvre historique. Enfin, comment séparer ses théories de politique et de droit naturel de sa morale qui en contient les principes; ou ses travaux de philologie comparée de ses œuvres historiques, alors qu'il considérait l'étude des langues comme une méthode pour découvrir les origines des peuples; ou ses méditations de grammaire rationnelle de son projet de langue universelle, qui dépend entièrement de sa logique et de sa caractéristique? On le voit : partout où l'on essaiera de pratiquer une section dans cette œuvre encyclopédique, on tranchera dans le vif d'une pensée toujours une et continue sous la variété de ses objets. C'est que, si la philosophie est essentiellement un effort pour ramener tout à l'unité et pour penser systématiquement, aucun philosophe ne réalisa cet idéal au même degré que Leibniz. Démembrer son œuvre, c'est dénaturer sa pensée.

Il y a en tout cas une partie de cette œuvre qu'on ne peut raisonnablement songer à classer ainsi : c'est sa volumineuse correspondance [3]. En effet, il arrive souvent que dans une même lettre il traite dix ou douze sujets différents et même hétérogènes. Aussi est-il ridicule de classer telle lettre dans les œuvres philosophiques et telle autre dans les œuvres mathématiques, en général, uniquement en raison de la profession du correspondant [4]. Pour la correspondance tout au moins, il n'y a qu'un classement admissible : c'est l'ordre chronologique [5].

Dira-t-on que, du moins, on pourrait séparer ses œuvres de sa corres-

---

1. V. PHIL., VIII, 56-57, comment Leibniz conçoit la division de la philosophie, c'est-à-dire ce que nous appellerions la classification des sciences.
2. V. *La Logique de Leibniz*, p. 164, et note 6.
3. La correspondance de Leibniz comprend 15 000 lettres. Lui-même disait qu'il écrivait environ 300 lettres par an.
4. V. *La Logique de Leibniz*, p. VIII, note 1.
5. Est-il besoin de montrer combien il est fâcheux de classer les lettres d'après leurs destinataires, comme a fait GERHARDT? Ce qui importe, c'est le contenu et la date d'une lettre, et non pas le nom du correspondant : souvent Leibniz expose les

pondance, et publier celle-ci à part [1]? Mais ce serait oublier que la correspondance de Leibniz fait partie intégrante de son œuvre de philosophe, de savant, de théologien, de juriste, d'historien, de politique, et qu'elle est indissolublement unie aux écrits qu'il gardait pour lui : car souvent il n'y a pas de différence entre une lettre et tel mémoire conservé dans ses papiers; c'était parfois de véritables mémoires philosophiques, scientifiques, etc., qu'il envoyait à ses correspondants, et c'est sous cette forme qu'il publia de son vivant une grande partie de ses idées. D'ailleurs, certaines de ses lettres ont une connexion formelle avec ses écrits : comment séparer la *Lettre à Huygens* du 8 septembre 1679 de son *Appendice*, ou celui-ci de la *Characteristica geometrica* dont il est le résumé? Comment séparer la correspondance avec Arnauld et le Landgrave du *Discours de Métaphysique* qui sert de base à leur discussion? On pourrait multiplier ces exemples, pour prouver que les lettres de Leibniz sont inséparables de ses œuvres, parce que les unes et les autres s'éclairent et se complètent mutuellement.

Quel mode de classement devra-t-on donc adopter? Il n'y en a qu'un qui soit vraiment scientifique et objectif, car seul il respecte les connexions naturelles et génétiques qui existent entre les diverses productions de Leibniz : c'est le classement par ordre chronologique de tous les écrits sans distinction aucune [2]. Il présente, il est vrai, une grande difficulté, attendu que les morceaux datés sont en minorité. Néanmoins, il semble que, joints aux lettres, qui sont presque toutes datées [3], ils permettent de déterminer approximativement la date de la plupart des autres écrits. Voici, croyons-nous, comment il faudrait procéder pour y parvenir. Une fois qu'on aurait fait le recensement complet des papiers de Leibniz, on dresserait la liste chronologique de tous les écrits datés (lettres ou opuscules). Au moyen de cette collection de documents (et des documents extrinsèques), on pourrait établir une biographie de Leibniz, non pas une biographie psychologique et philosophique [4], mais une biographie *pragmatique* et rigoureusement chronologique, accompagnée d'un Index très complet, qui permettrait de savoir ce que Leibniz faisait

---

mêmes idées, sous une forme plus ou moins différente, à plusieurs correspondants; et rien n'est plus instructif, pour l'histoire de sa pensée, que le rapprochement chronologique de ces lettres adressées à divers destinataires.

1. Comme MM. ADAM et TANNERY le font pour Descartes.
2. C'est celui qu'ERDMANN avait adopté pour les œuvres philosophiques (y compris les lettres), et c'est encore aujourd'hui le principal mérite de son édition.
3. La date de celles qui ne le sont pas peut être déterminée par comparaison avec les autres, qui les encadrent.
4. Faut-il rappeler combien la biographie de GUHRAUER est incommode, par son manque de divisions et de rubriques, par l'insuffisance de son index, par le mélange de données historiques et de considérations philosophiques, enfin par la violation perpétuelle de l'ordre chronologique?

et pensait telle année, tel mois, tel jour, et, inversement, à quelles dates il s'est occupé de telle théorie ou de tel problème [1]. Cela fait, on aurait une base solide pour le classement chronologique de l'ensemble des œuvres. On grouperait autour de chaque opuscule daté, d'abord les brouillons et les notes qui s'y rapportent, puis les opuscules analogues par leur contenu; non pas, bien entendu, tous les opuscules traitant le même sujet (comme faisait Gerhardt, qui rapprochait ainsi des ouvrages de dates très éloignées), mais les opuscules de la même veine et de la même inspiration [2]. Pour les autres, les allusions que Leibniz fait à ses travaux dans ses lettres permettraient de conjecturer leur date avec une très grande probabilité. Sans doute, il y aurait là place pour l'appréciation subjective et pour l'arbitraire, mais dans une faible mesure : car de telles conjectures, fondées sur la totalité des données chronologiques que nous possédons et sur l'ensemble des œuvres, atteindraient le maximum de probabilité que comporte l'état du problème.

Bien entendu, une fois déterminé aussi rigoureusement que possible l'ordre chronologique de tous les écrits de Leibniz, on pourrait « tricher » d'une ou deux années pour réunir les écrits se rapportant à un même ordre de questions, de manière à composer des volumes à peu près homogènes (d'étendue inégale) que l'on pourrait se procurer séparément. Par exemple, on pourrait grouper vers 1678 tous les brouillons relatifs à la langue universelle, qui à eux seuls suffisent à remplir un volume, car c'est à cette époque que Leibniz s'est surtout occupé de ce problème, et qu'appartiennent ceux de ces brouillons qui sont datés. Ce serait là une question de mesure, de tact et de goût, et aussi d'utilité et de commodité pratiques. Il y aurait ainsi des volumes mêlés d'œuvres et de correspondance, d'autres où il n'y aurait pas de correspondance, et peut-être d'autres où il n'y aurait que des lettres. De même, il y aurait des volumes entiers de philosophie, d'autres de mathématiques, d'histoire, de droit, de politique, de théologie, d'autres enfin d'un contenu varié. Ainsi toutes les matières seraient alternées ou mêlées exactement comme elles alternaient et se mêlaient dans l'esprit de Leibniz et sous sa plume, et l'on aurait par là le portrait exact et vivant de son activité intellectuelle; ou plutôt, puisque cet esprit fécond et infatigable était toujours en mouvement, et que nous avons comparé ses productions fugitives à des instantanés, on en aurait vraiment la cinématographie.

1. C'est à peu près (toutes proportions gardées) ce que nous avons fait pour ses travaux de Logique : la correspondance nous avait appris qu'à telles dates il s'occupait de Calcul logique, et nous avons en effet trouvé des brouillons de ces dates. Notre *Liste chronologique des fragments datés* peut faire pressentir combien la chronologie complète de l'œuvre serait instructive.
2. C'est ce que nous avons essayé de faire (avec des données insuffisantes et bien moins complètes) dans chacune des rubriques de notre *Classification systématique* (notamment pour le *Calcul logique*).

Telle est, à notre avis, la méthode suivant laquelle il conviendrait d'élaborer l'édition complète que l'*Association internationale des Académies* a entreprise, et qu'elle seule peut mener à bien. Nous espérons que la présente publication, si fragmentaire qu'elle soit forcément, prouvera la nécessité et l'urgence de cette entreprise. Cette édition sera le meilleur moyen « d'honorer la mémoire du grand penseur qui n'appartient pas seulement à l'Allemagne, mais à l'humanité tout entière » [1], puisque le but suprême de son activité était « le bonheur du genre humain [2] »; ce sera aussi un hommage bien dû au premier des encyclopédistes, à cet infatigable fondateur d'Académies [3]; ce sera surtout une réparation tardive envers le philosophe dont l'œuvre a été trop longtemps négligée et oubliée, et dont les idées n'ont pas seulement un intérêt historique, puisque nous en voyons quelques-unes renaître de nos jours et refleurir sous nos yeux [4]. Ce sera enfin la résurrection d'un génie vaste et divers comme la nature même qu'il embrassait et pénétrait, du plus grand esprit des temps modernes, et peut-être de tous les temps. Ou plutôt ce sera sa première apparition et sa véritable révélation, puisque sa pensée, ensevelie dans une masse de manuscrits inédits, n'est pas encore complètement connue, qu'elle nous réserve encore des découvertes et des surprises, et qu'elle n'a pas encore produit tous ses fruits. Toute notre ambition est d'apporter notre pierre au monument qui se prépare, et nous n'aurions pas perdu nos peines, si nous pouvions contribuer ainsi à en hâter l'édification.

1. Paroles de M. Brochard à l'*Association internationale des Académies*.
2. Sur le patriotisme et le cosmopolitisme de Leibniz, v. *La Logique de Leibniz*, p. 528.
3. V. *La Logique de Leibniz*, chap. V : L'Encyclopédie; et Appendice IV : Sur Leibniz fondateur d'Académies.
4. L'idée de la Langue universelle, et l'idée de la Caractéristique, avec celles du Calcul logique et du Calcul géométrique, qui en dérivent.

ABRÉVIATIONS BIBLIOGRAPHIQUES

Theol. \
Phil. \
Philologie \
Math.
= Manuscrits de Leibniz, conservés à la Bibliothèque royale de Hanovre, et classés dans le catalogue *Bodemann* sous les rubriques respectives :
Théologie (I). \
Philosophie (IV). \
Philologie (V). \
Mathématique (XXXV).

Bodemann = *Die Leibniz-Handschriften der kön. öff. Bibliothek zu Hannover*, beschrieben von Dr. Eduard Bodemann, Oberbibliothekar (Hannover, Hahn, 1895) [1].

Foucher de Careil, A = *Lettres et Opuscules inédits de Leibniz*, par Foucher de Careil (Paris, 1854).

Foucher de Careil, B = *Nouvelles Lettres et Opuscules inédits de Leibniz*, par Foucher de Careil (Paris, 1857).

Foucher de Careil, I-VII = *Œuvres de Leibniz* publiées pour la première fois d'après les manuscrits originaux, par Foucher de Careil, 7 vol. (Paris, 1859-1875).

Klopp = *Die Werke von Leibniz*, erste Reihe : historisch-politische und staatswissenschaftliche Schriften, éd. Onno Klopp, 11 vol. (Hannover, 1864-1884).

Math. = *Leibnizens mathematische Schriften*, éd. Gerhardt, 7 vol. (Berlin-Halle, 1849-1863).

Phil. = *Die philosophischen Schriften von G. W. Leibniz*, éd. Gerhardt, 7 vol. in-4 (Berlin, 1875-1890).

Guhrauer = *G. W. Freiherr von Leibnitz, eine Biographie*, par Guhrauer, 2 vol. in-12 (Breslau, 1846).

Trendelenburg = *Historische Beiträge zur Philosophie*, par Trendelenburg, 3 vol. in-8 (Berlin, 1867) [2].

---

1. Ne pas confondre ce catalogue avec celui de la correspondance, que nous n'avons pas eu l'occasion de citer : *Der Briefwechsel des G. W. Leibniz in der kön. Bibliothek zu Hannover*, beschrieben von Ed. Bodemann (Hannover, Hahn, 1889).

2. Une bibliographie plus complète des éditions de Leibniz se trouve dans *La Logique de Leibniz*, p. 585-6.

EXPLICATION DES SIGNES

| | Marque la séparation de deux pages consécutives du manuscrit.
|...⌐ Ces crochets enferment les mots ou phrases que Leibniz a supprimés [1].
<...> Ces crochets enferment les mots ou phrases ajoutés par Leibniz.
{ ... } Les accolades enferment les notes ou additions *marginales*.
    Il arrive que ces divers signes soient encadrés les uns dans les autres : ainsi [... < ... > ...] désigne une addition dans un passage supprimé ; < ... [...] ... > désigne une suppression dans un passage ajouté ; < ... < ... > ... > désigne une addition qui contient une addition ultérieure ; [... [...] ...] désigne une rature qui contient une rature antérieure. Enfin [A] < B > indique la substitution de B à A.
...... Les points serrés sont ceux du manuscrit.
. . . . Les points espacés marquent les lacunes de notre copie.
  * Un astérisque suit un mot douteux.
* * * Plusieurs astérisques tiennent la place d'un mot illisible.
    Enfin, le texte des manuscrits est imprimé dans un caractère (X) différent du caractère employé pour notre texte et pour la Préface (IX).

---

1. C'est le signe employé par Leibniz pour indiquer les passages à supprimer. V. p. 622, note 1.

OPUSCULES
ET FRAGMENTS INÉDITS DE LEIBNIZ

Theol., VI, 2, f. 11 (2 p. in-4°.)

Origo veritatum contingentium ex processu in infinitum ad exemplum Proportionum inter quantitates incommensurabiles[1].

VERITAS	*PROPORTIO*
	est, inesse
prædicatum subjecto	quantitatem minorem majori vel æqualem æquali
	ostenditur
reddendo rationem	explicando habitudinem
	per analysin terminorum in communes utrique
notiones	quantitates
	Hæc Analysis vel finita est, vel infinita.
	Si finita sit, dicitur
Demonstratio	Inventio communis mensuræ seu commensuratio
Et veritas est necessaria	Et proportio est effabilis
	Reducitur enim ad
veritates identicas	congruentiam cum mensura eadem repetita
	seu ad principium primum
contradictionis sive identitatis	æqualitatis eorum quæ congruunt.

[1]. Cf. les textes cités dans *La Logique de Leibniz*, p. 210-212, notamment les *Generales Inquisitiones*, § 135 (Phil., VII, C, 29).

Sin Analysis procedat in infinitum
nec unquam perveniatur ad exhaustionem,

Veritas est contingens quæ infinitas involvit rationes	proportio est ineffabilis quæ infinitos habet quotientes

Ita tamen ut semper aliquod sit residuum

Cujus iterum reddenda sit ratio	novum præbens quotientem

Continuata autem analysi prodit series infinita

quæ tamen à DEO perfectè cognoscitur	Circa quam Geometra multa cognoscit

Et hæc est

scientia visionis	doctrina de numeris surdis < qualis est Decimo Elementorum contenta >

distincta

à scientia simplicis intelligentiæ	ab Arithmetica communi

Utraque tamen non experimentalis
sed à priori habens infallibilitatem
et secundum quidem genus

per rationes certas uni DEO infinitum comprehendenti perspectas, non necessarias tamen	per demonstrationes necessarias Geometræ cognitas, numeris tamen effabilibus non comprehendendas

nam

demonstrationes veritatum contingentium dari	proportiones surdas arithmeticè cognosci seu per mensuræ repetionem[1] explicari

impossibile est.

Verso : Sur les vérités contingentes :

. . . . Si omne quod fit, necessarium esset, sequeretur sola quæ aliquando existunt esse possibilia (ut volunt Hobbes et Spinosa) et materiam omnes formas possibiles suscipere (quod volebat Cartesius)[2]. . .

---

1. Sic.
2. Cf. les textes cités dans *La Logique de Leibniz*, p. 223-224; PHIL., VIII, 71 ; et le *De libertate* (*Foucher de Careil*, B, 179).

F. 12.

VERITAS	*PROPORTIO*
Suivent 22 paragraphes parallèles, reproduisant presque textuellement la f. 11, sauf les derniers, que voici :	
(21) neque inter has media datur; quam vero vocant Scientiam Mediam[1] est scientia < visionis > contingentium possibilium.	(21) neque inter has media datur.
(22) Ex his apparet radicem contingentiæ esse infinitum in rationibus[2].	(22) Ex his apparet radicem incommensurabilitatis esse infinitum in materiæ partibus.

F. 13, recto : Même tableau que f. 11, recto.
      verso : Sur les vérités contingentes.

Theol., XX, 99 (2 p. in-folio.)

INSTITUATUR Societas sive ordo Caritatis < Pacidianorum >[3]. Compositus sit ex contemplativis et activis. Contemplativi omne studium collocent in canendis DEO hymnis pulcherrimis, in quærenda ubique materia laudis Divinæ, in naturæ artiumque ac scientiarum arcanis ad DEI < autoris > perfectionem agnoscendam referendis. Iidem accuratas constituent demonstrationes de DEO et anima, de veritate, de justitia et re morum. Colligent Thesaurum omnis humanæ cognitionis. Formabunt Linguam illam admirabilem aptam Missionariis ad populos convertendos, veritatemque ad modum calculi in omnibus rebus quoad ex datis licet per solam vocabulorum considerationem consequendam. Hortos colent, Animalia alent, pharmaca component.

Activi inter homines exercendæ Caritatis causa versabuntur; et professio eorum erit succurrere miseris quâ licet. Itaque si quis inopiâ laboret, si animi ægritudine, si morbo, illi societas hæc perfugio erit, illi non auxilium tantùm, sed et silentium præstabit. Ante omnia ægris succurrent : nam plerique pereunt neglectu aut ignoratione, plerumque enim unusquisque æger accurata diligentia indigeret, et totum hominem

---

1. Cf. Phil., IV, 3, c, 15 : *Scientia media.*
2. Cf. Phil., VIII, 89 : « Contingentiæ radix est Infinitum. » (*Bodemann*, p. 121.)
3. Nom dérivé de *Pacidius*, pseudonyme sous lequel Leibniz voulait publier son Encyclopédie. V. *La Logique de Leibniz*, p. 130.

requireret; hoc autem ut nunc res sunt à Medicis præstari impossibile est, nam et pauci sunt Medici boni, et unus ægrotus nec sibi Medicum soli alere potest, et si posset interea cæteris injuria fieret. Itaque plerumque Medici festinabundi, et ex levibus indiciis judicantes præscribunt Medicamenta, cum tamen æger cura et diæta indigeat sæpe potius quàm pharmaco. Itaque fratres Caritatis aderunt ægrotis, quandocunque morbi contagiosi non sunt, et aderunt gratis. Ante omnia respicient ad solatia ægrotum, ut ne illi morositate et rigore adstantium male tractentur; deinde diligentissimè omnia observent, etiam scripto comprehendant < (ut habeamus paulatim historiam morborum :) > non ipsi tamen pharmaca præsentent, sed hoc negotium Medico relinquent. Missionarii hujus societatis mittentur ad infideles et hæreticos, nunquam illi disputabunt, sed leniter admonebunt, virtute magis et exemplis, quàm rationibus homines convincent. Non infideli minus aut hæretico, quàm catholico opem ferent. Nunquam se gubernationi et politicis rebus miscebunt. Societas appellari poterit Pacidiana, scilicet pacem DEI ferens. Nullas colligent opes, sed omnia impendent partim in miseros, partim in experimenta. Non [alia] possidebunt prædia, nisi experimentorum causa. Nihil video compendiosius, quàm ut duo ordines Benedictinorum et Bernardinorum tota Europa in hanc Societatem converterentur. (Dabunt operam ut habeant homines sanctitatis fama celebres.) Excipiendi qui sunt in Germania principatus, hos enim præstabit pontificem vertere in Episcopatus. Non pellendi loco priores, sed adjiciendi novi, ex veteribus regulam novam subibunt non nisi qui volent. At nemo denuò recipietur, nisi qui aptus sit regulæ. Retinebuntur regulæ Benedicti et Bernardi, sed < tamen > augebuntur. Generalis perpetuus; erunt visitatores. Longè erunt à splendore externo magnificisque palatiis. Ante omnia inter suos, virtutes morales excolent, invidiam, vanam gloriam, simultates, irrisiones, insultationes, calumnias et omnem maledicentiam, imò et jocos mordaces eradicare conabuntur, | semper rationes admittent et cuivis copiam facient, suas rationes allegandi. In difficilibus deliberationibus rationes utrinque scripto complectentur, certo ordine præscripto, ex quo necessariò debet enasci veritas.

Si rectè ordinata esset Hierarchia Ecclesiastica conveniet omnes < et solos > ordinum Generales esse simul cardinales. Omnes Ecclesiasticos quos vocant seculares esse sub regula. Pontificem esse generalem Generalium, ad hunc omnes Generales referre. Ordinem plures nominare, aptos generalatui, ex his eligere pontificem. Pontifex est < præterea > quasi Generalis Clericorum secularium, sed deberet eandem habere in eos potestatem, quam Generalis in sui ordinis homines. Ope Congregationum seu seminariorum, paulatim Clerus secularis sub regulam revocatur. Capitulis ita providendum, ut ne imposterum recipiantur nisi homines egregia virtute, non qui oblati pueri juvenesve possent papæ, imperatori aut Regibus reddere regalia, seu bona quæ in feudum possident Ecclesiæ, ut contra ipsi sit potestas Episcopos et Clerum omnem rectè ordinandi. Hæc fuit sententia Pascalis papæ [1].

THEOL., XX, 100 (2 p. in-folio.)

Societas Theophilorum ad celebrandas laudes DEI opponenda gliscenti per orbem Atheismo [2].

Cum multi præclari ordines sint instituti, nullum adhuc video cujus hoc proprium ac primum officium sit, incendere homines **amore** autoris rerum DEI, laudesque ejus celebrare. Cum tamen hujus unius rei causa potissimum conditi simus, et DEUM laudaturis pro cujusque gentis captu pateat etiam ad Turcas, et Persas, et Indos via; et tota rerum natura hymnorum materiam præbeat quanquam majora DEI in Christianos beneficia singulares etiam gratias mereantur.

Ego cum sæpe de hoc cogitassem, nuper tamen exarsi inprimis lectis verbis pulcherrimis Epicteti apud Arrianum, quæ ita habent : *Si mentem habeamus, quid nobis aliud agendum erat publicè et privatim, quàm numen celebrandum et laudandum et grates persolvendæ? Nonne et inter fodiendum et arandum, et edendum hymnus hic cantandus erat DEO? Magnus est DEUS, qui nobis instrumenta præbuerit hæc quibus terram excolamus, magnus est DEUS, qui manus dederit, qui deglutiendi vim, qui ventrem, qui effecerit ut latenter crescamus, ut dormientes respiremus. Hæc singulis in rebus*

---

1. Rapprocher ce fragment et le suivant du mémoire *De Republica*, sept. 1678 (*Klopp*, V, 18-22), dont le passage relatif à « l'ordre de la charité, *Societas Theophilorum* », est cité dans *La Logique de Leibniz*, p. 509, note 3.
2. On sait que l'institution d'une *Societas Theophilorum* est prévue à la fin de deux plans d'Encyclopédie, le *De Rerum Arcanis* et le *Plus Ultra* (*Phil.*, VII, 51). Cf. *La Logique de Leibniz*, p. 131-132.

cantanda erant, et hymnus maximus ac divinissimus accinendus, quod facultatem dederit, harum rerum intelligentem, et utendi ratione instructam. Quid ergo cum vulgò excæcati sitis, nonne oportebat esse aliquem, qui hoc munere fungeretur, et loco omnium hymnum DEO publicaret? Quid enim possum aliud senex, claudus, nisi celebrare DEUM. Quod si luscinia essem, lusciniæ officio fungerer, si olor oloris. Nunc rationis cum particeps sim, DEUS celebrandus mihi est, hoc meum munus est, hoc exequor, neque stationem hanc deseram, quoad licuerit, et vos ad eandem hanc cantilenam exhortor.

{ Galenus, lib. 3 de Usu partium < ap. 10 >[1]:

Existimo, inquit, in eo esse veram pietatem, non taurorum hecatombas ei plurimas sacrificari, et casias aliaque sexcenta odoramenta ac unguenta suffumigari; sed si noverim ipse primus, deinde et aliis exposuerim, quæ ipsius sapientia, quæ virtus, quæ bonitas. Quod enim cultu conveniente exornare omnia, nihilque suis beneficiis privatum esse voluerit, id perfectissimæ bonitatis specimen esse statuo; et hac quidem ratione ejus bonitas hymnis nobis est celebranda! Hoc autem omne invenisse quo pacto omnia potissimum adornarentur, summæ sapientiæ est, effecisse autem omnino quæ voluit, virtutis est invictæ et insuperabilis. Ne igitur mireris, solem et lunam, et universam aliorum astrorum seriem summo artificio dispositam esse; neve te attonitum magnitudo eorum vel pulchritudo vel motus perpetuus, vel circuitionum certa descriptio reddat adeò, ut si inferiora hæc comparaveris, parva tibi videantur esse, et omnino ornatu carere. Etenim sapientiam et virtutem et providentiam hic quoque similem invenies. }

Placuit etiam elegantissima contemplatio P. Friderici Spee è Societate Jesu, de ratione qua DEUS singulis velut momentis tacito quodam pacto laudari possit, singulis < nostri corporis > pulsibus in hoc destinatis, ut significent aliquam laudem DEI[2].

Sed maximè Psalmis Davidicis, et omninò Hebræorum consuetudine sum delectatus, omnia bona semper ad DEUM etiam in quotidiano sermone referentium; nimirum illis < DEUS dat escam, DEUS aquas commovet, DEUS mari limites ponit >, DEUS tonat, DEUS fulgurat, non cæci in nubibus ignes terrificant animos et inania murmura miscent[3];

---

1. Cf. *Phil.*, VII, 71, et les autres textes cités dans *La Logique de Leibniz*, p. 138, note 1, et p. 599 (*Addenda*).
2. Allusion au *Guldenes Tugendbuch* du P. Spee, dont Leibniz fait souvent l'éloge. Cf. *La Logique de Leibniz*, p. 505, 568, 599.
3. Vers de Virgile : *Enéide*, IV, 209-210.

neque ideò falsa est philosophia, < nec mechanicæ naturam explicandi rationes abjiciendæ, sed causæ finales jungendæ efficientibus, < et efficiens universalis particularibus >> unienda est veritas veritati, et agnoscendus in omnibus actor DEUS, qui etiam Philosophiæ Fluddi Mosaicæ usus esse potest, si ab erroribus quibusdam catachresibusque purgetur. < Nam cum dicam naturam nihil agere frustra, < naturam à vacuo abhorrere, naturam non aberrare, naturam ad perfectionem tendere >, aliaque id genus, profectò non est intelligenda natura particularis cujusdam corporis, sed universalis illa summaque causa, quæ semper finem et sequitur et obtinet, quæ in avibus nidificat, in formicis hyemi providet, in omnibus rationis vestigia exhibet. > Itaque pulcherrimè Socrates in Phædone philosophiam per finales causas laudat, omnia referentem ad Mentis ordinatricis providentiam[1]. Exscribendus est integer locus. Non quod ideò rejicienda sit explicatio per materiam motumque partium; < summa enim causa per inferiora operatur, > et hoc ipsum divinæ sapientiæ fuit, non ordinaria extra ordinem agere, sed per paucissimas naturæ leges < omnium perfectissimas, ex infinito possibilium numero > semel ab ipso delectas semelque positas [omnia] < pleraque > machinali necessitate producere, quæ tamen ignaro non nisi miraculis perpetuis extraordinarioque semper concursu præstari potuisse videantur. < Omnis enim artificis laus in eo sita est, ut opus < varium et > admirandum quàm simplicissimis principiis ducat, utque correctione sive [extraordinario concursu] insolitoque auxilio præter ordinem primum et communem non facilè indigeat. > Itaque omnes aliquid veritatis habuere, si sanè intelligantur, tum < Platonici > Fluddusque et similes, qui DEUM omnia facere dicunt, creaturas pro instrumentis habentes, tum Democritici, Gassendus, Cartesius aliique qui cuncta mechanicè explicare tentavêre. Quanquam illi ineptè, si explicationes mechanicas < id est per causam efficientem et materiam proximam > explodendas credidêre, hi impiè si causas finales prorsus ablegavêre.

Porro hæc revocandi homines ad DEUM cura, si unquam, nunc certè maximè necessaria est, ubi quidam mechanicæ philosophiæ prætextu providentiam obliquè traducere audent, impietatemque incautis

---

1. Cf. *Phil.*, I, 32; IV, 281, 446; III, 54-55; IV, 339; VII, 335.

atque imperitis instillant, et < passim hominum in omnia vitia provolu­torum > temerarii contra religionem omnem sermones jactantur et athei professi in aulis, in congressibus, in itineribus, passim audiuntur.

| Huic igitur malo peculiarem censeo opponendum Ordinem Theophilorum. Et hujus quidem ordinis alii Musicam et poeticam facultatem < et Eloquentiam > magno studio excolant, ideò tantum, ut canant hymnos DEO mentesque rapiant in admirationem autoris ipsa dulcedine artis rerum magnitudinem temperantes; alii linguas multarum gentium [excolant] [tractent] < versent >, eo consilio ut Divinæ laudes per omnes nationes circumferantur, et unusquisque audiat sua in lingua loquentes magnalia DEI. Quale missionariorum genus controversa non attingentium, nullus facilè populus aspernabitur; et hi tamen cæteris missionariis parabunt viam; alii < ex Theophilorum ordine > naturæ miracula omnia ad DEUM referent, mirificaque ejus artificia propalabunt; nonnulli in historia universi rerumque atque imperiorum periodis, arcana providentiæ consilia venerabuntur < alii denique in summo DEI erga mortales beneficio, salutis scilicet nostræ œconomia meditanda occupabuntur >. Omnes id agant, non tantum ut os obturetur atheis, quod vi metuque frustra fit, sed ut DEUS in tota natura < et tota ratione > lucens irrefragabili demonstratione confessos animo quoque subjuget hostes : boni autem non tantùm confirmentur, sed et < cœlesti quodam ardore correpti, > ad gratias agendas DEO, ad agnoscendam ejus infinitam potestatem et sapientiam, denique ad verum ejus amorem super omnia qui pietatis omnis < justitiæque > anima est, inflammentur.

PHIL., I, 14, c, 7 (1 f. in-4°.)

Maximi in tota philosophia ipsaque Theologia momenti hæc consideratio est, nullas esse denominationes purè extrinsecas ob rerum connexionem inter se. Et non posse duas res inter se differre solo loco et tempore, sed semper opus esse, ut aliqua alia differentia interna intercedat. Ita non possunt duæ esse atomi simul figura similes, et magnitudine æquales inter se, exempli causa duo cubi æquales. Tales notiones mathematicæ sunt, id est abstractæ, non reales, quæcunque diversa sunt oportet aliquo distingui, solaque positio in realibus ad distinguendum

non sufficit. Hinc tota philosophia pure corpuscularis evertitur. Et pri- Phil., I, 14, c, 7.
mum quidem Atomi dari non possunt, alioqui possent dari duo quæ non
nisi extrinseco differrent. Deinde si solus per se locus non facit mutationem, sequitur nullam esse mutationem tantùm localem. Et in universum, locus positioque, quantitas, ut numerus; proportio, non sunt nisi
relationes, resultantes ex aliis quæ per se constituunt <aut terminant>
mutationem. Itaque in loco esse abstractè quidem nihil aliud videtur
inferre, quam positionem. Sed in re ipsa, oportet locatum exprimere
locum in se; ita ut distantia distantiæque gradus involvat etiam gradum
exprimendi in se rem remotam, eam afficiendi aut ab ea affectionem
recipiendi. Ita ut revera situs realiter involvat gradum expressionum.
Itaque cum aliquando deliberarem de prædicamentis, distingueremque
more recepto prædicamentum quantitatis a prædicamento relationis, quod
quantitas et positio (quæ duo hoc prædicamento comprehenduntur),
videantur motu per se produci, saltemque ita hominibus concipi soleant;
re tamen accuratiùs considerata vidi non esse nisi meras resultationes,
quæ ipsæ per se nullam denominationem intrinsecam constituant, adeoque esse relationes tantum quæ indigeant fundamento sumto ex prædicamento qualitatis seu denominatione intrinseca accidentali.

Et quem-| admodum Existentia à nobis concipitur tanquam res nihil 7, verso.
habens cum Essentia commune, quod tamen fieri nequit, quia oportet
plus inesse in conceptu Existentis quam non existentis, seu existentiam
esse perfectionem; cum revera nihil aliud sit explicabile in existentia,
quam perfectissimam seriem rerum ingredi; ita eodem modo concipimus
positionem, ut quiddam extrinsecum, quod nihil addat rei positæ, cum
tamen addat modum quo afficitur ab aliis rebus.

Porro ipsa Transitio, seu variatio, quæ ubi cum perfectione conjuncta
est actio, ubi cum imperfectione passio dicitur; nihil aliud est, quam
complexus duorum statuum sibi oppositorum et immediatorum una cum
vi seu transitus ratione, quæ est ipsa qualitas. Ut proinde ipsa actio vel
passio sit quædam resultatio ipsorum statuum simplicium. Hinc videntur
duæ requiri denominationes intrinsecæ, vis transeundi, et id ad quod
transitur. Quod in quo consistat nondum est explicatum à quoquam,
oportet aliquid aliud esse quam vim activam, nam hæc nihil aliud dicit,
quàm id quo sequitur transitio, sed non explicat in quo consistat et quid
sit id ad quod transitur. Hoc aliquando appellavi lumen; ex quo resultant

PHIL., I, 14, c, 7. nostra φænomena, aliaque in aliis monadibus, pro cujusque modo. Posset dici possibilis qualitas. Ut figura ad Extensionem, vis derivativa ad Entelechiam, ita φænomena ad lumen; Lumen quodammodo est materia imaginum. Non potest collocari in sola vi agendi quia actio rursus aliquid relativum est ad statum qui variatur; quæritur ergo tandem aliquid ultimum, id est materia imaginum, quæ simul habet transitum ab magine ad imaginem; seu sunt ideæ activæ, et ut sic dicam vivæ. Ut ipsæ monades sunt specula viva.

Omnia quæ hac et præcedenti pagina diximus oriuntur ex grandi illo principio, quod prædicatum inest subjecto; quo a me allegato aliquando Arnaldus se tactumque atque commotum scripsit : j'en ay esté frappé; inquit[1].

PHIL., I, 14, c, 8.   PHIL., I, 14, c, 8 (1 p. in-4°.)

1676

Mihi videtur Omnem mentem esse omnisciam, [sed] confusè. Et quamlibet Mentem simul percipere quicquid fit in toto mundo; et has confusas infinitarum simul varietatum perceptiones dare sensiones illas quas de coloribus, gustibus, tactibusque habemus. . . . . .

Tempus autem in infinitum divisibile, et certum est quolibet momento percipere animam alia atque alia, sed ex omnibus perceptionibus <infinitis> in unum confusis oriri rerum sensibilium perceptiones. . . .

Itaque plurium Mentium creatione DEUS efficere voluit de universo, quod pictor aliquis de magna urbe, qui varias ejus species sive projectiones delineatas exhibere vellet, pictor in tabula, ut DEUS in mente.

Ego magis magisque persuasus sum de corporibus insecabilibus, quæ cum non sint orta <per motum>, ideo simplicissima esse debent ac proinde sphærica, omnes enim aliæ figuræ subjectæ varietati. Non ergo videtur dubitandum esse Atomos sphæricas infinitas. Si nullæ essent Atomi, omnia dissolverentur, posito pleno. Rationale est plenum mirabile quale explico, quanquam meris ex sphæris. Nullus enim locus est

---

1. V. *Lettre d'Arnauld*, 28 sept. 1686 : « J'ay sur tout esté frappé de cette raison, que dans toute proposition affirmative veritable, necessaire ou contingente, universelle ou singuliere, la notion de l'attribut est comprise en quelque façon dans celle du sujet : *prædicatum inest subjecto*. » *Phil.*, II, 64.

tam parvus quin fingi possit esse in eo sphæram ipso minorem. Ponamus hoc ita esse, nullus erit locus assignabilis vacuus. Et tamen Mundus erit plenus, unde intelligitur quantitatem inassignabilem esse aliquid. Diversi resistentiæ gradus non possunt esse in primis et simplicissimis, explicanda enim causa varietatis. . . . .

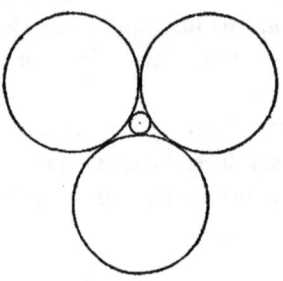

PHIL., I, 15. (4 p. in-folio)¹.

(1) Principium ratiocinandi fundamentale est, *nihil esse sine ratione,* vel ut rem distinctius explicemus, nullam esse veritatem, cui ratio non subsit. Ratio autem veritatis consistit in nexu prædicati cum subjecto, seu ut prædicatum subjecto insit, vel manifeste, ut in identicis, veluti si dicerem : homo est homo, homo albus est albus; vel tecte, sed ita tamen ut per resolutionem notionum ostendi nexus possit, ut si dicam novenarius est quadratus, nam novenarius est ter ternarius, seu [ternarius] est numerus ternarius in ternarium multiplicatus, ternarius in ternarium est numerus in eundem numerum, is autem est quadratus.

(2) Hoc principium omnes qualitates occultas inexplicabiles aliaque similia figmenta profligat. Quotiescunque enim autores introducunt qualitatem aliquam occultam primitivam, toties in hoc principium impingunt. Exempli causa, si quis statuat esse in materia vim quandam attractivam < primitivam, atque adeo ex intelligibilibus corporis notionibus, magnitudine nempe figura et motu non derivabilem, velitque per hanc vim attractivam fieri >² corpora sine ullo impulsu ad corpus aliquod tendant, uti quidam gravitatem concipiunt tanquam gravia a corpore tel-

1. Cf. PHIL., VIII, 6-7.
2. Suppléer ici *ut*.

Phil., I, 15. Iuris attrahantur[1], <aut velut sympathia quadam ad eam alliciantur, ita ut ulterior rei ratio ex corporum natura reddi nequeat, > neque explicabilis sit attrahendi modus; is agnoscit nullam rationem subesse huic veritati < quod lapis tendit ad terram >. Nam si rem < non qualitate occulta corporis, sed > voluntate Dei seu lege divinitus lata contingere statuat, eo ipso rationem reddit aliquam, sed supernaturalem sive miraculosam. Idem de omnibus dicendum est qui pro corporum phænomenis explicandis ad nudas facultates, sympathias, antipathias, archæos, ideas operatrices, vim plasticam, animas aliaque incorporea confugiunt, quibus nullum cum phænomeno nexum explicabilem esse agnoscere coguntur.

(3) Hinc consequens est, omnia in corporibus fieri mechanice, id est per < intelligibiles corporum qualitates nempe > magnitudines figuras et motus; et omnia in animabus esse explicanda vitaliter, id est < per intelligibiles qualitates animæ > nempe perceptiones et appetitus. Interim in corporibus animatis pulcherrimam esse harmoniam < deprehendimus > inter vitalitatem et mechanismum, ita ut quæ in corpore fiunt mechanice, in anima repræsententur vitaliter; et quæ in anima percipiuntur exacte, in corpore executioni demandentur plene.

P. 2. | (4) Unde sequitur, nos sæpe ex cognitis corporis qualitatibus animæ et ex cognitis animæ pathematis corpori mederi posse; sæpe enim facilius est nosse quæ in anima, quam quæ in corpore fiunt; sæpe etiam res contra habet. Et quoties animæ indicationibus utimur ad corporis auxilium, medicina vitalis appellari potest, quæ latius porrigitur quam vulgo putant, quia corpus non tantum animæ respondet in motibus quos voluntarios vocant, sed etiam in aliis omnibus < etsi nos ob assuetudinem non animadvertamus animam motibus corporis affici aut consentire, vel hos perceptionibus animæ appetitibusque respondere >. Nempe horum perceptiones sunt confusæ, ita ut consensus non ita facilè appareat. Anima quidem corpori imperat quatenus perceptiones distinctas habet, servit quatenus confusas, < sed interim quisquis aliquam perceptionem in anima obtinet, certus esse potest, sese ejus effectum aliquem in corpore obtinuisse, et vice versa >. Quicquid ergo in archæistis vel similibus autoribus boni est, huc reducitur : etsi enim < illæ quas statuunt iræ > turbationes et placationes archæi in

---

1. Allusion à Newton. Cf. l'*Antibarbarus physicus* (Phil., VII, 337-344).

corpore non sint < nec nisi in anima concipi possint >, est tamen aliquid in corpore quod illis respondet.

(5) Et perinde res habet, uti interdum et rebus naturalibus veritatem indagamus per causas finales, quando ad eam facile non perveniri potest per efficientes, quod non tantum doctrina anatomica de usu partium patefacit, ubi recte a fine ad media ratiocinamur, sed etiam ipse notabili exemplo in specimine optico ostendi[1]. Quemadmodum enim in corporibus animatis organica respondent vitalibus, motus appetitibus, ita in tota natura causæ efficientes respondent finalibus, quia omnia non tantum a potente, sed etiam à sapiente causa proficiscuntur. Et regno potentiæ per efficientes involvitur regnum sapientiæ per finales. Atque hæc ipsa harmonia corporeorum et spiritualium inter pulcherrima et evidentissima Divinitatis argumenta est, cum enim inexplicabilis sit unius generis in alterum influxus, harmonia rerum toto genere differentium à sola causa communi seu Deo oriri potest.

(6) Sed ad eundem perveniemus generaliore via, redeundo ad principium nostrum fundamentale. Nimirum considerandum est spatium, tempus et materiam, nudam scilicet, in qua nihil aliud quam extensio et antitypia consideratur, esse plane indifferentes ad quaslibet magnitudines, figuras et motus, nec proinde < hic in rebus indifferentibus et indeterminatis > rationem reperiri posse determinati, seu cur mundus tali modo existat et non sub alia quacunque non minus possibili forma sit productus. Unde consequens est, rationem existentiæ rerum contingentium tandem quærendam esse extra materiam et in causa necessaria, cujus nempe ratio existendi non amplius sit extra ipsam; eamque adeò spiritualem esse, verbo mentem, et quidem perfectissimam, cum ob rerum nexum ad omnia extendatur.

(7) Porro creaturæ omnes sunt vel substantiales vel accidentales. Substantiales sunt vel substantiæ vel substantiata. Substantiata appello aggregata substantiarum, velut exercitum hominum, gregem ovium < et talia sunt omnia corpora >. Substantia est vel simplex ut anima, quæ nullas habet partes, vel composita ut animal, quod constat ex anima et corpore organico. | Quia autem corpus organicum ut omne aliud non nisi aggregatum est ex animalibus vel aliis viventibus adeoque organicis,

---

1. *Unicum opticæ, catoptricæ et dioptricæ principium,* ap. *Acta Eruditorum,* 1682 (*Dutens,* III, 145). Cf. *La Logique de Leibniz,* p. 229 sqq.

PHIL., I, 15. vel denique ex ruderibus seu massis, sed quæ et ipsæ tandem in viventia resolvuntur; hinc patet omnia tandem corpora resolvi in viventia. Et ultimum esse in substantiarum analysi esse substantias simplices, nempe animas vel, si generalius vocabulum malis, **Monades**, quæ partibus carent. Etsi enim omnis substantia simplex habeat corpus organicum sibi respondens, alioqui ordinem in universo cæteris ullo modo latum non haberet nec ordinate agere patique posset; ipsa tamen per se est partium expers. Et quia corpus organicum aut aliud corpus quodvis rursus in substantias corporibus organicis præditas resolvi potest; patet non nisi in substantiis simplicibus sisti, et in iis esse rerum omnium modificationumque rebus venientium fontes.

(8) Quia autem modificationes variant et quicquid fons variationum est, id revera est activum, ideo dicendum est substantias simplices esse activas seu actionum fontes, et in se ipsis parere seriem quandam variationum internarum. Et quia nulla est ratio qua una substantia simplex in aliam influere possit; sequitur omnem substantiam simplicem $<$ esse spontaneam seu $>$ esse unum et solum modificationum suarum fontem. Et cum ejus natura consistat in perceptione et appetitu, manifestum est eam esse in unaquaque anima seriem appetituum et perceptionum, per quam a fine ad media, a perceptione unius ad perceptionem alterius objecti ducatur. Atque adeo animam non nisi a causa universali seu a Deo pendere, per quem, ut omnia, perpetuo est et conservatur; cætera vero ex sua natura habere.

(9) Sed nullus foret ordo inter has substantias simplices, commercio mutui influxus carentes, nisi sibi saltem mutuo responderent. Hinc necesse est talem esse inter eas respectum perceptionum seu phænomenorum, per quas dignosci possit, quantum tempore aut spatio differant
P. 4. inter se | earum modificationes : in his enim duobus, tempore et loco, ordo existentium vel successive vel simul, consistit. Unde etiam sequitur, omnem substantiam simplicem aggregatum externorum repræsentare et in iisdem externis, sed diversimodè repræsentandis, simul et diversitatem et harmoniam animarum consistere. Unaquæque autem anima repræsentabit proxime sui organici corporis phænomena, remote vero etiam cæterorum in corpus ipsius agentium.

(10) Et sciendum est per naturam rerum fieri, ut quemadmodum in corpore animalis Hippocrates ait, ita in toto universo sint σύμπνοια πάντα;

et quidvis cuivis certa quadam ratione conspiret. Nam quia omnia loca corporibus plena sunt, et omnia corpora quodam fluiditatis gradu sunt prædita, ita ut ad quantulumcunque nisum nonnihil cedant; hinc fit ut nullum corpus moveri possit, quin contiguum nonnihil moveatur, et ob eandem rationem contiguum contigui atque adeo ad distantiam quantamcunque. Hinc sequitur unumquodque corpusculum ab omnibus universi corporibus pati, et ab iis varie affici, ita ut omniscius in unaquaque particula universi cognoscat omnia quæ in toto universi fiunt; < quod equidem fieri non posset, nisi materia ubique divisibilis esset, immo actu divisa in infinitum >. Et proinde cum omne corpus organicum a toto universo determinatis ad unamquamque universi partem relationibus afficiatur, mirum non est, animam ipsam quæ cætera secundum corporis sui relationes sibi repræsentat, quoddam universi speculum esse, repræsentans cætera secundum suum, ut sic dicam, punctum visus. Uti eadem urbs a diversis plagis spectanti diversas plane projectiones præbet.

(11) Non autem putandum est, cum speculum dico, me concipere quasi res externæ in organis et in ipsa anima semper depingantur. Sufficit enim ad expressionem unius in alio, ut constans quædam sit lex relationum, qua singula in uno ad singula respondentia in alio referri possint. Uti circulus per ellipsin seu curvam ovalem repræsentari potest in perspectiva projectione, imo per hyperbolam etsi dissimillimam, ac ne quidem in se redeuntem, quia cuilibet puncto hyperbolæ respondens eâdem constante lege punctum circuli hyperbolam projicientis assignari potest[1]. Hinc autem fit, ut anima creata necessario plerasque perceptiones habeat confusas, congeriem quippe rerum externarum innumerabilium repræsentantes, < quædam autem propiora vel extantiora organis accommodata distincte percipiat. > Cum vero rationes præterea intelligit, mens non tantum est speculum universi creati, sed etiam imago Dei. Hoc autem solis substantiis rationalibus competit.

(12) Ex his autem sequitur, substantiam simplicem nec incipere naturaliter (nisi cum origine rerum), nec desinere posse, sed semper eandem perstare. Cum enim partes non habeat, dissolvi nequit; et cum sit fons

---

1. Cf. *Quid sit Idea*, 1670 (*Phil.*, VII, 263); *Lettre à Foucher*, 1686 (*Phil.*, I, 383) et *La Logique de Leibniz*, p. 105. Pour les projections du cercle, voir *De l'Infini mathématique*, p. 273, 274.

Phil., 1, 15. variationum, in continua variandi serie pergit; et cum natura sua sit speculum universi, non magis cessat quam ipsum universum. Sed si forte ad eum statum perveniat, ut pene omnes perceptiones confusas habeat, id nos mortem appellamus, tunc enim stupor oritur ut in profundo somno, aut apoplexia. Sed cum natura paulatim confusiones evolvat, tunc illa quam fingimus mors perpetua esse non potest. Solæ autem substantiæ rationales non tantum individuitatem suam, sed et personam servant, conscientiam sui retinentes aut recuperantes, ut possint esse cives in civitate Dei, præmii pœnæque capaces. Ita in iis regnum naturæ regno gratiæ servit.

(13) Imo amplius procedo dicoque non tantum animam, sed et animal ipsum inde ab initio rerum perpetuo durare, semper enim anima corpore organico prædita est, ut habeat per quod cætera externa ordinate repræsentet; ideo etiam corpus ejus ad magnam quidem subtilitatem redigi, penitus autem destrui non potest. Et licet in perpetuo fluxu consistat corpus [1]... dici possit ullam materiæ particulam eidem animæ perpetuo assignatam esse, nunquam tamen corpus organicum totum animæ dari aut eripi potest. Sed quantumcunque animal conceptione crescat, habebat organismum seminalem, antequam per conceptionem evolvi crescereque posset; et quantumcunque moriendo decrescat licet amissis exuviis retinet subtilem organismum omnibus naturæ viribus superiorem, cum is replicatis subdivisionibus in infinitum pertingat. Natura enim cum a sapientissimo artifice fabricata sit, ubique in interioribus organica est. Et nihil aliud organismus viventium est quam divinior mechanismus in infinitum subtilitate procedens. Nec quisquam opera Dei ut par est intelligit, nisi qui in illis satis agnoscit, ut scilicet effectus sit vestigium causæ.

FINIS

Phil., IV, 3, a, 1-4. Phil., IV, 3, a, 1-4. (7 p. in-4°.)

1, recto. VERUM est affirmatum, cujus prædicatum inest subjecto, itaque in omni Propositione vera affirmativa, necessaria vel contingente, universali vel singulari, Notio prædicati aliquo modo continetur in notione subjecti; ita ut qui perfecte intelligeret notionem utramque quemad-

---

1. Lacune provenant d'une déchirure du papier; suppléer : *neque*.

modum eam intelligit DEUS, is eo ipso perspiceret praedicatum subjecto inesse. Hinc sequitur Omnem scientiam propositionum quae in DEO est, sive illa sit simplicis intelligentiae, circa rerum Essentias, sive visionis circa rerum existentias, sive media circa existentias conditionatas, statim resultare ex perfecta intellectione cujusque termini, qui ullius propositionis subjectum aut praedicatum esse potest; <seu scientiam a priori complexorum oriri ex intelligentia incomplexorum>.

<*Absolute*> *Necessaria* propositio est quae resolvi potest in identicas, seu cujus oppositum implicat contradictionem. Exemplo rem ostendam in numeris : Binarium vocabo omnem Numerum qui exactè dividi potest per 2 et Ternarium vel Quaternarium, qui exactè dividi potest per 3 vel 4, et ita porro. Omnem autem numerum intelligamus resolvi in eos qui eum exacte dividunt. Dico igitur hanc propositionem Duodenarius est quaternarius, esse absolutè necessariam, quia resolvi potest in identicas hoc modo : Duodenarius est binarius senarius <(ex definitione)> senarius est binarius ternarius <(ex definitione)>. Ergo Duodenarius est binarius binarius ternarius. Porro Binarius Binarius est quaternarius <(ex definitione)>. Ergo Duodenarius est quaternarius ternarius. Ergo duodenarius est quaternarius Qu. E. Dem. Quodsi aliae definitiones fuissent datae, semper tamen ostendi potuisset rem tandem eodem redire. Hanc ergo Necessitatem appello Metaphysicam vel Geometricam. Quod tali necessitate caret, voco contingens, quod verò implicat contradictionem, seu cujus oppositum est necessarium, id *impossibile* appellatur. Caetera *possibilia* dicuntur in Contingenti Veritate, etsi praedicatum revera insit subjecto, tamen resolutione utriusque licet termini indefinitè continuata, nunquam tamen pervenitur ad demonstrationem seu identitatem, soliusque DEI est infinitum semel comprehendentis perspicere quomodo unum alteri insit, perfectamque à priori intelligere contingentiae rationem quod in creaturis suppletur experimento à posteriori. Itaque Veritates contingentes ad necessarias quodammodo se habent ut rationes surdae, numerorum <scilicet> incommensurabilium, ad rationes effabiles numerorum commensurabilium. Ut enim ostendi potest Numerum minorem alteri majori inesse, resolvendo utrumque usque ad maximam communem mensuram, ita et propositiones essentiales seu veritates demonstrantur, resolutione instituta donec perveniatur ad terminos quos utrique termino communes esse, ex definitionibus constat. At quemad-

modum Numerus major alterum incommensurabilem continet quidem, licet resolutione utcunque in infinitum continuata, nunquam ad communem mensuram perveniatur, ita in contingente veritate, nunquam pervenitur ad demonstrationem quantumcunque notiones resolvas. Hoc solum interest, quod in rationibus surdis nihilominus demonstrationes instituere possumus, ostendendo errorem esse minorem quovis assignabili, at in Veritatibus contingentibus ne hoc quidem concessum est menti creatæ. Atque ita arcanum aliquod à me evolutum puto, quod me ipsum diu perplexum habuit; non intelligentem, quomodo prædicatum subjecto inesse posset, nec tamen propositio fieret necessaria. Sed cognitio rerum Geometricarum atque analysis infinitorum hanc mihi lucem accendêre, ut intelligerem, etiam notiones in infinitum resolubiles esse [1].

| Hinc jam discimus alias esse propositiones quæ pertinent ad Essentias, alias vero quæ ad Existentias rerum; Essentiales nimirum sunt quæ ex resolutione Terminorum possunt demonstrari; quæ scilicet sunt necessariæ, sive virtualiter identicæ; quarumque adeò oppositum est impossibile sive virtualiter contradictorium. Et hæ sunt æternæ veritatis, nec tantum obtinebunt, dum stabit Mundus, sed etiam obtinuissent, si DEUS alia ratione Mundum creâsset. Ab his verò toto genere differunt Existentiales sive contingentes, quarum veritas à sola Mente infinita à priori intelligitur, nec ulla resolutione demonstrari potest; talesque sunt, quæ certo tempore sunt veræ, nec tantum exprimunt quæ ad rerum possibilitatem pertinent, sed et quid actu existat, aut certis positis esset contingenter extiturum, exempli causa, me nunc vivere, solem lucere, etsi enim dicam solem lucere in nostro hemisphærio hac hora, quia talis hactenus ejus motus fuit, ut posita ejus continuatione id certò consequatur, tamen < (ut de continuandi obligatione non necessaria taceam) > et prius talem ejus fuisse motum similiter est veritas contingens, cujus iterum quærenda esset ratio, nec reddi < plenè > posset nisi ex perfecta cognitione omnium partium universi, quæ tamen omnes vires creatas superat, quia nulla est portio materiæ, quæ non actu in alias sit subdivisa, unde cujuslibet corporis partes sunt actu infinitæ; quare nec sol nec aliud corpus perfectè à creatura cognosci potest; multo minus ad finem < analyseos > perveniri potest si moti cujusque corporis motorem et

---

[1]. Cf. *De libertate* (*Foucher de Careil*, B, 178 sqq). *Generales Inquisitiones*, § 136 (Phil., VII, C, 29) et *La Logique de Leibniz*, p. 210 sqq.

hujus rursus motorem quæramus, pervenitur enim semper ad minora Phil., IV, 3, a, 1.
< corpora > sine fine. DEUS autem < non indiget > illo transitu ab
uno contingente ad aliud contingens prius aut simplicius < qui exitum
habere non potest (ut etiam revera unum < contingens > non est causa
alterius, etsi nobis ita videatur) > sed in qualibet singulari substantia ex
ipsa ejus notione omnium ejus accidentium veritatem perspicit, < nullis
extrinsecis advocatis, quia > una quæque alias omnes totumque universum suo modo involvit. Hinc omnes propositiones quas ingreditur
existentia et tempus, eas ingreditur eo ipso tota series rerum, neque enim
τὸ nunc vel hic nisi relatione ad cætera intelligi potest. Unde tales propositiones demonstrationem sive resolutionem [finitam] < termina-
bilem > qua appareat earum veritas non patiuntur. Idemque est de
omnibus accidentibus substantiarum singularium creatarum. < Imò etsi
quis cognoscere posset totam seriem universi, necdum ejus rationem
reddere posset, nisi ejus cum aliis omnibus possibilibus comparatione
instituta. Unde patet cur nullius propositionis contingentis demonstratio
inveniri possit, utcunque resolutio notionum continuetur >.

Non tamen putandum est solas Propositiones singulares esse contingentes, dantur enim et inductione colligi possunt propositiones quædam
plerumque veræ; dantur et ferè semper veræ saltem naturaliter, ita ut
exceptio miraculo ascribatur; quin puto dari propositiones quasdam in
hac serie rerum universalissimè veras, nec unquam ne miraculo quidem
violandas, non quod violari non possint à DEO, sed quod ipse cum hanc
seriem rerum eligeret, < eo ipso > eas observare decrevit (tanquam spe-
cificas hujus ipsius electæ seriei proprietates). Et per has | < semel po- 2, recto.
sitas ex vi decreti divini > reddi potest ratio aliarum propositionum Universalium vel < etiam > plerumque contingentium quæ in hoc universo
notari possunt. Nam ex primis Legibus seriei essentialibus sine exceptione
veris, quæ totum scopum DEI in eligendo universo continent, atque adeò
etiam miracula includunt; derivari possunt < subalternæ > Leges
naturæ, quæ Physicam tantùm habent necessitatem, < quibus non >
nisi miraculo ob intuitum alicujus causæ finalis potioris derogatur; et ex
his denique aliæ colliguntur quarum adhuc minor est universalitas, easque
demonstrationes hujusmodi universalium < intermediarum ex se invicem
(quorum pars Physicam scientiam facit) > etiam creaturis revelare potest
DEUS. Sed nunquam ad < universalissimas leges neque ad > singula-

rium perfectas rationes analysi ulla deveniri posset, < ea enim cognitio > necessariò soli DEO propria est. Nec verò et turbare debet, quod dixi Esse Leges quasdam huic Seriei Rerum essentiales, cum tamen has ipsas Leges non necessarias atque essentiales, sed contingentes atque existentiales supra dixerimus. Nam cùm ipsam seriem existere sit contingens, et à libero DEI decreto pendeat, etiam Leges ejus erunt absolutè quidem contingentes, hypotheticè tamen necessariæ atque < tantum > essentiales posita serie.

Hæc jam proderunt nobis ad Substantias Liberas ab aliis discernendas. Omnis substantiæ singularis accidentia si de ipsa prædicentur faciunt propositionem contingentem, < quæ Metaphysicam necessitatem non habet. > Et quod lapis hic deorsum tendit sublato fulcimento, non necessaria sed contingens propositio est, nec potest < talis eventus > ex hujus lapidis notione ope universalium notionum, quæ ipsam ingrediuntur demonstrari, itaque solus DEUS hoc perfectè perspicit. Solus enim novit, an non ipse per miraculum suspensurus sit legem illam naturæ subalternam, qua gravia deorsum aguntur, neque enim alii intelligunt universalissimas leges, nec infinitam analysin pertransire possunt, qua opus est ad notionem hujus lapidis cum notione totius universi seu legibus universalissimis connectendam. Attamen illud saltem præsciri potest ex Legibus naturæ subalternis, nisi miraculo suspendatur Lex gravium, consequi descensum. At verò Substantiæ Liberæ sive intelligentes majus aliquid habent, atque mirabilius ad quandam DEI imitationem; ut nullis certis Legibus universi subalternis alligentur, sed quasi privato quodam miraculo, ex sola propriæ potentiæ sponte agant, et finalis cujusdam causæ intuitu efficientium in suam voluntatem < causarum > nexum atque cursum interrumpant. Idque adeò verum est, ut nulla creatura sit καρδιογνώστης quæ certè prædicere possit, quid Mens aliqua secundum naturæ leges sit electura quemadmodum aliàs prædici potest < saltem ab angelo > quid acturum sit aliquod corpus, si naturæ cursus non interrumpatur. Quoniam quemadmodum libera voluntate DEI cursus universi, ita libera voluntate mentis cursus cogitationum ejus mutatur, sic ut nullæ quemadmodum in corporibus < possunt >, ita et in mentibus leges subalternæ universales < ad prædicendam mentis electionem sufficientes > constitui queant. Quod tamen nihil prohibet, quin DEO quemadmodum de futuris suis actionibus, ita de futuris mentis actioni-

bus constet, dum et seriei rerum quam elegit, suique adeò decreti vim PHIL., IV, 3, a, 2.
| perfectè novit simulque etiam intelligit quid Mentis hujus quam ipse 2, verso.
in numerum rerum < exstiturarum > admisit, notio contineat, quippe
quæ hanc ipsam seriem rerum ejusque universalissimas leges involvit. Et
quanquam illud unum sit verissimum, mentem nunquam eligere quod
< impræsentiarum > apparet deterius; attamen non semper eligit, quod
impræsentiarum apparet melius; quia ampliare et judicium usque ad
ulteriorem deliberationem suspendere < atque animum ad alia cogitanda
avertere > potest. Quod utrum factura sit nullo satis indicio ac lege
præfinita astringitur; in his certè Mentibus, quæ non satis in bono aut
malo sunt confirmatæ. Nam in Beatis aliud dicendum est.

Hinc etiam intelligi potest, quænam sit illa indifferentia quæ libertatem comitatur. Nimirum uti contingentia opponitur necessitati metaphysicæ, ita indifferentia non tantùm Metaphysicam, sed et physicam necessitatem excludit. Physicæ < quodammodo > necessitatis est, ut DEUS omnia agat quàm optimè (quanquam in nullius creaturæ potestate sit hanc universalem applicare singularibus, ullasque hinc consequentias certas ducere, de actionibus divinis liberis). Physicæ etiam necessitatis est, ut confirmati in bono angeli aut beati ex virtute agant (ita quidem ut in quibusdam < etiam à creatura certò > prædici possit, quid sint acturi); physicæ necessitatis est, ut grave deorsum conetur, ut anguli incidentiæ et reflexionis sint æquales, aliaque id genus. Sed physicæ necessitatis non est ut Homines in hac vita aliquid eligant, utcunque speciosum et apparens bonum < particulare >, quanquam < id > interdum vehementis sit præsumtionis. Tametsi enim nunquam sit possibile, dari omnimodam illam metaphysicam indifferentiam ut mens eodem < planè > modo se habeat ad utrumque contradictoriorum < et prorsus < aliquid > sit in æquilibrio cum tota ut ita dicam natura > (jam tum enim admonuimus prædicatum etiam futurum jam tum verè inesse notioni subjecti, nec proinde mentem Metaphysicè loquendo esse indifferentem, cum DEUS ex perfecta quam habet ejus notione jam omnia futura ejus accidentia perspiciat nec Mens nunc ad suam perpetuam Notionem sit indifferens) tanta tamen Mentis indifferentia < physica > est, ut ne physicæ quidem necessitati (nedum Metaphysicæ) subsit, hoc est, ut nulla sit ratio < universalis > vel lex naturæ assignabilis ex qua ulla Creatura, quantumcunque perfecta < et de statu mentis hujus

Phil., IV, 3, a, 2. edocta > certò colligere possit, quid < mens saltem > naturaliter (sine extraordinario DEI concursu) sit electura.

3, recto. | Hactenus natura Veritatis, contingentiæ, et indifferentiæ, libertasque inprimis humanæ Mentis quantum ferebat institutum exposita est. Nunc verò examinandum est, quomodo res contingentes inprimis autem substantiæ liberæ in eligendo atque operando à divina Voluntate atque prædeterminatione dependeant. Et quidem pro certo habendum arbitror tantam esse rerum dependentiam à DEO, quanta justitia divina salvâ esse maxima potest. Et in primis < ajo > quicquid in rebus perfectionis sive realitatis est à DEO continuò produci, limitationem autem seu imperfectionem esse à creaturis, uti vis corpori alicui ab agente impressa limitationem accipit à corporis materia sive mole, ac naturali corporum tarditate, et majore existente corpore minor cæteris paribus oriatur motus. Itaque etiam ad id quod in ultima aliqua Liberæ Substantiæ determinatione reale existit, à DEO produci necesse est < inque hoc puto consistere quicquid de physica prædeterminatione dici cum ratione potest >. Intelligo autem Determinationem fieri cum Res in eum statum venit, ut quid sit factura physica necessitate consequatur, nam Metaphysica necessitas in mutabilibus nunquam est, cum ne illud metaphysicæ necessitatis sit, ut corpus nullo alio corpore impediente in motu perseveret. Ita ut < proinde > tum demum aliquid contingens metaphysica necessitate determinatum sit, cum reapse actu existit. Sufficit ergo determinatio qua actus aliquis fit physicè necessarius. Intelligo determinationem quæ indifferentiæ obstat, nempe ad aliquam necessitatem metaphysicam vel physicam seu consequentiam demonstrabilem ex resolutione terminorum, legibusve naturæ : nam determinatio quæ non necessitatem quidem imponit contingentibus, sed certitudinem atque infallibilitatem tribuit (quo sensu dici solet, futurorum contingentium esse determinatam veritatem), ea nunquam cœpit, sed semper fuit, cum in ipsa subjecti notione perfectè intellecta ab æterno contineatur, sitque ipsissimum scientiæ cujusdam < divinæ >, sive visionis, sive Mediæ, objectum.

Hinc jam videtur cum Divina Prædeterminatione conciliari posse Decretum DEI actuale conditionatum, vel saltem ex quibusdam prævisis pendens, quo DEUS decernit largiri prædeterminationem. Nam DEUS ex ipsa < hujus > substantiæ singularis liberæ < consideratæ ut possibilis > notione perfectè intellecta prævidet, quænam ejus electio sit

futura, illi igitur in tempore prædeterminationem accommodare decernit, PHIL., IV, 3, a, 3.
< posito quod eam decernat admittere inter existentia >. Verùm intimas
rationes rimanti nova nascitur difficultas, cùm enim electio creaturæ sit
actus essentialiter involvens divinam prædeterminationem, sine quo
ipsam exerceri impossibile est, et conditionem impossibilem poni divino
decreto non sit ferendum, consequens est, ut DEUS eo ipso dum
prævidet electionem creaturæ < futuram > prævideat etiam suam prædeterminationem adeoque suam etiam prædeterminationem futuram, ac
proinde videt suum etiam decretum < quemadmodum certè omnia contingentia essentialiter divina decreta involvunt >. Ergo decerneret quia
se jam decrevisse videt, quod est absurdum.

| Huic difficultati, quæ sanè in hoc argumento maxima est, ita puto 3, verso.
satisfaciendum. Concedo sanè DEUM dum decernit prædeterminare
Mentem ad certam aliquam electionem < ideò quia electuram prævidit
si ad existendum admitteretur >, prævidere etiam < suam prædeterminationem, suumque prædeterminandi decretum videre (sed ut possibile); > nec tamen decernere quia decrevit. Quia scilicet primum
Mentem aliquam considerat ut possibilem, antequam decernat ipsam
debere actu existere. Possibilitas enim seu Notio mentis creatæ existentiam
non involvit. Dum autem eam considerat ut possibilem, perfectèque
cognoscit in ea omnia < ejus futura eventa > ut possibilia, sed cum ipsa
(quanquam contingenter, infallibiliter tamen) connexa, jam nunc intelligit, hoc est perfectè scit omnia quæ sint ipsius existentiam consecutura.
Porro eo ipso, dum Notionem Substantiæ hujus singularis consideratæ
adhuc ut possibilis perfectè intelligit, eo ipso etiam decreta sua sed
itidem considerata ut possibilia intelligit, quia ut < veritates > necessariæ solum intellectum divinum involvunt, ita contingentes voluntatis
decreta. Nimirum DEUS videt sese infinitis modis posse Res creare
aliamque atque aliam prodituram seriem rerum, prout alias Leges Seriei
seu < alia > decreta < sua > primitiva eliget. Itaque eo ipso dum considerat hanc Mentem, quæ hanc rerum seriem secum involvit, etiam
considerat decretum, quod hæc Mens < atque hæc series > involvit.
Utrumque ut possibile, nondum enim decernere statuit; seu nondum
decrevit quænam specialia serierum decreta tam generalia quam ipsis
connexa specialia, sit electurus. Tandem ubi DEUS eligit unam serierum
< eique involutam hanc Mentem his eventibus vestitam futuram >, eo

ipso etiam de aliquibus suis decretis seu rerum legibus, quæ in rerum eligendarum notionibus involvuntur decernit. Et quia DEUS eo ipso dum seriem hanc eligere decernit, infinita etiam decreta facit, de omnibus quæ in ea involvuntur, adeoque et decretis suis possibilibus seu Legibus à possibilitate ad actualitatem transferendis, hinc patet aliud esse decretum < quod DEUS in decernendo respicit, aliud esse decretum > quo DEUS decernit illud reddere actuale, nempe id quo hanc rerum seriem < et hanc in ea Mentem > ad existentiam < et in ea illud decretum > eligit; sive aliud esse decretum possibile in seriei ac rerum seriem ingredientium notione involutum, quod decernit reddere actuale; aliud esse decretum quo < decretum illud possibile > decernit reddere actuale. Quam reflexionem Decreti unius super alterum eo minus debemus mirari quia utique Voluntatis quoque divinæ decreta < libera > intellectui divino objici oportet priusquam facta intelligantur. Neque enim facit DEUS, quod non se facere jam sciat. Hinc jam intelligimus quomodo divinæ prædeterminationis physica necessitas cum decreto Prædeterminandi ex actibus prævisis stare possit, tantumque abesse ut DEUS Judam proditorem fieri debere, absolutè decernat, ut potius ex notione Judæ independenter à suo decreto actuali videat eum fore proditorem. Nec proinde decernit DEUS Judam debere esse proditorem. Sed tantùm Judam quem prævidet fore proditorem nihilominus debere existere, < quoniam infinita sua sapientia videt, hoc malum immenso lucro majoribus bonis pensari nec aliter res melius sibi constare > | quod ipsum non velle, sed permittere est Decreto jam Judam peccatorem extiturum < consequenter etiam decernitur et > cum prodendi tempus veniet concursum prædeterminationis actualis esse accommodandum. Quæ tamen tantum ad id quod in pravo hoc actu perfectionis inest terminatur, ipsa creaturæ notione, in quantum limitationem involvit, quod unum à DEO non habet actum ad pravitatem contrahente. Itaque in eo sum ut credam, modo hæc duo teneantur, perfectionem omnem in creaturis à DEO esse, imperfectionem ab earum limitatione; cæteras sententias attentè consideratas in ultima analysi conciliari universas.

PHIL., IV, 3, c, 13-14 (3 p. in-folio).

Principium omnis ratiocinationis primarium est, nihil esse < aut > P. 1.
fieri, quin ratio reddi possit, saltem ab omniscio, cur sit potius quàm
non sit, aut cur sic potius quàm aliter, paucis *Omnium rationem reddi
posse*.

Definitio libertatis, quod sit potestas agendi aut non agendi positis
omnibus ad agendum requisitis, omnibusque tam in objecto quàm in
agente existentibus paribus, est chimæra impossibilis, quæ contra primum
principium quod dixi pugnat.

Hæc notio libertatis ignota fuit antiquitati; nulla ejus in Aristotele
vestigia reperiuntur, Augustini systema planè evertit, à Magistro sententiarum, Thoma, Scoto, ac plerisque Scholasticis veteribus aliena est;
celebrata primum à [Molinistis] < Scholasticis posterioribus >, eludendis
potius quàm tollendis difficultatibus apta.

Apud Veteres liberum à spontaneo differt, ut species à genere, nimirum
libertas est spontaneitas rationalis. Spontaneum est cujus agendi principium in agente est, idque < et > in libertate contingit. Nam positis
omnibus ad agendum requisitis *externis*, mens libera agere potest aut non
agere, prout < scilicet > ipsamet disposita est.

Voluntatis objectum esse bonum apparens, < et > nihil à nobis appeti
nisi sub ratione boni apparentis, dogma est vetustissimum communissi-
mumque.

. . . .

PHIL., IV, 3, c, 15 (1 f. in-8°).

Scientia Media.   Novembr. 1677.

PRINCIPIUM illud summum : *nihil esse sine ratione*, plerasque Metaphysicæ controversias finit. Illud enim videtur negari non posse à Scholasticis, nihil fieri, quin DEUS si velit rationem reddere possit, cur factum sit potius quàm non sit. Quin etiam de futuris conditionatis circa
quæ scientiam mediam introduxère Fonseca et Molina, idem dici potest.
Scit DEUS quid infans fuisset futurus si adolevisset, sed et scientiæ

uil., IV, 3, c, 15. hujus suæ si vellet rationem reddere posset, et convincere dubitantem; cùm id homo quoque aliquis imperfectè possit. Non ergo in quadam Visione consistit DEI scientia, quæ imperfecta est et à posteriori; sed in cognitione causæ, et à priori. Ponamus Petrum in certis quibusdam circumstantiis constitui, cum certo quodam gratiæ auxilio; et DEUM mihi permittere ut à se quæram, quid facturus sit Petrus in hoc statu. Non dubito quin DEUS respondere possit aliquid certum et infallibile, quanquam aliquos Scholasticos ea de re dubitare ausos mirer. Ponamus ergo DEUM respondere, quod Petrus gratiam sit rejecturus. Quæro porro an DEUS hujus sui pronuntiati rationem reddere possit, ita ut me quoque possit reddere scientem hujus eventus. Si dicimus id DEUM non posse, imperfecta erit ejus scientia, si dicimus DEUM id posse, manifestè eversa erit scientia media. Secundum veros Philosophos et S. Augustinum, ratio

15, verso. cur DEUS sciat rerum actiones [præ- | teritas vel futuras], necessarias vel liberas, absolutas vel conditionatas, est perfecta naturæ ipsorum cognitio, quemadmodum Geometra novit quid per circulum et regulam in aliquo casu proposito possit præstari; vel quis futurus sit datæ alicujus machinæ effectus, si datis rebus ac viribus applicetur. Ponamus Paulum cum iisdem circumstantiis et auxiliis poni, cum quibus positus est Petrus, et DEUM mihi dicere, quod Petrus tunc rejecturus esset gratiam, Paulus verò accepturus; necesse est utique aliquam dari rationem differentiæ hujus; ea vero non aliunde peti poterit, quàm ex Petrinitate et Paulinitate; seu ex natura voluntatis Pauli, et natura voluntatis Petri, quæ differentia harum duarum libertatum facit, ut alter hoc alter illud eligat. Differentiam autem istam etiam in ordine ad hanc electionem, DEO cognitam esse necesse est, eamque si mihi explicare dignaretur intelligerem, atque ita plenam de eventu futuro conditionato scientiam à priori nanciscerer. Secundum autores *scientiæ mediæ* non posset DEUS rationem reddere sui pronuntiati, nec mihi explicare. Hoc unum dicere poterit quærenti cur ita futurum esse pronuntiet, quod ita videat actum hunc repræsentari in magno illo speculo intra se posito, in quo omnia præsentia, futura, absoluta vel conditionata exhibentur. Quæ scientia purè empirica est, nec DEO ipsi satisfaceret, quia rationem cur hoc potius quàm illud in speculo repræsentetur, non intelligeret. Quemadmodum is qui in Tabulis calculatos invenit numeros, non verò ipse eos calculare potest. DEUS scit futura absoluta quia scit quid decreverit, et futura conditionata, quia scit quid esset decreturus. Scit autem quid esset decreturus, quia scit quid in eo casu futurum sit optimum, optimum enim <est> decreturus, sin minus sequetur DEUM non posse certò scire, quid ipsemet in eo casu facturus esset. Præclara Scoti sententia quod intellectus divinus nihil cognoscat (ex rebus facti) quod non determinârit, alioqui vilesceret. Vasquez egregia sententia quod voluntas ex duobus objectis non potest eligere nisi alterius bonitas fortius repræsentetur. 1. p. c. 2. d. 43. in 1. 2 init. <Ut ostendit Macedo in diff. Thom. et Scot. coll. XI, diff. 1, circa scient. mediam>.

PHIL., IV, 3, c, 15.

PHIL., V, 6, c, 7-8 (3 p. in-4°).

PHIL., V, 6, c, 7-8.

Copie d'une partie de la *Lettre de Descartes à Mersenne* du 20 novembre 1629[1], de la main d'un secrétaire, encadrée entre un commencement et une fin de la composition et de la main de Leibniz (imprimés en italiques). Nous indiquons en note les endroits où la copie s'écarte du texte de l'édition Adam-Tannery.

Il y a moyen d'inventer une langue ou ecriture au moins, dont les caracteres et mots primitifs seroient faits[2] en sorte qu'elle pouroit estre enseignée en fort peu de tems, et ce par le moyen de l'ordre, c'est à dire, établissant un ordre entre toutes les pensées qui peuvent entrer en l'Esprit humain, de mesme qu'il y en a un naturellement établis entre les nombres; Et comme on peut aprendre en un iour à nommer tous les nombres iusques à l'infini, et à les écrire, en une langue inconnuë, qui sont toutesfois une infinité de mots differens; qu'on pûst faire le mesme de tous les autres[3] choses qui tombent en l'Esprit des hommes; si cela estoit exécuté[4] ie ne doute point que cette langue n'eust bien tost cours parmy le monde, car il y a force gens qui employeroient volontiers cinq ou six jours de tems pour se pouvoir faire entendre par tous les hommes[5]. L'invention de cette

---

1. Ed. Clerselier, t. I, n° 111, p. 498; éd. Adam-Tannery, n° XV de la *Correspondance*, t. I, p. 76. Il est question de cette lettre dans une *Lettre de Tschirnhaus* qui doit dater de 1678 ou 1679 (*Math.* IV, 475; *Briefwechsel*, I, 393).
2. Dans la lettre de Descartes, ce paragraphe commence ainsi :
« Au reste, je trouve qu'on pourroit adjouter à cecy une invention, tant pour composer les mots primitifs de cette langue, que pour leurs caracteres ».
3. Ici le copiste a oublié la ligne suivante : « mots necessaires pour exprimer toutes les autres ».
4. « Exécuté » au lieu de « trouvé ».
5. Ici a été omise cette phrase de Descartes : « Mais je ne croy pas que vostre

PHIL., V, 6, c, 7-8. langue depend de la vraye Philosophie; car il est impossible autrement de denombrer toutes les pensées des hommes, et de les mettre par ordre, ny seulement de les distinguer en sorte qu'elles soient claires et simples; qui est à mon advis le plus grand secret qu'on puisse avoir pour acquerir la bonne science; et si quelqu'un avoit bien expliqué quelles sont les idées simples qui sont en l'imagination des hommes, desquelles se compose tout ce qu'ils pensent, et que cela fust receu par tout le monde, i'oserois esperer ensuite une langue universelle fort aisée à aprendre, à prononcer, et à écrire et ce qui est le principal, qui ayderoit au iugement, luy representant si distinctement toutes choses, qu'il luy seroit presque impossible de se tromper; au lieu que tout au rebours, les mots que nous avons n'ont quasi que des significations confuses, ausquelles l'Esprit des hommes s'estant acoutumé de longue main, cela est cause qu'il n'entend presque rien parfaitement. Or ie tiens que cette langue est possible, et qu'on peut trouver la Science de qui elle dépend, par le moyen de laquelle les Paysans pouroient mieux iuger de la verité des choses, que ne font maintenant les Philosophes.

Cependant quoyque cette langue depende de la vraye philosophie, elle ne depend pas de sa perfection. C'est à dire cette langue peut estre établie, quoyque la philosophie ne soit pas parfaite : et à mesure que la science des hommes croistra, cette langue croistra aussi. En attendant elle sera d'un secours merveilleux et pour se servir de ce que nous sçavons, et pour voir ce qui nous manque, et pour inventer les moyens d'y arriver, mais sur tout pour exterminer les controverses dans les matieres qui dependent du raisonnement. Car alors raisonner et calculer sera la même chose.

PHIL., V, 6, c, 9. PHIL., V, 6, c, 9-10 (4 p. in-4°); titre de la main de Leibniz :

Maji 1676.

Methodus physica.   Characteristica.   Emendanda.
Societas sive ordo.

Suit la copie de la main d'un secrétaire, revue par Leibniz, du brouillon: PHIL., V, 8, g, 30-31. (Voir plus loin). Cette copie est incomplète; elle se termine, au bas de la 4ᵉ page, par cette phrase :

autheur ait pensé à cela, tant pource qu'il n'y a rien en toutes ses propositions qui le temoigne, que pource que ».

Omne præclarum artificium experimento vel demonstratione detectum hymnus est verus et realis DEO cantatus, cujus admirationem auget.

Phil., V, 6, c, 11 (2 p. in-4°); copie de la main d'un secrétaire.

Illustris atque Excellentissime Domine,
Patrone Magne.

Quoniam Excellentia vestra delectatur meditationibus de lingua quadam philosophica, quam alii Characteristicam et universalem dicunt; idcirco etiam hic brevibus aperiam, quæ mihi aliquando circa eam obortæ sint cogitationes. Loco fundamenti autem pono connexionem titulorum meorum, juxta quam excerpta Methodica ordinanda esse alibi docui. Commodiorem enim et faciliorem, imo cum rebus magis convenientem ordinem nondum reperi, quamvis aliorum ordines inspicere non neglexerim. Si autem præcipuis in ordine meo titulis certos characteres adscribam, de reliquis etiam res erit confecta. Sunt in eo tituli præcipui DIVITIÆ, HONORES, VOLUPTATES. Tribuatur igitur divitiis signum quadrati □, honoribus circuli ○, voluptatibus trianguli △. Privative opposita horum sic designentur, ut ▨ significet paupertatem, ⊘ contemtum, ▲ carentiam commoditatum vitæ, cibi scilicet et potus. Sic ▽ bonum, ▼ malum potest significare. Intellectus notetur sic : ⊕, ignorantia sic : ⊖, voluntas autem sic : ⊕. Qui accurate perlegit titulos meos, sciet, quomodo ad hosce paucos reliqui omnes, si modo non sint ex revelatione sive Theologia intimiore desumti, referantur. Reliqui ergo tituli hisce subordinati per adjectionem variam circulorum, linearum aliarumque figurarum possent indigitari. Divitiarum signum fuit hoc □. Denotet ergo pecunias hoc ◨, commercia ◳, labores hoc ⊠, liberalitatem ◱, avaritiam ▨, etc. Rebus etiam Theologicis sui characteres possent assignari. Deum tale signum posset exprimere ⊚, etc. Hæc lingua uno vel altero die, quin addisci possit, minime dubito. Cunctæ nationes consensu quodam facto possent omnes res iisdem characteribus designare. Consenserunt pleræque gentes in eo, quod circulum in 360 gradus, Zodiacum in 12 signa dispertiantur. Cum igitur res supra proposita præsenti se commendet utilitate, facile apud multos, si modo præconem idoneum inveniret, applausum mere-

Phil., V, 6, c, 11. retur. Characterum certe horum cognitio certis innititur fundamentis, Sinicisque characteribus quodammodo anteferenda videtur[1].

Phil., V, 6, c, 17.   Phil., V, 6, c, 17 (1 f. in-8°). Un fragment en allemand publié ap. Bodemann (p. 81) et commençant ainsi :

Vocabula.

Die Worth sind wie rechenpfennige bei verstændigen und wie geld bey unverstændigen. Denn bey verstændigen dienen sie vor zeichen, bey unverstændigen aber gelten sie als ursachen und vernunfftsgründe. . .

En marge, on lit la note suivante (inédite) :

Sunt nobis signa, sunt vobis fercula digna.

Phil., V, 7.   Phil., V, 7. (11 p. in-fol.)

Plagula 1.   *Consilium de Encyclopædia nova conscribenda methodo inventoria*[2].

La *plagula 1* porte la date : [25] 15 jun. 1679; la *plagula 2* porte la date : 25 jun. 1672 (*sic*); la *plagula 3* porte la date : 25 jun. 1679.

1, recto.   SÆPE mecum cogitavi, homines multo quam sunt feliciores esse posse, si quæ *in potestate* habent, etiam *in numerato* haberent, ut cum opus est uti possent. Nunc vero nescimus ipsi opes nostras, similes Mercatori qui libros rationum nullos confecit, aut Bibliothecæ quæ indice caret. Sed et, uti nunc agimus, seris nepotibus fortasse proderimus, ipsi laborum nostrorum fructum non capiemus; sine fine disputamus, sine fine congerimus, raro aliquid demonstrando terminamus, aut in repertorium referimus; vix unquam utimur studiis nostris. Et verendum est, si sic pergimus, ut ne aliquando immedicabile reddatur malum, < et studiorum

---

1. Cette lettre doit dater de la première jeunesse de Leibniz (1666-1672). Elle contient un essai encore informe de la Caractéristique (le premier peut-être) et une classification assez naïve des concepts, sur un fondement purement moral, qui rappelle les théories de Spinoza. Leibniz connaît déjà les classifications d'autres auteurs (Kircher, Dalgarno, peut-être Wilkins), mais il paraît ignorer les Mathématiques. On peut donc conjecturer que le « patron » et l' « Excellence » à qui il s'adresse est le baron de Boineburg, son protecteur de 1667 à 1672.

2. V. *La Logique de Leibniz*, p. 128 et 508.

tædio barbaries reducatur >, cum nimia rerum librorumque multitudo omnem delectus spem adimet, et solida ac profutura mole inanium obruentur[1].

Qua ratione occurri posset tanto malo, et sæpe meditatus sum, et egregios viros consului, quorum aut colloquiis frui licuit aut scriptis : et cum tandem aliquod mihi viderer *remedium* deprehendisse quod et maxime compendiosum, et efficax et in privatorum aliquot potestate esset, et sumtibus exiguis transigeretur; præterea arcana quædam artis Inventoriæ divino munere mihi obtigissent, illustrium admodum speciminum experimento comprobata, quæ ubi producam in publicum, spei majoris non contemnendos fidejussores fortasse dedisse videbor[2] : ideo ausus sum viros aliquot doctrina et optima in rempublicam voluntate præstantes ad communem operam invitare.

| Volo autem omnia ex ipsorum non minus sententia transigi quam mea; neque aliam quam hortantis personam sumo; cætera pari conditione futurus, operamque illis eandem offerens, quam ab ipsis desidero. Itaque ut per gradus eamus, consilia arbitror communicari primum debere, ut Societatis Leges quæ e re videbuntur quam primum constituantur, earumque executio maturetur.

Consilii autem sive desiderii mei summam hic delineabo, quam intelligentibus judiciis summitto. De Modo autem dicam paulo distinctius, conferamque cum illis, qui instituti rationem probabunt, auxiliaque mutua pollicebuntur[3].

Summa Consilii est Notitiarum humanarum potissimarum dudum cognitarum vitæ utilium ordinatio *ad inveniendum* apta. Nam quemadmodum in numerorum progressionibus tabula quadam condita < aliquousque > apparere solet modus eam sine ullo labore continuandi (ut si numeros quadratos, seu qui fiunt ex numerorum multiplicatione in seipsos, aliquis quærat, et in tabula exhibeat, apparebit mox modus Tabularum continuandi facillimus, per solam additionem sine multiplicatione ulla[4].

---

1. Cf. les *Préceptes pour avancer les sciences* (*Phil.*, VII, 160).
2. Allusion au Calcul infinitésimal, inventé en 1675, publié en 1684. Cf. une note du 26 mars 1676, ap. *Math.*, V, 216, et ap. *La Logique de Leibniz*, p. 84, n. 3.
3. Cf. la *Consultatio de Naturæ cognitione ad vitæ usus promovenda instituendaque in eam rem Societate Germana quæ scientias artesque maxime utiles vitæ nostra lingua describat patriæque honorem vindicet*, ap. Foucher de Careil, VII, 105-126.
4. Cf. *Lettre à l'Électrice Sophie*, 12 juin 1700 (*Phil.*, VII, 553), et *La Logique de Leibniz*, p. 262.

Numeri	0	1	2	3	4	5	6	7		
Quadrati	0	1	4	9	16	25	36	49	64	81	100
Differentiæ seu impares		1	3	5	7	9	11	13	15	17	19

Nam si numerum imparem <15> ordine respondentem quadrato ut 49 addas, habebis <numerum> quadratum sequentem 64. sola additione nec opus est numerum 8 in se multiplicare, idemque est in <numeris> altioribus. <ubi difficilior multiplicatio est, ac proinde magnum habet usum compendium hoc per additionem>). Eodem modo inventis <in quolibet genere rerum velut in Tabula> recte ordinatis, patebit modus inventa continuandi, <id est inveniendi nova> longe facilior, quam si quis eadem singulatim et a serie sua velut avulsa invenire tentaret.

| Quoniam autem res maxime in conspectu sunt et velut in Tabula apparent cum nude et simpliciter proponuntur, < exutæ omni superflua mole >, ideo conscribenda erit hæc Encyclopædia more mathematico per *propositiones* accurate et nervose conceptas, quibus tamen < subinde > scholia adjicere licebit illustrandi causa, in quibus major erit exspatiandi libertas. Certum est enim non mathematica tantum, sed et alia omnia per theses quasdam sive enuntiationes < distincte > tractari posse.

[Positiones illæ disponendæ sunt *ordine inventionis*. . .]

Quærendæ sunt quoad fieri potest propositiones < *plerumque veræ*, quarum distinguendi gradus; sed si fieri potest, in primis adhibendæ > *Universales*, et ex universalibus illæ præferendæ sunt quæ sunt subjecto *reciprocæ*, illarum enim maxime usus est < et > in analysi, cum eæ quæ universales quidem non tamen reciprocæ sunt in synthesi solummodo fere locum habeant [1]. Et huc pertinent illæ leges philosophandi, quas tulit Aristoteles, et Ramistæ olim inculcabant.

Propositiones in una quaque Scientia sunt vel principia vel conclusiones. *Principia* sunt vel definitiones, vel Axiomata vel Hypotheses < vel Phænomena >, ex quibus *Definitiones* per se quidem sunt arbitrariæ, usui tamen accommodari et communi sociorum consensu probari debent, < ne a diversis diversimode sumtæ in toto corpore confusionem pariant >.

Axiomata sunt, quæ ab omnibus pro manifestis habentur, < et attente considerata ex terminis constant >.

---

1. V. les *Lettres à Conring* de 1678 (*Phil.*, I) et *La Logique de Leibniz*, p. 266.

Hypotheses sunt propositiones quæ magnum usum habent succes- Phil., V, 7, f. 2.
sumque ac conformitate conclusionum aliunde notarum ex ipsis pendentium firmantur; nondum tamen a nobis demonstrari satis exacte
possunt, ideoque interim assumuntur.

Phænomena sunt propositiones quæ per experientiam probantur, sed
si experientia non sit factu facilis aut a nobis ipsis facta non sit, testibus probanda est. Et ab experimentis dubiis abstinendum nisi cum
magni sunt momenti, < et tunc admonendum est, quem fidei gradum
habeant >.

Conclusiones sunt vel observationes vel theoremata vel problemata.
Observationes fiunt per solam inductionem ex phænomenis. *Theoremata*
vero inveniuntur per ratiocinationem ex quibuscunque principiis, sed
enunciant tantum quod sit verum. At *problemata* præterea referuntur ad
praxin, ubi notandum est, omnia denique cætera dirigi debere ad problemata seu praxes vitæ utiles.

Ordo positionum debet esse Mathematicus, sed tamen diversus ab
Euclidæo. Nam Geometræ accurate quidem sua demonstrant, sed animum cogunt magis quam illustrant [1], in quo quidem admirationem
sibi majorem pariunt, dum invito Lectori assensum extorquent, eumque
arte improvisa circumveniunt, sed memoriæ atque ingenio | Lectoris non 2, verso.
satis consulunt, quia rationes causasque naturales conclusionum quodammodo occulunt, ut non facile agnoscatur modus, quo sua inventa
obtinuere. Cum tamen in unaquaque scientia illud sit potissimum, nosse
non tantum conclusiones earumque demonstrationes, sed et nosse
inventorum origines, quas solas memoria retinere sufficit, quia ex illis
cætera possunt proprio marte derivari. < Itaque conjungi debent inventionis lux, et demonstrandi rigor, et > cujusque scientiæ elementa ita
scribenda sunt, ut lector sive discipulus semper connexionem videat, et
quasi socius inveniendi Magistrum non tam sequi quam comitari videatur,
ita minus quidem admirabiles apparebunt scientiæ, ed magis utiles
erunt faciliusque poterunt promoveri. < Sed ad tradendas ad scribendas [2]
hoc modo scientias, opus est viris inveniendi capacibus < et qui veras
rationes tenent >, scribere enim eas ita debent, quemadmodum si eas

---

1. Cf. le *Specimen Geometriæ luciferæ* (*Math.*, VII, 260) et la *Logique de Port-Royal*, IVᵉ partie, ch. ix.
2. Double emploi. Leibniz a oublié de biffer l'une des deux expressions.

ipsi invenissent, quod non est cujusvis. Porro hinc patet > etiam non [erit] < fore > necesse definitiones separatim præmitti atque axiomata, et phænomena sive experimenta. Sed ea ita assumentur, ut primum naturali ordine meditandi eorum usus sese dabit.

Propositionibus ordine inventorio dispositis subjiciantur Indices sive catalogi, in quibus inventa jam atque intellecta ad facilem usum atque combinationes instituendas velut in Tabulis ordinabuntur. Unde multa nova exurgent, de quibus alioqui non cogitassemus, et harmonicæ quædam apparebunt series, quarum filum sequendo ad majora aditus patebit. Hæc lux etiam in Mathematicis desideratur, itaque quemadmodum aliæ scientiæ exemplo mathematicarum ad certitudinem eniti debent, ita vicissim mathematicarum asperitas blandiore quadam tractandi ratione < cæterarum exemplo > mitiganda est : ut simul et voluntati fidem extorqueamus, et animo causarum avido clare satisfaciamus.

Adhibendæ sunt ubique figuræ sive schemata quatenus commode licet[1], verum unum hic observandum est majoris ad perficiendas scientias momenti quam quis facile sibi persuadeat. Nempe et propositiones et propositionum demonstrationes ita concipiendæ sunt, ut totæ legi atque intelligi possent etiamsi schemata abessent. Adjicienda est, tamen in parenthesibus, perpetua ad literas schematis remissio. Posterius necessarium est ad juvandam imaginationem, sed prius necessarium est ad juvandam mentem, parandosque conceptus distinctos, atque animum ab imaginibus abducendum : ut discamus etiam invenire sine | schematibus sola vi animi, et ut appareat demonstrationis [vim] < efficaciam > non pendere a figurarum ascriptarum delineatione. Eandem ob causam demonstrationes etiam sine calculo algebraico perfici debent, etsi enim ille summi sit usus, et a me maximi fiat, et in iis quæ aliter extorquere non possumus necessarius sit, tamen abstinendum eo est quotiescunque veritates naturali quadam ratione demonstrari possunt, quæ per ipsas rerum ideas animum ducit. Itaque in constituendis Scientiæ cujusque Elementis, a calculo Algebraico est abstinendum[2]. Sed cum Scientiam aliquam satis in potestate habemus, calculus postea egregie utilis est, < ad ducendas inde consequentias, variosque casus atque applicationes >, et ad oblata quævis quam minimo animi labore consequenda. Encyclopædia ergo nostra ita scribenda est,

1. Cf. *Atlas universalis* (PHIL., VII, A, 30).
2. Cf. PHIL., V, 10, f. 59.

ut enunciationes ac demonstrationes veritatum neque a schematismis, Phil., V, 7, f. 3
neque a calculo, sed definitionibus axiomatis ac propositionibus præmissis
pendeant. Adjicienda tamen sunt schemata quidem ubique quando id
fieri potest, calculus vero algebraicus tunc tantum cum peculiarem habet
elegantiam et utilitatem. Verum ut propositiones enuntiari ac demonstrari
possint sine figuris, sæpe opus erit ὀνοματοποιεῖν ad evitandas circum-
locutiones. In quo tamen claritas et commoditas semper spectanda est[1],
ut nunquam sine magna necessitate atque usu nova aliqua nomina fingamus, et sicubi excogitanda sunt, sumamus quæ communi verborum
usui quoadlicet consentiant; ne dum compendium verborum quærimus,
obscuri fiamus[2].

Scientiæ in hanc Encyclopædiam referendæ sunt omnes, quæcunque
nituntur vel Ratione sola vel ratione et experientia, nempe quæcunque
non pendent a voluntate cujusdam autoritatem habentis : Seponuntur
ergo Leges divinæ et humanæ, < quia sunt arbitrii; excluduntur etiam >
nugatrices quædam artes, quæ non possunt revocari ad firma fundamenta.
Conscribendæ ergo sunt Methodo supra dicta potissimum Scientiæ
sequentes.

| < Prima est Grammatica seu *ars intelligendi* quæ nobis in hujus 3, verso.
Encyclopædiæ corpore significabuntur. Itaque > Primum *Grammatica*
[*universalis*] < *Rationalis* > tradenda est, ad latinam ubique applicata, et
subinde aliarum linguarum exemplo illustrata[3] : in qua tradetur regularis
significatio omnium particularum et flexionum et collocationum. Ita ut
significatio semper possit substitui in locum significati, nam, ut exemplo
utar, nominum casus semper *eliminari* possunt substitutis in eorum
locum particulis quibusdam cum nominativo, ut patet ex [lingua Gallica]
linguis in quibus nullæ sunt nominum inflexiones nisi per particulas.
Verba semper reduci possunt ad nomina adjecto tantum verbo *est*;
Adverbia sunt ad verba ut adjectiva sunt ad nomina substantiva[4]. Subji-
ciendæ denique sunt significationes particularum donec perveniatur ad
eas quæ nulla explicatione eliminari possunt, qualia sunt *est, et, non*,
harumque certus est constituendus numerus et ex his solis cum nomi-

---

1. Cela rappelle la devise de Leibniz : « In signis claritatem, in rebus usum » (*Phil.* VII, 52).
2. Réminiscence d'Horace (*Ep.*, II, iii, 25-26) : « Brevis esse laboro, Obscurus fio. »
3. V. *La Logique de Leibniz*, p. 64 sqq.
4. Cf. Phil., VI, 12, f. 20; VII, B, iii, 7; 10; 41 recto.

PHIL., V, 7, f. 3. nativo nominum casu junctis cæteræ omnes possunt explicari. Quod opere ipso exhibendum est. Atque hæc est vera Analysis characterum quibus genus humanum communiter in loquendo imo et in cogitando utitur. Respicienda autem est maxime Grammatica regularis, minore Anomaliarum cura, quia hæc Grammatica non tam ut lingua discatur, quam ut accurata fiat verborum analysis, conscribenda est. Nam creberrimæ in Logica illationes occurrunt, quæ non ex principiis logicis, sed ex principiis Grammaticis, id est ex flexionum et particularum significatione sunt demonstranda[1]. Potest tamen hæc Grammatica eadem opera ita accommodari, ut discentibus quoque mire prosit.

Sequitur *Logica*, qua tantum hoc loco comprehendo Artem illationum, sive artem judicandi quæ proponuntur, quæ sumenda est ex usu hominum loquentium scribentiumque. Nimirum illationum modi qui ubique occurrunt in dicendo digerendi sunt in classes et ex simplicibus quibusdam derivandi sunt, ostendendo quomodo istæ illationes, licet non transmutatæ in aliam formam, scholarum more, sed relictæ in ea quam subent[2] in usu vitæ atque in autoribus, nihilominus vim habeant, seu in forma concludant; et ex communi scholarum forma possint demonstrari. Usus autem hujus logicæ erit, ut formæ ratiocinandi magis compositæ, perturbatæ atque implicitæ, quæ in vita tamen crebro occurrunt, ad regulas revocentur, ex quibus compendio possint dijudicari, ne semper sit opus reductione in figuras modosque scholarum. Quemadmodum enim

4, recto. exercitati Arithmetici invenere sibi varia | compendia seu calculandi formas, quæ accurate concludunt, etsi non semper vulgari more tironum characteres ordinent, demonstrari vero merentur, ut sciamus nos illis tuto uti posse[3]; ita homines in dicendo cogitandoque exercitati multa sibi ratiocinandi atque enuntiandi compendia paravere, quæ non minus concludunt vi formæ quam modi scholarum : debent tamen ex modis scholarum, adhibita Grammatica rationali particularum illarum explicatrice, demonstrari, et quibusdam legibus vinciri, quibus observatis constet usum earum esse tutum.

1. Leibniz fait ici allusion aux inférences du droit à l'oblique. Cf. PHIL. VII, B, II, 12 (nunc 14), l'*Analysis linguarum* (PHIL., VII, C, 9-10), PHIL., VII, C, 69, le *Consilium de Literis instaurandis condendaque Encyclopædia* (*Klopp*, I, 50), et *La Logique de Leibniz*, p. 73 sqq.
2. *Sic*, pour « subeunt ».
3. Cf. PHIL., VII, B, II, 53 : « Omnia Theoremata non nisi Tachygraphias seu cogitandi compendia esse. »

[1] Tertia Ars est *Mnemonica*, seu ars retinendi et in memoriam revo- Phil., V, 7, f. 4.
candi quæ didicimus, quæ ars multis elegantibus utitur compendiis et
inventis, quorum aliquando usus esse potest in vita[2]. Inprimis autem
portio ejus, ars reminiscendi scilicet, excoli debet, cujus ope nobis in
memoriam revocamus illis quibus opus habemus, et quæ in memoria
nostra latent, sed non succurrunt; Aliud enim est retinere, aliud remi-
nisci, nam eorum quæ retinemus non semper reminiscimur, nisi aliqua
ratione admoneamur.

Quarta est *Topica* seu ars inveniendi, id est dirigendi cogitationes
ad aliquam veritatem ignotam eruendam, vel media finis cujusdam repe-
rienda. Huc pertinent loci dialectici, inventio Rhetorica, ars argutiarum,
ars deciphratoria sive divinatoria, ac denique algebra, in quibus pulchra
artis Topicæ specimina adduntur quæ nosse debet is qui hanc artem
tradere volet, non ut Algebram immisceat tractationi generali, sed ut
inde regulas universaliores formet, quæ tamen in scholiis illustrari possunt specialibus exemplis.

Quinta est *Ars formularia* quæ agit de eodem et diverso, simili ac
dissimili, id est de formis rerum, abstrahendo tamen animum a magni-
tudine, situ, [ordine], actione. | Huc pertinent formulæ formularumque 4, verso.
comparationes, et ex hac arte pendent multæ regulæ quas Algebristæ et
Geometræ in usum suum transtulerunt, tametsi eæ non tantum circa
magnitudines sed et circa alias considerationes locum habeant[3].

Sexta est *Logistica*, de toto et parte, sive de magnitudine in genere,
rationibusque ac proportionibus, in quam incidit Quintum Euclidis Elementum, et magna pars Algebræ.

Septima est Arithmetica, sive de distincta magnitudinum per numeros
expressione.

Octava est Geometria sive scientia de situ et figuris. Hæc utiliter
separabitur in partes sequentes : Elementarem planam. Elementarem
solidam. Conicam. Organicam. Transformatricem. Ubi sciendum est,
Geometriam etiam < Elementarem > nondum adhuc ita ut optandum

---

1. Leibniz avait d'abord écrit un § commençant ainsi : « Tertia est *Methodica*, seu ars dirigendi cogitationes suas... » qu'il a barré, et dont le contenu se retrouve dans le § suivant relatif à la *Topica*.
2. Cf. les mss. inédits classés dans Phil., VI, 19, sous la rubrique : « Mnemonica sive præcepta varia de memoria excolenda. »
3. C'est la science que Leibniz appelle la Combinatoire, et qu'il oppose à la Logistique. V. *La Logique de Leibniz*, p. 288 sqq.

esset, traditam esse. < Huc autem *Geodæsia* referenda est, et pars *Architecturæ civilis* ac *militaris*, et *Tornatoria* et *Textoria*, omnes in quantum a materia abstrahuntur. *Optica* etiam pure Geometrica est, paucis tantum assumtis phænomenis e natura >.

Nona est scientia de Actione et passione, nempe *Mechanica* sive de potentia et motu. Hæc scientia physicam Mathematicæ connectit. Neque hic agitur quomodo delineanda sint motuum, si continuari ponantur, vestigia : id enim pure Geometricum est [1]; sed quomodo ex corporum conflictu motuum directiones et celeritates immutentur : quod per solam imaginationem consequi non licet, et sublimioris opus est scientiæ. Hic ergo agendum est < de statica, > de structurarum firmitate, de balistica, de pneumaticis quibusdam et hydrostaticis, de velificatione < deque aliis mechanicæ partibus, quorsum et *Harmonicæ* pleraque referenda sunt > [2].

| *Decima* est scientia qualitatum sensibilium, quam vocare soleo *Pæographiam*. Qualitates hæ quoad licet definiendæ sunt, distinguendæ per varietates et gradus, enumerandaque subjecta in quibus existunt et a quibus fiunt, denique quæ ex ipsis consequuntur. Qualitates autem istæ vel sunt simplices, quæ describi non possunt, sed ut cognoscantur sentiri debent, quales sunt : Lux, Color, Sonus, odor, sapor, calor, frigus, vel sunt compositæ < et descriptione explicari possunt, adeoque sunt quodammodo intelligibiles, > ut firmitas, fluiditas, mollities, tenacitas, friabilitas, fissilitas, aliæque id genus; item, volatile, fixum, solvens, coagulans, præcipitans. Et vero qualitates illæ simplices præcedentes non possunt ratiocinationi subjici, nisi quatenus cum compositis istis, < item cum superioribus illis communibus magnitudine situ ac mutatione > copulatæ esse solent. Itaque simplices illæ tractandæ sunt historice, < id est > enumerandum est, et quomodo inter se et quomodo cum aliis intelligibilibus soleant esse copulatæ. Qualitates vero intelligibiles aut mixtæ sub Geometricam et Mechanicam considerationem cadunt, et ita theoremata erui possunt circa earum causas atque effectus, unde

---

1. C'est la science que Leibniz appelle ailleurs la Phoronomie, et que nous appelons la Cinématique.
2. Ici trois paragraphes barrés :
« *Decima* est Scientia *Cosmographica*.....
« *Undecima* est Geographica,......
« *Duodecima* est Meteorologica. »

etiam de causis et effectibus mere sensibilium judicium aliquod facere licebit. Totius ergo physicæ cardo vertitur in accurata enumeratione harum qualitatum, earumque per gradus distinctione, et quomodo inter se in eodem subjecto diversisve, sed convenientiam quandam aut connexionem commerciumve habentibus, copulari soleant[1]. PHIL., V, 7, f. 5.

Undecima est scientia subjectorum, saltem in speciem similarium, seu *Homæographia*, ubi incipiendum ab illis quæ revera quam maxime sunt similares, maximeque communes, ut quatuor illa corpora quæ vulgo vocant Elementa; inde ad ea pergendum quæ minus sunt communia, sed magis sunt variis qualitatibus dotata, ut salia, succi, lapides, metalla. Horum corporum enumerandæ sunt qualitates supra dictæ secundum gradus differentiasque suas, tum eas quæ in corpore rudi sponte sensui se offerunt, tum quæ in eo per se tractato vel aliis corporibus commixto prodeunt. Ubi notandum est a spontaneis inchoandum esse, corpora etiam variis modis tractanda esse per se, | id est 5, verso. non nisi cum illis corporibus maxime communibus, aere, terra, aqua, igne, aliisque a quibus ipsa quam minimum patiuntur, aut a quibus causarum inquisitio quam minimum confunditur. Inde adhibita superiori qualitatum inquisitione, poterit determinari natura subjecti, in quantum ex datis experimentis possibile est; nec dubito hac arte intra paucos annos maximam a nobis notitiam obtineri posse interioris corporum Oeconomiæ.

{ *Duodecima* est *Cosmographica* seu scientia majorum Mundi corporum. Hic tradenda est Astronomia physica, quæ non tantum phænomena explicet per Hypotheses, sed et conetur ostendere quæ Hypothesis sit verior aut certe probabilior. Huc pertinet cognitio Fluidorum generalium visibilium atque invisibilium nos ambientium ac penetrantium, in quibus magna illa corpora natant, quærendumque est an horum fluidorum species ac motus aliqua ratione ex corporum mundanorum phænomenis definiri possint. Huc pertinent etiam contemplationes de *globi nostri* mutationibus majoribus earumque causis, itemque *Meteorologia*. }

Tertia decima est scientia corporum organicorum, quas vocare solent, species, hanc possis appellare *Idographiam*. Species autem accurate distinguendæ, non communi more per Dichotomias, sed per qualitatum

---

1. Cf. PHIL., VI, 12, f, 26; MATH., I, 5, b.

quibus dignosci possunt combinationes [1]. Sed ratio maxime habenda est earum proprietatum, quæ statim in sensus occurrunt, cæteræ < tamen, modo exploratæ sint, non minus > diligenter annotari, per differentias gradusque designari, et indicibus exhiberi debent. Quemadmodum autem in similaribus, ita in organicis per gradus eundum est, < cum qualitates earum sunt investigandæ. > Ponendæ primum eæ quas habent hujus modi species, tantum sensibus oblatæ (incipiendo a sensu oculorum), inde quas per se tractatæ acquirunt vel sibi (id est sibi et aeri) relictæ, < vel aliis sibi similibus individuis conjunctæ (nam in eo differunt a similaribus) vel aqua ignive > aliisque corporibus et primum maxime similaribus examinatæ; ac denique cum corporibus magis compositis, imo ipsis speciebus et maxime cum corporibus animalium copulatæ, quoniam omnis illa inquisitio maxime ad cognoscendam animalium naturam dirigi debet.

Quarta decima est scientia *Moralis*, de Animo scilicet ejusque Motibus cognoscendis atque regendis. [Hic Politicam jurisprudentiamque comprehendo.] [2]

Decima sexta est [Cosmopolitica] *Geopolitica*, nempe [Status Generis humani] de statu Telluris nostræ ad genus humanum relato, quæ Historiam omnem et Geographiam civilem comprehendit [3].

Decima octava est de substantiis incorporalibus sive *Theologia naturalis*.

Huic Encyclopædiæ subjicienda est *Practica*, nempe de usu scientiarum ad felicitatem, sive de agendis, considerando scilicet, quod nos [4] nisi homines sumus. | Quoniam vero has scientias satis perfecte tradere majus est opus, et nobis tempore inprimis utendum est; ideo consilium meum est, ut opere inter multos partito quam maturrime licet delineationem ejus qualemcunque quamprimum formemus, Quæ sit cæterorum basis, augerique et poliri indies queat, et gradus esse possit ad majora. Nec video quid vetet a viginti viris eruditis absolvi tale quid intra biennium, quod certum sit ab uno intra decennium præstari posse, qui sufficientem rerum notitiam habeat.

[Sed cum unusquisque [ex curiosis] < eorum qui veritatem amant

---

1. V. *La Logique de Leibniz*, p. 326, n. 1.
2. Ici Leibniz a omis le n° 15.
3. Ici Leibniz a omis le n° 17.
4. Suppléer « non ».

ac res profundius considerant > multas soleat habere meditationes et inventa] PHIL., V, 7, f. 6.

Quoniam vero constat viros varia doctrina et < singulo > veritatis amore præstantes multa habere solere cogitata < vel experimenta > præclara, sparsa licet et varia, nec in unius scientiæ corpus coeuntia, quæ plerumque magna Reipublicæ jactura interire solent, ea si in chartam conjiciant communicentque utcunque inelaborata < atque incohærentia >, mirifice totum hoc institutum juvabunt, suæque < simul > gloriæ velificabuntur, quam cuique ex inventis suis societas summa fide sartam rectamque præstabit[1].

[1]. Rapprocher de ce morceau les fragments suivants : PHIL. VI, 12, f, 29 : *Discours sur un plan nouveau d'une science certaine pour demander avis et assistance aux plus intelligens* (ap. BODEMANN, p. 90); PHIL., VI, 12, e : *Projet et Essais pour arriver à quelque certitude, pour finir une bonne partie des disputes et pour avancer l'art d'inventer*; PHIL., VII, B, VI, 1-2 : *Essay sur un nouveau plan d'une science certaine, sur lequel on demande les avis des plus intelligens*. (V. plus bas.)

PHIL., V, 8, a, 1-8. (9 p. in-fol.) [1]

April. 1679. N° 1. Plagula 1.

Elementa Characteristicæ universalis.

2, recto [2].   REGULA construendorum characterum hæc est : cuilibet Termino (id est subjecto vel prædicato propositionis) assignetur numerus aliquis hoc uno observato, ut terminus compositus ex aliis quibusdam terminis respondentem sibi habeat numerum productum ex numeris illorum terminorum invicem multiplicatis [3]. Exempli causa, si fingeretur terminus Animalis exprimi per numerum aliquem 2 (vel generalius *a*) terminus Rationalis per numerum 3 (vel generalius *r*) terminus hominis exprimetur per numerum 2, 3, id est 6, seu productum ex multiplicatis invicem 2 et 3 (vel generalius per numerum *ar*) [4].

Regulæ usus characterum in propositionibus categoricis sunt sequentes :

Si propositio Universalis Affirmativa est vera, necesse est ut numerus subjecti dividi possit exactè seu sine residuo per numerum prædicati.

{ U. A. $\frac{S}{P}$ succedit, id est numerus S dividi exactè potest per numerum P. Sive si $\frac{S}{P}$ exprimatur per fractionem (cujus numerator v. g. 6 sit S

---

1. Ici commence la série des essais d'avril 1679, datés et numérotés par Leibniz, qui contiennent son premier système de Calcul logique (système des nombres caractéristiques). V. *La Logique de Leibniz*, p. 326-334.
2. Pour la f. 1, voir f. 23 verso, fin.
3. Cf. PHIL., V, 6, f. 16 : « Lex expressionum hæc est : ut ex quarum rerum ideis componitur rei exprimendæ idea, ex illarum rerum characteribus componatur rei expressio. » (BODEMANN, p. 80-81.)
4. Cf. PHIL., VII, B, III, 3 (févr. 1679).

< numerus subjecti v. g. hominis > denominator verò P < numerus præ-
dicati v. g. animalis >) illa fractio debet æquivalere integro, ut $\frac{6}{3}$ est 2. }

Si propositio particularis affirmativa est vera, sufficit ut vel numerus prædicati exacte dividi possit per numerum subjecti, vel numerus subjecti per numerum prædicati.

{ P. A. vel $\frac{S}{P}$ vel $\frac{P}{S}$ succedit }

Si propositio Universalis Negativa est vera, necesse est ut neque numerus subjecti dividi possit exacte per numerum prædicati neque numerus prædicati per numerum subjecti.

{ U. N. neque $\frac{S}{P}$ neque $\frac{P}{S}$ succedit }

Si propositio particularis negativa est vera, necesse est ut numerus subjecti non possit exacte dividi per numerum prædicati.

{ P. N. $\frac{S}{P}$ non succedit }

Hæ quatuor Regulæ sive definitiones propositionum < categoricarum > verarum (adeoque et falsarum, nam quæ veræ non sunt falsæ sunt) secundum quantitatem (sive signa) et qualitatem (sive affirmationem et negationem) differentium sufficiunt ad totam Logicam vulgarem quatenus de forma propositionum et syllogismorum [categoricorum] agit uno mentis ictu cognoscendam; ita ut hinc statim cognosci possint Subalternationes, Oppositiones, Conversiones Propositionum, et Figuræ ac modi legitimi syllogismorum. Statim enim in numeris examinabuntur propositiones, tum illæ ex quibus fit conclusio, tum illæ quæ ex aliis concluduntur.

Quin imo ostendam aliquid amplius, quomodo statim per calculum demonstrari possint omnes formæ Logicæ categoricæ, etiamsi ponamus nondum dari hos qui desiderantur Terminorum seu Notionum < singularum > numeros. Quemadmodum enim in Algebra literali calculamus circa numeros generales < literis expressos, qui notos vel ignotos speciales quoscunque designant >, ita hic quoque pro numeris illis literas adhibendo præclara Logicæ artis theoremata demonstrabimus. Itaque tanta est hujus inventi nostri Mirabilis præstantia, ut vel solum votum atque consilium ejus novam facem menti accendat, et scientias incredibili accessione locupletet.

N° 1, plag. 2. April. 1679.

Operæ pretium erit paucis tantæ rei specimina dare. Itaque data quacunque propositione categorica, tam subjecti quam prædicati numerum exprimemus litera quadam, exempli causa si propositio sit Homo est Animal, poterimus subjecti numerum exprimere litera H, prædicati vero litera A. Jam horum duorum numerorum H. A. rationem exprimamus in simplicissimis numeris[1], exempli causa si numerus H sit 6 et A sit 2, ratio H ad A in simplicissimis numeris erit 3 ad 1. < adeoque ratio A ad H in simplicissimis numeris erit 1 ad 3 >. Vel si numerus H sit 15 et numerus A sit 6. ratio H ad A in simplicissimis numeris erit 5 ad 2. et ratio A ad H in simplicissimis numeris 2 ad 5. Generaliter itaque hos simplicissimos numeros ponamus esse $[m, n]$ < v. r >, ita ut sit H ad A ut m ad n[2]. Hinc fiet $\frac{H}{A}$ æqu. $\frac{r}{v}$ et $\frac{A}{H}$ æqu. $\frac{v}{r}$ vel rA æqu. vH.

< Notandum autem obiter simplicissimos numeros rationem numerorum subjecti et prædicati exprimentes esse < numeros > eorum terminorum qui in subjecto et prædicato restant abjectis terminis utrique communibus [ut si ab auro et Hydrargyro communia abjicias, restabit in illo] >

Ex his sequitur, si divisio numeri H (subjecti) per numerum A (prædicati) procedit exactè, seu si fractio $\frac{H}{A}$ ad simplicissimos numeros redacta, id est $\frac{r}{v}$ (ex. gr. $\frac{3}{1}$) est numerus integer, necessariò nominatorem ejus v esse 1. seu unitatem. Contra si divisio non procedit exactè seu si fractio < in simplicissimis numeris constituta > $\frac{r}{v}$ (ex. gr. $\frac{5}{2}$) non est numerus integer, necesse est nominatorem ejus v (hoc loco 2.) non esse unitatem, sed numerum unitate majorem. Idem est in divisione prædicati per subjectum, tantum enim invertenda fractio est, nam si dividi exacte potest numerus A (prædicati) per numerum H (subjecti), tunc fractio $\frac{A}{H}$ in sim-

---

1. Dans tout ce passage, Leibniz a substitué le mot *numeris* au mot *terminis*.
2. *Sic.* Lire : « ut r ad v ».

plicissimis terminis constituta id est $\frac{v}{r}$ habebit nominatorem r æqualem unitati; sin [minus] divisio A per H exactè non procedat, fractio $\frac{v}{r}$ habebit nominatorem r unitate majorem. < Eadem omnia procedunt si numeri terminis propositionis respondentes sint H. B. et numeri rationem eorum simplicissimè exprimentes sint r. y. >

| Cum ergo propositionem categoricarum quarumcunque veritas qualitas et qualitas[1] solis numerorum Terminos exprimentium divisionibus exactis vel non exactis cognosci possit per regulas initio positas, sequitur hanc < ad terminos minimos > reductionem rationis Numerorum duorum propositionis Terminos exprimentium sufficere < semper > ad æquationes constituendas, propositionibus respondentes. Nam si fieri potest divisio vel si fieri non potest certo aliquo modo, propositio secundum quantitatem vel qualitatem data, est vera et falsa; et contra si propositio secundum qualitatem vel quantitatem est vera vel falsa, [fieri] vel non fieri potest divisio dicto modo.

Hinc jam oritur Tabula propositionum et æquationum respondentium hujusmodi :

I. U. A. Omn. H. est A. vH æqu. rA { debet numerus (v) subjecti numerum multiplicans esse unitas.

II. P. A. Qu. A est H. rA æqu. vH { sufficit alterutrum numerum
(vel Qu. H est A)   (vel vH æqu. rA)   (r vel v) terminorum numeros multiplicantem esse unitatem.

III. U. N. Null. H est B. yH æqu. rB { debet uterque numerus terminorum numeros multiplicans
vel (Null. B est H)   (vel rB æqu. yH)   (. y. r) esse major unitate.

IV. P. N. Qu. A non est H. rA æqu. vH { debet numerus (r) subjecti numerum multiplicans esse major unitate.

| Ex hac jam tabula per simplicem animi intuitum statim patet propositionem universalem negativam et particularem affirmativam sibi contradictoriè opponi, quia omnis numerus (semper de integris loquor) in conditionibus harum propositionum designatus est aut unitas aut major

---

1. *Sic*, pour : « qualitas et quantitas ».

unitate; non simul utrumque, neque simul neutrum, itaque alterutra harum propositionum quas opponi diximus erit vera, altera falsa.

Eodem modo per intuitum patet ex universali sequi particularem retentis terminis et qualitate; seu in iisdem terminis eodem situ manentibus ex universali affirmativa sequi particularem affirmativam; ex universali negativa particularem negativam. Nam ex U. A. sequitur P. A. quia si numerus subjecti terminum multiplicans est unitas (ut requiritur in æquatione pro U. A.) utique numerus alterutrum terminum multiplicans est unitas (quod solum requiritur in æqu. pro P. A.). Et ex U. N. sequitur P. N. quia si uterque numerus numerum alicujus Termini multiplicans est major unitate (ut requiritur in æqu. pro U. N.), utique et numerus unum ex terminorum numeris, nempe subjecti numerum multiplicans erit major unitate (quod solum requiritur in æqu. pro P. N.).

Sed illud patet elegantissimè U. N. et P. A. converti posse simpliciter, nam in conditionibus earum hoc tantum requiritur ut alteruter numerus multiplicans seu coefficiens sit u, vel ut uterque sit major unitate, adeoque non exprimitur unus terminus propositionis præ altero, itaque nihil refert quis eorum sit subjectum aut prædicatum, manente tantùm qualitate et quantitate.

Verùm ut quæ verbis ostendimus literis etiam ostendamus, aliter nonnihil exhibenda erit Tabula, ita nimirum ut ex ipsis literis dijudicari possit sintne majores unitate, an ei æquales, quantum scilicet id vi formæ dijudicari posse debet. Hunc in finem numeros qui certo sunt æquales unitati omittemus, quia Unitas non multiplicat, numeros qui

Verum ut quæ verbis ostendimus calculo literali etiam demonstremus, [distinguendæ] aliter exhibenda nonnihil Tabula est, ipsæque literæ ita distinguendæ, ut ex ipsismet appareat sintne majores necessariò unitate, an ei necessariò æquales, an alternativè saltem majores vel æquales. Quam in rem adhibeantur sequentes Observationes vel Canones.

I. *Litera Majuscula* significat aliquem numerum respondentem termino (id est subjecto vel prædicato alicujus propositionis adhibitæ vel adhibendæ).

II. *Litera Minuscula* significat numerum aliquem, Majusculæ numerum multiplicantem, ad complendam æquationem quæ ex propositione oriri

debet < quem numerum uno verbo possumus vocare coefficientem >. Phil., V, 8, a, 6.
Quoniam enim aliquando in propositione alter terminus alterum continet,
hinc et numerus unius numerum alterius continet velut dividendus divisorem, et ideò ut fiant æquales multiplicandus est divisor per quotientem
ut fiat æqualis dividendo. Quodsi divisio non succedat, id est si neuter
alterum contineat, id est si termini sint disparati, tum uterque numerus
multiplicari debet per aliquem alium numerum, quisque per suum, ut
fiant æquales. Debent autem numeri hi multiplicantes esse illi qui simplicissimè exprimunt rationem ipsorum Numerorum multiplicandorum
inter se invicem; et multiplicatio debet fieri per crucem. Simplicissimi
autem adhibendi, ut cum ratio est ea quæ unitatis ad numerum integrum,
id appareat, quemadmodum hæc omnia ex supra dictis facillima sunt
consideranti.

III. *Litera Latina minuscula* significat numerum qui an unitati an verò
numero unitate majori æqualis sit, vi formæ, nihil refert. Exempli gratia
nihil refert in propositione universali affirmativa, sitne prædicatum angustius subjecto an vero ei æquale, modò in eo contineatur, seu modo non
sit amplius subjecto. Itaque numerus per quem multiplicandus est
Numerus prædicati, ut prodeat numerus subjecti, erit vel unitas, cum
scilicet subjectum et prædicatum reciproca sunt sive æquè latè patent;
vel numerus unitate major, cum scilicet prædicatum est subjecto angustius. Utrum verò fieri opus sit ad generalem formam propositionis universalis affirmativæ nihil refert. Itaque loco propositionis Omn. H. est A.
possumus adhibere hanc æquationem H æqu. rA. { id est, ut exemplo
utar, notio hominis coincidit notioni rationalis et animalis simul, seu
numerus hominis prodit multiplicando numerum animalis per numerum
animalis[1]. Et hoc casu r est numerus major unitate, sed in aliis casibus
potest esse ei æqualis. Exempli gratia. Omne T est Θ. seu T æqu. v Θ.
Omne Triangulum est Trilaterum; sed quia Trianguli notio Trilateri
notioni æquè latè patet seu coextenditur, itaque et numeri ipsas repræsentantes erunt æquales. Quare v. per quem multiplicandus est Θ ut
æquetur ipsi T cui jam tum æquatur, est unitas. Ergo vi formæ generalis
quam propositio universalis affirmativa habet, nihil refert numerus r vel v
prædicati numerum multiplicans unitasne sit an unitate major. Idem est

---

1. *Sic* : un des deux *animalis* est pour *rationalis*.

in prædicato particularis negativæ, quæ nihil est aliud quam universalis affirmativæ contradictoria, ut superiora ostendunt. Hæc autem omnia non probationis, sed illustrationis causa hic adducimus }.

| IV. *Litera græca minuscula* < (in exponente non constituta de quo post) > significat numerum quem certum est esse majorem unitate. Talis numerus occurrit in propositionibus negativis, ut patet ex Tabula superiore, et magis patebit ex dicendis.

V. *Litera latina minuscula affecta exponente aliquo qui sit litera græca*, ut v^λ. r^μ, constituit numerum quem quidem utrum major unitate sit an ei æqualis, non constat vi formæ, illud tamen de eo constat, eum cum alio quodam numero similiter per literam latinam minusculam exponente græco affectam expresso, alternare, ita ut alteruter necessario sit unitas; et alteruter maneat indifferens an sit unitas an unitate major. Quoniam autem fieri potest ut simul plures < duabus > ejusmodi literæ exponentibus affectæ adhibeantur, ideo ut appareat quinam ad se invicem referendi sint unumque par constituant, *poterimus hoc observare, ut illorum exponentes sint duæ literæ græcæ in ordine græci Alphabeti sibi proximæ*, ut hoc loco λ et μ. Hoc enim significabit hos duos numeros v^λ. r^μ ita secum alternare, ut unus ex ipsis necessario sit unitas, altero manente indifferente. Ponamus enim quatuor ejusmodi numeros dari : v^λ. r^μ. p^β. q^γ. Patet eos debere in paria discerni ita ut aliquis ex his v^λ. r^μ. et aliquis ex his p^β. q^γ. sit necessario unitas. At si paria malè assumantur ut v^λ. p^β. nulla est talis necessitas, ut alteruter ex duobus sit unitas, potest enim fieri ut r^μ et q^γ sint unitates, adeoque ex reliquis neuter. Itaque ut paria discerni possint adhibere placuit observationem quæ dixi. Sciendum est autem horum usum esse tantùm in propositione particulari affirmativa. In illa enim necesse est alterutrum numerum coefficientem esse unitatem. Quemadmodum jam in superiore Tabula admonitum est. Adhibui autem (non sine consilio) exponentes potius quàm alium exprimendi modum, quia ita literas ipsas sub exponentibus ut v. r. intactas retineo, quod utile est : his enim nonnunquam < ad literas initiales terminorum in exemplis rem declarantibus > facilitatis causa respicio, ut supra H æqu. rA. homo idem est quod rationale animal. Nolui autem literas v. r. per alias multiplicare, ad alternationem nostram exprimendam, nam illæ aliæ quomodo fuissent à cæteris distinctæ, et quomodo paria commodè designassemus nisi forte compositis magis characteribus, aut numeris adhibitis. { quorum illud in scribendo prolixum, hoc æquationis exactitudinem si quando explicasset violaret, deberemus enim hujusmodi numerum postea aliquando explicare per unitatem, et dicere verbi gratia 3 æqu. 1. quod parum aptum, tametsi 3 hic pro numero non charactere accipiamus, quia fieri potest ut aliquando 3 aliunde prodeat. } Certas literas latinas aut græcas pro his solis deputare etiam non licebat, quia jam satis occupavimus eas ut non nimium earum supersit, præsertim cum ubi commodè licet, literis ut dixi uti velimus terminorum initialibus, quæ literæ proinde non debent esse jam occupatæ. Sed hæc obiter, ut ratio consilii nostri curiosiùs inquirenti constaret.

Phil. V, 8, b, 9-12 (7 p. in-folio.)

April. 1679. N° 2. plag. 1.

Elementa Calculi.

(1) *Terminus* est subjectum vel prædicatum propositionis categoricæ. <Itaque sub termino nec signum nec copulam comprehendo. Itaque cum dicitur sapiens credit, terminus erit non credit, sed credens, idem est ac si dixissem sapiens est credens.>

(2) *Propositiones* hic intelligo categoricas, <cum aliud speciatim non exprimo, est autem categorica cæterarum fundamentum et modales, hypotheticæ, disjunctivæ, aliæque omnes categoricam supponunt. Categoricam autem voco A est B, vel A non est B. seu falsum est A esse B. Signi varietate accedente, ut vel universalis sit propositio et de omni subjecto intelligatur, vel particularis de quodam>.

(3) Cuilibet Termino assignetur suus *numerus characteristicus*, qui adhibeatur in calculando, ut terminus ipse adhibetur in ratiocinando. <Numeros autem eligo in scribendo, alia signa suo tempore et numeris et ipsi sermoni accommodabo. Nunc autem maxima est numerorum utilitas ob certitudinem et tractandi facilitatem, et quia hinc ad oculum patet, omnia in notionibus ad numerorum instar certa et determinata esse.>

(4) *Regula inveniendi numeros characteristicos* aptos hæc <unica> est, ut quando Termini dati conceptus componitur <in casu recto> ex conceptibus duorum pluriumve aliorum terminorum, <tunc> numerus termini <dati> Characteristicus producatur ex terminorum termini dati

conceptum componentium numeris characteristicis invicem multiplicatis. < Verbi gratia quia Homo est Animal rationale (et quia Aurum est metallum ponderosissimum) > hinc si sit Animalis < (metalli) > numerus a ut 2 < (m ut 3) > Rationalis < (ponderosissimi) verò > numerus r ut 3 (p ut 5), erit numerus hominis seu h idem quod ar id est in hoc exemplo 2,3 seu 6 < (et numerus auri seu solis s. idem quod mp, id est in hoc exemplo 3,5 seu 15) >.

(5) *Literas* adhibebimus, < ut hic $a. r. h.$ ($m. p. s.$) > quando aut numeri non adsunt aut saltem non speciatim considerantur, sed generaliter tractantur, quod hoc loco in Elementis tradendis nos facere oportet. {Quemadmodum in Algebra symbolica seu Arithmetica figurata fieri solet, ne quod simul ac semel in infinitis exemplis [ostendere] possumus in singulis præstare cogamur. Modum autem hic utendi literis infra explicabo.}

(6) Cæterum regula artic. 4. tradita sufficit ad omnes res totius mundi < calculo nostro comprehendendas >, quatenus de iis notiones distinctas habemus, id est quatenus earum requisita quædam cognoscimus, quibus per partes examinatis, eas à quibuslibet aliis possumus distinguere, < sive quatenus earum assignare possumus definitionem >. Hæc enim requisita nihil aliud sunt quam termini quorum notiones componunt notionem quam de re habemus. Possumus autem plerasque res ab aliis discernere per requisita, et si quæ sunt quarum requisita assignare difficile sit, iis interim ascribemus numerum aliquem primitivum, eoque utemur ad alias res hujus rei ope designandas. Et hoc modo saltem omnes propositiones calculo invenire ac demonstrare poterimus quæ interim sine rei pro primitiva interim sumtæ resolutione demonstrari possunt. < Sic Euclides nuspiam utitur definitione lineæ rectæ in suis demonstrationibus, < sed ejus loco adhibuit quædam pro axiomatis assumta >; at Archimedes cum longius vellet progredi, coactus est ipsam lineam rectam resolvere, eamque definire, inter duo puncta minimam. > Itaque hoc modo non quidem omnia, attamen innumera inveniemus tum quæ jam ab aliis sunt demonstrata, tum quæ ab aliis ex jam cognitis definitionibus et axiomatibus atque experimentis unquam poterunt demonstrari : idque ea prærogativa nostra [quod quæ illi] < ut statim de oblatis propositionibus possimus per numeros judicare an sint probatæ, et ut quæ alii > vix summo labore animi et casu, nos solo characterum ductu,

et certa methodo eaque verè analytica demus, ac proinde quæ vix multi annorum millenarii alias præbituri erant mortalibus, intra seculum exhibere valeamus.

| (7) Ut autem usus numerorum characteristicorum pateat in propositionibus, considerandum est : Omnem propositionem veram categoricam < affirmativam < universalem >>, nihil aliud significare quam connexionem quandam inter Prædicatum et subjectum < in casu recto de quo hic semper loquar >, ita scilicet ut prædicatum dicatur inesse subjecto < vel in subjecto contineri, eoque vel absolute et in se spectato, vel certe [in aliquo casu] seu in aliquo exemplo >, seu ut subjectum dicto modo dicatur continere prædicatum : hoc est ut notio subjecti < vel in se, vel cum addito > involvat notionem prædicati, < ac proinde ut subjectum et prædicatum sese habeant invicem, vel ut totum et pars, vel ut totum et totum coincidens, vel ut pars ad totum[1] >. Primis duobus casibus propositio est universalis affirmativa; ita cum dico: Omne aurum est metallum, hoc volo tantùm in notione auri contineri notionem metalli < in casu recto : aurum enim est metallum ponderosissimum >. Et cum dico : Omnis pius est felix, nihil aliud volo quàm hoc : ejusmodi esse connexionem inter notionem pii et notionem felicis, ut is qui perfecte naturam pii intelligeret, deprehensurus sit naturam felicis in ea involvi in casu recto. At in omnibus casibus sive subjectum sive prædicatum sit pars aut totum, semper locum habet propositio particularis affirmativa. Exempli causa quoddam metallum est aurum, licet enim metallum per se non contineat aurum tamen quoddam metallum < cum addito seu speciale > (exempli causa id quod majorem ducati < Hungarici > partem facit) ejus naturæ est, ut naturam auri involvat. < Discrimen autem est in continendi modo inter subjectum propositionis universalis et particularis. Nam subjectum propositionis universalis in se spectatum et absolutè sumtum debet continere prædicatum, ita auri notio per se spectata et absolutè sumta metalli notionem involvit. Nam notio auri est metallum ponderosissimum. < sed in Propositione affirmativa particulari, sufficit addito aliquo rem succedere >. Sed notio metalli absolutè spectata et in se sumta non involvit auri notionem; et ut involvat addendum est aliquid. Nempe signum particulare : est enim

---

1. Toutes ces considérations sont relatives au point de vue de la compréhension.

certum quoddam metallum quod auri notionem continet. Imposterum autem cum dicemus Terminum in termino vel notionem in notione contineri, intelligemus simpliciter et in se. >

(8) Propositiones autem negativæ tantum affirmativis contradicunt, easque falsas esse asserunt. Ita *propositio particularis negativa* nihil aliud præstat quàm ut neget propositionem affirmativam universalem esse. Sic cum dico : quoddam [metallum] argentum non est solubile in aqua forti communi, hoc unum volo : falsam esse hanc propositionem affirmativam universalem : Omne argentum in aqua forti communi solubile est. Nam datur exemplum contrarium si Chymistis quibusdam credimus, nempe Luna fixa ut ipsi vocant. Propositio autem *Universalis negativa* tantùm contradicit particulari affirmativæ. Exempli causa si dicam : Nullus sceleratus est felix, hoc significo : falsum esse quod aliquis sceleratus sit felix. Itaque patet ex affirmativis negativas intelligi posse et contra illas ex istis.

(9) Porro in omni Propositione categorica sunt duo Termini; duo vero quilibet termini quatenus inesse aut non inesse sive contineri aut non contineri dicuntur differunt modis sequentibus. Quòd vel unus continetur in altero, vel neuter. Si unus continetur in altero, < tunc vel unus alteri æqualis est, vel > differunt ut totum et pars. Si neuter in altero contineatur, tunc vel commune aliquid continent < (quod non nimis remotum sit) > vel toto genere differunt. Sed hæc per species explicabimus.

| (10) Duos Terminos sese continentes et nihilominus æquales voco *Coincidentes*. Exempli causa notio trianguli coincidit in effectu notioni trilateri, id est tantundem continetur in una, quantum in altera, < tametsi id prima fronte aliquando non appareat; sed si quis > resolvat unum pariter atque alterum, tandem incidet in idem. [Ita coincidunt metallum ponderosissimum < inter metalla > et metallum fixissimum < inter metalla >; tametsi absolutè loquendo ponderosissimum et fixissimum non coincidant; ut exemplo Mercurii patet, nam inter hæc duo cuprum et argentum vivum, patet illud esse fixissimum, hoc ponderosissimum. < Sed hoc obiter >.]

{(11) Duo Termini sese continentes nec tamen coincidentes vulgo appellantur *Genus et Species*. Quæ quoad notiones seu terminos componentes (ut hoc loco a me spectantur) differunt ut pars et totum, ita ut generis notio sit pars, speciei notio sit totum : componitur enim ex

genere et differentia. Exempli causa } Notio auri et notio metalli differunt Phil., V, 8, b, 10.
ut pars et totum; nam in notione auri continetur notio metalli et aliquid
præterea, exempli causa < notio > ponderosissimi inter metalla. Itaque
notio auri est major notione metalli.

(12) In scholis aliter loquuntur, non notiones spectando, sed exempla
notionibus universalibus subjecta. Itaque metallum dicunt esse latius
auro, nam plures continet species quam aurum; { et si individua auri ab
una parte et individua metalli ab altera parte numerare vellemus, utique
plura essent hæc illis, imo illa in his continerentur ut pars in toto. Et
hac quidem observatione adhibita, et characteribus accommodatis possent
omnes regulæ Logicæ a nobis demonstrari alio nonnihil calculo quam
hoc loco fiet; tantum quadam calculi nostri inversione [1]. Verum malui
spectare notiones universales sive ideas earumque compositiones, quia
ab individuorum existentia non pendent. Itaque } dico aurum majus
metallo, quia plura requiruntur ad notionem auri quam metalli, et majus
opus est aurum producere quam metallum qualecunque. Nostræ itaque
et scholarum phrases hoc loco non quidem contradicunt sibi, distinguendæ sunt tamen diligenter. Cæterum in loquendi modis nihil à me
sine quadam ratione atque utilitate innovari, patebit consideranti.

(13) Si neuter terminorum in altero continetur, appellantur *Disparata*,
et tunc rursus ut dixi vel aliquid commune habent, vel toto genere differunt. Aliquid commune habent, qui sub eodem sunt genere, quas
posses Dicere *Conspecies*, ut Homo et brutum, animalis conceptum
habent communem. Aurum et Argentum metalli, Aurum et Vitriolum
< communem habent conceptum > mineralis. Unde patet etiam plus
minusve commune habere duos terminos, prout genus earum [2] minus
magisque remotum est. Nam si genus sit valde remotum, tunc exiguum
etiam erit in quo symbolizent species. Et si genus erit remotissimum,
exempli gratia [substantia] aliquas res dicemus esse *Heterogeneas* seu toto
genere differre, ut Corpus et Spiritum : non quod nihil illis commune
sit, saltem enim ambo sunt substantiæ, sed quod hoc genus | commune 10 verso.
sit valde remotum. Unde patet quid Heterogeneum dicendum sit vel non,
à comparatione pendere. Nobis verò in calculo sufficit duas res nullas ex

---

1. Ici Leibniz définit le point de vue de l'extension comme étant celui de l'École.
2. *Sic*. Leibniz avait d'abord écrit *species* au lieu de *terminos*.

quibusdam notionibus certis à nobis designatis habere communes, etsi alias forte communes habeant.

(14) Hæc jam quæ de Terminis sese variè continentibus aut non continentibus diximus, transferamus ad numeros eorum characteristicos. Quod facile est quia diximus artic. 4 quando terminus concurrit ad alium terminum constituendum, < id est cum notio termini in notione alterius termini continetur >, tunc numerum < characteristicum > termini constituentis concurrere < per multiplicationem > ad productionem numeri characteristici pro termino constituendo assumendi : seu, quod idem est, numerum characteristicum termini constituendi < seu alium continentis > divisibilem esse per numerum characteristicum termini constituentis seu qui alteri inest. Exempli gratia, Notio animalis concurrit ad constituendam notionem hominis, itaque et numerus characteristicus animalis a (verbi gratia. 2) concurret cum alio aliquo numero r (ut 3.) ad producendum per multiplicationem numerum ar sive h. (2,3 vel 6) nempe characteristicum hominis. Ac proinde necesse est numerum ar vel h. (sive 6) dividi posse per a (sive per 2).

(15) Quando autem Termini duo sunt coincidentes, exempli causa Homo et Animal Rationale, tunc et Numeri < h et ar > sunt coincidentes in effectu (velut 2,3. et 6). Quoniam tamen nihilominus terminus unus hoc modo alterum continet, licet reciprocè, nam homo continet animal rationale (sed nihil præterea) et animal rationale continet hominem (et nihil præterea, quod scilicet non jam in homine contineatur) hinc necesse est et numeros h et ar. (2,3 et 6) sese continere, quod utique verum est, quia sunt coincidentes, idem autem numerus utique continetur in se ipso. Necesse est præterea etiam unum per alterum posse dividi, quod etiam verum est; nam si quis numerus per se ipsum dividatur, prodit unitas. Itaque quod artic. præcedenti diximus, ut Termino uno alium continente, characteristicus illius divisibilis sit per characteristicum hujus, id etiam in terminis coincidentibus locum habet.

April. 1679. N° 2. plag. 2.

(16) Hinc itaque per Numeros characteristicos etiam illud scire possumus, quinam terminus alium non contineat. Nam tantummodo tentandum est utrum Numerus hujus exactè dividere possit Numerum illius. Exempli gratia, si Numerus characteristicus hominis fingatur esse 6.

simiæ verò 10. patet quod nec simiæ notio contineat notionem hominis, nec contrà hæc illam, quia nec 10 dividi potest exactè per 6. nec contra 6 per 10. Hinc si quæratur an in notione ejus qui justus est contineatur notio sapientis, id est an nihil proterea requiratur ad sapientiam quàm id quod in justitia jam continetur; tantùm examinandum erit an numerus characteristicus justi dividi exactè possit per numerum characteristicum sapientis, nam si non procedit divisio, patet adhuc aliquid requiri ad sapientiam quod non requiritur in justo; nempe scientiam rationum, potest enim aliquis esse justus per consuetudinem seu habitum etiamsi rationem eorum quæ agit reddere non possit. Quomodo autem id <minimum>, quod adhuc requiritur sive supplendum est, inveniri etiam per numeros characteristicos queat, postea dicam.

(17) Itaque hinc possumus scire an propositio aliqua Affirmativa universalis sit vera. Nam in ea semper notio subjecti absolutè et indefinitè sumta, ac per se in genere spectata, continet notionem prædicati. Omne scilicet aurum est metallum, id est metalli notio continetur in notione generali auri per se spectata, ut quicquid aurum esse ponitur eo ipso metallum esse ponatur, quoniam omnia requisita metalli (ut : esse ad sensum homogeneum, in igne saltem certa ratione administrato liquidum, et tunc non madefaciens res alterius generis immersas;) in requisitis auri continentur. < Quemadmodum pluribus explicuimus supra articulo 7. > Itaque si velimus scire an omne aurum sit metallum (nam dubitari potest, exempli gratia an aurum fulminans adhuc sit metallum, quoniam est in forma pulveris, et in igne quadam ratione administrato disploditur, non funditur) tantum explorabimus an ei insit metalli definitio, id est, simplicissima opera, cum numeri characteristici adsunt, an numerus characteristicus auri dividi possit per numerum characteristicum metalli.

| (18) Sed in *Propositione affirmativa particulari* non est necesse ut prædicatum in subjecto per se et absolutè spectato insit seu ut notio subjecti per se prædicati notionem contineat, sed sufficit prædicatum in aliqua specie subjecti contineri seu *notionem alicujus < exempli seu > speciei subjecti continere notionem prædicati*; licet qualisnam ea species sit, non exprimatur. Hinc si dicas : quidam expertus est prudens, non quidem illud dicitur, in notione experti in se spectata contineri notionem prudentis. Neque etiam id negatur, sed instituto nostro sufficit, quòd aliqua species experti habet notionem, quæ notionem prudentis continet,

tametsi forte non sit expressum, qualisnam illa sit species; nempe etsi hoc loco non exprimatur eum demum expertum esse prudentem, qui præterea habet judicium naturale, sufficit tamen subintelligi aliquam speciem experti prudentiam involvere.

(19) Imò si notio subjecti in se spectata continet notionem prædicati, utique etiam notio subjecti cum addito, seu notio speciei subjecti notionem prædicati continebit. Quod nobis sufficit, quia non negamus ipsi subjecto inesse prædicatum, cum speciei ejus inesse dicimus. Itaque possumus dicere, quoddam metallum in igne (rectè administrato) est liquidum; etsi potuissemus generalius et utilius sic enuntiare : Omne metallum in igne etc. Habet tamen et particularis assertio suos usus, velut cum facilius demonstratur aliquando quàm generalis, aut cum auditor eam facilius recepturus est, quàm generalem, et particularis nobis sufficit.

(20) Quoniam itaque ad propositionem particularem affirmativam nihil aliud requiritur quàm ut species subjecti contineat prædicatum, hinc subjectum se habet ad prædicatum vel ut species ad genus, vel ut species ad aliquid sibi coincidens seu attributum reciprocum, vel ut genus ad speciem, id est : habebit sese notio subjecti ad notionem prædicati, vel ut totum ad partem, vel ut totum ad totum coincidens, vel ut pars ad totum (vide supra artic. 7 et 11).

| Ut totum ad partem, cum notioni subjecti velut speciei inest notio prædicati velut generis $<$ verbi gratia si bernacla sit subjectum, avis prædicatum $>$; ut totum ad totum coincidens, cum duo æquivalentia de se invicem dicuntur, ut cum triangulum est subjectum, trilaterum prædicatum; et denique ut pars ad totum, ut cum metallum est subjectum, aurum est prædicatum. Itaque dicere possumus : quædam bernacla est avis; quoddam triangulum est trilaterum (etsi has duas propositiones potuissem etiam enuntiare universaliter); denique quoddam metallum est aurum. Aliis casibus propositio particularis affirmativa locum non habet. Hæc autem ita demonstro : si species subjecti continet prædicatum, utique continebit vel ut coincidens sibi vel ut partem; si ut æquale sibi seu coincidens, tunc utique prædicatum est species subjecti, quia speciei subjecti coincidit. Sin species subjecti prædicatum continet ut partem, prædicatum erit genus speciei subjecti per artic. 11. itaque prædicatum et subjectum erunt duo genera ejusdem speciei. Jam duo genera ejusdem speciei vel coincidunt, vel, si non coincidunt, necessariò se habent, ut

genus et speciem. Hoc autem facile ostenditur, nam ex speciei notione formatur notio generis sola abjectione, cùm ergo ex specie duorum generum communi ambo genera per abjectionem continuam prodeant, id est superfluis abjectis relinquantur, unum prodibit ante alterum; et ita unum erit ut totum, alterum ut pars. Imò est paralogismus, et simul cadunt multa quæ hactenus diximus, video enim propositionem particularem affirmativam locum habere etiam cum neutrum est genus vel species, ut quoddam animal est rationale, modo scilicet Termini sint compatibiles. Hinc patet etiam non esse necesse ut subjectum per prædicatum vel prædicatum per subjectum dividi possit. Quibus multa hactenus inædificavimus. Ergo specialiora justo diximus, adeoque de integro ordiemur.

Adamas { 2, 3, 4, 5 corpus sensibile homogeneum durabilissimum.

PHIL., V, 8, c, 13-16 (8 p. in-folio).

April. 1679. N° 3. plag. 1.

Calculi universalis Elementa.

Terminum, ut animal, homo, rationale, sic exprimam numeris : a. b. c < Hoc uno observato, ut qui termini < simul > constituunt aliquem terminum, eorum numeri, in se invicem multiplicati, constituant numerum, ita quia animal et rationale constituunt hominem, erit b terminus hominis æqualis ac producto ex a in c. >

Propositio categorica universalis affirmativa, ut homo est animal, sic exprimetur : $\frac{b}{a}$ æqu. y, vel b æqu. ya.[1] significat enim numerum quo exprimitur homo, divisibilem esse per numerum quo exprimitur animal, tametsi id quod dividendo prodit nempe y hic non consideretur, < quamvis aliunde sciamus y hic fore c. > Ubi nota si y sit unitas tunc æquipollere b et a. vel si æquipolleant, y esse unitatem. Cæterum poterimus et sic exprimere : Omn. b est a.

Propositio Universalis negativa, verbi gratia Nullus homo est lapis, reducatur ad hanc affirmativam, Omnis homo est non lapis. Non lapis autem erit terminus quicunque præter lapidem, itaque hic terminus non-lapis

---

1. C'est la notation de BOOLE (avec un coefficient indéterminé).

exprimetur per numerum indefinitum, de quo hoc unum constat, quòd non sit divisibilis per numerum lapidis. Nam si homo non est lapis, non erit lapis scissilis nec lapis pellucidus, nec lapis pretiosus, adeoque nec erit gemma, nec marmor etc. Numerus autem qui per numerum aliquem datum non est divisibilis est ille qui non est divisibilis[1] per numerum primitivum aliquem per quem numerus datus est divisibilis. Exempli causa Numerus dividendus sit $\alpha\beta\gamma$ æqu. f. et divisor sit $\delta\varepsilon$ æqu. g. ita ut omnes numeri primi divisoris[2] sint α. β. γ. unus autem divisoris sit δ qui non continetur sub his α. β. γ. patet $\frac{\alpha\beta\gamma}{\delta\varepsilon}$ esse æqu. $\frac{f}{g}$. Itaque exprimendo numeros primitivos per literas græcas, | scribendoque :

$$\frac{f}{g} \text{ æqu. } \frac{\alpha..}{\delta...}$$

exprimetur $\frac{f}{g}$ esse numerum fractum seu propositio universalis negativa. $<$ per puncta... idem intelligitur quod etc. et intelligitur in loco vacuo quoscunque numeros posse scribi, modo nec α nec δ contineant. $>$ Et quia propositio universalis negativa est convertibilis, id quoque hic exprimitur manifestè, quia $\frac{f}{g}$ æqu. $\frac{\alpha..}{\delta..}$ fiet $\frac{g}{f}$ æqu. $\frac{\delta..}{\alpha..}$ utriusque autem par ratio est.

Propositio particularis affirmativa, ut quidam homo est [bonus] laudabilis, significat bonitatem cuidam homini inesse, seu numerum cujusdam hominis dividi posse per numerum boni. Exempli causa numerum hominis sapientis : id ergo de quo agitur sic exprimetur : $\left[\frac{yh}{l} \text{ æqu. } z\right] \frac{\aleph h}{l}$ æqu. $z <$ posito $\aleph h$ æqu. $v >$ quod significat numero hominis per alium numerum integrum vel fractum $\aleph$ (nam numeros vel integros vel fractos per hebraicas literas exprimam) multiplicato, productum dividi posse per l.

Sed ut hæc distinctius intelligantur, primum terminos ipsos explicabimus. α. β. γ. etc. seu litera græca significat numerum primum, qui in nulla propositione universali affirmativa subjectum esse potest, nisi sit identica, id est nisi in qua ipse etiam sit prædicatum.

---

1. Ici *est* se trouve répété par erreur dans le ms.
2. *Sic*, pour « dividendi ».

a. b. c. seu litera latina ex prioribus significat numerum integrum certum seu datum primum sive non-primum.

s. t. v. w. x. y. etc. seu litera latina ex posterioribus significat numerum integrum primum vel non-primum incertum.

$\frac{b}{y}$ significat praedicatum ipsius $b <$ in propositione universali affirmativa $>$ seu significat numerum aliquem ut *a* qui prodit dividendo *b* per numerum aliquem incertum, aptum scilicet ad dividendum. Nam quando incertus ponitur, semper intelligitur aptus. Itaque si dicam *a* aequ. $\frac{b}{y}$, idem dico ac *b* est *a* seu *a* inest ipsi *b*, quod et idem est ac si scripsissem *ay* aequ. *b* ut supra, vel *b* aequ. *ay*. qui modus scribendi optimus, respondet enim enuntiationi : homo est animal *quoddam*.

| Terminus $ay <$ vel $\frac{b}{y} >$ significat terminum indefinitum, id est vel universalem vel particularem, et id est praedicatum propositionis affirmativae sive universalis sive particularis, sive ipsum per se universale sit, sive particulare. Terminus *b* definitus significat semper terminum universalem, itaque etiam si dicam *ac* aequ. $b <$ (animal rationale est homo) $>$, est quidem praedicatum in propositione universali affirmativa, sed nihilominus ea est convertibilis, nam idem est ac si dixissem omne animal rationale est omnis homo. Imò et in hac *yc* est *b*. seu aliquod rationale est homo, succedet conversio. Nam omnis homo est aliquid rationale [1].

Hinc propositio *universalis affirmativa* est haec *b* est *ya* seu *b* est *c* [2]. prior non convertibilis, posterior convertibilis, vel ut generalius loquar, *b* est *ya* vel *b* est *zc* sed tunc numerus *z* est idem quod unitas quae non multiplicat. Propositio particularis affirmativa est *ya* est *b* vel *ya* est *zc*. { *b* est *a*. Hinc demonstrem *xb* est *a*. Nam *b* est *a*. Ergo *b* aequ. *ya*. Ergo *xb* aequ. *xya*. ponatur *z* aequ. *xy*. Ergo *xb* aequ. *za* seu *xb* est *a* }. Hinc demonstratur propositionem particularem affirmativam esse convertibilem in particularem affirmativam, nam *ya* est *b* convertatur in aequationem, hoc semper fieri potest, nam *ya* $<$ subjectum $>$ dividi potest per *b* praedicatum, et fiet $\frac{ya}{b}$ aequ. *x* posito *x* esse productum divisionis

---

1. Leibniz esquisse ici la théorie de la *quantification du prédicat*, élaborée depuis par HAMILTON.
2. Ici *est* a le sens du signe $=$ (égale).

incertum. Ergo fiet : *ya* æqu. *xb*. Ergo *xb* æqu. *ya*. Ergo *xb* est *ya*[1] seu propositio erit conversa ut postulabatur.

Cuncta hæc nunc brevius et distinctius sic exhibebo :

| (1) Regula generalis characteristicæ nostræ est ut *Terminus quilibet, verbi gratia*

Animal	homo	rationale
a	*b*	*c*

repræsentetur per numerum qui prodeat ex multiplicatione numerorum terminos terminum datum componentes repræsentantium, ita sit numerus *b* æqu. *ac.* quia homo est animal rationale. Finge numerum animalis esse 2, rationalis esse 3, erit numerus hominis 6. Hinc sequitur in omni propositione categorica debere numerum subjecti dividi posse per numerum prædicati. Exempli causa homo est animal. *b* dividi potest per *a.* seu 6 per 2.

(2) Hinc *semper propositio mutari potest in æquationem,* nam si numerus prædicati per alium quendam numerum multiplicetur, eum nempe qui ex divisione subjecti per prædicatum prodit, oritur numerus æqualis numero subjecti. Nam si quotiens multiplicetur[2] divisorem prodit dividendus. $\frac{b}{a}$ æqu. *c*. Ergo *b* æqu. *ac.*

(3) Quando non constat quis sit quotiens, quod fit quando unum quidem datur prædicatum, sed non reliqua quæ conceptum complent, tunc numerus indefinitus ut *x. y. z.* poni potest pro illo incognito; ut sit nix [nivis] subjectum [frigiditas] meteori. seu dicatur *n* est *m*, utique dividi potest *n* per *m*, seu dici potest $\frac{n}{m}$ æquale cuidam. Sed quia ipsum quale sit non constat, neque enim forte scimus aggregatum reliquorum requisitorum necessariorum ad hoc ut meteorum aliquod sit nix, exempli causa si sit frigidum spumeum, sensibiliter cadens, vocabimus hoc incognitum aggregatum *s*. et dicemus $\frac{n}{m}$ æqu. *s*. et fiet *n* æqu. *sm*, seu nix idem est quod certum quoddam meteorum.

(4) Itaque observandum est in omni æquatione seu propositione simpliciter convertibili, ut litera aliqua absolutè posita significet terminum

---

1. Leibniz a voulu sans doute écrire : « *xb* est *a* ».
2. Ici Leibniz a sans doute oublié « per ».

universaliter ut *n* omnis nix. multiplicata autem per literam incognitam *s*. Phil., V, 8, c, 14.
ut *sm*, significet terminum cum signo particulari, ut aliquod meteorum.

(5) Patet etiam hinc quo modo æquatio in propositionem mutari La suite en marge.
debeat, nam quilibet terminus æquationis potest esse subjectum propositionis modo alter fiat prædicatum; et contra, sed terminus qui fieri debet subjectum in propositione relinquendus est qualis erat in æquatione; in termino vero qui prædicatum fieri debet potest omitti litera indeterminata, ut *n* æqu. *sm* : Hinc fiet *n* est *sm*. < Omnis > nix est certum illud meteorum de quo nunc loquor. et *sm* est *n*. seu omne illud certum meteorum de quo < nunc > loquor (seu aliquod meteorum) est nix.

(6) Nam et illud notari debet *me subjectum propositionis cui nullum signum particularitatis adjectum est, intelligere esse universale*. Nix est meteorum, id est omnis nix est meteorum. Ex his principiis circa propositiones categoricas affirmativas facilè cuncta derivantur.

(7) *n* est *m*. Ergo *n* æqu. *sm* (per regulam convertendi propositionem in æquationem, artic. 3). Ergo *n* est *sm* (per regulam convertendi æquationem in propositionem, artic. 5) *Omnis nix est meteorum*. Ergo *omnis nix est aliquod meteorum*.

(8) Porro si *n* est *m*, seu *n* æqu. *sm*. Ergo per naturam < numerorum seu > æquationis *tn* æqu. *tsm*, id est per conversionem æquationis in propositionem, *tn* est *m*. Seu si *omnis nix est meteorum, ergo aliqua nix est meteorum*.

(9) Si *tn* est *m*. Ergo *tn* æqu. *vm* per artic. 3. Ergo (per artic. 5) *vm* æqu. *n*.[1] Seu si *aliqua nix est meteorum. Ergo aliquod meteorum est nix*.

(10) Hinc denique concludemus : *Si n est m, ergo vm est n*. Seu si *omnis nix est meteorum ergo quoddam meteorum est nix*. Nam si *n* est *m* ergo *tn* est *m* per artic. 8. Si *tn* est *m*. ergo *vm* est *n* per artic. 9. Ergo si *n* est *m*, *vm* est *n*. Quod erat demonstrandum.

(11) Hinc statim etiam demonstrari possunt proprietates negativarum. Nam particularis negativa tantùm falsitatem dicit universalis affirmativæ. Hinc illæ propositiones, ex quibus concluderetur universalis affirmativa si vera esset, sunt etiam falsæ.

(12) Eodem modo universalis negativa dicit falsitatem particularis affirmativæ. Hinc dicit etiam falsitatem earum propositionum ex quibus

---

1. Leibniz a sans doute voulu écrire : « *vm* est *n* ».

PHIL., V, 8, c, 14. concludi potest particularis affirmativa, ut (per art. 8) universalis affirmativæ. Ergo ex universali negativa concluditur falsitas universalis affirmativæ adeoque (per 11) veritas particularis negativæ.

(13) Et quia U. N. dicit falsitatem ipsius P. A. et P. A. concluditur ex conversa P. A. Ergo U. N. dicit falsitatem conversæ P. A. id est (per artic. 12. initio) veritatem conversæ U. N. itaque converti potest simpliciter.

Sed rem in nostra characteristica fusius persequemur.

April. 1679. N° 3. plag. 2.

15 recto. < Sed rem in nostra characteristica fusius exequemur. Nimirum per > [Venio ad] negativas propositiones. [Quibus] [His] autem illud exprimitur, prædicatum non inesse subjecto, id est numerum prædicati non esse in numero subjecti, velut divisorem in dividendo vel sicut multiplicatorem in producto. Adhibeamus ergo literas quasdam repræsentantes fractiones seu in nostro casu notiones negativas [impossibiles], quas exhibebimus literis græcis $\pi.\ \sigma.\ \varphi.\ \psi.\ \omega$. Nam < equidem > si quis à me quæratur quid requiratur < positivi > ad hoc ut aliquod animal sit homo, dicam requiri ipsum : *rationale*; et si quis quærat à me quid requiratur ut meteorum seu *m*. sit nix seu *n*. dicam requiri ut sit frigidum, spumeum, album, sensibiliter cadens, et similia, quorum requisitorum simul aggregatum seu differentiam nivis specificam sub genere meteori distinguentem nivem ab aliis meteoris omnibus vocabo *s*. litera ex posterioribus quia non satis cognitam suppono et hoc loco confusè tantùm considero, ut exprimam per *sm*, nivem esse certum aliquod peculiare meteorum, nempe illud de quo nunc loquor et cujus confusam notitiam habeo. Et hæc quidem bene succedunt. Sed si quis à me quærat differentiam specificam < positivam > constituentem hominis speciem sub genere lapidis, seu quid requiratur præterea < positivum > ut lapis sit homo, dicam requiri à me absurdum.

En marge. Requiritur autem potius aliquid negativi vel hoc loco potius partim positivi partim omissivi, ut lapis fiat homo. Nam adimenda lapidi quædam, et quædam danda sunt ut notio inde fiat notioni hominis coincidens. Atque id semper fit in disparatis seu quorum neutrum est genus vel species, ut partim addendum sit partim adimendum quo unum fiat ex altero. Sed[1] ex genere fiat species, tantum addenda est differentia : ut ex specie fiat genus, tantum adimenda. Itaque si quis à me quærat quid requiratur præterea ad hominem ut [fiat] sit idem quod animal : dicam nihil præterea positivi requiri sed potius omittendum esse aliquid nempe rationalitatem, quæ omissio exprimitur per fractionem $\frac{1}{c}$ quæ significat, ad hoc ut numerus hominis b reducatur ad numerum animalis a, debere ipsum numerum hominis multiplicari per fractionem $\frac{1}{c}$, id est dividi per c. Unde si id quod ex specie addito aliquo requisito novo constituere volumus, sit genus : patet, ipsum genus ex specie constitui, sola ablatione differentiæ specificæ, seu speciem quodammodo fieri genus et contra, ita ut differentia specifica generis sub specie sit differentiæ specificæ speciei sub genere omissio : adeoque numerus fractus multiplicandus in b speciem, ut inde fiat a genus, erit simplex fractio, cujus scilicet numerator est unitas. Sed[2] disparatum unum fiat aliud, partim omittendum aliquid partim addendum, unde requisitum ad hoc erit fractio cujus numerator sit major unitate. Et hæc omnia attentè consideranti patent ex Regula nostra fundamentali, nam si notionum positionem seu [additionem] exprimimus multiplicatione numerorum, utique notionum omissionem divisione numerorum exprimemus.

{Fieri potest ut duæ literæ impossibiles in se invicem multiplicatæ constituant possibilem, quia duo numeri fracti in se invicem ducti dare possunt integrum. Hinc ex falsis colligi potest verum.

Adde huc σb æqu. πl.[3] }

| Quoniam autem cautè locutus sum hactenus de Omissionibus potius quam negationibus per fractiones repræsentatis, quærendus est jam ad Propositiones negativas transitus. Et quidem considerandum est quod dicere possum quoddam meteorum non esse nivem, ejus rei esse causam, quod omittitur aliquid in notione meteori, quod requiritur in notione nivis; unde fit[4] aliquid possit esse meteorum licet ea non habeat, quæ

Phil., V, 8, c, 15.

15 verso.

a est πb

a est $\frac{b}{c}$

a est $\frac{1}{\gamma} b$

---

1. Suppléer : *ut*.
2. Suppléer : *ut*.
3. Cette note marginale se rapporte à un paragraphe barré où Leibniz essaie de traduire la proposition négative : « Nullus homo est lapis » sous la forme : « b æqu. πl » où πl signifie « non-pierre ».
4. Suppléer : *ut*.

omittuntur in notione meteori, et requiruntur in notione nivis. Eodem modo dici potest quidam lapis non est homo, quia quiddam requiritur ad hominem quod non requiritur ad lapidem. Cum ergo posito m esse genus, n esse speciem, sit propositio < universalis affirmativa generis de specie > n est m, in qua n habet signum universale, et m quale habeat nihil refert; æquatio autem inde fit n æqu. sm inter numeros n et sm. Ergo dividendo per s fit $\frac{n}{s}$ æq. m. quam æquationem multiplicando per x, fit $\frac{xn}{s}$ æqu. xm. Unde[1] regulam mutandarum æquationum in propositiones supra artic. 5 fiet : xm est $\frac{n}{s}$. Jam $\frac{n}{s}$ significat idem quod quiddam non n, uti tn significat quoddam n. < Quia multiplicatio per literam est terminus affirmatus particularis, adeoque necessario divisio per literam est terminus negatus particularis >. Habemus ergo quoddam meteorum est quoddam non-nix. Jam in omni propositione nihil refert quoddam[2] signum sit prædicati, itaque habemus quoddam meteorum est non nix. Imò < facilius adhuc dicemus tantùm : m est $\frac{n}{s}$ > facilius adhuc Omissa x possumus uti hac regula, quod propositio est particularis si subjectum multiplicatur per literam indeterminatam, et quod eadem est particularis si prædicatum dividitur per literam indeterminatam. Atque hoc modo satis constituisse videmur naturam particularis negativæ. Data quacunque fractione $\frac{w}{s}$ dici potest $\frac{w}{s}$ esse negationem cujuscunque speciei ipsius s. sive numeri per s divisibilis sive ipsius zs. seu idem esse quod nullum s. Itaque dicere homo non est lapis idem est ac dicere homo est id quod est nullus lapis. Ita quoddam animal est nullus homo. Ergo quidam nullus homo est animal.

| Colligamus expressiones nostras hactenus constitutas. n vel m absolutè positum est terminus indefinitus, si subjectum sit sm propositio est particularis. Si prædicatum sit $\frac{n}{s}$ propositio est particularis negativa[3].

Vel sic potius : si ex æquationis cujusdam termino fiat subjectum

---

1. Suppléer : *per*.
2. Leibniz a voulu écrire : *quodnam*.
3. En marge d'un passage barré, on lit :
    caritativus sapiens   justus prudens.

omissa aliqua litera multiplicante, vel prædicatum omissa aliqua litera PHIL., V, 8, c, 16. dividente, fiet propositio particularis. Horum duorum unum pendet ex altero. Sit enim *mc* æqu. *fd*, exempli causa metallum constantissimum idem quod fossile ductilissimum, inde fiet propositio particularis *m* est *fd*. quoddam metallum est fossile ductilissimum. Ex æquatione nostra fiat hæc æquatio *m* æqu. $\frac{fd}{c}$. patet si omittas divisorem in prædicato idem fieri quod in præcedente æquatione omisso multiplicatore in subjecto, nempe *m* est *fd*. Ergo hæc eadem est particularis. Nimirum utroque modo sumitur prædicatum subjecto latius, vel quod idem est, subjectum prædicato angustius, unde non amplius constat (nisi aliunde id sciamus) an prædicatum ita amplificatum amplius inesse, vel subjectum ita contractum amplius continere possit. Sed si sumatur subjectum prædicato angustius seu plurium requisitorum, ut si subjectum multiplicetur vel prædicatum dividatur, non ideo mutatur signum quod erat in æquatione, nempe universale, neque enim eo minus prædicatum subjecto omni inest, nam quod generi inest et speciei inest; itemque cui genus inest ei et generis genus inest, per regulam pars partis est pars totius. Habemus ergo regulam signorum.

| Quod attinet ad regulam affirmationum et negationum, duo sunt 16 verso. casus : vel enim negamus speciem de genere, vel negamus disparatum de disparato. Si negamus speciem de genere, redibit casus quem supra habuimus. Ita *ac* æqu. *b*. patet *a* esse genus et hominem esse speciem. Hinc jam volumus formare propositionem : quoddam animal non est homo. hoc fit adimendo aliquid à termino qui debet fieri subjectum nihilque adimendo à termino qui debet fieri prædicatum.

Sin velimus negare disparatum de disparato, qualia disparata sunt cuprum et aurum, videamus quomodo sit procedendum. Nullum cuprum est aurum, id est non quoddam cuprum est aurum, ostendamus ergo tantùm hanc propositionem falsam esse : quoddam cuprum est aurum. Item : nullum cuprum est aurum, Ergo Omne cuprum est non aurum. { Nota hæc propositio : nullum cuprum est aurum, non bene exprimitur per hanc : Omne cuprum non est aurum (quæ dicere tantum videtur : quoddam cuprum non est aurum) sed per hanc : Omne cuprum est non-aurum. Itaque hæc, quæ pendent a genio linguæ, demonstrari non possunt nec debent. } Sed fortasse melius Omnis homo

Phil., V, 8, c, 16. est animal. Ergo Quicquid est non animal est non homo. Sed hoc nobis exhibet tantum negativam inter genus et speciem, sed nondum inter disparata. $\frac{w}{s}$ est non s. Id est si in termino fracto omisso numeratore fiat terminus integer propositionis qui sit nominator, is terminus erit negativus nominatoris. Imò sic : ac æqu. b. Ergo c æqu. $\frac{b}{a}$ [id est quoddam rationale est non animal, seu quoddam non animal est rationale. < Item sic : Omnis homo est rationalis, quoddam non animal est homo, Ergo quoddam non animal est rationale >. Omnis homo est rationalis, Ergo quidam homo est non animal. Quæ conclusio bona est, sed hæc : quoddam rationale est non animal, non sequitur ex hac : animal rationale et homo æquivalent, nisi supponatur animal et rationale esse disparata. Et hoc in meis calculis generatim notandum, posse ex iis quasdam propositiones demonstrari, quæ non valent nisi tunc ubi superflua vitantur, seu cavetur ne multiplicentur aliquæ literæ in se invicem.]

Phil., V, 8, d, 17-18. Phil., V, 8, d, 17-18 (4 p. in-folio).

April. 1679. N° 4.

Calculi universalis investigationes.

17 recto. AD calculum universalem constituendum inveniendi sunt characteres pro terminis quibuscunque, ex quibus postea inter se junctis statim cognosci queat propositionum ex terminis conflatarum veritas.

Commodissimos characterum hactenus invenio esse Numeros. Sunt enim facile tractabiles omnibusque rebus accommodari possunt, et certitudinem habent.

Numeri characteristici cujusque dati Termini[1] ita fient, si numeri characteristici terminorum ex quibus dati termini notio constituitur inter se multiplicentur, productumque sit numerus characteristicus termini dati.

Itaque in omni propositione universali affirmativa vera necesse est Numerum characteristicum subjecti dividi posse exactè per numerum characteristicum prædicati. Ita omne aurum est metallum. Item omne

---

1. Ce mot est répété par erreur dans le ms.

Triangulum est trilaterum; Hoc enim dicit tantum hujusmodi propositio praedicatum inesse subjecto, adeoque et numerum characteristicum praedicati inesse numero characteristico subjecti; inerit autem modo dicto, id est ut multiplicantes insunt producto per multiplicationem, seu ut divisores insunt dividendo. Nam productus per aliquam multiplicationem semper per producentem exactè dividi potest.

Porro termini sunt vel positivi vel negativi. Exempli causa Terminus positivus est homo; negativus, non homo. Fieri potest, ut terminus <a parte rei> positivus sit negativè expressus, ut infinitum (quod idem est ac absolutè maximum), item ut negativus sit positivè expressus, < ut peccatum, quod est anomia >.

| *Termini contradictorii* sunt quorum unus est positivus, alter negativus hujus positivi, ut homo et non homo. De his regula observanda est: si duae exhibeantur propositiones *ejusdem praecise subjecti* singularis, quarum unius unus terminorum contradictoriorum, alterius alter sit praedicatum, tunc necessario unam propositionem esse veram et alteram falsam. Dico autem: *ejusdem praecise subjecti*, exempli causa hoc aurum est metallum, hoc aurum est non-metallum.

Haec porro unica Propositio (nempe harum duarum B est A et B est non A una est vera, altera falsa) continet in se has quatuor propositiones:

I. Si vera propositio est B est A, tunc falsa propositio est B est non A.
II. Si vera propositio est B est non A, tunc falsa propositio est B est A.
III. Si falsa propositio est B est A, tunc vera propositio est B est non A.
IV. Si falsa propositio est B est non A, tunc vera propositio est B est A.

id est generaliter si propositionis conditionalis terminus unus sit una propositio et unum attributum <propositionis>, erit terminus alter altera propositio et alterum attributum. Propositiones scilicet sunt B est A et B est non-A, earum verò attributa sunt: vera propositio, falsa propositio.

{Definiendo falsam propositionem quae vera erit si pro praedicato ejus sumatur terminus negativus. Haec orientur ex prioribus:

I. Si vera est propositio haec: B est A, tunc vera erit haec: B est non non A.

II. Si vera haec propositio est B est non A, tunc vera propositio est haec: B est non A. *quae est identica.*

III. Si vera est propositio hæc : B est non A, tunc vera propositio est B est non A. *rursus identica*.

IV. Si vera propositio est B est non-non A, vera propositio est B est A.

Definitiones :

Termini contradictorii sunt quorum si uni præfigitur non, inde fit alter. Hinc sunt duo tantum, et non non A est idem quod A.

Propositio vera est cujus prædicatum continetur in subjecto seu ei inest. Hoc est si in locum quorundam terminorum substituantur æquipollentes seu ex ii[1] ex quibus componuntur, ostenditur terminos < simul > æquipollentes prædicato omnes reperiri inter terminos æquipollentes subjecto. *Propositio non vera* seu falsa est ubi < id > non fit. }

¦ Falsa < autem > propositio idem est quod non-vera. Ita ut hi duo termini verum et falsum sint contradictorii. Unde etiam ex quibusdam harum propositionum demonstrari possunt cæteræ. Possumus et altius assurgere et sumamus exempli causa tantùm hanc : *Si propositio B est A est vera*, tunc *propositio B est non A est falsa*. < quam in se replicabimus >. Et quoniam id ipsum *Hæc propositio B est A.* rursus est subjectum propositionis, et prædicatum est *vera*, Hinc loco subjecti : *Hæc propositio : B est A* scribemus β. et loco prædicati : *vera* scribemus. α. Et quia falsum est idem quod non-verum (ex definitione termini) hinc fiet talis propositio :

Si propositio β est α est vera, tunc propositio β est non-α est falsa.

id est :

Si propositio	(β) Propositio	B est A	Tunc Propositio	(β) Propositio	B est A
Hæc		est	Hæc		est
	(α) vera			(non - α) falsa	
est vera			est falsa.		

sive ut vulgarius loquar,

si verum est aliquam propositionem esse veram, falsum est eam esse fal-

---

1. Il faut probablement lire : *alii* au lieu de *ex ii*.

sam. Id est rursus contrahendo : si propositio est vera falsum est quod sit falsa. Si propositio est vera tunc hæc alia est¹ propositio : (propositio est vera) est¹ vera.

| In omni propositione universali affirmativa continetur prædicatum in subjecto < adeoque dividi potest numerus characteristicus subjecti per numerum characteristicum prædicati >.

In omni propositione particulari affirmativa dividi potest numerus characteristicus subjecti, per alium numerum multiplicatus, per numerum characteristicum prædicati; ideò semper procedet propositio aliqua particularis affirmativa in terminis qui sunt purè affirmativi et componuntur ex purè affirmativis, quia tunc nulla unquam oritur incompatibilitas².

Negationem alicujus termini, ut non-homo, non possum commodè exprimere per signum minus, quia id afficit totum terminum, quod hic esse non debet. Nam cum dico : doctus non-prudens, speciatim dico esse doctum sed non prudentem, possem quidem dicere : non-doctus-prudens, sed tunc non tantundem dico.

Si dicam : doctus non-prudens non-justus, non possumus inde facere : $+d, -p, -j$, fieret enim $+dpj$.

Posset numero vel literæ signum præfigi quale radicis quadraticæ est. Nam termini incompatibiles possunt exprimi quodammodo per numeros incommensurabiles, ut a et $\sqrt{a}$. Estque hæc similitudo quod non-non dat affirmationem, ita $\sqrt{a}\sqrt{a}$ dat a.

Verum in eo hoc est discrimen nam potius id significat $\sqrt{\sqrt{a}}$ esse a. nam etsi componas injustum injustum non inde facies justum.

Si unus sit integer, alter ejus fractus, erunt incompatibiles nam in se invicem ducti evanescent, sed quomodo inde judicabimus propositionem impossibilem, an quia quod inde oritur non amplius dividi potest per ullum eorum? Ita certè non poterit, nisi inde faciendo novum fractum. Porro si velimus scire an negativus insit alicui termino dividamus terminum per ipsum negativum, prodibit contradictorium negativi, seu numerus cui inest affirmativus. Itaque patet non procedere divisionem.

{ U. A. Omn. H. est A. ergo H æqu. rA.
P. A. Qu. A. est H. ergo rA æqu. vH.

---

1. L'un des deux *est* est de trop.
2. V. *La Logique de Leibniz*, ch. VI, § 10.

Possumus simpliciter pro U. N. adhibere

U. N. Null. H est B. ergo yH inæqu. rB.
P. N. Qu. A non est H. ergo H inæqu. rA.

Sed ut in numeris rem exprimamus, consideremus non-Homo, significans quidvis præter hominem. Videtur autem ille esse terminus unitatis qui idem quod terminus Entis seu cujuslibet,

$$\text{Non homo erit } y - H$$

Omnis homo est non Lapis. id est :

$$\frac{H}{\text{non. }L} \text{ æqu. } \frac{f}{\text{non}f}$$

$< $ Qu. A. est non H.   Ergo $\frac{rA}{\text{non-H}} \sqcap \frac{y}{\text{non-}y}$ $>$

Itaque f. dat terminum primò incompatibilem, qui est in homine ejusque contradictorium in lapide.

An sic commodè pro numeris : Omnem numerum negatum separabimus ab alio per signum non-, ut doctus non-prudens non-justus, et scribemus d non pj, et si sit solum imprudens injustus scribemus : 1 non pj. Si jam rursus negetur iste terminus doctus non-justus non-prudens, patet fieri : justum prudentem indoctum et scribemus pj non d. Quod et ita non miscemus [numeros] $<$ terminos $>$ negatos affirmatis, et sciemus divisores omnes numeri de quo agitur esse negatos. Debent autem semper æquari negati negatis, affirmati affirmatis : in æquatione duo $\}$

PHIL., V, 8, e, 19-20 (4 p. in-folio).

April. 1679. N° 5.

Modus examinandi consequentias per Numeros.

MULTÆ apud Logicos traduntur Regulæ consequentiarum, et quò faciliùs retinerentur excogitati sunt schematismi quidam quos vocant pontem Asinorum, et adhibita sunt vocabula memorialia.

Sed hæc omnia in scholis tantùm celebrata, negliguntur in vita communi; tum multas alias ob causas, tum verò inprimis, quia scholæ

< solent considerare > simplices < ferè > tantùm syllogismos, seu ratiocinationes ex tribus propositionibus constantes : cùm contra in usu loquendi et scribendi sæpe una periodus contineat decem syllogismos simplices, si quis eam ad logici rigoris normam exigere velit. Unde solent homines imaginationis vi, et consuetudine ipsa formularum sermonis, et intelligentia materiæ quam tractant, supplere defectum logicæ.

Fatendum est tamen eos sæpissimè festinatione, et impatientia examinandi, et verisimilitudine decipi; præsertim in rebus quæ oculis cerni ac manu tangi, et experimentis comprobari non possunt : quanquam et in his sæpe serò sapiant suo damno. Difficile verò est huic malo mederi secundum artes hactenus cognitas : nam cùm verbis utantur homines, manifestum est earum significationes parum esse constitutas, et varia phrasium et particularum incrustatione falsam ratiocinationem speciosissimè adornari posse, ut vix appareat sedes erroris; et ordinem naturalem elegantia affectata et aures mulcente sæpe mirificè perturbari, quo fit ut plerumque homines jucunda oratione decipi quàm arido quodam et aspero dicendi genere doceri malint.

Ego re multum perpensa remedium video unicum, si sive Lingua scriptura nova constituatur, excogitatis signis aptis, quibus notiones sive animi accuratè exprimantur. Vera hujus rei ratio nulli hactenus in mentem venit quod sciam, et longè aberrarunt à scopo, qui tale quiddam hactenus tentavêre. Sed si aliquando eam exequi detur quemadmodum concepi animo, erunt effectus ejus admirandi et usûs immensi [1].

| Ex numeris unius termini invenire numeros alterius termini in propositione pro varia qualitate et quantitate.

In subjecto numerus cum nota $+$ sit s, cum signo $-$ sit σ
in prædicato num. cui $\quad\quad +$ sit p .... $-$ π.
In propositione Univ. affirm. sit æquatio :

$$s \text{ æqu. } mp$$
$$\sigma \text{ æqu. } \mu\pi$$

nota m et μ. item s et σ, < et p et π > sunt primi inter se. In prædicato sit p æqu. $\frac{s}{m}$. et π æqu. $\frac{\sigma}{\mu}$. et in partic. neg. erit vel ls æqu. mp, ponendo l et m primos inter se, vel

---

1. A suivre f. 19 verso.

PHIL., V, 8, e, 19. Generaliter ita : ls æqu. $[m]$ cp
$\lambda\sigma$ æqu. $[\mu]$ $\gamma\pi$

semper
$\quad s$ et σ ⎫
$\quad p$ et π ⎬ græci et latini
$\quad m$ et μ ⎪ primi inter se
$\quad l$ et λ ⎭ aut 1.

In prop. Un. Aff. l æqu. 1. et $\lambda \sqcap$ 1.
In prop. part. neg. vel l vel λ vel ambo $\sqcap$ 1.
In univ. neg. s et π ⎫
$\qquad\quad$ vel σ et p ⎭ non primi inter se.
In partic. affirm. sunt omnes primi inter se.

$\qquad\qquad$ pro s scribatur st
$\qquad\qquad\qquad\quad \sigma \qquad\qquad \sigma\theta$
$\qquad\qquad\qquad\quad p \qquad\qquad pm$
$\qquad\qquad\qquad\quad \pi \qquad\qquad \pi\mu$

$\qquad\qquad\quad st$ æqu. $+ mpr$
$\qquad\qquad - \lambda\sigma\theta$ æqu. $- \mu\pi p$
$\qquad$ fiat $\quad l.$ æqu. 1 et m
$\qquad\qquad + ls$ æqu. $+ mp$
$\qquad\qquad - \lambda\sigma$ æqu. $- \mu\pi$

(1) græci et latini respondentes semper primi inter se.
(2) in univ. aff. l æqu. 1 et λ æqu. 1.
(3) in partic. neg. l vel λ major 1.
(4) in univ. neg. s et π vel σ et p non primi inter se.
(5) in partic. neg. s ⎭

19 verso. | Nimirum si notioni cuique sive vocabulo certus aliquis characterismus secundum artis hujus leges assignetur, poterimus ex solis characterismis statim judicare an [propositio] < conclusio > aliqua sit vera, et an ex præmissis probata; id est an argumentum sit in materia vel forma bonum. < Et hoc locum habiturum est > etiamsi argumentatio sit prolixa et longè producta, multisque modis < et phrasibus > implicata < et ordine perturbata >, quæ secundum Logicam communem resoluta multas paginas impletura esset; < quod tamen > frustra [tamen] < fieret >, quia innumerabiles verborum ambiguitates accuratè tollere non tantùm logicæ notitiam sed et maxime animi attentionem et sum-

mum judicium requirat. Adde quod sæpe in judicando animus sit ordine ducendus, et ad multa attendendum; itaque filo quodam sensibili opus est in hoc labyrintho[1], quo dirigatur imaginatio, quod tunc cum res ipsa < per se > imaginationi subjecta non est, à characterismis peti debet. Qua ratione quivis solo calculo de difficillimis nunc veritatibus judicabit; et imposterum non amplius digladiabuntur homines circa ea [quæ demonstrationi subsunt, sed ad experimenta naturalia ubi nondum] < quæ jam habent in potestate, sed ad nova invenienda convertentur >[2].

Quoniam autem hæc etiam ingeniosissimis videntur impossibilia, ideò gustum aliquem tantæ rei dare operæ pretium est; et quoniam nondum excogitatos habeo characterismos pro singulis terminis, et ob mirificum rerum connexum difficile est in paucis a reliqua rerum sylva avulsis specimen exhibere; ideò nunc quidem loco characterismorum in quibus aliquando calculus verè universalis instituetur, adhibebo nunc numeros, et quoniam an argumentationes in materia bonæ sint ex singulorum Terminorum characterismis dijudicandum erit, ideò nunc satis habebo ostendere in numeris an argumentationes quomodocunque transpositæ, multiplicatæ invicem, implexæ, sint in forma bonæ seu an vi formæ concludant.

Sæpe enim fit ut conclusio sit vera, sed non sequatur ex præmissis vi formæ; et tunc non licet eam imitari in aliis casibus, nisi ubi par ratio est, quod difficile est dijudicatu, cum veras formæ regulas ignoramus. Exempli causa, proponatur hoc argumentum :

< Omnis sapiens est justus [3]
Quidam sapiens est fortunatus
Ergo quidam fortunatus est justus.
item hoc : > Omnis pius est beatus
Quidam pius non est fortunatus
Ergo quidam fortunatus non est beatus.

| Conclusio < nes > [vera est] veræ sunt, et excogitari possunt innumeræ aliæ ubi etiam est vera, sed tamen < in posteriore argumentatione > non sequitur ex præmissis neque consequentia sive forma est

---

1. Métaphore favorite de Leibniz (V. *La Logique de Leibniz*, p. 90).
2. Cf. *Lettre à Oldenburg*, 28 déc. 1675 (PHIL., VII, 10), citée ap. *La Logique de Leibniz*, p. 260, note 2; et les textes cités *ibid.*, p. 98 sqq.
3. Au-dessus de *justus* on lit le mot *pius*.

Phil., V, 8, e, 20. bona; possunt enim dari etiam innumera exempla ubi locum non habet, exempli causa :

> Omne metallum est [fusile] $<$ minerale $>$
> Quoddam metallum non est aurum
> Ergo quoddam aurum non est fusile.
> { Omne malleabile est metallum.
> omne argentum vivum est metallum
> quoddam arg. viv. non est malleabile.
> ergo quodd. arg. viv. non est malleabile.

Bocardo :   Qu. A. V. non est mall.
             O. A. V. est metall.
             E. q. met. non est mall.

metall. $+a-b$
malleab. $+c-d$
arg. viv. $+e-f$

$\frac{a}{c} \sqcap l$ $\frac{b}{d} \sqcap m$

$a \sqcap cl$ $b \sqcap md$

$\frac{a}{e}$ æqu. n $\frac{b}{f} \sqcap p$ Ergo $a \sqcap \frac{en}{cl}$ $b \sqcap \frac{fp}{dm}$

             $\frac{c}{f}$ æqu. γ.   Ergo c æqu. $f\gamma$.

             $\left[\frac{b}{e} \sqcap \frac{\beta}{\gamma}\right.$ Ergo $b \sqcap \beta q$ $\left. e \sqcap \gamma r\right]$
              $a.b$ $c.d$
              $e.f$ }

Et cum in tam brevi argumentatione $<$ et simplici et naturali habitu atque situ exhibita $>$ facilè aliquis falli potuerit, quanto facilius falletur in composita, implicata et perturbata. Itaque res magna profecto est numeros ita excogitare, ut simplicissimis quibusdam[1] observationibus adhibitis, statim inde judicari possit, utrum argumentatio aliqua sit legitimæ formæ an secus.

Regula autem sive observatio pro argumentationibus sive simplicibus sive compositis, ordinatisque aut perturbatis, modò ex propositionibus

---

1. Ici Leibniz a oublié de biffer : *simplicissima quadam*.

categoricis constent, hæc unica est, quam mutatis quibusdam etiam ad Phil., V, 8, e, 20. modales et hypotheticas et alias quascunque applicare licet, sed nunc quidem satis habebo in categoricis specimen dare.

Cuicunque < præmissarum > Termino (id est subjecto vel prædicato propositionis categoricæ) assignetur numerus compositus

{hoc modo + [6] 15 — [4] [6] 12. vel + 5 — 2.

Sit jam (Reg. I) in Propositione universali affirmativa debet numerus subjecti cum signo + dividi posse per numerum prædicati < exactè seu sine residuo > cum signo +, et numerus subjecti cum signo minus debet dividi posse per numerum prædicati cum signo —. sed duo numeri diversorum signorum non debent habere divisorem communem, seu non debent dividi posse per eundem numerum. ex. gr. sit propositio : Omne malleabile est metallum. Pro malleabili verbi gratia scribamus + 15 — 12, pro metallo + 5 — 2. quia patet + 15 dividi posse per + 5 et — 12 per — 2. Sed nec + 15 et — 2, nec item — 12 et + 5 communem divisorem habere.

(Regula II.) Si quid horum aliter se habet, propositio est *particularis negativa*, v. g. quoddam metallum non est malleabile[1].

$$+ 15 - 12 \qquad + 5 - 2$$

Patet numerum + 5 subjecti non posse dividi per numerum + 15 prædicati, nec — 2 subjecti per — 4 prædicati. Quorum vel unum suffecisset ad pronuntiandum hanc propositionem esse veram. v. g. quoddam argentum vivum non est malleabile.

$$+ 5 - 2\}$$

(II) *In propositione particulari negativa non possit dividi hoc modo* < ex. gr. quoddam animal non est homo, quia 2 non potest dividi per 6 >.

(III) *In propositione universali negativa vel pro prædicato vel pro subjecto* < *vel pro utroque* > *duo scribantur numeri, unus cum signo* +, *seu plus; alter cum signo* — *seu minus. hoc uno observato ut numerus aliquis in uno termino per signum* + *affectus cum numero aliquo in altero termino per signum minus affecto communem habeat divisorem.* Exempli gratia : Nullus homo est lapis < vel Nullus lapis est homo >. Numerus pro homine sit

---

1. Ce passage est très raturé et surchargé. Il faut évidemment intervertir les nombres des deux termes.

+ 6. pro lapide, + 15 — 8, quia + 6 et — 8 communem habent divisorem seu per eundem numerum dividi possunt, nempe 2.

(IV) *Quando propositio est particularis Affirmativa tunc id quod de propositione universali negativa diximus non debet locum habere.* Exempli gratia Quoddam animal est homo. sunt numeri 2 et 6. patet cum neutri sit numerus cum nota : — etiam quod diximus non habere locum. Et si esset numerus cum nota : — tamen potest id fieri ut propositio particularis affirmativa sit vera. Exempli causa quidam lapis est marmor, sit numerus lapidis + 15 — 8, marmoris 13 vel 13 — 2, patet neque + 15 et — 2 neque — 8 et + 13 communem divisorem habere, adeoque propositio est vera.

| Ex his paucissimis regulis per numeros demonstrari possunt et examinari omnes consequentiæ, omnes figuræ, omnes modi syllogismorum hactenus recepti, et innumeri alii magis compositi in vita communi frequentati, sed in schola ignorati. Sed nunc quidem satis habebo per has regulas demonstrare in numeris omnes consequentias omnes figuras omnesque modos syllogismorum categoricorum simplicium in schola jam receptos. Observando tantùm, ut numeris Terminorum secundum universalitatem aut particularitatem, Affirmationem aut negationem præmissarum in quibus reperiuntur < modo præscripto > adornatis, examinetur postea an sua sponte idem quod in regulis nostris præscripsimus, etiam in conclusione locum habere deprehendatur. Hoc enim deprehenso dicemus argumentum in forma legitimum esse; secùs, nullius esse momenti.

[1] Venio igitur ad demonstrationes consequentiarum per Numeros. CONSEQUENTIÆ sunt vel *simplices* vel *syllogisticæ*. CONSEQUENTIÆ SIMPLICES < in scholis celebratæ > sunt *Oppositio, Subalternatio* [et] *Conversio*.

Oppositio est quando duæ propositiones habent idem subjectum et idem prædicatum, et nos colligimus ex veritate unius falsitatem alterius.

[Ici deux paragraphes barrés commençant par : « *Oppositio I* »].

Oppositiones inter universalem affirmativam et particularem Negativam : (v. g. Omnis sapiens est justus, et quidam sapiens non est justus), item inter

---

1. La suite est d'une autre encre.

{ Numeri terminorum ad consequentiam investigandam ita conflabuntur : si quis terminus est in una tantùm propositione, is sumi potest pro arbitrio et tunc alter assumatur quemadmodum regula propositionis requirit. Si Terminus aliquis est in duabus propositionibus, tunc formetur in unaquaque separatim secundum leges formæ, adhibendo semper numeros primos unius positionis diversos ab his qui sunt in alia propositione assumti et diversæ positiones multiplicentur in se invicem $+$ in $+$ et $-$ in $-$. Productum satisfaciet pro propositionibus omnibus. Incipiendum ergo }

PHIL., V, 8, f, 21-23 (6 p. in-folio).

April. 1679. N° 6. plag. 1.

Regulæ ex quibus de bonitate consequentiarum formisque et modis syllogismorum < categoricorum > judicari potest, PER NUMEROS.

HAS regulas ex altiore principio duxi, et quibusdam mutatis accommodare possum syllogismis modalibus, hypotheticis, aliisque quibuscunque variè multiplicatis, continuatis, transformatis ac perturbatis, ita, ut summa in numeris subducta < etiam in longissimis ratiocinationibus > appareat an consequentia sit proba. < Cum tamen hactenus logici communiores tantum et simpliciores et certo tantùm ordine dispositas argumentationes examinare possint et cæteras tædiosè in has resolvere cogantur, quæ res homines à regulis logicorum ad usum transferendis non sine causa avertit. > Habeo < præterea > et < modum excogitandi > certas notas characteristicas quæ si rebus accommodentur, inde judicare liceat an argumentum sit vi materiæ bonum, si non vi formæ; imò alia inveniri possunt ex eodem principio multo majoris momenti atque usus quàm quæ attigi, sed nunc modum facillimum ad numeros exigendi formas consequentiarum in scholis celebratarum, exponere satis habebo.

In omni propositione categorica habetur subjectum, prædicatum, copula, qualitas, quantitas. Subjectum et prædicatum vocant *Terminos*. Exempli gratiâ, in hâc : Pius est felix, pius et felix sunt Termini, ex quibus pius, est subjectum : felix, prædicatum : est, copula. *Qualitas pro-*

Phil., V, 8, f, 21. *positionis* est affirmatio vel negatio : ita hæc propositio : (pius est felix) affirmat. Illa verò : (sceleratus non est felix) negat. *Quantitas propositionis* est universalitas vel particularitas. Ut cum dico Omnis pius est felix, vel si dicam Nullus sceleratus est felix; sunt propositiones universales, illa universalis affirmativa, hæc particularis[1] negativa. Sed si dicam quidam sceleratus est fortunatus, quidam pius non est fortunatus, propositiones sunt particulares, illa affirmativa, hæc negativa. Venio nunc ad numeros quibus Termini sunt exprimendi; eamque in rem < sive > regulas < sive definitiones > dabo sequentes.

(I) Si qua offeratur propositio, tunc pro quolibet ejus Termino, subjecto scilicet vel prædicato, scribantur numeri duo, unus affectus Nota +, seu *plus*, alter Nota —, seu minus. Exempli gratia sit propositio : omnis sapiens est [pius] [justus] pius. Numerus respondens sapienti sit + 20 — 21, numerus respondens pio sit + 10 — 3. < Eosque vocabo imposterum *Numeros* cujusque Termini *characteristicos* (interim assumtos) > Hoc unum tantùm cavendum est ne duo numeri ejusdem Termini ullum habeant communem divisorem, nam si (loco + 20 — 21) pro sapiente sumsissemus numerum + 9 — 6 (qui ambo dividi possunt per eundem nempe per 3) non fuissent ullo modo apti. < Possumus etiam loco numerorum uti literis, ut in Analysi speciosa. Sub *literis* enim quivis numerus conditiones easdem habens potest intelligi, ut si numerus pii sit + a — b, hoc uno observato ut a. et b. sint primi inter se seu nullum habeant communem divisorem >.

21 verso. | (II) *Propositio universalis affirmativa vera* est (verbi gratia

Omnis sapiens est pius).
+ 70 — 33   + 10 — 3
+ cdh — ef + cd — e

in qua quilibet numerus characteristicus subjecti (v. g. + 70 et — 33) per prædicati numerum characteristicum ejusdem notæ (+ 70 per + 10, et — 33 per — 3) exactè (id est ita ut nihil maneat residuum) dividi potest (ita si + 70 dividas per + 10 prodit 2, remanet nihil. si — 21 dividas per — 3 prodit 7. remanet nihil[2]). < Et contra quando id non fit falsa est. >

---

1. *Lapsus calami*, pour : *universalis*.
2. Leibniz avait d'abord écrit + 20 — 21 au lieu de + 70 — 33.

(III) *Propositio particularis negativa vera* est quando universalis affirma-   Phil., V, 8, f, 21.
tiva vera non est. < Et contra >. Verbi gratia

$$\begin{array}{cccc} \text{quidam} & \text{pius} & \text{non est} & \text{sapiens} \\ +\,10 & -\,3 & +\,70 & -\,33 \\ +\,cd & -\,e & +\,cdh & -\,ef \end{array}$$

patet nec $+\,10$ dividi posse per $+\,70$ nec $-\,3$ dividi posse per $-\,21$. ex quibus duobus defectibus vel unus suffecisset ad efficiendam particularem negativam veram (vel quod idem est ad reddendam universalem affirmativam falsam) ita si dicas

$$\begin{array}{cccc} \text{quidam} & \text{sapiens} & \text{non est} & \text{fortunatus} \\ +\,70 & -\,33 & +\,8 & -\,11 \\ +\,cdh & -\,ef & +\,g & -\,f \end{array}$$

patet non posse dividi exactè $+\,70$ per $+\,8$, quod sufficit, licet $-\,33$ dividi possit per $-\,11$.

Theorema 1. Hinc Universalis Affirmativa et particularis negativa contradictoriè sibi opponuntur adeoque nec simul veræ sunt, nec simul falsæ.

(IV) *Propositio universalis negativa vera* est (verb. grat.

$$\begin{array}{cccc} \text{Nullus} & \text{pius} & \text{est} & \text{miser)} \\ +\,10 & -\,3 & +\,5 & -\,14 \\ +\,cd & -\,e & +\,l & -\,cm \end{array}$$

in qua duo < quidam > diversarum notarum et diversorum terminorum numeri (ut $+\,10$ et $-\,14$, nam ille habet notam $+$, hic notam minus. ille sumtus est ex subjecto, hic ex prædicato) habent divisorem communem (nempe $+\,10$ et $-\,14$ ambo dividi exactè possunt per 2) < Et contra quando id non fit falsa est >.

Theorem. 2. Hinc Propositio universalis < negativa > converti potest simpliciter. Id est ex hâc : nullus pius est miser, sequitur : nullus miser est pius. vel contrà. Quia nihil refert utrum dicas et quem terminum pro subjecto aut quem pro prædicato habeas, neque enim in conditionem propositionis Universalis Negativæ veræ subjecti aut prædicati mentio < diversimodè > ingreditur, sed sufficit unius termini numerum unius notæ per alterius termini numerum alterius notæ posse dividi, quicunque tandem ex his duobus terminis subjectum sit aut prædicatum.

| (V) *Propositio particularis affirmativa vera* est, quando universalis negativa vera non est. < Et contra. > Verbi gratia :

$$\begin{array}{cc} \text{quidam fortunatus est miser} \\ +11 - 9 & +5 - 14 \\ + n - p & + l - cm \end{array}$$

quia nec $+ 11$ et $- 14$, nec $- 7$ et $+ 5$. communem divisorem habent (quorum alterutrum < alias > suffecisset ad propositionem universalem negativam veram reddendam). Similiter :

$$\begin{array}{cc} \text{quidam sapiens est pius} \\ +70 - 33 & +10 - 3 \\ + cdh - ef & + cd - e \end{array}$$

quia nec $+ 70$ et $- 3$, nec $- 33$ et $+ 10$ divisorem communem habent.

Theorem. 3. Propositio universalis negativa et particularis affirmativa sibi contradictoriè opponuntur (ita, ut non possint esse simul veræ aut simul falsæ). patet ex dictis.

Theorem. 4. Propositio particularis affirmativa converti potest simpliciter, v. g. quidam fortunatus est miser, Ergo quidam miser est fortunatus. Quidam sapiens est pius, Ergo quidam pius est sapiens. Patet eodem modo quo ostendimus propositionem Univ. negativam (quæ huic contradicit) simpliciter converti < vid. theor. 2 >.

Hæc sunt propositionum categoricarum verarum pro diversa sua qualitate et quantitate, definitiones seu conditiones quibus continentur totius calculi Logici principia, unde jam consequentias Logicas celebriores solo numerorum usu jam explicato, demonstrabimus. Consequentiæ illæ sunt vel simplices vel syllogisticæ. Consequentiæ simplices celebriores sunt Subalternatio Oppositio Conversio. *Subalternatio* est cum ex universali concluditur particulare. Sit ergo

Theorem. 5. Semper locum habet subalternatio seu semper ex universali concludi potest particulare.

$$\begin{array}{cc} \text{Omnis sapiens est pius} \\ +70 - 33 & +10 - 3 \\ + cdh - ef & + cd - e \end{array}$$

Ergo Quidam sapiens est pius

Hoc ita demonstro : $- 33$ dividi potest per $- 11$ (ob propositionem universalem affirmativam. per reg. 2). E go $+ 70$ et $- 11$ non habent divisorem communem (alioqui ☽ + 70 et — 33 haberent < eundem > divisorem communem quod est contra reg. 1). Similiter + 70 dividi potest per + 10 (per reg. 2) ergo — 33 et + 10 non habent divisorem communem (alioqui ☽ enim — 33 et 70 haberent etiam divisorem communem, quod est contra reg. 1). < Quoniam ergo tam + 70 et — 3, quàm — 33 et + 10 non habent divisorem communem, vera erit propositio particularis affirmativa (per reg. 4). nempe quidam sapiens est pius. > (Ratio consequentiæ < per ☽ notatæ manifesta est numerorum naturam intelligenti >, quia divisor divisoris est etiam divisor dividendi. Itaque si verbi gratia — 33 tertius numerus et + 10 divisor habent divisorem communem, is divisor divisoris + 10 et numeri + 33. erit etiam divisor dividendi per + 10 nempe + 70. Ergo sequeretur — 33 et + 70 habere divisorem communem.)

| Ita et in Negativis res demonstrari poterit; verbi gratia :

Nullus   pius   est   miser
+ 10 — 3   + 5 — 14
+ cd — e   + l — cm

Ergo :   Quidam pius non est miser

Nam quia + 10 et — 14 habent communem divisorem < (ob universalem negativam per reg. 4.) >, ergo — 3 et — 14 non habent communem divisorem (nam alioqui etiam — 3 et + 10 communem divisorem haberent contra reg. 1). Ergo nec — 3 dividi potest per — 14 (alioqui haberent communem divisorem, quia divisor divisoris est etiam divisor dividendi). Jam — 3 non potest dividi per — 14. Ergo propositio particularis negativa est vera (per reg. 5). Quod erat demonstrandum.

Hæ duæ demonstrationes maximi momenti sunt, non quidem ad rem per se claram reddendam certiorem, sed ad calculi nostri fundamenta jacienda, ac cognoscendam harmoniam. Certe tum maximè animadverti me veras calculi leges obtinuisse, cum has demonstrationes, à quarum successu pendebant omnia, sum assecutus. Et ratio hujus rei est quia notiones universales tractans, transitum maximè quærebam à genere ad speciem : neque enim considero genus < ut majus quiddam specie seu > ut totum ex speciebus, quemadmodum solet fieri (non male quidem, quia individua generis se habent ad individua speciei ut totum ad partem) sed considero genus ut partem speciei, quia notio speciei ex notione generis et differentiæ conflatur. Et huic principio hanc calculandi rationem inædificavi, quia non individua sed ideas spectavi[1]. Verùm ita procedenti difficillimus fuit descensus à genere ad speciem, quia est progressus à parte ad totum. Huic vero his ipsis demonstrationibus viam munivi, quibus ab universalibus ad particularia tenditur.

Subalternationem sequitur Oppositio. Est autem *Oppositio* vel *contradictoria* < cum duæ propositiones oppositæ nec simul veræ esse possunt nec simul falsæ > (quam locum habere inter universalem affirmativam et particularem negativam dictum theor. 2.[2] et inter universalem negativam et particularem affirmativam th. 3.) vel *contraria* cum non possunt esse simul veræ, possunt tamen esse simul falsæ. vel *subcontraria*, cum possunt simul esse veræ, non tamen simul falsæ.

Theor. 6. Universalis Affirmativa et Universalis Negativa sibi opponuntur contrariè. v. g.

$$\text{Omnis sapiens est fortunatus}$$
$$+\,70\,-\,33 \qquad +\,8\,-\,11$$
$$+\,cdh\,-\,ef \qquad +\,g\,-\,f$$

et Nullus sapiens est fortunatus

Non possunt simul esse veræ. Nam si prior et posterior simul est vera, sequetur ex posteriore : quidam sapiens non est fortunatus (per th. 5.) prior autem erat Omnis sapiens est fortunatus. Ergo hæ duæ simul veræ erunt contra th. 1. Possunt tamen simul esse falsæ. Nam fieri potest ut neque + 70 dividi possit per + 8 (Ergo prior est falsa per reg. 2.) neque tamen aut + 70 et — 11 aut — 33 et + 8 habeant divisorem communem (Ergo posterior est falsa per reg. 4) (potuisset et aliud exemplum assumi in quo nec numerus < qui esset loco > — 33. potuisset dividi per numerum < qui esset > loco — 11 < sed res eodem redit >.)

April. 1679. N° 6. plag. 2.

Theor. 7. Particularis affirmativa et particularis negativa sibi opponuntur subcontrariè, < seu possunt esse simul veræ, non tamen simul falsæ. Verbi gratia quidam sapiens est fortunatus, et quidam sapiens non

---

1. Ici Leibniz oppose la considération de l'extension et celle de la compréhension, et déclare fonder sur celle-ci son calcul logique. V. *La Logique de Leibniz*, p. 335.
2. Lire : « theor. 1. »

est fortunatus. > Sequitur ex præcedenti : nam quia universalibus con- Phil., V, 8, f, 23.
trarii signi contradictoriè opponuntur particulares (per th. 1. 3) hinc
cum illæ sunt veræ, hæ sunt falsæ, et contra. Verum illæ possunt esse
simul falsæ (per th. 6. præced.) ergo hæ simul veræ. Illæ non possunt
esse simul veræ (per idem th. 6) ergo hæ non possunt esse simul falsæ.

Conversio fit vel simpliciter vel per accidens. Conversio quæ fit simpliciter locum habet in universali negativa per th. 2 (Nullus pius est miser,
Ergo nullus miser est pius. vel contra) et in particulari affirmativa per
th. 4 (quidam fortunatus est miser Ergo quidam miser est fortunatus)
Et contra. Conversio per accidens locum habet in universali affirmativa,
ut mox ostendam. Conversio neutra (vi formæ) in particulari negativa
locum habet. De conversione per contrapositionem hic non loquor. Ea
enim novum terminum assumit. Exempli gratia Omnis sapiens est pius.
Ergo qui non est pius non est sapiens. Seu Omnis non-pius est sapiens [1].
Habemus enim tres terminos : sapiens. Pius, non-pius. Mihi autem
sermo est hic de consequentiis simplicibus ubi servantur iidem termini.
Præterea usus hujus conversionis nullus est necessarius ad demonstrandas
syllogismorum figuras et modos. Et proprietates hujus modi infinitorum
terminorum, non-pius. Non-miser, etc. demonstrari debent et possunt
per nostrum calculum, separatim, quemadmodum modalium. Habent
enim multa peculiaria, nam si ipsos adhibeas, syllogismus poterit habere
quatuor terminos, et nihilominus bonus erit, aliaque multa quæ non
sunt hujus loci [2], quia propositum est nobis syllogismorum categoricorum triterminorum generales modos et figuras calculo ostendere.

Th. 8. Universalis affirmativa converti potest per accidens. Omnis
sapiens est pius. Ergo quidam pius est sapiens. Nam quia omnis sapiens
est pius. Ergo < (per th. 5) > quidam sapiens est pius. Ergo (per th. 4)
quidam pius est sapiens [3].

| A consequentiis simplicibus in quibus duo tantùm sunt termini 23 verso.
transeo ad consequentias Triterminas seu syllogismos categoricos. Sed
tunc paulo majore cura opus est ad numeros terminorum aptè assu-
mendos : quia idem terminus nempe medius utrique præmissæ inest, et
ideò numeri ejus characteristici utriusque præmissæ regulis accommodari

---

1. *Lapsus*, pour : « non-sapiens »; ou plutôt : « Nullus non-pius est sapiens. »
2. Cf. Phil., VII, B, iv, 10, verso.
3. Ici un § barré qui commence par la même phrase que le suivant.

debent. Quod ut fiat primum ipse medius accommodetur uni extremorum, Majori scilicet vel minori termino, sed alter extremus postea ipsi accommodetur. Ubi notandum præstare subjectum accommodare prædicato quàm contra, ut ex regulis superioribus consideranti constabit. Itaque si qua sit præmissa in qua Medius terminus sit subjectum, ab ea incipiatur et prædicati ejus numeris pro arbitrio assumtis accommodentur ei numeri subjecti seu medii termini; inventis jam ita medii termini numeris, his numeri alterius termini in altera præmissa etiam accommodentur. Habitis jam < ita > Majoris ac Minoris termini numeris characteristicis, facile apparebit an eam inter se legem servent, quam conclusionis forma præscribit, id est an conclusio vi formæ ex præmissis ducatur.

| Sed ut hæc numerorum assumtio facilius fiat certas quasdam regulas præscribam.

Phil., V, 8, f, 24-27 (6 p. in-folio).

Calculus consequentiarum.

Duo sunt quæ in omni argumentatione dijudicari debent : Forma, nimirum et Materia. Contingere enim potest ut argumentum aliquando succedat in certa materia quod aliis omnibus exemplis ejusdem formæ applicari non potest. Exempli causa si ita ratiocinemur :

    [Omnis pius est felix
    Quidam pius non est fortunatus
    Ergo quidam fortunatus non est felix]
    < Omne Triangulum est trilaterum
    Quoddam Triangulum non est æquilaterum
    Ergo quoddam Aequilaterum non est Trilaterum >

Conclusio bona est sed vi materiæ, non formæ, nam exempla similis formæ afferri possunt, quæ non succedunt, exempli causa :

    Omne metallum est minerale
    Quoddam metallum non est aurum
    Ergo quoddam aurum non est minerale.

Itaque et calculus qui Materiam tangit à calculo formali separari potest.

Cum enim invenissem cuilibet sive Termino sive notioni, suum ascribi posse *numerum characteristicum*, < cujus interventu idem futurum est calculare et ratiocinari; > et verò ob mirificam rerum complicationem, nondum veros numeros characteristicos exhibere possim antequam summa plerarumque rerum capita in ordinem redegero; consideravi consequentiarum formam nihilominus in calculo comprehendi ac numeris demonstrari posse fictitiis, qui loco verorum numerorum characteristicorum interim adhiberentur[1]. Quod ita patefaciam.

In omni propositione categorica (nam ex his cæteras dijudicari posse alias ostendam, paucis in calculo mutatis) duo sunt Termini subjectum et prædicatum; Quibus accedunt : copula (*est*), affirmatio vel negatio, seu qualitas, et denique signum, id est Omnis vel quidam seu quantitas. Exempli gratia in hâc : Pius est felix, pius et felix sunt termini, ex quibus *pius* est subjectum, *felix* prædicatum; *est*, copula. | *Qualitas Propositionis* est Affirmatio vel Negatio. Ita hæc propositio : pius est felix, affirmat, illa verò : sceleratus non est felix, negat. *Quantitas propositionis* est universalitas vel particularitas. Ut cum dico : Omnis pius est felix, vel si dicam nullus sceleratus est felix; sunt propositiones universales, illa universalis affirmativa, hæc negativa. Sed si dicam : quidam sceleratus est fortunatus, quidam pius non est fortunatus. Propositiones sunt particulares, illa affirmativa, hæc negativa.

In omni propositione [affirmativa] prædicatum inesse dicitur subjecto, seu prædicati notio in subjecti notione involvitur. [Ut] < Nam in propositione Universali affirmativa > cum dico : Omnis homo est animal; hoc volo : animalis conceptum involvi in hominis conceptu (nam hominis conceptus est, esse animal rationale). Et cum dico Omnis pius est felix, [hoc volo si quis] < significo eum qui > intelligat naturam pietatis, etiam intellecturum in ea felicitatem veram contineri. Itaque in propositione universali affirmativa manifestum est prædicatum in subjecto per se spectato contineri. Sed si propositio sit particularis affirmativa, tunc prædicatum non continetur in subjecti notione per se spectata, sed in subjecti notione cum aliquo addito sumta; id est in aliqua subjecti specie. Fit enim speciei notio ex notione generis, cum addita aliqua differentia. < Similiter in >

---

1. V. *La Logique de Leibniz*, p. 111.

In Propositione Negativa cùm negamus praedicatum hoc modo quo dixi subjecto inesse; eo ipso affirmamus negationem praedicati sive terminum praedicato contradictorium subjecto inesse. Ut cum dico : Nullus sceleratus est felix : idem esse ac si dicerem : Omnis sceleratus est non-felix, seu non-felicitatem scelerato inesse. Et cum dico : [quidam] pius [non] est <non-> fortunatus, hoc volo : τὸ non-fortunatum inesse cuidam speciei seu exemplo pii.

Considerandum porro omnem notionem compositam, constare ex pluribus aliis notionibus, interdum positivis, interdum et negativis. Exempli gratia cum dico : numerus primitivus, | intelligo hoc : numerus non-divisibilis per majorem unitate. [Et verò sola notio DEI purè positiva est, nullamque limitationem seu negationem involvit.] Ideò ut generaliter procedamus : quamlibet notionem exprimemus duobus Numeris characteristicis, uno cum nota $+$ seu plus, altero cum nota $-$ seu minus. Exempli gratia : Primitivus est numerus indivisibilis. Conside-

$$+22 \quad -17$$

randum etiam est Terminos omnes negativos, hanc habere proprietatem, ut quando positivi se habent ut genus et species, contra negativi eorum se habeant inverso modo, ut species et genus. Exempli gratia Corpus est genus, Animal est species. latius enim patet corpus quàm animal, < quia corpus continet animalia et plantas aliaque, > sed contrà non-animal est latius quàm non-corpus. Omnia < enim > non-corpora sunt etiam non-animalia; sed non contra; dantur enim non-animalia quae tamen non sunt non-corpora, verbi gratia plantae. Itaque quemadmodum plura dantur corpora quàm animalia; ita contrà plura dantur non-animalia quàm non-corpora.

His ita intellectis possumus vera ponere fundamenta calculi nostri. Nimirum omnis notionis positivae (negativae) numerum characteristicum < positivum (negativum) seu nota $+$ (vel $-$) affectum > conflabimus ex multiplicatione in se invicem omnium numerorum characteristicorum earum notionum < positivarum (negativarum) >[1], ex quibus ipsius termini < positiva (negativa) > notio componitur.

Ita sit   animal   rationale
                   $+13 \quad -5$ $+8 \quad -7$

---

1. Ici se trouvent répétés les mots : « earum notionum positivarum. »

fiet termini hujus :   homo
Numerus characteristicus : $+ 13,8 - 5,7$
sive : $+ 104 - 35.$

Hoc unum tantùm in ista Numerorum efformatione cavendum est ne idem aliquis numerus in positivis et in negativis contineatur, id est ne positivus et negativus numerus dividi possint per < unum eundemque numerum, seu habeant > communem divisorem. Nam | si sic scripsissemus :

animal   rationale
$+ 13 - 5$ $+ 10 - 7$
homo
$+ 130 - 35$

scripsissemus absurdum. Nam notio quæ significatur per $+ 5$, contradictoria est ejus quæ significatur per $- 5$. Itaque cum in rationalis notione positiva 10 contineatur 5, (nam 10 dividi potest per 5 seu 10 fit ex multiplicatione 5 in 2) seu cum in rationali ponatur 5; in animali autem contra negetur 5, seu contineatur contradictorium ipsius 5, sequetur animal et rationale esse incompatibilia, adeoque hominem ex ipsis compositum implicare contradictionem, < quoniam ita tam positivus ejus numerus $+ 130$, quàm negativus dividi potest per 5 > quod cum falsum sit consequens est absurdam fore hanc exprimendi rationem, adeoque semper cavendum esse, ne numerus positivus et negativus habeant eundem divisorem.

Intellectis jam terminis sigillatim sumtis, videamus et quomodo conjungi possint, seu quomodo propositionum quantitas qualitas, et *veritas* < (in quantum id fieri potest ratione, seu numeris characteristicis) > dignoscatur. Nimirum generaliter omnis propositio *falsa* est, quæ cognosci potest sola vi rationis, seu quæ in terminis implicat; hæc est : in qua subjectum et prædicatum continent notiones incompatibiles, sive in qua duo quidam numeri characteristici diversorum terminorum < (subjecti unum prædicati alterum) > diversarumque notarum < (unum cum nota +, alterum cum nota, —) > habent communem divisorem. Exempli causa sit propositio :

pius   est   miser
$10 - 3$ $+ 14 - 5$

Patet terminos $+$ 10 (id est $+$ bis 5) et $-$ 5 esse incompatibiles, significant enim contradictoria, ac proinde statim ex numeris ipsorum characteristicis patet propositionem cui hi numeri conveniunt esse *falsam* $<$ in terminis $>$, et contradictoriam ejus esse ex terminis *veram*.

| Porro antequam specialibus Propositionum formis secundum quantitatem et qualitatem suos numeros characteristicos accommodemus, illud in genere repetendum est, quod supra diximus, Notionem prædicati semper inesse subjecto aut ejus speciei. Hoc jam in Numeros characteristicos ita transferamus : Esto propositio Universalis affirmativa :

$$\begin{array}{cccc} \text{Omnis} & \text{sapiens} & \text{est} & \text{pius} \\ +\,70 & -\,33 & +\,10 & -\,3 \end{array}$$

Patet prædicatum inesse debere notioni subjecti per se sumtæ, $<$ quia in omni casu inest $>$, adeoque numeros characteristicos subjecti dividi posse per numeros characteristicos prædicati ejusdem notæ, ut : $+$ 70 per $+$ 10, et $-$ 33 per $-$ 3. Similiter :

$$\begin{array}{cccc} \text{Omnis} & \text{homo} & \text{est animal} & \text{rationale} \\ +\,130 - 35 & & +\,13 - 5 & +\,10 - 7 \end{array}$$

patet $+$ 130 dividi posse per $+$ 13 et per $+$ 10; et $-$ 35 dividi posse per $-$ 5 et $-$ 7 [1].

In Propositione autem Affirmativa particulari, quemadmodum supra diximus, sufficit notionem prædicati inesse notioni subjecti, additamento aliquo auctæ, seu prædicatum inesse speciei subjecti, id est characteristicos numeros subjecti multiplicatos per alios numeros reddi posse divisibiles per characteristicos numeros prædicati. Cumque id semper possit fieri, quilibet enim numerus $<$ multiplicando $>$ reddi potest per alium numerum quemlibet divisibilis; hinc patet propositionem particularem affirmativam semper habere locum; nisi aliqua ex supra dicto capite supra dictis [2] incompatibilitas seu pugna oriatur. | Exempli causa :

$$\begin{array}{cc} \text{Quidam fortunatus} & \text{est miser} \\ +\,11 - 9 & +\,5 - 14 \end{array}$$

1. { Omne animal non-homo est corpus sentiens non-rationale. }
{ Omnis quinarius non binarius }
{ Omnis quaternarius non-major denario. Est figuratus non-quadratoquadratus. }
2. Ces deux derniers mots devraient être effacés.

patet effici posse, ut miseria sit in aliqua fortunati specie; in eo scilicet qui fortuita æternis præfert. Nam species aliqua fortunati habet notionem compositam ex notione fortunati tanquam genere, et notione differentiæ hujus fortunati ab alio qui miser non erit, hæc differentia sit 15 — 28.

Fiet   quidam fortunatus
        $+ 15, 11 — 28, 9$

jam 15,11 dividi potest per 11[1] et 28,9 per 14. Itaque patet effici posse, ut prædicatum insit speciei subjecti.

Eadem mutatis mutandis etiam ad propositiones negativas transferri possunt. Exempli gratia :

PHIL., V, 8, f, 28-29 (3 p. in-folio).

REGULÆ quibus observatis de bonitate consequentiarum per numeros judicari potest, hæ sunt :

(I) Si qua offeratur propositio, tunc pro quolibet ejus Termino (subjecto scilicet pariter ac prædicato), scribantur numeri duo, unus affectus *Nota* $+$ seu *plus*; alter *Nota* $—$ seu *minus*. <<Exempli gratia sit propositio Omnis sapiens est pius. Numerus respondens sapienti sit $+ 20 — 21$. numerus respondens pio sit $+ 10 — 3$. cavendum tantum ut, duo numeri ejusdem Termini > [ita tamen ut hi duo numeri] nullum habeant communem divisorem, nam si verbi gratia numeri pro sapiente essent $+ 6 — 9$. < qui ambo dividi possunt per 3. > nullo modo essent apti. [Notandum est autem si quis terminus negetur, notas esse tantùm mutandas. ut si pii nota sit $+ 10 — 3$. erit nota non-pii, $+ 3 — 10$.] >

(II) Si unus aliquis terminus reperiatur in una tantùm præmissâ (præmissam autem voco propositionem ex qua alia concluditur), tunc ipsius quidem numeri assumi possunt pro arbitrio (observata tantùm reg. 1. præcedente); alter verò assumi debet non pro arbitrio, sed secundum regulas jam præscribendas in quibus exponitur Relatio quam Numeri unius termini habere debent ad numeros alterius termini ejusdem propositionis.

(III) *Si præmissa sit* UNIVERSALIS NEGATIVA (v. g. Nullus pius est miser)

---
1. *Lapsus*, pour : 5.

et unius termini < (verbi gratia miseri) > numeros < (+ 5 — 4) > jam assumserimus, tunc alterius termini < (pii) > numeros < (+ 10 — 3) > ita assumere debemus ut *duo quidam numeri diversarum notarum* < (seu quorum unius nota + alterius —) > *et diversorum terminorum* < (seu quorum unus sumtus est ex subjecto alter ex prædicato, quales sunt nempe duo — 4 et + 10) > *habeant divisorem communem*, seu possint dividi per unum eundemque numerum < (nempe 2) >. Et *contra si in conclusione reperiatur numeros* secundum præmissarum formam rite assumtos, *hoc modo in subjecto et prædicato se invicem habere, signum erit ipsam conclusionem universalem negativam recte ex præmissis deduci.*

Corollar. Hinc statim sequitur *propositionem Universalem Negativam simpliciter converti posse*, exempli causa ex eo quod Nullus pius est miser, recte colligitur quod: Nullus miser est pius. nam sufficit in his duobus numeris + 10 — 3 et + 5 — 4 hoc contingere ut duo < quidam > numeri diversarum notarum et diversorum terminorum, hoc loco + 10 et — 4, habeant divisorem communem 2. neque enim distinguitur in regula aut refert quisnam eorum sumtus sit ex prædicato, quisnam ex subjecto. itaque salva regula æque unus atque alter terminus subjectum aut prædicatum esse potest.

| (IV) *Si præmissa sit* PARTICULARIS AFFIRMATIVA (v. g. quidam fortunatus est miser) et unius termini < (verbi gratia miseri) > numeros < (+ 5 — 4) > assumserimus, tunc alterius termini < (fortunati) > numeros < (+ 10 — 7) > quomodocunque assumere possumus < salva semper reg. 1. quod imposterum semper subintelligam >, modo *id quod in universali negativa requiri* proxime *diximus, locum non habeat.* < (id est, modo ne duo quidam numeri ex illis qui diversarum sunt notarum et terminorum, verbi gratia modo neque + 10 et — 4 neque hi duo : + 5 et — 7 communem divisorem habeant) >. Et contra si contingat numeros terminorum jam in præmissis rite assumtos hoc modo (quem in universali negativa diximus) se in conclusione non habere, signum est ipsam conclusionem particularem affirmativam recte ex præmissis deduci.

Corollar. 1. Hinc statim sequitur *particularem affirmativam contradictorie opponi universali negativæ*, sive non esse posse simul veras, neque simul falsas. Nam quod in Univ. Neg. requiri diximus, reg. 3. nempe communis divisor dicto modo, id non fieri in Part. Aff. requiritur ut hic reg. 4. diximus.

{ *Corollar. 2.* Hinc etiam statim sequitur particularem affirmativam posse converti simpliciter. quemadmodum de universali negativa diximus, cui opponitur. Nam utrobique conditiones subjectum à prædicato non distinguunt et sufficit numeros eorum diversæ notæ habere (in Univ. neg.) vel non habere (in partic. aff.) communem divisorem. }

(V) *Si præmissa sit Universalis affirmativa,* [*debet locum non habere quod in prop. univ. negativa diximus reg. 3.* (unde omnis univ. affirm. includit partic. affirmativam ⊙, quam negativæ opponi diximus) *et præterea*] *requiritur ut numerus subjecti quilibet dividi possit per numerum prædicati ejusdem notæ.* Et contra : si hæc duo requisita in conclusionis terminis secundum præmissas rite assumtis eveniant, tunc ipsa universaliter affirmativè ex præmissis rectè deducetur. Itaque exempli causa : in propositione, Omnis sapiens est pius, sit verbi gratia numerus sapientis + 20 — 21. numerus pii + 10 — 3. et procedet universalis affirmativa < quia in ea duo numeri diversarum notarum nempe hi duo diversorum etiam terminorum (nam de illis qui sunt eorundem res semper patet per reg. 1.) + 20 et — 3. item + 10 et — 21. non habent communem divisorem, alioqui > nec hi duo + 10 et — 3 < (secundum reg. 1) >, nec hi duo + 20 et — 3, nec hi duo — 21 et + 10 < (alioqui per reg. 3 locum haberet univ. negativa) > communem divisorem habent. | at vero numerus subjecti + 20 dividi potest per numerum prædicati + 10 et numerus subjecti — 21 per numerum prædicati — 3. (quod proprium est illis terminis quorum unus de altero universaliter affirmari potest).

Coroll. 1. Hinc *ex Univ. Affirm. sequitur Partic. Affirm.* Omnis sapiens est pius. Ergo quidam sapiens est pius. quemadmodum patet ex dictis proximè sub signo ⊙.

Coroll. 2. Univ. Affirmativa potest converti particulariter. Omnis sapiens est pius. Ergo quidam pius est sapiens. Nam si omnis sapiens est pius. Ergo quidam sapiens est pius. per coroll. præcedens. Sed si quidam sapiens est pius. Ergo quidam pius est sapiens per reg. 4. coroll. 2.

Coroll 3. Propos. Univ. Affirmativa potest universaliter converti per contrapositionem, ut vocant. Omnis sapiens est pius. Ergo Nullus qui non est

⊙ < (Quæ omnia Univ. Affirm. habet cum < qualibet > particulari affirmativa commune, sequitur illi proprium) >

Phil., V, 8, f, 29. pius est sapiens. Nam sit propositio :

$$\begin{array}{lcc} & \text{Omnis sapiens est pius} \\ \text{situs prior} & +20 - 21 \quad +10 - 3. \end{array}$$

Scribatur alia

$$\begin{array}{lc} & \text{Nullus non-pius est sapiens.} \\ \text{situs conversus} & +3 - 10 \quad +20 - 21 \\ & \text{per reg. 1.} \end{array}$$

Unde patet $+3$ et -21 (item -10 et $+20$) numeros diversarum notarum et diversorum terminorum semper dividi posse per eundem numerum nempe 3. nam 3 divis. per 3 dat 1. et 21 divis. per 3. dat 7. (eodem modo -10 et $+20$ dividi possunt per 10.) quia in prop. Univ. Affirm. semper numerus qui $<$ in situ priore $>$ est loco 21. dividi potest per numerum qui est loco 3 per reg. 5. Jam si $<$ in situ posteriore seu converso $>$ numerus qui est loco 3 et num. qui est loco 21. habeant communem divisorem, prop. est Univ. Neg. per reg. 3. Ergo habemus intentum, $<$ seu $>$ sapiens de non-pio poterit universaliter negari.

(VI) Si præmissa sit particularis negativa, debet aliquid eorum deesse quæ ad veritatem Universalis affirmativæ desiderari diximus. Itaque vel numeri diversarum notarum et diversorum terminorum habebunt communem divisorem (quo casu etiam locum habet universalis negativa, unde ☽ patet ex universali negativa particularem negativam sequi) vel numeri in subjecto non poterunt dividi per numeros prædicati ejusdem notæ[1].

Phil., V, 8, g, 30-31.   Phil., V, 8, g, 30-31 (4 p. in-4°).

Brouillon, de la main de Leibniz, du fragment catalogué Phil., V, 6, c, 9-10 (voir plus haut) qui porte le titre[2] :

Methodus Physica.   Characteristica.   Emendanda.
Societas sive ordo.

---

[1]. Rattacher aux opuscules précédents le fragment Phil., VII, B, II, 14, qui en est manifestement la suite.

[2]. Ce Mémoire a été publié par *Klopp* (III, 308-312) et par *Foucher de Careil* (VII, 101-105) sous le titre : *De fundatione ad scientiam provehendam instituenda*. Nous croyons néanmoins devoir le reproduire d'après ce brouillon (en le collationnant avec la copie revue et corrigée par Leibniz), à cause des passages barrés (inédits), qui montrent combien les ratures de Leibniz sont parfois intéressantes et instructives.

Maji 1676.

Ex propositionibus quæ rerum emendandarum causa fiunt, eas maxime amo, quarum fructus viventibus nobis percipi posse spes est. Quanquam enim et gloriæ et posteritatis rationem habeat mens generosa, juvat tamen laborum suorum præmiis frui vivum videntemque [1].

[Studiorum ratio omnis ad usum quendam dirigi debet, qui mihi tripartitus esse videtur, Perfectio animi, Medicina corporis, et vitæ commoditates.

Quæcunque à nobis discenda sunt, rediguntur ad tres classes, Demonstrationum, Experimentorum, et Historiarum. Perfectio Mentis acquiritur perceptione demonstrationum, et exercitio virtutum, quarum præcepta scilicet demonstrationes nobis tradidêre.

Medicina corporis hactenus non nisi Empirica < id est Experimentalis > fuit, quoniam paucissimorum morborum veræ causæ, et paucissimorum remediorum verus operandi modus innotescit.]

Certum est unum hominem non satis temporis habere posse ad omnia invenienda, quæ a ratione pendent et certa methodo possunt inveniri, neque satis habere occasionum, ad ea invenienda quæ < a > casu < pendent > atque experimentis non semper obviis discenda sunt.

Certum est, si omnia utilia quæ saltem unius opidi, ne dicam provinciæ, homines sciunt aut experti sunt, in unum collecta breviterque exhibita essent, Thesaurum nos incomparabilem habituros. Quid si plures nationes consentirent, imò quid si plurium seculorum scientiam collectam haberemus?

Si omnia egregia quæ homines sciunt aut sciverunt annotata atque cognita essent, credo felices < essemus > et plerisque malis atque incommodis humanam vitam urgentibus superiores [essemus], | vix enim morbus est, cui non certum aliquod atque exploratum remedium aliquis ex populo nôrit.

Ex his patet homines non nisi propria negligentia esse infelices.

Si saltem omnia vere utilia atque realia quæ in tot libris extant in unum collecta exstarent atque indicum < in collectanea universalium > ope in promtu essent, Thesaurum incredibilem haberemus.

---

1. Cette idée revient souvent chez Leibniz; v. par exemple PHIL., VII, B, VI, 1, fin.

Sæpe notavi egregia inventa quæ pro novis habebantur postea in libris veteribus fuisse reperta, sed neglecta aut ignorata.

Si paucorum <aspectu similarium> corporum natura nosceretur, ut salis communis, nitri, aluminis, sulphuris, fuliginis, olei, vini, lactis, sanguinis, aliorumque nonnullorum; pateret inde natura plerorumque aliorum corporum, quippe quæ ex his componuntur aut generantur.

[1] Credibile est naturam corporum aspectu similarium, ut salis communis, nitri, etc., tam esse simplicem, ut à nobis facillimè intima eorum structura intelligeretur, si quis angelus nobis eam vellet revelare [2].

Credibile est, si natura corporum ejusmodi similarium nobis innotesceret, non difficulter nos rationem reddituros omnium quæ in ipsis apparent, imo prædicere posse omnes eorum sive per se sumtorum, sive cum aliis mixtorum effectus. Quemadmodum facile nobis est prædicere effectus machinæ cujus structuram intelligimus.

Ex his sequitur facile nobis fore, ex non admodum multis experimentis intimam eorum corporum derivare naturam. Nam si simplex est hæc natura, experimenta ex ea facile sequi debent; et si experimenta ex ea facile sequuntur, debet vicissim etiam ipsa facile sequi per regressum ex sufficienti experimentorum numero. <Talis regressus fit in Algebra, et in omnibus aliis fieri posset> quodam calculi mathematici genere, si modò homines veram ratiocinandi artem tenerent. <Est enim Algebra methodus ex ignotis deducere nota, ut æquatione ductorum ex ignotis cum datis notis facta etiam ignota fiant nota> [3].

Vera ratiocinandi ars in rebus difficilibus et non nihil abstrusis quales sunt physicæ frustra speratur, quamdiu non habetur | ars characteristica sive lingua [realis] rationalis, quæ mirificè in compendium contrahit operationes mentis, et sola præstare potest in physicis, quod Algebra in Mathematicis.

Ars characteristica ostendet non tantum quomodo experimentis sit utendum, sed et quænam experimenta sint sumenda et ad determinandam rei subjectæ naturam sufficientia : <prorsus> quemadmodum in vulga-

---

1. Paragraphe omis par le copiste.
2. Cette idée de la connaissance angélique, c'est-à-dire rationnelle, est familière à Leibniz. V. *Phil.*, VII, 19, 62, 265; textes cités dans *La Logique de Leibniz*, p. 100, n. 4; p. 251, n. 3 et 4.
3. Cette addition, placée au bas de la p. 30 verso, a été copiée à cette place par le secrétaire, et barrée par Leibniz sur la copie.

ribus illis artificiis per quæ divinari solet numerus quem aliquis sibi tacite proposuit, facile ab algebræ perito dijudicare[1] potest an ea quæ sibi ab alio dicta sunt de occulto illo numero, sint ad eum eruendum sufficientia.

Unus est modus per quem pauci homines < delecti > parvis sumtibus et exiguo tempore res magnas pro scientiarum vitæ utilium incremento præstare possunt. Si aliqui sint qui accuratissimè ratiocinari possint, [aliqui] < his vero materiam suppeditent > tum qui ex horum voto experimenta sumant, tum qui res præclaras passim in libris aut apud curiosos extantes colligant atque ordinent.

Necesse est autem qui talia moliantur eos ab aliis curis esse solutos, et vero affectu in studia ferri et a paucis dirigi; et Laboratorio atque Bibliotheca et cæteris ad sumtus in aliquot mercenarios < et experimenta > necessariis abunde instructos esse, et de superiore loco protegi.

Cùm multi adeò sint ordines præclaræque fundationes, mirandum est neminem nunquam quicquam tale fundasse [pro vero generis humani bono] in quo cum religione etiam humani generis præsens felicitas procuraretur[2].

Si quis unquam tale fundaret institutum, is supra quàm credi potest obligaret < sibi > posteritatem, et veram nomini suo immortalitatem pararet.

Tale genus Ordinis haud dubiè in tantà seculi luce non tantùm magno applausu acciperetur, sed et mox necessariis undique subsidiis, legatis, fundationibus exsplendesceret, et [ad] per omnes nationes sectasque < facile > diffunderetur, et cum sapientia etiam pietatem propagaret[3].

| Cum cœnobia nonnulla tantis abundent divitiis, optandum esset quod illis superest ultra victus commoditatem scientiarum verarum incrementis impendi, quibus maxime gloria DEi celebratur.

Omne præclarum naturæ artificium experimento < vel demonstratione > detectum, hymnus est verus et realis DEo cantatus, cujus admirationem auget[4].

---

1. *Sic*, pour « dijudicari ».
2. Au lieu de ces deux derniers mots, oubliés par le secrétaire, Leibniz a écrit sur la copie : « utilitas combinetur. »
3. Cf. THEOL., XX, 99, 100; *De Societate Philadelphica* (*Foucher de Careil*, VII, 94) résumé dans *La Logique de Leibniz*, p. 506; et *De Republica*, sept. 1678 (*Klopp*, V, 22) cité *ibid.*, p. 509, n. 3.
4. Cf. la *Consultatio de Naturæ cognitione...* (*Klopp*, III, 312; *Foucher de Careil*, VII, 107.) — Ici s'arrête la copie PHIL., V, 6, c, 9-10.

Quanquam non dubitem fundationem qualem dixi incredibiles aliquando successus habituram, et venturum esse tempus quo sapientiores, quàm nunc sunt homines, superfluas opes veræ felicitatis incrementis impendent, quoniam tamen sub initium monui, me de illis tantùm dicturum, quorum fructus viventibus nobis percipi possint, ideò hoc unum conclusionis loco adjicere suffecerit :

[Si vel unius provinciæ bonorum Ecclesiasticorum alioqui nullos certos usus habentium exigua portio < impendatur > instituto quale dixi, id est sustentationi paucorum hominum, sed selectorum]

< Si adhibeantur in hunc usum pauci homines sed selecti >, quorum alii ratiocinandi vi, alii experiundi industriâ, alii colligendi sedulitate valeant, et necessariis ad omnia in eam rem profutura sumtibus abundent; et vero affectu ad instituti incrementum conspirent; ausim dicere, plus eos uno decennio effecturos, quam alioqui totum genus humanum tumultuariis sparsisque multorum seculorum laboribus possit[1]. Unde quis fructus omnes, quæ gloria Protectorem atque fundatorem maneat facilè est judicare[2].

PHIL., V, 9, f. 1-6 : *De l'Horizon de la doctrine humaine*[3].

Application de l'Art combinatoire à la détermination du nombre de toutes les vérités et faussetés possibles, et de tous les livres faisables (à l'imitation de l'*Arénaire* d'Archimède). En partant du nombre des lettres (24), Leibniz trouve pour le nombre des mots : $(24^{23} - 24) : 23$. et pour le nombre des énonciations :

$$(24^{36500.000.00001} - 24) : 23$$

dont il donne cette limite supérieure :

$$10^{73000.000.00000}.$$

---

1. Cf. *Lettre à Oldenburg* (*Phil.*, VII, 15; *Briefw.*, I, 104) et *Phil.*, VII, 68.
2. Ce mémoire est évidemment adressé ou destiné à un prince souverain, qui, vu la date, ne peut guère être que Jean-Frédéric, duc de Hanovre. Cf. les mémoires analogues ap. *Klopp*, IV, 397, 420; cités dans *La Logique de Leibniz*, p. 508-509.
3. Rapprocher de cet opuscule les fragments suivants : PHIL. VIII, 19, f. 68 (ap. *Bodemann*, p. 114) et 25, f. 94-95 (v. infra). A cet opuscule est jointe une feuille où Leibniz dit avoir parlé de son *Horizon de la doctrine humaine* à FONTENELLE dans une lettre du 20 février 1701 (v. *Bodemann*, p. 83.) Cf. le fragment PHIL. VI, 12, f, 23, où Leibniz soutient au contraire que le nombre des termes, et par suite celui des propositions premières, est infini.

PHIL., V, 10, f. 1-8. (16 pages in-folio; brouillon de la main de Leibniz.)

DE LA METHODE DE L'UNIVERSALITÉ [1]

PHIL., V, 10, f. 9-10. 4 p. in-folio, en latin, commençant ainsi :

Esto ergo propositum Ex dato puncto ducere rectam, quæ curvæ Conicæ datæ ad angulos rectos occurrat [2]; regula tum omnibus communi; tum in simplicioribus calculo particulari. . . . .

PHIL., V, 10, f. 11-24 (26 p. in-4°; copie du brouillon précédent par un secrétaire, revue et corrigée par Leibniz).

DE LA METHODE DE L'UNIVERSALITÉ

1. La Methode de l'universalité nous enseigne de trouver par une seule operation des formules analytiques et des constructions geometriques generales pour des sujets ou cas differens dont chacun sans cela auroit besoin d'une analyse ou synthese particuliere. On peut juger par

---

1. La *Méthode de l'Universalité* doit dater au plus tard de 1674, car on verra plus loin des fragments de cette date qui s'y rapportent (PHIL., V, 10, f. 47; PHIL., VI, 12, d; ce dernier du 7 septembre 1674. Cf. MATH., III, A, 12, sept. 1678; III, B, 3 b; III, B, 19, 1ᵉʳ avril 1676). Elle ne peut guère être antérieure, car c'est en 1673 que Leibniz vint à Paris et s'initia aux Mathématiques. On sait que c'est en 1675 (fin octobre), à Paris, qu'il inventa son Calcul infinitésimal. Dans la *Méthode de l'Universalité*, il est déjà au courant des méthodes infinitésimales antérieures (§§ 2, 6, 21). Mais il n'y dépasse pas les bornes de la Géométrie analytique cartésienne, dont il reconnaîtra plus tard l'insuffisance (v. p. ex. MATH., IV, 13 g). GERHARDT a sommairement analysé cet ouvrage dans une préface (*Math.*, V, 134 sqq.). Quelle que soit la valeur de cet essai d'une « caractéristique » nouvelle, il faut, pour le juger équitablement, se rappeler que c'est de cette recherche de signes appropriés qu'est né l'algorithme infinitésimal usité universellement aujourd'hui.

2. Cf. PHIL., V, 10, f. 41-42, 64-65.

INÉDITS DE LEIBNIZ.

Phil. V, 10, f. 11. là que son usage s'etend aussi loin que l'Algebre ou Analyse, et qu'elle se repand par toutes les parties des mathematiques pures ou mixtes. Car il arrive tous les jours, qu'un mesme probleme est de plusieurs cas dont la multitude embarasse beaucoup, et nous oblige à des changemens inutiles et à des repetitions ennuyeuses dont cette methode nous garantira à l'avenir.

II. Reduction des figures differentes en Harmonie.

2. Or comme toutes les propositions des sciences Mathematiques mixtes peuvent estre purgées de la matiere par une reduction à la pure Geometrie; il suffira d'en monstrer l'usage dans la Geometrie : ce qui revient à deux points; sçavoir : Premierement à la Reduction de plusieurs Cas differens à une seule formule, regle, equation ou construction : et en second lieu à la Reduction des figures differentes [en] < a une certaine > harmonie; pour en demonstrer ou resoudre universellement quantité de problemes, ou theoremes; Le premier point diminue la peine, l'autre augmente la science, et donne des lumieres considerables. Car si avec le temps la Geometrie des infinis pourroit estre rendue un peu plus susceptible de l'Analyse, en sorte que les problemes des quadratures, des centres, et des Dimensions des courbes, se peussent resoudre par des equations : comme il y a lieu d'esperer quoyque Mr Des Cartes n'ait pas osé y aspirer, on tireroit un grand avantage de l'Harmonie des figures pour trouver la quadrature des unes aussy bien que des autres.

III. Par une methode analytique, au lieu de la synthetique.

11 verso.

3. Il est vray que Messieurs des Argues et Pascal ont cru < de > pouvoir reduire les sections coniques en Harmonie : mais outre que leur methode est bornée, et ne depend que des proprietez particulieres des Coniques, elle est aussy extremement embarassante, parce qu'il faut | tousjours demeurer dans le solide, et bander l'esprit par une forte imagination du cone. Je croy mesme qu'on auroit bien de la peine à resoudre universellement par ce moyen des problemes difficiles, à moins qu'on ne les < trouve comme par hazard > ait desia trouvés par hazard, à priori, par le moyen d'un theoreme demonstré ailleurs. Au lieu qu'il n'y a rien qui puisse échapper à nostre methode, qui a cela de commun avec les autres parties de l'Analyse qu'elle espargne l'esprit et l'imagination, dont il faut sur tout menager l'usage.

IV. L'Algebre n'est qu'une branche de la Caracteristique.

4. C'est le but principal de cette grande science que j'ay accoustumé d'appeller *Caracteristique*, dont ce que nous appellons l'Algebre, ou Ana-

lyse, n'est qu'une branche fort petite : puisque c'est elle[1] qui donne les paroles aux langues, les lettres aux paroles, les chiffres à l'Arithmetique, les notes à la Musique; c'est elle qui nous apprend le secret de fixer le raisonnement, et de l'obliger à laisser comme des traces visibles sur le papier en petit volume, pour estre examiné à loisir : c'est enfin elle, qui nous fait raisonner à peu de frais, en mettant des caracteres à la place des choses, pour desembarasser l'imagination.   Phil., V, 10, f. 11.

5. Mais quoyque il semble que les caracteres soient arbitraires, il y a pourtant bien des regles à observer, pour rendre les <dits> caracteres propres à l'usage. Par exemple Mr Schoten et autres se servent d'un certain caractere, pour marquer la difference entre deux grandeurs, comme $a = b$ c'est à dire $a - b$, ou $b - a$. mais il est aisé de faire voir que ce caractere est contre les regles de la caracteristique. Car soit une equation entre b, et, entre $a = y$, ou la difference d'a, et y, sçavoir : $a = y \infty b$, < vous ne sçauriez mettre les connues a. b. d'un costé, ny separer a de y, mais en vous servant des caracteres dont j'expliqueray l'usage dans la suite vous aurez $\mp a \pm y \infty b$ > ou $\pm y \infty b \mp a$, ou $y \infty \mp b + a$. Au reste j'avoue que Mr Schoten s'est servi de deux caracteres ⚹, et ⚺, equivalens aux miens $\mp$ et $\pm$, mais c'est peut estre trois ou quatre fois, et d'une telle maniere, qu'on voit bien qu'il n'en avoit pas assez reconnu l'application, ny les regles : aussy faut il bien d'autres observations pour en tirer quelque advantage considerable.   V. Exemple des fautes qui se font contre la Caracteristique.

6. Cavalieri, Mr Fermat, Mr Wallis, et autres supposent des certaines lettres, ou lignes infinement petites ou egales a rien. J'ay mis la mesme chose en usage, et j'ay adjousté des lettres qui representent une grandeur infinie, ou des lignes egales à des rectangles, comme sont les asymptotes de l'Hyperbole.   VI. Conjonction de la Caracteristique avec la methode des infinis.

12 recto.

7. Mais la methode mesme fera voir plus clairement par ses | preceptes, et exemples, ce qu'il y a de nouveau et d'avantageux, et afin qu'on ne croye pas, que la peine [recompense] <egale> l'avantage j'asseure par avance que le calcul universel de tous les cas ensemble n'est jamais plus difficile que le calcul particulier du cas plus difficile.   VII. Advantage de la methode de l'universalité pour abreger la peine du calcul.

8. Les Instrumens de la methode de l'universalité sont les Caracteres Ambigus, qui sont ou *signes*, ou *lettres*.   VIII. Signes ambigus.

---

1. Variante de la main de Leibniz (f. 26 verso) :
« Car c'est la Caracteristique. »

PHIL., V, 10, f. 12. Les SIGNES AMBIGUS sont qui marquent ou l'addition, ou la soubstraction. Il est vray qu'on en pourroit aussy faire utilement, pour marquer la multiplication, la division, et l'extraction des racines : mais je n'en trouve point d'usage pour le present dessein.

IX. Simples, de deux significations. 9. Or les dits signes sont ou *simples* pour marquer seulement deux cas possibles, ou ils sont *composés* pour en marquer plusieurs.

$$\text{A} \qquad \text{C} \qquad \text{B} \qquad \text{C}$$

Par exemple si la ligne AC se doit determiner par le moyen de la ligne AB, et BC, et si le point C, peut avoir seulement deux lieux, l'un entre A, et B, l'autre au delà de B, de sorte que B tombe entre luy, et A, le signe sera simple, car on voit que selon la premiere position AC est egal à AB — BC. et selon la seconde à AB + BC. et par consequent nous dirons que AC est egal à AB $\mp$ BC.

X. Sçavoir $\mp$ ou $\pm$. 10. Et si, à present, nous voulions exprimer AB par BC, et AC, < (regardez la figure du nombre precedent:) > l'equation

$$\begin{cases} AC \infty AB - BC \text{ nous donneroit} \\ AC \infty AB + BC \dots\dots\dots \end{cases} \begin{cases} AC + BC \infty AB \\ AC - BC \infty AB \end{cases}$$

ou $\qquad AC \infty AB \mp BC \dots\dots\dots \qquad AC \pm BC \infty AB.$

On voit par là qu'il y a deux signes simples, l'un $\mp$ (c'est-à-dire + ou —) et l'autre $\pm$ (c'est-à-dire — $\mp$) car le signe qui porte un — au bas du caractere, signifie toujours sa propre negation.

XI. Composez de trois significations, comme $\mp$ ou $\pm$. 11. Mais il y a une infinité de signes composez, et comme l'on ne sçauroit en faire le denombrement, il suffira de donner quelques exemples, à fin que chacun s'en puisse faire à leur imitation : par exemple

$$\text{C} \qquad \text{A} \qquad 2\text{C} \qquad \text{B} \qquad 3\text{C}$$

12 verso. Si les points A.B. demeurant immobiles, le point C peut avoir | trois situations differentes, on aura aussy trois equations differentes pour exprimer la valeur de la ligne AC par les lignes AB, BC.

car $\qquad$ 1C donnera AC ∞ — AB + BC
$\qquad\qquad$ 2C $\dots\dots\dots\dots$ + $\dots$ — $\dots$
$\qquad\qquad$ 3C $\dots\dots\dots\dots$ + $\dots$ + $\dots$

De sorte que AC est ou la différence, ou la somme de AB, BC. et pour exprimer ces equations differentes par une seule, on pourra faire

$$AC \infty \mp AB \mp BC,$$

pour marquer que le signe de la ligne AB est opposé au signe de BC, à moins que toutes deux n'ayent pour signe $+$.

12. On peut aussy avoir besoin de trois lignes dont les signes soyent variables pour exprimer la valeur d'une seule. Par exemple

XII. *Vinculum.*

```
    E     A    2E    B    3E    F    4E.
```

1E donnera EF $\infty + AE + AB + BF$.
2E ⎫
3E ⎬ .... $-$ ... $+$ ... $+$ ....
4E .... $+$ ... $-$ ... $-$ ....

Et l'equation generale sera :

$$EF \infty \mp AE \mp \overline{AB + BF}.$$

On voit par là qu'en ce cas les lignes AB. BF peuvent estre prises pour une seule AF, et que par consequent ce cas n'est point different du precedent. J'ai pourtant voulu le rapporter pour faire voir comment il est bon de comprendre plusieurs lignes d'un mesme signe, sous un *vinculum*, à l'imitation des racines sourdes; dont on verra l'usage dans la suite, quand il s'agira de purger l'equation des signes ambigus. Cependant ce *vinculum* a cela de commode qu'on le peut dissoudre, et qu'on en peut eximer ce qui bon nous semble, au lieu que le vinculum d'une racine sourde est indissoluble. Au reste il n'est pas permis de faire de ces deux lignes AB. BF une seule AF, en calculant, si toutes deux sont inconnues.

13. S'il y a plus de trois variations, on pourra faire des signes semblables à ceux cy par exemple on fera

XIII. Signes composez de plus que trois variations.

$$(\mp) \mp AB (\mp) \mp BC \infty AC$$

pour representer 1 ⎧ $-$ ... $+$ ... ...
2 ⎪ $+$ ... $-$ ... ...
3 ⎨ $+$ ... $+$ ... ...
4 ⎩ $-$ ... $-$ ... ...

C'est à dire ou il y aura $(\mp)$ AB $(\mp)$ BC, sçavoir le mesme | signe, 13 recto.

Phil., V, 10, f. 13. quoyque indeterminé, selon le 3eme et quatriesme cas; ou il y aura $\mp AB \pm BC$, des signes opposez, selon le 1. et 2. cas : et àfin que deux signes semblables $\mp$ et $(\mp)$ mais differents ne se confondent pas, l'un en est renfermé dans une parenthese. Et àfin de discerner un seul signe $\overline{(\mp)} \pm AB$ de deux $(\mp) \pm AB$, qui se multiplient, il y a une ligne transversale qui les unit.

XIV. Soubsdistinctions de l'ambiguité.

14. Il pourra arriver que les variations comprennent en elles mesmes des signes ambigus, comme par exemple :

$$\mp a + b, \text{ ou } + a \mp b \infty c$$

ce qui veut dire

$$+ a + b, \text{ ou } - a + b, \text{ ou } + a + b, \text{ ou } + a - b$$

< et neantmoins > mais on ne doit pas l'exprimer par les signes susdits $\mp a \mp b \infty c$ parce que ce $\mp$ est une position desja faite, donc pour ne troubler pas la connexion < ou le rapport >, il faudroit ne faire point de nouveau signe, mais plustost l'exprimer ainsi :

$$\mp \underbrace{+} a + \underbrace{\mp} b \infty c$$

Car cette marque $\smile$ signifie ou l'un ou l'autre; ou si nous voulons faire des signes nouveaux, il sera a propos de faire ainsi : $\mp a \mp b$, voyez aussy l'artic. 18.

XV. Signes Homogenes.

15. Mais pour comprendre mieux la raison de tout cecy, il faut considerer, que dans la suite d'un mesme calcul, il y peut avoir plusieurs ambiguitez dont l'une soit independante de l'autre, ou tout à fait, ou en partie. et par consequent les SIGNES AMBIGUS sont ou *homogenes* ou *heterogenes*. Les signes ambigus HOMOGENES sont, dont l'un estant expliqué, determine l'autre aussy, entierement, et tousjours, et cela n'arrive qu'en deux cas, premierement quand l'un est le mesme avec l'autre comme $\mp a$, et $\mp b$, ou $\overline{((\mp))} c \overline{((\mp))} d$, et en second lieu quand l'un est opposé à l'autre, comme $\mp a$ et $\pm b$, ou $\overline{((\mp))} c \overline{((\pm))} d$, c'est à dire quand l'un signifie zero moins l'autre, et porte le signe — au bas.

XVI. Correspondants.

16. Les signes ambigus HETEROGENES le sont ou entierement ou en partie. En partie seulement, quand ils sont au moins *correspondants* et ont quelque rapport l'un à l'autre, ce qui arrive quand ils ont leur origine

13 verso. d'une mesme equation ambigue : car alors l'un estant | expliqué quoyque il ne determine pas l'autre entierement tousjours, il ne laisse pas pourtant d'en diminuer l'ambiguité ou le determiner quelques fois : par exemple

soit AC ∞ ⸯ∓ AB ⸰∓ BC, posons le cas que ⸯ∓ signifie $+$, alors on pourra changer ⸰∓ BC. en un simple $\mp$, et voila l'ambiguité diminuée. Mais davantage posons que ⸯ∓ ou ⸰∓, un de deux, signifie —, alors toute l'ambiguité cessera, et l'autre sera $+$.

PHIL., V, 10, f. 13.

17. Mais les signes *Heterogenes sans correspondance* sont qui naissent des equations tout à fait differentes en sorte que l'explication de l'un des signes ne contribue rien du tout à la determination de l'autre : dont on verra des exemples dans la resolution du probleme cy joint, et dans la regle generale de la construction de tous les problemes solides par quelque section conique qu'on voudra.

XVII. Tout à fait Heterogenes.

18. Or comme tout roule sur ce point de faire en sorte que dans la suite du calcul on puisse discerner les signes et les expliquer, pour faire l'application de la formule generale à quelque cas particulier qu'on voudra : il est necessaire d'avoir des marques pour sçavoir de quelle ambiguité chaque signe tire son origine, et lesquels d'eux soyent correspondants. Pour cet effet je trouve qu'il est commode de se servir des parentheses simples ou doubles, et de renfermer en des parentheses semblables, tous les signes d'une mesme origine, c'est à dire qui viennent d'une mesme ambiguité par exemple $(\overline{\mp}) a (\overline{\pm}) b. ((\overline{\mp})) c ((\overline{\pm})) d$. et il s'ensuit que ceux qui ne sont point renfermez sont tous d'une mesme origine. Mais s'il falloit redoubler trop souvent la parenthese, on pourroit se servir des nombres, par exemple, au lieu de $((((\mp)))) a$ on pourroit faire $(4 \mp) a$. Et comme j'ay remarqué que bien souvent d'une ambiguité peut naistre une autre par une espece de soubs-distinction (: par exemple l'equation susdite $(((\overline{\mp}))) a + b$, ou $+ a (((\overline{\mp}))) b, \infty c$:) on se pourra servir d'une telle façon $\overline{(3(6\mp))}$ pour marquer que la 6me ambiguité n'est qu'une soubs-distinction de la | 3me; il est vray que dans l'exemple de la dite equation l'on n'en ait pas besoin, car elle se peut exprimer ainsy : $\overline{(3\mp)} + a + \overline{(3\mp)} b \infty c$, mais il est vray aussy qu'on en auroit besoin pour l'exprimer ainsy : $\overline{(3\overline{(4\mp)})} a \, \overline{(3\overline{(4\mp)})} b \infty c$ ce qui revient au mesme, comme je viens de dire, art. 14.

XVIII. Parentheses pour discerner les signes heterogenes qui tirent leur origine de differentes ambiguitez.

14 recto.

XIX. Moyen d'exprimer tous les signes en cas de besoin par les deux simples, en adjoutant des nombres aux parentheses redoublées [1].

19. Mais pour applanir toutes les rudesses de ce chemin qui n'a pas encore esté battu jusqu'à là, puisque l'esprit peut estre embarassé par

---

1. Ce titre et les suivants sont de la main de Leibniz.

cette fabrique de tant de signes nouveaux, j'y apporteray un remede, afin qu'on n'ait besoin absolument que de deux signes $\mp$ et $\pm$. pour cet effet posons le cas qu'il y ait trois equations ambigües dans nostre calcul, sçavoir :

Equat. s.

$$a\infty\begin{cases}+b-c\\+\ldots+\ldots\end{cases} \text{item } d\infty\begin{cases}-e+f\\+\ldots-\ldots\\+\ldots+\ldots\end{cases} g\infty\begin{cases}-i+k-l-m\\+i-k+l-m\\-i-k+l+m\end{cases}$$

Leur expression pourra estre telle :

$$a\infty+b\overline{(\mp)}c, d\infty\overline{(2\mp)}e\overline{(2\mp2)}f, g\infty\overline{(3\mp)}i\overline{(3\mp2)}k\overline{(3\mp2)}l\overline{(3\mp3)}m$$

par exemple $\overline{(3\mp2)}k$ veut dire que son signe est le 2me de la 3me equation ambigüe, l estant tousjours marqué du signe opposé à celuy de k, car le nombre devant le signe signifie l'equation, le nombre apres le signe signifie le nombre du signe ambigu de cette equation, mais un signe opposé à un autre n'entre point dans la ligne du conte, et n'est pas consideré comme nouveau. Cependant pour retrancher tout ce qui est superflu, il sera bon de faire en sorte que tousjours l'equation simple, (qui n'est que de deux cas possibles) occupe la premiere place, afin de ne donner point de parenthese a un signe simple de la premiere equation : item quand le nombre est une unité, il pourra estre omis, comme $(3\mp)i$ au lieu de $(3\mp1)i$. Enfin posons qu'il y ait encore une 4me equation

$$n\infty\begin{cases}\overline{(3\mp2)}\,p & -\,q\\+p\,\overline{(3\mp2)}\,q\end{cases}$$

dont l'ambiguité est une soubs-distinction de la 3me; alors son expression pourra estre

$$n\infty\,\overline{(3\,\overline{(4\mp1)}\,2)}\,p\,\overline{(3\,\overline{(4\mp2)}\,2)}\,q$$

pour marquer que le signe de p. ou q. premier, ou second de la 4me equation depend en quelque façon du signe de k ou l, qui est le deuxiesme de la 3me equation. Et enfin je trouve bon de fermer les parentheses par en haut pour les discerner de quelques autres parentheses dont on peut avoir besoin. On voit par la l'advantage assez considerable de cette façon des signes sur la premiere qui est de n'estre pas obligé de faire des nouveaux qui sont quelques fois fort composés, et ennuyeux :

mais en recompense il faut bien souvent recourir à la liste generale, ou table des Ambiguitez pour avoir leur explication au bout du conte, et pour essayer mesme pendant l'operation si plusieurs signes correspondants joints ensemble ne se destruisent peut estre, ou s'expliquent mutuellement comme cela arrive quelques fois, au lieu que les autres se déchiffrent eux mesmes, à la premiere veüe. Le meilleur est, pour ceux qui comprennent assez l'interieur de cette methode, de se servir de l'une ou de l'autre, et de les joindre mesme selon le besoin, et la commodité de l'operation: les autres se garantiront du danger de faillir et de la peine de réver en se servant tousjours de la derniere, puisqu'on y decouvre d'abord, aussy bien que dans la premiere, quels signes sont correspondents, quoyque elle n'explique pas la maniere de cette correspondence. Outre que la derniere est plus commode pour les traitez qui doivent estre imprimez, car l'on n'est pas obligé à faire graver des nouveaux caracteres.

Phil., V, 10, f. 14

20. J'ay divisé nos caracteres ambigus au commencement en signes, et lettres. C'est assez parlé des signes ce me semble, et les preceptes de l'operation aussy bien que les exemples acheveront d'éclaircir les restes de l'obscurité. Les LETTRES en fait de l'analyse peuvent signifier tousjours une ligne: si mesme il s'agiroit de nombres, puisque les nombres se representent par les divisions du continu en parties egales: et s'il arrive qu'une ligne est dite egale à un rectangle, ou une lettre au produit de deux, ou plusieurs, il faut concevoir que la partie defective de l'equation est multipliée par autant de dimensions | de l'unité (qui se peut representer aussy par une ligne ou lettre) qu'il y en a qui luy manquent. Mais on peut aussy concevoir des lignes infiniment grandes, ou infiniment petites.

XX. Lettres ambigues pour exprimer les lignes.

15 recto.

(J'ai divisé les caracteres ambigus.)

21. Et pour les infiniment petites soit une ligne A B C et une droite D B (B) E qui coupe la courbe en deux points B et (B) donc pour concevoir que la ligne D E est la touchante, il faut seulement s'imaginer que la ligne B (B) ou la distance des deux points ou elle coupe est infiniment petite: et cela suffit pour trouver les tangentes. D'ailleurs on sçait bien que la methode des indivisibles n'a rien de solide, qu'autant qu'elle depend de celles des Infinis, et il est manifeste que la Geometrie d'Archimede dont Guldin,

XXI. Lignes infiniment petites qu'on appelle vulgairement indivisibles.

Phil., V, 10, f. 15. Gregoire de S. Vincent et Cavalieri sont les restaurateurs se sert des grandeurs infiniment petites.

XXII. Leur usage en fait de la Methode de l'Universalité.

22. Mais àfin qu'on voye l'usage que cette supposition peut avoir icy; reprenons l'exemple de la ligne AC determinée par deux autres AB. BC. on y voit bien que le point C qui est *ambulatoire* peut tomber dans le

```
A                              B
      1C    (3C)      3C    ((3C))     2C
```

point B. puisque il peut tomber en deçà et en delà de toutes les manieres; et alors la ligne BC sera infiniment petite. Donc l'equation AC ∞ + AB $\mp$ BC demeurant tousjours veritable, il faut en cas de la coincidence des points B et C concevoir la ligne BC. infiniment petite, àfin que l'equation ne contredise pas l'egalité entre AC et AB. Cela fait voir aussy qu'il n'importe point alors si le signe $\mp$ BC signifie + ou —. Puisque on peut placer 3 C, non seulement directement sous B, pour faire AC ∞ AB et BC egale à rien, mais on le peut aussy placer en deça entre A, et B en (3 C) ou au dela de B, en ((3 C)) pour verifier par l'une des positions l'Equation AC ∞ + AB — BC et par l'autre l'Equation AC ∞ + AB + BC. pourveu que la ligne (3 C) B ou ((3 C))B soit conceüe infiniment petite. Voilà comment cette observation peut servir à la methode de l'universalité pour appliquer une formule generale à un cas particulier. Car on ne sçauroit comprendre le cas de la coincidence des points B et C. dans l'equation generale AC ∞ AB $\mp$ BC. qu'en supposant la ligne BC infiniment petite. Donc si nous nous ser-

15 verso. vons de | lettres, l'equation estant $c \infty a \mp b$. en ce cas b sera d'une grandeur infiniment petite.

XXIII. Lignes infinies.

23. A l'exemple des infiniment petites je ne voy rien qui nous empeche de concevoir des infinies, ou infiniment grandes et quoyque je ne voye pas qu'on s'en soit servi <ordinairement> dans le calcul Analytique. Ces lignes pourtant ne sont pas entierement inconnues aux Geometres. Car il y a longtemps qu'on a observé les admirables proprietez des lignes Asymptotes de l'Hyperbole, de la Conchoeide, de la Cissoeide, et de plusieurs autres, et les Geometres n'ignorent pas qu'on peut dire en quelque façon que l'Asymptote de l'Hyperbole, ou la touchante menée du centre à la courbe est une ligne infinie egale à un rectangle fini; Il y a d'autres Asymptotes dont on peut dire par la mesme

raison qu'elles sont egales à des solides, et mesme à des sursolides. Et PHIL., V, 10, f. 15.
pour ne pas prevenir mal à propos l'exemple dont nous nous servirons
pour donner un essay de cette methode, on trouvera dans la suite, que
latus transversum de la parabole doit estre conceu d'une longueur infinie.
Aussy a-t-on remarqué dans les Tables des sinus, que la tangente et
secante sont d'une longueur infinie, quand le sinus droit, et le sinus
entier sont egaux : comme la tangente et le sinus droit sont infiniment
petits quand le sinus entier est egal à la secante.

24. Outre cela une lettre ou ligne peut estre posée egale à une autre,   XXIV. Ambiguité
et par ce moyen la generalité du probleme ou plustost de l'equation   des lettres à
peut estre restreinte à un certain cas plus particulier, et bien souvent   l'égard même
plus aisé. Cela sert quelquesfois à faire voir d'abord l'irreductibilité d'une   des lignes finies.
equation, comme Monsieur Hudde a remarqué : item à examiner la verité
du calcul dans un cas, ou elle est connue d'ailleurs. On peut aussy poser
qu'une lettre soit en raison donnée à une autre, ou exprimer sa valeur
par une certaine equation : tout cela diminue la generalité du probleme,
et peut avoir bien souvent des usages. Mais leur consideration est un peu
trop éloignée de nostre sujet. Les lettres aussy peuvent servir à signifier
des Exponents des Degrez des puissances pour en faire des demonstra-
trations universelles; mais les exemples dont nous nous | servirons n'en   16 recto.
ont pas besoin.

25. Apres l'Explication des Caracteres leur Usage sera aisé à com-   XXV. Operations
prendre. Il consiste dans LES OPERATIONS DE LA METHODE DE L'UNIVERSA-   simples ou *Algo-*
LITÉ, lesquelles aussy bien que dans le Calcul Algebraique en General,   *rithme* de la Me-
seront simples ou composées. Les simples sont *l'Addition, Soubstraction,*   thode de l'Uni-
Multiplication, division et *extraction des Racines*; Les composées se rap-   versalité.
portent à une Equation, pour la former, pour la polir, pour l'interpreter,
et pour la resoudre par lignes ou nombres; mais nous ne raporterons que
ce que nostre methode a de particulier en tout cecy.

26. L'*Addition, et Soubstraction* n'ont que les mesmes preceptes assez   XXVI. Regles
courtes, et assez aisez. Il y a ou les mesmes grandeurs ou des grandeurs   d'Addition et
differentes. Item les signes sont ou Homogenes, ou ils ne les sont pas.   Soubstraction,
Si la mesme grandeur entre plus d'une fois dans la composition d'une   quand une gran-
autre avec le mesme signe on en fait l'addition en ne l'ecrivant qu'une   deur a des signes
seule fois, et en la multipliant par le nombre d'autant d'unitez qu'elle se   differents homo-
trouve de fois.   genes.

Par exemple

$$\mp a^2 + \frac{b^3 \mp 3ca^2}{c} \text{ fait} : \mp 4a^2 + \frac{b^3}{c}.$$

Si la mesme grandeur entre dans la composition d'une autre avec des signes opposés, ces deux expressions se destruiront mutuellement pourveu, que le nombre qui les multiplie soit egal, par exemple [1] $\mp 3a^2 + \frac{b^3 \pm 3ca^2}{c}$ fait $\cdot \frac{b^3}{c}$ mais si les multipliants sont inégaux le moindre sera soubstrait du plus grand, et la grandeur donnée sera multiplié par le Residu marqué du signe du nombre plus grand de sorte que

$$\mp 2a^2 + \frac{b^3 \pm 3ca^2}{c}, \text{ feroit } \frac{\pm b^3 \pm ca^2}{c}.$$

XXVII. Ou même heterogenes.

27. Et comme le multipliant peut estre une lettre au lieu d'un nombre; Il sera bon de faire une regle generale, qui comprendra aussy les signes heterogenes : Sçavoir : si la mesme grandeur entre plus d'une fois dans la composition de la valeur d'une autre, avec des signes differents, alors elle peut estre écrite une fois seulement avec le signe + estant conceue comme multipliée par la somme des multipliants particuliers, si elle est affectée plus d'une fois d'un mesme signe; ou par leur difference, quand les signes | sont opposez; et enfin par une grandeur composée des multipliants, affectez des mesmes signes, si les signes sont heterogenes, et quand il n'y a point de multipliant il faut concevoir la grandeur comme multipliée par l'unité par exemple

$$\mp 3yc + y \pm 2yc \mp dy \text{ fait } + y, \frown \mp c + 1 \pm d,$$

$$\text{et } \frac{\mp 3y}{c} + y \pm \frac{2y}{c} \mp \frac{y}{d} \infty \, (^2) e \smile, \mp \frac{1}{c} + 1 \pm \frac{1}{d} \infty \, y$$

Car je me sers ordinairement de $\frown$ pour marquer la multiplication d'une grandeur par l'autre, et de $\smile$ pour marquer la division de la precedente par la suivante. Et quoyque la regle ne parle que de la multiplication, il est aisé de l'appliquer à la division; car par exemple c'est le mesme de diviser y par d, ou de le multiplier par $\frac{1}{d}$.

XXVIII. Exception.

28. Il faut pourtant remarquer que cette methode de reduire plusieurs

---

1. La fin de ce § a été corrigée par Leibniz.
2. Cet e est superposé à un y.

expressions d'une mesme grandeur, à une seule, ne reussit pas quand cette grandeur entre dans le denominateur d'une fraction, ou dans une racine sourde par exemple

$$\mp y \frac{\pm d}{\mp y}, + \sqrt{\mp ay}$$

de sorte qu'il faut tacher d'en faire une equation, et la purger par apres des fractions et racines : pour voir ce qui s'en pourroit faire ensuite.

29. Si deux grandeurs differentes qui composent une mesme grandeur ont un mesme signe elles se pourront joindre par un vinculum sous ledit signe. Par exemple au lieu de $\mp a + b \mp c \infty \pm d$ il sera bon d'ecrire $\mp \overline{a + c} + b \infty \pm d$. si ces grandeurs differentes ont des signes opposez et ne sont pas d'un mesme costé de l'equation, on peut les mettre toutes d'un costé, pour les joindre sous un vinculum, comme dans le mesme exemple on pourra faire $\mp \overline{a + c + d} + b \infty 0$. Si deux grandeurs differentes ont des signes opposez, et sont d'un mesme costé de l'equation, ou qu'ils ne sont dans aucune equation, on peut neantmoins les joindre sous un mesme vinculum en mettant $+$ devant l'une dont | nous retenons le signe et $-$ devant celle que nous pretendons de ranger sous le signe de l'autre. Par exemple soit une ligne de valeur de : $\mp a \pm b$ ou la difference entre a et b l'expression peut estre telle $\mp \overline{a - b}$ ou $\pm \overline{b - a}$, et il est à nous à choisir celle qui nous est plus commode. On peut obtenir la mesme chose d'une autre façon en cachant le $-$ et en substituant à la place d'une de ces deux grandeurs comme b une autre égale à rien moins elle, par exemple en posant $c \infty 0 - b$ on aura $\mp \overline{a + c}$, au lieu de $\mp a \pm b$ mais cette façon pourroit nuire si la mesme lettre b se trouveroit ailleurs dans l'equation : de sorte que la premiere est plus commode en tout cas.

Si de deux grandeurs dont les signes sont homogenes l'une est connue, l'autre inconnue, ou si toutes les deux sont de differentes lettres inconnues, ou de differentes dimensions d'une mesme inconnüe; il ne faut pas les joindre sous un mesme vinculum, et si elles y sont il en faut eximer une : quand il s'agit de former ou d'ordonner l'equation, car alors, il faut mettre les inconnues d'un costé, autant que cela se peut. Mais quand il s'agit de purger une formule analytique de toute l'ambi-

PHIL., V, 10, f. 16.

XXIX. Quand deux grandeurs differentes sont affectées d'un mesme signe ou de signes homogenes, alors le *vinculum* a lieu.

17 recto.

Phil., V, 10, f. 17.	guité, l'on ne fait pas scrupule de les joindre, comme on verra plus bas; car c'est la ou le vinculum fera voir principalement son usage.
XXX. Quand les signes sont heterogenes [1].	30. Si les signes sont de deux grandeurs differentes, ils ne sont point *homogenes*, soit que ces signes soyent *correspondans* ou *heterogenes* entierement, on n'y peut rien faire, à l'egard de l'addition ou soubstraction, que de les placer simplement comme le calcul demande avec leurs signes, par exemple $\pm a$, adjousté à $\mp b$ fait $\pm a \mp b$ et $\pm a$ soubstrait
17 verso.	de, $\mp b$ fait $\pm a \mp b$ | sans aucune autre observation quant à cette operation, mais il faut se remettre la dessus à la practique.
XXXI. Des Grandeurs qui entrent dans la composition d'une autre.	31. Ce que nous venons de dire de deux grandeurs qui composent une autre, s'applique aisement à plusieurs, car on en peut tousjours faire deux seulement, en prenant ensemble celles qu'on voudra, et en les considerant comme une seule. Si plusieurs grandeurs au lieu d'entrer dans la composition d'une seule grandeur, composent une equation, on peut tousjours faire qu'elles composent une seule grandeur, en les rangeant d'un mesme costé de l'equation si elles n'y sont desia.

De sorte qu'il ne faut que chercher des equations, et reduire plusieurs equations en une seule pour faire que plusieurs grandeurs d'un mesme calcul entrent en composition d'une seule, afin que la practique des regles que nous venons d'expliquer puisse avoir lieu. Bien souvent on peut espargner la transposition de l'equation, parce qu'on voit desia ce qui en arriveroit par exemple, s'il y a, $\mp a^2 \infty \dfrac{b^3 \mp 2ca^2}{c}$, on voit bien que cela fait $\dfrac{b^3 \mp ca^2}{c} \infty 0$.

XXXII. Si les signes determinez sont homogenes ou heterogenes à l'egard des ambigus.	32. A present en passant de l'addition ou soubstraction à la Multiplication ou Division, il est à propos de remarquer une difference considerable entre elles, sçavoir qu'en fait d'Addition ou Soubstraction les signes déterminez $+$ ou $-$ doivent estre considerez comme heterogenes, (: quoyque correspondants :) à l'egard d'un signe ambigu : mais en fait de multiplication ou division on les peut considerer comme homogenes avec quelque autre signe que ce puisse estre; parce qu'ils les multiplient ou divisent tousjours avec une coalition en un seul signe, comme font les homogenes aussy, au lieu que les heterogenes le plus souvent restent tous deux et nous obligent de les écrire ensemble. Par exemple pour

1. Ce titre et les suivants sont de la main du copiste.

adjouster $\mp a$ et $+b$, ou pour soubstraire l'un de l'autre, on ne sçauroit rien faire que de les écrire l'un auprés de l'autre avec les signes conveniens : $\mp a + b$ ou $\pm a + b$.

Mais en multipliant $\begin{cases} \mp a \text{ par } + a, \text{ nous aurons } \mp a^2 \\ \mp a \text{ par } -a \dots\dots\dots\dots \pm 1. \end{cases}$
divisant

33. La raison de cecy est manifeste, et generalement tout signe multiplié ou divisé par —, est changé en son contraire. Comme l'affirmation d'une affirmation < est tousjours une affirmation >[1], et l'affirmation | d'une negation est tousjours une negation : mais la negation d'une affirmation est une negation, et la negation d'une negation est une affirmation d'ou vient que dans l'Algebre ou Analyse commune

$+ \cap + \infty + $ et $+ \cup + \infty +$ par consequent $+ \left\{\overset{\cap}{\underset{\cup}{ou}}\right\} \mp (\mp) \infty \mp (\mp)$

$+ \quad - \quad - \quad + \quad - \quad -$ dans la nostre ... $\overset{\cap}{\underset{\cup}{}} \pm (\pm) \infty \pm (\pm)$

$- \quad - \quad + \quad - \quad - \quad +$ de mesme $\quad -$ .... $\infty \mp (\mp)$

... $\overset{\cap}{\underset{\cup}{}} \mp (\mp) \infty \pm (\pm)$

XXXIII. Multiplication ou Division d'un signe ambigu par un determiné.
18 recto.

34. Mais afin qu'on ne se scandalise pas de cette maniere de parler : que les signes multiplient, et divisent, ou sont multipliez et divisez, je trouve à propos de la justifier d'autant plus qu'on en peut tirer quelques observations utiles, je dis donc, qu'*adjouster* est *multiplier*, ou *diviser* la grandeur à adjouster; (: ou si vous voulez son signe :) par $+1$ et *soubstraire* est multiplier ou diviser la dite grandeur ou son signe par -1. or l'unité se peut obmettre impunement quand il y a quelque autre chose à la place, puisqu'elle n'apporte point de changement à la multiplication ou division, donc l'on peut dire que les signes multiplient ou divisent, et sont multipliez ou divisez.

XXXIV. Qu'on aura raison de dire que les signes mesmes multiplient ou divisent, et qu'ils sont multipliez ou divisez.

C'est pourquoy $\begin{cases} \text{adjouster} \mp b \text{ à } +c \\ \text{soubstraire} \mp b \text{ de } +c \end{cases}$ est multiplier $\mp$ par $\begin{Bmatrix} + \\ - \end{Bmatrix}$; et

en escrire le produit devant b, auprez de $+c$, pour faire $+c \begin{Bmatrix} + \\ - \end{Bmatrix} \cap \mp b$,

mais par la regle de multiplication que nous venons d'expliquer

$\begin{matrix} + \cap \mp \\ - \quad ... \end{matrix} \Big\} \infty \begin{Bmatrix} \mp \\ \pm \end{Bmatrix}$ donc $\begin{Bmatrix} \text{adjouster} \\ \text{soubstraire} \end{Bmatrix}$ les termes susdits fait $\begin{Bmatrix} c \mp b \\ ... \pm ... \end{Bmatrix}$

[1]. Mots oubliés par le copiste, ajoutés par Leibniz.

Phil., V, 10, f. 17.

Et l'on voit que la raison de l'addition et soubstraction depend en ce cas de la multiplication, et division. Cette observation est conforme aussy aux regles de l'addition, ou soubstraction données cy dessus, car en vertu de ces regles on pourra changer $\mp a + a$; en a, $\cap \mp 1 + 1$. et $\mp a \mp b$, en ∓ 1, $\cap a + b$ ou $\overline{\mp a + b}$. Tout cela est de grand usage pour la translation des signes d'une lettre ou grandeur à l'autre dont il sera parlé plus bas.

| 35. Nous avons remarqué cy dessus que les signes homogenes ne se multiplient jamais sans coalition en un seul signe en comprennant $+$ et $-$ sous le nom des homogenes mais les signes homogenes ambigus à part, c'est à dire les mesmes $\mp$ et $\mp$ ou $\pm$ et $\pm$ ou $\mp$ et $\mp$, ou $\pm$ et $\pm$ etc. et les opposez $\mp$ et $\pm$ ou $\mp$ et $\pm$ ou $\overline{(\mp)}$ et $\overline{(\pm)}$ etc. ont cela de considerable, qu'ils ne se multiplient ny divisent jamais entre eux, sans destruction entiere de l'ambiguité : dont la regle convient avec celle de l'Algebre commune, sçavoir que deux mesmes signes homogenes ambigus aussy bien que determinez multipliez ou divisez ensemble font $+$, et deux opposez font $-$.

Par consequent

$$\mp \overset{\frown}{\underset{\smile}{}} \mp \infty + \quad \text{ou} \quad \mp \overset{\frown}{\underset{\smile}{}} \mp \infty +$$
$$\ldots \pm \ldots - \qquad \ldots \pm \ldots -$$
$$\pm \ldots\ldots + \qquad \pm \ldots\ldots +$$
$$\ldots \mp \ldots - \qquad \ldots \mp \ldots -$$

36. Deux signes tout à fait *Heterogenes* affirmatifs se multiplient et se divisent sans changement et il n'y a point d'autre formalité à observer que de les escrire l'un auprez de l'autre par exemple

$$\mp a \cap (\mp) b \text{ fait } \mp (\mp) ab, \text{ et } \mp a \cup (\mp) b \text{ fait } \frac{\mp a}{(\mp) b}.$$

Deux signes heterogenes Negatifs c'est à dire qui portent un, $-$, au bas du caractere, estant multipliez ou divisez l'un par l'autre se changent en affirmatifs, et le produit est le mesme que celuy de leur deux affirmatifs, par exemple

$$\pm a \cap (\pm) b \text{ fait } \mp (\mp) ab$$
$$\ldots \cup \ldots \ldots \quad \frac{\mp a}{(\mp) b}$$

Si de deux signes heterogenes l'un est affirmatif, l'autre negatif, vous avez le choix de faire ou laisser affirmatif celui de deux qui bon vous semblera; pourveu que l'autre soit fait, ou demeure negatif, | par exemple

$$\mp a \cap (\overset{+}{\mp}\pm) b \text{ fait } \begin{cases} \mp (\overset{+}{\mp}\pm) ab \\ \pm (\overset{+}{\mp}\mp) \ldots \end{cases}$$

$$\mp a \cup \ldots \ldots \begin{cases} \dfrac{\mp a}{(\overset{+}{\mp}\pm) b} \\ \dfrac{\pm a}{(\overset{+}{\mp}\mp) b} \end{cases}$$

37. Si deux signes correspondants se multiplient ou divisent, ils suivent l'exemple des Heterogenes a moins que leur nature particuliere ne nous oblige à quelque autre changement. Et quoyque les exemples en soyent infinis, il suffira neantmoins d'en considerer deux, pour estre instruit à l'egard de tous les autres. Soit une mesme grandeur, c tantost $\mp a + b$, tantost $+ a \mp b$. Et par consequent sa valeur generale $\overset{+}{\mp} a \overset{+}{\mp} b \infty c$. à present si la suite du calcul nous oblige de multiplier, ou de diviser a par b, chacun avec son signe, nous aurons en multipliant $\mp ab$, au lieu de $\overset{+}{\mp}\overset{+}{\mp} ab$, et en divisant, $\mp \dfrac{a}{b}$ au lieu de $\dfrac{\overset{+}{\mp} a}{\overset{+}{\mp} b}$. Item en multipliant ou divisant $\overset{+}{\mp} a$, $\overset{+}{\mp} b$, par $\mp d$ les signes se renverseront et nous aurons $\dfrac{\mp a \mp b}{d}$, ou $\overset{+}{\mp} ad \overset{+}{\mp} bd$ au lieu de $\dfrac{\overset{+}{\mp} a \overset{+}{\mp} b}{\mp d}$ ou $\overset{+}{\mp}\overset{+}{\mp} ad \overset{+}{\mp}\overset{+}{\mp} bd$.

38. Tout ce que nous venons de dire de la multiplication, et division des signes, se doit entendre aussy quand nous trouvons desja deux signes ensemble l'un auprès ou au dessous de l'autre, car alors ils se multiplient ou divisent. S'il y a plus de deux, les mesmes regles ont lieu, car on peut comprendre quelque paire des signes qu'on voudra, sous le nom d'un seul : par exemple,

$\mp \overset{+}{\mp} \mp a$ fait $+ a$ car $\mp \overset{+}{\mp}$ fait $\overset{+}{\mp}$, et $\overset{+}{\mp} \mp$ fait $+$ ou $\mp \mp$ fait $\overset{+}{\mp}$, et $\overset{+}{\mp} \overset{+}{\mp}$ fait $+$ ou enfin $\overset{+}{\mp} \mp$ fait $\mp$, et $\mp \mp$ fait $+$.

39. L'Extraction des Racines ne sera plus difficile qu'à l'ordinaire, à celuy qui aura compris ce peu de regles que nous venons de donner, et àfin qu'on ait | de quoy se exercer un peu sur les preceptes susdits,

pour les comprendre mieux, je rapporteray un petit exemple tout fait d'une extraction de racine, avec sa preuve, et je laisseray au lecteur de le faire selon les dits preceptes.

Soit une equation $2ax \mp \dfrac{a}{q} x^2 \infty y^2$ et la question est, comment il faut exprimer la valeur de x conformement à cette equation ; Je dis donc que x est égal à $\mp \dfrac{\sqrt{aq^2 \mp y^2 q}}{a} \mp q$ dont voici l'espreuve,

$x \infty \mp \dfrac{\sqrt{aq^2 \mp y^2 q}}{a} \mp q$ donc $x \mp q \infty \mp \dfrac{\sqrt{aq^2 \mp y^2 q}}{a}$, et par consequent $+ x^2 \mp 2qx + q^2 \infty \dfrac{aq^2 \mp y^2 q}{a}$, ou si vous voulez $+ ax^2 \mp 2aqx + aq^2 \infty + aq^2 \mp y^2 q$: ostant aq^2, de deux costez, il vous restera $+ ax^2 \mp 2aqx \infty \mp y^2 q$, ou $+ \dfrac{a}{\mp q} x^2 \mp \dfrac{2aq}{\mp q} x \infty y^2$, ou $\mp \dfrac{a}{q} x^2 + 2ax \infty y^2$, comme nous l'avions supposé au commencement. La consideration de cette operation peut servir d'exemple à la pluspart de nos preceptes.

40. Il faut pourtant remarquer qu'il y a des certains cas, ou l'on ne sçauroit extraire la racine d'une grandeur affectée d'un signe ambigu, quoyque on la pourroit extraire si le signe ambigu estoit changé en $+$ par exemple $\mp x^2$, n'a point de racine, car il n'y a point de grandeur qui multipliée par elle mesme, produise $\mp x^2$, pourveu qu'on aye égard aux signes. La raison en est, par ce qu'il n'y a point de racine de $- x^2$, or $- x^2$ est compris dans $\mp x^2$. Mais nous y apporterons remede dans la preparation de l'equation.

41. Et voila les cinq operations simples du calcul, les composées sont la FORMATION, la PREPARATION, et la *construction* d'une EQUATION, mais nous adjousterons la quatriesme qui est particuliere à nostre sujet sçavoir l'INTERPRETATION d'une Equation ou formule ambigue trouvée.

42. La formation d'une Equation Universelle qui doit comprendre quantité de cas particuliers se trouvera en dressant une *liste de tous les cas particuliers*. Or pour faire cette *liste* il faut reduire tout à une ligne, ou | grandeur, dont la valeur est requise, et qui se doit determiner par le moyen de quelques autres lignes ou grandeurs adjoustées ou soubstraites, par consequent il faut qu'il y ait certains *points fixes*, ou pris pour fixes,

1. Ce titre et les deux suivants sont de la main de Leibniz.

(: car comme le mouvement et le repos ne consistent que dans une relation :) et d'autres *ambulatoires*, dont les endroits possibles differents nous donnent le catalogue de tous les cas possibles. Les lignes dont nous nous sommes servis au commencement, le feront comprendre aisement, et on trouvera d'autres exemples dans la suite. Ayant trouvé cette liste, il faut songer à reduire à une formule generale tous les cas possibles, par le moyen de signes ambigus, et des lettres dont la valeur est tantost ordinaire, tantost infiniment grande ou petite. J'ose dire qu'il n'y a rien de si brouillé, et différent qu'on ne puisse reduire en harmonie par ce moyen iusque mesme aux figures courbes de differents degrez, car si l'on me donne une droite, une ellipse et une cissoeide, je pretends de trouver par là le moyen non seulement de faire quantité de theoremes ou proprietez, dans lesquelles ces lignes s'accordent, mais de resoudre mesme en elles quelque probleme, que ce puisse estre, par une construction universelle, excepté les problemes des quadratures, des centres de gravité, et autres dont la solution ne consiste pas dans la resolution d'une equation.

PHIL., V, 10, f. 20.

43. Pour en donner un exemple j'ay trouvé à propos de me servir des coniques.

XLIII. Equation commune à toutes les sections coniques et son application au cercle, à l'Ellipse et à l'Hyperbole [1].

Soit une section conique ABY dont le sommet A, l'axe AC et une ordonnée perpendiculaire à l'axe XY. soient deux lignes droites données a, et q, et $AX \infty x$ et $XY \infty y$, je dis que le lieu de cette equation $+ 2ax \mp \frac{a}{q}x^2 - y^2 \infty 0$ ou la ligne ABY sera une section conique, et reciproquement qu'il n'y a point de section conique dont l'equation ne soit $2ax \mp \frac{a}{q}x^2 - y^2 \infty 0$.

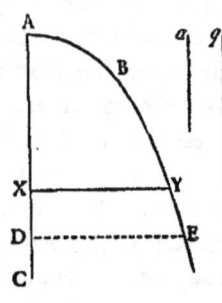

Car, a et q, estant posées egales, et $\mp$ estant expliqué par $-$ nous avons cette equation $2ax - x^2 \infty y^2$ | or il est constant que cette equation convient au cercle a estant le rayon, $DA \infty DE \infty a \infty q$. De mesme $\mp$ estant expliqué par $-$, mais sans determiner si a, et q sont egales ou inegales, l'equation produite sera $2ax - \frac{a}{q}x^2 \infty y^2$ sçavoir celle de l'EL-LIPSE, a estant son *latus rectum*, q le *transversum*. Mais le signe $\mp$ estant

20 verso.

---

1. Titres de la main du copiste.

expliqué par $+$, et le reste posé comme au paravant, l'Equation qui en proviendra sera $2ax + \dfrac{a}{q} x^2 \infty y^2$, c'est-à-dire celle de l'Hyperbole.

44. Pour y comprendre la Parabole et la ligne droite il faut se servir des lignes infinies et infiniment petites.

Or posons que la ligne, q, ou le latus transversum de la Parabole soit d'une longueur infinie, il est manifeste, que l'Equation $2axq \mp ax^2 \infty qy^2$, sera equivalente à celle cy : $2axq \infty qy^2$, ou $2ax \infty y^2$ (qui est celle de la Parabole) parce que le terme de l'Equation ax^2, est infiniment petit, à l'egard des autres $2axq$, et qy^2, car puisqu'il y a autant de lettres ou dimensions d'un terme, que de l'autre, ceux dont une lettre est infinie, seront infiniment plus grands, que celuy dont les lettres ne sont qu'ordinaires ; qui par consequent pourra estre negligé, puisque l'erreur qui en proviendra ne sera qu'infiniment petite, ou moindre qu'aucune erreur donnée, c'est à dire nulle. On voit par là qu'il n'importe point à l'egard de la parabole quelle valeur qu'on donne au signe $\mp$ puisque son terme evanouit. Item que le Parametre de la Parabole icy est $2a$.

45. Enfin à l'egard de la ligne droite on peut concevoir a aussy bien que q infiniment petites, par consequent dans l'Equation : $2ax \mp \dfrac{a}{q} x^2 \infty y^2$, le terme $2ax$ evanouira comme infiniment petit, à l'egard de $\dfrac{a}{q} x^2$ et y^2, et ce qui restera sera $+ \dfrac{a}{q} x^2 \infty y^2$ le signe $\mp$ estant changé en $+$ or la raison de deux lignes infiniment petites peut estre la mesme avec celle de deux lignes ordinaires et mesme de deux quarrez ou rectangles soit donc la raison $\dfrac{a}{q}$ egale à la raison $\dfrac{e^2}{d^2}$ et nous aurons $\dfrac{e^2}{d^2} x^2 = y^2$ ou $\dfrac{e}{d} x \infty y$ dont le lieu tombe dans une droite, | car posons $d \infty \mathrm{AD}$, et $e \infty \mathrm{DE}$ en raison sous double de, q et a, et soit decrit le Triangle ADE, soit AD prolongée à l'infini vers C et soit menée XY parallele à DE, il est manifeste qu'AD ∞d est à DE ∞e comme AX ∞x, à XY ∞y, donc $\dfrac{d}{e} \infty \dfrac{x}{y}$ et $\dfrac{x^2}{y^2} \infty \dfrac{d^2}{e^2}$, ou $\dfrac{q}{a}$, donc $x^2 a \infty y^2 q$ et enfin $\dfrac{a}{q} x^2 \infty y^2$.

46. Puisque donc nous avons trouvé une Equation qui explique la nature de la section conique en general, nous pourrons proceder à l'avenir, comme s'il y avoit une certaine figure particuliere dans le monde, qu'on appellat section conique, dont les Tangentes, les perpendiculaires, les intersections avec quelque autre ligne, et une infinité d'autres proprietez ou accidens se pourront determiner par un calcul general qui ne sera plus difficil, que si l'on calculoit pour la seule Ellipse : Ce calcul general montrera mesme à la premiere veüe, quand l'interpretation vaudra la peine, c'est à dire si par l'application à une figure particuliere bien de termes evanouiront, et la formule deviendra fort simple : d'où vient que l'Hyperbole a des Asymptotes que les autres n'ont pas; que la Parabole et la droite n'ont point de centre, quoyque les autres en ayent, et quantité d'autres diversitez dont la clef est dans le calcul general.

Phil., V, 10, f. 21.
XLVI. Qu'une telle Equation est la clef de toutes les harmonies, et differences des choses.

47. Pour PREPARER UNE EQUATION à la Resolution, il est bon de la purger des fractions et racines, de la mettre en ordre, et enfin de tacher de l'abaisser, et pour cet effet on se sert de plusieurs transpositions ou translations sauf l'egalité. Mais je n'y trouve rien de particulier à nostre sujet, que la *Translation des signes de place en place*, sans la grandeur qui en fut affectée. Cela est de grand usage, parce qu'il est bon ordinairement d'avoir l'inconnue sans signes ambigus autant que cela se peut, et de transferer l'embarras du costé des grandeurs connues. | Par exemple, soit b la difference entre a et y, l'equation sera $\mp a \pm y \infty b$, mais nous cherchons la valeur de y. donc je dis que $y \infty \pm b + a$. Cela se peut justifier par les nombres, soit $b \infty 4$ et $a \infty 10$, et $y \infty \begin{Bmatrix} 6 \\ 14 \end{Bmatrix}$ c'est-à-dire tantost egal à 6, tantost à 14. $b \infty 4$ sera tousjours la difference entre a, et y, ou $\mp 10 \pm y \infty 4$, car si $\mp \infty \begin{Bmatrix} + \\ - \end{Bmatrix}$ alors $\pm \infty \begin{Bmatrix} - \\ + \end{Bmatrix}$ donc $\begin{Bmatrix} + 10 - 6 \infty 4 \\ - \ldots + 14 \infty \ldots \end{Bmatrix}$ mais si nous posons que y est inconnue, et que nous cherchons sa valeur, nous aurons, $y \infty \pm 4 + 10$, et par consequent egale à 14 ou 6, c'est-à-dire ou $- 4 + 10, \infty 6,$ ou $+ 4 + 10 \infty 14$.

XLVII. Preparation de l'Equation par la Translation des signes.

21 verso.

48. Mais pour faire voir comment l'Equation $\mp a \pm y \infty b$, se change en celle cy $y \infty \pm b + a$ il faut considerer cette *operation* $\mp a \pm y \infty + b$, donc pour[1] $\mp a$ du costé de b, il faut luy donner le signe opposé, et

XLVIII. Demonstration du fondement de toutes ces translations.

1. Il manque ici un mot comme *transférer*.

faire $\pm y \infty + b \pm a$, ou par les regles cy dessus $\pm 1 \cap + y \infty + b \pm a$, donc divisant l'equation par ± 1 nous aurons $+ y \infty \dfrac{\pm b \pm a}{\pm 1}$ ou $+ y \infty \dfrac{\pm b}{\pm 1} + \dfrac{\pm a}{\pm 1}$. Or $\dfrac{\pm b}{\pm 1}$ fait $\dfrac{\pm \pm b}{1}$ et $\dfrac{\pm a}{\pm 1}$ fait $\dfrac{\pm \pm a}{1}$ par une maxime generale dont nous allons donner la demonstration, qu'il n'importe point dans une fraction, si le signe est mis devant le numerateur ou devant le nominateur, ou devant tous deux, c'est à dire devant la fraction mesme; enfin $\dfrac{+ \pm b}{1}$ fait $\pm b$, et $\dfrac{\pm \pm a}{1}$ fait $+ a$, par les regles de multiplication données cy dessus, donc nous aurons $+ y \infty \pm b + a$. Pour monstrer la verité de cette maxime $<$ susdite $>$, et pour faire voir que $+ \dfrac{\mp a}{+ b}$ ou $+ \dfrac{+ a}{\mp b}$ ou $\mp \dfrac{+ a}{+ b}$ n'est, que la mesme chose, il faut faire $\dfrac{\pm 1 \cap, + a}{+ 1, \cap + b}$, donc $\dfrac{\pm 1}{+ 1} \cap \dfrac{+ a}{+ b}$, or $\dfrac{\pm 1}{1}$ est egal à $\dfrac{1}{\mp 1}$, ou à ∓ 1 donc $\dfrac{\pm 1}{1} \cap \dfrac{a}{b}$, ou $\dfrac{\pm 1}{\mp 1} \cap \dfrac{a}{b}$ ou $\mp 1 \cap \dfrac{a}{b}$ ne sont que la mesme chose, dont la premiere expression fait $\dfrac{\mp a}{b}$, la seconde $\dfrac{a}{\mp b}$, la troisieme $\mp \dfrac{a}{b}$.

49. Cette observation est de grand usage dans tout le calcul de la Methode de l'Universalité, par exemple s'il y a $\mp x^2 \infty a^2 \mp b^2$, l'on ne sçauroit en extraire la racine, | car ce seroit une erreur d'en faire $\mp x \infty \sqrt{a^2 \mp b^2}$, parce que $\mp x \cap \mp x$, fait $+ x^2$, et point, $\mp x^2$ afin donc qu'on en puisse extraire la racine, il faut changer $\mp x^2 \infty a^2 \mp b^2$, en $x^2 \infty \mp a^2 + b^2$, et alors nous aurons $x \infty \sqrt{\mp a^2 + b^2}$.

50. L'INTERPRETATION DES FORMULES AMBIGUES se fait à l'egard des lettres, ou signes. A l'egard des lettres nous pouvons rejetter les grandeurs qui sont infiniment petites au prix des autres [2]; mais il y a des grandes precautions à prendre la dessus; car par exemple la valeur generale de x ou de l'Abscisse de l'Axe depuis le sommet, par l'ordonnée de la section conique, est $\mp \sqrt{q^2 \mp \dfrac{q}{a} y^2} \pm q$ or $\dfrac{q}{a} y^2$, est infiniment petit à l'egard de q^2 donc le negligeant, nous aurons $x \infty \mp \sqrt{q^2} \pm q$

---

1. Titres de la main de Leibniz.
2. Cette première phrase du § est de la main de Leibniz.

ou $x \infty 0$. ce qui est bien vray à l'égard du q, qui est infini, mais il est de nul usage, donc il faut se garder de rejetter quelque chose, avant qu'avoir nettoyé l'equation des fractions et racines sourdes si elles comprennent la lettre infinie ou infiniment petite.

51. A l'egard des signes, l'interpretation doit delivrer la formule de toute l'equivocation. Car il faut considerer que l'ambiguité qui vient des lettres donne une Univocation ou Universalité mais celle qui vient des signes produit une veritable equivocation de sorte qu'une formule qui n'a que des lettres ambigues, donne un theoreme veritablement general, mais quand il y a des signes ambigus, il n'est universel qu'en apparence, et à l'égard de l'uniformité de calcul. Donc l'interpretation doit delivrer la formule des signes ambigus, ce qu'elle fait ou en particularisant la formule, et en substituant la valeur des signes ambigus d'un cas particulier donné à leur place, ou en faisant evanouir les signes ambigus sauf l'universalité. La première sorte d'interpretation est sans aucune façon ny difficulté, mais l'autre est aussy subtile qu'importante, car elle nous donne le moyen de faire des theoremes, et des constructions absolument universelles, et de trouver des proprietez generales, et mesme des definitions ou genres subalternes communs à toute sorte de choses, | qui semblent bien éloignées l'une de l'autre : il est vray que la construction ou enunciation d'un probleme ou theoreme devient plus composée par ce moyen, au lieu que l'autre interpretation qui particularise les cas la laisse telle qu'elle est. Mais en recompense, celle-cy donne des lumieres considerables pour l'harmonie des choses.

52. Le fondement de l'art de trouver des formules absolument universelles consiste en ce que les signes ambigus homogenes se détruisent en se multipliant ou divisant; cette observation me fit naistre la pensée d'essayer si une [de] formule ambigue se pourroit nettoyer entierement de toute l'equivocation, en quoy j'ay reussy à la fin : pour cet effet il faut remarquer que bien souvent dans une equation ou formule sans ambiguité, il en peut naistre une, quand une grandeur polynome peut avoir des racines exprimables, mais differentes, par exemple $a^2 - 2ba + b^2$ radicem habet differentiam [inter] $<a$ pour racine la difference entre $>b$ et a [seu] $<$ c'est-à-dire $> \mp a \pm b$(¹). Mais quand les racines

PHIL., V, 10, f. 22.

LI. L'Ambiguité est ou Equivocation ou bien Univocation c'est à dire Universalité.

22 verso.

LII. Moyen de trouver des Theoremes ou constructions absolument universelles, sans equivocation.

1. Les mots ajoutés sont de la main de Leibniz.

sont inexprimables, comme si l'equation estoit $z^2 - bz + q \infty 0$ elle demeurera sans amphibolie malgré nous, par ce que nous n'en sçaurions extraire la racine, et les courbes dont nous nous servirons pour la construire par leur differentes intersections suppleeront à ce defaut et determineront toutes les racines possibles. Or comme dans un calcul qui n'a rien d'amphibole donné, les extractions des racines quand elles sont exprimables en peuvent faire naistre : de mesme quand il y a des equivocations, les multiplications des grandeurs par elles mesmes, en substituant les quarrez à leur place, peuvent faire evanouir les amphibolies : car il est manifeste, que $\mp a \pm b$ estant quarré, donne $+a^2 - 2ab + b^2$. Mais on voit aussy que pour faire evanouir les equivocations par ce moyen il faut hausser les degrez des equations, quand l'inconnue y est comprise, donc il est important d'y joindre d'autres moyens, qui servent | à la mesme fin : car quoyque les amphibolies ne naissent que par l'extraction des racines; elles evanouissent pourtant bien souvent sans multiplication d'une mesme grandeur par elle mesme (: par exemple $\mp a \frown \pm b$ donne $-ab$:) et mesme sans aucune multiplication, car $\dfrac{\mp a}{\mp b}$, donne $-\dfrac{a}{b}$. donc il faut tacher de profiter de ces moyens s'il est possible, avant que de venir à la multiplication de la grandeur par elle mesme.

53. Pour en donner un exemple, voyons s'il est possible, de trouver une notion absolument universelle, de toutes les sections coniques, sans aucune amphibolie, afin que nous puissions dire d'avoir trouvé une definition de la section conique en general, sans mention du cone. L'equation generale ambigue est

$$2ax \mp \frac{a}{q}x^2 - y^2 \infty 0$$

donc
$$\mp \frac{a}{q}x^2 \infty y^2 - 2ax$$

et
$$\frac{a^2}{q^2}x^4 \infty y^4 - 4axy^2 + 4a^2x^2$$

eritque hoc sectionum conicarum definitio generalis sive proprietas essentialis, *ut quadratum ordinatæ dempto quadruplicato rectangulo sub latere recto et abscissa sit ad quantitatem, quadrati abscissæ in duplicata ratione lateris recti ad transversum multiplam, demto quadrato lateris recti; ut quadratum ordinatæ est ad quadratum abscissæ.*

54. Bien souvent nous trouvons des theoremes absolument univer-sels sans faire evanouir les signes ambigus, par exemple : soit une section conique ABCD dont l'axe AE, et les ordonnées BE, CF, DG, les perpendiculaires BI, CK, DL, soient transferées EI, à EM, et FK à FN, et GL, à GP, c'est-à-dire soient les distances $<$ entre les $>$ perpendiculaires, et ordonnées $<$ prises dans l'axe $>$ [1] appliquées à l'axe de sorte qu'elles tombent *in directum* chacune avec l'ordonnée qui luy repond, je dis que le lieu des points M. N. P. etc., est une ligne droite. Mons. Hugens a observé desja ce theoreme dont je donne icy une demonstration universelle par le calcul des tangentes : Car l'equation generale (quoyque amphibole) de toutes les sections coniques est |

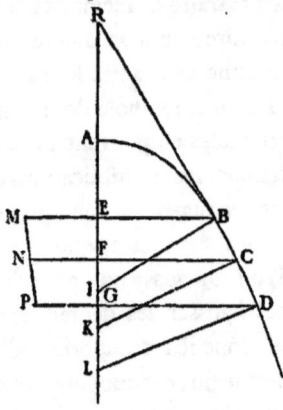

$2ax \mp \frac{a}{q}x^2 \infty y^2$, donc par la methode des tangentes $2ar \mp 2\frac{a}{q}xr \infty 2y^2$ si r estant pose ∞ ER. distance de la tangente et de l'ordonnée prise dans l'axe [2], par consequent $ar \mp \frac{a}{q}xr \infty 2ax \mp \frac{a}{q}x^2$ donc $r \infty \dfrac{2ax \mp \frac{a}{q}x^2}{a \mp \frac{a}{q}x}$,

or $EB^2 \infty 2ax \mp \frac{a}{q}x^2$ est moyenne proportionnelle entre ER ∞ r et EI, que nous appellerons p et dont nous cherchons la valeur ou le lieu,

donc $2ax \mp \frac{a}{q}x^2 \infty \dfrac{2axp \mp \frac{ap}{q}x^2}{a \mp \frac{a}{q}x}$, et $p \infty \dfrac{2ax \mp \frac{a}{q}x^2}{r \infty \dfrac{2ax \mp \frac{a}{q}x^2}{a \mp \frac{a}{q}x}}$ ou $p \infty a \mp \frac{a}{q}x$,

or il est manifeste que le lieu de toutes les, $a \mp \frac{a}{q}x$ est une ligne droite, ce qu'il falloit demonstrer.

55. Avant que de quitter ce poinct, il faut remarquer l'usage que

---

1. Mots ajoutés par Leibniz.
2. A partir d'ici, la fin est de la main de Leibniz.

le *vinculum* a icy, soit une Equation $\mp a \infty \sqrt{a^2 - x^2} \pm y$, donc faisons $\overline{\mp + a - y} \infty \sqrt{a^2 - x^2}$, et nous aurons $+ 2ya - y^2 \infty x^2$, et par consequent le lieu de cette Equation est un cercle[1], non obstant Amphibolie quelconque. Mais en rangeant les termes autrement nous n'en aurions pas esté quitte à si bon marché.

PHIL., V, 10, f. 25-38 (28 p. in-4°). Autre brouillon, de la main de Leibniz[2].

DE LA METHODE DE L'UNIVERSALITÉ

25 recto.   La *Methode de l'Universalité* nous enseigne de trouver par une seule operation des formules analytiques et des constructions geometriques generales pour des sujets ou cas differens dont chacun sans cela auroit besoin d'une analyse ou synthese particuliere.

Par exemple soit un probleme proposé sçavoir : d'un point donné D mener une perpendiculaire DB, à une section conique donnée ABC. On voit que ce probleme est susceptible d'une grande variation, tant à l'egard de la ligne ou section donnée qu'à l'egard des differents endroits du poinct D. Car quant à l'egard de la section ou ligne ABC donnée, elle peut estre, droite, ou circulaire, ou parabolique, ou Elliptique, ou Hyperbolique, et, à l'egard des lieux du point donné, D, il est manifeste, que ce lieu peut tomber ou en 1D au dessus du poinct A, ou en 2D

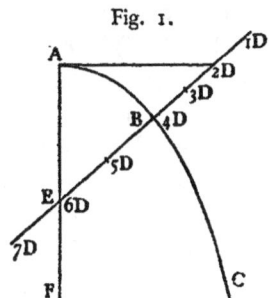

Fig. 1.

vis a vis du dit sommet, ou en 3D, entre le sommet et le poinct B, ou la perpendiculaire doit rencontrer la courbe; ou en 4D, dans la courbe même, de sorte que les points D et B alors reviennent a un seul, ou en 5D, entre la courbe <ABC> et l'Axe AF, ou en 6D dans l'axe même, ou enfin en 7D de l'autre costé de l'axe.

25 verso. | Toutes ces lignes et tous les endroits du point D de chaque ligne, ont besoin d'un calcul a part, car par exemple la ligne estant droite ou

---

1. Ici se termine le brouillon de Leibniz (f. 1-8).
2. Probablement antérieur au précédent.

circulaire, item le point D tombant dans l'axe, ou dans la courbe, le problème est plan, quoique il soit solide estant pris generalement. Or il y a 5 lignes differentes et 7 endroits differents du point D. Par consequent il y a 35 calculs differents a faire, pour donner une solution parfaite du problème proposé. Et neantmoins je pretends de les comprendre tous dans un seul calcul qui ne sera pas plus difficil que celuy du plus difficil de ces 35 cas.

{Mais afin qu'on ne prenne pas sujet de chicaner sur ces 35 cas ou calculs differents; j'avoue qu'on les peut reduire a 20. en prenant tous les cas de la ligne droite pour un seul et de meme tous les cas du Cercle pour un autre : car on peut tousjours concevoir que le point donné tombe dans l'axe de la section, si elle est un cercle, ou une droite. En voila donc 2. cas. Or il y restent trois figures, la Parabole, l'Hyperbole, et l'Ellipse (: quoyque on auroit peut estre raison de separer l'Hyperbole dont les latus rectum et transversum sont egaux, de l'autre, aussi bien que le cercle est considere séparé de l'Ellipse :) et il y a 6 endroits des points à considérer, (1) le 1, (2) le 2, (3) le 3me ou le 5me (: car je montreray plus bas, que ces deux cas n'ont qu'un seul calcul, selon même la manière ordinaire de calculer :) (4) le 4me, (5) le 6me, (6) le 7me. Or trois fois six joints à 2 font 20. < Et > je croy qu'il est assez < important > de reduire 20, ou si vous voulez 18 calculs, à un seul.}

On peut juger par la que l'usage de la *Methode de l'universalité* s'etend aussi loin que l'Algebre ou l'Analyse, et qu'elle se repand par toutes les parties des mathematiques, pures ou mixtes. Car il arrive tous les jours, qu'un même probleme est de plusieurs cas, dont la multitude embarasse beaucoup, et nous oblige à des changements inutiles et à des repetitions ennuyeuses dont cette methode nous garantira à l'avenir. Or comme toutes les propositions des sciences Mathematiques mixtes, peuvent estre purgées de la matiere par une reduction a la pure geometrie, il suffit d'en monstrer l'usage dans la Geometrie, qui revient à deux poincts, comme l'exemple susdit le fait juger, sçavoir *premierement* à la reduction de plusieurs cas differents d'un probleme a une seule | formule, regle, equation ou construction, et *en second lieu* a la reduction des figures differentes à une harmonie, ou conformité, à fin qu'on les puisse traiter comme une seule figure, car pour les sections coniques je soûtiens qu'on les peut considerer comme s'il y avoit une seule figure dans le monde, dont le nom soit, *section conique*. Et je pretends de reduire de même en harmonie quelques autres figures qu'on me donne, quoyque de differens degrez, et quoyque la nature de l'une soit bien éloignée de la nature de l'autre; pour trouver une certaine notion commune, et comme genre subalterne, qui comprenne toutes ces lignes données, et pour découvrir par ce moyen en elles des proprietez communes, des constructions generales, et des belles harmonies, conveniences ou differences, dont la clef sera tousjours dans le calcul general, qui les fera paroistre à la premiere veue.

Le premier de ces deux poincts diminue la peine, l'autre outre cela augmente la science. Car si avec le temps la Geometrie des infinis pouvoit estre rendue un peu plus susceptible de l'analyse, en sorte que les problemes des quadratures, des centres de gravité, et des dimensions des lignes ou surfaces courbes se peussent resoudre par le moyen des Equations, comme il y a lieu d'esperer, quoyque Mons. des Cartes n'ait pas osé d'y aspirer; on tireroit un grand avantage de l'harmonie des figures, pour trouver les dimensions des unes aussi bien que des autres. | Il est vray que Messieurs des Argues et Pascal. . . . . .

(Copie des §§ 3 et 4 du manuscrit précédent; v. p. 98-99.)

Mais quoyque il semble que les caracteres soient arbitraires, il y a pourtant bien des regles à observer, pour rendre lesdits caracteres propres à l'usage; comme par exemple je montreray plus bas qu'il ne faut point de caractere <particulier> pour marquer la *difference* entre deux grandeurs, et qu'il nuit au lieu de servir, quoyque Mons. Schoten et d'autres l'ayent employé.

| Or avant que de venir à l'Exposition de la Methode même, je me trouve obligé d'avouer que les preceptes de cette nature sont plus propres à estre expliquées de vive voix que par écrit; et qu'il faut un peu de meditation pour les entendre par la seule lecture, mais en recompense on les comprendra bien mieux apres cette petite peine. Au reste je suppose que mon lecteur entende la Geometrie, et l'Algebre ou Analyse ordinaire, et comme il y a une grande varieté dans l'usage des caracteres, < à fin d'eviter l'obscurité dans la suite >, je trouve à propos d'expliquer icy les miennes dont je me sers, jusqu'à ce que la commodité

publique, et l'autorité de quelques Grands Geometres se declare hautement pour quelques autres . . . .

(Suit un tableau des signes algébriques employés par Leibniz[1].)

| Maintenant pour expliquer ce que la Methode de l'universalité adjoute à l'Analyse ordinaire, il ne faut que donner les *Instruments* nouveaux dont elle se sert, avec leur usage. Ces Instruments sont les CARACTERES AMBIGUS, qui sont ou *Signes* ou *Lettres*. car les lettres expriment les grandeurs, et les signes font connoistre la relation des grandeurs entre elles. Les Signes Ambigus sont qui marquent ou l'addition, ou la soubstraction. Il est vray qu'on en pourrait aussy faire utilement, pour marquer la multiplication, la division, et l'extraction des racines : mais je n'en trouve point d'usage pour le present dessein.

Or à fin de venir à une parfaite connoissance de l'origine des dits signes ambigus, il faut supposer une certaine grandeur dont la valeur <ou signification> soit expliquée par deux ou plusieurs equations; mais qui ne soient differentes entre elles, qu'a l'egard des signes; et comme il y peut avoir tantost deux Equations <ou ambiguitez> seulement, tantost plusieurs, les signes aussi qui les comprennent et qui les expriment dans une seule Equation ambigue seront ou *simples* ou *composés*.

Mais comme ces choses ne sont gueres intelligibles sans figures et exemples, soit une ligne droite indefinie dans laquelle doivent tomber trois points A. B. C et la ligne AC soit considerée comme inconnue, et sa valeur expliquée par le moyen de deux autres lignes AB et BC; or

Fig. 2.

Premier cas ——— A ——— C ——— B ———
Second cas ——— A ——————— B ——— C
——— A ——— C ——— B ——— C
                           1   2

ces trois points peuvent estre rangez differemment et a fin d'avoir un denombrement plus aisé de ces diversitez considerons deux de ces *points* <par exemple A, et B> comme *fixes* et immuables et le troisieme C comme *ambulatoire* ou mobile; car comme en matiere de mouvement, | <de meme icy> le changement est une chose relatifve, et il nous est permis de prendre pour fixes ceux que nous voudrons. Or si le point

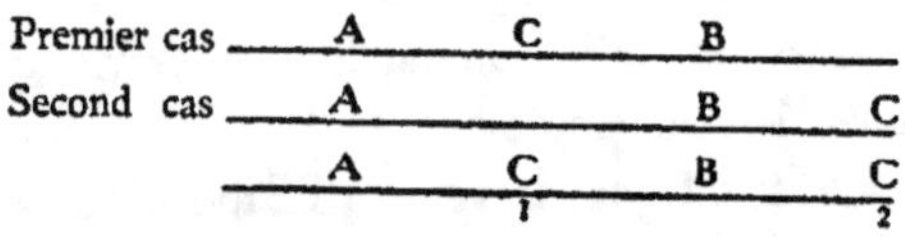

1. Cf. f. 39.

ambulatoire C ne peut avoir que deux endroits seulement sçavoir l'un entre A et B, l'autre au dela de B, de sorte que B tombe entre A et luy, il y aura aussi deux cas particuliers seulement, et il y aura autant d'ambiguitez ou equations particulieres pour exprimer la valeur d'une de ces trois lignes AB, BC, AC, par le moyen de deux autres. Car si AC est considerée comme inconnue, dont nous cherchons la valeur, il est visible que selon le premier cas AC est égale à AB moins BC, et selon le second cas AC est égale à AB plus BC. et ces deux equations particulieres nous donneront une generale ambigue, AC egale à AB plus ou moins BC par consequent au lieu

de l'Equation du 1 cas	AC ⊓ AB — BC
ou .... 2 ...	AC ⊓ AB + BC
nous formerons une generale ambigue	AC ⊓ AB ∓ BC

et par consequent le premier signe simple ambigu sera ∓ c'est à dire — ou +.

Soit maintenant une certaine grandeur affectée du signe ∓ par exemple ∓ a, c'est à dire : o ∓ a. car puisque + aussi bien que — signifie une Relation entre deux, et qu'il n'y a qu'une seule grandeur a, l'autre sera o ou rien : supposons donc que la dite grandeur ∓ a doit estre adjoutée à une autre b, le produit sera b + ∓ a < ou b plus ∓ a > c'est à dire b ∓ a, car le signe + ne change point les autres signes : mais à present supposons que la dite grandeur ∓ a doit estre soubstraite d'une autre b, le produit sera b — ∓ a, ou b moins ∓ a, et | par ce que cela arrive bien souvent, je trouve à propos d'employer un seul signe, ± au lieu de ces deux — et ∓ joints ensemble, et le produit susdit sera b ± a, et ± vaudra — ∓ et generalement j'observeray cette regle, qu'un signe ambigu insistant sur un — aura une signification contraire à celle qu'il auroit sans cela, ou que le signe avec le — < au bas du caractere > signifie moins le < même > signe sans —. Par exemple ±̱ (que nous expliquerons cy après :) signifiera — ±. Par consequent si dans une meme formule ou Equation ces deux signes opposés se trouvent à la fois, comme par exemple ∓ a ± b ⊓ c, et que cette formule vienne a estre expliquée ou appliquée à un certain cas particulier, ou ∓ signifie par exemple +, alors ± s'expliquera aussi et signifiera —, et si ∓ signifie — dans le cas particulier dont nous avons besoin, ± signifiera +

et suivant cette explication on peut dire que si $\mp$ signifie $+$ ou $-$, Phil., V, 10, f. 29.
$\pm$ signifiera $-$ ou $+$; et vice versa.

Pour l'appliquer à l'exemple susdit considerons les deux Equations particulieres, et leur generale, où $<$ la ligne $>$ AC est $<$ supposée comme inconnue, et $>$ expliquée par le moyen des $<$ lignes $>$ AB et BC. a present servons nous de la transposition selon les loix de l'Algebre ordinaire, et transferant BC. du costé de AC tachons d'expliquer AB supposée maintenant comme inconnue, par le moyen des deux autres, AC, et BC.

Et l'Equation du 1 cas AC $\sqcap$ AB $-$ BC nous donnera AC $+$ BC $\sqcap$ AB
.... 2 ... AC $\sqcap$ AB $+$ BC .... AC $-$ BC $\sqcap$ AB
Et l'Equation generale AC $\sqcap$ AB $\mp$ BC .... AC $\pm$ BC $\sqcap$ AB

et il ne faut qu'appliquer ces Equations aux lignes cy dessus, pour en voir clairement la verité.

Et àfin qu'on ne croye pas d'avoir besoin encore d'un troisiesme qui signifie $-\mp$, il faut considerer que $-\mp$ vaut $--\mp$, c'est a dire simplement $\mp$ parce que $-$ *moins*, signifie $+$.

| Ces signes simples $\mp$ et $\pm$ sont suffisants pour $<$ exprimer $>$ 29 verso. toute les ambiguités simples, ou l'Equation ambigue ne comprend que deux particulieres, quoyque il y en ait encor d'autres exemples differents de ceux que je viens de rapporter; et pour en faire voir l'application, soit comme auparavant une ligne droite indefinie $<$ dans la fig. 3 $>$ dans la quelle tombent trois points A. B. C. dans l'exemple cy dessus nous avions pris un certain point pour ambulatoire, icy nous donnons à deux $<$ B et C $>$ la liberté de se remuer, mais à condition de ne souffrir jamais que le point A se mette entre eux. Je trouve pourtant qu'on le peut expliquer avec plus de netteté et de rapport au premier exemple, en ne supposant qu'un seul point ambulatoire A qui se mette tantost a droit, tantost a gauche de la ligne BC. dont les deux points sont considerez fixes; sans permission neantmoins de se mettre entre ces deux points B et C, comme la 4me *figure* le fait voir. Or par la collation de la 3me et de la 4me figure on voit bien que l'une revient à

Fig. 3.

	A	B	C
1 cas	A	B	C
2 cas	A	C	B
	A	B	C
		C	B

l'autre, car le *1 cas* de l'une et de l'autre, sont semblables entierement, le 2 *cas* de la quatrieme n'est que le renversé du 2 *cas* de la 3me, et il ne faut que renverser la feuille de papier, ou la regarder de l'autre costé, puisqu'elle est transparente, pour s'en apperceuvoir; car l'on voit bien que le < seul > renversement de la ligne indefinie donnée tout entiere ne change rien aux relations que les trois points A. B. C. y peuvent avoir entre eux.

| Laissons donc la 3me figure, puisqu'elle est comprise dans la 4me, et ne comparons que la 2me de l'exemple cy dessus, avec la 4me de celuy cy : nous voyons qu'il y a dans la deuxieme aussi bien que dans la troisieme un < seul > point ambulatoire qui est C dans 2de et A dans la 4me, qui a la liberté de se promener, mais pas toute entiere car dans la 2de il est permis au point ambulatoire C. de se mettre ou entre les deux points fixes, A. B. < dans le 1. cas de la 2. fig. > ou d'un < certain > costé, par exemple dans le 2. cas de la 2. fig. du costé droit; mais s'il a pris le party de se mettre du costé droit, il ne luy est plus permis de se mettre du costé gauche, et vice versa; car s'il se vouloit placer tantost à droit tantost a gauche, ce seroit l'exemple de la 4me figure, et s'il se vouloit placer tantost à droit, tantost a gauche, tantost entre deux, l'Ambiguité ne seroit plus *simple*, de deux cas particuliers, mais *composée*, de trois. Pour la même raison il est permis au point ambulatoire A de la 4me figure, < de se placer > tantost a gauche, < de la ligne BC > tantost a droit, mais pas de se mettre entre les deux points fixes B et C.

Quand je parle des *points fixes*, il ne faut pas s'imaginer que ces points gardent nécessairement une même distance entre eux; mais je les considere comme attachés ensemble avec une corde, qui se peut allonguer ou rappetisser; sans changer autrement de situation, mais je considere le point A < de la 4me figure > comme detaché avec liberté de sauter de place en place : Il est vray que tout cela est arbitraire, et que je puis concevoir que la ligne BC se renverse, afin d'avoir le point A tantost du costé de B, tantost du costé de C, ou qu'elle saute elle même (sans se renverser) pour avoir le point A tantost à droit, tantost a gauche, | mais il est plus simple d'attribuer le changement au mouvement du point, qu'au mouvement de la ligne entière, comme l'Hypothese de Copernic est plus commode [quant à] < et satisfait mieux > l'imagination, que celle de Tycho.

Or celuy qui voudra considerer attentivement la 4me figure, trouvera d'abord que la ligne BC y est *la difference* entre les deux lignes AB et AC. car selon le premier cas de la 4me figure, BC sera egal à AB — AC. Et

l'equation du 1 cas de la 4me fig. estant BC ⊓ + AC — AB
.... 2 .... BC ⊓ — AC + AB
l'equation ambigue generale sera BC ⊓ ∓ AC ∓ AB

Cette maniere de marquer la difference de deux grandeurs est bien plus utile, et bien plus naturelle que si nous voulions nous servir d'un certain caractere, qui signifie : difference, comme Mons. Scoten, se sert de celuy cy ⚌, car $a \doubleequal y$ egal à b luy signifie que b est la difference entre a et y. Mais comme j'ay deja touché cy dessus, ce caractere est contre les regles de la caracteristique, parce qu'il n'est pas assez maniable, car vous ne sçauriez mettre les connues a. b. d'un costé, ny separer a, qui est connue, de l'inconnue y par ce que ny a, ny y n'ont point de caractere a part : mais selon ma maniere d'exprimer la difference, l'Equation seroit $\mp a \pm y \sqcap b$, qui nous donneroit enfin, selon les regles cy dessous, $\sqcap \pm b + a$. de sorte que l'inconnue se trouvera toute seule d'un costé de l'equation sans aucun signe ambigu, l'ambiguité estant transferée du costé des connues, ce qui est bien souvent necessaire, comme je le feray voir plus bas.

< Je croy d'avoir assez expliqué les signes ambigus simples, ou du premier degrez, pour pouvoir maintenant passer outre aux composés, c'est à dire qui sont du second, troisiesme ou quatrieme degrez, et ainsi de suite. Car comme les simples ne sont que de deux ambiguitez, ceux du second degrez, en ont trois, et ainsi de suite. Et pour entendre la nature de ceux du second degrez, il faut considerer que > | Si le point ambulatoire A, a la liberté de se remuer toute entiere, et s'il peut se placer tantost à gauche, tantost a droit, < de la ligne fixe BC (voyez la 5me figure :) > tantost entre les deux points fixes. < B. C. > alors nous aurons trois cas particuliers, les quels deuvant estre compris dans une seule Equation Generale ambigue, les *signes ambigus* y

employés seront *composez*, < du second degrez > dont voici la representation,

Fig. 5.

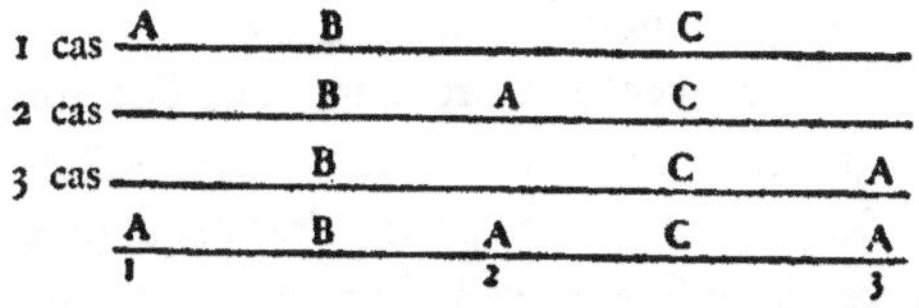

```
1 cas ──A────────B────────────C──────────
2 cas ──────────B──────────A──C──────────
3 cas ──────────B──────────C──────────A──
        A       B      A   C         A
        1              2             3
```

l'Equation du 1 cas de la 5 fig. AC ⊓ + AB + BC
.... 2 .... AC ⊓ − AB + BC
.... 3 .... AC ⊓ + AB − BC
Et l'Equation ambigue generale sera AC ⊓ ⸬ AB ⸭ BC

d'où la valeur des *signes composés*

⸬ et ⸭

est manifeste, sçavoir que la grandeur ou ligne AC est ou la somme < selon le 1. cas > ou la difference des lignes AB et BC, et si elle en est la difference, elle sera ou egale à BC − AC, selon le 2. cas, ou égale à AC − BC selon le 3me. Et àfin qu'on entende aussi la raison de la forme du caractere, pour en faire d'autres en cas de besoin, il faut seulement considerer, que l'un d'eux est composé de + et ∓ . l'autre, de + et ± parce que AC,

est tantost ⊓ + AB + BC selon le 1. cas c'est-à-dire la somme ⎫ de AB
.... ⊓ ∓ AB ± BC ...... 2. et 3. cas .... difference ⎭ et BC

< car $\begin{Bmatrix} + \\ - \\ + \end{Bmatrix}$ ∓ $\begin{Bmatrix} + \\ ⸬ AB + \\ - \end{Bmatrix}$ ± $\begin{Bmatrix} ⸭ BC, ⊓ AC \end{Bmatrix}$ >

et quoyque il semble que le second, sçavoir ⸭ ne deuvroit pas estre composé de + et ∓ mais de + et ±, en quel cas il donneroit ⸬, la raison pourtant du contraire, est manifeste, parce qu'alors on ne le discerneroit pas du signe opposé au premier ⸬ ou de − ⸬, que j'exprime par ⸭ selon la maxime generale susdite; et par consequent quand un signe opposé a un autre, comme ± opposé à ∓ doit entrer dans la composition d'un autre signe, il est a propos de mettre un peu plus haut le trait − qui estoit embas, ou plus tost de | prolonger d'avantage vers embas la ligne perpendiculaire du caractere, et de faire $\mp$ au lieu de $\pm$ et $\pm$ au lieu de $\mp$. Et à fin aussi qu'on voye la raison de la distance que je laisse, < entre le trait haussé, et les premiers > et pour quoy je fais $\mp$ au lieu de $\pm$, et $\pm$ au lieu de $\mp$ ou $\pm$ je dis qu'on découvre par ce moyen à la premiere veue l'origine et composition de tous ces signes, mais qu'outre cette commodité il y a même quelque nécessité de faire de la sorte pour eviter l'equivocation ou confusion de deux signes de differente signification, car posons que le signe $\pm$ doiuve entrer dans la composition d'un autre; si on en faisoit < alors > $\mp$ en haussant simplement le trait d'embas on ne le discerneroit pas du signe $\mp$ < quand il entreroit aussi dans une composition > par ce que en le haussant simplement, nous aurions eu < aussi > $\mp$ au lieu de $\pm$ donc voila deux $\mp$ < de differente signification > l'un fait de $\pm$ < c'est à dire du contraire à $\mp$ c'est à dire à $+$ ou $\mp$: l'autre fait de $\mp$, c'est à dire > de $+$ ou $\pm$ c'est à dire du $+$ et du contraire à $\mp$: ce qui n'est pas le même.

Quand je dis < par exemple > que $\mp$ vaut $+$ ou $\mp$, et que $\pm$ vaut $+$ ou $\pm$ cela se doit entendre avec une relation entre ces deux signes ambigus composez; de sorte que si dans l'application de l'ambiguité ou generalité à un cas particulier, $\mp$ est expliqué par $-$, alors $\pm$ sera expliqué par $+$ et vice versa < car entre ces trois equations susdites < de la 5me figure > il n'y a pas une, ou AB aussi bien BC tout a la fois soient affectées par $-$ >. Mais si $\mp$ est expliqué par $+$, il n'est pas nécessaire que $\pm$ soit expliqué par $-$ par ce que dans une de ces equations particulieres, AB, aussi bien que BC, sont affectées par $+$. Par consequent si l'un de ces deux signes composés est expliqué par $+$ l'autre sera expliqué par $\pm$ et vice versa (: avec la caution pourtant, que nous y apporterons plus bas :) de sorte que l'ambiguité de composée qu'elle est, deviendra simple. Et par ce que la liste des Equations particulieres

$$AC \sqcap \begin{matrix} + \\ - \\ + \end{matrix} \Big\} \ _{\pm} \begin{matrix} AB\ + \\ AB\ + \\ AB\ - \end{matrix} \Big\} \ _{\pm} \begin{matrix} BC \\ BC \\ BC \end{matrix} \Big\} \text{ qui peuvent estre entendues sous la gene-}$$

rale $\mp$ $\overline{AB}$ $\pm$ $\overline{BC}$, fait voir que ces deux signes ambigus $\mp$ et $\pm$ signifient ou tous deux $+$, ou que l'un signifiant $\mp$, l'autre signifie $\pm$, je les exprime en mettant $+$ au devant, en tous deux $\overset{+}{\mp}$ et $\overset{-}{\mp}$ au lieu de $\overset{+}{\mp}$ et $\mp$ dont nous aurons besoin dans une autre rencontre.

On voit en fin par la; la grande différence qu'il y a entre le signe $\mp$, et tous les autres car le signe simple $\mp$ peut subsister tout seul, sans changement, par ce qu'il ne dit point de relation a aucun autre; mais tous les autres contiennent quelque relation à un autre signe provenant d'une meme equation ambigue, < et pour cela je les appelle correspondants >. Par exemple si nous avons deux signes ambigus simples, $\mp$ et $\pm$ provenans de l'equation $\mp a \pm y \sqcap b$, et si dans la suite du calcul le signe $\mp$ evanouit, comme il arrive en cet exemple, ou nous trouvons enfin cette equation, $y \sqcap \pm b + a$, alors si nous nous determinons à abandonner entierement la premiere equation, avec tout ce qui en est provenu, hormis cette nouvelle trouvée, dont nous pretendons nous servir à l'avenir dans le calcul qui reste à faire; nous pourrons sans scrupule changer le signe $\pm$ en $\mp$, et nous servir de cette equation, $y \sqcap \mp b + a$.

Mais pour donner une regle generale je dis si plusieurs signes ambigus proviennent d'une meme equation ambigue, < ou sont correspondents par exemple $\overset{+}{\mp}$ et $\overset{-}{\mp}$ > et si dans la suite du calcul tous les autres evanouissent horsmis un seul qui reste, alors celuy qui reste, | par exemple $\overset{+}{\mp}$ peut estre changé en un simple $\mp$ < comme nous venons de dire un peu au dessus. La raison provient de la réponse à une objection qu'on m'a fait souvent sur cette matiere. car on m'a dit, si tous signes ambigus ne signifient que $+$ ou $-$ pourquoy en faut il tant, Ma reponse fut que les signes ambigus ne signifient pas seulement tousjours plus ou moins, mais aussi quelque relation entre eux, sçavoir que l'un vaut $+$ quand l'autre vaut $-$ et vice versa, etc., comme je viens d'expliquer. Par consequent quand cette Relation cesse, c'est à dire quand des signes correspondents ou qui ont Relation entre eux un seul reste, alors celuy ci quelque composé qu'il puisse estre, deviendra simple. > Mais si de trois < ou quatre > signes ambigus correspondents deux restent, alors bien que la composition du signe sera deminuée, le signe pourtant ne deuviendra pas tousjours simple. Il n'est pas necessaire de rapporter des exemples du dernier par ce que ces cas sont rares, et embarasseroient le lecteur, sans utilité. Il faut seulement remarquer que le $\mp$ provenu de ce changement ne sera pas le même avec le premier $\mp$ qui entroit dans la composition des signes ambigus composés evanouis ou changés, et par consequent si ce premier $\mp$ reste encor ailleurs dans le calcul, il faut renfermer le nouveau dans une parenthese, comme $(\mp)$ à fin qu'ils ne se confondent. La raison de $<$ cette precaution $>$ sera rendue plus bas quand il s'agira *des differentes positions ambigues*. Par exemple si tout le calcul d'un probleme proposé seroit reduit à une telle Equation, $\pm\mp a^2 \sqcap \pm y^2 + cy$. on en pourroit faire sans scrupule, $(\mp) a^2 \sqcap \mp y^2 + cy$ par ce que $\pm\mp$ (c'est à dire $+$ ou $\mp$:) et $\pm$ (: c'est à dire $- \mp$:) n'ayant point de correlatifs, (: que je suppose estre evanouis :) pourront estre changés en des simples $\mp$, mais independants l'un de l'autre, ou comme je les appelle *heterogenes* (voyez plus bas) et par consequent il en vaut renfermer un dans une parenthese.

Je n'ay employé jusque à la que trois points, et deux lignes servants à expliquer la troisième : Mais il arrive aussi, qu'on ait besoin de 4 points, et de trois lignes pour expliquer la quatrieme ; et cette multiplication des points et lignes peut augmenter à l'infini la composition des signes comme il est aisé à juger, toutes fois si de ces 4 points il n'y a qu'un seul ambulatoire, il n'y aura aussi en effect que trois ambiguitez, et les signes de l'Equation ambigue generale ne seront pas plus composez que ceux que nous venons d'expliquer. Par exemple soient trois points

Fig. 6.

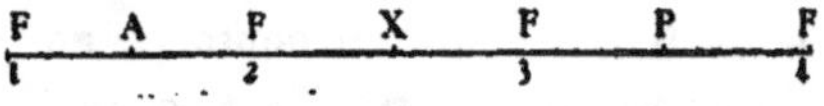

F   A   F   X   F   P   F
 1   2   3   4

fixes, A. X. P. c'est à dire qui ne changent point de situation quoyque il se puissent approcher ou éloigner l'un de l'autre, et soit un quatrieme poinct ambulatoire F avec liberté entiere de le placer ou l'on voudra, je dis que neantmoins il n'y aura en effect que trois cas particuliers, $<$ par ce que tout arrive comme si celuy des poincts fixes qui est au milieu des deux autres, sçavoir X n'y estoit pas $>$. Car si nous voulons expliquer la ligne FP par le moyen des lignes AF, AX, et XP, $<$ tout arrive, comme si nous voulions expliquer la ligne FP par deux autres seulement, sçavoir par AF et AP. $>$ et si nous posons que le point F est dans la place marquée de 1 ou 2, ou 3, ou 4. $<$ alors la 2. et 3me place ne donnera qu'une même Equation $>$

car (1) F   nous donnera $\quad\text{FP} \sqcap + \text{AF} + \underbrace{\text{AX} + \text{XP}}_{+ \text{ AP}}$

(2) F }
(3) F }   .... $\text{FP} \sqcap - \text{AF} + \underbrace{\text{AX} + \text{XP}}_{+ \text{ AP}}$

(4) F   .... $\text{FP} \sqcap + \text{AF} \underbrace{- \text{AX} - \text{XP}}_{- \text{ AP}}$

et l'equation generale ambigue sera $\overline{\text{FP} \sqcap \mp \text{AF} \mp \underbrace{\text{AX} \mp \text{XP}}_{\mp \text{ AP}}}$

par ce que AP est $\sqcap$ à $+$ AX $+$ XP. neantmoins si les lignes AX et XP sont inconnues toutes deux ou indeterminées, il ne sera pas à propos, de les exprimer par une seule, AP, et il faut plustost les joindre par un *Vinculum* $<$ à l'imitation des racines sourdes $>$, et l'Equation generale trouvée se pourra exprimer ainsi :

$$\text{FP} \sqcap \mp \text{AF} \mp \overline{\text{AX} + \text{XP}}$$

puisque ce vinculum a cela de commode, qu'on le peut dissoudre, et qu'on en peut eximer ce qui bon nous semble, au lieu que le vinculum d'une racine sourde est indissoluble.

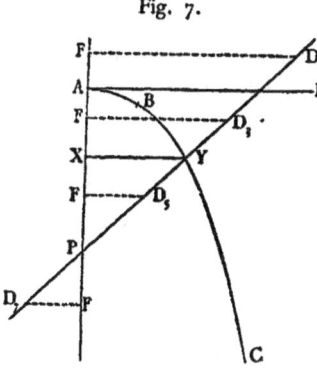

Fig. 7.

| Je me suis servi tout exprès d'un exemple qui arrive effectivement dans le calcul du probleme dont j'ay fait mention au commencement, et qui me doit servir d'essay de ma methode[1] sçavoir : de mener la perpendiculaire d'un point donné D à une section conique donnée ABC car soit A, le sommet de la courbe, le point donné D du quel soit menée sur l'axe la perpendiculaire DF, Et nous aurons les mêmes 4 points dont nous venons de parler, sçavoir trois fixes A, X, P, et un ambulatoire F avec liberté entiere de se placer en quatre endroits differents. Il est vray qu'on pourra conter aussi les cas, qui font tomber le point F, dans les poincts A, ou X, ou P, comme je les avais contés cy dessus, mais la varieté qui en arrive,

1. Cf. f. 41-42 et 64-65.

tombe sur les lettres ou lignes qui deviennent quelques fois infiniment petites, dont nous parlerons par apres; et point sur les signes.

Donc si nous faisons
$$x \sqcap AX$$
$$f \sqcap AF$$
$$p \sqcap XP$$

nous aurons l'equation generale ambigue
$$FP \sqcap \mp f \mp \overline{x + p}$$

Il reste à montrer, que les trois poincts A. X. P sont fixes et qu'ils ne changent point de situation, < dans toutes les coniques, et que X tombe tousjours entre A et P > ce qui est fort aisé, car dans l'Hyperbole et Parabole | la perpendiculaire YP s'éloigne tousjours du sommet A en allant de Y vers P, dans l'Ellipse et dans le Cercle le même axe a deux sommets < opposés l'un à l'autre, et la perpendiculaire YP s'éloigne de l'un et s'approche de l'autre > : donc on peut tousjours se servir de celuy de ces deux sommets dont la ligne YP s'éloigne, pour rendre le calcul de toutes les coniques general. On voit donc bien que si quelques unes des courbes données pour mener sur elles les perpendiculaires d'un point donné estoient < fort > recourbées, qu'alors l'ambiguité seroit bien plus composée; et que nous aurions besoin aussi de signes plus composés pour donner une Equation generale. Car il pourra arriver alors tantost que la perpendiculaire s'approche du sommet, et tantost qu'elle s'en éloigne.

Il y a encor d'autres *signes ambigus du second degré*, ou composez de trois ambiguitez seulement outre $\pm$ et $\mp$ que je viens d'expliquer. < Et pour en faire comprendre la nature, > soit une equation trouvée
$$\mp a + b \sqcap c$$
$$\text{ou } + a \mp b \ldots$$

je dis qu'il y a en effect trois ambiguitez cachées la dedans, car en substituant à la place de $\mp$ sa valeur $+$ ou $-$ nous aurons à la verité 4 expressions, mais dont la 1. et 3me ne sont qu'une même

$$\begin{array}{ll}
(1) & \left.\begin{array}{c}+\\-\end{array}\right\} \mp a \left.\begin{array}{c}+\ b\\+\ b\end{array}\right. \\
(2) & \\
(3) & +a \quad \left.\begin{array}{c}+\\-\end{array}\right\} \mp b \\
(4) &
\end{array} \right\} \sqcap c$$

On me dira que cette Ambiguité donc est la même, avec celle que nous venons d'expliquer
$$\left.\begin{array}{r}+a+b\\ -a+b\\ +a-b\end{array}\right\} \sqcap c$$

c'est à dire $\quad \mp\!\!\!+ a \mp\!\!\!+ b \sqcap c$

| mais je reponds, qu'il y a de la difference et qu'en fait de composition <ou fabrique> des signes ambigus par le moyen de quelques autres deja posés, il ne faut pas venir à la resolution de ceux cy; car alors nous perdrons le rapport qu'il y a entre les signes déja faits et posés, et ceux qu'il y a à faire, comme nostre exemple le fait voir; car multipliant $\mp\!\!\!+ a \mp\!\!\!+ b \sqcap c$, par luy même nous aurons $+ a^2 \mp\!\!\!+ \mp\!\!\!+ 2ab + b^2 \sqcap c^2$ dont on ne tirera jamais universellement $+ a^2 \mp 2ab + b^2 \sqcap c^2$ et neantmoins cela devroit provenir, selon les deux equations particulieres ou cas donnés au commencement, sçavoir :

ou $\left.\begin{array}{r}\mp a+b\\ +a\mp b\end{array}\right\} \sqcap c$, car l'une aussi bien que l'autre de ces equations particulieres estant quarrée donnera $+ a^2 \mp 2ab + b^2 \sqcap c^2$. Donc les signes $\mp\!\!\!+$ et $\mp\!\!\!+$ ensemble n'y servent de rien, et l'Equation ambigüe generale sera :

$$\mp\!\!\!+ a \mp b \sqcap c$$

pour marquer que l'une de ces deux grandeurs, a et b estant affectée effectivement du signe $+$, l'autre le sera du signe $\mp$, et vice versa.

Pour donner aussi un exemple des Ambiguitez de quatre cas particuliers, ou des signes composez du troisieme degrez. Soit selon

l'Equation particuliere du 1 cas $AC \sqcap + AB + BC$
.... 2 ... $AC \sqcap - AB + BC$
.... 3 ... $AC \sqcap + AB - BC$
.... 4 ... $AC \sqcap - AB - BC$

et l'Equation Ambigue Generale sera $AC \sqcap (\mp) \mp AB (\mp) \mp BC$
Dont voicy la raison pour comprendre la formation de ces deux signes. Sçavoir, que ces 4 cas peuvent estre reduits a deux ambigus

$$AC \sqcap (\mp) AB (\mp) BC$$
ou $\quad AC \sqcap \mp AB \mp BC$

c'est à dire AB et BC, sont affectées, tantost d'un meme signe soit $+$,

soit —, selon le 1, et 4me cas; tantost de signes opposez, selon le 2. et 3me cas. Or à fin que deux signes semblables mais heterogenes ∓ et $\overline{(\mp)}$ ne se confondent pas, l'un d'eux est renfermé dans une parenthese, close en haut pour estre discernée d'autres parentheses; et a fin de discerner un seul signe $\overline{(\mp)}$ ∓ de deux qui se multiplient $(\mp)$ ∓ les parties du premier sont unies par un trait d'en haut. | Enfin l'on voit bien, que le quatrieme cas suppose une grandeur fausse, ou negative, ou moindre que rien; c'est à dire prise en sens contraire à celuy cy dans le quel on la proposoit ou demandoit car soit une ligne droite indefinie DE dans laquelle tombent trois points : A.B.C de 6 façons differentes representées icy *fig. 8*.

Phil., V, 10, f. 34.

35 recto.

Fig. 8.

D	C	B	A			E
	C		A		B	
	B	C	A			
	B	C	A		C	
		C	A	C	B	
		C	A	B	C	

VALEURS FAUSSES OU NEGATIVES		VALEURS REELLES OU POSITIVES
	1)	AC ⊓ + AB + BC
	2)	— AB + BC
	3)	+ AB — BC
4) AC ⊓ + AB — BC ⎫ supposant ⎧ BC(⊓AB) ⎫ prisvers E	4)	— AB + BC
5) — AB + BC ⎬ ⎨ AB(⊓BC) ⎬	5)	+ AB — BC
6) — AB — BC ⎭ ⎩ AB + BC ⎭	6)	+ AB + BC

⊓ signifie plus grand; voyez la Table des Caracteres [1].

Or si nous ne contons que les varietez des Equations qui nous donnent la valeur de la ligne reelle ou positive AC, ou les differences des *voisinages* < des points, > sans avoir égard au rang, ou au costé droit ou gauche, et par consequent si nous prenons celles dont l'une est < la > renversée de l'autre, pour une seule comme 1, et 6. item 2 et 4 item 3 et 5 nous n'aurons que trois varietez. Mais si dans le probleme ou theoreme proposé, on demande que la ligne AC, soit prise du poinct A, vers le costé D. et que sa valeur soit determinée par les lignes AB, et BC.

1. Cette table se trouve f. 39.

alors cette valeur peut devenir moindre que rien. Car dans le quatrieme cas soit $<$ AB adjoutee mais BC $<$ qui est posee $>$ ⊓ AB (plus grande qu'AB) $>$ soubstrait, selon l'equation des fausses valeurs, c'est à dire $<$ selon l'equation des valeurs reelles; AB soubstraite, et $>$ BC adjoutée (: ou prise reellement, mais en sens contraire vers E :) selon l'equation des valeurs reelles; donc puisque BC est ⊓ AB il y aura plus de soubs- trait, ou de pris en sens contraire vers E, que d'adjouté ou de pris selon la demande. Par consequent la difference, $<$ sçavoir AC $>$ tombera du costé de E. Le meme, mais apres un echange des lignes, arrive au 5me cas. Mais au 6me tout est pris en sens contraire ou vers E, AB aussi bien que BC. Or prendre en sens contraire c'est à dire reculer, est propre- ment *soubstraire*. | Or non seulement celuy qui a avancé peut reculer, plus meme qu'il n'ait avancé, comme dans le 4. et 5me cas; mais celuy aussi qui n'a rien avancé du tout; car en reculant, il avance a rebours, et son avancement est moindre que rien puisqu'il faut encor qu'il avance $<$ veritablement et qu'il revienne au premier endroit $>$ pour pouvoir dire de n'avoir rien fait, comme celuy qui doit plus qu'il ne possede. Mais enfin à l'egard des signes dont il est question uniquement, il n'y a que 4 cas $<$ differens, sçavoir le 1. le 2. le 3 et le 6 $>$, puisque le 4me est compris dans le second (: 3me) et le 5me est compris dans le 3me (: second) selon les vrayes (: fausses :) valeurs. Je fus pourtant obligé de rapporter le 4me et 5me cas aussi, pour faire voir comment la valeur d'AC peut estre fausse, sauf les signes; et comment il y a tantost 3, tantost 4, tantost 6 varietez selon les differentes considerations.

Voila l'explication de $<$ la plus-part $>$ des Signes Ambigus dont on peut avoir besoin ordinairement. Car de monter aux compositions plus hautes, d'expliquer les varietez qui peuvent arriver, quand il y a plus de trois points employez sur tout quand on y mêle les fausses grandeurs; d'expliquer les cas differents dont on peut avoir besoin, quand nous supposons les points tomber dans une circulaire ou autre qui recourt en elle même, au lieu d'une droite indefinie : ce seroit plus curieux qu'utile, et ne serviroit qu'à embarasser l'esprit du lecteur : puisque ce que je viens de dire, avec ce que je m'en vay d'y adjouter, estant bien compris, luy suffira asseurement. Car je pretends de donner un moyen de nous passer de la fabrique de tant de signes nouveaux sur tout quand ils seroient trop composés; $<$ àfin d'applanir toutes les rudesses de ce chemin,

qui ne fut pas encor battu, et de reduire tout à la derniere clarté et, je
l'ose dire, facilité possible. J'ay balancé si je le deuvois donner, puisqu'il m'avoit servi de *principe d'invention*, qu'on a accoustumé de supprimer, pour faire paroistre d'avantage les theoremes inventés, mais la consideration du bien public l'a emporté par dessus toutes les autres. >

| Je dis donc, qu'on peut exprimer les signes par le moyen des lettres, à fin de venir à une espèce d'Algebre pour trouver les signes < inconnus >, comme l'on trouve ordinairement les grandeurs inconnües. Je choisis pour cet effect les lettres Grecques pour distinguer plus aisement les *lettres des signes*, des *lettres des grandeurs*.

De ces lettres, de l'Alphabete Grec, les premieres signifieront, +, comme, α. β. γ. δ les dernieres signifieront —, comme ω. ψ. φ. Et α et ω, par exemple, signifieront + ou — de la premiere ambiguité; β et ψ, de la seconde, etc. Cette expression des signes par lettres n'est pas si forcée, qu'elle le paroist d'abord, car par exemple — y signifie — 1. ⌢y. or — 1, est une grandeur < sçavoir un nombre >, et chaque grandeur peut estre expliquée par une lettre, donc — 1 peut estre expliqué par ω, et nous pouvons faire ωy au lieu de — y, pourveu que nous < nous > souvenons que ces lettres qui signifient un nombre, ou une raison, n'augmentent pas les dimensions : et pour cette raison à fin de les distinguer d'avantage des autres, il sera bon de les renfermer dans une parenthese close comme $(\omega)\,y$. Si deux de ces lettres se trouveront ecrites l'une aupres de l'autre dans une meme parenthese, comme $(\alpha\omega)\,y$ cela signifiera ou l'un < des signes comme + (ou α) > ou l'autre; sçavoir —, (ou ω).

Mais il sera à propos de reprendre les exemples, de tous les signes, dont nous avons parlé, et de monstrer comment nous les pourrions exprimer par lettres d'une maniere qui nous fera voir en même temps < ou dans la suite > tous leurs usages. Soit une ambiguité :

$$d \sqcap + b + c$$
$$\text{ou} + b - c$$

representons le + de cette *premiere ambiguité* par α, et le — par ω, et nous aurons $\quad d \sqcap + b\,(\alpha\omega)\,c$, au lieu de $d \sqcap + b \mp c$

| et si nous cherchons la valeur de b, par la meme equation en nous servant d'une transposition necessaire, nous aurons :

$$b \sqcap d - \overline{(\alpha\omega)} c,$$ c'est à dire

$$b \sqcap d \overline{(\omega\alpha)} c, \text{ au lieu de } b \sqcap d \mp c$$

Car il est manifeste qu'un signe comme $\overline{(\alpha\omega)}$ estant affecté de $-$ doit estre changé en sorte qu'α soit mis à la place de ω et vice versa, puisque $-\alpha$, ou $-\overline{(+)}$ est $\overline{(-)}$ ou ω et $-\omega$ ou $-\overline{(-)}$ est $\overline{(+)}$ ou $\overline{(\alpha)}$.

Soit la seconde ambiguité dans le même calcul :

$$e \sqcap + f - g$$
$$\text{ou} - f + g$$

posons $\left\{ \begin{matrix} \beta \\ \psi \end{matrix} \right\}$ egal à $\left\{ \begin{matrix} + \\ - \end{matrix} \right\}$ de la 2de *ambiguité*, et nous aurons

$$e \sqcap \overline{(\beta\psi)} f \overline{(\psi\beta)} g \text{ au lieu de } e \sqcap \overline{(\mp)} f \overline{(\mp)} g$$

Soit une 3me ambiguité dans le même calcul

$$h \sqcap + k + l$$
$$\text{ou} - k + l$$
$$\text{ou} + k - l$$

posons $\left\{ \begin{matrix} \gamma \\ \varphi \end{matrix} \right\}$ egal a $\left\{ \begin{matrix} + \\ - \end{matrix} \right\}$ de la 3me *ambiguité* or nous aurons :

$$h \sqcap \overline{(\gamma\varphi\gamma)} k \overline{(\gamma\gamma\varphi)} l. \text{ au lieu de } h \sqcap \mp k \mp l. \text{ Si l'equation avoit esté}$$

$$h \sqcap + k + l$$
$$\text{ou} - k + l$$
$$\text{ou} + k - l$$
$$\text{ou} - k - l$$

nous aurions eu $\quad h \sqcap \overline{(\gamma\varphi\gamma\varphi)} k \overline{(\gamma\gamma\varphi\varphi)} l$

au lieu de $\quad h \sqcap \overline{(\mp)} \mp k \overline{(\mp)} \mp l$

Soit une 4me ambiguité, sçavoir

$$m \sqcap + n \mp p$$
$$\text{ou} \mp n + p$$

posons $\left\{ \begin{matrix} \delta \\ \overline{(\alpha\omega)} \end{matrix} \right\}$ egal à $\left\{ \begin{matrix} + \\ \mp \end{matrix} \right\}$ si $\mp$ est celuy de la premiere ambiguité,

et nous aurons
$$m \sqcap (\overline{\delta, \alpha\omega}) n (\overline{\alpha\omega, \delta}) p$$
au lieu de
$$m \sqcap \pm n \mp p.$$

< Je croy que cette façon d'exprimer est assez aisée. j'y adjoute seulement cette caution que l'ordre des lettres aussi bien que des equations particulieres est arbitraire en effect; mais estant choisi une fois, il doit estre observé constamment, pendant qu'il y a un autre signe de la même equation ambigue, à fin que ces deux signes gardent un rapport entre eux et puisqu'il n'y a rien qui les discerne que l'ordre des lettres. >

| < Le grand avantage de cette expression des signes par lettres paroistra clairement dans la suite des operations : cependant > il est fort aisé d'y appliquer tout ce que je viens de dire de l'expression par signes comme par exemple touchant le *vinculum*, item touchant le changement d'un signe composé dans un signe simple, en cas qu'il reste seul de tous les autres correspondants. Car si de la 3me Equation susdite le seul signe $(\overline{\gamma\gamma\gamma})$ ou $\pm$ reste, et l'autre $(\overline{\gamma\gamma\varphi})$ ou $\mp$ evanouit, le premier pourra estre changé en celuy cy : $(\overline{\gamma\varphi})$ < comprenant les deux premiers cas, $\gamma\gamma$, sous un seul : tout ainsi que nous n'avions pas feint de comprendre sous un seul cas le 3me et le 5me endroit du point D, dans la 1. ou 7me figure >. Mais si des signes de la quatrieme equation le seul signe $\pm$, ou $(\overline{\delta, \alpha\omega})$ reste, et l'autre $\mp$ ou $(\overline{\alpha\omega, \delta})$ evanouit, le dit signe $(\overline{\delta, \alpha\omega})$ ne pourra pas estre changé en un simple, par ce qu'on ne sçauroit determiner si ce < signe > simple doit estre $(\overline{\delta\omega})$, ou $(\overline{\alpha\omega})$; et par ce que cette quatrieme ambiguité est une soubsdistinction de la premiere, et par consequent les signes de la quatrieme sont correspondents avec ceux de la premiere, de sorte qu'on ne peut pas dire, que de tous les signes correspondants, le seul $(\overline{\delta, \alpha\omega})$ reste, puisque les signes de la premiere ambiguité restent encor, comme je le suppose.

A present je croy qu'il sera temps d'expliquer la division generale des signes en Homogenes, en Correspondants, et entierement Heterogenes < car l'expression des signes par lettres sert beaucoup à l'éclaircir. Cette division est de grande importance dans la suite des operations car l'Addition et soubstraction de deux signes Homogenes se peut tousjours faire avec coalition de ces deux signes en un seul, et pour cette raison je les appelle Homogenes, car deux grandeurs sont homogenes si on les peut adjoûter ensemble. Si deux signes ambigus homogenes se multiplient et se divisent l'ambiguité évanouit; en fin si deux signes correspondents se multiplient ou s'ils se divisent, il s'ensuit tousjour leur coalition en un seul >. J'appelle *Homogenes*, ceux dont un estant expliqué, l'autre s'explique aussy par consequence, entierement et tousjours. Il est aisé de juger par cette definition, que de tous les signes il n'y a que ceux qui soient homogenes, qui sont les memes comme $(\overline{\alpha\omega})$ ou ⟊ et $(\overline{\alpha\omega})$ ou ⟊, item comme $(\overline{\gamma\gamma\varphi})$ ou ⟊, et $(\overline{\gamma\gamma\varphi})$ ou ⟊; ou qui sont opposés, comme ⟊ et ⟊ ou $(\overline{\alpha\omega})$ et $(\overline{\omega\alpha})$, ou ⟊ et ⟊ ou $(\overline{\gamma\varphi\gamma})$ et $(\overline{\varphi\gamma\varphi})$. J'appelle *correspondants*; ceux qui tirent leur origine d'une même equation ambigue, et quand il ne sont pas homogenes, alors quoyque l'un estant expliqué n'explique pas l'autre entierement et tousjours il ne laisse pas pourtant d'en deminuer tousjours l'ambiguité et même de l'expliquer entierement quelques fois. Par exemple soit AC ⊓ ⟊ AB ⟊ BC ou qui revient au même, AC ⊓ $(\overline{\gamma\gamma\gamma})$ AB $(\overline{\gamma\gamma\varphi})$ BC. Posons le cas que ⟊, signifie +, alors l'autre ⟊ pourra estre changé en un simple ⟊ comme les lettres le font voir. car puisque le signe $(\overline{\gamma\varphi\gamma})$ ou (⟊) signifie +, ou γ, donc le 1. ou 3me cas de l'ambiguité sera choisi; or dans l'autre signe ⟊, ou $(\overline{\gamma\gamma\varphi})$ le 1. ou 3me cas sera γ ou φ, donc ⟊ signifiant +, ⟊ deviendra $(\overline{\gamma\varphi})$ c'est à dire ⟊. Mais d'avantage posons que ⟊, ou ⟊, un de deux, signifie —, alors toute l'ambiguité cessera, et l'autre sera +. comme il est aisé de demontrer par le moyen des memes lettres.

Les signes correspondants sont d'une même ambiguité immediatement, ou mediatement; immediatement, comme dans la 3me ambiguité ⟊ et ⟊ dont je viens de parler, ou comme (⟊) et (⟊) dans la 4me; mediatement, comme ⟊ dans la quatrieme, et ⟊ dans la premiere, par ce que la 4me est une soubsdistinction de la premiere; et se sert de la premiere en y adjoutant encor une nouvelle ambiguité. Il est aisé de les reconnoistre par le moyen des lettres, car ceux qui tirent leur origine d'une même ambiguité immediatement. n'ont que les memes lettres diversement rangez; comme $(\overline{\mp})$ s'exprime par $(\overline{\gamma\varphi\gamma})$, et $(\overline{\mp})$ par $(\overline{\gamma\gamma\varphi})$. et ⟊ s'exprimant par $(\overline{o,\alpha\omega})$, ⟊ s'exprime par $(\overline{\alpha\omega,o})$. Mais ⟊ s'exprimant par $(\overline{\alpha\omega})$, ⟊ s'exprime par $(\overline{o,\alpha\omega})$. Les memes lettres font connoistre d'abord, si deux signes sont entierement *Heterogenes* ou sans correspondence; c'est à dire s'ils naissent d'ambiguitez entiérement differentes, et sans dependance, en sorte que l'explication de l'un des signes ne contribue rien du tout à l'explication de l'autre, car alors ils n'ont point de lettre commune. comme par exemple le signe ∓ et le signe ∔, dont l'un signifie $(\overline{\alpha\omega})$, et l'autre $(\overline{\gamma\varphi\gamma})$. Et cela arrivera dans le calcul du probleme proposé, des perpendiculaires des coniques, < voyez la fig. 1. et 7. > car alors l'explication du signe ∓ depend de la nature de la courbe proposée < ABC, mais > l'explication du signe ∔ depend de l'endroit du point donné D.

L'on me demandera à present, si j'aimerois mieux d'exprimer les signes Ambigus par signes ou par lettres. Je repons : que j'aimerois mieux d'exprimer les signes simples par signes, et les signes composez par lettres. Il me reste seulement d'adjouter : si l'on veut employer les signes soit simples, soit composez, et qu'on trouve deux signes heterogenes, mais semblables, qu'il faut renfermer l'un d'eux dans une parenthese, comme ∓ et $(\overline{\mp})$, et s'il y en avoit trois, l'on feroit ∓, et $(\overline{2\mp})$ et $(\overline{3\mp})$, de même ∔, et $(\overline{2\mp})$, et $(\overline{3\mp})$. Mais si l'on se sert de lettres on n'a pas besoin de marquer ces parentheses par nombres.

PHIL., V, 10, f. 39 :

Table des Caracteres Analytiques.

. . . .

PHIL., V, 10, f. 40 :

Table des signes de la Methode de l'Universalité.

. . . .

PHIL., V, 10, f. 41-42 (4 p. in-4°).

CONSTRUCTION DU PROBLEME
D'UN POINCT DONNÉ MENER LA PERPENDICULAIRE A UNE SECTION CONIQUE DONNÉE, PAR LE MOYEN D'UNE HYPERBOLE SIMPLE [1].

. . . .

1. Cf. PHIL., V, 10, f. 64-65.

PHIL., V, 10, f. 43-46.   PHIL., V, 10, f. 43-46 (3 p. in-4°).

< Introduction a la > Construction d'un probleme solide donné par l'intersection d'une section conique donnée et d'un cercle, suivant une seule Regle commune a toutes les sections coniques, necessaire a l'execution des Calculs de la Methode de l'universalité. . . . .

PHIL., V, 10, f. 47.   PHIL., V, 10, f. 47 (2 p. in-4°).

1674. Paris.

47 recto.   Generalia Geometrica de meis accessionibus et methodo universalitatis.

Les Theoremes n'estant que pour abreger < ou diriger > la solution des problemes, < puisque toute la theorie doit servir à la practique > il suffit d'estimer la varieté de la Geometrie par celle des problemes. Les problemes de Geometrie sont ou Rectilignes ou Curvilignes. Les Problemes rectilignes sont dans les quels on ne demande ny suppose que la grandeur de quelques lignes droites ou espaces rectilignes. Les curvilignes supposent ou demandent la grandeur de quelque ligne courbe, ou de quelque espace curviligne. Les problemes des centres de Gravité et par consequent quantité de problemes de la Mechanique sont de la derniere sorte. Ainsi on peut dire qu'il y a comme deux especes de la Geometrie, celle d'Apollonius, et celle d'Archimede; la premiere renouvellée par Viete et des Cartes, l'autre par Galilei et Cavalieri.

Les problemes Rectilignes se reduisent à la Resolution de quelque Equation dont il faut tirer les racines, analytiquement < par le calcul >, ou Geometriquement < par les intersections des lieux >, exactement ou par approximation. Mais les curvilignes ne sont pas encor sujets à l'analyse connue, et si on les vouloit reduire à une equation, on la trouveroit de l'infinitesieme degré.

Or ayant fait quelques remarques assez extraordinaires dans l'une aussi bien que dans l'autre espece de Geometrie, j'ay bien voulu en toucher icy quelques unes en peu de mots.

Dans la GEOMETRIE DES RECTILIGNES; j'ay trouvé enfin le moyen *de* PHIL., V, 10, f. 47. *tirer les racines de toutes les Equations cubiques*, c'est à dire de rendre toutes les equations cubiques pures; en sorte que pour les resoudre il ne faut que tirer la racine cubique d'un solide connu. Scipio Ferreus a trouvé le premier des regles propres à tirer les racines de quelques especes des Equations cubiques, Cardan a publié sa methode. Et Viete aussi bien que Mons. des Cartes ont desesperé de pouvoir venir a bout des autres. J'ay eu le bonheur d'y voir quelque jour. Et cela estant on peut dire que la resolution de toutes les Equations cubiques ou quarrequarrees est achevée, et qu'on les peut construire toutes Geometriquement par l'invention de deux moyennes proportionnelles.

| Je ne repete pas icy ce que je viens de dire dans un papier à part 47 verso. *de la Methode des universels*; qui nous abrege le calcul, < comprennant plusieurs cas soubs un seul >, qui nous fait decouvrir des harmonies dans les figures et qui nous donne le moyen de les ranger en classes par des idees generales.

Touchant les *lieux*, j'ay observé quelques moyens extraordinaires d'obtenir des constructions courtes et [nettes] belles, comme par exemple je donnai il y a quelques jours la construction < fort courte > de ce probleme : [L'Hypotenuse] <Un costé> d'un Triangle [rectangle] estant donnée < et l'angle qui lui est opposé >, trouver le triangle en sorte que ses costés soyent en proportion harmonique.

Viete nous a donné la methode de tirer les racines des Equations par *des nombres* approchans aux veritables; mais personne a ce que je sçache a donné des *approximations Geometriques*; je croy pourtant d'y avoir reussi, et de pouvoir resoudre les problemes [1] solides par approximations en n'employant que des droites ou courbes; et cette methode a cela au dessus de l'exegese numerique de Viete, qu'elle nous donne toutes les racines de l'Equation proposée tout a la fois, au lieu que l'exegese par nombres n'en donne qu'une.

Quant à la Geometrie des Curvilignes je pretends d'y avoir fait quelque chose d'extraordinaire sans parler de la quadrature d'un segment oblique de la cycloeide; de la dimension de la courbe décrite par l'évolution du cercle (ayant trouvé que l'arc évolu est la moyenne proportionnelle entre

---

1. Ce mot est répété par erreur dans le ms.

le diametre et la courbe décrite), de la dimension de la surface du solide parabolique fait par la parabole revolüe à l'entour de la touchante du sommet; j'ay observé deux methodes fort estendues, l'une de donner la dimension des figures superieures, en supposant celle des inferieures. l'autre de reduire l'aire d'une figure à la somme d'une progression de nombres rationaux ce qui est traduire la difficulté de la Geometrie à l[1].

PHIL., V, 10, f. 48 (2 p. in-4°).

21 junii 1678.

Demonstratio pure Analytica :
Quod minus in minus facit plus.

49.   F. 49 : Copie de la f. 48.

50.   F. 50 :

SIGNA AMBIGUA.

51.   F. 51 :

Demonstratio pure analytica
Quod in multiplicatione — in — faciat +.

53.   F. 53 :

SIGNORUM AMBIGUORUM TRACTATIO PER LITERAS [2].

PHIL., V, 10, f. 54 (un coupon).

Additio natura prior substractione. Natura priora. Demonstratio axiomatum. Additio est natura prior substractione, seu $+a+b$ est natura prius quam $+a-b$, quia natura prius est ut duo a, b eodem modo tractentur quam ut tractentur modo diverso, et cum modo diverso tractantur, nondum ratio apparet, cur potius dicamus $+a-b$, quam $-a+b$. Ea igitur causa forinsecus petenda est, quod [nihil] $<$ non $>$ esse necesse

---

1. Sic.
2. Cf. les f. 37-38.

cum dicimus $+ a + b$; eodem modo ostenditur et ab seu multiplicationem esse natura priorem ipso $\frac{a}{b}$ seu divisione. Et hæc quidem ita generalem hominum assensum habent, ut pro monstro futurus sit arithmeticus, qui substractionem tractet ante additionem. Itaque mea | sententia Robervallius non inepte demonstravit axioma (: si ab æqualibus auferas æqualia, residua sunt æqualia) ex axiomate natura priore : (si æqualibus addas æqualia, summæ sunt æquales) quamvis eum ideo reprehensum sciam a collegis in Academia Regia Parisina, quia scilicet æque illud ex hoc demonstrare potuisset, quam hoc ex illo. Sed præferenda sunt quæ natura priora sunt, et peccatum videri potest pro axiomate habere quod ex positis demonstrari potest [1].

Phil., V, 10, f. 56 (un coupon).

Determinatum idem quod *dabile*. Ita arcus aliquis positione datus est magnitudine determinatus seu dabilis. Etsi magnitudo ejus non sit cognita.

Phil., V, 10, f. 58 un (coupon.)

Infinitum.

$\frac{1}{0}$ est quantitas infinita hinc credibile est summam seriei hujus :

1. $\frac{1}{2} \cdot \frac{1}{3} \cdot \frac{1}{4}$ etc. esse [finitam] infinitam.

At summa seriei $\frac{1}{1} \frac{1}{1} \frac{1}{1} \frac{1}{1}$ etc. est etiam $\frac{1}{0}$ sive infinita. Ergo sequeretur, quia $\frac{1}{0}$ ipsi $\frac{1}{0}$ æquale, fore $\frac{1}{1} \cdot \frac{1}{2} \cdot \frac{1}{3}$. etc. $\sqcap \frac{1}{1} \cdot \frac{1}{1} \cdot \frac{1}{1}$ etc. quod est absurdum. Videtur enim $\frac{1}{1} \frac{1}{1} \frac{1}{1}$ etc. ipso $\frac{1}{1} \frac{1}{2} \frac{1}{3}$ etc. infinities esse majus. Dicendum ergo $\frac{1}{0}$ et $\frac{1}{0}$ non æquivalere, seu 0. non posse esse quantitatem minimam, sed esse infinitè parvam, ut una 0 sit alia major. Et hic videtur hoc modo oblatum nobis exemplum quo infinitum unum alio infinities majus est.

1. Cf. Math., I, 2.

Et videtur summa omnium fractionum summæ omnium unitatum et inter finitam quantitatem quodammodo media esse.

Phil., V, 10, f. 59 (un coupon).

21 junii 1678.

Mariottus in specimine logico negat propositiones quasdam Geometricas in Elementis extantes demonstrari per calculum, quia calculus ipse, v. g. quod — in — facit +, ex Elementis demonstrari debet. Et sanè Analytici plerique qui demonstrationes operationum dare voluêre recursum habuere ad propositiones Geometricas et inter hos Renaldinus qui refert Cavallerium quoque questum quod hæ propositiones non haberentur demonstratæ. Ego puto Cavallerium quæsivisse demonstrationem Analyticam, nam linearem dudum dederant Algebristæ, ut Bombellus aliique. Ecce ergo demonstrationem purè analyticam à me repertam, absurdum enim videbatur arithmeticæ communis regulas (quas inter illa est quod — in — facit +) non nisi per lineas demonstrari posse. Primum autem quæsivi rem in æquatione ubi ut si sit $x - b$ æqu. 0. ducenda in $x - c$. vel in $f - c$. | sumendoque pro vero quod quæritur incidi in verum. inde per regressum concinnavi demonstrationem syntheticam in casu æquationis. Unde facilius postea fuit concinnare propositionem generalem, quemadmodum scheda separata præstiti [1].

$$\begin{array}{r} x - b \\ x - c \\ \hline x^2 - bx + bc \\ cx \end{array} \text{ æqu. 0.}$$

Ergo $x^2 + bc$ æqu. $bx + cx$
Ergo $x + c$ æqu. $b + c$.   seu
x æqu. b.

$$\begin{array}{r} x - b \\ f - c \\ \hline xf - bf - cx + bc \\ xf + bc \sqcap bf + cx \end{array}$$

1. Cf. les f. 48, 49, 51, et Phil., V, 7, f. 3 recto.

PHIL., V, 10, f. 60 (un coupon).

3 januar. 1676.

LINEA INFINITA EST IMMOBILIS.

Sit linea AB < infinita a parte B > quæ motu transferenda sit in AC. Sit inter B et C ipsa DE parallela AC. Quando perveniet in AC, erit tota infra DE, et in quocunque puncto ponatur, ut in AF, erit pars ejus infinita supra DE. Unde si AC ponatur perfecte interminata, seu si nullum sit punctum ultimum, necesse est, ut tandem simul tota illa linea interminata infra DE descendat, totaque spatium interjectum simul conficiat, id est ut sit in pluribus locis. ἄτοπον. Hinc videtur probari interminatum corpus esse immobile. Etiamsi [distantiam] < angulum > FC facias infinite parvum, tamen idem semper locum habebit, proportionaliter quod in his magnis. Similis enim figura duci potest, supponendo ipsam BC infinite parvam.

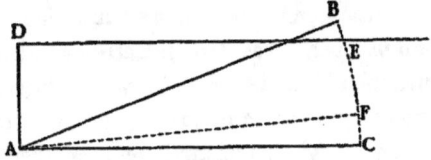

PHIL., V, 10, f. 61 (un coupon.)

Rationes et Numeri res homogeneæ sunt, addi potest ratio numero, etc., quod et ex æquationibus Algebraicis apparet. Ideo Rationes sunt genus, Numeri et Rationes < Radices > surdæ sunt species. Rationes linearum neque numeri sunt neque radices surdæ.

PHIL., V, 10, f. 63 (un coupon).

EXTENSIO INTERMINATA non debet implicare, quia videntur aliqua de ea demonstrari posse, ut duas rectas interminatas in eodem plano quæ non sint parallelæ, unum habere punctum commune. Quod de ter-

PHIL., V, 10, f. 63. minatis dici non potest. Sed hoc tamen de terminatis dici potest, produci posse dum concurrant. Videtur vero intelligi recta jam producta; imo rectæ per se interminatæ a nobis aut corporibus terminantur.

PHIL., V, 10, f. 64-65.

PHIL., V, 10, f. 64-65. Prospectus imprimé :

PROBLÈME : *Tirer d'un point donné, sur la circonférence d'une Section Conique donnée, une perpendiculaire.* par J. OZANAM.

Paris, 14 May 1678 [1].

1. Cf. PHIL., V, 10, f. 25 recto, 33 verso, 41-42.

Phil., VI, 10, a (2 f. in-8°).

Leibnitius
de connexione inter res et verba,
seu potius de linguarum origine.

Schedulæ quæ insunt non nisi particulæ operis cujusdam majoris videntur et non nisi vulgaria continent, quæ impressionem non merentur [1].

Certam quandam et determinatam inter Res et verba connexionem esse dici nequit; neque tamen res purè arbitraria est, sed causas subesse oportet, cur certæ voces certis rebus sint assignatæ [2].

Ex instituto rem fluxisse, non potest dici, nisi de Linguis quibusdam artificialibus, qualem Golius Sinensem esse suspicatus est, et qualem Dalgarnus, Wilkinsius aliique confinxêre. Primigeniam ortam protoplastis usurpatam, quidam fluxisse putant ab instituto DEI, alii ab Adamo, viro divinitus illustrato excogitatam, tunc cum nomina animalibus imposuisse traditur. Sed talem linguam vel omnino intercidisse, vel in ruderibus tantùm nonnullis superesse oportet, ubi artificium deprehendere difficile est.

Habent tamen Linguæ originem quandam naturalem, ex sonorum consensu cum affectibus, quos rerum spectacula in mente excitabant. Et hanc originem non tantùm in lingua primigenia locum habuisse putem, sed et in linguis posteriùs partim ex primigeniâ partim ex novo hominum per orbem dispersorum usu enatis. Et sanè sæpe onomatopœia manifestè imitatur naturam, ut cum *coaxationem* tribuimus ranis, cum *st*

F. 1.

1. Titre et note de la main de Raspe (*Bodemann*, p. 86).
2. Cf. Renan, *De l'origine du langage*, p. 149 : « La liaison du sens et du mot n'est jamais nécessaire, jamais arbitraire; toujours elle est motivée. »

Phil., VI, 10, a. nobis significat silentii < vel quietis > admonitionem; < et *r* cursum >, cum *hahaha* ridentis est, *væ* dolentis [1].

F. 2. Le 2ᵉ feuillet porte quelques indications d'ordre physiologique sur la manière d'émettre certains sons (voyelles et consonnes).

Phil., VI, 10, b. Phil., VI, 10, b (1 p. in-4°).

Januar. 1680.

Linguæ philosophicæ Specimen in Geometria edendum.

Ut aliquod linguæ philosophicæ specimen edam, ac ne videar incredibilia promittere, incipiam ab illis in quibus id et facilius et securius, et mirabili magis effectu præstatur; nimirum in Geometria. Revocabo omnia ad rectarum ductus, et facilitatis nunc quidem causa, non omnia resolvam; sed conabor cætera resolvere in triangula similia. Ut autem omnia procedant facilius, et quia nondum metaphysicam istam resolvere satis licuit, utar flexionibus, particulis ac constructionibus linguæ latinæ. Sed ipsa vocabula nova effingam, sumta ex natura ejus quod fit dum lineæ ducuntur. Hac ratione ubi primum Elementa explicuero, gradus ad cætera omnia non difficilis erit. Nihil autem calculi hic miscebo, imo nec de magnitudinibus, summis, differentiis, rationibus rationumque compositionibus, aut potentiis aut summis [2], cæterisque quæ communia sunt Arithmeticæ et Geometriæ, sed solis punctis, rectis, angulis, intersectionibus, contactibus, motibus sum locuturus, ostendamque quomodo expressiones calculares vel mixtæ ad lineares revocentur. Fructus autem erit maximus, quoniam hac ratione licebit Geometricas ratiocinationes maxime subtiles sine charta, sine pulvere, sine calculo, sola imaginationis et memoriæ vi peragere [3].

Aequalitatem ad congruentiam revocabimus, rationem ad similitudinem. Aequalia quorum unum in alterum transformari potest.

---

1. Cf. le *Cratyle* de Platon.
2. Les *sommes* désignent ici les *intégrales*.
3. Cf. le *Specimen ratiocinationum mathematicarum sine calculo et figuris* (Math., I, 28) et Phil., V, 7, f. 3 recto. V. *La Logique de Leibniz*, p. 404, n. 2.

Phil., VI, 11, a (3 p. in-folio.) [1]

< Puisque > le bonheur consiste dans le contentement, et que le contentement durable depend de l'asseurance que nous avons de l'avenir, fondée sur la science que nous deuvons avoir de la nature de Dieu et de l'ame; de la il s'ensuit, que la science est necessaire au vray bonheur.

Mais la science depend de la demonstration, et l'invention des demonstrations d'une *certaine Methode*, qui n'est pas connue de tout le monde. Car quoyque tout homme soit capable de juger d'une demonstration, puisqu'elle ne meriteroit pas ce nom si tous ceux qui la considerent attentivement, ne s'en trouvoient convaincus et persuadés; neantmoins tout homme n'est < pas > capable de trouver des demonstrations < de son chef > ny de les proposer nettement quand elles sont trouvées : < faute de loisir ou de methode >.

La *vraye Methode* prise dans toute son etendüe est une chose à mon avis tout à fait inconnue jusqu'icy, et n'a pas esté practiquée que dans les mathematiques. Encor est elle fort imparfaite à l'egard des mathematiques mêmes, comme j'ay eu le bonheur de faire voir à quelques uns (: qui passent aujourdhuy pour estre des premiers mathematiciens du siecle :) par des preuves surprenantes. Et j'espere d'en donner des echantillons qui ne seront peut estre pas indignes de la posterité.

Cependant si la Methode des Mathematiciens n'a pas esté suffisante pour decouvrir tout ce qu'on pouvoit souhaiter d'eux; elle a esté au moins capable de les garantir des fautes; et s'il n'ont pas dit tout ce qu'ils deuvoient, ils n'ont rien dit aussi de ce qu'ils ne deuvoient pas dire.

Si ceux qui ont cultivé les autres sciences [les] avoient imitez < les mathematiciens > au moins en ce point nous serions fort heureux : et il y a long temps que nous aurions une Metaphysique asseurée, aussi bien que la morale qui en depend; puisque la Metaphysique renferme la connoissance de Dieu et de l'ame, qui doit regler nostre vie.

Outre que nous aurions la science des mouvemens, qui est la clef de la physique et par consequent de la medecine. Il est vray que je croy que

---

[1]. Ce morceau est une préface à la *Science générale*. On peut conjecturer qu'il date de 1677, d'après un indice noté plus bas (p. 154, note 1). Cf. Phil., VI, 12, e.

Phil., VI, 11, a. nous sommes en estat maintenant d'y aspirer, et quelques unes de mes premieres pensees ont esté receües avec un tel applaudissement par des plus sçavans du temps, à cause de leur simplicité merveilleuse, que je croy qu'il ne nous reste à present que de faire certaines experiences à dessein et propos deliberé, et non pas par hazard < et en tâtonnant > comme cela se fait communement; afin d'establir la dessus le bastiment d'une physique asseurée et demonstrative.

Or la raison pour quoy l'art de demonstrer ne se trouve jusqu'icy que dans les mathematiques n'a pas esté bien penetrée de qui que soit, car si l'on avoit connu la cause du mal, il y a long temps qu'on auroit aussi trouvé le remede. Cette raison est, que les Mathematiques portent leur épreuve avec elles : Car quand on me presente un theoreme faux, je n'ay pas besoin d'en examiner ny même d'en sçavoir la demonstration, puisque j'en découvriray la fausseté à posteriori par une experience aisée, qui ne coûte rien que de l'encre et du papier, c'est à dire par le calcul; qui fera connoistre l'erreur pour petit qu'il soit. S'il estoit aussi aisé en d'autres matieres de verifier les raisonnements par les experiences, il n'y auroit pas de si differentes opinions. Mais le mal est que les experiences en physique sont difficiles et coûtent beaucoup; et en metaphysique elles sont impossibles; à moins que Dieu ne fasse un miracle pour l'amour de nous, pour nous faire connoistre les choses immaterielles éloignées.

Ce mal n'est pas sans remede, quoyque d'abord il nous semble qu'il n'y en ait point. Mais ceux qui voudront considerer ce que je m'en vay dire, changeront bien tost de sentiment. Il faut donc remarquer que les

P. 2. < preuves ou > experiences qu'on fait en mathematique | pour se garantir d'un faux raisonnement (: comme sont par exemple la preuve par l'abjection novenaire, le calcul de Ludolph de Cologne touchant la grandeur du cercle; les tables des sinus ou autres :) ne se font pas sur la chose même, mais sur les caracteres que nous avons substitués à la place de la chose. Car pour examiner un calcul des nombres par exemple si 1677[1] pris 365 fois[2] 612.105 on n'auroit jamais fait s'il falloit faire 365 monceaux et mettre en chacun 1677 petites pierres, et les conter à la fin toutes pour sçavoir si le nombre susdit s'y trouve. C'est pourquoy

---

[1]. Ce nombre doit être la date de ce fragment.
[2]. Ici un mot oublié (*fait*). On voit en marge la multiplication, barrée.

on se contente de le faire avec les characteres sur le papier par le moyen de la preuve novenaire, ou de quelque autre. De même quand on propose une quadrature de Cercle pretendue exacte, nous n'avons pas besoin de faire un [grand] cercle materiel pour lier un fil à l'entour, et pour voir si la longueur de ce fil ou la circomference a au diametre la proportion qu'on nous a proposée : cela seroit peinible, car quand l'erreur est une millieme ou moindre < partie du diametre >, il faudroit un grand cercle travaillé avec beaucoup d'exactitude. Cependant nous ne laissons pas de refuter cette fausse Quadrature, par l'experience, et par l'evenement du calcul ou de la preuve en nombres. Mais cette preuve ne se fait que sur le papier, et par consequent sur les caracteres qui representent la chose, et non pas sur la chose même.

Cette consideration est fondamentale en cette matiere et quoyque beaucoup de tres habiles gens, surtout de nostre siecle, ayent pretendu de nous donner des demonstrations en matiere de physique, de metaphysique, de morale, et même en politique < en jurisprudence > et en medecine : neantmoins ou ils se sont trompés, à cause que tous les pas sont glissans, et qu'il est difficile de ne pas tomber, lorsqu'on n'est pas guidé par quelques [experiences ou preuves] < directions > sensibles; ou quand même ils ont rencontré, ils n'ont pas pû faire recevoir leur raisonnement de tout le monde; par ce qu'il n'y a pas encor eu moyen d'examiner les raisonnements [en metaphysique] par quelques preuves aisées dont tout le monde fut capable.

De la il est manifeste, que si l'on pouvoit trouver des caracteres ou signes propres à exprimer toutes nos pensées, aussi nettement et exactement que l'arithmetique exprime les nombres, ou que [l'algebre] l'analyse geometrique exprime les lignes, on pourroit faire en toutes les matieres *autant qu'elles sont sujettes au raisonnement* tout ce qu'on peut faire en Arithmetique et en Geometrie.

Car toutes les recherches qui dependent du raisonnement se feroient par la transposition de ces caracteres, et par une espece de calcul; ce qui rendroit l'invention des belles choses tout a fait aisée. Car il ne faudroit pas se rompre la teste autant qu'on est obligé de faire aujourd'huy, et neantmoins on seroit asseuré de pouvoir faire tout ce qui seroit faisable, < ex datis. >

De plus on feroit convenir tout le monde de ce qu'on auroit trouvé

PHIL., VI, 11, 2. ou conclu. puisqu'il seroit aisé de verifier le calcul soit en le refaisant, soit en essayant quelques preuves semblables à celle de l'abjection novenaire en arithmetique. Et si quelqu'un doutoit de ce que j'aurois avancé, je luy dirois : contons, Monsieur, et ainsi prenant la plume et de l'encre, nous sortirions bientost d'affaire [1].

J'adjoute tousjours : *autant qu'on peut faire par le raisonnement, ex datis*. Car quoyqu'il faille tousjours certaines experiences pour servir de base au raisonnement; neantmoins ces experiences estant une fois données, on en tireroit tout ce que tout autre en pourroit jamais tirer; et on découvriroit même celles qui restent encor à faire, pour l'eclaircissement de tous les doutes qui restent. Cela seroit d'un secours admirable même en politique et en medecine, pour raisonner sur les symptomes et circomstances données d'une maniere constante et parfaite. Car lors même qu'il n'y aura pas assez de circomstances données pour former un jugement infaillible, on pourra tousjours determiner ce qui est le plus probable ex datis. Et voila tout ce que la raison peut faire [2].

P. 3. | Or les caracteres qui expriment toutes nos pensées, composeront une langue nouvelle, qui pourra estre écrite, et prononcée : cette langue sera très difficile à faire, mais très aisée à apprendre. Elle sera bien tost receüe par tout le monde à cause de son grand usage, et de sa facilité [merveilleuse] < surprenante > < et elle servira merveilleusement à la communication de plusieurs peuples ce qui aidera à la faire recevoir >. Ceux qui écriront en cette langue ne se tromperont pas pourveu qu'ils evitent les < erreurs de calcul et > barbarismes, solecismes et autres fautes, de grammaire et de construction; De plus cette langue aura une proprieté merveilleuse, qui est de fermer la bouche aux ignorans. Car on ne pourra pas parler ny ecrire en cette langue que de ce qu'on entend : ou si on ose le faire, il arrivera de deux choses une, ou que la vanité de ce qu'on avance soit manifeste < à tout le monde >, ou qu'on apprenne en écrivant ou en parlant. Comme en effect ceux qui calculent apprennent en écrivant, et ceux qui parlent ont quelques fois des rencontres auxquelles ils ne pensoient pas, lingua præcurrente mentem. Ce qui arrivera sur tout en cette langue, à cause de son exactitude. D'autant qu'il

---

1. Cf. *Phil.*, VII, 26, 64-65, 125, 200; *Lettre à Placcius*, 1678 (Dutens, VI, 1, 22); et PHIL., V, 6, f. 19 (ap. *Bodemann*, p. 82).
2. Cf. *Lettre à Galloys*, 1677 (*Phil.*, VII, 21; *Math.*, I, 181).

n'y aura point d'equivocations ny amphibolies; et que tout ce qu'on y dira intelligiblement, sera dit à propos. [Cette langue sera le plus grand organe de la raison [1].]

J'ose dire que cecy est le dernier effort de l'esprit humain, et quand le projet sera executé, il ne tiendra qu'aux hommes d'estre heureux puisqu'ils auront un instrument qui ne servira pas moins à exalter la raison, que le Telescope ne sert à perfectionner la veue [2].

C'est une de mes ambitions de venir à bout de ce projet si Dieu me donne la vie. Je ne le dois qu'à moy, et j'en ay eu la premiere pensée à l'aage de 18 ans comme j'ai témoigné [alors] < un peu apres > dans un discours imprimé [3]. Et comme je suis asseuré qu'il n'y a point d'invention qui approche de celle cy, je croy qu'il n'y a rien de si capable d'eterniser le nom de l'inventeur. Mais j'ay des raisons bien plus fortes d'y penser, car la religion que je suis exactement, m'asseure que l'amour de Dieu consiste dans un desir ardent de procurer le bien general, et la raison m'apprend qu'il n'y a rien qui contribue d'avantage au bien general de tous les hommes que ce qui la perfectionne.

PHIL., VI, 11, a (un coupon).

novembr. 82.

Regula inveniendi mea est ut aliquid præstiturus, examinem objectiones eorum, qui id probare conantur fieri non posse; solutiones enim mihi modum aliquem præstandi quæsitum præbent, aut certè aditum ad ipsum. Ita Mariottus probare conatur [radios] colores permanentes diversæ esse ab Emphaticis originis et naturæ idque eo argumento, quia nulla in permanentibus notatur evagatio extra leges refractionis. Ego igitur explicaturus originem permanen- | tium, hanc objectionem solvere sum conatus, et notavi evagationem illam non posse deprehendi nisi in radio solido < colorato > magno seu notabili, non verò in exiguis, quales sunt illi qui formant colores permanentes. Radium autem solidum voco, qui

---

1. Cf. *Lettre à Oldenburg* (*Phil.*, VII, 11; *Briefwechsel*, I, 100); *Lettre à Galloys*, décembre 1678 (*Phil.*, VII, 23; *Math.*, I, 187) et *Phil.*, VII, 201, 205.
2. Cf. *Phil.*, VII, 14, 17, 20, 27, 32, 174, 187, 202, 205, et *Lettre à Bourguet*, 1709 (*Phil.*, III, 545).
3. Allusion au *De Arte combinatoria* (1666).

Phil., VI, 11, a. umbra terminatur, ut qui per foramen admittitur, quales sunt plerique radii coloratorum permanentium, quia veniunt à corpusculis pellucidis constitutis inter opaca.

Un autre coupon :

Principium inveniendi. Si quid duobus modis inveniri possit uno per *a b. c. d.* altero per *a. b. c. d. e*, poterit reperiri per *e* < simul > et tria reliqua ex his *a b c d* uno < aliquo > omisso. Non est tamen regula generalis. Si quid inveniri possit per *a. b* et per *d. e*. dabitur relatio inter *a. b.* et *d. e.* unde ex duplici methodo idem inveniendi novum aliquid detegi solet.

Phil., VI, 11, b.   Phil., VI, 11, b (3 p. in-folio).

(Methodus docendi).

SI mihi propositum esset [Chinensem] < Americanum > aliquem in has oras tempestate delatum, < vel etiam puerum vix infantia egressum >, non vago loquendi usu, sed certa methodo docere linguam nostram et cum lingua scientias; ostendendæ ipsi essent < crebrò > res [variæ] < plurimæ >, rerumque status et mutationes, adjecta cujusque appellatione. Sed in nominandis rebus servari posset ordo duplex, unus aptus ad usum, ut quamprimum disceret cum nostris hominibus conversari, alter aptus ad accuratam rerum cognitionem cum verbis comparandam. Et quidem præstaret ambos conjungere inter se, quàm alterutri soli insistere, ne aut vulgaribus tantùm notionibus imbutus de integro postea scientiis animum applicare cogatur, duplicato tempore ac labore, ne dicam animo per confusas conceptiones præoccupato; aut à principiis veris quidem sed remotis rerum in medio positarum incipiens, toto institutionis suæ tempore prorsus omni studiorum fructu careat, similis magnificum struenti palatium, qui medio tempore sub dio agere, quàm ædes mediocres ingredi mallet.

(una popularis.)   Et Methodus quidem popularior hæc foret, ostenderem, < aut ostendi curarem, > homini quæ ad pietatem et mores, ad victum et amictum, ad defensionem sui, ad obtinenda alimenta, ad colendas amicitias, ad commercium cum quibuslibet hominibus, denique ad vitæ commoditates pertinerent. Efficeremque ut experimenta statim caperet eorum quæ

promtè et commodè experiri licet, cætera describerem illi per ea quæ PHIL., VI, 11, b.
expertus esset, et complura monita < utilia > darem, hominum longa
observatione constituta, hæc enim sunt de quibus locum habet illud Aristotelis pervulgatum, oportet discentem credere. Denique in his omnibus
magis sensuum, observationum, ac traditionum, quàm scientiæ et causarum rationem haberem. Et huic methodo majorem temporis partem
impenderem, et horas maximè postmeridianas, sumta non tam magistri
quam familiaris persona. Methodo autem sublimiori non nisi paucos
septimanæ dies, nec nisi paucas illorum dierum horas darem. Nam quæ
observatione ac traditione discenda sunt, multo tempore ac labore indigent; at nihil est brevius faciliusque scientiis ipsis, si rectè tradantur. P. 2.

| At Methodus scientifica, < maximè perfecta > [cujus gratia ista (altera scientifica
nunc scribo], incipiet non à posterioribus natura atque compositis et spe- <perfectior>.)
cialibus, quæ in sensus incurrunt, sed à < notionibus et veritatibus >
maximè simplicibus ac generalibus, < quæ primum intellectui obver-
santur, > unde paulatim ad notiones speciales et compositas descendit.
Legesque syntheseos sive combinatoriæ artis sequitur, quæ ostendit
quomodo variæ species ex summis generibus inter se compositis ordine
exurgant et definitiones inter se et cum axiomatibus observationibus et
hypothesibus jungendo theoremata oriantur. Hac Methodo Synthetica
(si semel haberetur) nihil foret clarius et faciliùs. Sed antequam constituantur ejus Elementa, hoc est summa genera seu primæ notiones, et
< simplicissima > axiomata aliæque primæ veritates, opus est analysi
difficili ac diuturna, quam Magister ipse secum instituere cogetur, ut pulcherrima illa synthesi apud alios uti possit, quibus < sane > multorum
annorum labore collectos fructus paucis horis tradere potest. Valde
autem errant qui putant Analysin Synthesi præstare, cùm analysis ad
synthesin perfectam inveniendam sit comparata [1].

Ex his etiam patet Methodum præcedentem ad usum vitæ directam à (comparatio
fine incipere, qui est felicitas, et media quærere bene vivendi, quæ ple- utriusque.)
raque non tam per rationes quàm experientias sunt inventa, at Methodus
perfectior ipsam rerum naturam, potiùs quam usum hominum respicit,
et res eo ordine percurrit, quo etiam angelus uteretur, (quatenus scilicet
nobis angelum imitari licet) si angelus scientias nostras perlustrare

---

1. Cf. MATH. I, 26, c, d; 27, b. Voir *La Logique de Leibniz*, p. 286 sqq.

Phil., VI, 11, b.　vellet¹. Interim hac ipsa Methodo quæ nullam utilitatis, sed tantùm veritatis rationem habet, nihil futurum esset utilius, si modo haberetur : nihil enim ad sapientiam et fœlicitatem efficacius est quàm causas rerum nosse, < ita enim > sciemus quid nobis expetendum sit, et quibus modis expetita effici possint.

P. 3.
(de scribendis humanæ vitæ Agendis pro methodo populari.)

| Optarim autem utriusque Methodi scriptores extare < et primum quidem > esse qui populariter sed vere tamen et diligenter tradant Agenda vitæ < (quo titulo memini prodire non ita pridem libellum Gallicum inscriptum : Agenda des honnestes gens) >, seu ut Georgius Valla < in scriptione operis sui > vocabat, expetenda et fugienda; eaque adaptata tum hominibus in universum, tum deinde variis vitæ generibus vel ut vulgò vocant professionibus. Unius autem ea res non foret, sed opus esset multorum conspiratione, et præterea ingenti numero figurarum, quale quid alibi sub Atlantis Universalis nomine concepi atque descripsi², quanquam pro scopo nostro Manuale tantùm aliquod, tanquam compendium magni operis, sufficere putem.

(de analysi notionum pro Methodi perfectione, et quàm utile sit fingere docendum nobis hominem linguæ nostræ ignarum.)

Sed ut scientiæ perfectè tradantur opus foret accuratis terminorum omnium qua licet definitionibus ac significationibus vocabulorum bene constitutis < tanquam si de integro linguam aliquam condere vellemus >, quod ut fiat rectiùs, fingamus quod initio dixi hominem alloglosson, Americanum puta aliquem ingenio et discendi cupiditate non carentem, sed nostri sermonis prorsus ignarum nobis dari docendum, cogitemusque quanam ratione illi significationes vocabulorum tradere quàm accuratissimè possimus; eadem enim opera animadvertemus < tum > quæ sit vocabulorum significatio, < tum > quomodo notiones aliæ ex aliis oriantur, quod est omnis scientiæ caput. Itaque consideremus quomodo effecturi simus ut ille homo intelligat, quid sit Ens, aliquid, Nihil, Substantia, Qualitas, Totum, Pars, Actio, Passio, aliaque hujusmodi generaliora; quæ consideratio nos faciet evitare inanes circulos, quos plerumque in his rebus decurrimus, figeturque animus et ad certas quasdam constantesque notiones constituendas cogetur. Quod quanti momenti sit, pauci capiunt, quia pauci considerant, quanti sit prima in omnibus elementa constituisse.

---

1. Cf. p. 94, note 2.
2. V. Phil., VII, A, 30 : *Atlas universalis.*

Phil., VI, 12, b, 4-5 (4 p. in-fol.).

De Arte inveniendi in genere.

OBSERVANDUM ut in quærendo nunquam laboremus frustra, quod fiet si id agamus ut etiamsi id quod quærimus non invenimus, semper inveniamus aliquid. item ut inter quærendum sciamus, nos semper propius accessisse ad id de quo agitur, et quod si ergo sciamus artem semper progrediendi necessariò ad id de quo agitur perveniemus. Hinc agemus, ut is qui quæret aciculam, nam non huc illuc (nisi forte initio) oculos conjiciet, sed ordine omnia loca sic percurret, ut certus sit se amplius ad ea loca in quibus jam fuit reverti non debere. De difficultate in partes dividenda, ubi anatomica opus est non dilaceratione, et proinde nihil agitur nisi ostendentur juncturæ rerum. Magnæ imprimis artis est difficultatem ita dividere in partes ut una difficultas ab alia sit independens, alioqui apparenter tantùm difficultatem divisimus. < Et videndum est ut pars sit facilior toto [1]. >

{ in quærendo sæpe observanda justitia, ne sine ratione unum alteri præferamus seu ut nihil faciamus sine ratione. Hac Methodo perfectè observata semper veniemus ad optimas vias. Sed difficile est eam semper observare : quando necessariò cogimur eligere, nous ferons que chacun aye son tour. }

{ de usu characterum ad abscindendas inutiles considerationes figendamque Mentem et proinde celeriter procedendum. Perfectiores sunt Methodi quæ fieri possunt proprio Marte sine libris. item }

Methodus inveniendi perfecta, si prævidere possimus, imò demonstrare antequam rem aggrediamur, nos ea via ad exitum perventuros; perfecta magis illa quæ nullis utitur theorematis apud alios demonstratis, vel problematis ab aliis solutis. Conscientia sua cuique dictabit, an ejus Methodus fuerit libera à casu, seu an ad eam fuisset perventurus si non aliquid aliud prænovisset. Cùm utilia quæramus, merito omnibus utimur. Cum exercendi ingenii causa quærimus, quoad licet tentare debemus vias perfectas.

{ Nolo hic agere de inventione extemporanea quia non utilitatibus

---

1. Allusion à la règle cartésienne de l'analyse.

PHIL., VI, 12, b, 4. privatis sed publicis scribo, item nondum possum satis agere de optimis viis. }

Quærimus vel integræ scientiæ ejusque partis constitutionem, vel quærimus aliquid particulare. Et rursus vel quærimus demonstrationem, vel quærimus enuntiationem. Et rursus vel quærimus enuntiationem qua aliquid quæsitum determinatum præstatur, vel quærimus in genere Enuntiationem aliquam elegantem. Prius est quærere problema, posterius quærere Theorema.

{ Reductio generis ad species, et quasdam, sed maxime utilis reductio generis ad unicam speciem infimam. }

Methodus [inveniendi] quærendi duplex est vel Synthetica < seu Combinatoria > vel Analytica[1]. Ex quibus Analytica est difficilior, Synthetica longior. Analytica interdum per naturam rerum exitum reperire non potest, synthetica semper. Exemplum ubi Analytica < sola > exitum reperire non potest in arte deciphrandi aliisque casibus ubi condendæ sunt Tabulæ et percurrendæ cum scire volumus an datus numerus sit primus; et examinamus divisores possibiles ordine.

{ Duplex modus considerandi, vel ut ab uno genere incipiamus, cætera nobis suppeditent differentias, vel ut omnia æquè et genera et differentias consideremus, et ex iis combinatione faciamus ordine intermedia pariter et ultima omnia. }

De miro quodam invento syntheseos analyticæ, quando ea omnia quæ alioqui singula essent percurrenda possumus conjungere in formulam generalem, quæ cum videatur esse species, revera est genus, seu genus aliquod redigere ad formam speciei. < quod fit ope speciei plenissimæ < seu maxime compositæ > cum cæteræ omnes sunt hujus Ellipses. >

De Tabulis seu inventariis, artis [Analyticæ] < Combinatoriæ > subsidio.

De divisionibus et subdivisionibus, necessariis ad inveniendas Tabulas seu omnium specierum enumerationem.

{ De diversis modis dividendi et subdividendi ut habeantur diversis modis genera subalterna[2]. }

De pluribus condendis Tabulis ut eadem multis diversis modis appareat.

1. Cf. les fragments : MATH., I, 26, c, d; 27, a, et le fragment suivant.
2. Cf. PHIL., VII, C, 64.

{ De Ramistarum Tabulis et de aliorum doctorum et Zwingeri. Inves- Phil., VI, 12, b, 4. tiganda Tabularum antiquitas. }

Exhibitiones sunt vel [series] < columnæ >, vel figuræ, vel Tabulæ.

De Columnis seu seriebus simpliciter exhibitis.

De inventariis seu variis earundem rerum coordinationibus seu indicibus.

{ De perfecta inventione omnium specierum etiam subalternarum, quod fieri non potest per dichotomias nisi pluribus modis institutas, sed tantùm per combinationem à priori [1]. }

| De figuris item Modulis, ita is qui volet exstruere fortificationem 4 verso. utiliter conficiet Modulum omnes loci elevationes et incommoda repræsentantem, idem hoc modo facilè poterit variis modis eum redigere in perspectivam. Huc de condendo Atlante Universali [2] seu opere figuris constante, item de Theatro Naturæ et Artis seu de Modulis rerum ipsarum conservatoriis < vivis mortuisve. Mortuis ubi exuviæ, avulsa, vivis, ubi res agere et crescere possunt, secundum suam naturam. >

De Repertoriis seu Indicibus qui vel exhibent propositiones, vel saltem quæstiones aut capita tractationis terminorum vel solum Terminos ipsos. De his qui Bibliothecas edidêre, seu catalogos librorum ac de non inutili consilio eos colligendi.

De Photiano opere.

De regula artis [syntheticæ] < combinatoriæ >, ut incipiamus a simplicioribus et generalioribus. Ut procedamus semper per facilia, nec unquam progrediamur per saltum, imò ut revera nunquam quæramus aliquid, sed potius patiamur nos à rei natura duci. Vel si quærimus aliquid, ut sciamus id esse præ foribus.

De progressione serierum, quandocunque progressionem invenimus ope Tabulæ à posteriori, utile quidem aliquid et præclarum egimus, non tamen processimus perfectè, poteramus enim eandem progressionis legem reperire à priori, quando eam demonstrare possumus, independenter à Tabula. { Rarò inventio libera est ab omni casu. }

Invenire progressionis Legem utile est etiam pro consideratione omnium specierum, simul enim omnes connexuimus.

1. Cf. Phil., VII, C, 64.
2. V. Phil., VII, A, 30 : *Atlas universalis*.

PHIL., VI, 12, b, 4.   Quærenda est talis connexio specierum ut simpliciores serviant ad compositiores, et quærendum quomodo omnes illæ ex his oriantur.

Quærenda talis origo specierum ex se invicem, ut demonstrari possit ope hujus originis omnes species ordine haberi. Ita qui Methodum per focos omnes curvas repræsentandi habet pro bona demonstrare debet omnes curvas hinc prodire, id est data curva semper posse reperiri numerum focorum. { Producenda demonstratio, quod omnis curva Algebraica habeat certum Numerum focorum. Et si quis eam nondum habeat, sed postea quærat, non perfecta via in hoc incidet, quia debet inventio accurata secum ferre suam demonstrationem. }

Methodus enumerandi non est perfecta, in qua non prodit determinata aliqua ratio, ex. g. commentio Curvarum Transcendentium per curvas vel Evolventes unam vel plures, nam quælibet curva transcendens per unam, quælibet per plures. Sed illud esset investigandum, si curva transcendens non potest exhiberi evolutione unius algebraicæ, an possit exhiberi ope duarum algebraicarum, an ope trium, etc. Et tunc vera haberetur Methodus. Seu demonstrandum esset prodire omnes curvas Transcendentes, si pro focis adhiberentur ordine curvæ algebraicæ, vel saltem eæ curvæ transcendentes, quæ jam per algebraicas evolutas sunt descriptæ. Enumeratio autem sic esset instituenda, ut primò exhiberentur omnes Transcendentes factæ evolutione unius Algebraicæ; deinde combinandæ essent Algebraicæ omnes inter se ad producendas alias Transcendentes per solam Algebraicarum binionem < ubi computo et cum pro una Algebraica sumantur puncta >; ubi notandum foret an et quæ iterum prodirent transcendentes antea positæ quæ sola unius evolutione natæ erant; deinde procedendum esset eodem modo ad Algebraicarum ternionem, et ita porro. Denique eodem modo tractandæ essent Transcendentes ad producendas Transcendentes altiores.

5 recto. | De usu Artis combinatoriæ præstantissimo qui est scribere Encyclopædiam.

Qui Multa valde à se invicem diversa et valde difficilia quærit, is facilius ea inveniet, cum aggredietur integram Encyclopædiam, vel saltem integram scientiam, in qua ipsa continentur, quàm si quærat ea singulatim.

{ Hinc si possemus investigare [veram] < aliquam > originem globi terreni, seu modum quo potuisset revera intelligi generatus, facilius possemus reperire naturum plantarum et animalium quàm alio modo. }

Si quæramus aliquid in quo inter se conjunguntur quædam conabimur fingere quendam modum originis, ambobus communem, ita quæremus aliquod solidum cujus sectiones sint hæc ambo, vel unum quendam Motum ubi ambo simul prodeant, vel unum ad alterius descriptionem serviat.

De scribenda Encyclopædia inventoria, cujus ope appareat origo inventionis < potissimarum quas habemus veritatum >, eaque tam synthetica quàm analytica [1].

De prædicamentis Artis Combinatoriæ Universalis, seu de dictionario formato ex Alphabeto cogitationum humanarum.

Cum infinitæ sint propositiones possibiles, annotanda maximè sunt Theoremata pulchriora, seu ab ex [2] valde multis et valde dissitis aliquid prodit valde breve. Item series integræ theorematum infinitæ. Item annotanda sunt problemata. Et ex cæteris excerpenda utiliora ad progrediendum in cogitando. Ex casibus variis excerpendi illi qui continent aliquid unicum seu præ cæteris determinatum, ut cum agitur de Maximis et Minimis.

Methodus Analytica raro pura est, sed plerumque habet synthesin mistam, ut si machinam parem, et quia memini usum rotæ coronariæ et Tympani aliunde notum hæc inter se conjungam, erit synthesis; sed si meditandi necessitas me cogat uti rotis quibusdam in medio non sustentatis nec axem habentibus, cum scilicet in medio motus aliquis liber postulatur, ut in instrumento illo Textorio quod Spigilicum vocant, tunc cogor uti rota suspensa inter duas alias, solisque dentibus sustentata, et hic inveniendi modus est purè analyticus.

Analytica Methodus in eo consistit ut nihil aliunde assumamus, nec etiam aliquid assumamus quod ad solutionem ejus de quo quæritur non sit necessarium, id enim non potest præstare Methodus Synthetica in specialibus, semper enim [vel casu utimur, vel] pluribus quàm opus est utimur, nisi forte casu contingat, ut in ea quibus solis indigemus, incidamus. In Analytica Methodo id quod quæritur consideremus ante omnia an ex his conditionibus ex quibus quæritur sit ita determinatum, ut sit unicum; an verò infinitas vel infinities infinitas habeat solutiones, an verò

---

1. V. Phil., V, 7 : *Consilium de Encyclopædia nova conscribenda methodo inventoria*, juin 1679 (p. 30).
2. *Sic*.

sit determinatum ad certos casus. Quæriturque vel determinatio omnium vel quorundam tantùm. Si quæritur aliquod tantùm, excogitemus scilicet determinationes cum prioribus determinationibus compatibiles, quod sæpe magnæ est artis. Quanto autem rem magis determinatam reddiderimus, eo facilius solvemus, non semper possibile est determinationes reperire perfectas. quod etsi nondum demonstraverim à priori, video tamen à posteriori, nam alioqui omnes irrationales forent rationales. Quando vel non possumus reperire specialiores determinationes, tunc videamus an liceat forte generalius aliquod problema concipere, quod istud comprehendat, et quod sit solutu facilius isto. Ita tangentem $<$ ex dato puncto $>$ quærens, cogitet id nihil aliud esse, quàm quærere rectam quæ ex dato puncto educta secat in duobus punctis curvam, ita ut intervallum sectionum sit datum; quod si hanc propositionem | solverit, uti semper facile calculo solvi potest, inveniet casum Tangentium esse solummodo specialem, cum scilicet data recta est minima seu punctum [1].

Quando per methodum Epagogicam reducimus problema unum ad aliud, vel reducimus ad [2] problema simplicissimum, hoc est ad postulatum, vel ad problema quod rursus reduci potest. Indicio opus est, unde colligi possit problema ad quod rem reduximus esse priore facilius.

Si duorum problematum ex se invicem pendentium unum tale sit, ut ex eo appareat possibilitas aut impossibilitas, ex altero verò non appareat, tunc illud est simplicius.

Contra tamen : si problema habeat data abundantia, facilius est solutu et nihilominus dubitari potest an sit possibile, seu an data superflua sibi non contradicant.

Si duorum problematum alterum habeat ingredientia eodem modo sese habentia, alterum diversa, quæritur utrum sit facilius. Sanè in homœoptotis difficile est eligere, attamen est in illis quasi abundantia quædam, cum idem diversis viis quæri possit. In allœoptotis ipsa natura videtur exhibere quod eligamus.

Omne problema paucorum casuum, aut in quibus plures casus sunt inter se coincidentes, est facilius.

---

1. Cf. *De la Méthode de l'Universalité*, § 21 (p. 105).
2. La suite est d'une autre encre et d'une écriture plus fine.

PHIL., VI, 12, c, 6 (2 p. in-folio) [1].

Dans le coin gauche en haut, une date effacée : 1669 (?)

Duas partes invenio Artis inveniendi, Combinatoriam et Analyticam [2]; Combinatoria consistit in arte inveniendi quæstiones; Analytica in arte inveniendi quæstionum solutiones. Sæpe tamen fit ut quæstionum quarundam solutiones, plus habeant Combinatoriæ quàm analyticæ, ut cum [3] modus quæritur efficiendi aliquid in re naturali aut civili, tunc enim media quærenda sunt extra rem. In summa tamen quæstiones invenire combinatoriæ potius, solvere Analyticæ est. Duo autem sunt genera quæstionum, aut cum quæritur modus aliquid < indagandi aut > efficiendi futurus sive præteritus, aut quæritur veritas et examen eorum quæ sunt ab aliis indagata aut effecta. Et inter hæc duo tantùm est discriminis quantùm inter artem bene scribendi vel loquendi, et inter artem bene de scriptis judicandi. Examen autem eorum quæ indagata sunt; purè analyticum est; sed ars ipsa indagandi aut efficiendi magis combinatoria.

Hæc tamen rursus distingui possunt curatius. Nimirum accuratè loquendo Analytica est inquisitio cum rem ipsam quanta possumus exactitudine in partes secamus; observatis morosè situ, nexu, forma partium, et partium in partibus. Synthetica sivè combinatoria est, cum alia extra rem ad rem explicandam assumimus. Ita anatome animalium analytica; at animalia in Machina pneumatica suffocare, et postea dissecare; combinatorium. Distillatione examinare liquores, analyticum; injectis aliis liquoribus aut pulveribus fermentationem < aliam > excitantibus combinatorium. Dices etiam ignem in distillando, cultrum in dissecando extrinsecus adhibita. Ita est : fateor, et < qui > primus artem docuit secandi cultro, aut igne liquores in vaporem evehendi, haud dubiè combinatoriæ opus peregit; sed nunc vulgato horum instrumentorum usu, perinde habendum est, ac si ignis liquori, culter cadaveri perpetuo annectus appictusve esset, cum idea unius ideam alterius semper offerat ex quo eas duas res ex humano arbitrio tam

---

1. Ce brouillon contient, outre un plan de l'Art d'inventer (divisé en Analytique et en Combinatoire), un projet d'Encyclopédie théorique et pratique, fondée sur la langue ou le « caractère » philosophique.
2. Cf. MATH., I, 26, c, d; 27 b.
3. Mot répété par erreur dans le ms.

sæpe conjunctas nostris temporibus experimur. Unde tractu temporis quædam operationes quæ erant antea combinatoriæ, fient analyticæ; pervulgato apud omnes eo combinandi more, et tardissimo cuivis occurrente. Quare proficiente paulatim in melius genere humano, effici poterit, < fortasse post multa secula >, ut nemo amplius à judicii exactitudine laudetur; arte analytica quæ nunc vix in mathematicis satis rectè et generaliter adhibetur, universali reddita, in omni materiarum genere, introducto charactere philosophico, qualem molior; quo semel recepto rectè ratiocinari, dato < meditandi > spatio, non erit magis laudabile, quam magnos numeros sine lapsu calculare. Præterea si catalogus historiarum, sive < relationum >, observationum, experimentorum fidelis eodem charactere scriptus accedat; et < majoris momenti > theoremata (: velut compendia calculi[1]), ex charactere vel solo vel cum observationibus ducta, adjiciantur; fiet, ut artis quoque combinatoriæ laus peritura sit. Neque tunc illi æstimabuntur, quibus sumpto meditandi spatio aliquid invenire aut discutere datum est; cum id in medio positum sit futurum; sed illi quibus extemporanea analytica aut combinatoria est. Illi verò qui tardiores sunt, tum demum æstimabuntur; si tanta in illis sit velut inquirendi pertinacia, et penetrandi improbus labor, ut vix alii eum meditandi laborem tolerare velint aut possint. Unde si eos qui nunc in pretio sunt reviviscere fingeremus, post Lethæos haustus; non ideò minus tunc quoque magnos viros fore putandum est; nam spretis illis quæ nunc ab ipsis inveniuntur, longiùs quam alii tunc quoque non minus quàm hodie penetrarent; nec dubitarem Archimedem si nunc in vivis esset, admiranda daturum; cùm Quadratura parabolæ dimensionesque coni, et superficierum sphæricarum aut conicarum eo tempore non minus difficiles fuerint, quàm nunc abstrusissimæ analyticæ sunt indivisibilium indagationes. Neque ergo ideò pauciores erunt magni viri imposterum, quod tam multa jam ab aliis occupata sunt. Contra enim aliorum inventis via illis ad longè majora sternetur; et ipsa in scientiis aut scientiarum partibus jam pene tritis, novorum sterilitas, ad difficiliora coget; magno generis humani bono, cum infinita semper restent, nec nisi ægrè ad vestibula usque per media senticeta perrepserimus. Portas autem tum demum apertas fore putandum est, cùm ipsa

---

1. Cf. Phil., VII, B, II, 53.

ars inveniendi in clara luce posita erit; id est cum Character aliquis philosophicus recipietur [1]. Cui si adjiciantur theorema [2] memorabilia, idem erit ac si dictionario cuidam insigni phrases quædam selectiores subjicerentur; et quemadmodum post dictionaria [narratiunculæ quædam sive historiæ utiliter componuntur; ita præter Characterem philosophicum opus erit Historia quoque temporum locorumque, indicibus variis inprimis, et], < Apparatus quidam proponuntur juventuti >, in quibus fabulas, historias, nomina propria, et quædam scientiarum rudimenta discant : ita opus erit accurato labore, multisque conspirantibus Historiam generalem qualem imprimis Baconus optavit; quæ dum fit, aut etiam ubi facta erit,. . .[3] compendium condi historiarum selectiorum [4]. Ultimum omnium opus erit, de Felicitate, | sive de scientia vitæ, in quo ostendatur, usus reliquorum omnium, et problemata quæ eorum ope construi poterunt, non subjectorum sed effectuum ordine disponentur. Sed quoniam felicitas quædam jam tum in nostra potestate est; ideò liber hic ultimus; ad usum erit omnium primus. titulo : *Scientiæ Architectonicæ, de Sapientia et felicitate*. in quo ostendetur, posse nos esse semper beatos; et tamen alios atque alios beatiores; et augendæ beatitatis media quædam, in quo artium omnium usus consistit. Itaque hæc erit vera doctrina *de Methodo*, non tam quærendi veritatem, quam vivendi; cum sæpe enim illud de hominibus dici possit, quod Lucanus [5] de populis quos aspicit arctos, quos ait, *felices errore suo*. Et Cicero de eodem quo Lucanus argumento, immortalitate animæ, nolle se sibi hunc errorem eripi. Itaque si quis demonstrationes sane certissimas non perspiceret, rectissimè faceret, si contra dubitationes obfirmet animum, et ubi primum ingruunt, aliò convertat cogitationes; ita enim utique consulet tranquillitati suæ. Liber autem de sapientia et felicitate, sive de Methodo vitæ, primus omnium dandus est, ordinario sermone. in quo ipse characteris philosophici usus ostendentur [6]; et cæterorum quoque operum, de quibus dixi. Subjicientur omnium illorum specimina; communi pariter

---

1. Cette métaphore rappelle la fameuse comparaison : Le Cartésianisme est l'antichambre de la véritable philosophie *(Dutens,* II, 1, 263; *Erdmann,* p. 123; cf. *Phil.,* IV, 258, 282, 337; VII, 488).
2. *Sic,* pour *theoremata.*
3. Ici une lacune aisée à suppléer.
4. Cf. le *Consilium de Encyclopædia nova* (notamment p. 40).
5. *Pharsalia,* I, 458-459.
6. *Sic.*

sermone atque [ordinario] < philosophico > expressa, sed non nisi [ordinario] < philosophico > demonstrata. Quibus speciminibus datis, erit generis humani collata opera reliqua absolvere. Nec jam aliud philosopho quærendum erit, quam ut rationem reperiat, persuadendi rectoribus populorum, et alioqui viris insignibus ut de executione cœptorum serio cogitetur. Porro quæ hic de Combinatoriæ et Analyseos differentia dixi, inservient ad discernenda hominum ingenia; nam alii magis combinatorii, alii magis Analytici sunt[1]. Ita etsi Galilæus et Cartesius in utraque arte excelluerint, plus tamen in Galilæo Combinatoriæ, in Cartesio Analyticæ. Geometræ et Jurisconsulti Analytici magis, medici vero et politici Combinatorii sunt. Plus est securitatis in Analytica, plus difficultatis in Combinatoria.

Mariottus dicit ingenia hominum instar sacci esse, quem inter meditandum tamdiu agites, donec aliquid excitat. Unde quoddam esse fortunæ in cogitationibus non debet dubitari. Ego addiderim, ingenia hominum potius habere rationem cribri, quod inter meditandum agitatur, donec subtilissima quæque transeant. Interea dum transeunt speculatrix ratio arripit quicquid è re videtur. Prorsus quemadmodum si quis furti deprehendendi causa totam civitatem per portam quandam transire jubeat, eo qui furtum passus est in excubiis collocato. Sed compendii causa adhibetur Methodus exclusiva qualis transiti in numeris. Ita enim si spoliatus asserat virum fuisse non fœminam; ætatisque virilis, non puerum non juvenem, jus prodeundi... [2] ipsis remittetur.

PHIL., VI, 12, d, 7-8 (3 p. in-folio).

Paris, 7 Septembr. 1674.

Schediasma de Arte inveniendi Theoremata.

ARTEM problemata solvendi tantum ab Analyticis tractatam constat. Theoremata autem fassi sunt omnes casu inveniri : nam quis mortalium prævidere possit exitum combinationum valde compositarum; constat autem ab eventu quodam inexpectato combinationes quasdam

---

1. Cf. MATH., I, 27, c.
2. Ici un mot illisible; on croit lire *suus* ou *omne*.

consequente, theorematum elegantiam oriri. Quare combinationes omnes ordine instituere necesse fuerit, elegantes eventus extundere volenti, quod non est in humana potestate. Superest sane nonnihil in Artis combinatoriæ arcanis, quod huic negotio lucem affundere possit. Sed hoc a nemine non dicam erutum, sed ne suspicione quidem libatum est. Mihi vero in mentem venit ratio, qua hoc saltem efficere possim, ut si quis proposito quodam argumento, theorema elegans a me postulet, exhibendum intra certum tempus ausim dicere me satisfacturum. Tota ejus rei ratio huc redit : Quære solutionem Problematis cujusdam, valde difficilis aut etiam impossibilis : methodo quadam plausibili, id est in multis aliis casibus succedente. Incides in progressu in miras quasdam atque inexpectatas eorum quibus uti volebas compensationes sive destructiones [1], atque ita quanquam problema non solveris, theorema tamen memorabile detexisti. Ita video inquisitionem < Motus > perpetui præclara de Æquilibrio theoremata protulisse.

Ego quoque dudum observâram proprietatem præclaram, ictus descendentium. < Nimirum ponamus > ictum corporis descendentis in subjectam lancem C, eoque motu catenam ex globis continuatis compositam ita elevatis, ut D paulum elevato ipsi A succedens etiam cadat, A autem ubi in locum B pervenerit in locum E subintret. Unde sequitur ictum corporis ponderi totius catenæ æquivalere, alioquin si excederet, sequeretur motus perpetuus [2]. Hoc non demonstrationem sane dat satis validam, sed inquirendi occasionem præbet, nam postea demonstratio facilis, theoremate semel oblato; eadem opera facile theoremata præclara deteguntur in Geometria aut Analysi, cujus * exemplum eorum apponam, dum reducere tento æquationes < locorum > omnes ad duas æquationes ad circulum.

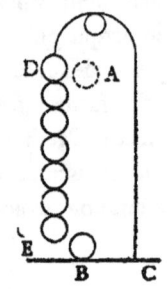

| Esto æquatio ad Circulum :

$$y^2 + x^2 + ny + px + sl \sqcap 0. \qquad \text{Aeq. 1.}$$

---

1. Ces termes doivent s'entendre au sens algébrique.
2. Ce raisonnement n'a aucune valeur, et la conclusion en est fausse : un choc et un poids sont hétérogènes et « incommensurables ». Dans la théorie des percussions, on considère un choc comme développant une force instantanée *infinie* par rapport aux forces ordinaires.

Phil., VI, 12, d, 8. Et alia ad **Conicam** quamcunque

$$y^2 + \frac{m}{l} x^2 + \omega y + qx + tl \;\sqcap\; 0. \qquad \text{Aeq. (2)}$$

Auferendo Unam ab altera, fiet Aequatio ad Parabolam

$$\frac{m}{l} x^2 + \omega y + qx + tl$$
$$- 1 \ldots - n \; - p \; - sl \;\sqcap\; 0. \qquad \text{Aeq. (3)}$$

Sive
$$\frac{x^2 \;+ \omega y + qx + tl}{\frac{m}{l} - 1} \;\sqcap\; 0. \qquad \text{Aeq. (4)}$$

Aequatio ad **Conicam** mutetur in sequentem :

$$\frac{l}{m} y^2 + x^2 + \frac{l}{m} \omega y + \frac{lq}{m} x + \frac{l^2 t}{m} \;\sqcap\; 0 \qquad \text{Aeq. (5)}$$

Unde rursus auferendo Circularem fiet alia ad Parabolam

$$\frac{l}{m} y^2 \;\text{\Large*}\; + \frac{l\omega}{m} y + \frac{lq}{m} x + \frac{l^2 t}{m} \;\sqcap\; 0 \qquad \text{Aeq. (6)}$$
$$- 1 \qquad\quad - n \ldots - p \; - sl$$

Sive :
$$\frac{y^2 \;+ \frac{l\omega}{m} y + \frac{lq}{m} x + \frac{l^2 t}{m}}{\frac{l}{m} - 1} \;\sqcap\; 0 \qquad \text{Aeq. (7)}$$
$$- n \; - p \; - sl$$

Jungantur duæ æquationes ad Parabolam 4ta et 7ma, fiet < Aequatio ad Circulum >

$$x^2 + y^2 \begin{cases} + \omega y \\ - n .. \end{cases} \begin{cases} + qx \\ - p .. \end{cases} \begin{cases} + tl \\ - sl \end{cases} \;\sqcap\; 0 \qquad \text{Aeq. (8)}$$
$$\qquad\quad \frac{m}{l} - 1 \quad\;\; \frac{m}{l} - 1 \quad\;\; \frac{m}{l} - 1$$

$$\begin{cases} + \frac{l\omega}{m} .. \\ - n .. \end{cases} \begin{cases} + \frac{lq}{m} .. \\ - p .. \end{cases} \begin{cases} + \frac{l^2 t}{m} \\ - sl \end{cases}$$
$$\frac{l}{m} - 1 \qquad \frac{l}{m} - 1 \qquad \frac{l}{m} - 1$$

Jam

$$\frac{+\omega-n}{\frac{m}{l}-1}+\frac{\frac{l\omega}{m}-n}{\frac{l}{m}-1}\;\sqcap$$

$$\frac{\left(\frac{\omega l}{m}\right)-\frac{nl}{m}\left(-\omega\right)+n\left(+\omega\right)\left(-\frac{l\omega}{m}\right)-\frac{m}{l}n+n}{1-\frac{l}{m}-\frac{m}{l}+1}\;\sqcap\;n$$

Cumque idem sit in cæteris, hinc facilè demonstratur : æquationem 8. nihil differre ab æquatione 1.

Eademque opera invenimus Theorema elegans quod analyticè ita enuntiari potest :

$$\frac{\omega-n}{\frac{mn}{l}-n}+\frac{+\frac{l\omega}{m}-n}{\frac{ln}{m}-n}\;\sqcap\;1$$

quantitates autem ω. n. $\frac{m}{l}$. pro arbitrio sumi possunt.

| Inventis semel Theorematis facile est eorum combinatione alia 8 verso. multa invenire. Exempli causa : duo habemus theoremata :

$$\frac{\omega-n}{\frac{mn}{l}-n}+\frac{\frac{l\omega}{m}-n}{\frac{ln}{m}-n}\;\sqcap\;1$$

Et aliud :
$$\frac{1}{1+\frac{a}{y}}+\frac{1}{1+\frac{y}{a}}\;\sqcap\;1.$$

Jungantur invicem per additionem : Summa fiet 2. Jungantur per substractionem, summa erit 0. Jungantur per multiplicationem vel divisionem, summa erit 1. Ac totidem habebuntur theoremata sane mira, quorum si demonstrationes exhibeas non indicato fonte, obstupefacies aliquando lectorem.

Alia ratio est investigandi Theoremata. Scis proprietatem quandam, vel solutionem elegantem, < sive ab alio demonstratam, sive casu et inductione inventam >; investiga calculo analytico, vel ex Geometrico ratiocinio, necessario tibi exhibebitur tandem elegans theorema, quod te ex calculi prolixitate inopinato expediat.

Sunt et aliæ methodi investigandi theoremata, per analogiam aliorum jam inventorum : ita ex iis quæ de circulo demonstraverat Euclides, video Apollonium de conicis conjectasse non pauca, quæ calculo postea vera invenit : præclarus in eam rem usus est methodi meæ de figurarum harmonia [1]. Vide quæ Gregorius dixit in libro de Circuli, < Ellipsis > ac Hyperbolæ quadratura, quæ suo quodam modo etiam ad Rectam et Parabolam produci poterant. Et ope theorematum conicorum non difficile erit invenire Theoremata multa pro gradibus altioribus.

Superest methodus investigandi per inductionem, sed cum omnia percurrere nequeamus, artis est eligere præ cæteris examinanda, et hoc jam reducitur ad Analogiam; et in eo consistit tota ars experimentorum. Quanquam fateor vel nos simpliciter quærere experimenta dato subjecto; vel speciatim quærere dato phænomeno causam, quod peculiaris est opera; eo enim pertinent quæ de instantiis crucis aliisque dixit Baconus. Sed simpliciter experimenta quærere dato subjecto, hoc faciendum est, ope jam cognitorum experimentorum per analogiam. Analogia autem in eo fundatur, ut quæ in multis conveniunt aut opposita sunt, ea in datis quoque vicinis ad priora convenire aut opposita esse suspicemur [2].

{ Ars faciendi Hypotheses, sive Ars conjectandi diversi generis est, huc pertinet ars explicandi Cryptographemata quæ pro maximo haberi debet specimine artis conjectandi puræ et a materia abstractæ, unde exempla regulæ duci possunt quæ postea etiam materiæ applicare liceat. }

Sunt Experimenta quædam, quæ potius Observationes nominantur, quæ considerari tantum, non produci opus. Talia sunt experimenta quæ numeros consideranti offerunt sese; item observationes cælestes, item de ventis, æstu; aliisque quæ discere possumus tantum interrogando. Et in his nihil utique negligere deberemus, quando tam facile est ea addiscere; opus autem est diariis in eam rem, ac velut Tabulis et postea Tabularum collationibus, ad harmonias quasdam sive analogias constabiliendas.

---

1. Allusion à la *Méthode de l'Universalité* (Phil., V. 10). V. notamment le § 46.
2. On entrevoit déjà ici le principe de continuité, dont la formule la plus générale (corollaire du principe de raison) est : « Datis ordinatis etiam quæsita esse ordinata. » (*Phil.*, III, 52 ; cf. la formule du principe de raison, ap. Phil., VIII, 6, verso).

Phil., VI, 12, e, 9-13 (10 p. in-4º).

Projet et Essais pour arriver à quelque certitude pour finir une bonne partie des disputes et pour avancer l'art d'inventer [1].

Les hommes ont sçu quelque chose du chemin pour arriver à la certitude : la logique d'Aristote et des Stoïciens en est une preuve. mais sur tout l'exemple des Mathematiciens et je puis adjouter celuy des J.Ctes < romains >, dont plusieurs raisonnemens dans les digestes ne different en rien d'une demonstration.

Cependant on n'a pas suivi ce chemin, parce qu'il est un peu incommode, et parce qu'il y faut aller lentement et à pas comptés. Mais je croy que c'est, parce qu'on n'en a pas sçu les effets. On n'a pas consideré de quelle importance il seroit de pouvoir establir les principes de Metaphysique, de Physique et de Morale avec la meme certitude, que les Elemens de Mathematique.

Or j'ay trouvé que par ce moyen on n'arriveroit pas seulement à une connoissance solide de plusieurs importantes verités, mais encore qu'on parviendroit à [une] l'Art d'inventer admirable, et à une analyse qui feroit quelque chose de semblable en d'autres matieres, à ce que l'Algebre fait dans les Nombres.

J'ay même trouvé une chose estonnante, c'est qu'on peut representer par les Nombres, toutes sortes de verités et consequences [2]. Il y a plus de 20 ans que je [me fis un projet admirable] trouva la demonstration de cette importante connoissance, et que je m'avisa d'une methode qui nous mene infailliblement à l'analyse generale des connoissances humaines. [j'ay esté souvent surpris que les hommes ont negligé] comme on peut juger par un petit traité que | je fis imprimer à lors [3], où il y a quelques choses qui sentent le jeune homme et l'apprentif, mais le fonds est bon, et j'y [4] basti depuis la dessus autant que d'autres affaires et distractions me pouvoient permettre [5].

1. Cet opuscule est de 1686 au plus tôt (v. plus bas, et note 3). Cf. Phil., VI, 11, a.
2. Voir notamment les opuscules d'avril 1679 (Phil., V, 8, a, b, c, d, e, f; Phil., VII, B, II, 14).
3. Allusion au *De Arte Combinatoria* (1666).
4. *Sic*, pour : *j'ay*.
5. Cf. des passages analogues : Phil., III, 620; IV, 103. V. *La Logique de Leibniz*, p. 48.

Je trouva donc qu'il y a des certains Termes primitifs < si > non absolument, au moins à nostre egard, lesquels estant constitués, tous les raisonnemens se pourroient determiner à la façon des nombres et meme à l'egard de ceux ou les circonstances données, ou data, ne suffisent pas à la determination de la question, on pourroit neantmoins determiner [Metaphysiquement] mathematiquement le degré de la probabilité.

J'ay remarqué que la cause < qui fait > que nous nous trompons si aisement hors des Mathematiques, et que les Geometres ont esté si heureux dans leurs raisonnemens, n'est que parce que dans la Geometrie et autres parties des Mathematiques abstraites, on peut faire des experiences ou preuves continuelles, non seulement sur la conclusion, mais encore à tout moment, et à chaque pas qu'on fait < sur les premisses > en reduisant le tout aux nombres; mais dans la physique après bien des raisonnemens, l'experience refute souvent la conclusion [mais] < et cependant > elle ne redresse pas ce raisonnement, et ne marque pas l'endroit ou l'on s'est trompé; en Metaphysique et en morale, c'est bien pis, souvent on n'y sçauroit faire des experiences sur les conclusions que d'une maniere bien vague, et en matiere de Metaphysique l'experience est < quelques fois > tout à fait impossible en cette vie.

L'unique moyen de redresser nos raisonnemens est de les rendre aussi sensibles que le sont ceux des Mathematiciens, en sorte qu'on puisse trouver son erreur à veue d'œil, | et quand il y a des disputes entre les gens, on puisse dire seulement : contons, sans autre ceremonie, pour voir lequel a raison.

Si les paroles estoient faits suivant un artifice que je voy possible, mais dont ceux qui ont fait des langues universelles ne se sont pas avisés on pourroit arriver à cet effect par les paroles mêmes, ce qui seroit d'une utilité incroyable pour la vie humaine; Mais en attendant il y a un autre chemin moins beau, mais qui est deja ouvert, au lieu que l'autre deuvroit estre fait tout de nouveau. C'est en se servant de characteres à l'exemple des mathematiciens, qui sont propres de fixer nostre Esprit, et en y adjoutant une preuve des nombres.

Car par ce moyen ayant reduit un raisonnement de morale, < de physique, de médecine > ou de Metaphysique a ces termes ou characteres, on pourra tellement a tout moment l'accompagner de l'epreuve de nombres, qu'il sera impossible de se tromper si on ne le veut bien. Ce qui est peut estre une des plus importantes decouvertes dont on se soit avisé de long temps.

Il sera a propos¹ de dire quelque chose de ceux qui ont taché de donner des demonstrations hors des Mathematiques. Aristote a esté le premier en Logique, et on peut dire qu'il a reussi, mais il s'en faut beaucoup qu'il ait esté si heureux dans les autres sciences qu'il a traitées, si nous avions les livres de Chrysippe, ou de quelques autres Stoïciens, nous en trouverions des Essais; on peut dire que | les JCtes Romains nous ont donné quelques beaux echantillons de raisonnemens demonstratifs.

Parmy les Scholastiques il y eut un certain D. Jean Suisset appellé le Calculateur, dont je n'ay encor pû trouver les ouvrages, n'ayant veu que ceux de quelques sectateurs qu'il avoit. Ce Suisset a commencé de faire le Mathematicien dans le Scholastique, mais peu de gens l'ont imité, parce qu'il auroit fallu quitter la methode² disputes pour celle des comptes et raisonnemens, et un trait de plume auroit epargné beaucoup de clameurs. < C'est une chose remarquable à mon avis que Jean Scot voulant illustrer comment les anges < un ange > pouvoit estre au ciel et en terre comme la renommée qui chez Virgile³

Ingrediturque solo et caput inter nubila condit,

il se servit d'une proposition d'Euclide de l'egalité des parallelogrammes. >

Raymond Lulle encor fit le Mathematicien et s'avisa en quelque façon < de l'art > des combinaisons. Ce seroit sans doute une belle chose, que l'art de Lulle si ces termes fondamentaux [Unum, Verum, Bonum] < Bonitas Magnitudo Duratio Potentia, > Sapientia, < Voluntas, > Virtus, Gloria n'estoient pas vagues et par consequent servoient seulement à parler et point du tout à decouvrir la verité.

Je ne me souviens pas maintenant d'avoir veu un philosophe demonstrateur du siecle passé, si ce n'est que Tartaglia a fait quelque chose sur le mouvement, et Cardan parlant des proportions et Franciscus Patritius, qui estoient un homme de belles veues, mais qui manquoit de

---
1. Cf. Phil., VI, 12, f, 27.
2. Suppléer ici : *des*.
3. *Æneis*, IV, 177.

lumieres necessaires pour les poursuivre. Il voulut redresser les façons de demonstrer des Geometres, il avoit veu en effect qu'il leur manque quelque chose, et il voulut faire autant dans la Metaφysique, mais les forces lui manquerent; la preface est admirable de sa Nouvelle Geometrie dédiée au Duc de ferrare, mais le dedans fait pitié.

| Mais c'est nostre siecle qui s'est bien plus mis en frais, pour obtenir des demonstrations. Galilei a rompu la glace dans sa nouvelle science du mouvement. j'ay veu l'ouvrage d'un Lincée appellé Stelliola, touchant la dioptrique, ou je remarque quelque chose de la methode de proceder demonstrativement en dehors de la Mathematique en physique aussi bien que dans Kepler, dans Gilbert et Cabeus. et Snellius, dont l'ouvrage de Dioptrique n'a pas encor paru, mais dont les decouvertes apparemment on ouvert les yeux à Mr. des Cartes.

Mons. Morin ayant publié un livre de la lumiere entreprit d'y donner des demonstrations de l'Existence de Dieu à la façon des Geometres; en même temps Mons. des Cartes poussé par les persuasions du pere Mersenne entreprit de rediger les Metaphysiques en forme de demonstration, mais s'il a jamais remonstré ses foiblesses, c'est là ou il l'a fait. Et presque en même temps. Thomas Hobbes, entreprit d'écrire d'une maniere demonstrative tant en Morale qu'en physique. Il y a un melange chez Hobbes d'un esprit merveilleusement penetrant, et estrangement foible incontinent à pres. c'est qu'il n'avoit pas assez profité des Mathematiques pour se garantir des paralogismes.

En ce même temps, le R. P. Fabry se mit aussi a ecrire demonstrativement, on peut dire qu'il donne des lumieres et qu'il estoit un des plus sçavans et des plus universels de son ordre, mais il manquoit de la veritable analyse; il alloit souvent bien | cavallierement dans ses preuves et s'il avoit voulu faire moins de propositions et demonstrer plus exactement celles qu'il a données il auroit pu faire beaucoup.

En Angleterre, un Anonyme[1] publie un Tentamen Metaφysicum fort ingenieux pour prouver que le monde n'a pu estre éternel, mais il suppose qu'un infini[2] sçauroit estre plus grand qu'un autre ou bien que l'infini est une grandeur, ce qui n'est pas asseuré.

Le Chevalier Digby entreprit encor de donner des demonstrations de

---

1. Seth WARD. Cf. PHIL., VI, 12, f, 27 verso.
2. Suppléer ici : *ne*.

l'immortalité de l'ame, et son fidus Achates Thomas Albius[1], qui estoit aussi excellent en Geometrie et en Metaphysique, que M. Digby l'estoit dans la connoissance du Monde et dans la Chymie, a donné quelques beaux ouvrages écrits d'une maniere demonstrative. Je n'en ay veu que son Euclide metaphysique; il est asseuré qu'il y a des pensées profondes, mais il est trop obscur, il s'en faut beaucoup que ses demonstrations puissent ou convaincre ou eclairer.

PHIL., VI, 12, e, 11

Enfin Spinosa entreprit de donner des demonstrations, celles qu'il publia sur une partie des principes de Mr. des Cartes furent bien receues. Il faut avouer que cet auteur a eu quelques pensées belles et profondes mais il y en a d'autres si brouillées et si eloignées de la clarté des Mathematiciens qu'on ne sçait que dire, et cependant il les | veut faire passer pour des demonstrations incontestables. Les demonstrations qu'il donne quelques fois sont < extrèmement > embarassées, et souvent la proposition dont il se sert pour demonstrer une autre proposition est bien plus difficile que la conclusion.

12 recto.

Parmy les Aristoteliciens on trouve encor de fort habiles gens qui ont entrepris de faire des demonstrations dont il y en a deux qui ne sont pas à mepriser, sçavoir Abdias Trew mathematicien d'Altorf qui a reduit en < forme de > demonstration les 8 livres d'Aristote de φysico audito, et l'autre c'est Jean Felden, celuy qui est connu par un livre de remarques qu'il fit sur l'ouvrage de Grotius de Jure belli et pacis et que M. Grassvinckel refuta, il a donné quelques Elemens de jurisprudence ou il y a asseurement quelques pensées solides. Il y a un très habile professeur à Iena nommé Mons. Weigelius; qui a publié un bel ouvrage appellé Analysis Euclidea, ou il y a beaucoup de belles pensees pour perfectionner la logique et pour donner des demonstrations en philosophie; entre autres il a communiqué [donné] a quelques amis un Essai pour demonstrer l'Existence de Dieu, fondée sur ce que tous les autres estres doivent estre continuellement creés [2]. il a aussi donné une sphere morale [3] fort

---

1. Thomas Albius (ou Anglus) n'est pas Thomas BARTON, comme nous l'avons dit, sur la foi du P. des Bosses, dans *La Logique de Leibniz* (Note I), mais Thomas WHITE (1593-1676). V. *Dictionary of National Biography*, t. LIX, p. 79 (London, 1900). Nous devons cette rectification à l'obligeance et à l'érudition de M. Moriz CANTOR, de Heidelberg.
2. Cf. *Animadversiones ad Weigelium* (Foucher de Careil, B, 146-170).
3. Cf. *Nouveaux Essais*, IV, III, § 20; et PHIL., VII, A, 30.

ingenieuse, qui est une maniere d'allegorye [pour] d'expliquer toute la morale, par le rapport à la doctrine de la sphere des Astronomes. Cette sphere morale est adjoutée à l'Edition de Iena des Elements de Jurisprudence Universelle de Mons. Pufendorf qui y a mis aussi quelques definitions et Axiomes à la façon des Geometres. < qui sont fort > ingenieuses.

| Ramus a repris Euclide de ce qu'en suivant la rigueur des Demonstrations, il a abandonné la Methode qui paroist plus propre à éclairer l'Esprit, mais < le bon > Ramus qui avoit voulu changer la Methode d'Euclide, n'a pas seulement perdu la rigueur mais encor la verité et l'exactitude. L'Excellent auteur des Nouveaux Essais de Geometrie[1] a joint en quelque façon la clarté de l'ordre avec la certitude. Mons. Mercator, un des plus habiles Geometres du temps a aussi donné des Elemens de Geometrie, ou il fait voir par quelques Essais comment on pourroit joindre dans la Geometrie la clarté à la certitude. J'avoue cependant, si on ne peut point obtenir l'un et l'autre en même temps, qu'il vaut mieux estre exact au depens de l'ordre que de garder l'ordre aux depens de la verité. Et on pourroit dire bien des choses en faveur de l'ordre dont Euclide s'est servi.

Je remarque aussi un defaut dans ceux qui tachent d'écrire demonstrativement, c'est qu'il coupent la matiere en tant de petites propositions, que l'esprit se trouve dissipé par là[2]. C'est pourquoy il est a propos de distinguer les propositions les plus importantes des moindres.

Il y a encor ce defaut que les Auteurs qui entreprennent [de donner des demonstrations] d'ecrire par propositions ne sçavent pas quand il est temps de finir, car les propositions vont à l'infini. Je trouve deux limites que la raison nous prescrit, les voicy, 1) il est necessaire de continuer la synthese jusqu'à ce qu'on la puisse changer en Analyse, 2) il est utile de continuer la synthese jusqu'à ce qu'on voye des progressions à l'infini, 3) quand il y a quelques beaux theoremes, surtout qui servent à la practique il est bon de les marquer aussi. Mais la premiere regle suffit pour le necessaire.

Le defaut le plus general, et dont Euclide même n'est pas exemt c'est, qu'on suppose des axiomes qu'on pourroit demonstrer. Il est vray

---

1. Antoine ARNAULD (Paris, 1667). V. *Logique de Port-Royal*, 4ᵉ partie, ch. X, fin.
2. Cf. PHIL., VI, 13, f, 27 (fin); 19, c, 13.

que ce defaut ne nuit pas à la certitude, quand ces axiomes sont justifiés par une infinité d'experiences comme le sont ceux des Mathematiciens. Mais ce defaut nuit à la perfection de l'esprit et c'est la principale raison pourquoy la synthese des Geometres n'a pû estre changé | encor en Analyse. On s'etonnera peut estre de ce que je dis icy, mais il faut sçavoir que < l'Algebre, > l'Analyse de Viete et des Cartes est plus tost l'Analyse des Nombres que des lignes : quoy qu'on y reduise la Geometrie indirectement, en tant que toutes les grandeurs peuvent estre exprimees par Nombres; mais cela oblige souvent a des grands detours, et < quelques > souvent les Geometres peuvent demonstrer en peu de mots, ce qui est fort long par la voye du calcul. Et quand on a trouvé une equation, dans quelque probleme difficile, il s'en faut beaucoup qu'on aye pour cela une [demonstration courte et belle] construction du probleme telle qu'on desire. la voye de l'Algebre en Geometrie est asseurée mais elle n'est pas la meilleure, et c'est comme si pour aller d'un lieu à l'autre on vouloit tousjours suivre le cours des rivières, comme un voyageur italien que j'ay connu, qui alloit toujours en batteau quand il le pouvoit faire, et quoyqu'il y ait 12 lieues d'Allemagne de Wurcebourg à Wertheim en suivant la riviere du Mayn, il aima mieux de prendre cette voye, que d'y aller par terre en 5 heures de temps. Mais lorsque les chemins par terre ne sont pas encor ouverts et defrichés, comme en Amerique, on est trop heureux de pouvoir se servir de la rivière : et c'est la même chose dans la Geometrie quand elle passe les Elemens; car l'imagination s'y perdroit dans la multitude des figures, si l'Algebre ne venoit a son secours jusqu'a ce qu'on etablisse une characteristique propre à la Geometrie, qui marque les situations comme l'Arithmetique marque les grandeurs. Ce qui est faisable et seroit d'une grande utilité tant pour les decouvertes, que pour aider l'imagination.

On m'a communiqué un Ecrit de feu M. Pascal intitulé Esprit geometrique ou cet illustre remarque que les Geometres ont coustume de definir tout ce qui est un peu obscur, et de demonstrer tout ce qui est un peu douteux. Je voudrois qu'il nous eust donné quelques marques pour connoistre ce qui est trop douteux ou trop obscur : Et je suis persuadé que pour la perfection des sciences il faut même qu'on demonstre quelques propositions qu'on appelle axiomes comme en effet Apollonius a pris la peine de demonstrer quelques uns de ceux qu'Euclide

PHIL., VI, 12, e, 13 verso.
a pris sans demonstration. Euclide avoit raison mais Apollone en avoit encor davantage. Il n'est pas necessaire | de le faire mais il ne laisse pas d'estre important de le faire, et necessaire a certaines veues. Feu Mons. de Roberval meditoit des nouveaux Elemens de Geometrie, ou il alloit demonstrer rigoureusement plusieurs propositions qu'Euclide a prises ou supposées. Je ne sçay s'il acheva son ouvrage avant sa mort, mais je sçay que bien des gens s'en moquerent; s'ils avoient sçû l'importance de cela, ils en auroient jugé autrement. Ce n'est pas necessaire pour les apprentifs, ny même pour les Maistres ordinaires, mais pour avancer les sciences et pour passer les colonnes d'Hercule, il n'y a rien de si necessaire.

PHIL., VI, 12, f, 1-2.
PHIL., VI, 12, f, 1-2 (4 p. in-fol.).

Collectanea de inventione et studiis generalibus.

| Collectaneorum de inventione pars 1. Aug. 1676. |

. . . .

Au bas de la 4ᵉ page, renvoi :

Pars II Collectaneorum.

La suite manque.

PHIL., VI, 12, f, 6.
PHIL., VI, 12, f, 6 (un coupon).

Possible intellectuel, polygone de 1000 costés. Possible naturel dont les causes sont dans la nature. Possible selon l'ordre de la nature, ce qui arrive effectivement dans la suite des causes. Possible naturel est celuy dont un semblable a esté fait.   Mariotte.

Le Houx est un arbrisseau qui a les feuilles danses piquantes et vertes en tout temps et le fruit petit et rouge ; si une autre plante se trouvoit un jour avec les memes proprietes, il faudroit adjouter encore quelque autre difference. Definition obscure est un Enigme comme celle de l'ame d'Aristote.

Euclide ne devoit pas dire que les cercles ne se coupent en deux points, mais leur differences.

Un homme qui a 20 000 ecus de bien, ne doit pas le hazarder en un

seul coup contre 100 000 écus, car ces 100 000 gagnés n'augmenteront
pas beaucoup son bonheur, et les 20 000 perdus le rendront misé-
rable.

Le sucre est blanc, ce que je vois est blanc, donc c'est du sucre. Ce
sophisme-ci qui trompe les enfans in rebus talibus + / nous fait souvent
tomber dans l'erreur lorsqu'on voit plusieurs signes semblables. (+ argumentum in secunda figura affirmativum. On peche plus souvent contre
les regles de la logique qu'on ne croit +).

PHIL., VI, 12, f, 19 (1 f. in-8°).

De principiis.

Duo illa prima principia[1] : unum rationis : *Identica sunt vera, et contradictionem implicantia sunt falsa*, alterum experientiæ : *quod varia à
me percipiantur*, talia sunt, ut de iis demonstrari possit, < primò >
demonstrationem eorum impossibilem esse; secundo omnes alias propositiones ab ipsis pendere, sive si hæc duo principia non sunt vera, nullam
omnino veritatem et cognitionem locum habere. Itaque aut admittenda
sunt sine difficultate, aut omni inquisitioni veritatis renuntiandum est.
Accedit quod nulla contra hæc Principia afferri posset ratio dubitandi,
quæ non locum habeat contra alias propositiones omnes.

Memini ingeniosum quendam virum < (Episcopum Thiniensem[2]) >
omnem evidentiam revocare velle ad autoritatem, cui objiciebam etiam
hominem solum posse habere scientiam. Ille verò ita argumentabatur :
Ea quæ probantur < seu evidentia redduntur > vel ex evidentibus probantur, vel ex non evidentibus. Si ex non evidentibus, non poterunt
inde evidentia reddi. Sin ex jam evidentibus, de his iterum redibit quæstio, < vel > in infinitum, nullaque erit evidentia; vel erunt quædam
per se evidentia. Sed unde sciemus ista per se esse evidentia < nisi
hominum consensu, quæ scilicet ab omnibus recipiuntur >. Respondeo ea per se evidentia esse, quibus sublatis omnibus sublata est veritas.
Et notabam præterea | me aliqua demonstrare posse, nihil assumendo

---

1. V. *La Logique de Leibniz*, ch. I, § 36.
2. Christophe Rojas de Spinola, évêque de Thina, avec qui Leibniz entra en
relations en 1679. V. *La Logique de Leibniz*, p. 164.

PHIL., VI, 12, f. nisi concessa. Ut si quis opinionem aliquam defendit quam ego ostendere volo absurdam, assumam propositiones ab illo concessas et in legitima forma inde concludam contradictorium alicujus quod ipse asseruit; ex quo sequitur falsitatem alicui ex propositionibus ab eo assumtis adesse, id est eas non posse eas [1] veras simul. Unde patet etiam non posse < quenquam > demonstrare absurditatem nisi ejus propositionis quæ plures assertiones sive concessiones involvit, dum scilicet ex concessis argumentatus absurdum concludo. Unde revera omnis demonstratio est ad absurdum deductio. Et demonstratio nullis indiget assumtis. sive principiis directis, sed tantum reflexis. Et ita cessat illa difficultas quæ omnes torquet, de modo quo ipsorum principiorum certi sumus ex quibus demonstrationes ducuntur. Dicendum enim est demonstrationes ex nullis assertionibus sed ex concessionibus sive hypothesibus procedere, neque aliud agere, quàm ut ostendat Hypotheses quasdam inter se pugnare. Tantùm ergo assumo principia reflexa seu indirecta < vel formalia, primò > quod forma syllogistica sit bona, secundò quod contradictio sit absurda; principia verò materialia seu materiæ demonstrationis non alia adhibeo quam illas ipsas hypotheses adversarii quibus falsitatem inesse ostendo. Unde quodammodo omnis demonstratio est ad hominem.

Recto, en bas. | Ego etsi concedam plerosque < omnes > homines plerisque in casibus duci autoritate <(videatur S. Augustini libellus de autoritate [2] credendi)> et opinionem <communem> sæpe ultimam esse analysin judiciorum nostrorum practicorum. Certus tamen sum qui accurate meditari velit altiora reperturum judicandi principia [3].

PHIL., VI, 12, f, 20.

PHIL., VI, 12, f, 20 (1 f. in-8°).

Miror Wilkinsium [4] magnam suarum præpositionum partem formare adhibita litera *r*, cum tamen creberrimæ sint præpositiones in sermone, litera vero *r* pronuntiatu difficillima, ita ut ea plane careant Sinenses. Verus character universis [5] aut Lingua rationalis nulla indiget memoria

1. *Sic*, pour *esse*.
2. *Lapsus*, pour *utilitate*. Cf. *La Logique de Leibniz*, p. 259, note 1.
3. Cf. PHIL., VI, 12, f, 25.
4. V. *La Logique de Leibniz*, Note IV.
5. *Sic*, pour « universalis ».

nisi simplicissimorum, nec dictionario, sed quivis verba pro arbitrio for-   Phil., VI, 12, f, 20.
mare potest et nihilominus intelligetur.

Wilkinsio variæ sunt radices, ut calor, rex, cum tamen philosophice loquendo si calor est radix, rex non possit esse radix. Cum enim rex sit Ens regens, id est rigam (sive lineam bene ductam) faciens, erit rex ad rigam ut calefactor (seu ens calefaciens) ad calorem. Ergo *riga* erit radix, non rex. Hinc non recte ait (part. 3, cap. 1. §. 4 Characteris) radicem interdum esse nomen [1] substantivum neutrum ut calor, interdum actionem ut ligatio, interdum personæ attributum ut rex, cum tamen ligationis radix sit liga, regis, riga. Nec refert an ista in latina lingua extent, ipse enim linguam scribebat philosophicam.

Part. 3. cap. 4 ff. præpositiones refert ad nomina, ut adverbia ad verba; sed longe aliter esse ostendimus [2], conjunctiones potius se habent ad verba ut præpositiones ad nomina [3]. Verba se habent ad adverbia ut substantiva nomina ad adjectiva [4].

Phil., VI, 12, f, 21 (un coupon adhérent au feuillet précédent).   Phil., VI, 12, f, 21.

Elementa veritatis universæ, opus sine exemplo < novum >.
Spiritus s. [5] est spiritus veritatis. Veritas est finis ratiocinationis.

Phil., VI, 12, f, 22 (1 f. in 8°).   Phil., VI, 12, f, 22.

Materiam et Motum < esse phænomena tantum, seu > continere in se aliquid imaginarii, ex eo intelligi potest, quod de iis diversæ hypotheses contradictoriæ fieri possunt, quæ tamen omnes perfectè satisfaciunt phænomenis, ita ut nulla possit ratio excogitari definiendi utra sit præferenda [6]. Cùm tamen in realibus, omnis veritas accuratè inveniri et demonstrari possit. Ita de motu alibi ostendi, non posse definiri in quo

---

1. Ces 3 mots sont répétés par erreur dans le ms.
2. Sans doute dans les nombreux fragments relatifs à la Grammaire rationnelle (Phil., VII, B, III, passim) ou encore dans le *Consilium de Encyclopædia nova...* (Phil., V, 7, f. 3 verso).
3. Cf. Phil., VII, B, III, 40.
4. Cf. Phil., VII, B, III, 7 et 10.
5. Probablement abréviation de *sanctus*.
6. Cf. la préface du *Phoranomus* (Math., IX, 1).

PHIL., VI, 12, f, sit subjecto; et de materia non potest dici, utrum sit sublata. Exempli
22. causa dici non potest an locus sit vacuus an materia perfectè fluida plenus;
nihil enim interest. Item si quis fingat <materiæ> partem esse subla-
tam, reliquæ in ejus locum succedent ab omnibus partibus universi, quod
cum sit indefinitum, in extremis ejus quæ nulla sunt non potest intelligi
aliquod vacuari in locum spatii repleti quod corpus destructum deseruit. Itaque omnia erunt ut antè; si quis fingat DEum conservare locum
Verso. illum vacuum, perinde est | ac si fingamus non corpus in eo esse des-
tructum, sed infinita celeritate moveri, ut resistat iis quæ ab omni parte
ingredi conantur, nec tamen in ipsa agere aliter seu ea repellere, DEo
eum effectum destruente.

PHIL., VI, 12, f, PHIL., VI, 12, f, 23 (1 f. in 8°).
23.
Il est tres important de concevoir que le nombre des premieres propositions est infini, car elles sont ou definitions ou Axiomes [1]. Le Nombre
des definitions aussi bien que des termes est infini. Le nombre des Axiomes l'est aussi. J'appelle *Axiome* proposition necessaire indemonstrable.
Necessaire c'est à dire dont le contraire implique contradiction. Or la seule
proposition dont le contraire implique contradiction, sans qu'on la puisse
demonstrer, est l'identique formelle. Cela se dit expressement la dedans,
donc cela ne s'y peut pas demonstrer; demonstrer; c'est à dire faire voir
par la raison et par conséquences. Cela s'y peut montrer a l'œil, donc cela
ne s'y peut pas demonstrer. Les sens font voir que A est A. est une proposition dont l'opposée A n'est pas A. implique contradiction formelle-
ment. Or ce que les sens font voir est indemonstrable [2]. Donc les Axiomes veritables et indemonstrables sont les propositions identiques. Or
leur nombre est infini. Car le nombre des termes estant infini, le nombre
de telles propositions est aussi, car il en peut avoir autant que des
termes. Cependant cela est merveilleux, et il paroistroit etrange à un
homme, à qui on ne l'expliqueroit pas; de dire que le nombre des propositions premieres incontestables, est infini. Si les principes sont infi-

---

1. Cf. PHIL., V, 9 : *De l'Horizon de la Doctrine humaine*.
2. Cet appel à l'évidence *sensible* n'est guère conforme au rationalisme leibnitien.

nis, les conclusions le seront encor bien d'avantage. Telles propositions identiques sont : unumquodque tantum est quantum est, sive quodlibet sibi ipsi æquale est. Item unumquodque tale est quale est, sive quodlibet sibi ipsi simile est [1].

Les premiers termes indéfinibles ne se peuvent aisement reconnoistre de nous, que comme les nombres premiers : qu'on ne sçauroit discerner jusqu'icy qu'en essayant la division [par tous les autres qui sont moindres]. De même les termes irresolubles ne se sçauroient bien reconnoistre que negativement, et comme par provision. Car j'ay une marque par la quelle on peut reconnoistre la resolubilité. La voicy : Lors que nous rencontrons une proposition qui nous paroist necessaire, et qui n'est pas demonstrée; il s'en suit infalliblement qu'il se trouve dans cette proposition un terme definible, pourveu qu'elle soit necessaire. Ainsi il faut tacher de donner cette demonstration; et nous ne la sçaurions donner sans trouver cette definition. Par cette methode, en ne laissant passer aucun axiome sans preuve excepté les definitions et les identiques, nous viendrons à la resolution des Termes, et aux plus simples idees [2]. Vous direz, que cela pourroit aller à l'infini, et qu'il se pourroit tousjours prouver de nouvelles propositions, qui nous obligeroient à chercher des nouvelles resolutions. Je ne le croy pas. Mais si cela estoit, cela ne nous nuiroit, car par ce moyen nous ne laisserions pas d'avoir demonstré parfaitement tous nos theoremes; et les resolutions que nous aurions faites, nous suffiroient à une infinité de belles consequences practiques; de meme que dans la nature, il ne faut pas abandonner la recherche des experiences à cause de leur infinité : puisque nous pouvons déjà parfaitement bien employer celles qui nous sont données [3].

PHIL., VI, 12, f, 24 (1 f. in 8º).

Sæpe recentiores nodum in scirpo quærunt ac de vocabulis litigant, cum negant calorem esse in igne non magis quam dolorem in acu; imo

---

1. Cf. PHIL., VIII, 6 recto.
2. Cf. PHIL., VII, C, 51.
3. Cf. PHIL., VIII, 2 verso; MATH., I, 2. V. *La Logique de Leibniz*, ch. I, §§ 4 et 13.

negant aquam attrahi in antliis, aut sanguinem in ventosis < cum qualitates et facultates explodunt in Medicina et philosophia >. Mihi placet retinere locutiones receptas, recteque interpretari. Attrahitur aqua ab embolo, id est sequitur præeuntem, etsi [causa attractionis] embolus causa non sit immediata, [sed circumpulsio] sed aëris gravitas. Similiter quis neget calorem esse in igne, id est vim eam in nobis sensionem excitandi, qua nos calefieri dicimus. Calorem concipimus ut qualitatem activam ignis, dolorem ut qualitatem passivam nostram; itaque stante sensu recepto vocabulorum, tam ineptum est calorem igni negare, quam dolorem aciculæ pungenti ascribere. Quod autem causantur, negare a se igni facultatem ei similem quod in nobis reperimus, nihil ad rem facit [quis enim philosophus somniavit facultatem urendi in igne similem esse facultati percipi actionem ignis], neque enim qui igni calorem tribuit, ideo somniat facultatem activam ignis esse similem qualitati passivæ animalis; etsi esse quendam inter ambo consensum adeoque et exprimi unum ab altero tanquam causam ab effectu negari non possit. Est enim in his relatio quædam et responsus singulorum ad singula, qui tamen non semper in similitudine consistit. < Denique qualitates et facultates in rebus esse verissimum est, quemadmodum in horologio est facultas horodictica; etsi explicatio qualitatum et facultatum distincta, debeat esse mechanica in natura æque ac in horologio. > { Quæ Bontekoe[1] in Chirurgicis contra receptas sententias disputat magnam partem inania, et ad summam verbalia sunt. }

Quidam cujus auxilium desiderabam, mihi consilium dabat, erat autem hujusmodi, ut cuivis in mentem venire deberet; rescripsi igitur : *esse quædam consilia quæ non habeant opus datore.*

PHIL., VI, 12, f, 25 (1 f. in 8°).

De Analysi veritatis et judiciorum humanorum.

Apud Theologos libri habentur de Analysi Fidei, qualis extat Gregorii de Valentia Societatis Jesu et Henrici Holdeni Angli Theologi Parisini. Mirandum est itaque apud philosophos nihil haberi de Analysi

---

1. Voir PHIL., VII, B, IV, 22.

Veritatis, nam libri Analyticorum Aristotelis sive posteriores sive priores nihil minus quam analysin sive principia ultima humanorum judiciorum continent. Scholastici quoque nonnulli de Primo Cognito potius disputare more suo, quàm quæ sint prima cognita, et quomodo ex illis aliæ cognitiones deriventur monstrare voluere, nam si hoc præstitissent, dedissent nobis philosophiæ Elementa accurate et ad Mathematicum morem exacta. Et viri ingeniosi qui scripsêre nostro tempore de inquirenda veritate [1], multa quidem elegantia et utilia, exoterico quodam tractandi modo, disserunt de humanis affectibus et præjudiciis infantiæ, sed cùm id agitur ut certa judicandi principia substituantur, hærent ipsi et nos tandem revocant ad regulam illam < recantatam >, quod iis demum fidendum sit, quæ clarè et distinctè percipimus [2]. | Verùm non magnum usum habet ea regula quamdiu non habetur modus dijudicandi, quid clarum et distinctum sit. Quod non satis novisse video illos ipsos qui regulam hanc maximè celebrant; nam quædam distinctissimè sibi percipere visa sunt, quæ falsa esse compertum habemus, et quæ ipsi omni conatu adhibito cum demonstrare non possent, coacti sunt monere, ut si < alii > eadem mentis præ oculis videre vellent, quæ ipsi, eadem quæ ipsi meditarentur diu. Callidè profecto, nam certum est consuetudine cogitandi quædam nobis ita familiaria fieri, ut depravato < vel mutato > naturali judicio tandem nobis clara videantur; idque inprimis succedit in his, quæ dictione nitida et ad plausum facta non sine quadam simplicitatis et evidentiæ fucata artificiosè specie proponuntur < a celebri autore >. Et cum denique ad experientiam internam idearum provocant hi scriptores, eo ipso et objectiones declinare et onere probandi se eximere conantur. Alii iisdem principiis insistentes sed [sinceriores] apertiores professi sunt, id clarum distinctumque censeri debere quod sine interiore quadam repugnantia et conscientiæ quasi morsu negari non potest. Verùm hæc nota uti non contemnenda est, ita tamen dialectica tantùm censeri debet. Sunt qui omnia resolvunt in autoritatem. Ultima enim principia ajunt à nobis admitti, quia à nemine revocantur in dubium. Ego quidem fateor in plerisque judiciis id esse verum, contendo tamen altiora et certiora adesse [3].

Phil., VI, 12, f, 25.

Verso.

---

1. Allusion à *La Recherche de la Vérité* de Malebranche. Cf. *Lettre à Tschirnhaus*, 1684 (*Math.*, IV, 465), citée dans *La Logique de Leibniz*, p. 292, note 4.
2. Criterium cartésien de la vérité. Cf. Phil., V, 6, f. 19 (*Bodemann*, p. 82), cité ap. *La Logique de Leibniz*, p. 100, n. 2; p. 203, n. 2.
3. Cf. Phil., VI, 12, f, 19.

PHIL., VI, 12, f, 26 (1 f. in 8º).

Analyseos physicæ [1] arcanum in hoc uno consistit artificio, ut qualitates sensuum confusas (nempe calorem et frigus pro tactu; sapores pro gustu; odores pro olfactu; sonos pro auditu; colores pro visu) revocemus ad distinctas quæ eas comitantur, quæ sunt numerus, Magnitudo, figura, motus, consistentia, ex quibus duæ postremæ propriè physicæ sunt. Itaque si deprehendamus certas qualitates distinctas semper comitari quasdam confusas (Exempli gratia omnem colorem oriri ex radio refracto, non verò ex reflexo), et, si ope distinctarum qualitatum definitè totam corporum < quorundam > naturam explicare possimus. ita ut demonstrare queamus, ipsa talis esse magnitudinis figuræ et motûs; eo ipso jam necesse est etiam qualitates confusas ex tali structura resultare, licet qualitates confusas ex ipsis aliter demonstrare non possumus. quia qualitatum confusarum nulla datur definitio, nec proinde de illis demonstratio. Sufficit ergo nos omnia distincte cogitabilia, quæ ipsa comitantur, posse explicare constantibus conclusionibus, experientiæ consentientibus. Nam ope quarundam qualitatum ad determinandam naturam corporum sufficientium possumus invenire causas; et ex his causis demonstrare reliquos affectus seu cæteras qualitates, et ita invenietur per circuitum, quid realis et distincti qualitatibus confusis insit, reliquum enim quod explicari nequit, ut ex. g. illa * ipsa apparentia quam flavedinem dicimus quomodo ex eo in quo flavedinem | consistere < à parte rei > ostendimus oriatur. id sciendum est pendere non à re sed nostrorum organorum dispositione < et minutissimis constitutionibus rerum >. Sufficit autem nos ostendere, quid à parte rei sit in corporibus ex quo nascitur flavedo. < idque ad usum vitæ sufficiet. Ita confusas habebimus modum producendi qualitates. >

Utile quoque est ad minuendum laborem, si qualitates confusas reducamus ad alias < simpliciores >, ut si viriditatem reducamus ad compositionem flavi et cærulei. Si ostendamus quosdam sapores et odores cohærere quibusdam coloribus; etc. facilius enim colores quàm sapores ad distinctas qualitates revocantur.

1. Cf. PHIL., V, 7, f. 5 recto.

Phil., VI, 12, f, 27 (1 f. in 8º).

In præfatione Elementorum veritatis æternæ[1] dicendum aliquid fortasse erit de his, qui antea Methodum demonstrative scribendi sunt secuti, quid scilicet possit in iis desiderari, et cur eorum nonnulli lectores etiam attentos convincere non possint[2]. Euclides et Geometræ obtinuere ut nemo refugetur *, sed hoc factum est, tum quia passiones hominum in tali argumento non obstant, tum quia semper experiri licet veritatem theorematum sive in numeris, sive in lineis. Fatendum est tamen nonnulla desiderari posse in Euclidis demonstrationibus, et Franc. Sanchez miserat difficultates quasdam suas ad Clavium, negabatque sibi satisfactum ejus responsis. Sed hæc tamen suppleri posse dubium nullum est; primus quantum nobis constet Geometriam ad res physicas transtulit Archimedes, cujus libellum de æquiponderantibus aliumque Hydrostaticum habemus; scio complures in Archimedis demonstrationibus Mechanicis desiderare aliquid; mihi tamen accuratæ satis, aut certe facile supplebiles videntur. De motu primus scientiam condere cœpit Galilæus; quidam Florentius (Fleurance) Elementa rei pyrobolicæ olim Gallica lingua scripsit, affectata Geometrarum Methodo, sed mihi parum videtur scopum assecutus.

Dicam nunc de illis qui Methodum demonstrativam ad Metaphysica et Moralia transtulere. Primus aliquid in hoc genere præstitit Aristoteles, cujus libri primorum Analyticorum utique sunt demonstrativa, et scientiam | condunt circa materiam ab imaginatione remotam. Inter Scholasticos quidam Joh. Suisset, vulgo dictus calculator[3], inprimis Mathematicum aliquid affectavit, et de intensione ac remissione qualitatum solito subtilius ratiocinatus est. Demonstrare Existentiam DEi complures aggressi sunt ex absurditatibus quæ ipsis consequi videntur progressum in infinitum, ita autor Tentaminis φιλοσοφici, qui fuit ni fallor Sethus Wardus, et Joh. Basil. Morinus, ut judico ex Epistola quadam Cartesii ad Mersennum. Verum præsupponunt illi infinitum numerum posse concipi ut unum congregatum, quod est falsum; et ideo multi tecte

---

1. On sait que les *Elementa veritatis æternæ* devaient former la première partie de la « Science générale ».
2. Cf. Phil., VI, 12, e, 10 recto sqq.
3. Cf. *Phil.*, VII, 198.

Phil., VI, 12, f, 27. docuerunt, potuisse Mundum esse ab æterno, nec quicquam inde absurdum sequi. Cartesius cum sibi videretur existentiam DEi et discrimen animæ a corpore demonstrasse in Meditationibus Metaφysicis, urgentibus amicis ratiocinationes suas redegit in formam demonstrationis, sed nulla magis ratione earum imperfectionem detexit, ut examinanti diligenter patebit [1]. Thomas Hobbes quædam in moralibus metaφysicis et physicis egregie scripsit mathematica servata forma, idem dici potest de Honorato Fabri, Thoma Anglo [2], et Benedicto Spinosa [3], sed innumera intercurrunt, in quibus apparens potius quam vera est severitas, et in his quoque quæ admitti possunt, propositiones satis sunt perturbatæ, ut taceam multitudinem propositiuncularum confundere mentem [4]. Nihil nunc dicam de scriptis quibusdam Conringii, Fabrii, Fabricii quibus controversias Theologicas tali methodo tractare sunt aggressi, neque de his quæ Trew in φysica Aristotelica [5], Feldenus in jurisprudentia præstiterunt.

1. Cf. *Phil.*, I, 188, 337; III, 259; IV, 320, 326, 469; VI, 349, note; VII, 64, 324.
2. Thomas WHITE (Voir p. 179, note 1.)
3. Sur Spinoza, v. *Phil.*, I, 123-152; II, 133; *Math.*, I, 179; IV, 461; et STEIN, *Leibniz und Spinoza*, Appendice III (Berlin, 1890).
4. Cf. PHIL., VI, 12, e, 12 verso; 19, c, 13.
5. Cf. *Phil.*, VII, 150, 166.

PHIL., VI, 14, f. 1-2 (4 p. in-folio).

{ Proba sunt quæ hac plagula, et sic satis haberi possunt pro absolutis. }

MATHESIS RATIONIS [1]

(1) Leges Syllogismorum categoricum optime demonstrare licebit per reductionem ad considerationem ejusdem et diversi. Nam in propositione vel pronuntiatione semel id agitur ut duo inter se vel eadem vel diversa pronuntiemus.

(2) Terminus (velut homo) in propositione vel accipitur universaliter de quovis homine, vel particulariter, de quodam homine.

(3) Cum dico : *Omne A est B*, intelligo quemlibet eorum qui dicuntur A, eundem esse cum aliquo eorum qui dicuntur B. Et hæc propositio appellatur *Universalis Affirmativa*.

(4) Cum dico : *Quoddam A est B*, intelligo aliquem eorum qui dicuntur A, eundem esse cum aliquo eorum qui dicuntur B, et hæc est propositio *Particularis Affirmativa*.

(5) Cum dico : Nullum A est B, intelligo quemlibet eorum qui dicuntur A, diversum esse à quolibet eorum qui dicuntur B, et hæc est propositio *Universalis Negativa*.

(6) Denique cum dico : *Quoddam A non est B*, intelligo quendam eorum qui dicuntur A, diversum esse à quolibet eorum qui dicuntur B, et hæc dicitur *Particularis Negativa*. < Hinc in affirmativis prædicatum vi formæ est particulare, in negativis universale >.

Posset quidem omne A esse omne B, seu omnes qui dicuntur A esse [omnes] < eosdem cum omnibus > qui dicuntur B, < seu propositionem esse reciprocam >; sed hoc non est in usu in nostris linguis.

---

1. Cf. *La Logique de Leibniz*, p. 23 sqq., et Appendice I.

PHIL., VI, 14, f. 1. Quemadmodum nec quosdam A esse [omnes] < eosdem cum omnibus > B, id enim exprimimus cum dicimus omnes B esse [quosdam] A. Inutile autem fuerit dicere Nullum A esse quoddam B, seu quemlibet eorum qui dicuntur A esse diversum ab aliquo eorum qui dicuntur B, hoc enim per se patet < nisi B sit unicum >; et multo magis quendam eorum qui dicuntur A diversum esse a quodam eorum qui dicuntur B[1]. < Ita videmus perfici doctrinam Logicam, rem a prædicatione transferendo ad identitatem. >

< (8) A in exemplis propositis dicitur *subjectum*, B *prædicatum*. Et propositiones hujusmodi categoricæ appellantur. >

(9) Itaque eo quem diximus sensu, patet omnem < et solam > propositionem Affirmativam habere prædicatum particulare, per art. 3 et 4.

(10) Et omnem < ac solam > propositionem negativam habere prædicatum universale per art. 5 et 6.

(11) Porro *propositio* ipsa à subjecti universalitate vel particularitate *universalis* vel *particularis* denominatur.

(12) *Syllogismi* < *quos categoricos simplices vocant* > ex duabus propositionibus tertiam eliciunt, quod fit utendo [hoc] < duobus > principiis, < quorum unum est >, quæ sunt eadem uni tertio esse eadem inter se, < ut si L sit idem ipsi M, et M ipsi N, eadem esse L et N. >

(13) Alterum huc redit, diversa inter se, quorum unum tertio idem est, alterum ei diversum. Ut si L sit idem ipsi M, et M sit diversum ipsi N, etiam L et N diversa esse.

(14) Quod si L sit diversum ipsi M et N sit itidem diversum ipsi M, non potest inde cognosci, utrum L et N sint idem an non; et fieri potest ut L sit idem ipsi N, vel etiam ut L sit diversum ipsi N.

(15) Hinc statim colligitur ex duabus propositionibus negativis non posse fieri syllogismum, ita enim revera pronuntiatur L esse diversum ab M, et N etiam esse diversum ab N[2].

1 verso. | Exempli causa si dico Nullus homo est lapis, Nullus canis est homo, sensus est quemlibet hominem esse diversum à quovis lapide, quemlibet canem esse diversum à quovis homine, itaque nullum est hic principium comparandi canem et lapidem et colligendi quid ibi idem vel

---

1. Ici Leibniz conçoit nettement la *quantification du prédicat*, et la rejette. Cf. p. 59, note 1.
2. L'un des deux N est mis pour M.

diversum. Idem est ac si dicam quidam canis non est homo, saltem enim dico quendam canem à quovis homine diversum est[1].

(16) Patet etiam in syllogismo categorico simplice tres esse terminos, dum tertium aliquid adhibemus, quod dum uni pariter atque alteri extremorum conferimus, modum tentamus conferendi extrema inter se.

(17) Hic propositio quam ex duabus assumtis deducimus, *Conclusio* appellatur, ejusque subjectum solet appellari *Terminus Minor*, prædicatum *Terminus Major*. Tertius autem terminus qui ad extremos hos conferendos inservit, *Medius* dicitur.

(18) Et propositiones duæ ex quibus tertiam, nempe Conclusionem, inferimus, *præmissæ* appellantur, in quarum una Minor terminus in altera major cum medio confertur. Præmissa quæ Majorem < terminum > continet ipsa *propositio Major* appellatur; quæ Minorem < terminum > *propositio Minor*. < Medius terminus inest utrique. >

(19) Ex his patet, Medium Terminum in alterutra ad minimum præmissa debere esse universalem. Nam determinata Termini contenta non adhibemus, sed vel omnia vel quædam indeterminatè. Itaque si medius Terminus utrobique est particularis, non est certum contenta < Medii > quæ adhibentur in una præmissa esse eadem cum contentis medii quæ habentur in altera præmissa, atque ideò nec inde colligi aliquid potest de identitate et diversitate extremorum. Ex. gr. si quis dicat

Quidam homo est felix
Omnis doctus est homo

nihil inde inferri potest. Nam idem est ac si diceret, Quidam homo idem est cum quodam felice. Sed omnis doctus idem est cum quodam homine. Hic cum bis occurrat quidam homo, potest alius planè homo intelligi in una præmissa, ab eo qui in altera præmissa, unde nullum argumentum ad conferendum doctum et felicem duci potest, ut inde de aliquo vel omni docto colligatur, an diversus sit vel idem alicui vel omni felici.

(20) Facile etiam intelligi potest Terminum particularem in præmissa non inferri universalem in conclusione, neque enim idem aut diversum in conclusione cognoscitur, nisi de eo quod idem aut diversum medio in præmissa habitum est. Itaque si quoddam tantum termini contentum contulimus, nihil nisi de hoc quod contulimus colligere licet.

---

1. *Sic*, pour *esse*.

(21) Nec minus manifestum est, una præmissa existente negativa, etiam conclusionem esse negativam, < et vicissim >, quia non alia tunc adhibetur ratiocinatio, quam cujus principium adductum est artic. 13. Nempe si L idem ipsi M, et M diversum ipsi N, esse L diversum ipsi N.

(22) Quatuor sunt figuræ syllogismorum categoricorum simplicium discriminatione ex Medii termini situ. Sit enim Minor terminus B, medius C, major D. Conclusio semper est BD. In præmissis potest Medius esse subjectum in priore præmissa et prædicatum in posteriore, vel prædicatum in utraque, vel subjectum in utraque, vel prædicatum in priore, subjectum est[1] posteriore. < Solemus autem majorem propositionem ponere priore loco, minorem prop. posteriore. >

Fig. 1.	CD.	BC.	BD.
fig. 2.	DC.	BC.	BD.
fig. 3.	CD.	CB.	BD.
fig. 4.	DC.	CB.	BD.

Sed an quævis harum figurarum, et quibus legibus procedat, postea apparebit.

(23) Literæ vocales A, E, I, O significant nobis propositionum *qualitatem* (id est an sint affirmativæ vel negativæ) et *quantitatem* (an sint universales vel particulares). Et quidem

A significat	Universalem affirmativam
E	Universalem negativam
I	Particularem affirmativam
O	Particularem negativam.

(24) Coincidunt autem quantitas subjecti et quantitas propositionis; item quantitas prædicati et qualitas propositionis, per art. 9. 10. 11. < S significabit universalem, P particularem, V, Y, Ψ incertam. Propositionis quantitas designabitur per subjecti signum, qualitas per prædicati. Signum itaque SBSD est propositio universalis negativa. SBPD universalis affirmativa. IBSD particularis negativa. IBID, particularis affirmativa[2]. { propositionis quæcunque universalis vel particularis affirmativa vel negativa sic generaliter exprimitur unurarem * ΨF.ΨS. } >

---

1. *Lapsus calami*, pour *in*.
2. L'origine de ces notations se trouve dans le *De Arte Combinatoria* (1666) : S

| (25) In < omni et sola > propositione particulari affirmativa uterque terminus est particularis. Nam subjectum est particulare (art. 11) et prædicatum est particulare (art. 9).

< *Coroll*. Ergo ubi terminus est universalis, propositio est vel universalis vel negativa. >

(26) In propositione universali negativa uterque terminus est universalis, subjectum (art. 11) prædicatum (art. 10).

(27) Si minor terminus sit particularis in præmissa, conclusio est particularis, quia terminus extremus particularis in præmissa est etiam particularis in conclusione (art. 20); minor verò existens particularis in conclusione, cum sit ejus subjectum (art. 17), facit et conclusionem particularem (art. 11).

< *Coroll*. Si conclusio sit universalis, minor terminus est universalis ubique. >

(28) Si major terminus sit particularis in præmissa, conclusio est affirmativa. Nam erit et particularis in conclusione (art. 20) sed ibi est prædicatum (art. 17), ergo conclusio est affirmativa (art. 9).

Coroll. Si conclusio sit negativa, major terminus est universalis ubique.

(29) Si conclusio sit negativa, major propositio est vel universalis vel negativa. Nam si conclusio est negativa, major terminus est universalis ubique (coroll. art. 28). Ergo et in propositione majore, unde vel erit ea universalis si medius in ea est subjectum (art. 11) vel negativa si medius in ea est prædicatum (art. 10).

(30) Si minor propositio sit negativa, major < propositio > est universalis. Nam major est affirmativa (art. 15) < porro et conclusio negativa (art. 21) ergo [major terminus in ea est universalis ergo] et in majore prop. (art. 21) est major prop. > (per art. 29) est universalis.

| { *Coroll*. 1. Ergo si major est particularis, minor est affirmativa per conversionem propositionis.

Coroll. 2. Non datur syllogismus, ubi major propositio sit particularis affirmativa, et minor universalis negativa, seu non datur modus IEO. }

(31) Si conclusio sit universalis affirmativa syllogismus debet esse in

---

signifie une proposition singulière, qui équivaut à une universelle; I signifie une proposition indéfinie, qui équivaut à une particulière.

PHIL., VI, 14, f. 2. prima figura. Nam conclusio est universalis (ex hyp.) Ergo minor in ea terminus universalis (art. 11). Ergo minor terminus est universalis in minore propositione (art. 20) sed ea est affirmativa (art. 21) quia conclusio (ex hyp.) est affirmativa. ergo terminus universalis non est in ea praedicatum (art. 10), ergo minor terminus in minore propositione est subjectum. Itaque medius in ea est praedicatum, unde cum propositio affirmativa erit (art. 11) medius in ea particularis; ergo (art. 19) medius in propositione majore erit universalis, sed et propositio major est affirmativa (art. 21) cum conclusio sit affirmativa. Ergo medius universalis in ea non potest esse praedicatum, sed subjectum. Cum ergo medius sit praedicatum in prop. minore, subjectum in majore, syllogismus erit in prima figura.

1 verso, marge. | (32) Duae particulares [nihil concludunt] < non constituunt syllogismum legitimum >. Nam semper altera praemissarum est affirmativa (art. 15) si ergo duae praemissae sunt particulares, una < hoc casu > est particularis affirmativa, sed ea habet ambos terminos particulares (art. 25) ergo extremum et medium. Is ergo < medius > est universalis in altera praemissa (art. 19) quae cum sit etiam particularis (ex hyp.) Ergo medius universalis non potest in ea esse subjectum (art. 11) ergo in ea est praedicatum; itaque (art. 10) est negativa; et extremum est subjectum, et cum ipsa sit particularis, erit et extremum hoc particulare (art. 11) ambo ergo extrema sunt particularia, ergo < (art. 20) etiam sunt particularia in conclusione. Ergo > conclusio erit particularis affirmativa (art. 25) quod est absurdum, quia altera praemissarum ostensa est negativa. Ergo et (art. 21) et conclusio est negativa.

2 recto, marge. | (33) Si alterutra praemissa est particularis, conclusio est particularis, seu si conclusio est universalis, utraque praemissa est universalis. < Nam > si conclusio est universalis, minor terminus est universalis ubique (coroll. art. 27) ergo et in minore propositione. Sed quia conclusio etiam est affirmativa, ibi est subjectum (art. 31) ergo (art. 11) minor propositio est universalis, et medius terminus ibidem est praedicatum, ergo medius terminus ibi est particularis (art. 9). Ergo medius terminus terminus est universalis in prop. majore (art. 19) sed ibi est subjectum (art. 3 [1]) ergo (per art. 11) etiam major prop. est univer-

---

1. Lire: 31.

salis. Habemus ergo intentum si conclusio sit universalis affirmativa. Sed si conclusio sit universalis negativa, uterque extremus est universalis (art. 26). Ergo non datur hîc præmissa particularis affirmativa < (artic. 25) > superest ergo tantùm ut, si datur particularis, detur particularis negativa. Ergo (per art. 15 et 31) altera præmissa est universalis affirmativa. In hac extremus, cum sit universalis (ut ostensum est) erit subjectum (art. 9 et 11). Ergo medius in eadem erit prædicatum et particularis (art. 11). Ergo (art. 19) in altera præmissa, nempe particulari negativa, erit universalis. Ergo in ea (art. 10) erit prædicatum. Ergo in ea extremus erit subjectum, sed est universalis, itaque absurdum < etiam est > ut detur præmissa particularis negativa; itaque nulla præmissa potest esse particularis, sive conclusio sit universalis negativa, sive sit universalis afûrmativa. Q. E. D.

< Schol. Non sequitur si conclusio sit particularis, etiam præmissam esse particularem, nam omnis præmissa universalis simul est tacitè particularis [1]. Sed illud sequitur si conclusio sit negativa, esse et præmissam negativam. >

| (34) *Ubi Major terminus est subjectum* in præmissa et conclusio negativa, major < propositio > est universalis. Nam quia conclusio est negativa, ejus prædicatum est universale (art. 11) nempe (art. 17) terminus major. Ergo is etiam est universalis in prop. majore (artic. 20). Est autem in ea subjectum (ex hypoth.). Ergo (art. 11) ipsa propositio major est universalis. Q. E. D.

{ *Coroll.* Hinc ubi major terminus est subjectum in præmissa, majore propositione existente particulari, conclusio est affirmativa. }

(35) *Ubi major terminus est prædicatum* in præmissa, conclusione existente negativa, major propositio est negativa. Nam cæteris ut in Dem. præcedente repetitis; est in ea prædicatum (ex hyp.). Ergo (artic. 10) ipsa propositio est negativa.

< *Coroll.* Hinc ubi major terminus est prædicatum in præmissa, majore propositione existente affirmativa, etiam conclusio est affirmativa. >

(36) *Ubi minor terminus est prædicatum* in præmissa, conclusione existente universali, minor propositio est negativa. Nam si conclusio est

---

[1]. En vertu de la subalternation.

universalis, minor terminus in ea est universalis (art. 11) ergo et in præmissa (art. 20) sed in ea est prædicatum (ex hyp.). Ergo (art. 10) est negativa.

Coroll. Ergo ubi minor terminus est prædicatum in præmissa, minore propositione existente affirmativa, conclusio est particularis.

(37) *Ubi medius terminus semper est prædicatum,* seu in secunda figura, conclusio debet esse negativa. Nam medius semel debet esse universalis (art. 19) sed universale prædicatum facit propositionem negativam (art. 10), ergo præmissa alterutra est negativa. Ergo (art. 21) conclusio est negativa.

Coroll. Hinc si conclusio sit affirmativa, medius terminus alicubi est subjectum.

(38) Ibidem major propositio semper est universalis. Nam quia conclusio est negativa (art. 28 [1]) major terminus in ea est universalis (art. 10) ergo et in majore prop. est universalis (art. 20) sed in ea est subjectum (ex hyp.). Ergo (art. 12) et ipsam facit universalem.

| (39) *Ubi Medius Terminus semper est subjectum,* < seu in tertia figura >, conclusio debet esse particularis.

Esto conclusio universalis, ergo minor terminus in ea est universalis, ergo (art. 20) etiam in prop. minore est universalis. Sed in minore propositione est prædicatum (ex hyp.). Ergo minor prop. erit negativa (art. 10). Ergo (art. 21) et conclusio est negativa, ergo et major terminus in conclusione est universalis (art. 10). Ergo major terminus etiam in majore propositione est universalis (art. 20). Sed in ea est prædicatum (ex hyp.). Ergo (art. 10) et major propositio erit negativa. Itaque ambæ præmissæ sunt negativæ, quod est absurdum per art. 15. Itaque ubi medius terminus semper est subjectum, conclusio debet esse particularis. Q. E. D.

§ (40) Ubi medium [2] modo subjectum modo prædicatum est, si ea præmissa in qua prædicatum est sit affirmativa, altera præmissa erit universalis. Nam in priore medium erit particulare (art. 9). Ergo in altera universale (art. 19). Sed in ea est subjectum (ex hyp.). Ergo ipsa propositio erit universalis (art. 11).

---

1. Ancien numéro de l'art. 37.
2. Ici *medium* est au neutre, au lieu du masculin ordinaire *medius*.

< *Coroll.* Hinc in quarta Figura si major sit affirmativa, minor est universalis.

Schol. In prima inutile fit corollarium, quod fieri posset, sic enim sonaret : in prima si minor sit affirmativa, major est universalis; quod quidem verum est, sed non satis, cum ibi minor semper sit affirmativa, et [1] >

(41) Ubi medium modo subjectum modo prædicatum est, si ea præmissa ubi subjectum est sit particularis, altera erit negativa. Demonstratur eodem modo.

Coroll. Hinc in quarta figura si minor sit particularis, major erit negativa.

Schol. Utraque propositio conjungi potest, cum una sit tantum alterius conversa. Nempe non simul præmissa in qua medius est prædicatum potest esse affirmativa, et in qua est subjectum, universalis. }

(42) In prima et tertia figura, Minor propositio est affirmativa. Nam si minor propositio esset negativa, utique et conclusio foret negativa (art. 21). Jam ubi conclusio est negativa et major terminus est prædicatum < in præmissa >, (ut in prima et tertia fig. art. 22) etiam major propositio est negativa (art. 35). Ergo tam major quàm minor præmissa foret negativa, contra art. 15.

(43) In prima figura major propositio est universalis. Nam in ea minor prop. est affirmativa (art. 40 [2]). Ergo et in ea medius terminus est prædicatum minoris prop. (art. 22) ergo in ea medius terminus est particularis (art. 11). Ergo medius terminus est universalis in majore propositione. Sed medius terminus in majore propositione est subjectum (artic. 22). Ergo (art. 11) major propositio est universalis. < Sequitur etiam ex prop. 40 et 42. >

(44) Si Medius terminus est [prædicatum] [subjectum] [3] in propositione Minore, propositio major est universalis. Nam si medius terminus est prædicatum in propositione minore, figura est prima vel secunda (art. 22) sed in fig. 1 major est universalis (artic. 43) et in fig. 2 major prop. est < etiam > universalis (artic. 38). Ergo habetur propositum.

(45) In quarta figura non simul major prop. particularis, et minor prop. negativa. Esto < in ea > per 24 major particularis PDΨC, minor

---

1. Leibniz allait sans doute écrire : *major universalis*, mais il a dû s'apercevoir qu'il ne l'avait pas encore démontré. Il le démontre plus bas (art. 43).
2. Lire : 42.
3. Lire : *prædicatum*.

Phil., VI, 14, f. 2. negativa SCΨB[1], erit conclusio negativa PBSD, sed hoc absurdum, quia (art. 20) non potest esse in majore PD et in minore [2] SD.

(46) In quarta figura non simul est minor particularis et major affirmativa. Existant simul, erit major ΨDPC, minor PCΨB; sed ita medius C utrobique est particularis, quod est contra art. 19. < Potest etiam ut corollarium derivari ex prop. 40 vel 41. >

(47) Quævis ergo figura accipit duas limitationes : in prima major est universalis, minor affirmativa; in secunda major est universalis, conclusio negativa; in tertia minor est affirmativa et conclusio est particularis. Binæ limitationes quartæ magis sunt implicatæ, ut in artic. 45 et 46.

1 recto, marge. | (48) Conclusio universalis affirmativa non datur nisi in prima figura [3]. Nam excluditur figura 2da et 3tia (art. 37 et 38 [4]). Porro minor terminus est universalis in conclusione (art. 11) ergo et in minore prop. (art. 20). sed ea est affirmativa (art. 21) ergo prædicatum ejus est particulare (art. 9) ergo minor universalis non est ejus prædicatum sed subjectum, quod non habet locum in quarta figura (art. 20). Ergo sola superest prima.

Veniendum jam foret ad modorum enumerationem, demonstranda prima figura et in quatuor modis prima erit; hinc demonstrabitur subalternatio, assumta identica. Et sic habentur reliqui modi duo primæ. Ex sex modis primæ per regressum demonstrantur sex modi secundæ et sex modi tertiæ, et simul demonstratur tot esse modos secundæ vel 3tiæ quot primæ. Quartæ modi demonstrantur ex prima per conversionem, et demonstrati dant reliquos per regressum. Contendendum erit, non dari plures, et quidem non per enumerationem illegitimorum, sed ex legibus legitimorum [5]. V. g. in prima præmissæ SCΨD, ΨBPD dant :

SCPD	SBPD	AA	A Barbara	1
			I Barbari	2
	PBPD	AI	I Darii	3
SCSD	SBPD	EA	E Celarent	4
			O Celaro	5
	PBPD	EI	O Ferio	6

1. Lire : ΨCSB.
2. Lire: *conclusione*.
3. Cf. l'art. 31.
4. Lire : 39.
5. Voir *La Logique de Leibniz*, chap. I, § 5 sqq.

Phil., VI, 14, f. 3-4 (4 p. in-folio)[1].

Ex veris non nisi verum sequitur. Hinc quod cum meris veris falsum infert, est falsum. Ope hujus propositionis demonstravi veritatem secundæ et tertiæ figuræ, ut hoc sensu quodammodo indirectæ dici possint.

Quartam figuram demonstro ex prima accedentibus conversionibus, sed ipsæ conversiones prius per figuram 2dam et 3tiam demonstrantur.

< In quavis figura inveni sex modos >

Fig. 1. — CD. BC. BD.

AAA	EAE	AII	EIO	AAI	EAO
Barbara	Celarent	Darii	Ferio	*Barbari*	*Celaro*

Fig. 2. — DC. BC. BD.

EAE	AEE	EIO	AOO	EAO	AEO
Cesare	Camestres	Festino	Baroco	*Cesaro*	*Camestros*

Fig. 3. — CD. CB. BD.

AAI	EAO	IAI	AII	OAO	EIO
Darapti	Felapton	Disamis	Datisi	Bocardo	Ferison

Fig. 4.

AAI	AEE	IAI	EAO	AEO	EIO

{ Sunt quatuor senosque modos habet una figura.
Sponte duo veniunt, satis est efferre quaternos :
Barbara, Celarent, Darii, Ferio, bari, laro.
Cesare, Camestres, Festino, Baroco, saro, stros.
Tertia grande sonans effert Darapti Felapton
Disamis Datisi Bocardo Ferison.
Barmasi Calmerens (rop) Fesiso (sapo) Dimaris.
. . . . }

Vocabula afficta sic interpretantur, à vocalibus per versus
Asserit A negat E verùm generaliter ambo
Asserit I negat O sed particulariter ambo.

---

1. Les feuillets 3 et 4 contiennent un brouillon qui paraît se rattacher à la *Mathesis Rationis*, sans toutefois lui faire suite.

Pɪɪɪʟ.., VI, 14, f. 3.   Sed per literas consonas exprimere volunt modum reducendi ad primam :

    S vult simpliciter verti, P porro per acci,
    M vult transponi, C per impossibile duci.

Initiales autem literæ ostendunt ad quem primæ quis 2dæ aut 3tiæ referatur.

    Cesare ad *Celarent*. . . . .
    Camestres ad *Celarent*. . . . .
    Festino ad *Ferio*. . . . .
    Baroco ad *Barbara*, sed per impossibile, ob C. . . . .
    Cesaro, Camestros, reducuntur ut *Cesare, Camestres*.
    Darapti ad *Darii*. . . . .
    Felapton ad *Ferio* similiter.
    Disamis ad *Darii*. . . . .
    Datisi ad *Darii*.
    Bocardo ad *Barbara*. . . . .
    Ferison ad *Ferio*. . . . .

Quartæ figuræ quidam apud Claudium Clementem has numerant : *Barmari Calerent Dimaris Firemo*. < Malim > *Barmapi* ad *Barbara*
  . . . *Calmerens* ad *Celarent*. . . . .
    Dimaris ad *Darii*.   C   B
    Firemos falsum est, et in nulla figura datur. . . .   D

3 verso. | Ergo pro *Firemos* scribemus *Ferimos*.   D   C
    Fesiso ad *Ferio*. . . . .   B

Supersunt duo adhuc modi quartæ figuræ ab aliis neglecti, AEO et EAO, et quidem AEO consequitur ex *Calmeres*. . . Itaque scribemus :
    Calmerop ex *Celarent*. . . . .
    Superest EAO, quod reducitur ad *Ferio*. . . . .
    Fesapo ad *Ferio*. . . . .

Habemus ergo hos < sex > quartæ modos ad communem formam expressos :
    Barmasi, Calmerens, Dimaris, Fesiso, Calmerop, Fesapo. . . . . .

Superest ut consideremus modos quos indirectos vocant. . . . .

4 recto. | Ex his patet quatuor modos primæ indirectos, qui revera quartæ sunt, oriri ex conversione conclusionis < primæ >. . . . . . .

Itaque duobus modis ex prima figura colligimus quartam, unus est, ut

quamlibet conclusionem primæ convertamus quantum converti potest, et   Phil., VI, 14, f. 4.
deinde præmissas transponamus; alter modus est ut utramque præmissarum convertamus, ita nulla opus transpositione præmissarum. Prior modus dat modos quatuor, secundus dat modos duos. . . . . .

Leibniz essaie ensuite d'expliquer par des schèmes géométriques linéaires les deux règles suivantes :

Ex meris negativis nil sequitur;
Ex meris particularibus nil sequitur.

Et il ajoute :

Hæ propositiones generales nondum satis figuris exponi possunt.

. . . .

| Conclusio syllogismi categorici enuntiat identitatem vel diversitatem contenti in Termino Minore, cum contento in termino Majore. . .   4 verso.

{Quantitas subjecti notat quantitatem propositionis. Quantitas prædicati notat qualitatem propositionis, ergo sufficit omnia reduci ad quantitatem. }

(1) Medius Terminus debet esse universalis in alterutra præmissarum. . . . .

(2) Alterutra præmissa debet esse affirmativa. . . . .

(3) Terminus particularis in præmissa est particularis in conclusione. . . . .

<(4) Si una præmissa sit negativa, etiam conclusio est negativa. . . >

[4] (5) Subjectum propositionis universalis est universale, particularis particulare.

[5] (6) Prædicatum propositionis affirmativæ vi formæ est particulare, negativæ universale.

Ex his quinque fundamentis omnia Theoremata de Figuris et modis demonstrari possunt [1].

[6] (7) Si conclusio sit universalis, minor propositio vel est universalis vel negativa. . . . .

(7) Si conclusio sit negativa, major propositio vel est universalis vel negativa. . . . .

(8) Si minor sit negativa, major est universalis. . . . .

1. Cf. Phil., VII, B, IV, 7.

PHIL., VI, 14, f. 5.   PHIL. VI, 14, f. 5 (in 4°).

  { melius alibi. }
  Si propositio sit universalis negativa, uterque ejus terminus est universalis.
  Si conclusio est universalis, erit utraque præmissa universalis.
  Si alterutra præmissa est particularis, conclusio est particularis. . .
Verso. | Duæ particulares nihil concludunt. . . . .

PHIL., VI, 15.   PHIL., VI, 15 (9 f. in-folio).

  Schedæ de novis formis et figuris syllogisticis.

  Quales hic sunt, typis vix possunt committi, nam sine capite et calce apparent. Altera harum schedarum anno 1715 concepta [1].

1 recto.   Cum novos modos syllogisticos invenissem in prima, secunda et tertia [2] figura, et primæ duos, secundæ etiam duos, tertiæ [3] unum addidissem, < ut ita quælibet Figura habeat sex modos >, cogitavi de nominibus imponendis, quæ convenirent regulis receptis in versibus *Barbara, Celarent,* etc.

. . . .

  Ici Leibniz rappelle ces règles formulées en deux distiques (pour les voyelles et pour les consonnes) [4].

  Eadem opera deprehendi Nomina modis quartæ ascripta regulis non satis confirmari. Apud Cornelium Martinium in Logica hunc versum pro iis invenio :
  Sunt *Cadere* et *Fedilo, Digami, Fegano, Balanique.*
  Apud Wilkinsium in Grammatica rationis talis extat :
  Barbari, Calentes, Dibatis, Fespamo, Fresisom [5].

. . . .

1 verso. | Nomina autem quinque modorum veterum < Figuræ > quartæ

1. Titre et note de la main de RASPE. Voir la note au bas du f. 7 verso.
2. *Lapsus,* pour *quarta.*
3. Même remarque.
4. Déjà cités PHIL., VI, 14, f. 3 recto.
5. Le même sujet est traité dans le coupon f. 3.

formavi ex nominibus vulgo receptis quinque modorum quos vocant Phil., VI, 15, f. 1. indirectos primæ :

Celantes, Baralip, Dabitis, Fapesmo, Frisesmo.

Nam quia hi solis transpositis præmissis, sine ulla alia mutatione, dant quartam; hinc pro nominibus quartæ formandis transposui duas priores indirectorum syllabas, et adjeci literam M, ubi in indirectis abest, omisi quia abest [1]. Et fiet :

Calmentes, Baralimp, Digamis, Fesapo, Fresiso.

Sed addi debet novus modus *Cademop*, ut jam dixi.

Porro quia reperi duos novos quosdam modos secundæ non posse per regulas dictorum versuum duci ex modis veteribus primæ, sed < sic > ex modis ejus novis oriri, ideò ut regulam servarem, quod quivis modus figuræ derivativæ reducendus sit ad modum primæ ejusdem initialis, et quia B, C, D, F, sunt initiales quatuor veterum modorum primæ; nunc pro duobus novis adhibui G et L, omnes autem 24 modos versibus sum complexus :

> Quæque Figura modos jam sex habet, ecce sequentes
> Barbara Celarent primæ, Darii Ferioque,
> Sunt veteres, at nunc Gabali Leganoque novelli.
> Cesare, Camestres, Festino, Baroco secundæ,
> Nunc Gaceno et Lesaro. Sed habet Darapti, Felapton
> Tertia cum Disamis, Datisi, Bocardo, Ferison.
> In quarta est Cademop prius haud numeratus; at olim
> Calmentes, Baralimp, Digamis, Fesapo, Fresiso.

Sed placet exhibere modos omnes, uti ex prima figura demonstrantur, per conversionem quoties fieri potest, sin minus per regressum seu reductionem ad impossibile < secundum regulas receptas supra positis binis distichis expressas >. Ubi notabile est quartam figuram prævalere secundæ et tertiæ, quod omnes ejus modi sola conversione possint reduci ad primam. Cum in secunda *Baroco* et *Gaceno*, in tertia *Bocardo* non nisi per impossibile seu regressum ad primam reducantur. Sed sciendum est errasse Logicos, cum putarent reductionem per conversionem esse meliorem quam reductionem per regressum seu impossibile. Nam contra reperi omnes modos secundæ et tertiæ figuræ ad primam figuram reduci

---

1. *Lapsus*, pour : *ubi adest*.

Phil., VI, 15, f. 1. posse per regressum, sed nullum quartæ. Omnes autem quartæ modos ex prima derivari per conversionem, et ipsam conversionem demonstrari per modos secundæ et tertiæ [1]. Sed nunc receptam reductionem sequamur, simulque ad novos nostros modos applicemus, ut nomina recte imposita appareat.

2 recto.

Modi primæ

Barbara	ACD.	ABC.	ABD.	*Celarent*	ECD.	ABC.	EBD.
Darii	ACD.	IBC.	IBD.	*Ferio*	ECD.	IBC.	OBD.
Gabali	ACD.	ABC.	IBD.	*Legano*	ECD.	ABC.	OBD.

Modi secundæ cum reductione vulgari

Cesare	EDC.	ABC.	EBD.	*Camestres*	ADC.	EBC.	EBD.
ad *Celarent*	ECD.	ABC.	EBD.	ex *Celarent*	ECB.	ADC.	EDB.
Festino	EDC.	IBC.	OBD.	*Lesaro*	EDC.	ABC.	OBD.
ad *Ferio*	ECD.	IBC.	OBD.	ad *Legano*	ECD.	ABC.	OBD.
Baroco	ADC.	OBC.	OBD.	*Gaceno*	ADC.	EBC.	OBD.
per *Barbara*	ADC.	ABD.	ABC.	per *Gabali*	ADC.	ABD.	IBC.

Nam si quis neget conclusionem in *Baroco* quæ est OBD, seu statuit oppositam ABD, admittat majorem in *Baroco* quæ est ADC, in *Barbara* cogetur admittere ABC, seu negare OBC, quæ est minor in *Baroco*; nemo ergo admissis præmissis in *Baroco* negare potest conclusionem.

Nimirum conclusionis et alterius præmissarum in dato modo reducendo sumendæ sunt oppositæ servata altera præmissarum.

Modi Tertiæ cum Reductione vulgari

Darapti	ACD.	ACB.	IBD.	*Disamis*	ICD.	ACB.	IBD.
ad *Darii*	ACD.	IBC.	IBD.	ex *Darii*	ACB.	IDC.	IDB.
Datisi	ACD.	ICB.	IBD.	*Bocardo*	OCD.	ACB.	OBD.
ad *Darii*	ACD.	IBC.	IBD.	per *Barbara*	ABD.	ACB.	ACD.
Felapton	ECD.	ACB.	OBD.	*Ferison*	ECD.	ICB.	OBD.
ad *Ferio*	ECD.	IBC.	OBD.	ad *Ferio*	ECD.	IBC.	OBD.

---

1. Cf. *Mathesis Rationis*, fin (Phil., VI, 14) et *De formis syllogismorum mathematice definiendis* (Phil., VII, C, 83-84). V. *La Logique de Leibniz*, ch. I, § 5 sqq.

Modi Quartæ cum reductione vulgari

Baralimp	ADC.	ACB.	IBD.	Digamis	IDC.	ACB.	IBD.
ex *Barbara*	ACB.	ADC.	ADB.	ex *Darii*	ACB.	IDC.	IDB.
Cademop	ADC.	ECB.	OBD.	Calmentes	ADC.	ECB.	EBD.
ex *Celarent*	ECB.	ADC.	EDB.	ex *Celarent*	ECB.	ADC.	EDB.

nempe *op* fit ex *ent* conversione per accidens.

Fesapo	EDC.	ACB.	OBD.	Fresiso	EDC.	ICB.	OBD.
ad *Ferio*	ECD.	IBC.	OBD.	ad *Ferio*	ECD.	IBC.	OBD.

Cum *ex* præfigitur modo primæ, innuitur sola conversione conclusionis in modo primæ haberi modum propositum, transpositis saltem præmissis. Cum *ad* præfigitur modo primæ, tunc ex modo dato reducendo per conversionem fit modus primæ habens conclusionem quæsitam. Cum *per* præfigitur modo primæ, tunc fit regressus, seu ostenditur si negetur modus propositus affirmeturque adeò opposita, inferri oppositam præmissæ per modum primæ; contra hypothesin. . . . . .

Suivent des remarques sur les réductions des divers modes à la 1re figure.

Les feuillets 3, 4, 5, 6 sont des coupons portant des notes de Logique syllogistique.

Les feuillets 7-8 (2 p. in-folio) contiennent les schèmes géométriques des 19 modes classiques [1]. On lit au bas de la p. 7 verso cette note :

Giessæ nuper (1715 hæc scribo) Triangulum Logicum edidit.

Barbara	O. B est C		O. A est C
vel *Barbari*	O. A est B		vel Q. A est C.
Celarent	N. B est C		N. A est C
vel *Celaro*	O. A est B		vel Q. A non est C
Darii	O. B est C		
vel *Barbari*	Q. A est B		Q. A est C

---

[1]. Cf. Phil., VII, B, II, 18; B, IV; C, 28.

Ferio	*N.* B est C		C
vel *Celaro*	*Q.* A est B		B $\Big\}$ *Q.* A non est C.
			A

. . . .

F. 9 (un coupon).

Quarta Figura

CB	A	E	I	E	A	A	
BA	E	I	A	A	A	E	CADERE
AC	E	O	I	O	I	O	Omne animal est vivens
	CADERE	FEDIBO	DIGAMI	FEGANO	BALANI	CADERO	Nullum vivens est lapis
							Nullus lapis est animal

Demonstratio linearis.......

Major	Animal ———————	$\Big\}$ prop.	
Medius	Vivens ——————..........	$\Big\}$ maj.	conclusio
Minor	Lapis ———	$\Big\}$ prop. min.	

PHIL., VI, 17 (3 p. in-fol.).

Ad Stateram juris
de gradibus probationum et probabilitatum
Godefridi Veranii Lublinensis [1].

Note de RASPE : « Nonnisi initium est elegantissimi opusculi, quod completum et ad finem perductum nobilissimam partem logicæ probabilium contineret. »

---

[1]. Ce n'est pas la seule fois que Leibniz prend un pseudonyme. Sans parler de celui de Guilielmus Pacidius, sous lequel il voulait publier son *Plus Ultra* (PHIL., VII, A, 1), et qu'il revêtait dans ses dialogues (v. MATH., I, 29, et le *Pacidius Philalethi*, oct. 1676, MATH., X, 11), il avait publié en 1669 son *Specimen demonstrationum politicarum* sous le pseudonyme de *Georgius Ulicovius Lithuanus*, qui reproduisait aussi ses initiales (G. V. L.) (V. *La Logique de Leibniz*, Note VIII) et il avait projeté de publier son *Aurora* sous le pseudonyme de Guilielmus Pacidius Lubentianus. Enfin il publia son *de Jure Suprematus* sous le pseudonyme symbolique de CAESARINUS FUERSTENERIUS (1677).

STATERAM quandam juris affero, novum instrumenti genus, quo non   Phil., VI, 17.
metalla et gemmæ, sed quod illis pretiosius est rationum momenta
æstimari possint. Omnium vox est argumenta disceptantium, sententias
autorum, voces deliberantium, non debere numerari sed *ponderari* <, ab
eo penes quem suprema est *expensis* omnibus statuendi potestas >. Una
gravis ratio multas conjecturas destruere potest, vicissim aliquando per
se contemnenda singulatim, ubi cumulum fecere, prægravant *lancem*.
[Hoc libræ genus < summæ > in omni humana vita [profuturum]
< utilitatis >, [ex Jurisconsultorum thesauris expromo] < ex Juris-
prudentiæ adytis promo. >] Itaque fatentur omnes, extare in rerum
natura hoc Libræ < Logometræ > genus, ubi reperiatur non ostendunt. { Aristoteles Logicæ parens non attigit; < interpretes multo
minus >. Qui nostro tempore præ cæteris egregie in logicis versati
sunt, Joachimus Jungius et Antonius Arnaldus [1], hanc partem non minus
quam cæteri prætermisere. } Rem ergo summæ in omni vita utilitatis
nunc tandem ex Jurisprudentiæ adytis promimus, ubi ita latebat, ut vix
agnosceretur. Nimirum pro comperto < habendum > est, *ut Mathematicos in necessariis, sic Jurisconsultos in contingentibus Logicam, hoc est rationis
artem, præ cæteris mortalibus optime exercuisse.* Hinc illorum multa præcepta
de probationibus plenis aut semiplenis, de præsumtionibus, de conjec-
tandis sensibus < legum >, contractuum atque ultimarum voluntatum,
de indiciis criminum < atque argumentis > ad inquisitionem, ad cap-
tionem, < ad territionem >, ad quæstionem per tormenta < imi,
medii, summi gradus >; accedunt loca legalia argumentorum, quæ
Topicam juris axiomatibus vel ut vulgo loquuntur maximis instruunt
[quas alii κυρίας δόξας vocant] [2]. Postremo quid aliud est processus judiciarius quam forma disputandi a scholis translata ad vitam, purgata ab
inaniis, et autoritate publica ita circumscripta, ut ne divagari impune
liceat, aut tergiversari, neve omittatur quodcunque ad veritatis indaga-
tionem facere videri possit. Qua sane diligentia atque industria, si mor-
tales cæteris in rebus uterentur, et quantum < in re pecuniaria, sæpe
non magna >, fatigantur judices aut commissarii conferendo argumenta
argumentis < examinando scripturas >, interrogando testes, descen-

---

1. Que Leibniz considérait comme l'unique auteur de la *Logique de Port-Royal*.
2. Cf. *Nouveaux Essais*, IV, xvi, § 9.

dendo in rem præsentem; tantum in natura investiganda, et < quod potissimum est > vera æternæ beatitudinis via discernenda operæ poneretur; dubium nullum est, quin multo magis quam fieri solet et sanitati corporis et ipsius animæ saluti consuleretur. } Ut nihil jam de gravissimis in republica deliberationibus aut virorum militarium consultationibus dicam, ubi plerumque autoritas vel eloquentia pro ratione obtinet, præsertim cum vim rationum agnoscere vel temporis brevitas vel rei perplexitas multiplicitasque difficile fecit. } Sane Medicos constat non indiligenter præcepisse de indicationibus. Sed longissime absunt ea in re ab ἀκριβείᾳ Jurisconsultorum, cum tamen ut Plinius ait, periculum sit in nullo negotio majus. Non contemnenda sunt quæ præcepit Claudinus autor libri de ingressu ad infirmos, aut Sanctorius in Methodo vitandorum errorum in Medicina, sed tenuia apparent si elaboratis Jurisconsultorum operibus conferantur, quale est Rutgeri Rulandi de Commissario, quem scriptor iste innumeris interrogationibus et subinterrogationibus ita instruxit, ut non facile aliquid elabatur. | Ut sæpe in mentem venerit admirari humani ingenii perversitatem, quod diligentiam omnem eo convertit, ubi minus necesse est. De stillicidiis, de lumine < ædium > vicini obstructo, de itinere, actu, via per agrum, de tribus capellis, tractatur magna gravitate summoque studio; viri aliquot docti et periti < velut de summa rerum sententias dicunt; itur de tribunali ad tribunal, nequid forte priores fugerit >, nihilque [omittitur] negligitur, quod faciat ad controversiam justo judicio terminandam, non magis quam si in Romano senatu de Asia cis Taurum montem aut de Aegypti regno ageretur. Laudandi sunt isti judices assessoresque suæ industriæ < et religionis >; faciunt officium in parvis non minus quam in magnis. Etiam in tenui laborem [gloria] < merces apud Deum > non tenuis manet [et fieri potest, ut aliquis [homo de plebe in ludo] homo obscurus in ludo latrunculario, artifex in suo opificio, aut etiam [1]]. Sed genus humanum culpandum est, quod < dum > exiguis negotiis egregie prævidit, maxima quæque in casum dare solet. Itaque a Jurisconsultis exemplum petere oportet instruendæ rationis humanæ in gravissimis de vita < et sanitate >, de republica, de belli

---

1. La pensée de Leibniz a dévié, entraînée par une de ses idées favorites, à savoir qu'il y a une foule d'inventions obscures et méritoires dans les métiers et dans les jeux. V. *La Logique de Leibniz*, ch. V, § 19, et VI, § 29.

pacisque negotiis, de conscientiæ moderamine, de æternitatis cura, deliberationibus. Habent Theologi cur se hic admoneri non ægre ferant. Quisquis Colloquia eorum in publicum edita inspexerit curatius, mirabitur sæpe tantas res tam perfunctorie, ne dicam præpostere [et sophistice] tractari. Quidam non argumentantur sed concionantur; alibi Sophismatum seges pullulat, plerumque exacerbantur animi, et in convicia exardescunt. Postremo ita teritur tempus, ita in orbem circumagitur disputatio, ut tædio et desperatione fructus etiam illi finem expetant, qui maxime initiis favere. Sed missis controversiis inter partes, in quas scissus est Christianus Orbis, ad eos inprimis pertinet hæc opera < nostra de Probationum gradibus >, qui conscientias regunt. Præsertim cum ab aliquot annis magna animorum contentione de vi ac potestate probabilitatis inter ipsos certetur. Sunt enim qui putent hominem scientem ac prudentem posse opinionem minus probabilem minusque tutam in agendo sequi, quod alii velut grande piaculum fortiter accusant [1]. Prosper Fagnanus scriptor celebris ex illorum genere quos Canonistas vocant, graviter ostendit quanto sint Jurisconsulti hac in re multis Theologis severiores. Respondit ipsi Honoratus < Fabrius Theologus et philosophus > magni ingenii et vastæ doctrinæ, et sane in nonnullis absolvit probabilistas, et cautiones complures egregias præscripsit; tandem tamen eo descendit ut fateatur ex suæ partis sententia, posse < non raro > homines conscientiæ suæ consulentes, posse etiam animarum medicos, conscientiarum directores opinionem < recte præferre > quæ ipsismet minus verisimilis < minusque tuta > videtur, quando tamen in simili plane causa idem judici aut advocato non liceret. Quod quemadmodum ego non sine admiratione animadverti, ita vel hinc æstimandum puto quanto præstet in hoc genere discere a Legibus et Jurisconsultis, quæ < longo > usu vitæ et controversiarum multiplici discussione probantur, quam < a novitiis quibusdam scriptoribus mutuari > quæ in scholarum umbra subtiliter magis quam accurate cogitata, lucem negotiorum non æque ferunt.

| Hæc autem non eo accipi velim quasi Jurisconsultos esse sine nævis putem, aut quasi omnia apud ipsos ita sint constituta, ut rectius non possint. Quid enim tale est in rebus humanis? Fateor lubens passim incerto

---

[1]. Cette allusion au probabilisme des jésuites et à leurs démêlés avec les jansénistes permet de conjecturer que ce morceau a été écrit pendant ou peu après le séjour de Leibniz à Paris (1672-76).

Phil., VI, 17.   jure nos uti et egere subinde novi Legislatoris opera multaque singulatim in judiciorum processu emendationem postulare; quin et alicubi περιεργία quadam laborari, et nimia formæ solennis cura rem ipsam sæpe amitti, lassatis litigantibus exhaustisque inter judiciorum moras. Sed hæc ostendunt nihil tam egregium esse, quin abusui pateat. Postremo fateor hanc quam ego profero dijudicandi, et ratione inter se confligentes velut in bilance expendendi methodum, nec apud Jurisconsultos ita traditam esse [1], ut novo studio < nostro > non fuerit opus. Materiam tamen operis ab illis suppeditatam, et < ex > diligentia ipsorum hæc nova qualiacunque nostra meditamenta effloruisse res ipsa ostendit. Certe nulli alii tot adminicula submiuistrarunt. Nos < tamen > in aliis quoque doctrinis non perfunctorie versati, fortasse contulimus aliquid ad utilissimæ Tractationis perfectionem, cujus nos quærere aditum contenti in novo doctrinæ genere, alteri melioribus auspiciis ultimam manum impositurio libenter et candide applaudemus.

Phil., VI, 18.   Phil., VI, 18 (2 p. in-4°).

Note de Raspe : « L-ii elegans meditatio de confusa hominum cognitione, quibusque modis hæc melior reddi possit atque perfectior. Spectat ad Synthesin et Analysin universalem a Leibnitio excogitatam [2] ».

1 recto.   Mihi si dicendum quod res est statum humanæ cognitionis consideranti in mentem venit imago exercitus, in fugam conjecti, vel prædæ causa per agros palantis, à quo nulla signa nulli ordines servantur; vel, ut aptiori similitudine utar; eruditionis hodiernæ apparatus, videtur comparari posse tabernæ amplissimæ, omnigena mercium varietate instructæ, sed planè eversæ et perturbatæ, omnibus inter se confusis, nullis accedentibus numeris literisve indicibus, nullo inventario, nullis rationum libris, unde lux aliqua hauriri possit. Ubi quanto majorem massam conficient res collectæ, tanto minùs usui erunt. Itaque non tantùm novis mercibus undique convectandis, sed et his quæ habentur rite ordinandis opera danda est, talisque eligendus ordo, ut nova supplementa semper imposterum locum suum certum inveniant, nec pristina semper ob accessiones quotidianas

---

1. Le mot *esse* est répété à la ligne par erreur dans le ms.
2. Cf. les *Préceptes pour avancer les sciences* (*Phil.*, VII, 157-173).

turbari immutarique indies necesse sit, quod < promtis quidem, sed > PHIL., VI, 18. parum judiciosis patribus familias usu venire solet, qui nunquam sibi satisfacientes, singulis noctibus rerum suarum familiarium faciem statumque mutare deliberant. Idem < nobis > in scientiis usu venire videtur, ubi perpetua reformandi innovandique libidine prurimus, nec tamen quæsitis utimur < sed indigesta relinquentes mox alia captamus >, neque aliquid certi constituimus, cui postea inædificare tutò possimus. Nec parum turbat infinita librorum eadem reciprocantium moles, de qua latius < deinde > dicendi locus erit. Duobus ergo nobis opus est, ut ex illa confusione eluctemur, Inventario amplo suis multiplicibus ac fidelissimis indicibus instructo, et libro subductarum rationum, < quorum operum prius, nempe > inventarium, Historiam omnem Naturæ artisque, et quicquid sensu et relatione constat dignum memoratu vel contineat, vel indicet, at | posterius, nimirum Liber rationum, ipsas (vel absolutas, 1 verso vel cum aliter non licet hypothesi nixas), sive veritatis, sive etiam probabilitatis < maximæ > præsumtionisque demonstrationes < ex sensu cognitis ductas >, comprehendat. Sed neutrum ego sperandum arbitror, in tanta humanarum opinionum varietate, nisi utamur Methodo cujus hic Elementa tradentur, quæ omnes controversias è medio tollit, efficitque ut in rebus etiam à sensu et figura remotissimis calculo quodam irrefragabili < ordineque determinato > procedere possimus. Ita denique imposterum in omnibus disciplinis < magno reipublicæ fructu > fiet quod in Geometria < dudum factum est > ut ingeniosi homines famam non evertendis majorum traditis, sed < quod jam supra admonui > augendis eorum inventis quærere cogantur < *Rationumque* semel subductarum < examinatarumque publicè > *liber* irrefractabilis habeatur. > Et quæcunque in humanam cogitationem cadunt, < nostra notionum analysi > locum ac sedem constantem invariabilemque < in generali Inventario > accipient, licet alioqui < sæpe eædem res ob usum respectumque > multiplicem ad varia loca alia sed obiter designando tantùm < per indicis modum > referri possint.

PHIL., VI, 19, c, 13 (un coupon)[1].

Video eos qui Geometrica Methodo tractare aggrediuntur scientias, ut P. Fabry, Joh. Alph. Borelly, Bened. Spinosa, P. des Châles, dum omnia in propositiones minutas divellunt, efficere ut primariæ propositiones lateant inter illas minutiores nec satis animadvertantur, unde obscuritas, ut sæpe quod quæris difficulter invenias.

1. Cf. PHIL., VI, 12, e, 12 verso; 12, f, 27, fin.

Phil., VII, A, 1 (1 f. in-folio). Titre de la main de Leibniz :

GUILIELMI PACIDII
PLUS ULTRA
sive initia et specimina
SCIENTIAE GENERALIS
de instauratione et augmentis scientiarum,
et de perficienda Mente, rerumque inventionibus
ad publicam felicitatem.

Le même titre se retrouve f. 6.

Phil., VII, A, 16 (1 f. in-4°).

*Encyclopædia ex sequentibus autoribus propriisque
meditationibus delineanda.*

Gerhardt (*Phil.*, VII, 37) n'a publié que les rubriques ou têtes de paragraphes de ce plan; mais chacune d'elles est suivie d'une foule de noms d'auteurs auxquels devait être empruntée la matière du chapitre correspondant de l'Encyclopédie. Ce fragment est un monument curieux de la prodigieuse érudition de Leibniz [1].

Phil., VII, A, 24-25 (2 f. in-fol.) [2].

Initia Scientiæ Generalis, ubi de instauratione et augmentis scientiarum, seu de palpabilibus notis veritatum et filo certo artis inveniendi < omnia

1. Cf. Phil., VII, B, II, 12; VIII, 3; et VII, A, 30 (*Atlas universalis*).
2. Cf. *Phil.*, VII, 49, 57, 59, 64, 124; *Erdm.* 85; et Phil., VIII, 1.

Phil., VII, A, 24. proprio marte > quæcunque humano ingenio ex jam datis duci possunt. Ostenditur scientiæ generalis usus in speciminibus adjectis < etiam latissime patentibus >, quæ sunt primum Geometria circa problemata quæ Algebram transcendunt, < et hactenus in potestate non fuere >; et deinde Elementa Mechanica, quibus machinarum effectûs ad puram Geometriam revocatur[1], < his enim duobus efficitur, ut imposterum de abstractis securi ρysicæ facilius operam dare possimus >. Denique adjecta est Logica [civilis] < vitæ >, de æstimandis probabilitatibus, in quo plerumque peccant deliberantes, cum vel de sanitate, vel de fortuna hominum non contemnendis utrinque argumentis certatur[2].

Après un blanc, un développement qui commence ainsi :

Non male vulgo dicitur unumquemque suæ sibi fortunæ fabrum esse[3].

. . . .

Phil., VII, A, 26-29.

Phil., VII, A, 26-29 (6 p. in-fol.)

26 recto.
{ Dedicatio ad Monarcham qui volet.
Præfatio poterit esse de autoris studiis, et quod conjunxerit literas meditationi[4].
Neminem hactenus veram Analysin intellexisse modumque inveniendi absolvisse. }

IDEA felicitatis cujus capax est genus humanum.
De utilitate scientiarum et veræ eruditionis efficacia ad humanam felicitatem[5].
De causis ignorantiæ et errorum.
De ortu et progressu scientiarum seu de Historia literaria.
De Statu præsenti Reipublicæ literariæ. { Historia Inventorum }[6].
Varia consilia de Instauratione et Augmentis Scientiarum.
Consilium Autoris in duobus consistit, primo in *Scientia generali* tra-

---

1. Pour « revocantur ».
2. Cf. *Ad Stateram juris*... (Phil., VI, 17.)
3. Allusion à un ouvrage de Comenius : *Faber Fortunæ, sive Ars consulendi ipsi sibi*, composé en 1637, publié à Amsterdam en 1657.
4. Leibniz a coutume d'opposer l'érudition à la spéculation, et de remarquer qu'elles se trouvent rarement réunies chez le même homme. V. 219, note 1.
5. Ici Leibniz a barré deux paragraphes qui se retrouvent plus loin : « Dari scientiam generalem » et « Parænesis ad viros pios ».
6. Cf. le morceau « De Republica literaria... », mai 1681 (Phil., VII, A, 31-34; publié par Gerhardt, *Phil.*, VII, 66-73.)

denda, qua datis jam cognitionibus ad alias inde inveniendas quantum possibile est utamur [1]; et secundo in *condendo Humanæ cognitionis ærario*, in quod omnia quæ jam hominibus sunt explorata et vel in libris extant, vel inter homines cujusque facultatis aut professionis sunt sparsa, ordine et cum inventario referantur, < ut iis facilius uti possimus in Experimentis certo consilio sumendis > { ubi maxime generalibus et utilibus incipiendum est. }

Dari Scientiam generalem, < seu Logicam quandam arcanam >, cujus ope omnia ex datis inveniri et dijudicari possint intra paucos annos, ad quæ alias homines usitata hactenus ratione vix post multa secula perventuri videantur.

Parænesis ad viros pios, voluntate et viribus instructos, ut conferant ad tantum bonum malintque se vivis quam extinctis humanam felicitatem augeri [2].

Scientia generalis consistit in < judicio et inventione, sive Analyticis et Topicis, id est in > Notis veritatis et filo inveniendi. Itaque tradentur ante omnia Elementa Veritatis æternæ, nam nisi quis notas habeat agnoscendi veritatem ubi occurrerit, frustra eam quæret.

Hic ergo dicendum erit de Natura Veritatis, et de Veritatibus absolute primis < seu per naturam rerum indemonstrabilibus >, et quomodo cæteræ ab illis deriventur.

De Veritatibus primis quoad nos, sive de Experimentis quæ in dubium revocari non possunt. < Considerationes circa scepticos > [3].

{ De Veritatibus Intellectualibus et Sensibilibus, seu Rationis et Facti. }

De Materia Veritatum sive conceptibus atque ideis, et quomodo conceptus esse genuinos minimeque fictitios cognoscatur.

Conceptus vel sunt < obscuri vel clari, et clari > confusi vel distincti, et distincti plus minusque adæquati. Conceptus obscurus est cum quis ope ejus rem dignoscere non potest. Conceptus clarus est, | cum quis ejus ope rem ubi occurrerit agnoscere, et aliam supposititiam a genuina discernere potest : conceptus clarus at confusus est, cum quis notas quas habet aliis tradere non potest, sed cogitur eandem rem < vel similem >

---

1. En marge : « rari eruditionem Meditationi conjunxere. »
2. Cf. *Phil.*, VII, 65, et Phil., V, 8, g, 30.
3. Cf. le *De Veritatibus primis* (*Phil.*, VII, 194-5) et le *De Synthesi et Analysi universali* (*Phil.*, VII, 296). V. *La Logique de Leibniz*, ch. VI, § 36.

PHIL., VII, A, 26. aliorum sensibus offerre, ut eam etiam agnoscere discant. Sed cum quis conceptum clarum et distinctum habet, tunc habet definitionem Nominalem, quæ nihil aliud est quam aggregatum notarum, quibus rem unam ab alia discernimus. Conceptus distinctus est vel adæquatus [plus minusve] vel inadæquatus. Conceptus distinctus adæquatus est definitio realis, seu definitio talis ex qua statim patet rem de qua agitur esse possibilem, seu qui [1] constat omnibus rei requisitis, < seu natura prioribus sufficientibus >. Conceptus autem < inadæquatus > tanto [magis adæquatus est] < propior est adæquato >, quanto pauciora requisita desunt. Denique conceptus perfectus est, si de omnibus rei requisitis iterum conceptus adæquatus habeatur [2]. Hinc ergo capita orientur :

De discrimine inter conceptus obscuros et claros, ubi ostendendum sæpe nos conceptus tantum cæcos de rebus habere, per analogiam et characteres, aut aliorum ingenio fideque explicandos.

De discrimine inter conceptus confusos et distinctos, ubi de explicationibus per ostensionem et per definitionem, deque iis quorum definitiones non sunt quærendæ.

De discrimine inter conceptus inadæquatos et adæquatos, sive definitionum nominalium et realium, ubi occurrendum Hobbesianæ difficultati < de veritate arbitraria, Cartesianæ, de ideis eorum de quibus loquimur. >

De discrimine inter conceptus imperfectos et perfectos, ubi occurritur difficultati Pascalii de Resolutione continuata [3] et ostenditur ad perfectas demonstrationes Veritatum non requiri perfectos conceptus rerum. < Signum conceptus imperfecti est, si plures dantur definitiones ejusdem rei quarum una per alteram non potest demonstrari, item si qua veritas de re constat per experientiam, cujus demonstrationem dare non possumus. Et quanto hæc signa crebrius occurrunt, tanto major est conceptus nostri imperfectio. Omnes nostri conceptus de rebus completis sunt imperfecti. >

De His quæ per se concipiuntur, seu de Notionibus absolute primis.

De Alphabeto cogitationum Humanarum, seu de Notionibus < secun-

---

1. *Sic* (se rapporte à *conceptus*).
2. Cf. *Meditationes de Cognitione, Veritate et Ideis* (1684).
3. PASCAL, *De l'Esprit géométrique*, section I. V. PHIL., VI, 12, e, 13 recto (p. 181) et *La Logique de Leibniz*, p. 183.

dum nos primis > ex quibus aliæ omnes componuntur, etsi ipsæ fortasse Phil., VII, A, 26.
non sint absolute primæ [1].

De Veritatibus rationalibus, quæ ex axiomatibus sive veritatibus < rationalibus > indemonstrabilibus, et ex definitionibus demonstrantur. Ubi de propositionibus absolutis; affirmativis, universalibus, hypotheticis, negativis, particularibus; de usu particularium et negativarum ad instantias, et refutanda speciem veri habentia. De discrimine veritatum quæ ad theoremata et quæ ad scholia pertinent. Item hic de signis, copulis, particulis, affixis, de recto et obliquo, et variis modis formandi propositiones ex terminis.

{ De consequentiis simplicibus et asyllogistis.

De conversionibus, oppositionibus, de Modis, Joh. Hospinianus.

De Grammatica [philosophica] < logica >. < Hic de linguis > et scholasticorum suppositalitatibus.

De consequentiis vi formæ, de consequentiis vi materiæ, ubi de Enthymematibus, de rectificatione Analyseos Geometrarum. Verba Conringii afferenda ipso non nominato [2]. }

De Argumentationibus quæ non possunt nec debent revocari ad syllogismum.

{ De Argumentationibus in forma diversis a syllogismo scholastico. }

De partis [3] Demonstrationum, ἐκθέσει, etc.

De Justificatione sensuum et Morali vel physica certitudine.

{ De Analysi omnis argumentationis logicæ, qua demonstrari possit ejus bonitas.

De legibus veritatis, necessitatis et }

De Gradibus probabilitatis, seu Libra rationum verisimilium [4].

De Sophismatum detectione, ubi sumenda in manus Colloquia. adde Stahlii diss. Ms.

De judice controversiarum < humanarum > seu Methodo infallibilitatis, et quomodo effici possit, ut omnes nostri errores sint tantum errores calculi, et per examina quædam facile possint justificari.

---

1. Cf. Phil., VII, C, 156, 160.
2. Allusion à sa discussion avec Conring touchant la validité de l'analyse. V. *Lettre à Conring*, 19 mars 1678 (*Phil.*, I, 195); et *La Logique de Leibniz*, p. 266.
3. *Sic*, pour « partibus ».
4. Cf. *Ad Stateram juris* (Phil., VI, 17).

PHIL., VII, A, 27 recto.

| Suit un développement qui commence ainsi :

Sapientia nihil aliud est quam scientia felicitatis sive perfectionis humanæ. . . . .

PHIL., VII, A, 30.

PHIL., VII, A, 30 (2 p. in-fol.) [1].

Atlas universalis.

30 recto. HABETUR hactenus Atlas Geographicus. Item Atlas Astronomicus sive cælestis. Mihi autem in mentem venit Encyclopædiam totam Atlante quodam Universali egregie comprehendi posse [2]. Primum enim pleraque quæ doceri discique oportet oculis subjici possunt. Jam segnius irritant animos immissa per aures, quam quæ sunt oculis subjecta fidelibus [3]. Nec dubitandum est opus hujusmodi fore omnium Bibliothecarum, et inprimis a viris illustribus quæsitum iri, quibus simul oculos animamque pascet, ut juventutem taceam generosam, et compendio docendam, et a verbis ad res mature traducendam. Hic autem Atlas sic instituetur :

Habeantur inprimis libri, qui dogmata sua figuris illustrant; item collectanea figurarum quæ extant apud curiosos, ut Marollium aliosque. Libri autem alicujus figuræ dispersæ in unum facile colligi poterunt, evitatis repetitionibus diversarum figurarum satis compendiosarum. Addantur denique rerum ipsarum icones, ab egregio artifice delineatæ atque æri insculptæ.

Topographia cæli sex Tabulis a P. Pardies comprehensa. Schickardi concavum cæli.

Cassini aliorumque novæ figuræ pro Astronomicis illustrandis.

Ephemerides in figuris dalencæi *. Sumtæ figuræ utilicres ex opere magno Ducis Northumbriæ.

Figuræ utiles ex opere magno planisphærii Octavii Pisani.

Topographia terræ, seu pleræque urbes celebres una, duabus vel pluribus tabulis exhibitæ. Item aliæ tabulæ pro munimentis.

Tabula Heraldica compendiosa. Variæ Tabulæ Heraldicæ illustriorum per varias Europæ regiones familiarum.

---

1. Voir le projet des *Semestria literaria*, 1668-9 (*Foucher de Careil*, VII, 163) et le *Concept einer Denkschrift über die Verbesserung der Künste und Wissenschaften im russischen Reich*, vers 1713 (*ibid.*, p. 592). Cf. PHIL., VI, 11, b, 3; 12, b, 4 verso.
2. Cf. *Consilium de Encyclopædia nova*, 15 juin 1679 (PHIL., V, 7, p. 4).
3. Citation d'HORACE, *Ep.* II, III, 180-1 (« demissa per aurem »).

Tabulæ Genealogicæ familiarum principum Europæ, cum nonnullis PHIL., VII, A, 30.
quæ veterem historiam illustrant.

Omnia Alphabeta linguarum, item varii characteres Typographici, reapse expressi, vide librum characterum Vaticaneæ.

Vestitus, habitus, cultusque hominum variarum nationum et professionum.

Icones virorum illustrium veterum et recentiorum.

Selecta Numismata veterum et recentiorum.

Ædificia insignia antiqua aut nova, adhuc extantia aut alias explorata.

Variæ Antiquitatis reliquiæ ex numismatis, inscriptionibus, annulis et ipsis rebus superstitibus expressæ.

Divinorum officiorum cæremoniæ. < Ordinum vestitus >.

Hyeroglyþica Ægyptiorum ex Horapolline et aliis.

Ripæ iconologia.

Arithmetica in figura. Item Algebra. Elementa Euclidis duabus tabulis comprehensa. Tabula unica Geometriæ practicæ. Tabula Conica, Tabula Sphærica, Tabula pro quadraturis, et quæ his sunt connexa.

Tabula Graphices seu perspectivæ.

Tabula Catoptrica. Tabula dioptrica. Nucleus Cherubini.

Tabulæ novæ pro scientia Musica universa, variisque organis. Adde opus Prætorii et Kircheri.

Tabulæ Architecturæ civilis, et columnarum.

Tabulæ ornamentorum exquisitorum.

Tabulæ poliorceticæ, seu de re fortificatoria urbiumque defensione et insultu.

| Tactica seu de ordine et exercitiis militaribus, quo pertinet et 30 verso. castrametatoria.

Belopoetica seu de armis eminus agentibus, ubi et de aliis armis.

Obsidiones et prælia celebriora.

Mechanica, ubi omnis generis Machinæ et moduli. Hydraulica.

Marina sive Nautica.

Œconomica et omne genus supellectilis, et domesticæ curæ.

Agricultoria, ubi omnis generis instrumenta et opera rustica.

Textoria omnimoda, qua cujuscunque generis vestimenta aut corporis tegumenta parantur. Ubi tota ratio tractandi serici, lanæ, gossypii, lini, cannabis, viminum. < Tinctoria >.

Res muraria, ubi tractio lapidum, terrarum, calcium. < Huc stratores pavimentorum regularii. >

Res lignaria, ubi tigna, trabes, aliaque id genus, et quicquid lignei in ædificando adhibetur.

Addantur alia quæ ædificantibus serviunt, ut vitriariorum ars, item tessellata et musaica opera. Scriniarii. Tornatores.

< Pictoria, Sculptoria, Statuaria. Huc scriptoria ars. >

Ferri et plumbi tractatio, per varias artes mechanicas. Metalli fusoria. Docimastica. Tota res fodinarum.

Coctoria. Huc coctiones vitrioli, salis petræ, salis communis, aluminis, saccari, indigo.

Vini, cerevisiæ, Hydromelis, pomacei parationes, et tota res culinaria.
Omnes chymicæ operationes et chymicorum instrumenta.
Reliqua res pharmacopoetica, et Materialistarum labores.

Opus Botanicum; hortus Eichstetensis, etiam variationes quæ in plantis confingunt, et modus colendi.

Anatomia, opus per se magnum. Rumelini tabulæ perficiendæ.

Chirurgica instrumenta et exercitia. Anatomia comparativa et animalium variorum icones.

Rariora naturæ et artis in Exoticophylaciis contenta.

Mundus insensibilis, seu de his quæ solo microscopio videntur.

Analogica seu de rebus incorporeis, quæ corporum similitudine pinguntur, ubi de virtutibus, vitiis, rebus divinis, huc referuntur Hieroglyphica. Sinensium characteres. Sphæra moralis [1]. Syllogismometrum. La carte du Tendre. Devises choisies. Emblemata selecta.

Hæ Tabulæ tum in unum collectæ in Atlante, tum et separatim a multis quærentur, ut in cartis geographicis fieri solet, concinnabitur et

PHIL., VII, B, 1, 1 (2 f. in-folio).

Nouvelles ouvertures.

1 recto. PUISQUE nous sommes dans un siecle qui tache d'approfondir les choses, < il faut que ceux qui aiment le bien general fassent quelque effort pour profiter de ce penchant qui peut estre ne durera pas long

---

1. Allusion à la *Sphæra moralis* d'Erhard WEIGEL d'Iéna. Cf. *Nouveaux Essais* IV, III, § 19; PHIL., VI, 12, e, 12 recto.

temps aux hommes, sur tout s'il se trouve par malheur ou par leur peu   Phil., VII, B, 1, 1.
de methode qu'ils n'en soyent pas fort soulagés, ce qui les feroit retomber
un jour < de la curiosité > dans l'indifference et enfin dans l'igno-
rance. Cependant il est constant que > les Mathematiques, < qui sont
le chef-d'œuvre du raisonnement humain >, ne sont jamais allé si loin
et si la Medecine n'avance pas encor à proportion des belles observations
de physique, il ne tient peut estre qu'à un bon ordre, que les souverains
y pourroient mettre < àfin de faire un peu mieux valoir les avantages
que le genre humain a dejà eus sur la nature >. L'Histoire civile et tout
ce qu'on appelle les belles lettres, se trouve mis dans un grand jour. Et
quoyque ce qu'on peut tirer des Grecs et des Latins ne soit pas encor
entierement epuisé, et qu'il y ait de quoy faire des beaux spicileges, on
peut neantmoins asseurer que le principal est éclairci. Depuis quelque
temps on travaille à l'Histoire du moyen-aage, on tire des layettes des
Archifs et de la poussiere des vieux papiers, quantité de croniques, de
diplomes, et de mémoires servans à éclaircir les origines, les changemens
et les demelés des souverains. Dans peu il faudra aller fouiller chez les
Chinois et Arabes, pour achever l'Histoire du genre humain, autant qu'on
la peut tirer des monumens qui nous restent, soit par écrit, soit sur des
pierres ou metaux, soit même dans la memoire des hommes, car il ne
faut pas négliger entierement la tradition; et je tiens que de tout ce qui
est non-écrit les langues mêmes sont les meilleurs < et les plus grands
restes significatifs > de l'ancien monde, dont on pourroit tirer des
lumieres pour les origines des peuples et souvent < pour celles > des
choses [1]. Je sçay que plusieurs philosophes et Mathematiciens se moquent
de ces recherches des faits mais on voit de l'autre costé que les gens du
monde < n'aiment ordinairement que l'étude de l'Histoire et > mepri-
sent ou laissent aux gens du mestier tout ce qui à l'air d'un raisonnement
scientifique; < et je croy qu'il y a de l'excés dans ces jugements de
part et d'autre >. L'Histoire seroit d'un grand usage, quand elle ne serviroit qu'à entretenir les hommes dans le desir de la gloire, qui est le
motif de la pluspart des belles actions; et il est seur que le respect que
les souverains mêmes ont pour le jugement de la posterité, fait souvent
un bon effect. Je veux que [souvent] l'Histoire tienne < quelques fois >

---

1. Voir *La Logique de Leibniz*, p. 159 et notes.

Phil., VII, B, 1, 1. un peu du Roman, sur tout quand il s'agit des motifs qu'on prend soin de cacher, mais elle en dit tousjours assez pour nous faire faire nostre profit des evenemens; on y trouve par tout des leçons excellentes, < données par les plus grands hommes qui ont eu < des bons et des mauvais > succès > et rien n'est plus commode que d'apprendre au depens d'autruy. L'Histoire de l'Antiquité est d'une necessité absolue pour la preuve de la verité de la religion, et mettant à part l'excellence de la doctrine, c'est par son origine toute divine, que la nostre se distingue de toutes les autres, < qui n'en approchent en aucune façon >. C'est là peut estre le meilleur usage de la plus fine et de la plus profonde critique que de rendre un temoignage sincere à ces grandes verités par des anciens auteurs exactement verifiés et si les Mahometans et payens et même les
1 verso. libertins | ne se rendent point < à la raison >, on peut dire que c'est principalement faute de ne pas sçavoir l'histoire < ancienne, aussi ceux qui l'ignorent entierement sont tousjours enfans, comme cet Egyptien qui parla à Solon jugea fort bien des Grecs[1] >. Mais si je fais grand cas de ces belles connoissances Historiques qui nous font entrer en quelque façon dans le secret de la providence, je n'estime pas moins la voye des sciences pour connoistre les grandeurs de la Sagesse Divine, dont les marques se trouvent dans les idées que Dieu a mis dans nostre ame, et dans la structure des corps, qu'il a fournis à nostre usage. En un mot j'estime toute sorte de découvertes en quelque matiere que ce soit et je vois qu'ordinairement c'est faute d'ignorer les rapports et les consequences des choses, qu'on meprise les travaux ou les soins d'autruy < qui est la marque la plus seure de la petitesse d'esprit >. Les gens de meditation ordinairement ne sçauroient gouter cette multitude de veues legeres et peu seures dont il se faut servir dans le train des affaires et dans les sciences practiques comme sont la politique et la medecine; mais ils ont grand tort. C'est de ces emplois comme du jeu, ou il faut se resoudre et prendre party lors même qu'il n'y a nulle asseurance; il y a une science qui nous gouverne dans des incertitudes mêmes pour découvrir de quel costé la plus grande apparence se trouve. Mais il est étonnant qu'elle est presque inconnue et que les Logiciens n'ont pas encor examiné les degrés de probabilité ou de vraisemblance < qu'il y a > dans les conjectures

---

1. Platon, *Timée*, 22 B.

< ou preuves > qui ont < pourtant > leur estimation aussi asseurée que les nombres; cette estimation nous peut et doit servir non pas pour venir à une [asseurance] < certitude >, ce qui est impossible mais pour agir le plus raisonnablement qu'il se peut sur les faits ou connoissances qui nous sont données. Après quoy on n'aura rien à nous reprocher, et au moins nous reussirons le plus souvent, pourveu que nous imitions les sages joueurs et les bons marchands qui se partagent en plusieurs petits hazards plustost que de se commettre trop à la fois avec la fortune, < et ne s'exposent pas à estre debanqués tout d'un coup >. Il y a donc une science sur les matieres les plus incertaines, qui fait connoistre demonstrativement les degrés de l'apparence et de l'incertitude; l'habileté des personnes experimentées consiste souvent à connoistre par routine le choix qu'ils doivent faire; cependant, comme ils ne laissent pas de juger legerement le plus souvent, les philosophes et les mathematiciens leur pourroient estre d'un grand secours, s'ils examinoient doresnavant ces matieres de practique et ne s'arrestoient pas à leur speculations abstraites toutes seules; mais comme leur défaut est de vouloir creuser là ou il ne faut que sonder le fonds; On voit de l'autre costé que souvent les gens d'affaires donnent trop au hazard et ne veuillent pas memes. . .[1] la sonde. < Choisissant temerairement le parti le plus conforme à leur genie[2] ou à leur preventions, soit qu'ils se determinent à agir, soit qu'ils demeurent dans l'irresolution. > Car les politiques vulgaires n'aiment que les pensées aisées et superficielles, telles qu'un homme d'esprit trouve souvent au bout de la langue; et quand il s'agit de mediter, ils se rebutent. D'ou viennent que les sciences profondes qu'ils considerent comme un mestier peinible ne sont pas à leur gout; mais ils se trouvent punis de cette paresse < dans leur propre jurisdiction, et dans le maniement des affaires > car pendant qu'ils courent apres des negotiations < de paroles > et après des veues peu solides, ils negligent < souvent ce qu'il y a de plus sec[3] dans leur mestier, sçavoir > les finances, et la milice, qui sont toutes deux presque toutes mathematiques, comme le commerce, les manufactures, la marine, l'artillerie, et autres matieres le peuvent faire juger. La jurisprudence même est une science d'un tres grand raisonne-

1. Un mot mutilé au bord du papier.
2. Mot incertain; on pourrait lire aussi : *goust*.
3. Mot incertain; on pourrait lire aussi : *seur*.

ment, et dans les anciens je *ne* trouve rien qui approche d'avantage du style des Geometres que celuy des Jurisconsultes, dont les fragmens nous restent dans les pandectes. Quant à la theologie, il est tres manifeste combien la Metaphysique d'un costé et l'histoire avec les langues de l'autre y sont necessaires. De toutes les choses de ce monde apres le repos d'esprit, rien n'est plus important que la santé, dont la conservation ou retablissement demande des meditations profondes de physique et de mecanique. Combien de fois devenons nous miserables par la seule ignorance ou inadvertance de quelque raisonnement aisé ou observation toute trouvée qui ne nous échapperoit pas si nous nous appliquions comme il faut et si les hommes se servoient de leur avantages. C'est pourquoy je tiens < qu'il ne faut rien negliger et > que tous les hommes doivent avoir un soin particulier de la recherche de la verité; et comme il y a certains instrumens de Mecanique dont aucun pere de famille ne manque quoy qu'il y en ait < d'autres > qu'on laisse chacun a l'artisan à qui il est particulier, de même nous devons tous [avoir soin de cet organe general] < tacher d'acquerir la science generale > qui nous puisse éclairer | par tout; Et comme nous sommes tous curieux de sçavoir au moins les prix et souvent les usages des manufactures ou des outils que nous mêmes ne sçaurions faire à fin de les pouvoir au moins acheter et employer au besoin, de même devons nous sçavoir le veritable prix et l'utilité < et en quelque façon l'histoire > des sciences et arts, dont nous ne nous mêlons point, à fin de reconnoistre comment dans la republique de lettres tout conspire à la perfection de l'esprit et à l'avantage du genre humain, apeu près comme dans une ville toutes les professions bien menagées et reduites sur un bon pied contribuent à la rendre plus fleurissante.

Je trouve que deux choses seroient necessaires aux hommes pour profiter de leur avantages, et pour faire tout ce qu'ils pourroient contribuer à leur propre felicité, au moins en matiere de connoissances, car je ne touche point apresent à ce qui appartient à redresser leur volonté. Ces deux choses sont, *premierement* un INVENTAIRE exact de toutes les connoissances acquises mais dispersées et mal rangées < au moins de celles qui nous paroissent au commencement les plus considerables >, et *secondement* la SCIENCE GENERALE qui doit donner non seulement le moyen de se servir des connoissances acquises mais encor la Methode de juger et d'inventer, à fin d'aller plus loin, et de suppléer à ce qui nous manque. Cet inventaire dont je parle seroit bien eloigné des systemes et des dictionnaires, et ne seroit composé que de quantité de Listes ou denombremens, Tables, ou Progressions qui serviroient à avoir tousjours en veue dans quelque meditation ou deliberation < que ce soit > le catalogue des faits et des circomstances < et des plus importantes suppositions et maximes > qui doivent servir de base au raisonnement. Mais j'avoue que de le donner tel qu'il faut ce n'est pas l'entreprise d'un seul homme, ny même de peu de personnes. Neantmoins je croy qu'en attendant < mieux > on pourroit < par le soin de quelques gens habiles et industrieux > parvenir aisement à quelque chose d'approchant, qui vaudroit mieux sans comparaison que la presente confusion, ou il semble que nos richesses mêmes nous rendent pauvres apeu pres comme il arriveroit dans un grand magazin qui manqueroit de l'ordre necessaire pour trouver ce qu'il faut, car c'est autant de ne rien avoir que de l'avoir sans s'en pouvoir servir. Mais comme il faut que la science generale serve encor à faire bien dresser l'inventaire, car elle est aux sciences particulieres ce que la science de tenir les comptes est à un marchand ou à un financier, c'est par elle qu'il faudra tousjours commencer.

PHIL., VII, B, II, 1 (1 p. in-fol.).

Principia Calculi rationalis.

{ Omnia hic demonstrantur præter hæc pauca : Ax. 3 et 4, et Ax. 5, quæ sunt loco definitionum ipsius negationis veri falsique consequentiæ. usumque tantum quem his terminis semper imposterum tribuemus designant.

Hic demonstrantur Modi primæ figuræ, et regulæ oppositionum. Quarum ope (ut alibi jam ostendimus [1]) demonstrantur deinde conversiones et modi reliquarum figurarum.

Axiomata calculi de continentibus et contentis demonstrantur per Axiomata coincidentiæ. }

Axioma 1. A continet B et B continet C, ergo A continet C.

{ dem. A ∞ AB, B ∞ BC, Ergo A ∞ AC. nam pro B in priore præ-

---

1. Dans le *De Arte combinatoria*, 1666 (*Phil.*, IV, 55; *Math.* V, 33). Cf. PHIL., VI, 14, 15; VII, B, IV, 10 verso; C, 83-84.

Pᴴɪʟ., VII, B, ɪɪ, ɪ. missa pone BC ex posteriore, fiet A ∞ ABC, et pro AB hic pone A ex priore, fit A ∞ AC. }

Primæ Figuræ Modi primarii qui statim ex Axiomate nascuntur.

Barbara :	B est C	A est B ergo	A est C
Celarent :	B est non C	A est B	A est non C
Darii :	B est C	*Q*A est B	*Q*A est C
Ferio :	B est non C	*Q*A est B	*Q*A est non C

Axioma 2. QB continet B seu QB est B.

Demonstrandum. Nam QB ∞ QBB, id est QB continet B.

Subalternatio [1]. B est C, QB est B (per Ax. 2). QB est C (est in *Darii*). B est non C, QB est B, QB est non C (est in *Ferio*).

Primæ Figuræ modi secundarii.

Barbari.   B est C   A est B   QA est C

Demonstratio. Nam (ex *Barbara*) B est C, A est B, Ergo A est C. Sed quia A est C, ergo et QA est C. per subalternationem.

Celaro.   B est non C   A est B   QA est non C.

Demonstratur eodem modo ex *Celarent* per subalternationem.

{ Si L est verum, M est falsum. Ergo si M est non falsum sed verum, L erit non verum sed falsum.

Si L est falsum, M est verum. Ergo si M est falsum L est verum. }

Axiom. 3. Non geminatus semet tollit : Non non A est A.

{ Est potius definitio seu usus signi *non*. }

Axiom. 4. Non verum est falsum. (Est itidem definitio falsi.)

Corollar. Non falsum est verum. Nam non falsum est non non verum per Ax. 4. Sed non non verum est verum per ax. 3.

Axiom. 5. Si conclusio sequatur ex præmissis et conclusio sit falsa, erit aliqua ex præmissis falsa.

Axiom. 6. Si vera est : B est C, falsa est : QB est non C.

{ Demonstr. B ∞ BC. Ergo QB non ∞ QB non C. Nam si QB ∞ QB non C, pro B substituatur BC, fiet QB ∞ QBC non C, qu. est abs. }

Coroll. Si vera est QB est non C, falsa est B est C.

Nam ex ax. 6, si B est C sit *vera*, tunc *QB est non* C, *est* falsa. Ergo per Ax. 5, si falsum sit : QB est non C esse falsam, utique præmissa hoc

---

[1]. Cf. *Phil.*, VII, 300.

loco unica falsa est, quod B est C sit vera. Hoc est (per ax. 4 et coroll.)
Si vera est QB [1] non C, falsa est B est C.

Axiom. 7. Si falsa est B est C, vera erit QB est non C.

{ B non ∞ BC, Ergo $QB \infty QB$ non C. Hæc consequentia demonstranda ex analysi nostra. Nempe si B non ∞ BC, ergo $\overline{\text{non C}}$ B est terminus verus. Et ponatur $\overline{\text{non C}} \infty Q$, fiet $QB \infty B \overline{\text{non C}} \infty QB$ [2] $\overline{\text{non C}}$. }

Coroll. Si falsa est QB est non C, vera erit B est C.

Demonstratur ex axiom. 7. eodem modo ut coroll. præcedens ex ax. 6.

Coroll. complexionum. B est C et QB est non C sunt *contradictoriæ* seu nec simul veræ (per ax. 6 et coroll.) nec simul falsæ (per ax. 7 et coroll.)

Aliud coroll. complexionum. B est non A et QB est A sunt *contradictoriæ*. Demonstratur eodem modo ut præcedens, pro C præcedentis substituendo non A.

Coroll. Si vera est B est C, falsa est B est non C. Nam si vera esset B est non C, etiam vera esset QB est non C. Ergo vera existente B est C vera quoque esset QB est non C, contra ax. 7.

{ Aliter B ∞ BC. Ergo falsum B ∞ B non C. Nam in B non C pro B posteriore ponendo BC fieret B ∞ BC non C quod abs.}

Coroll. Si vera est B est non A, falsa est B est A.

Dem. eodem modo ut præcedens, pro C ponendo non A.

Coroll. complexionum. B est C et B est non C non possunt simul esse veræ. Ita demonstrata sunt omnia principia pro modis figurarum sequentium.

{ Quando consequentiæ non procedunt, habemus Materiam *problematum*, v. g. invenire B et C tales, ut simul falsæ sint B est C, et B est non C. Dico id contingere quoties resoluto B in primitivos itemque C < quatenus opus est, seu ** aliquid *** >, non omnes primitivi ipsius C insunt in B, verbi gr. B sit LMN et C sit NPQ, falsum est B esse C, seu LMN continere NPQ, et falsum quoque LMN continere Non NPQ. }

1. Suppléer : *est*.
2. Suppléer : *est*.

Phil., VII, B, ii, 2 (un coupon).

Parum consulit immortalitati animorum Nupera aut novantiqua Cartesii et Gassendi philosophia ex Epicuro, Democrito et Lucretio interpolata, quæ omne genus Formarum et generationum substantialium, qua fit Ens per se exulare jubet, frigidissima exceptione addita generationis humanæ et animæ rationalis, quam unam præter omnium aliorum ordinem esse res erit suspecta et à verisimilitudine remota, neque sanè [1] ullam novimus speciem, quæ nullo genere contineatur. In hunc sensum vide Vinc. Baron. ord. prædic. in Theologia morali part. 1 disp. sect. 5. § 3. pag. 314.

Tres gradus firmitatis in sententiis : certitudo logica, certitudo physica, quæ est tantum probabilitas logica, probabilitas physica. Primæ exemplum in propositionibus æternæ veritatis, secundæ in propositionibus quæ ex inductione cognoscuntur veræ, ut omnis homo est bipes, nam et aliquando nati sunt uno pede vel nullo; tertiæ austrum esse pluvium, quæ plerumque veræ, etsi non raro fallant. posses plura distinguere, quædam nunquam fallunt nisi supernaturaliter, ut ignis urit.

Ce coupon porte au verso un brouillon de lettre daté du 5/15 mai 1693 (envoi de deux lettres à l'Abbé Nicaise).

Phil., VII, B, ii, 3 (2 p. in-fol.).

1. Aug. 1690.

3 recto. Omnis propositio categorica potest concipi ut terminus incomplexus, cui tantum adjicitur est vel non est (secundi adjecti) ita omnis homo est rationalis, sic concipi potest : Homo non rationalis (non est, seu est) non Ens [2].

Quidam homo est doctus dat : Homo doctus est Ens.
Nullus homo est lapis dat : Homo lapis est non Ens.
Quidam homo non est doctus dat : Homo non doctus est Ens.
Hinc statim apparent primo aspectu conversiones et oppositiones [3].

---
1. Mot répété dans le ms.
2. Il faut évidemment lire : « (non est, seu) est non-Ens. »
3. Cf. Phil., VII, B, iv, 3 verso.

Sic U. N. et P. A. sunt convertibiles simpliciter quia facta reductione in ea uterque terminus eodem modo se habet.

Hinc tamen patet propositionem reductam a reducenda differre, seu aliud esse Quidam homo est doctus, et Homo doctus est Ens. Quia cum dico homo doctus est Ens, simul exprimo quidam homo est doctus et quidam doctus est homo.

Opponitur U. N. et P. A. nempe AB est non Ens, et AB est Ens.

Opponitur U. A. et P. N. nempe A non B est non Ens, et A non B est Ens.

Sed videamus quomodo et subalternatio seu subsumtio hinc duci possit.

Omnis homo est animal. Ergo quidam homo est animal. A non B est non Ens, ergo AB est Ens.

Nullus homo est lapis. Ergo quidam homo non est lapis. AB est non Ens. Ergo A non B est Ens, et B non A est Ens.

Non valet consequentia : AB est Ens, ergo A non B est non Ens.

Aliquid esse non Ens regulariter concludi non potest, nisi quando adest contradictio, ut A non A est non Ens.

Demonstranda est hæc consequentia : A non B est non Ens, ergo AB est Ens, id est demonstranda hæc consequentia : Omne A est B. Ergo quoddam A est B.

Hanc autem alias sic demonstraveram [1] : Omne A est B. Quoddam A est A ergo quoddam A est B. Sed hæc demonstratio supponit syllogismum primæ figuræ [2]. Nempe : Omne A est B, quoddam C est A, ergo quoddam C est B. Reducendo : A non B est non Ens. AC est Ens. Ergo CB est Ens. Quomodo hæc consequentia demonstrabitur ?

Quoniam igitur hac reductione non facile apparet vis consequentiæ, non est habenda pro optima resolutione. Sic ergo melius reducendo omnia ad æquipollentiam seu quasi æquationem :

A ∞ YB est U. A. adjiciendo Y tanquam terminum subintellectum supplentem. Omnis Homo est idem quod animal quiddam.

YA ∞ ZB est P. A. Quidam homo seu talis homo est idem quod quidam doctus.

---

1. Cf. Phil., VII, B, ii, 1 ; et *Phil.*, VII, 300.
2. A savoir le mode *Darii*.

A ∞ Y non-B. Nullus homo est lapis, seu Omnis homo est non lapis, seu homo et quidam non lapis coincidunt.

YA ∞ Z non-B. Quidam homo non est doctus seu est non-doctus, seu quidam homo et quidam non doctus coincidunt.

Hinc jam omnia demonstrantur; verbi gratia :

Omnis homo est animal, Ergo quidam homo est animal. Nam A ∞ YB, ergo ZB¹ ∞ ZYB, sit ZY ∞ W. Ergo ZB¹ ∞ WB.

Nullus homo est lapis. Ergo quidam homo non est lapis; eodem modo. Nam A ∞ Y non-B. Ergo ZA ∞ ZY non-B. Seu ZA ∞ W non-B.

Quidam homo est doctus. Ergo quidam doctus est homo. YA ∞ ZB. Ergo ZB ∞ YA.

Nullus homo est lapis. Ergo nullus lapis est homo, patitur difficultatem in hac resolutione.

Alibi sic demonstravimus [2] : Nullus homo est lapis. Omnis lapis est lapis. Ergo nullus lapis est homo; in secunda figura [3], sed ita prius ipsa secunda figura esset demonstranda, quanquam id non difficile ex nostris.

Exponamus primum difficultatem in demonstranda conversione simplici universalis affirmativæ [4].

A ∞ Y non-B. Ergo B ∞ Z non-A. Instituamus analysin. Si hoc procedit Ergo

$$A \infty Y \overline{\text{non } Z \text{ non-}A}$$

Ergo ostendendum est hæc duo æquari A et $Y \overline{\text{non } Z \text{ non-}A}$. v. g. homo et quidam non quidam non homo coincidunt. Nempe quælibet res præter hominem est quidam non homo. Talis aliqua res, verbi gratia Z non A, vocetur M. Erit utique A ∞ Y non M. Utique enim homo est unus ex illis rebus quæ sunt non M. Alioqui quidam A foret M, seu WA ∞ TM, seu WA ∞ TZ non A, quod est absurdum. Nempe si falsa A ∞ Y non M, vera est WA ∞ TM. Quæ consequentia adhuc stabilienda. Omnis homo est animal. Ergo Omne non animal est non homo, $\overline{A \infty YB}$. ∞ $\overline{\text{non } B \infty Z \text{ non } A}$. Hæc consequentia est fundamentalis, æquivalentque hæc duo ex natura τοῦ omnis.

Hæc ergo assumo : A ∞ B, ergo non A ∞ non B, vel contra.

---

1. Lire : ZA.
2. *De Arte combinatoria* (*Phil.*, IV, 55 ; *Math.*, V, 33). Cf. *Nouveaux Essais*, IV, ɪɪ, § ɪ.
3. Mode *Cesare*.
4. Lire : « negativæ. »

et : A ∞ YB, Ergo Z non A ∞ non B, seu si τὸ Homo coincidit cum Phil., VII, B, II, 3.
animali quodam, nempe rationali, utique τὸ non-animal coincidit cum
quodam non-homine. Nempe hæc res pendet a transitu ab individuis ad
ideas. Scilicet quando dico Omnis homo est animal, hoc ipsum volo,
homines inter animalia esse quærendos, seu qui non sit animal nec
hominem esse.

Rursus quando dico omnis homo est animal, volo notionem animalis
contineri in idea hominis. Et contraria est methodus per notiones et per
individua, scilicet : Si omnes homines sunt pars omnium animalium, sive
si omnes homines sunt in omnibus animalibus, vicissim animalis notio
erit in notione hominis; Et si plura sunt animalia extra homines,
addendum est aliquid ad ideam animalis, ut fiat idea hominis. Nempe
augendo conditiones, minuitur numerus.

(Verte retro primaria.)

Primaria Calculi Logici fundamenta.   3 verso.

(1) A ∞ B idem est quod A ∞ B est vera [1].
(2) A non ∞ B idem est quod A ∞ B est falsa.
(3) A ∞ A.
(4) A non ∞ B non A.
(5) A ∞ non non A.
(6) AA ∞ A.
(7) AB ∞ BA.
(8) Idem sunt A ∞ B,   non A ∞ non B,   A non non ∞ B.

< (9) Si A ∞ B, sequitur A non ∞ non B. Hoc sic demonstro. Nam
si non sequitur, esto A ∞ non B (ex hyp. contrar.) Ergo (ex hyp.)
B ∞ non B, quod abs. Item sic : B non ∞ non B (per 4). Ergo et
A non ∞ non B >.

(10) Si A ∞ AB, assumi potest Y tale ut sit A ∞ YB. < Est postulatum, sed et demonstrari potest, saltem enim ipsum A potest designari
per Y. >

---

1. Leibniz a inscrit les numéros des propositions entre parenthèses au-dessus de
leurs copules (ici : *idem est*). Pour la commodité de la lecture et de l'impression, nous
les avons placés en avant, comme il l'a fait lui-même le lendemain (v. *Fundamenta
Calculi Logici*, 2 août 1690, Phil., VII, C, 97).

(11) Si sit A ∞ B, erit AC ∞ BC. < Sed non sequitur AC ∞ BC, ergo A ∞ B. Sit enim A ∞ BC, fiet AC ∞ BC per 10 et 6. >

(12) Coincidunt A ∞ AB et non B ∞ non B non A.

(13) Si sit A ∞ YB, sequitur A ∞ AB. Hoc ita demonstro. A ∞ YB (ex hyp.) Ergo AB ∞ YBB (per 10) ∞ YB (per 6) ∞ A (ex hyp.).

Universalis affirmativa sic exprimi potest :

A ∞ AB   vel   A ∞ YB

Particularis affirmativa sic : YA ∞ YAB, vel YA = ZB, < vel etiam AB ∞ AB, seu AB est Ens vel stare invicem possunt vel A non ∞ A non B.>

Universalis negativa : Nullum A est B, sic : A ∞ Y non B. Seu A ∞ A non B < seu AB est non Ens. >

Particularis negativa : Quoddam A est non B, A non ∞ AB, vel A non B est Ens.

Sed videamus an hæc sola sufficiant :

Univ. Aff. A ∞ AB, Part. Neg. A non ∞ AB, Univ. Neg. A ∞ A non B, Part. Aff. A non ∞ A non B.

Si A ∞ AB. Ergo A non ∞ A non B. Seu ex Un. Aff. sequitur Part. Aff.

Demonstratio : Esto enim A ∞ A non B (ex hyp. contraria.) Cum ergo sit A ∞ AB (ex hyp.) fiet A non B ∞ AB, Q. E. abs. per 4. Vel sic brevius : A non B non ∞ AB (per 4) in qua pro AB substituo A (æquivalent enim ex hyp.) et fiet A non B non ∞ A. Q. E. D.

Si A ∞ A non B, Ergo A non ∞ AB. Seu ex Univ. neg. sequitur part. Neg.

Demonstratio : A non B non ∞ AB (per 4). Pro A non B substitue A (nam æquivalent ex hyp.) et fit A non ∞ AB.

Aequivalent A non ∞ A non B et B non ∞ B non A, seu particularis affirmativa converti potest simpliciter.

Demonstratio: ex A non ∞ A non B sequitur (per 9) B non ∞ B non A. Ergo et vicissim vel statim A ∞ A non B coincidit cum B ∞ B non A (per 9). Ergo et coincidunt earum contradictoriæ. Q. E. D.

Ex A ∞ A non B videamus an aliter ducere possimus B ∞ B non A.

Si A ∞ A non B, Ergo AB ∞ AB non B. Ergo AB est non Ens. Quod si jam ex hoc AB est non Ens ducamus A ∞ A non B, pari jure et duceremus B ∞ B non A, hujus reciprocam.

Fortasse sic nihil supponendo : sit AB ens Ergo A non ∞ A non B, nam si foret $A \infty A$ non B, foret $AB \infty AB$ non B, adeoque AB foret non Ens contra Hyp. Et pari jure B non ∞B non A. Cum dicitur AB est Ens vel non Ens, subintelligitur scil. A et B suppositis Entibus. Videamus an vicissim ostendi posset A non ∞A non B, Ergo AB est Ens, positis scilicet A et B Entibus. Nempe si positis A et B Entibus, foret AB non ens, ergo oportet unum ex ipsis A vel B involvere contradictorium ejus quod involvit alterum, ponamus Ergo A involvere C, et B involvere non C. (unde vicissim sequitur B involvere D et A non D, posito $D \infty$ non C). Sit ergo $A \infty EC$, et $B \infty F$ non C. Jam $EC \infty EC$ non $\overline{F \text{ non } C}$ seu EC continet non F non C (seu quicquid involvit C, id involvit negationem ejus quod negat C). Id est $A \infty A$ non B contra Hyp. Ergo Aequivalent seu ex se mutuo sequuntur AB est Ens et A non ∞A non B, et B non ∞B non A. Similiter æquivalent AB est non Ens, $A \infty A$ non B, $B \infty B$ non A.

Atque ita clavem reperimus ut liceat uti reductione complexorum ad incomplexos [1].

Rem melius ergo ordinavimus scheda sequente 2 Aug. 1690 [2].

[In omni termino inest A vel non A. < Si non inest A, inerit non A, et contra, adeoque æquivalent non inesse A, et inesse non A. > Seu æquivalent $A \infty Y$ non B, et A non ∞ZB, vel æquivalent $A \infty A$ non B et A non ∞AB. Ergo male]

Non $\overline{AB}$ inest in non B seu Non $B \infty$ non $B \overline{\text{ non } AB}$.

Si $A \infty BC$, an $A : C \infty B$, ut intelligatur C removendum ex A? Reductio ad primitiva, sit $B \infty CE$, fit $A \infty CEC$, seu $A \infty CE$, ergo $A : C$ non est semper ∞B. Itaque hoc tantum procedit in primitivis.

Ubicunque est generalis EB, ut E intelligatur quæcunque, potest substitui B, nam sumendo E pro B, fiet $EB \infty BB$, ∞B.

Si Non AB non ∞A non B, erit Non $AB \infty B$ non A. Et contra, seu æquivalent Non AB non ∞A non B et Non $AB \infty B$ non A.

---

1. Cf. *Generales Inquisitiones* (1686), §§ 108, 109 et 128 (Phil., VII, C, 27, 29); Phil., VII, B, II, 62, § 13.
2. V. Phil., VII, C, 97 : *Fundamenta Calculi logici*.

PHIL., VII, B, II, 5-6 (3 p. in-fol.).

De Varietatibus Enuntiationum quatenus Categoricæ aut Hypotheticæ, affirmativæ aut negativæ, simplices aut compositæ sunt. Ubi et de Logica ultra scholæ terminos provehenda [1].

5 recto. *Propositiones Categoricæ*. . . . .

a est b, c non est d, a est b et d, a est b, et a est d, h non est c et d [2].

. . . .

non (simul) $\overline{a\ \text{est}\ b\ \text{et}\ c\ \text{est}\ d}$
non (simul) $\overline{a\ \text{est}\ b\ \text{et}\ e\ \text{non est}\ d}$

Propositiones Hypotheticæ. . . . .

Si a est b,	sequitur quod	e est d
Si a est b,	....	c non est d.
Si a non est f,	....	e est d.
Si a non est f,	....	c non est d.
Si a est b,	non sequitur quod	e est g.
Si a est b,	....	c non est g.
Si a non est f,	....	e est g.
Si a non est f,	....	c non est g.
Si a est b et h est e,	sequitur quod	l est m.
Si a est b et h non est e,	....	l non est m.
Si a est b et h est e et n est c,	sequitur quod	l est m.

. . . .

6 recto, bas.   Notandum est *disjunctivam* esse ex hypotheticis compositam, ex. gr. aut unus est Deus aut nullus. Id est si DEUS non est nullus est unus; et si DEUS non est unus est nullus. Seu unus DEUS et nonnullus DEUS est idem. Item notandum hypotheticas negativas exprimi per *etsi* et *tamen*, ut : Si DEUS est justus non sequitur quod pius est fortunatus, hoc ita enuntiari solet : etsi Deus sit justus, non tamen continuo pius est fortunatus.

---

1. A rapprocher du *Specimen Calculi universalis* (*Phil.*, VII, 220).
2. Leibniz remarque que cette proposition ne peut être résolue en deux autres.

PHIL., VII, B, II, 7 (2 p. in-fol.)

De vero et falso, Affirmatione et Negatione, et de contradictoriis.

. . . .

PHIL., VII, B, II, 8-9 (4 p. in-fol.).

CALCULUS RATIOCINATOR
seu artificium facile et infallibiliter ratiocinandi.
Res hactenus ignorata.

. . . .

C'est un brouillon du *Specimen Calculi universalis* (v. ci-dessous).

PHIL., VII, B, II, 16-17, nunc 10-11, et 10-11, nunc 12-13 (7 p. in-fol.)[1].

Specimen Calculi universalis.

Commencement publié par GERHARDT (*Phil.*, VII, 218-221). Voici la suite inédite de cet opuscule :

Ut investigem quid sit unum et plura, consideranda sunt exempla. Dicimus : Petrus est unus Apostolus. Vel Unus aliquis Apostolus est Petrus. Paulus est unus Apostolus vel Unus aliquis Apostolus est Paulus. Petrus et Paulus sunt plures Apostoli. Sed si dicam Petrus < discipulus Christi > est unus Apostolus. Discipulus qui Christum abnegavit est unus Apostolus, non ideo hinc plures fiunt Apostoli, quia Petrus < discipulus Christi > et discipulus qui Christum abnegavit est idem. Hinc si a est m et b est m et a est b et b est a (seu si a et b idem), tunc m est unum.

< Hinc si dicas a est m, sequitur hinc esse unum m, nam perinde est ac si dicas a est m et b est m, supponendo a et b esse idem. >

Si a est m et b est m, et neque a est b neque b est a, < seu si a et b sunt *disparata* > sunt plura m.

17 verso (nunc 11).

---

1. Comme on le verra plus loin, nous avons découvert que les feuillets 10 et 11 faisaient suite aux feuillets 16 et 17, et contenaient la fin du *Specimen*. M. Bodemann a remanié en conséquence le classement des feuillets 10-17. C'est ce nouveau numérotage que nous indiquons par *nunc*.

Si a est m et b est m, et a est b nec tamen b est a, incertum est an plures sint m an unum. ex. gr. Adam est animal rationale, et homo est animal rationale. Sed hinc incertum an sint plura animalia rationalia, forte enim nullus datur alius homo quam Adam.

$$\left.\begin{array}{l}\text{Si}\quad a \text{ est } m \\ \phantom{\text{Si}\quad} b \ldots\ldots \\ \phantom{\text{Si}\quad} c \ldots\ldots \\ \phantom{\text{Si}\quad} d \ldots\ldots \\ \text{et } a.\,b.\,c.\,d \text{ sunt} \\ \text{disparata : erunt}\end{array}\right\} \left.\begin{array}{l}\text{unum} \\ \ldots\ldots \\ \ldots\ldots\ldots\ldots \\ \ldots\ldots\ldots\ldots\ldots\ldots \\ \text{uno verbo,} \\ \text{plura } m\,{}^{1}.\end{array}\right\} \left.\begin{array}{l}\text{duo} \\ \phantom{\text{duo}} \end{array}\right\} \left.\begin{array}{l}\text{tria} \\ \phantom{\text{tria}}\end{array}\right\} \text{quatuor}$$

Si a est b, tunc solum b [2].

| Si a est b, tunc *solum b* erit a, seu si omnis homo est animal, solum animal erit homo.

{ Hæc ergo *Solius* definitio est. }

Si *solum b* est a, tunc a erit b.

Si solum a est b et solum b est a, erunt a et b idem. Nam si solum a est b, tunc b est a, et, si solum b est a, tunc a est b. < per solius definitionem >. Jam si b est a, et a est b, erunt a et b idem; per supra demonstrata.

Termini æquivalentes sunt, quibus res significantur eædem, ut triangulum et trilaterum.

{ *Terminus simplex* est in quo non nisi est unus, ut a. *Terminus compositus* est qui constat ex pluribus, ut ab. }

Terminus primitivus (derivativus) est cujus nullus (aliquis) compositus æquivalet, ut si ponamus ipsi a æquivalere bc, ipsique b æquivalere de, ipsi autem c nullum æquivalere compositum, erit a terminus [compositus] itemque b, sed c erit simplex.

Hoc illustrari potest exemplo numerorum primitivorum. Sit a tricenarius et b quindenarius et c binarius et d ternarius et e quinarius, patet a idem esse quod bc, seu tricenario æquipollere quindenarium binarium; et b idem esse quod de, seu quindenario æquivalere ternarium quinarium. Patet ipsi binario (generaliter et absolutè sumto) nullos alios < in-

---

1. Ce même tableau se trouve dans *Ad Specimen Calculi Universalis Addenda* (*Phil.*, VII, 225), mais sans les considérations qui le précèdent et le justifient.
2. C'est ce renvoi qui nous a permis de retrouver la suite.

notos > æquivalere, quemadmodum nec ternario nec quinario. Adeoque binarium, ternarium, quinarium, esse primitivos.

Terminus natura prior (posterior) est qui prodit pro composito (simplicibus) substituendo simplices (compositum). Sive quod idem est, natura prior prodit per analysin, natura posterior per synthesin : alter ex altero. Ita in exemplo præcedente : quindenarius est natura prior tricenario, item binarius etiam natura prior tricenario. < Et terminus hic quindenarius-binarius est natura prior tricenario. > Et ternarius est natura prior quindenario pariter ac tricenario, itemque quinarius. < Imo et ternarius-quinarius. Tametsi enim Numerus ternarius-quinarius idem sit quid tricenarius[1], alius tamen est terminus, tametsi æquivalens. > Quæri potest an non Binarius sit < terminus > natura prior quindenario. Equidem secundum definitionem quam dedi, erit nec prior natura nec posterior; quia alter alterum non constituit, neque ex altero per synthesin vel analysin oritur. Sed si sic definias : *Natura prior* est Terminus qui constat ex terminis minus derivatis, *Terminus* autem *minus derivatus* est, qui paucioribus simplicibus primitivis æquivalet. < Patet ex his si terminus simplex et compositus alter de altero prædicari possint, tunc compositum esse natura priorem. >

Nomen est terminus rem significans pro arbitrio assumtus. Ita circulus est hujusmodi figuræ nomen, at figuram esse, uniformem esse, capacissimum esse isoperimetrorum sunt attributa.

| *Attributum* [Rei] est prædicatum in propositione universali affirmativa, < cujus rei nomen est subjectum >. Ex. gr. Omnis tricenarius est binarius. Omnis tricenarius est binarius-quinarius. DEUS est justus, misericors, etc. < Itaque binarius est attributum tricenarii, justum esse est attributum DEI. >

Proprium est subjectum in propositione universali affirmativa, < cujus rei nomen cui proprium esse dicitur est prædicatum. > Ut *a* est *b*, voco *a* proprium. Nam si omne *a* est *b*, utique solum *b* erit *a*, ut supra, seu nullum non-*b* erit *a*. Estque *b* ipsius *a*[2] proprium. Ita tricenarius solius binarii proprium est, neque enim nisi binarius numerus (seu per 2 divisibilis) tricenarius esse potest. Ita DEUM esse solius justi proprium est,

---
1. Leibniz a voulu dire : « quindenarius ».
2. Lire : « *a* ipsius *b* ».

PHIL., VII, B, II, 10. etsi enim non omni justo competat, tamen soli justo competit. Ita ratio est proprium viventium, solis enim viventibus competit.

Attributum proprium est quod ejusdem termini et subjectum est in una propositione affirmativa, et prædicatum in alia. Ut tricenarius et quindenarius-binarius. DEUS et omnipotens. Hinc patet attributum proprium idem esse cum eo quod vulgò vocant proprietatem reciprocam; adeoque nomen rei et attributum proprium rei esse terminos æquivalentes.

Definitio (Definitum) est terminus æquivalens natura prior (posterior). Hoc modo potest definitum esse terminus aliquis compositus. Ut sectio conica, est linea communis superficiei coni et cuidam plano. Sed si malimus definitionem non esse nisi singulorum nominum, tunc ita dicendum erit :

Definitio (Definitum) est terminus compositus (simplex) æquivalens simplici (composito). Vel denique posito terminum simplicem esse *nomen*, erit

Definitio (Definitum) attributum proprium (nomen) nominis (attributi proprii).

Sed re rectè expensa aliter videtur res explicanda : Nimirum

Definitio (Definitum seu *Nomen)* est terminus magis compositus (simplex) propositionis reciprocæ pro arbitrio assumtæ, ex termino simplici et composito constantis. Itaque definitio est propositio cujus ratio non redditur, sed quam compendii tantum causa adhibemus. Est ergo definitio hypothesis quædam, de cujus veritate disputari non debet, sed tantùm an sit apta, clara, prudenter assumta.

Patet definitum esse posse terminum compositum, si definitio componatur ex definitionibus partium ejus < (vel ex definitio [1] unius partis et altera parte) > Cum scilicet res non habet unum aliquod nomen, ut sectio conica. Hinc patet, nomen esse posse terminum compositum.

11 recto (nunc 13). Aliter autem | si definitum sit terminus compositus, definitio non est propositio assumta, sed demonstranda, posito scilicet partes definiti habere suas separatas definitiones, quæ utique simul sumtæ definitioni definiti æquivalere debent. Nisi forte consideremus definitum velut unum nomen, licet non sit unum vocabulum, ut intervallum. Ubi valli et inter ratio non habetur, ita Munimentum Regium, id est, regulare justam quandam habens magnitudinem, ubi vocabuli: Regium non habetur ratio.

1. *Sic.*

Cæterum nobis qui cuilibet conceptui singulare nomen dabimus non est opus his cautionibus. Nam nobis omnis terminus simplex est nomen. Omnis definitio est prædicatum nominis reciprocum compositum ex quo alia omnia demonstrantur. Atque ita malo quam arbitrarium, nam ut postea dicam, omnia ab arbitrio ad certas leges revocabo. Per *Terminum* non intelligo nomen sed conceptum seu id quod nomine significatur, possis et dicere notionem, ideam.

Phil., VII, B, ii, 12 nunc 14 (2 p. in-fol.).

[*Consequentiæ*]

A est B.   copula *est*.
Si A est B, tunc C est D.   *si. tunc*.
A est B. Ergo C est D.   *Ergo*. significat :
Si A est B, tunc C est D. Atqui A est B. Ergo C est D.
Atqui : id est : sed vera est hæc propositio. . . . .
Sed : id est præter dictum.

Antequam pergere in Logicis contemplationibus liceat, atque inde fabricare aliquid, prius Grammaticis opus est, inprimis hic sumendus est in manus Vossii Aristarchus [1].

Nomen substantivum et adjectivum in eo distinguuntur, quod adjectivum habet genus ab alio rectum. Verum quia in lingua rationali careri potest generibus, ideo discrimen etiam inter substantivum et adjectivum negligi potest [2].

Abstracta sunt substantiva ex aliis vel substantivis vel adjectivis facta; ut humanitas, pulcritudo. Et homo est habens humanitatem, pulcher habens pulchritudinem. Sed in lingua rationali videndum an non abstractis abstineri possit, aut saltem quousque possit [3].

Masculus est adjectivum, vir est substantivum, quia pro Vir substitui potest homo masculus; seu resolvi potest in substantivum cum Epitheto.

---

1. Cf. Phil., VII, B, iii, 73-76 : *Ad Vossii Aristarchum*; VII, B, ii, 46.
2. Cf. Phil., VII, B, iii, 41.
3. Cf. Phil., VII, C, 20; 51; 159 verso ; VIII, 1 verso.

Epitheton est adjectivum substantivo cum rectione æquali junctum in eundem terminum seu sine copula.

Adverbia. Petrus scribit pulchrè. Id est Petrus scribit aliquid pulchrum < seu Petrus scribit, et quod Petrus scribit est pulchrum. > Petrus stat pulchrè. id est Petrus est pulcher quatenus est stans.

Pluralis. Homines scribunt, id est Titius est scribens, Cajus est scribens. Titius est homo. Cajus est homo. Vel Homines scribunt, id est Unus homo scribit. alius homo scribit.

Pronomen est nomen positum in locum alterius nominis, seu designans aliud nomen, non tamen explicando ejus attributum aliquod; sed tantùm denominationem extrinsecam ad ipsam orationem relationem [1]. Ut *hic* id est monstratus. dictus. præsens. *Ille* et *hic* differunt ut propius et remotius. *Ego* < id est > nunc loquens. *Tu* id est nunc audiens, dictum ut audias.

Omnes illationes obliquæ explicandæ ex Vocum explicationibus [2]. Ex. gr. Petrus est similis Paulo. Ergo Paulus est similis Petro. Videantur talia ex Jungii Logica [3]. Reducitur ad propositiones : Petrus est A nunc et Paulus est A nunc.

Explicandæ omnes flexiones et particulæ; reducendaque omnia ad simplicissimas explicationes, quæ semper salvo sensu in locum substitui possunt. < Ex quibus condendæ definitiones omnium. >

Suivent des listes d'auteurs auxquels Leibniz empruntera les définitions des termes des sciences suivantes [4] :

> *Grammatica. Physica. Logica. Metaphysica.*
> *Geometria. Astronomia. Musica.*
> *Architecton. Optica. Mechanica.*
> *Œconomica. Ethica. Politica.*

On lit en outre, au bas de la page, ces mots disposés en colonne :

Histor. Antiquitates. Jus civilis, canon. Theol. moral. Scholast. controvers.

---

1. Probablement pour : *relativam.*
2. Cf. Phil., V, 7, f. 3 verso; VII, B, iv, 32; C, 9-10; 69.
3. V. Phil., VII, C, 151; et *La Logique de Leibniz*, ch. III, § 15.
4. Cf. Phil., VII, A, 16 : *Encyclopædia ex sequentibus autoribus propriisque meditationibus delineanda.*

| *Præpositiones* jungunt nomina, *conjunctiones* jungunt integras propositiones [1]. . . . .   Phil., VII, B, ii, 12 verso (nunc 14).

$$\left.\begin{array}{l}\text{Manus}\\ \text{filius}\\ \text{equus}\\ \text{calor}\\ \text{titulus}\end{array}\right\} \text{hominis} \quad \text{id est} \left\{\begin{array}{l}\text{manus}\\ \text{filius}\\ \text{equus}\\ \text{calor}\end{array}\right. \quad \begin{array}{l}\text{qui}\\ \text{quæve}\end{array} \quad \text{est} \left\{\begin{array}{l}\text{pars}\\ \text{effectus}\\ \text{possessio}\\ \text{accidens}\\ \text{prædicatum}\end{array}\right.$$

$$\text{quatenus homo est} \left\{\begin{array}{l}\text{totum}\\ \text{causa}\\ \text{dominus}\\ \text{substantia}\\ \text{subjectum [2]}.\end{array}\right.$$

$$\left.\begin{array}{l}\text{Par}\\ \text{simile}\\ \text{datum}\end{array}\right\} \text{homini id est}$$

Phil., VII, B, ii, 14-15 nunc 16-17 (4 p. in-fol.) [3].   Phil., VII, B, ii, 14-15.

In omni Propositione categorica sit numerus characteristicus   14 recto (nunc 16).

$$\text{subjecti } + s - \sigma.$$
$$\text{prædicati } + p - \pi.$$

Fient æquationes duæ nempe ls æqu. mp
et $\lambda\sigma$ æqu. $\mu\pi$.

Hoc uno observato
ut Numeri expressi literis latinis et græcis sibi respondentibus < (nempe s et σ item p et π. itemque l et λ ac denique m et μ.) > sint primi inter se seu nullum habeant divisorem communem præter unitatem.

Fiet ex his

$$s \text{ æqu. } \frac{mp}{l} \qquad\qquad \sigma \text{ æqu. } \frac{\mu\pi}{\lambda}$$

$$p \text{ æqu. } \frac{ls}{m} \qquad\qquad \pi \text{ æqu. } \frac{\lambda\sigma}{\mu}$$

1. Cf. Phil., VI, 12, f, 20; VII, B, iii, 40 verso.
2. Cf. Phil., VII, B, iii, 5; 24 verso; 26 recto. V. *La Logique de Leibniz*, p. 73.
3. Ce fragment se rattache aux essais d'avril 1679 (Phil., V, 8, a, b, c, d, e, f).

{ as æqu. mp $a\sigma$ æqu. $\mu\pi$

es æqu. $\dfrac{mp}{l}$ $e\sigma$ æqu. $\dfrac{\mu\pi}{\lambda}$

$e\dfrac{s}{\pi}$ vel $e\dfrac{\pi}{s}$ reducibiles }

In Propositione Universali affirmativa erit l æqu. 1 et λ æqu. 1. { male. }

In propositione Particulari Negativa erit vel l vel λ major quam 1.

In propositione Universali negativa erunt vel s et π vel σ et p non-primi inter se; id est habentes divisorem communem.

In propositione particulari affirmativa erunt tam s et π quam σ et p primi inter se seu nullum habentes divisorem communem.

Propositus sit syllogismus examinandus :

Omnis sapiens est pius.   { sapiens $+ 70 - 33$ }
Quidam sapiens est fortunatus.   { pius $+ 10 - 3$ }
Ergo quidam fortunatus est pius. { fortunatus $+ 8 - 11.$ }
$+ 8 - 11$ $+ 10 - 3$

Quæ conclusio procedit quia neque 8 per 3 neque 11 per 10 dividi potest.

Item :

[Omnis pius est felix
Quidam pius non est fortunatus
Ergo Quidam fortunatus non est felix.   { felix $+ 5 - 1.$ }
$+ 8 - 11$ $+ 5 - 1.$

Quod non procedit quia]

| Aliter ista comminisci licet : considerandum nempe si animal est genus hominis, contra : non-homo est genus non-animalis, itaque

Nullus homo est lapis
seu   Omnis homo est non-lapis
sit $+ b - c$ $1 - cd.$

debet h dividi per 1. et cd dividi per c.

Hinc si dixas : Omnis homo est corpus non lapis. Debet hominis numerus $<$ positivus $>$ dividi posse per numerum corporis. at numerus lapidis debet dividi posse per numerum hominis privativum.

$$+ rs - \rho\sigma \text{ æqu. } + xp - \xi\pi\,^{1}$$

Semper rs æqu. xp. et $\rho\sigma$ æqu. $\xi\pi$. in prop. U.[A.] erit r æqu. 1. et ξ æqu. 1. In prop. part. erunt maj. un.[2] Hinc :

$$+ by \text{ æqu. } - \beta\upsilon \qquad da - \delta\alpha$$
$$+ ce \qquad\qquad - \gamma\varepsilon$$

{ Mutata æquatione in propositionem nihil refert in subjecto qualisnam sit ρ neque in prædicato qualisnam sit x. Hinc si sit propositio :

Omnis homo est non lapis

unde fiet æquatio :

$$s - \rho\sigma \text{ æqu. } - \pi + xp$$

Ergo : $\qquad - s + \rho\sigma \text{ æqu. } - xp + \pi.$ }

Au verso du fol. 15 (nunc 17), théorie du syllogisme, au moyen d'équations analogues à la précédente.

Note au bas de la page :

Ex hoc calculo omnes modi et figuræ derivari possunt per solas regulas Numerorum. Si nosse volumus an aliqua figura procedat vi formæ, videmus an contradictorium conclusionis sit compatibile cum præmissis, id est an numeri reperiri possint satisfacientes simul præmissis et contradictoriæ conclusionis; quodsi nulli reperiri possunt, concludet argumentum vi formæ.

Phil., VII, B, II, 18-19 (2 p. in-folio).

Essais de schèmes linéaires des syllogismes[3].

A.CD	B ⊢────────⊣	} A.BC ⎫		E.CD	B ⊢────────⊣
A.BC	C ⊢────────⊣		} A.BD	A.BC	C ⊢────────⊣
A.BD	D ⊢────────⊣	} A.CD ⎭		E.BD	D ⊢──⊣

1. Deux lignes courbes placées au-dessus de la ligne joignent rs à xp et $\rho\sigma$ à $\xi\pi$.
2. Lisez : « majores unitate ».
3. Cf. Phil., VI, 15, f. 7 verso; VII, B, IV, 1-10.

Phil., VII, B, II, 16.

A.CD	B ———————	E.CD	B ———
I.BC	C ⊢————⊣	I.BC	C ⊢————⊣
I.BD	D ——— .	O.BD	D ⊢—⊣

A.CD	B ⊢————⊣	E.CD	B ⊢——⊣
A.BC	C ⊢—————⊣	A.BC	C ⊢————⊣
I.BD	D ———————	O.BD	D ⊢—⊣

E.DC	B ⊢————⊣	A.DC	B ⊢——⊣
A.BC	C ⊢————⊣	E.BC	C ⊢——⊣
E.BD	D ⊢—⊣	E.BD	D ⊢———⊣

E.DC	B ———	A.DC	B ⊢——⊣
I.BC	C ⊢————⊣	O.BC	C ⊢——⊣
O.BD	D ⊢—⊣	O.BD	D ⊢————⊣

E.DC	B ⊢———⊣	A.DC	B ⊢——⊣
A.BC	C ⊢————⊣	E.BC	C ⊢———⊣
O.BD	D ⊢————⊣	O.BD	D ⊢————⊣

19 recto. | Forte hæc melius exhiberi possent, v. g. semper apparere debet, utrum terminus aliquis conclusionem ingrediens sit universalis vel particularis, nam si est particularis in præmissis, erit et particularis in conclusione, et si sit universalis in conclusione, erit et universalis in præmissis. Quando linea termini extremi non tota lineata est, terminus ipse est particularis, et talis est tam in præmissa quam in conclusione.

Medium semper limito utrinque, quia utrum sit universalis an particularis nil refert ad regulas quæ de termino in præmissa argumentantur ad terminos in conclusione. Videndum an modus semper ex lineamento deduci possit. videtur nisi quod non discernes *Barbari* et *Barbara*, quia eædem præmissæ. idem in reliquis talibus.

Hæc methodus linearum procedit in argumentatione tritermina; sed non videtur æque fere procedere, cum plures propositiones, et cum terminus conclusionis sit item medium. Nempe cum conclusione suppressa, novaque assumta præmissa, fit alia conclusio quæ solum sequitur ex tribus.

Applicanda hæc ad actuales argumentationes autorum. Ita possunt esse 4 termini, imo plures.

En marge :

Barbara.

(comme plus haut)

Autres schèmes :

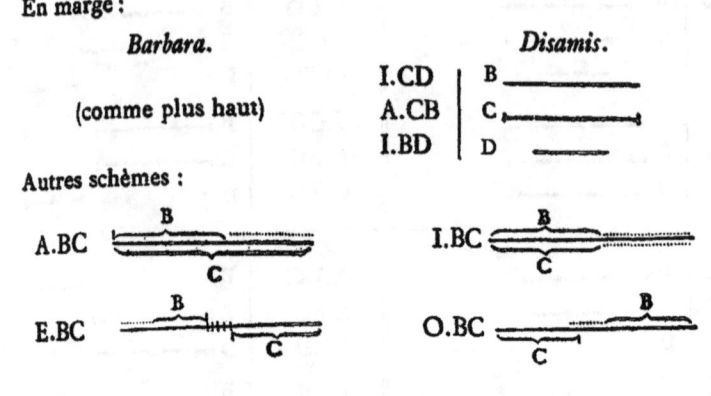

PHIL., VII, B, II, 20-21 (4 p. in-fol.).

Ad Specimen Calculi universalis addenda.

Publié par GERHARDT (*Phil.*, VII, 221-223). Suite inédite :

Possent omnes regulæ logicæ circa propositiones universales demonstrari per figuram geometricam seu quadratum. Utendo hac sola regula, Totum esse æquale omnibus partibus ideoque majus uno, seu totum omnes partes continere.

Sed ni fallor melius omnia demonstrantur per totum disjunctivum ejusque partes, id est per Tabulas [1].

21 verso.

Utile est oblata consequentia non semper succedente statim posse reperire instantiam : et proposita regula reperire exempla quæ ex aliis regulis non sequuntur, sed huic demum propria sunt [2].

---

[1]. Sur cette sorte de schèmes, cf. PHIL., VII, B, II, 41.
[2]. Ces règles se trouvent dans le *De Arte combinatoria*, 1666 (*Phil.*, IV, 54; *Math.*, V, 31-32). Cf. *Nouveaux Essais*, IV, XVII, § 4.

PHIL., VII, B, II, 27 (un coupon).

27 recto.

In isto calculo nihil aliud adhibetur, quam pro inexistentibus quidem, ut plura similiter posita simul æquivaleant uni. Sic $A \oplus B \infty L$ ubi A et B eodem modo se habent, et pro ambobus sic scriptis poni potest unum. Unde huc redit etsi poneremus et $AB \infty L$. Nam signum $\oplus$ mihi non significat additionem vel aliquid aliud, sed simpliciter designationem[1]. Hinc et ista applicari possunt ad totum distributivum [Nam] si distributivo addas comparationem oritur[2] universale, si collectivi positionem fieri $\overline{pt}$[3] continuam.

Si duo Termini ponantur affecti diversis signis, et ponendo eos coincidere, se mutuo tollant, id signum dicitur $\ominus$. Verbi gratia $\oplus A \ominus B$. Si ponamus $B \infty A$. seu $\oplus A \ominus A$ et id æquivalet Nihilo, quasi nihil plane positum fuisset, Et ita patet quod signum detractionis seu contrarietatis nihil aliud est quam expectativa futuræ sublationis, et $L - M \infty P$ si nihil commune ipsis L et M, hoc significat $P + M$ fore ∞L.

27 verso.

| Cognoscere utrum duo habeant aliquid commune, quod insit utrique, et invenire quodnam illud sit. Sint A et B, quæritur an sit aliquod M quod insit utrique. Solutio : fiat ex duobus unum $A \oplus B$ quod sit L per *post*. *1*, et ab L auferatur unum constituentium A. *postul*. *2*[4]; residuum sit N, tunc si N coincidit alteri coincidentium B, nihil habebunt commune. Si non coincidant, habebunt aliquid commune, quod invenietur, si residuum N quod necessario inest ipsi B detrahatur a B per post. 2, et restabit M quæsitum commune ipsis A et B. Q. E. F.[5]

Si $A + B \infty L$ et $A + N \infty L$, B et N habent aliquid commune. Si $A + B \infty A$, erit B in A. Residuum nihil habet commune cum detracto. Reductis omnibus ad incommunicantia $A + B \infty A + N$, $A \infty G + M$, $H \infty B + M$[6], fiat $G + M + H + M \infty G + M + N$. Ergo $N \infty H$.

Si quid plurimis positis aut remotis coincidere intelligatur, ista dicuntur

---

1. Ce signe est employé dans le fragment XX de GERHARDT (*Phil.*, VII, 236 sqq.).
2. Sous ce mot on lit : « opt ».
3. Abréviation de *potest*.
4. Renvoi aux postulats du *Non inelegans specimen demonstrandi in abstractis* (*Phil.*, VII, 230.)
5. Rapprocher le fragment PHIL., VII, B, II, 31, qui traite le même problème.
6. *Sic*. Lire : $B \infty H + M$.

constituentia hoc *constitutum*. Hinc omnia inexistentia sunt constituentia, non contra. Etiam quidvis per quodlibet constitui potest. Ut sit N constituendum per A; fiat (per post. 1) A + N ∞ L, unde si N et A sint incommunicantia, fiet L — A ∞ N. Sin communicantia sint duo, ut A et B, et B constitui debeat per A, fiat rursus A + B ∞ C[1] et posito ipsis A et B commune esse N, fiet A ∞ L — B + N. Hoc problema præsupponit aliud problema de inveniendis communibus existentibus [2].

PHIL., VII, B, II, 30 (un coupon)[3].

Data unius compositione per aliud, infinitæ aliæ ejusdem compositiones per idem inveniri possunt. Sit (1) A ⊕ B ∞ L, dico alios infinitos valores ipsius L inveniri posse, quos ingreditur A. Scribatur enim (2) A ⊕ B ∞ C. Fiet : (3) A ⊕ C ∞ L, vel (4) A ⊕ B ⊕ C ∞ L. Et ut ex valore 1 invenimus valorem 3, ita similiter ex valore 3 potest inveniri alius, si fiat A ⊕ C ∞ D et A ⊕ D ∞ L.

PHIL., VII, B, II, 31 (un coupon).

Princeps habet 1000 subditos et 100 milites, quorum aliqui sunt simul subditi, alii vero extranei : quæruntur illi qui sunt milites et subditi simul. Colligantur in unum et milites.

Collectis in unum militibus dicatur : exite subditi, vel collectis in unum subditis dicatur : exite milites.

Sed si hoc solo postulato uti permissum sit, ex A ⊕ L detrahere A, sic erit procedendum. Colligantur in unum milites A et subditi L et a toto detrahantur A milites < per postulatum >, restabunt meri subditi, qui cum insint omnibus subditis et sint dati, dabuntur | et reliqui < per idem postulatum >. Seu datur quæsitum. Scilicet postulatum tale est, a dato detrahere datum quod ei inest.

Vel aliter ut utrumque A et L eodem modo tractetur. Ab A ⊕ L

---

1. Lire : L.
2. V. *La Logique de Leibniz*, p. 381 sqq.
3. Ce fragment se rattache, comme le précédent et le suivant, à la série du *Non inelegans Specimen*, nos XIX et XX de GERHARDT (*Phil.*, VII, 228 sqq., 236 sqq.).

Phil., VII, B, II, 31.

detrahatur A restet B; ab eodem detrahatur L restet M. Jam dato $B \oplus M$ detrahatur ab $A \oplus L$; restat commune H.

Via electitia videtur brevior, sed revera non est.

Nempe $A \oplus L \ominus A \infty B$. $L \ominus B \infty H$ seu $L \ominus A \ominus L \oplus A \infty H$. Quæ via est brevissima, seu $A \oplus L \ominus A \ominus L \infty H$ verum hic non licet compensare [1].

{ Aliud est hic summam duorum, aliud singula seorsim detrahere. }

Phil., VII, B, II, 32-33.

Phil., VII, B, II, 32-33 (4 p. in-fol.).

Un brouillon de Calcul logique.

Non est défini par le fait que *non-non* disparaît [2].
Nihil est défini comme suit :

Esto *N non est A*, item *N non est B*, item *N non est C*, et ita porro, tunc dici poterit *N est Nihil*. Huc pertinet quod vulgo dicunt, non-Entis nulla esse Attributa [3]. . . . .

Esto *A est B*, tunc A dici potest Aliquid. . . . .

Propositionis Universalis Affirmativæ hæc definitio seu natura est, ut prædicatum prædicati sit prædicatum subjecti. . . . .

Omne B est C significat : si A est B, etiam A est C; hinc consequentia : Si A est B et Omne B est C, etiam A est C [4]. . . . .

Si A est B et idem A est C, etiam idem A est BC. Est ipsa definitio seu significatio formulæ BC [5]. . . . .

{ N. B. *idem*; si *omne*, ergo et idem. }

Phil., VII, B, II, 34-35.

Phil., VII, B, II, 34-35 (3 p. in-fol.).

Suite de définitions logiques.

1. V. *La Logique de Leibniz*, p. 381, note 1.
2. Cf. Phil., VII, B, II, 1 : *Principia Calculi rationalis*, Axiom. 3; VII, B, II, 62, § 4.
3. V. *La Logique de Leibniz*, p. 348, note 2.
4. Cf. Phil., VII, B, II, 62, § 15. V. *La Logique de Leibniz*, p. 347, note 2.
5. V. *La Logique de Leibniz*, p. 346.

Phil., VII, B, II, 36 (2 p. in-fol.).

Suite de définitions :

Impossibile est quod involvit contradictionem, ut $A \infty B\ldots \overline{C \text{ non } C}$.[1]

Phil., VII, B, II, 37 (un coupon).

Difficultas aliqua est in explicando quid sit *natura prius*[2]. . . . .

Phil., VII, B, II, 40 (un coupon).

Définitions de *Aliquid, Nihil, Possibile, Positivum*[3].

Phil., VII, B, II, 41 (un coupon).

Conversio Logica.

$\left\{ \begin{array}{l} \text{Non Animal} \\ \text{Animal} \end{array} \right. \left\{ \begin{array}{l} \text{Non homo} \\ \text{Homo (omnis)} \end{array} \right.$

{ Ex hujus modi schemate ostendi possunt omnes conversiones }[4].

Omnis homo est animal.

Ergo quicquid est non animal est non-homo.

Patet ex schemate. Nam quia omnis homo sub animali, ergo nullus utique sub non-animali.

Quoddam animal est homo.

Ergo quidam homo est animal.

In schemate patet antecedens, quia homo est species animalis, id est quoddam animal.

---

1. Cf. Phil., VII, B, II, 62, § 6; VII, C, 23 recto; VII, C, 97.
2. Cf. la fin du *Specimen Calculi universalis* (Phil., VII, B, II, 10 nunc 12).
3. Cf. Phil., VII, B, II, 34; 36; 43; 49.
4. Une phrase analogue a été barrée en tête de la page. C'est un schéma du même genre que l'on trouve en marge des *Ad Specimen Calculi universalis Addenda* (Phil., VII, B, II, 21 verso).

Patet et consequens, quia utique de homine animal prædicatur.

Quoddam animal non est homo.

Ergo quidam homo non est animal.

Non sequit [1].

| Omnis id est nullus non.

Omne A est B. id est. omnia exempla ipsius A continentur sub exemplis ipsius B. Jam eadem exempla non possunt simul sub exemplis B et sub exemplis ipsius non-B contineri. Ergo omnia exempla ipsius A non continentur sub exemplis ipsius non-B. Syllogismus itaque erit talis:

Omne B non est non B.

Omne (vel quoddam) A est B.

Ergo Omne (vel quoddam) A non est non-B.

Pro non-B scribamus C. et fiet propositio:

Omne [quoddam] A non est C.

Ergo omne C non est A. id est

Ergo omne non-B non est A. seu: nullum non-B est A. seu quicquid non est B est A. (nota aliud dicere: nullum-non B aliud nullum non-B.)

Hinc patet si datur propositionis Universalis negativæ conversio simpliciter, dari universalis affirmativæ conversionem per contrapositionem, et contra.

Jam Nullum A est C. Ergo nullum C est A. demonstratur hoc modo: si falsum est nullum C esse A, ergo aliquod C est A. Ergo aliquod A est C, cum tamen assumserimus nullum A esse C. Vel sic: Nullum A est C. Ergo non, quoddam A est C. Ergo non, quoddam C est A. Ergo nullum C est A. Probanda ergo sola conversio simplex particularis affirmativæ. Quoddam A est C. Ergo quoddam C est A. Quod per se patet idem enim est ac si diceremus dari exemplum commune ipsius C et ipsius A.

{ Per propositiones particulares cuncta possunt absolvi. Om. A est B. id est non, quoddam A est B. seu falsa propositio ista. Similiter Nullum A est D. id est non quoddam A est D. Hinc assumto Omn. A est D. Ergo omn. D est A. cuncta demonstrantur.

Negatio particularis negativæ est affirmatio universalitatis. Hinc ex

---

1. *Sic.*

meris particularibus concluditur sic : Quoddam A non est B est falsa, quoddam A est A est vera, Ergo quoddam A est B est vera [1]. }

PHIL., VII, B, II, 42 (un coupon) [2].

[Aliud est *Ubivis*, aliud *Ubique*. Exempli causa]
Theorema tale formo : *Si A ubivis substitui potest in locum ipsius B, etiam B ubivis substitui potest in locum ipsius A, salva veritate.* Quod demonstro ope Axiomatis : *B ubivis substitui potest in locum ipsius B.* Nam si A ubivis substitui potest in locum ipsius B (ex hypoth.) substituatur et in loco posteriore Axiomatis hujus : *B ubivis substitui potest in locum ipsius B*, et fiet inde : *B ubivis substitui potest in locum ipsius A.* Quod erat demonstrandum. Hinc ut obiter notem, patet discrimen inter *ubivis* et *ubique*. Nam si dixissemus : A ubique substitui posse in locum ipsius B, tunc nihil inde potuisset inferri, nam ex Axiomate : B ubique substitui potest in locum B. factum fuisset : A ubique posse substitui in locum ipsius A, quod per se patet.

PHIL., VII, B, II, 43 (un coupon).

Définitions d'*Aliquid, Nihil, Opposita, Possibile, Impossibile, Necessarium, Contingens, Primitivum, Derivativum, Prius natura.*

Nihil est quod nominari potest, cogitari non potest, ut Blitiri. . .

PHIL., VII, B, II, 44 (un coupon).

Sur la définition de *Conferens*.

PHIL., VII, B, II, 45 (2 p. in-8º).

Ordinis loci temporis particulæ.

Remarques grammaticales.

---

1. Dans ce fragment Leibniz se place systématiquement au point de vue de l'extension : il considère uniquement les individus, « exemples » ou cas particuliers, au point de subordonner les propositions universelles aux particulières.
2. Cf. MATH., I, 9, 1; PHIL., VII, B, IV, 11, et les *Generales Inquisitiones* de 1686 (PHIL., VII, C, 21 verso). V. *La Logique de Leibniz*, p. 338.

PHIL., VII, B, II, 46 (1 p. in-8º).

Sur la pédagogie grammaticale (remarque critique sur l'*Aristarque* de Vossius).

PHIL., VII, B, II, 47-48 (4 p. in-8º).

Définitions et remarques logiques.

PHIL., VII, B, II, 49-50 (3 p. in-4º).

Définitions d'*Aliquid, Nihil, Impossibile, Possibile, Non-non A, Negativum, Substantia, Inferens, illatum, ratio, conferens, causa, Agere, Finis, Medium, Materia, Forma, Permittere, Instrumentum, Conservare, Exemplum, Occasio, Meritum, Fortuitum, Dependens, Simplex, Pertinet, Periculum.*

PHIL., VII, B, II, 51-52 (4 p. in-8º).

Sur les compensations [1].

. . . . . { In hoc calculo literæ A, B, etc. significant certa quædam irrepetibilia, verbi gratia res singulares, item notiones universales, unde repetitio est inutilis; item ordinis quoque hic non habetur ratio, subalternatur calculo de combinationibus in universum, ubi non ingreditur Axioma $A + A \infty A$. } . . . .

Pro $A \oplus B$ posset simpliciter poni AB. Calculus de continentibus et contentis est species quædam calculi de combinationibus, quando scil. nec ordinis rerum, nec repetitionis ratio habetur. Itaque præmittendus esset tractatio de variationibus generalis, nisi malim hanc considerare ut simpliciorem. . . . .

PHIL., VII, B, II, 53 (un coupon).

Omnia Theoremata non nisi Tachygraphias seu cogitandi compendia esse [2], ut animus a rebus ipsis distincte cogitandis dispensetur,

---

1. Cf. *Phil.*, VII, 233, et *La Logique de Leibniz*, p. 381.
2. Cf. PHIL., V, 7, f. 4 recto.

nec ideo minus omnia recte proveniant, in eo consistit omnis utilitas verborum et characterum, ut in Arithmetica sunt decimales, ut sunt Notæ Analyseos, ut innumeros et sæpe impossibiles expressu, aut mire implicatos linearum motuumque ductus persequi necesse non sit. Hoc etsi non verbis, aut reflexione animi, reapse tamen autores Algebræ expressere sed et inventores Algorithmi et verborum in scientiis, et proinde omnis scientiarum abstractarum laus consistit in compendiosis loquendi scribendique notis, et his notis fit ut possimus computare progressionis alicujus terminum < summamque > tout d'un coup, etsi per singula non eamus, ut possimus ipsi infinito exhibere finitum æquale, quæque alia sunt hujus generis non intelligentibus rationes rerum admiranda.

Phil., VII, B, II, 53.

PHIL., VII, B, II, 54 (2 p. in-4°).

Duæ lineæ similes se continere non possunt, nisi sint rectæ, sic arcus circuli non potest esse pars alterius arcus similis.

Etiam duæ superficies < similes > continere se non possunt nisi sint planæ. Lineæ autem et superficies dissimiles se continere possunt, imo necessario lineæ < curvæ > et superficies gibbæ quæ se continent sunt dissimiles, alioqui peccaretur contra prædicta. (Verte) | sed corpora et similia et dissimilia sese continere possunt, seu possunt sese habere ut totum et pars.

Ratio hujus discriminis est quod corpora intus demtis scilicet extremis similia sunt, et qui in medio versatur non discernit an sit in globo an in cubo. Sed lineæ et superficies ubique habent varietatem suam, quia ubique sunt termini[1].

Autre note :

Ex omnibus extensis unius hoc rectæ proprium est, ut pars quævis sit similis toti. Itaque sola recta semper et alias res similares quantitate præditas, figura carentes, repræsentat, in quibus etiam < quævis > pars est similis toti.

Le reste est une note sur la continuité.

Phil., VII, B, II, 54.
54 recto.

54 verso.

1. Cf. *De Analysi situs* (Math., V, 178), *In Euclidis* πρῶτα (Math., V, 183) et Math., I, 1, a. V. *La Logique de Leibniz*, p. 414.

Phil., VII, B, ii, 55-56.   Phil., VII, B, ii, 55-56 (4 p. in-4°)[1].

Componendo nihil novi fieri potest,

1. *Ex duobus* A, B, si contineantur in uno ex ipsis, ita enim binio coïncidit cum continente. < Nam ternio et quaternio est inutilis, quia repetitio est inutilis. >

2. *Ex tribus* A, B, C, si neque binio neque ternio aliquid novi faciat, nam altiores combinationes ut semel dicam sunt inutiles.

. . . .

Phil., VII, B, ii, 57-58.   Phil., VII, B, ii, 57-58 (4 p. in-fol.).

57 recto.   . . . . . Resolutio est substitutio definitionis in locum definiti, Compositio est substitutio definiti in locum definitionis.

Ejusdem definiti multæ possunt esse definitiones. Sit enim definitum a, ejusque definitio bcd, sitque bc æqu. l et bd æqu. m et cd æqu. n. tunc oriuntur tres novæ ipsius a definitiones, nempe :

a æqu. ld. a æqu. mc. a æqu. nb cui accedet quarta : a æqu. bcd. Exempli causa : 24 est 2, 3, 4. Jam 2, 3 est 6. et 2, 4 est 8. et 3, 4 est 12. Ergo fiet : 24 æqu. 6, 4. 24 æqu. 8, 3. 24 æqu. 12, 2. et denique 24 æqu. 2, 3, 4.[2] . . . .

57 verso. | . . . . Omnis proprietas reciproca potest esse definitio.

Definitio eo perfectior est, quo minus resolubiles sunt termini qui in eam ingrediuntur.

Definitio satis perfecta est, si ea semel explicata dubitari non potest an definitum sit possibile. . . . .

Si una ex definitionibus eligatur, cæteræ ex ea demonstrabuntur ut proprietates.

Unaquæque proprietas reciproca totam subjecti naturam exhaurit, seu ex unaquaque proprietate reciproca duci possunt omnia. . . . . .

58 recto. | . . . *Requisitum* est quod definitionem ingredi potest. . . .

---

1. Cf. le fragment XX de Gerhardt, *Propositio 24* (*Phil.*, VII, 243).
2. Remarquer qu'ici la composition des notions est représentée par la multiplication, comme dans les essais d'avril 1679 (Phil., V, 8; VII, B, ii, 14) et dans le *Specimen Calculi universalis* (*Phil.*, VII, 218 sqq., 221 sqq., et Phil., VII, B, ii, 16-17 10-11). Cf. *Lingua generalis*, févr. 1678 (Phil., VII, B, iii, 3) et le *De Synthesi et Analysi universali* (*Phil.*, VII, 293). V. *La Logique de Leibniz*, p. 192, 193.

Phil., VII, B, ii, 59 (2 p. in-fol.).

Sur la qualité et la quantité.

Phil., VII, B, ii, 62 (2 p. in-fol.).

(1) Si A explicando prodit B non B, A est *impossibile*. Vel ecthetice magis, si A ∞ L.... B non B, A est impossibile [1].

(2) *Ens* vel *possibile* est quod non est impossibile; ut si A non ∞ L... B non B.

(3) Si non A est impossibile, A est *necessarium*.

(4) non non A ∞ A. Hic est usus τοῦ *non*. add. 6.

(5) A *est*, id est A est Ens.

(6) *Falsa enuntiatio* si inde sequitur A ∞ L... B non B < vid. 10 >.

{ Dicere A est B, falsa est, idem est quod dicere A non est B. pertinet ad usum τοῦ *non*. add. 4. }

(7) *Enuntiatio* A est B. item A ∞ B. Item si A est B, sequitur quod C est D. Item A non est B. Item si A est B non sequitur quod C est D.

(8) *A est B*, sic exponitur literaliter A ∞ LB, ubi L idem quod indefinitum quoddam. potest etiam sic exponi A ∞ AB, ut non sit opus assumi tertium. < ad hoc requiritur 14 [2]. >

{ Si A sit B non B, A est *non Ens*.
propositio falsa est, ex qua sequitur A est non A. }

(9) A non est B. idem est quod QA est non B, < demonstrandum >.
Vel idem est dicere : propositio A est B, est falsa, et dicere A *non* est B. < sequitur ex 6. >

(10) Si A est B, et A est C, idem est quod A est BC.

(12) *Eadem* sunt, quorum unum alteri substitui potest salva veritate. signum autem est ∞. ut A ∞ B.

(13) *Sequitur* < vel infertur > A ex B, si A substitui potest pro B, etsi fortasse non liceat substitui vicissim. Per A < aut B > hic intelligo vel terminum vel enuntiationem [3].

---

1. Cf. Phil., VII, B, ii, 36; VII, C, 23 recto; 97.
2. Cela se trouve expliqué dans le fragment suivant : Phil., VII, B, ii, 63, § 8.
3. Cf. Phil., VII, C, 9; 25 verso; 29 verso; 73.

(14) AA idem est in hoc calculo quod A. Exempli causa sit B ∞ AC et D ∞ AE, erit BC [1] ∞ ACAE ∞ ACE. < vid. 8. >

(15) A est B, idem est ac dicere si L est A sequitur quod et L est B [2]. Hoc demonstrabimus : Assumamus hanc propositionem *A est B*. dico hinc inferri si L est A, sequitur quod L est B. < Hoc ita demonstro : > Quia A est B, ergo A ∞ AB per 8. Jam si L est A, etiam erit L ∞ LA. Ubi (pro A substituendo valorem AB) fit L ∞ LAB. Ergo L est AB. Ergo L est B per 8.

Ergo demonstratum est, ex hac : A est B, inferri hanc : si L est A, sequitur L est B. Nunc inverse demonstremus, ex hac : Si L est A sequitur quod L est B, vicissim inferri A est B. Intelligitur autem L quicunque terminus de quo dici potest L est A. Ponamus illud esse verum, et tamen hoc esse falsum, quodsi inde sequitur absurdum, utique inferetur hoc ex illo (per Lemma prop. sequentis). Statuatur ergo hæc enuntiatio : QA est non B. Jam QA est A. Ergo QA est B (quia QA comprehenditur sub L) Ergo QA est B non B quod est abs.

(16) Si A sit propositio < vel enuntiatio >, per non-A intelligo propositionem A esse falsam. Et cum dico A est B, et A et B sunt propositiones, intelligo ex A sequi B. Sed demonstrandus erit harum substitutionum successus. Utile etiam hoc ad compendiose demonstrandum, ut si pro L est A dixissemus C et pro L est B dixissemus D, pro ista si L est A sequitur quod L est B, substitui potuisset C est D. in præcedente. Si A est B dicatur C, erit C idem, quod A esse B. Itaque cum dicimus Ex A est B sequitur E est F, idem est ac si diceremus A esse B est E esse F [3]. Differt tamen A esse B, et Beitas ipsius A, quia hæc significat A esse B quatenus tale. Itaque etsi ex hoc quod Deus est sapiens sequatur quod Deus est justus, tamen non ideo Dei sapientia est Dei justitia. Et licet omnis sapiens sit justus, et adeo sapientem esse, sit justum esse, non ideo tamen sapientia est justitia.

(17) In Numero 15 assumsimus si posito A, sequitur B, ex non B sequi non A. Vel generalius secundum nostrum Hypotheticas sub Categoricis comprehendendi modum, assumsimus hanc consequentiam : A est B, [Ergo non B est non A. Hoc jam demonstremus : A est B,

---
1. Lire : BD.
2. V. *La Logique de Leibniz*, p. 347, note 2; p. 355, note 6.
3. V. *La Logique de Leibniz*, p. 355.

idem quod A ∞ AB. [si jam.] Ergo non A ∞ non AB]. Ergo falsum est non B esse A. Demonstratio. Esto : Non B est A. Ergo A non B ∞ non B. Sed A est B ex concesso. Ergo A ∞ AB. Ergo AB. non B ∞ non B. quod implicat. Ergo (per n. 6) falsum est non B esse A, posito A esse B.

Aliter sine æquipollentia, per solam substitutionem unilateralem. (1°) A est B ex hypothesi, dico < falsum esse > (2°) non A esse B. Nam quia pro A substitui potest B (per 1°) substituatur in 2° fiet non B est B. quod est falsum per n. 6.

(18) Supra dictum est, demonstrandum esse : A non est B et QA est non B coincidere seu dicere A non est B, idem esse ac dicere : datur Q tale ut QA sit non B. Si falsum est A est B, possibile est A non B < per n. 6 >. Non B vocetur Q. Ergo possibile est QA. Ergo QA est non B, itaque posito falsum esse A est B ostendimus QA esse non B. Jam contra ex hoc ostendamus illud : QA est non B, ergo falsum est A est B. Nam si verum esset A est B, posset B substitui in locum ipsius A, et fieret QB est non B, quod est absurdum.

PHIL., VII, B, II, 63 (2 p. in-fol.).

(1) *Sequitur* Enuntiatio ex Enuntiationibus positis, si per substitutiones permissas ex illis oriri potest.

(2) A ∞ B significat A et B esse *idem*, seu ubique sibi posse substitui. (Nisi prohibeatur, quod fit in iis, ubi terminus aliquis certo respectu considerari declaratur ver. g. licet trilaterum et triangulum sint idem, tamen si dicas triangulum, quatenus tale, habet 180 gradus; non potest substitui trilaterum. Est in eo aliquid materiale.)

{ Si ex Enuntiatione A sequitur enunt. B, et vicissim, coincidunt A et B. }

(3) *Contradictorium* est B non B.

{ Si A est B non B, A est *non Ens*.

Si A sit Ens, et prop. sequatur A est B non B, tunc prop. est falsa. }

(4) *Impossibilis* est terminus, vel Non Ens, qui si ponitur esse, sequitur esse contradictorium. *Possibilis* autem est terminus < vel Ens vel Reale > ex quo nihil tale sequitur.

PHIL., VII, B, II, 63.

{ Si AB est non Ens, sequitur [A continere non B] A ∞ A non B vel B ∞ B non A, posito A et B Entia. Præstat abstinere terminis possibilis et impossibilis.

Etsi AB esset Ens, tamen etiam Non $\overline{AB}$ potest esse Ens. }

(5) *Falsa Enuntiatio* est si effici potest ut ipsa concessa ex terminis possibilibus admissis sequatur admitti impossibile : quod tamen ipsa non concessa ex positis non sequeretur. *Vera* autem est ex qua nihil tale sequitur.

{ Enuntiatio negativa nihil aliud est, quam quæ falsam dicit Affirmativam. Hypothetica nihil aliud est quam categorica, vertendo antecedens in subjectum et consequens in prædicatum. Ex. gr. A est B, ergo C est D. A esse B sit L, et C esse D sit M, dicemus L est M [1]. Itaque sufficerent categoricæ affirmativæ. }

(6) Particula *Non* hunc habet usum, ut significet Terminum vel enuntiationem cui præfigitur non habere locum, et hinc si sibi ipsi præfigitur semet destruit, quasi ipsamet posita non fuisset. Itaque Non, $\overline{A\ est\ B}$, vel A non est B, idem est quod falsa est enuntiatio : A est B. Et Non Non A idem est quod A. et A non non est B, idem est quod A est B.

(7) AA idem est quod A. Exempli gratia Omniscius et spiritus sapientissimus coincidunt. Hinc si dicas spiritus omniscius, et pro omniscio substituas spiritum sapientissimum, fiet spiritus $\overline{spiritus\ omniscius}$ [2], sed inutilis est <hæc> reduplicatio, et sufficit dici : spiritus sapientissimus. quod secus est in numeris, et magnitudinibus, ubi repetitum A designat non idem sed æquale priori.

(8) A est B idem est quod A continet B, et quidem simpliciter, ut adeò dicere liceat A est B idem esse quod A ∞ AB, nam cum sit A ∞ A per 2. et A contineat B simpliciter ex hyp. pro A substitui potest AB, quoniam per 7. geminatio nihil mutat, seu ex A ∞ A fieri potest A ∞ AB. Itaque cum dicitur DEus est zelotes, etiam dici potest DEus est DEus zelotes; et hæc duo coincidunt inter se. Ita rem ab Enuntiatione traduximus ad æquipollentiam, quæ calculo nostro est aptior. Idem aliter confici poterat hoc modo : cum A est B dici potest A ∞ LB, nempe si

---

1. Cf. PHIL., VII, B, II, 62, §§ 13 et 16; VII, C, 9 verso; 25 verso; 29 verso; et surtout PHIL., VII, C, 73-74.
2. Lire *sapientissimus* au lieu de *omniscius*.

A et B æquipollent, potest [pro L substitui ipsum A, nam si L ∞ A fiet A ∞ AB] per L intelligi Ens vel aliud quiddam quod jam in A continetur; si non æquipollent, erit L id omne quod in A est præter B. Jam quia A ∞ LB, fiet etiam A ∞ LBB (per 7) Ergo pro LB ponendo A, fiet A ∞ AB. Malo autem adhibere A ∞ AB quam A ∞ LB, ne tertium assumi sit opus[1].

(9) Si A est B, sequitur quod falsum est Non B esse A. Esto enim (1) verum Non B est A ex hyp. adversarii. Jam (2) A est B est hyp. concessa. Ergo (3) A ∞ AB per num. 8. Ergo Non B est AB ex 1 per 4. hic. Ergo (5) Non B est AB non B, per num. 8. Quod est abs. per num. 5. Ergo falsa. 1. posita 3. hic. Quod erat dem.

(10) Poterant prædemonstrari si B est non B vel B est A non B, et non B est B vel non B est BA, vel non B est B non A, esse absurdas, idque communi hac methodo fit, quod per num. 8. reducitur [esse] ad B non B in eodem termino. v. g. C non B est AB per 8 redacitur ad C non B ∞ C non B. AB.

(10) A est B ergo AC est B. Demonst. (1) A est B ex hyp. Ergo (2) (per num. 8) A ∞ AB. Ergo (3) < (per 2) > AC ∞ ABC ergo < (ex 3 per num. 8) > AC est B. Quod E. dem.

(11) A ∞ B ergo AC ∞ BC. Sequitur ex num. 2.

(12) Si A ∞ BC, sequitur AB ∞ BC. Dem. Nam (1) (ex hyp.) A ∞ BC. Ergo (2) (per 11) AC ∞ BCC, id est (3) (per 7) AC ∞ BC. Quod erat dem.

(13) Non sequitur AC ∞ BC Ergo A ∞ B. hoc demonstrabitur exhibendo casum ubi illo vero, tamen hoc non est verum, quem casum exhibere est *problema* solvere. Sit AC ∞ BC et A non ∞ B. Nempe si A ∞ BC nec A ∞ C[2], erit < tamen > (per 12) AC ∞ BC. Quod erat Fac.

(14) A est BC ergo AC est B[3]. Demonstratio. (1) (per hyp.) A est BC. Ergo (2) (per num. 8) A ∞ ABC. Ergo (3) (per num. 11) AC ∞ ABC. Ergo (4) (per num. 8) AC est B (sed verum est etiam A esse B).

(15) AB est A. Dem. { Hoc initio ponendum erat }. (1) AB ∞ AB (2) Ergo (per num. 7) AB ∞ AAB. Ergo (3) (per num. 8) AB est A.

---

1. Cf. Phil., VII, B, II, 62, § 8.
2. Lire : A ∞ B.
3. Leibniz avait écrit d'abord : « A est B ».

(16) A est B, et B est C, ergo A est C. Demonstratio. (1) (ex hyp.) A est B. Ergo (per num. 8) (2) A ∞ AB. Similiter (3) (ex hyp.) B est C. Ergo (per num. 8) (4) B ∞ BC. Hinc (per 2 et 4) (5) AB ∞ (ABBC seu per num. 7) ∞ ABC. ex 5 per num. 8. (6) AB ∞ C[1]. Et denique ex 6 per 2. (7) A est C. Quod erat dem.

(17) A est BC. Ergo A est B. Dem. Ex Hyp. (1) A est BC. jam per num. 15 (2) BC est B. Ergo ex 1 et 2 per num. 16 (3) A est B. Quod erat dem.

(18) A est B et A est C. Ergo A est BC.

A ∞ AB, A ∞ BC[2]. Ergo (A A id est) A ∞ (ABBC[3] ∞) ABC. Ergo (per num. 8) A est BC.

(19) Hinc similiter A est B et A est C et A est D, Ergo A est BCD.

(20) Ex 17 et 18 patet coincidere has duas simul A est B et A est C, cum ista A est BC. idem est in pluribus.

(21) A non est B idem est quod A est non B. Nempe si A non est B, falsa est A est B. Ergo falsa est A ∞ AB. Ergo per num. 4. AB est non Ens. seu A ∞ A non B. Ergo per num. 8. A est non B. Rursus A est[4].

(21) A est B et B est A, idem est quod A ∞ B. Nempe $<$ per num. 8 $>$ A ∞ AB et B ∞ AB. Ergo A ∞ B, et rursus A ∞ B. Ergo AA ∞ BB seu per num. 7 : A ∞ B.

(22) A est B. Ergo non A est non B[5]. Nam A est B ex hyp. Ergo per num. 9 non B non est A. Ergo per num. 21 non B est non A.

(23) Non non A ∞ A. Nam non non A est A et contra $<$ prius ostendimus $>$ scil. A non non A ∞ A. hoc ostendendum. Quæritur an reperiri possit Q non non A quod non sit A.

PHIL., VII, B, II, 64-65 (4 p. in-fol.)

(1) *Eadem* $<$ vel *Coincidentia* $>$ sunt quæ sibi ubique substitui possunt salva veritate. *Diversa* quæ non possunt[6].

{ Hinc etiam demonstrari potest, si duo [æqualia] coincidentia repe-

---
1. Lire : AB est C.
2. Lire : A ∞ AC.
3. Lire : A B A C.
4. Ce paragraphe est très raturé.
5. Leibniz a voulu dire : « non B est non A » (v. la conclusion).
6. Cf. le fragment XX de GERHARDT (*Phil.*, VII, 236-247).

riantur in aliqua propositione, posse loca eorum permutari, quanquam et possit unum eorum per alterum vel omnino, vel quantum lubet, tolli. }

(2) $A \infty B$ significat A et B esse eadem.

(3) A non ∞ B significat A et B esse diversa.

(4) Si A non ∞ B, etiam B non ∞ A.

(5) Si $A \infty B$ et $B \infty C$, etiam $A \infty C$. < per 1. facta substitutione. >

(6) Si $A \infty B$ et B non ∞ C, etiam A non ∞ C. < per 5. Hinc per 6 et 4 si $A \infty B$ et B non ∞ C, erit C non ∞ B[1]. >

(7, 8) A significat determinatum, Y < vel Z vel alia litera posterior > significat indeterminatum, < etiam Nihil si conditiones appositæ non obstent. >

(9, 10) $A + Y \infty C$ significat A *inesse* C, seu C *continere* A.

(11) $A + A \infty A$ significat A esse aliquod determinatum seu unicum, < seu idem sibi ipsi additum nihil novum facit. Hinc, ut obiter dicam, quia æqualium eadem magnitudo est, ideo si æqualia sibi addantur non dicendum est eorum magnitudines addi, sed ipsas res, fit enim nova magnitudo. Hinc sequitur nec magnitudinem esse Numerum, nec magnitudinem aut rationem unam alterius esse partem, nec posse sibi addi. Nec numerus cum æquali Numero idem est, solent tamen sæpe pro ipsis rebus vel saltem numeris ratio aut magnitudo sumi [2]. >

$Y + Y$ non ∞ Y significat Y plura esse Y.

(12, 13) Hinc si A significat determinatum et Y indeterminatum, axiomata sunt

$A + A \infty A$ et $Y + Y$ non ∞ Y.

(14) Duo Y diversa ita soleo exprimere Y et (Y). Si vero tractamus Y et adhuc Y, seu Y et (Y), reperiamusque $Y + (Y) \infty Y$, erit $Y \infty (Y)$. Si vero reperiamus $Y + (Y)$ non ∞ Y, erit Y non ∞ (Y).

(15) Et generaliter si $A + B \infty A$, et B sit aliquid, erit B in A.

(16) Item si $A + B \infty A$, et B non in A, B erit Nihil.

(17) Non Nihil est aliquid, et non aliquid est Nihil.

(18) Si A non ∞ A, erit A *impossibile*. Unde et si $A \infty B$ et $A \infty$ non B, tunc A erit *impossibile* per 18 et 6.

[1]. Lire : A.
[2]. Cf. *Phil.*, VII, 246.

(19) Hinc quod neque Nihil est, neque aliquid, impossibile est per 17 et 18.

< Notandum : omnem Terminum ut A vel B, intelligi aliquid et possibile, nisi contrarium admoneatur aut probetur. >

(20) Si A est Nihil et B est Nihil, erit A ∞ B. seu duo Nihila coincidunt.

(21) Si A est Nihil et B est Nihil, erit A + B ∞ A per 21 [1] et 11. < seu nihil additum nihilo facit Nihil. >

(22) Si A + A non ∞ A, erit A impossibile. < seu impossibile est quod additum sibi ipsi facit novum. > Nam pono A esse determinatum seu unum certum. Unde per 11. A + A ∞ A. Jam A + A non ∞ A ex hyp. Ergo per 6, A non ∞ A. Notandum A ne quidem hoc casu fore Nihil, nam et si nihilo apponatur nihilum coincidunt, quia per 20. Nihilum Nihilo coincidit.

(23) Si A ∞ B etiam A + C ∞ B + C. < Nam si in A + C pro A substituas B, ex defin. Eorundem, fit B + C. >

(24) Continens contenti est continens continentis [2], seu quod inest inexistenti, inest ei cui inexistit; seu contentum contenti est contentum continentis, seu si A est in B, et B est in C, etiam A est in C. Nam A + Y ∞ B ex hyp. per 9. et similiter B + Z ∞ C. Ergo (per substit.) A + Y + Z ∞ C, sit Y + Z ∞ V (per 25). Erit A + V ∞ C. Ergo A est in C per 9. Quod Erat Dem.

(25) Postulati instar est, ut liceat pro pluribus quotcunque ponere unum aliquod ipsis < collectis > coincidens. Hoc tamen ostendi potest ex alio postulato clariore quod pro pluribus ut A et B possit poni unum C, ita ut sit A + B ∞ C, si scilicet nihil in uno reperiatur, quod sit in alio, < verbi gratia >, si post ea omnia sumta quæ sunt in A sumamus ea omnia quæ sunt in B, et ita omnia simul < collecta > dicamus constituere C, < eorum aggregatum in quo unumquodque eorum insit >. Sed hinc tamen sequitur idem fieri posse etiamsi B et A habeant commune aliquid quod insit utrique A et B, ponamus enim id esse D, et A esse ∞ D + E, et B esse ∞ D + F, < ita ut D, E, F nullum habeant commune contentum. > Dico fieri posse A + B ∞ C. Nam fiet D + E + D + F ∞ C. Jam D + D ∞ D. Ergo fiet D + E + F ∞ C.

---

1. Lire : 20.
2. Leibniz a voulu dire : « Continens continentis est continens contenti. »

quod fieri posse diximus, quia D et E et F nil habent commune < contentum >.

(26) Hic obiter notari potest discrimen inter viam et lineam; si punctum mobile tendat per aliquam lineam à puncto A ad punctum B, et per eandem redeat à puncto B ad punctum A. linea quidem percursa non erit major, quàm si non rediisset, < nihil enim novum est in regressu quod non fuerit in itione, et idem sibi ipsi additum non facit novum, per 11 >. At via percursa erit duplo longior, nisi quis malit viam pro ipsa linea sumere.

| (27) Quoties literam aliquam novam assumimus, tunc possumus quodvis, quod non est impossibile, de ipsa asserere. Sed cum ea litera jam ante adhibita fuit in eodem calculo vel ratiocinio, non licet, nisi ostendamus ea quæ nunc de ea asserimus, cum prioribus esse compatibilia, quo ostenso id asserere de ea licet. Hæc observatio etiam instar postulati esse potest, et pendet ex natura nostræ characteristicæ v. g. si habuerimus $D + C \infty A$ et D non ∞ C, et tam D quàm C sint aliquid, et possibile; non licet postea ponere $D \infty A$, sed nihil prohibet ponere $E \infty A$. Item si sit $D + C \infty A$ et $F + G \infty H$, nil prohibet novam facere positionem in iisdem literis modo priori compatibilem; ut $F \infty G + C$. At si scripsissemus $F \infty H + C$, id foret priori incompatibile. Sin novam assumsissemus literam in nova assertione, nihil esset timendum.

{ (28) Nihilum sive ponatur sive non, nihil refert. seu $A + Nih. \infty A$. }

(29) Signo + hactenus sumus usi ad designandum unum collectivum fieri ex pluribus; in quo plura insint, et quod ipsis simul sumtis coincidat. Nunc signo — utemur ad designandum, aliqua ab alio esse detrahenda, ut contrarium fiat signi +. Itaque si $A + B \infty C$, erit $A \infty C - B$, et A dicitur *Residuum*. < Sed opus est A et B nihil habere commune. Nam exempli causa $A + A \infty A$. ergo fieret $A \infty A - A$. Jam (per 30) $A - A \infty$ Nihilo, ergo fieret $A \infty$ Nihilo contra Hyp. >

{ (30) $C - C \infty$ Nihilo.
Nam $C \infty C + Nih.$ per 28.
Ergo $C - C \infty Nih.$ per 30[1]. }

(31) Si ab aliquo C detrahi jubeatur B[2] quod ipsi non inest, tunc resi-

1. Lire : 29.
2. Intervertir les deux lettres B et C.

duum A seu B — C erit res semi-privativa et si apponatur alicui D, tunc D + A ∞ E significat D quidem et B esse ponenda in [E], sed tamen a D prius esse removendum C, si quidem ei inest. Quodsi insit, seu si D ∞ C + F, fiet E ∞ C + F + B — C. Hoc est (per 30) E ∞ F + B. Unde E fit res positiva, posito F et B esse positivas. Sed si C non insit ipsi D, manet etiam E res semi-privativa.

(32) Omnis positio quæ inest in E sit G, et omnis privatio quæ inest < in E > sit C; sic ut sit E ∞ G — C. Jam omne quod commune est ipsi G et C sit H. et sit G ∞ H + L, et C ∞ H + M. fiet E ∞ H + L — H — M seu (per 30) E ∞ L — M. et L atque M nihil amplius habebunt commune; quodsi jam L et M (incommunicantia) ambo sint aliquid positivum, erit E *res semiprivativa*. Sin sit M ∞ Nih. erit E ∞ L, seu E erit *res positiva*, si scilicet id omne quod inest toti privationi C insit etiam positioni G; denique si sit L ∞ Nih. erit E ∞ — M, seu E erit *res privativa*, si nempe omne quod est in tota positione G insit etiam privationi C.

(33) Hic cuicunque apponi potest privatio cujuscunque, est instar postulati, sit A, et B, scribi potest A — B.

(34) Si A + B ∞ D + C, < et A ∞ D > [1], erit B ∞ C. Seu quibus apponendo coincidentia fiunt coincidentia, ea ipsa sunt coincidentia. { Imò non sequitur nisi in incommunicantibus. }

Nam scribatur A + B — A (per 33) erit B ∞ A + B — D (per 30) ergo (pro A + B substituendo coincidens D + C) fiet B ∞ A[2] + C — D id est C (per 30) Ergo B ∞ C. Quod Erat Dem.

(35) Si à coincidentibus auferas coincidentia fiunt coincidentia. Si B ∞ C, erit A — B ∞ D — C[3]. Nam si ad A — B et D — C addas coincidentia B et C, fiunt A et D coincidentia. Ergo A — B ∞ D — C per 34. Seu $\overline{A — B} + B ∞ \overline{D — C} + C$ (∞ D ∞ A) et B ∞ C. Ergo per 34, A — B ∞ D — C.

(36) Insunt in aliquo non tantùm partes sed et alia, ut circulo inest non tantum quadratum inscriptum, sed et latus quadrati inscripti. Quadratum quidem est pars ejus, sed latus quadrati non est pars ejus. Sed

---

1. Leibniz avait d'abord écrit A partout où il y a D.
2. Lire : D.
3. Ici encore D a été substitué à A.

pars ab alio inexistente non potest discerni, nisi accedente consideratione similis vel congrui, de qua suo loco[1].

(37) Speciatim consideranda sunt *contenta ejusdem incommunicantia inter se*. Si sit L in A et M in B, atque inde sequitur L non ∞ M, dicentur A et M[2] *incommunicantia*.

(38) Cum aliquid dicitur coincidere pluribus, sæpius incommunicantia intelligere soleo. seu contenta ejusdem quæ continens constituunt, intelligi solent *incommunicantia*.

(39) Si A et B incommunicantia et A + B ∞ C, non erit A ∞ C. Nam alioqui erit A + B ∞ A. ergo (per 15) erit B in A. contra Hypoth. aut B erit Nihil. quod etiam est contra Hypothesin. Communi sermone, si contenta incommunicantia simul coincidant continenti, non potest unum eorum coincidere continenti.

{ Si A et B nihil habent commune, itemque L et M, et A non sit ∞ L, nec B erit M.

Si L et M habent aliquid commune et A + B sit ∞ L + M, poterit esse A ∞ L, licet B non sit ∞ M, ut si A + B ∞ A + B + A, et si L sit A et M sit A + B.

Si A et B incom. item L et M, et nullum horum coincidat ulli illorum, non potest simul utrumque utrique inesse, sed si A inest L, non [in]erit B in M.

(40) Si A + B + C ∞ L, singula contenta, ut A vel B vel C, voco contenta *constituentia*, ipsum autem L *constitutum*.

Coincidentia assignare talia Efficere ut ab ipsis detrahendo eadem residua non coincidant.

$$\underbrace{G+M}_{A}+\underbrace{M+H}_{B} \infty \underbrace{G+M}_{A}+H \Big\}$$

(41) Si M est in C et N est in C, erit M + N in C, seu cui singula insunt etiam ex ipsis constitutum inest. Nam quia M est in C, ergo M + R ∞ C. Similiter N + S ∞ C. Ergo M + R + N + S ∞ C + C ∞ C. Ergo (per 11) M + R + N + S ∞ C. Ergo M + N in C. Quod erat dem.

(42) Si M est in A, et N est in B, erit M + N in A + B. seu consti-

---

1. V. *Phil.*, VII, 244; *Math.*, VII, 274; et *La Logique de Leibniz*, p. 306.
2. Il faut sans doute lire : B.

tutum ex contentis inest constituto ex continentibus. Hoc ita demonstro : M est in A (ex hyp.) Ergo in A + B (per 24). Similiter N est in B (ex hyp.). Ergo N est in A + B (per 24). Jam si M est in A + B et N est in A + B, erit (per 41) M + N in A + B. Quod erat dem.

{ Si A sit in B et B sit in A, tunc A ∞ B. Nam A ∞ B + L et B ∞ A + M. Ergo A ∞ B + A + M. }

(43) Si L est in A + B et L non est in A, nec in B, poterit assumi L ∞ M + N, sic ut sit M in A et N in B. Vel familiari sermone, si quid sit in constituto, nec sit in uno constituentium, erit partim in uno partim in alio. Hoc ita probo, quia alioqui etiam si quis cognosceret omnia quæ sunt in L, non posset ostendere L esse in A + B, cum tamen omnis veritas ex cognitis rebus ostendi possit [1]. Sed quia hæc ratiocinatio abest a rigore demonstrationis, possemus hanc propositionem assumere instar axiomatis, sed præstat tamen quærere demonstrationem, quia hucusque omnia demonstravimus. Sed ad hanc rem novis opus est considerationibus quas nunc exponemus.

(44) *Inexistens ultimum* voco quod ita inest, ut nihil ipsi amplius insit, seu si L sit inexistens ultimum, et assumatur A + B ∞ L, erit A ∞ B ∞ L. Tale est punctum in spatio, instans in tempore.

[(45) Postulatum]

PHIL., VII, B, II, 70-71 (4 p. in-8°).

SI consideremus universalia ut aggregata individuorum disjunctiva, poterunt hac quoque ratione propositiones probari [2].

Omnis homo est animal H + X ∞ A. hoc est individua hominum sunt pars individuorum animalium.

Quidam homo est animal YH + X ∞ A. Nullus homo est lapis YH + X ∞ non L. quotcunque scilicet individua addantur et quæcunque ad YH seu quendam hominem, semper fiet non Lapis.

Sed quomodo exprimemus : quidam homo non est lapis? H + X̆ ∞ non L.

---

1. Application du principe de raison.
2. Dans ce fragment Leibniz se place au point de vue de l'extension, et conçoit (par exception) l'addition logique comme l'addition des extensions. V. *La Logique de Leibniz*, p. 363.

Videndum quomodo X et X̃ differant, scilicet ut aliquod et quodcunque sed id contingit per accidens, et velim qui sit X simpliciter. Hæc melius examinanda.

[In propositionibus Existentialibus]

Præstat expressio propositionum per universalia seu notiones, licet hæc methodus etiam procedat De individuis quæ poni possunt.

Videamus an modus efferendi propositiones Logicas per Terminos, accedente tantum Ente et non Ente, procedat etiam in propositionibus existentialibus [1].

{ Subjectum determinat de quibus individuis sit sermo, nempe non de aliis quàm subjecti. Item subjectum est à quo incipit cogitatio. }

| Verbi gratia : Quidam pius est pauper, seu pius pauper est existens. Nullus justus est derelictus, seu justus derelictus est non existens. Omnis pius tribulatur, seu pius non tribulatus est non existens. Denique quidam pius non est pauper, seu pius non pauper est existens. Videndum an posset etiam existens transferri in terminum, ut maneat Ens vel non Ens. Ut pius pauper est existens, dabit : *pius pauper existens est Ens* seu possibile.

Sic *justus derelictus existens est non Ens*, seu impossibile, scilicet impossibilitate Hypothetica, posita scilicet jam existentia seu serie rerum.

Pius existens non tribulatus est non ens, seu impossibile, seu pius existens tribulatus est Ens necessarium.

Pius existens non pauper est Ens seu possibile.

Sed inquies ita introducetur necessitas. exempli gratia : Omnis homo peccat, sumta propositione pro existentiali : Homo non peccans est non existens. seu homo existens non peccans est non Ens sive impossibile. Id est postremo Homo existens peccans est Ens necessarium. Sed intellige necessitate consequentis, scilicet posita semel hac rerum serie, et hoc semper notat τὸ existens adjectum, facit enim | propositionem existentialem, quæ involvit rerum statum. Hac igitur formula ego designo necessitatem consequentis. et ita universalem servo in enuntiationibus tractandis. nam et contingentes ex hypothesi existentiæ rerum sunt necessariæ. Quemadmodum impossibile est adimi Codro pecuniam, posito Codrum nullam habere. Itaque [apud me] propositionem necessariam et

---

1. Cf. Phil., VII, B, II, 3 (1ᵉʳ août 1690). V. *La Logique de Leibniz*, p. 350, 358.

Phil., VII, B, 11, 71. contingentem ita distinguo. Circulus isoperimetrorum maximus est Ens necessarium. Homo peccator non est Ens necessarium. neque enim ulla reperiri potest demonstratio hujus propositionis, omnis homo peccat, et ratio cur revera contingat omnem hominem (intelligo nunc visibiliter in terris degentem) peccare, pendet ex infinita quadam analysi, quam solus DEus intelligit; ita ut contingens essentialiter differat à necessario ut surdus numerus à rationali. Utrumque tamen æquè certum seu DEo à priori seu per causas cognitum est. Utrumque vi terminorum verum est seu prædicatum utrobique inest subjecto, Tam in necessariis quàm contingentibus. sed nulla resolutione pervenitur ut alterum in alterum abeat,

71 verso. seu ut quædam quasi commensura- | bilitas obtineatur. Verùm cum dico Homo peccator existens [est] necessarium, quid intelligo; tunc τὸ existens addit aliquid nempe Hominem peccatorem intelligi qualis in mundo nunc reperitur, qui cum ex hypothesi sit peccator, utique homo peccator est necessarius [1].

Ista enuntiatio : Homo peccator est peccator, quæ est identica, bene quidem enuntiari potest per τὸ impossibile et contradictionem, sed non æquè commodè per τὸ necessarium. Nam priore modo fit : Homo peccator non-peccator est non-Ens. Sed si dicas Homo peccator peccator est Ens necessarium, oportet prius duplicationem distingui nempe Homo peccator peccator est Ens necessarium. alioqui putet aliquis pro Homo peccator peccator est Ens necessarium posse scribi : Homo peccator est Ens necessarium.

Sic Omne animal est animal fiet Animal animal est ens necessarium, non tamen hinc sequitur Animal esse Ens necessarium. Ex his videtur non posse semper pro pluribus terminis æquivalentibus sibi appositis unum poni. < imo non dicendum animal animal est Ens necessar. sed : non animal non animal. >

Est de individuis enuntiatum, significare solet *existit*, ut Petrus est vivens. Possunt tamen aliqua enuntiari de individuis quæ nec sunt nec erunt nec fuerunt, ut Argenis polyarchi est rationalis; vel Archombrotus homo est animal. In veris individuis existentibus omnes propositiones etiam essentiales sunt simul existentiales.

71 recto. | { In seriebus infinitis Mathematicis fieri possunt demonstrationes

---

1. Cf. Phil., IV, 3, a, 1-4; VII, C, 29.

etiam serie non percursa. Sed hoc in serie contingentium, circa veritates
contingentes, fieri non potest, adeoque solius est DEI. }

Phil., VII, B, ii, 72 (un coupon).

In communi propositionum enuntiatione aliqua sunt incommoda [1]. Recte quidem procedit : Omnis homo est animal. Et Quidam homo est doctus. Sed in cæteris aliqua est difficultas. Nam Non omnis homo est doctus. significare dicitur Quidam homo non est doctus, seu falsum est omnem hominem esse doctum. Ergo *non* afficit totam propositionem, non ergo τὸ omnis quod pertinet ad subjectum. Porro Nullus homo est lapis quomodo resolvetur? haud quidem per non omnis. Nec per omnis non, fieret enim Omnis non homo est lapis, quod falsum. Ergo per non quidam. seu falsum quod quidam homo est lapis. ut nonnullus et quidam intelligendum est. Ergo signum quidam esse subjecti, sed *non* præfixum esse propositionis seu quod eodem redit prædicati. Sed quid hoc? Omnis homo non est lapis. Hic apparet non satis prævisum esse. Nam si *non* pertinet ad totam propositionem, sensus erit : falsum est omnem hominem esse lapidem; si ad prædicatum, sensus erit Omnem hominem esse non lapidem, seu nullum hominem esse lapidem. Certe in propositione quidam homo non est doctus negatio non negat propositionem ipsa demta, sed negat prædicatum quasi quidam homo est non doctus. Aliud ergo est negari propositionem, aliud negari prædicatum; dicam ergo : *non præfixum signo negare propositionem, præfixum copulæ negare prædicatum*, ut certam regulam habeamus. Sed ita aliunde malum. Nam in U. N. negatur prædicatum. Omnis homo est non lapis. Etiam in P. N. quidam homo est non lapis. Sed conciliabilia omnia. U. N. et P. N. fit ex U. A. et P. A. præmittendo non prædicato. Sed non est earum contradictoria. *Non* præmissum propositioni significat contradictoriam, præmissum copulæ negat prædicatum.

Phil., VII, B, ii, 73 (2 p. in-fol.).

Suite de définitions des catégories logiques et mathématiques.

Magnitudo est numerus partium determinatarum. . . . .

1. Cf. *Generales Inquisitiones...*, § 186 (Phil., VII, C, 31 recto).

PHIL., VII, B, II, 73.

Positio est ordo percipiendi sive sentiendi distinctus ac perfectus, vel potius relatio secundum hunc ordinem. . . . .

PHIL., VII, B, II, 74.

PHIL., VII, B, II, 74 (1 p. in-fol.).

Character ut A.
[*Character*] < *Terminus* > Negativus Non A.
Non repetitum tollit se ipsum ut Non-Non idem est ac si Non stet plane omissum. Et Non-Non A idem est quod A.

Aequivalentes A ∞ B. quorum scilicet alter in alterius locum substitui potest. Hinc si A ∞ B, etiam erit B ∞ A < et si A ∞ non C, erit C ∞ non A > et si A ∞ B et B ∞ C etiam erit A ∞ C. item, si A ∞ non C et C ∞ D erit A ∞ non D.

Disquivalentes ut A non ∞ D unde etiam D non ∞ A. Et si A ∞ non C erit A non ∞ C, < et contra si A non ∞ C erit C non ∞ A. > [1]

Continens vel *includens* esto A, *contenta* seu quæ *insunt* ipsi A sint B et C, dicetur A ∞ BC. < Intelligentur autem B et C conjungi per characteristicam æquiformem (v. g. per additionem multiplicationem prædicationum, ubi loca commutari possunt, non per disquiformem, ut si B et C conjungantur per divisionem seu si A ∞ B : C, ubi non licet commutare.) >

Contenta autem omnia simul dici poterunt *cointegrantia*, < scilicet si B dicatur contentum, erit C ipsi cointegrans respectu A. Cointegrantia autem simul dicentur *valor*, et si plura sint cointegrantia, ut A ∞ B.C.D, dici[tur] poterit B esse *cum* C vel cum D, licet B et C non sint cointegrantia. >

{ Dicetur et C adjici ad B, et licebit fortasse *cum* sumi generalius pro omni conjunctione characterum, etiam disquiformi, cum vero sibi *adjici* dicentur, intelligi poterit *sola conjunctio æquiformis*. Et similiter characterem in charactere *involvi* dicemus, si character quomodocunque alterius valorem ingrediatur; inesse autem si eum componat, seu ingre-

---

1. Peut-être Leibniz a-t-il voulu écrire : « Si A non ∞ C, erit A ∞ non C » ou : « non C ∞ A », ce qui est bien la réciproque de la formule précédente (comme semble l'annoncer le mot *contra*), tandis que ce qu'il a écrit ne fait que répéter ce qu'il a déjà dit plus haut : « A non ∞ D unde etiam D non ∞ A. »

diatur conjunctione æquiformi. *Valoris* quoque appellatio generalius accipi poterit pro omni characteris explicatione. *Significatio* autem erit explicatio primitiva seu arbitrarie assumta unde cæteræ ducentur[1]. }

Literæ posteriores ut V, W, X, Y, Z, etc. significabunt indefinitum. ut si velimus dicere B *inesse* ipsi A, ignoremus autem vel dissimulare velimus terminum cointegrantem C, poterimus sic exprimere :

$$A \infty Y B.$$

(Scholium.) Interdum A.A ∞ A. Sic Homo rationalis qui est rationalis, idem valet quod homo rationalis, imo idem quod homo : jam enim homini inest esse rationalem; et 0.0 ∞ 0. seu nihil nihilo conjunctum facit nihil, si conjunctio fiat per modum additionis vel multiplicationis. Et unitas unitati per multiplicationem conjuncta facit Unitatem. Interdum vero A. A non ∞ A, quod variat pro substrata materia seu characteristica. Sic $<$ in additione $>$ A + A ∞ 2 A, in multiplicatione A. A ∞ A².

Detractivus $<$ (oppositus Appositivo) ut $\therefore$ B $>$ seu demto B, sive minus B. Scilicet A $\therefore$ B seu A demto B significat B esse omittendum sive rejiciendum, si cum ipso $\therefore$ B reperiatur sive B $\therefore$ B se mutuo tollere, ita ut C. B $\therefore$ B seu B. C $\therefore$ B sit ∞ C. Itaque si A ∞ B. C erit A $\therefore$ B ∞ C, nam A $\therefore$ B ∞ B. C $\therefore$ B quod ∞ C. Hinc si ponatur D $\therefore$ B, et D non contineat B, non ideo putandum est notam omissivam nihil operari. Saltem enim significat provisionaliter, ut ita dicam, $<$ et in antecessum, $>$ si quando contingat augeri D $\therefore$ B per adjectionem alicujus cui insit B, tunc saltem sublationi illi locum fore. Exempli causa si A ∞ B. C erit A. D $\therefore$ B ∞ D. C.

(Scholium). Differunt *Non* seu negatio a $\therefore$ sive *Minus* seu detractione, quod non repetitum tollit se ipsum, at vero detractio repetita non seipsam tollit, sed terminum cui præfigitur. Sic non-non B est B, sed $\therefore \therefore$ B idem est quod Nihilum. Verbi gratia A non non B est A. B, sed A $\therefore \therefore$ B est A. et A $\therefore$ A est *Nihilum*. Sed A non A est *absurdum*.

(male).

Simpliciter Relatio erit inter A et B, et A involvet B, si sit A ∞ B, $\widetilde{C}$, D, sed si ingredientia se habeant Uniformiter, poterit scribi B. $\widetilde{C}$. D.

1. Cf. *Phil.*, VII, p. 31, 206-7; et Phil., VII, B, IV, 21.

Membrum erit terminus quilibet, vel in recto vel obliquo positus, valore aliquo exprimibilis. Membrum continere potest aliud membrum in recto et in obliquo, cum scilicet variatur modus relationis.

Dantur varia relationum genera, ut characteribus diverso modo utamur. Dantur relationes quædam et significationes in infinitum replicabiles et reflexæ[1].

1. V. *La Logique de Leibniz*, p. 435, note 1.

Phil., VII, B, III, 3 (2 p. in-8°).

Lingua generalis.

Febr. 1678.

Cum frustra sperari consensus hominum videatur in rem utcunque utilem difficilem tamen, alioqui dudum ex vulgaribus linguis aliquam sumsissent, et quod vulgaribus non indulsere, nec novæ cuicunque dabunt a privato excogitatæ. Ideo excogitandum est aliquid, quod eos alliciat, ipsa mirabili facilitate : ut enim alia artificia facilia atque utilia paulatim de gente in gentem propagantur, exemplo Musicæ, ita credibile est idem huic linguæ eventurum. Itaque debet talis esse ut facile disci, facile retineri, facile in usum transferri possit, præterea grata sit et ita numeris omnibus absoluta, ut frustra quisquam eam reformare speret. Quia vero paucis elementis omnia constare debent, ideo composita fierent admodum prolixa nisi ars quædam reperiatur contrahendi expressiones, ut in numeris ope progressionis decimalis. Optima autem ratio contrahendi erit, ut res revocetur ad numeros inter se multiplicatos, ponendo elementa alicujus characteris esse omnes ejus divisores possibiles. Artificium hoc sane admirabile est, et probari possunt ejusmodi ratiocinationes per novenariam probam. Elementa simplicia possunt esse numeri primi seu indivisibiles. Ad loquendum hac lingua necesse erit posse ex tempore calculare quædam, saltem nosse Tabulam pythagoricam majorem. Itaque hac lingua loqui nihil aliud erit, quam enuntiare propositiones numericas tabulæ pythagoricæ continuatæ, v. g. 6,8 est 48. vel 48 est 6^{narius}. Excogitanda lingua qua numeri pronuntientur apta et elegans, in qua nec vocalium nec consonarum concursus : | adhibendæ in eam rem syllabæ, ut *a, e, i, o, u, ba, be, bi,* etc. *ca, ce, ci*

Phil., VII, B, III, 3. Quoniam vero in numeris non est tot opus elementis, sed tantum numeris

1. 2. 3. 4. 5. 6. 7. 8. 9. 10. 100. 1000. 10 000.

quod si sic
a	*e*	*i*	*o*	*u*
1	10	100	1000	10 000

imo dyphthongi si opus interponi possunt vel si altius assurgendum vel si placeat per quinarios aut quaternarios progredi[1]. Ut lingua grata apta Musicæ et poesi et omnibus aliis sermonis deliciis reddi possit, debet res ita institui, ut fieri possent multæ permutationes salva substantia, at literæ unius organi significabunt idem. Item pro vocibus sæpe usitatis residuæ et commodæ erunt syllabæ. etc.

b. c. d. f. g. h. l. m. n.
1. 2. 3. 4. 5. 6. 7. 8. 9.
erit *bodifalemu* seu *mubodilefa*
8 1 3 7 4   8 1 3 7 4

Nam hoc modo patet syllabis utcunque transpositis eandem manere vocem[2]. Unde ingens variationum campus et allusionum ac poematum elegantissimorum salvo sensu præsertim cum et duplicare liceat alicui literas, et adhibere diphthongos. Adde syllabas quæ per consonas terminantur, poterit fieri ut consona ex fine sit signum finis vocis. Nam id quoque exprimendum.

Nota : *bodifalemu* erit tam intelligibilis quam *mubodilefa* assueto huic linguæ, ut in numeris non minus facile intelligimus dicentes 1 tausend 300, vier siebenzig achzig tausend[3], quam dicentes achzig tausend 1 tausend 3 hundert siebenzig vier[4]. Hinc meræ variationes. Item aliquando majoris compendii causa cum vox aliqua sæpe recurrit, pro ea substituemus minorem ejusdem novenarii. Nam proba novenarii pulcherrimi hic usus erit ad ratiocinationes comprobandas. Adhiberi possunt signa varia affec-

---

1. Allusion aux divers systèmes de numération possibles, auxquels Leibniz commençait à penser, car dès l'année suivante il avait conçu le système de numération binaire (V. *De progressione dyadica*, 15 mars 1679 : Math., III, B, 2). Ce système lui avait peut-être été inspiré par la *Tetractys* de son maître Weigel, bien qu'il prétende l'avoir inventé auparavant (*Lettre à Jean Bernoulli*, 29 avril 1701 : Math., III, 660).
2. Cette notation est manifestement inspirée de celle que Dalgarno propose pour les nombres dans son *Ars Signorum* (1661). V. *La Logique de Leibniz*, Note III.
3. Mille trois cents, quatre, soixante-dix, quatre vingt mille.
4. Quatre vingt mille, 1 mille, trois cents, soixante-dix, quatre.

tuum aliorumque notationes comitantium. Quæ ad stylum linguæ oratorium pertinebunt; sed philosophicus et pragmaticus purus erit, et simplicissima severe sequetur, etsi prolixior paulo et durior.

{ In hac lingua ob tot variationes salvo sensu fieri possunt poemata more omnium linguarum admiranda plane et sonora. Duplex litera pro voce est. }

{ Poterit et solis digitis, ut calculari, ita et lingua exhiberi surdis. Hæc lingua excellentissima pro missionariis. }

{ Quæ æque primitiva saltem quoad nos, ex ejusdem seu ejus * exprimenda numeris primitivis cognatis. }

PHIL., VII, B, III, 4 (2 p. in-8°).

Lingua universalis.

Danda etiam opera est ut sit grata hominibus; itaque talis esse potest, ut in Musica consistat et intervallis, ut *ba. be. bi. bo. bu* exprimente *a* numerum; *e*, ejus quadratum; *i*, cubum, *o* quadrati quadratum, *u* surdesolidum, et adhibitis literis præterea *b. c. d. f. g. h. l. m. n.* exhiberi jam novem numeros 1. 2. 3. 4. 5. 6. 7. 8. 9. Itaque his literis scribi possent omnes numeri et quia exempli gratia *humida* significaret [1] :

$$600\,000$$
$$8\,000$$
$$3$$

ubi patet idem esse *humida* et *mihuda*. Adde adhuc majorem varietatem si utamur progressione dyadica, ubi non nisi Unitates et o exprimunt numerum, reliqua sunt situs diversitas, fere ut in Musica; ubi toni et intervalla. Ob tantas varietates posset lingua sic efformari, ut facile cui-

---

1. Ici Leibniz s'est trompé : *humida* vaut 60 803 ou bien 608 030. L'erreur vient de ce que les voyelles *a, e, i, o, u* représentent ici les *puissances* de 10 (10, 100, 1000, 10 000, 100 000), tandis que dans le fragment précédent (*Lingua generalis*) elles représentaient les unités décimales (1, 10, 100, 1000, 10 000). Cette confusion tend à prouver que les deux fragments sont de la même époque, ce qui ressort du reste de l'analogie de leur contenu.

libet linguae alteri inter pronuntiandum misceri posset, communem tantum cantando. Item ut in nostra possent pulcherrimae componi cantiones et versus fieri. Et ut versus hujus linguae possint componi velut certa demonstratione; ob omnia determinata. Magna erit multitudo literarum superfluarum quae variis legibus interseri possunt. Item considerandum hic in una voce non nisi unam esse vocalem, quod si sint duae, potest aliqua lex ipsis haberi pro altiores ut pro quadrato-cubica, etc. adhibitis certis notis. Omnino autem cogitandum de lingua hac per Musicam exprimenda. Hoc enim eam pulcherrimam reddere potest, et nihilominus opus magna libertate, ut liceat in ea exhibere pulchra carmina et animum moventia.

< Adde Kircheri Musurgiam ubi Tabulae quibus componi potest cantus, etiam a Musicae ignaro. >

PHIL., VII, B, III, 5 (un coupon.)

Lingua rationalis ita utiliter constituetur, ut cuilibet vocabulo aliarum linguarum respondens possit si velimus constitui, v. g. *Titius est magis doctus Caio* sensus est : Quatenus Titius est doctus, et Caius est doctus, eatenus Titius est superior et Caius est inferior. Haec analysis optima quidem est, sed non exprimitur vis singulorum verborum. Quod ut assequamur, dicendum erit : Titius est doctus, et qua talis est superior, quatenus inferior qua doctus est Caius. . . . .

Aethiops est albus quoad dentes sic explicari potest : Aethiops est albus quatenus dentes (qui sunt partes quatenus Aethiops est totum) sunt albi. . . . . Dentes Aethiopis hoc loco sic explicui : dentes qui sunt partes quatenus Aethiops est totum [1]. . . . .

PHIL., VII, B, III, 7 (1 p. in-4°).

[*De Grammatica Rationali.*]

Aprilis 1678.

Ea habebitur si partes orationis < earumque flexiones et rectiones > accurate resolvi possint. Quod ita intelligo :

1. Cf. PHIL., VII, B, II, 12 nunc 14; VII, B, III, 26.

[Adverbia sunt quasi adjectiva verborum] [1].

Verba possunt resolvi in nomina. Petrus scribit, id est est scribens. Unde omnia verba reducentur ad solum verbum substantivum.

Reducenda omnia alia ad ea quæ sunt absolute necessaria ad sententias animi exprimendas.

In cogitando reducuntur omnia ad qualitates sensibiles, tum internas, ut calor frigus lux, tum externas, ut $<$ essentia, existentia, $>$ cogitatio, sensio, nihil, unitas, multitudo, identitas, $<$ diversitas $>$, extensio, duratio, situs; voluptas, possibilitas, actus : hoc.

Res est, non est. Res est possibilis. Existens cogitans, sentiens. una. Eadem. extensa. durans. sita. grata. læta. [agens].

In lingua notanda ea tantum quæ per regulas constitutas explicari non possunt, item phrasium condendus est catalogus, quæ præ cæteris celebrantur [2].

Ars memoriæ. . . . .

Ici Leibniz donne un moyen mnémotechnique pour retenir une suite quelconque d'idées en la rapportant à une série ordonnée de personnages bien connus (patriarches, apôtres, empereurs). Il donne comme exemple la série suivante :

	Johannes	equus	mulus	bos	leo
	Julius	Augustus	Tiberius	Caligula	Claudius
echo	canis	asinus	fornax		
Nero	Galba	Otho	Vitellius.		

Grammatica.

Videtur *pluralis* inutilis in Lingua rationali. *Persona* accipit etiam nominibus ex sententia Vossii. Nam Titius significat vel ego Titius, vel ille Titius. Vocativi semper personæ secundæ.

Variæ *declinationes* inutiles.

Comparatio etiam pronominis, ut : ipsissimus. Possit et verbis tribui, ut summe currere, currissimare; si jocari libet.

1. Cf. Phil., VI, 12, f, 20; VII, B, III, 10.
2. Cf. *Analysis linguarum*, 11 septembre 1678 (Phil., VII, C, 9-10).

PHIL., VII, B, III, 8.   ***Verbum*** nota rei sub tempore[1]. Revera : verbum est quod involvit affirmationem aut negationem.

Omnia verba activa vel passiva, quæ involvunt mutationem; at quæ statum significant neutra. Ad activa vel passiva videntur et referri posse, quæ negant actionem vel passionem, ut abstineo.

Gerundium, studio adeundi patrem, id est τοῦ : adire patrem. Virgil: pacem Trojano a rege petendum [2]. . . . .

Supina in eo similia : spectatum ludos, id est ad τὸ spectare ludos.

Tempora < in verbis > accurate explicanda. [Item] casus in nominibus. . . . .

Suit une étude des différents temps du verbe en latin, qui se termine ainsi :

Differentia apud Gallos inter hæc duo : Il a fait cela, et, il fit cela.

PHIL., VII, B, III, 10.   PHIL., VII, B, III, 10 (1 p. in-4°).

Wilkinsius recte notat < part. 3, cap. 1. pag. 303 > verbum in naturali grammatica omitti posse, esse enim nihil aliud quam adjectivum cum copula; caleo, id est sum calens. Sed eodem jure et adverbia tollere poterat nominibus solis retentis, nam adverbium se habet ad verbum ut adjectivum ad nomen substantivum [3]. Ita < hæc duo : > *valde potito*, et *sum magnus potator*, idem significant.

. . . .

Omisisse se ait in charactere universali quæ certis locis et temporibus propria sunt, ut titulos honorum et officiorum, gradus Academicos, vocabula ICtorum, Heraldica ut Chearon*, vestituum formas, genera pannorum, ludorum, potuum, cibariorum, < compositionum pharmaceuticarum, > Musicorum modorum atque instrumentorum, instrumentorum mechanicorum, sectarum philosophicarum, politicarum, theologicarum [4]. Sed quæcunque certas constantesque definitiones habent, ea etiam exprimi possunt universali charactere, et licet res non sint perpetuæ sed temporibus certis locisve propriæ, notio tamen sive idea earum perpetua est,

---

1. Définition d'ARISTOTE.
2. *Æneis*, XI, 230.
3. Cf. PHIL., VI, 12, f, 20; VII, B, III, 7.
4. Cf. PHIL., VII, C, 33.

alioqui et plantæ cer..arum regionum excludi deberent. Quod vero ait, haec si opus paraphrastice exprimi posse, id fateor; sed respondeo si character philosophicus recte constitutus sit ipsam paraphrasticam expressionem contractam sine ullo alio novo molimine vocem exhibere debere.

Phil., VII, B, III, 12 (un coupon).

In lingua universali, [res] < medicamenta et alia > varia possunt habere nomina, < ut > alia [v. g.] ab effectu, alia vero secreta, a compositione.

Phil., VII, B, III, 13 (un coupon.)

Copie d'un passage extrait de

William Marshall D^r of Physick in London, in the first answer of his book entitled : Answers upon several heads in philosophy, London, 1670. 8°. pag. 14. Habeo librum. (Verte) | Putem huic scopo inservire etiam posse Becheri characterem universalem, in quo promittit unius diei informatione ita scribere aliquem docere, ut ab unoquoque in sua lingua intelligatur, adhibitis scilicet Lexicis qui numeros (pro characteribus universalibus < hic > sumptos) in quaque lingua interpretantur. Eadem autem opera præstare potuisset, quod erat adhuc mirabilius, ut quis posset in [sua] < qualibet > ipsa[1] lingua ignota scribere; modo Lexicon quale opus est, cum paucis quibusdam præceptis necessariis dentur. Quæ ut dixi intra diei spatium disci possunt.

Phil., VII, B, III, 14 (un coupon).

Quod et *Ut* differunt ut intellectus et voluntas, intelligo *quod* res aliqua non sit, volo tamen *ut* sit[2].

---

1. « Ipsa » devrait être barré.
2. Cf. un feuillet sur les « *Particulæ ut et quod* » (Philol., IV, 2).

PHIL., VII, B, III, 15 (un coupon).

Extrait du *Journal des Sçavans*, 13 juin 1689. (Discours de M. Charpentier sur le *Dictionnaire de l'Académie française*).

PHIL., VII, B, III, 17-18 (3 p. in-fol.).

Énumération et définition des catégories.

PHIL., VII, B, III, 19-20 (4 p. in-fol.).

Même sujet (surtout catégories logiques).

PHIL., VII, B, III, 21-22 (4 p. in-fol.).

Définitions grammaticales (parties du discours).

PHIL., VII, B, III, 23-24 (4 p. in-fol.).

Essais d'analyse grammaticale.

24 recto. . . . . . Scopus nostræ Characteristicæ est tales adhibere voces, ut omnes consequentiæ quæ institui possunt < statim > ex ipsis verbis vel characteribus emantur, verbi gratia David est pater Johannis[1], Ergo Salomon est filius Davidis. Hæc consequentia ex his vocabulis < latinis > nisi resolvantur in alia æquipollentia demonstrari non potest; in lingua generali debet ex vocabulorum analysi in suas literas demonstrari posse. . . . .

Et sciendum est tanto perfectiores esse characteres, quanto magis sunt αὐτάρκεις, ita ut omnes consequentiæ inde duci possint. Exempli gratia perfectior est characteristica numerorum bimalis quam decimalis vel alia quæcunque, quia in bimali < ex characteribus > omnia demonstrari possunt quæ de numeris asseruntur, in decimali vero non item. Neque enim ex charactere ternarii et novenarii demonstrari potest ter tria esse

1. Lire : « Salomonis ». Cf. PHIL., VII, C, 151, et *Nouveaux Essais*, IV, XVII, § 4.

novem, quod in bimalibus omnino fit. Nam in bimalibus ter est 11 et 9 est 1001. Jam 11 in 11 facit 1001 :

PHIL., VII, B, III, 24.

$$\begin{array}{r} 11 \\ 11 \\ \hline 11 \\ 11 \\ \hline 1001 \end{array}$$

Ergo 3 in 3 facit 9.

Notandum autem est, linguam hanc esse judicem controversiarum, sed tantum in naturalibus, non vero in revelatis, quia Termini mysteriorum Theologiæ revelatæ non possunt recipere analysin istam, alioqui perfecte intelligerentur, nec ullum in illis esset mysterium. Et quoties vocabula communia ex necessitate quadam transferuntur ad revelata, alium quemdam induunt sensum eminentiorem. Itaque qui termini combinari possint secundum ὑποτύπωσιν ὑγιαινόντων λόγων Ecclesiæ judicio relinquendum est, non ex usitatis definitionibus characteribusque ducendum[1]. . . . .

Si characteres quoslibet molirer, sive effabiles, sive non, faciliora multa essent, liceret enim characterum partes variis lineolis connectere, quia simul in charta visuntur, cum soni evanescant, et ideo sonus prior ad posteriorem referri non queat, nisi aliquid in se habeat [simile priori] respondens ei quod fuit in priore. Itaque errat Dalgarnus, qui putat æque facile esse Linguam et Characterem Mutum comminisci. Itaque non abhorreo a tentando primum charactere. Hoc enim perfecto deinde forte ad linguam licebit progredi facilius[2].

| Putem aliis casibus eliminatis genitivum, qui simplicissimum continet obliquitatis respectum, posse retineri. Nam accusativus quem regit verbum potest mutari in genitivum quem regit nomen verbale. Ita Ego laudo Titium, idem est quod : Ego sum laudator Titii. . . . . .

24 verso.

Leibniz désire une particule pour exprimer *ordinariè, regulariter*; une autre pour exprimer *quasi*[3].

---

1. Cf. PHIL., VII, C, 103-104.
2. Cf. PHIL., VII, B, III, 49.
3. Cf. PHIL., VII, B, III, 40.

Grammaticæ cogitationes.

PHIL., VII, B, III, 25-26 (4 p. in-fol.).

25 recto. Définitions des parties du discours.

. . . Discrimen generis nihil pertinet ad grammaticam rationalem. < Ita > Nec discrimina declinationum et conjugationum in grammatica philosophica usum habent. Nullo enim usu nullo compendio genera conjugationes declinationes variamus, nisi forte aurium gratia, quæ consideratio ad philosophiam nihil attinet, præsertim cum alia ratione gratiam linguæ rationali conciliare possimus, ut inutiles regulas excogitare necesse non sit[1]. Sane manifestum est, difficillimam grammaticæ partem esse discere generum declinationumque et conjugationum differentias. Et qui linguam loquitur his differentiis neglectis, quemadmodum Dominicanum ex Persia facere audivi Parisiis, nihilominus intelligi[2].

25 verso. | Opus est catalogo derivationum seu terminationum quæ derivationes faciunt, ut

bilis	tivus	titudo
amabilis	activus	rectitudo

. . . .

Nomen < quibusdam est quod > rem sine tempore exprimit[3]. Hac definitione pronomina erunt nomina, et participia non erunt nomina.

Nomen ideam quandam exprimit, nullam autem veritatem seu propositionem. Hoc sensu pronomen et participium sunt nomina. . . . .

Omne verbum consignificat tempus. Etiam nomen potest consignificare tempus, ut participium : acturus, amaturus.

An sint verba quæ non agunt, ut sum, vivo, curro. an semper subintelligi debeat accusativus, ut vivere vitam, currere cursum, disputari potest. Scioppius affirmat, mihi minime necessarium videtur, nam ex verbo sum, quod accusativum non habere ipse Scioppius fatetur, cum aliquo nomine statim fieri potest verbum, ut sum æger; ægroto : sum sanus; valeo : sum bonus; bon...o.

---

1. Cf. PHIL., VII, B, III, 4.
2. V. *Nouveaux Essais*, III, II, § 1.
3. Cette définition du nom et celle du verbe, qui suit, sont d'ARISTOTE (*Poétique*, § 20).

| Diversæ plane naturæ particulæ male sub adverbii appellatione miscentur; nam exempli gratia : *an*. adverbium interrogandi quidnam commune habet cum adverbio *fortiter*, id est cum fortitudine? Itaque hæc quæ vocant adverbia interrogandi malim referre ad conjunctiones. Hæc tamen diligentius consideranda. . . . .

Omne adjectivum habet substantivum simile expressum vel suppressum.

Genitivus est adjectio substantivi ad substantivum quo id cui adjicitur ab alio distinguitur. Ensis Evandri, id est Ensis quem habet Evander. Pars domus, id est pars quam habet domus. Lectio poetarum, id est actus quo legitur poeta. < Optime sic explicabitur >, ut Paris est amator Helenæ; id est : Paris amat *et eo ipso* Helena amatur. Sunt ergo duæ propositiones in unam compendiose collectæ. Seu Paris est amator, et eo ipso Helena est amata. Ensis est < ensis > Evandri, id est Ensis est supellex quatenus Evander est dominus. Poeta est lectus quatenus ille vel ille est legens [1]. Nam nisi obliquos casus resolvas in plures propositiones, nunquam exibis quin cum Jungio novos ratiocinandi modos fingere cogaris. . . . .

| . . . . In Grammatica rationali necessarii non sunt obliqui, nec aliæ flexiones. Item careri etiam potest abstractis nominibus. Ad flexiones quidem vitandas circuitu opus est, sed tanti est ratiocinari compendiose, etsi non compendiose te enunties.

Phil., VII, B, III, 27 (un coupon).

Omnes præpositiones proprie significant relationem Loci, translate aliam relationem quamcunque [2]. Relatio Loci vel simplex est, vel motum continet; Motum scilicet vel rei quam afficit præpositio, vel aliarum.

Simplex relatio est in præpositionibus : cum, sine, Apud, in, circa, inter, intra, Extra. Ex quibus simplicissimum est, A esse *cum* B vel *sine* B, seu A et B esse vel non esse in eodem loco communi. Proximum est A esse *apud* B, quod significat loca ipsorum A et B esse contigua. A est *in* B, si locus ipsius A sit pars loci ipsius B. . . . .

Relatio loci cum respectu ad Motum est in præpositionibus : Ab, Per,

1. Cf. Phil., VII, B, II, 12; VII, B, III, 5. V. *La Logique de Leibniz*, p. 73 et 437.
2. Cf. Phil., VII, B, III, 43, et 59-64 (*Analysis particularum*).

| Phil., VII, B, iii, 27. | Ad; Ex, In, Ante, post, præ, pro, secundum, juxta· supra, super, infra, sub, præter; trans, ultra, citra, tenus. . . . . |

| Phil., VII, B, iii, 28-29. | Phil., VII, B, iii, 28-29 (4 p. in-fol.).

De Interpretatione. lib. 1. de *Etymologia*. |

| Phil., VII, B, iii, 30-33. | Phil., VII, B, iii, 30-33 (8 p. in-fol.).

De syntaxi vocum orationem constituentium. |

| Phil., VII, B, iii, 34-37. | Phil., VII, B, iii, 34-37 (8 p. in-fol.).

De usu et constructione præpositionum. De constructione conjunctionum et officio quod præstant in orationibus. |

| Phil., VII, B, iii, 38-39. | Phil., VII, B, iii, 38-39 (4 p. in-fol.).

De constructione pronominum. De interjectionibus. |

Phil., VII, B, iii, 40-49.	Phil., VII, B, iii, 40-49 (19 p. in-fol.).
40 recto.	VOCABULA sunt [vel generalia vel specialia, nempe] voces aut particulæ. Voces constituunt materiam, particulæ formam orationis. . . .
40 verso.		Sane in lingua philosophica adhibitis præpositionibus non est opus casibus et adhibitis casibus careri potest præpositionibus. . . . . .

Ut præpositiones regunt casus nominum, ita conjunctiones regunt modos verborum [1]. . . . .

Difficultas est an tot esse debeant modi < verborum > quot sunt conjunctiones nude formales, quemadmodum tot voluimus esse casus < nominum > quot sunt præpositiones nude formales. Videtur eodem modo non opus esse conjunctione < regente > cum adhibetur modus, et contra non opus esse modo cum adhibetur conjunctio regens, prorsus ut de præpositione et casu diximus, sed adhibuere opinor homines majoris

1. Cf. Phil., VI, 12, f, 20.

efficaciæ causa, ut idem bis dicerent atque inculcarent. Conjunctiones quæ periodos periodis connectunt sunt non-regentes. Modi afficiunt copulam verbi, seu modum affirmandi. . . . .   Phil., VII, B, iii, 40.

Tempus et locum possunt ingredi non tantum verba, sed et nomina. Ut in participiis videmus, quæ nihil aliud quam nomina sunt a verbis derivata, abjiciendo copulam et retinendo tempus [1]. Quin et adverbia possent tempus habere, ut si fingerem adverbium *ridiculurè*, id est quod non statim ridiculum est, sed aliquando fiet ridiculum, quale erat insigne sartorum, quod pictor facetus splendidum et elegans fecerat, sed coloribus aquosis, qui ubi evanuere, apparuere oleosi, in quibus capra, quam illi in contumeliam sui accipere in Germania solent. Posses dicere hunc hominem pinxisse rem ridiculuram < vel ridiculam futuram >, seu pinxisse ridiculurè, id est ridicule quoad tempus futurum. . . . . .

Il est besoin de particules pour exprimer *quasi* [2]; pour résumer toute une proposition.

| Discrimen adjectivi et substantivi in lingua rationali non est magni momenti [3]. . . . .   41 recto.

Tout substantif équivaut à un adjectif accompagnant *Ens* ou *Res* :

Idem est Homo quod Ens humanum. . . . .

Si ex Nomine substantivo fiat verbum, ex adjectivo fit adverbium [4]. .

Omnia < in oratione > resolvi possunt in Nomen substantivum Ens seu Res, copulam seu verbum substantivum *est*, nomina adjectiva, et particulas formales. . . . .

| Tempora nominum : ut enim dicitur *amatio*, actus ejus qui amat, ita esset *amavitio* vel *amaturitio* ejus qui amavit, vel amaturus est. Ut infinitivum habet apud Latinos præteritum, ita deberet et habere imperfectum. . . . .   41 verso.

| Radix Hebræis est verbum, sed malim eam esse nomen, ut *vita*. .   42 recto.

Leibniz fo me successivement *vivus, vivo, vivens, vivificatio, vivificare, vivificari, vivificamentum, vivificativum, vivificatorius, vitosus, vitalis.*

1. Cf. Phil., VII, B, iii, 25 verso.
2. Cf. Phil., VII, B, iii, 24 verso.
3. Cf. Phil., VII, B, ii, 12.
4. Cf. Phil., VII, B, iii, 7; 10.

| Phil., VII, B, iii, 42. | In pronominibus habemus quandam intensionem, ut ego, *egomet*; tu, *tute*; ille, illemet seu ille *ipse*, ipsemet. . . . .

| 43 recto. | | Circa præpositiones observandum videtur omnes in nostris linguis usitatis [1] originarie significare respectum ad situm, et inde < tropo quodam > transferri ad notiones quasdam metaφysicas minus imaginationi subjectas [2]. . . . .

| 49 recto. | | Numeri cardinales : unum, duo, tria. Horum *adverbia* : semel, bis, ter. *Ordinales* : primus, secundus, tertius, *adverbia* : primo, secundo, tertio. *Distributivi* bini, terni. *Collectivi* ternio, ein duzendt. *Multiplicativi* : simplex, duplex, triplex, simplus, duplus, triplus. *Divisivi* subduplus, subtriplus ; seu triens, pars tertia, *fractio* duo trientes, duplum subtriplum. *Ratio* repræsentatur per fractionem, re ad quam ratio est repræsentata per unitatem.

Habendi characteres omnium literarum prout in variis gentibus exprimuntur, ad designanda nomina propria.

Lingua philosophica ludendo optime docebitur, inveniatur ludus quidam ingeniosus, cujus exitus habendus ope characteris hujus vel linguæ.

Malim linguam quam characterem, posset lingua scribi characteribus communibus [3]. Ubi Europæi eam probaverint, facile et alii probabunt et discent. Itaque poterat Wilkinsius suis characteribus supersedere, qui magis deterrent.

Declinationum et conjugationum inutilis multitudo [4]. Inutile flexiones habere in adjectivis, nam satis habentur in substantivo adjecto; eodem modo Numerus inutilis in verbo, satis enim intelligetur a nomine adjecto. In Hebraico, Syriaco, Chaldaico, Arabico et Aethiopico verba etiam habent genera, quod satis incongruum [5]. Etiam personæ verborum possunt esse invariabiles, sufficit variari ego, tu, ille, etc. . . . .

| Phil., VII, B, iii, 50-58. | Phil., VII, B, iii, 50-58 (15 p. in-fol.) [6].

Définitions de particules, rangées par ordre alphabétique.

1. Ou plutôt : « usitatas ».
2. V. Phil., VII, B, iii, 27.
3. Cf. Phil., VII, B, iii, 24.
4. Cf. Phil., VII, B, iii, 25.
5. Cf. Wilkins, *Real Character and Philosophical Language*, partie IV, chap. vi (London, 1668).
6. F. 54, on reconnaît la main de Hodann (cf. Phil., VII, D, ii, 2-5). On sait que Hodann fut secrétaire de Leibniz de 1702 à 1704.

Phil., VII, B, iii, 59-64 (12 p. in-fol.).

Analysis particularum [1].

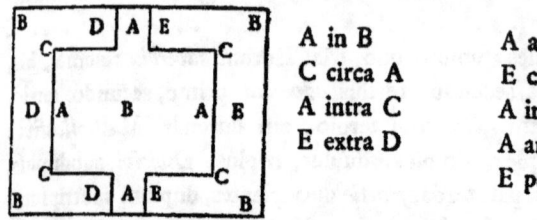

A in B
C circa A
A intra C
E extra D

A apud E
E cum D
A inter D et E
A ante E
E post A

Si A sit L, et B sit L, dicetur A *cum* B esse L.
Si A sit L, non vero B sit L, dicetur A *sine* B esse L.
Si A sit requisitum immediatum ipsius B, dicitur A esse *in* B.

Phil., VII, B, iii, 73-76 (8 p. in-fol.).

Ad Vossii Aristarchum.

Quelques notes de Logique sur la traduction des quatre propositions classiques en identités. — 75 verso.

1. Cf. Phil., VII, B, iii, 27.

PHIL., VII, B, IV, 1-10 (18 p. in-fol.).

Sched. 1.
1 recto.

ALIQUOTIES cogitavi de Formæ Logicæ comprobatione per linearum ductus¹. Ducantur tot rectæ < una sub alia > quot termini, propositiones per rectarum habitudines exprimentur, dum rectæ rectas continent. Ubi ea cautione opus est, ut ne plus exprimatur quam vi formæ oportet, atque adeo cavendum < tum ne propositio particularis designetur quasi universalis, tum > ne propositio quæ non semper aut non vi formæ est convertibilis tanquam convertibilis exhibeatur. Commode etiam præcedet semper major terminus, quia est in majore propositione quam solemus in syllogismis præponere, medio loco medius, infimo minor collocetur. Itaque docebimus separatim modum exhibendi propositiones. < Pro conclusionis autem designationem non est opus cautione, quam ne propositionem faciamus universaliorem quam est. >

Propositio universalis affirmativa :

Omne B est C
Omnis homo est animal
designatio

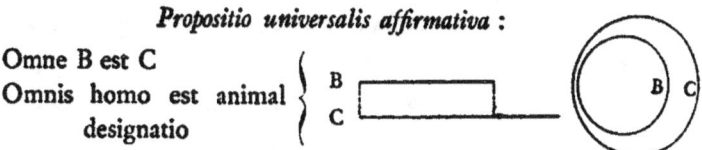

quæ ostendit omnes homines in omnibus animalibus esse comprehensos². Sed quia propositio non est simpliciter convertibilis, hinc oportet rectam B³ esse majorem, non enim omnia animalia vicissim in omnibus hominibus continentur; < sed tantum quædam animalia, partem scilicet ipsius B contineri in A >⁴.

1. Cf. PHIL., VI, 15; VII, B, II, 18; VII, C, 28.
2. Ici Leibniz se place au point de vue de l'extension (v. f. 3 recto).
3. Leibniz a voulu dire : C. Cette erreur s'explique par le fait qu'il avait d'abord employé les lettres A et B, auxquelles il a substitué par surcharge B et C.
4. Lire : « C contineri in B ». V. la note précédente.

Propositio universalis negativa.

Nullum B est C
Nullus homo est lapis

Hinc patet ex ipsa designatione propositionem esse simpliciter convertibilem, Nullumque hominem sub lapidibus et nullum lapidem sub hominibus contineri.

Propositio particularis affirmativa.

Quoddam B est C
Quidam Homo est sapiens

Patet ex designatione quosdam homines esse inter sapientes, ubi simul apparet necessario quosdam sapientes esse inter homines < seu propositionem esse simpliciter convertibilem >. Nempe pars unius lineæ parti alterius respondet. Sed nihil ultra exprimitur, caveturque ne vel omnes homines dicantur sapientes, vel omnes sapientes ad homines restringantur, quasi omnes sapientes essent homines.

{ Dum prope totus circulus alteri inest vel abest, indicatur sub parte posse partem totius comprehendi [1]. Nam si omnis homo est animal, verificatur quendam hominem esse animal; et nullo homine existente lapide verificatur et quemdam hominem non esse lapidem. }

Propositio particularis negativa.

Quoddam B non est C
Quidam homo non est Rusticus

Non produximus < dextrorsum > rectam B [2] ne inde inferatur conversio, et concludat aliquis quendam Rusticum non esse hominem : propositio enim particularis negativa nullam habet conversionem.

Notatu dignum hic apparet, in propositione affirmativa, sive universali sive particulari, vi formæ prædicatum non totum affici, sed parti tantum prædicati inesse subjectum sive totum in universali, sive pro sua parte in particulari propositione. Sed in negativa propositione totum

---

[1]. Leibniz veut dire que « pars » inclut « totum », c'est-à-dire que la particulière comprend l'universelle comme cas spécial.
[2]. Lire : C.

prædicatum affici [1] eamque de qua agitur subjecti mensuram a quavis prædicati parte, seu quod idem est, à quovis ejus exemplo excludi. Hinc Terminos distinguimus in distributos seu universales, et non distributos seu particulares. Subjecti mensura habetur ex signo propositionis, estque universalis in universali, particularis in particulari propositione. Sed prædicatum est particulare in affirmativa, universale in negativa. Hinc propositio debilior qualitate habet prædicatum fortius quantitate.

FIGURA I.

Barbara

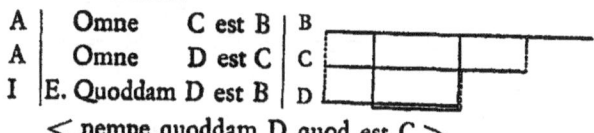

A	Omne C est B	B
A	Omne D est C	C
A	E. Omne D est B	D

< Nempe omne D quod est C >

Lineæ punctatæ connectunt lineas proximas significantque enuntiationes factas ex medio termino et altero extremorum. Sed linea tractu continuo facta significat conclusionem. in minore termino C [2] duplex lineola, si totum terminum occupat, universalis est propositio, sin minus, particularis.

Barbari

A	Omne C est B	B
A	Omne D est C	C
I	E. Quoddam D est B	D

< nempe quoddam D quod est C >

Non differt schema a priori, nisi sola recta continua conclusionem significante, quæ a conclusione minus abscindit quam necesse est.

Celarent

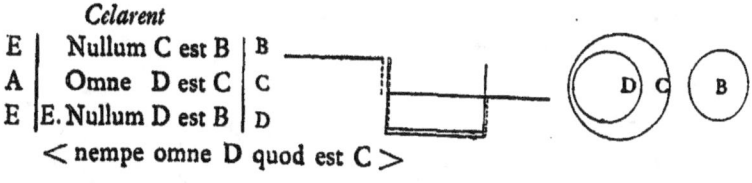

E	Nullum C est B	B
A	Omne D est C	C
E	E. Nullum D est B	D

< nempe omne D quod est C >

1. Cf. Phil., VI, 14, § 6.
2. Lire : D.

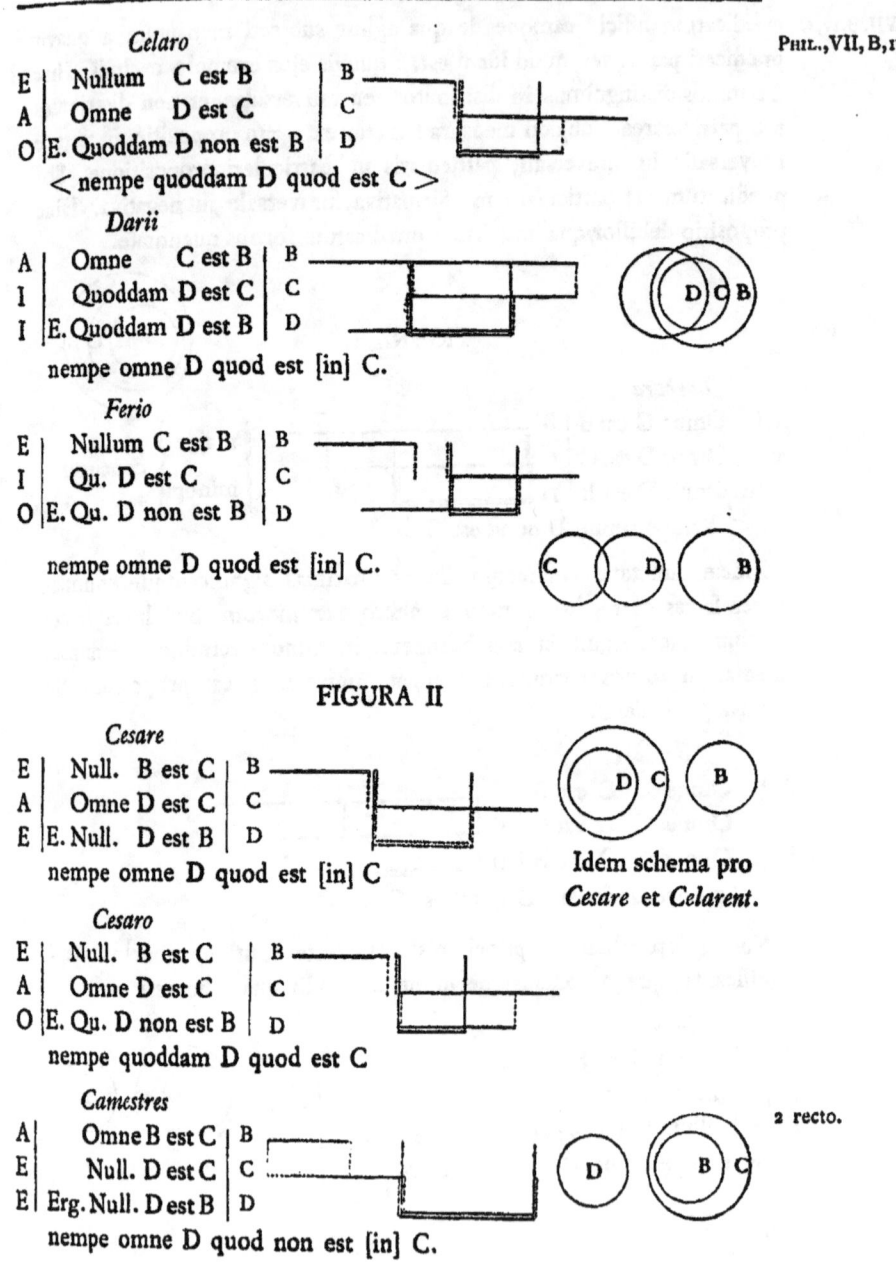

Celaro
E | Nullum C est B
A | Omne D est C
O | E. Quoddam D non est B
< nempe quoddam D quod est C >

Darii
A | Omne C est B
I | Quoddam D est C
I | E. Quoddam D est B
nempe omne D quod est [in] C.

Ferio
E | Nullum C est B
I | Qu. D est C
O | E. Qu. D non est B
nempe omne D quod est [in] C.

FIGURA II

Cesare
E | Null. B est C
A | Omne D est C
E | E. Null. D est B
nempe omne D quod est [in] C

Idem schema pro *Cesare* et *Celarent*.

Cesaro
E | Null. B est C
A | Omne D est C
O | E. Qu. D non est B
nempe quoddam D quod est C

Camestres
A | Omne B est C
E | Null. D est C
E | Erg. Null. D est B
nempe omne D quod non est [in] C.

Camestros

A	Omne B est C	B
E	Null. D est C	C
O	Erg. Qu. D non est B	D

nempe quoddam D quod non est C.

Festino

E	Null. B est C	B
I	Qu. D est C	C
O	Qu. D non est B	D

nempe omne D quod est [in] C.

Baroco

A	Omne B est C	B
O	Qu. D non est C	C
O	Erg. qu. D non est B	D

nempe omne D quod non est [in] C.

FIGURA TERTIA

Darapti

A	Omn. C est B	B
A	Omn. C est D	C
I	Erg. quodd. D est B	D

nempe omne D quod est C.

hic præferenda Ellipsis.

Felapton

E	Null. C est B	B
A	Omn. C est D	C
O	Ergo Qu. D non est B	D

nempe omne D quod est C.

Disamis

I	Qu. C est B	B
A	Omn. C est D	C
I	Erg. Qu. D est B	D

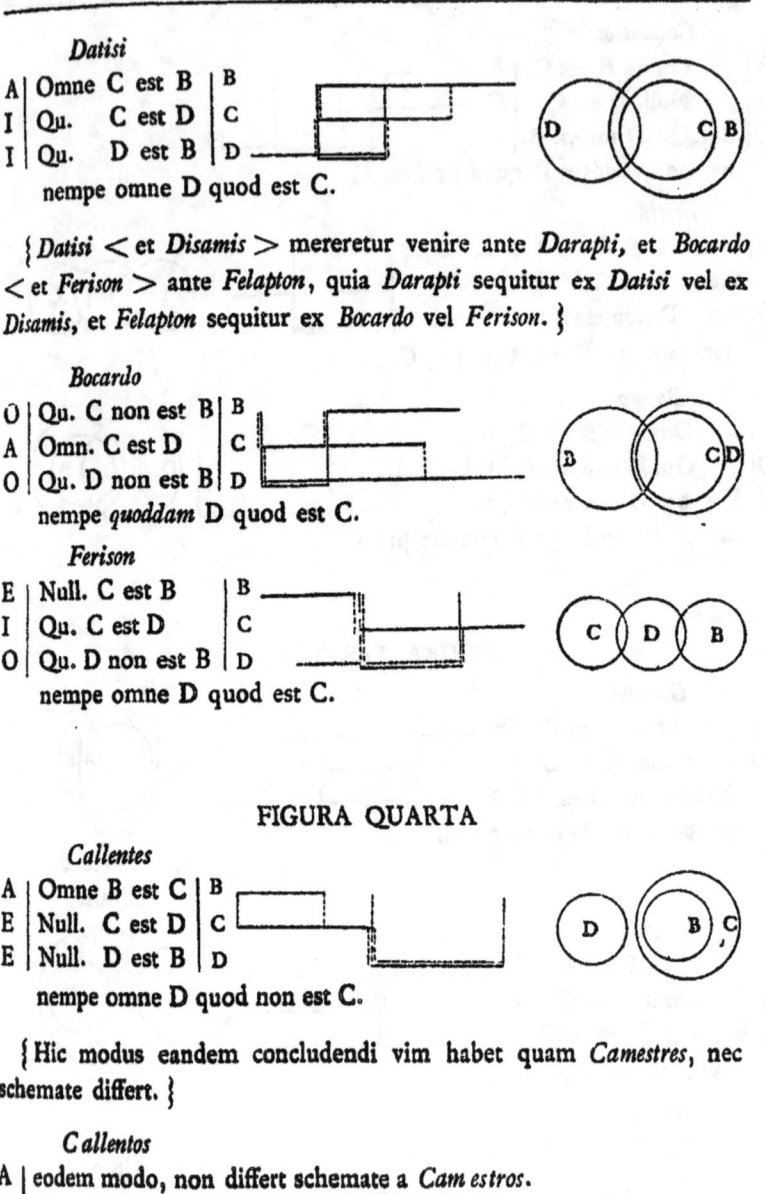

Datisi

A | Omne C est B | B
I | Qu.   C est D | C
I | Qu.   D est B | D

nempe omne D quod est C.

{ *Datisi* < et *Disamis* > mereretur venire ante *Darapti*, et *Bocardo* < et *Ferison* > ante *Felapton*, quia *Darapti* sequitur ex *Datisi* vel ex *Disamis*, et *Felapton* sequitur ex *Bocardo* vel *Ferison*. }

Bocardo

O | Qu. C non est B | B
A | Omn. C est D | C
O | Qu. D non est B | D

nempe *quoddam* D quod est C.

Ferison

E | Null. C est B | B
I | Qu.   C est D | C
O | Qu.   D non est B | D

nempe omne D quod est C.

FIGURA QUARTA

Callentes

A | Omne B est C | B
E | Null. C est D | C
E | Null. D est B | D

nempe omne D quod non est C.

{ Hic modus eandem concludendi vim habet quam *Camestres*, nec schemate differt. }

Callentos

A | eodem modo, non differt schemate a *Cam estros*.
E |
O |

Baralip

A | Omne B est C | B
A | Omne C est D | C
I | Qu.   D est B | D

nempe *quoddam* D quod est C.

Dibatis

I | Qu.   B est C | B
A | Omne C est D | C
I | Qu.   D est B | D

nempe *quodd.* D quod est C.

{ *Dibatis* poni debebat ante *Baralip* et *Fresisom* ante *Fessapmo*, ratio mox sequetur. }

Fessapmo

E | Nullum B est C | B
A | Omn.   C est D | C
O | Qu. D non est B | D

nempe omne D quod est C.

Fresisom

E | Null. B est C | B
I | Qu. C est D | C
O | Qu. D non est B | D

nempe omne D quod est C.

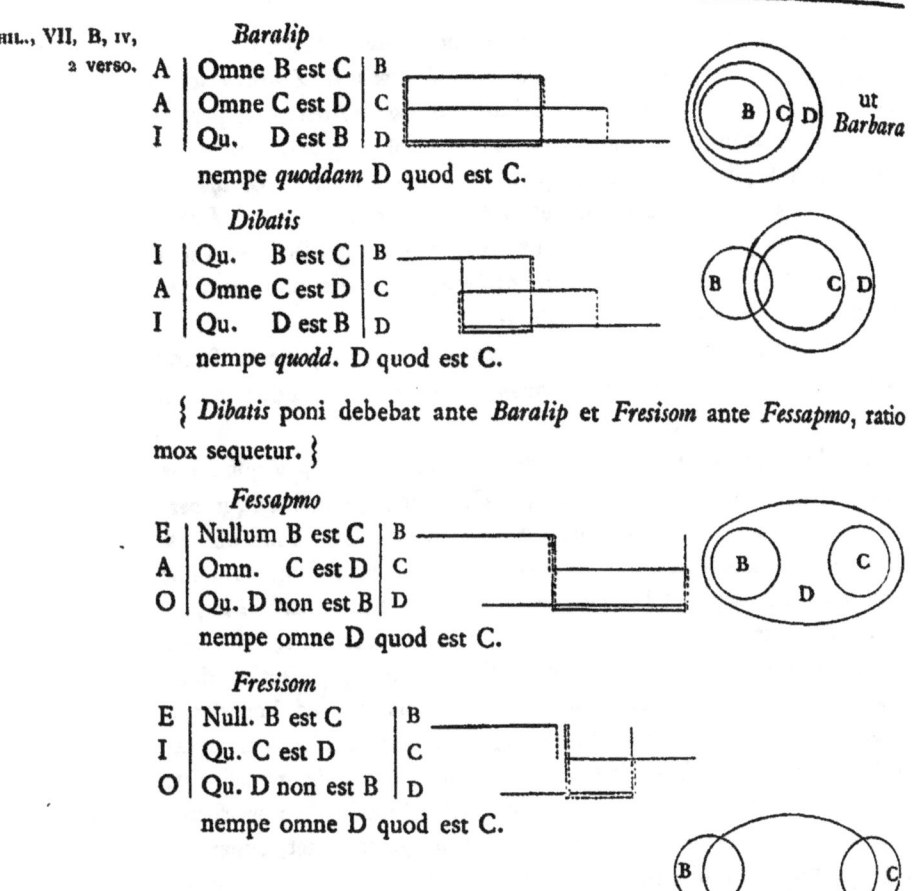

ut *Barbara*

Consideratu dignum est, *Baralip* a *Dibatis*, item *Fessapmo* a *Fresisom* non differre in schemate, nisi quod recta medium terminum repraesentans producitur < in *Baralip* et *Fessapmo* > in eas partes ubi cum caeteris terminis nihil amplius commune. Unde vis concludendi in his duobus oritur a vi concludendi in *Dibatis* et *Fresisom*, qui modi ideo ante alteros quisque ante respondentem poni deberetur. Sunt ergo *modi imperfecti* boni sed diversi generis tamen a prioribus. Nam uti *Barbari*, *Celaro*, *Cesaro*, *Camestros* et *Callentos* in eo sunt imperfecti, quod minus inferunt quam possunt, inferunt enim particularem conclusionem cum possent universalem, ut faciunt ejusdem figuræ modi respondentes[1] *Celarent*, *Cesare*, *Camestres*, *Callentes*; ita *Darapti* ob *Disamis* vel *Datisi*, *Felapton* ob *Bocardo* vel *Ferison*, *Baralip* ob *Dibatis*, *Fessapo* ob *Fresisom* imperfecti sunt quia superfluum assumunt, nempe universalem propositionem ubi idem concludi posset in eadem figura ex particulari, ut in *Darapti* vel major prop. sufficiebat particularis ut in *Disamis*, vel minor ut in *Datisi*. Idem est in *Felapton* ubi etiam duobus modis patet imperfectio < vel ex *Bocardo* vel ex *Ferison* >; in *Baralip* et *Fessapo* non nisi uno, nam pro illo sufficiebat *Dibatis*, pro hoc *Fresisom*.

| Unde patet omnes imperfectos alterutro modo ex perfectæ figuræ modis derivari vel addendo præmissæ superfluam quantitatem, vel demendo conclusioni utilem. |

Notandum autem est omnes imperfectos modo priore, quia non omne quod possunt inferunt, < uno demto *Callentos* >, simul esse imperfectos et posteriore, ut plus assumant quam necesse est; quod non est mirum, cum minus faciant quam possunt, ideo sufficiat illis minus ad hoc quod faciunt. Nempe < hac ratione in prima Figura > *Barbari* imperfectus est modus ob *Darii*, *Celaro* ob *Ferio;* < in secunda Fig. > *Cesaro* ob *Festino*, *Camestros* ob *Baroco;* in tertia non est imperfectio prioris generis, quia omnes conclusiones sunt particulares; sed imperfectio secundi generis < est > in tertia, < et quidem sola > semper est duplex, ut scil. modus imperfectus ob duos alios ejusdem figuræ talis fiat. In quarta *Callentos* tantum priore ratione est < modus > imperfectus non et posteriore, etsi enim minus concludat quam posset, tamen ob singulares rationes nihil præmissis de universalitate detrahi potest. Neque enim [in quarta figura] locum habet IEO in ulla figura, ut alibi demonstratum est [2]; nec AOO in quarta, | quod sic demonstrabimus schemate in exemplum examinis propositi alicujus modi, de quo dubitamus :

        Omne B est C
        Qu. C non est D
Sed non sequitur
        Qu. D non est B

stantibus iisdem præmissis, quia aliquando Omn. D est B.

1. Leibniz oublie ici *Barbara*.
2. *De Arte combinatoria*, 1666 (Phil., IV, 53; Math., V, 31.) Cf. Phil., IV, 104.

Hactenus quantitates ex individuis terminorum æstimavimus. Et cum dictum est omnis homo est animal, consideratum est omnia individua humana esse partem individuorum animalis. Sed inversa plane est ratio æstimandi secundum ideas. Nam uti homines sunt pars animalium, ita contra notio animalis est pars notionis quæ homini competit, homo enim est animal rationale. Placet hac < quoque > methodo notionum schemata instituere. Et incipiamus a propositionibus separatis, deinde ad syllogismos pergamus [1].

Propositio Universalis Affirmativa.

Omnis homo est animal) B ─── animal   tale [2] ─── Homo
Omne   B   est   C   } C └─────────────────┘   Homo idem est quod
                          animal   animal tale.

Propositio particularis affirmativa.

Quidam homo est sapiens) Sed hanc video ut notionaliter exprimatur plane < aliam > in formam redigi
Quodd.   B   est   C   }
debere. Nempe formanda est notio non sapientis talis et negandum est eam homini æquivalere. Ita prodibit talis expressio: Homo non est non sapiens tale. Propositio: Homo est non sapiens, est universalis affirmativa < (qualis mox fiet ex universali negativa) >; sed eam negatur esse veram.

Propositio Universalis Negativa est

Nullus homo est lapis
Null.   B   est   C

Hæc redigitur in aliam formam, nam fit inde
Homo est idem quod non-lapis talis.

B non-lapis talis = Homo
C non-lapis

Propositio particularis negativa est

Quidam homo non est sapiens
Qu.   B   est   C

---

1. Leibniz passe ici au point de vue de la compréhension.
2. Leibniz a substitué « tale » à « rationale ».

opposita universalis affirmativæ, quæ sic formatur : Homo est sapiens talis. Et hanc veram esse negatur, et dicitur : Homo non est idem quod sapiens talis.

Ita jam omnes exhibebimus :

A. U. Aff. Omnis homo est animal; notionaliter : Homo idem est quod animal tale.
O. P. Neg. Quidam homo non est sapiens...... Homo non idem est quod sapiens talis.
E. U. Neg. Nullus homo est lapis...... Homo est idem quod non lapis talis.
I. P. Aff. Quidam homo est sapiens...... Homo non idem est quod non sapiens talis.

Itaque cæteræ propositiones ad propositionem universalem affirmativam reducuntur vel negando vel terminum negantem adhibendo. Et omnia redeunt ad æquationem vel æquationis negationem. Idque posset applicari ad singulos modos, ducique inde vis concludendi.

| *Barbara* : Omne C est B.   Omne D est C.   Ergo Omne D est B.
C = BX.   D = CY.   Ergo   D = BXY.

Celarent : Nullum C est B.   Omne D est C.   Ergo Null. D est B.
C = X non-B.   D = CY.   Ergo D = YX non-B.

Darii : Omne C est B.   Qu. D est C.   Ergo   Qu. D est B.
C = BX   D non = Y. non C.   Ergo D non = Y. non BX.

Sed hinc non sequitur : D non = YZ non B quod desideratur. Unde est aliqua adhuc in tali calculo difficultas. Exemplum sumamus : Omnis homo est animal, Quidam sapiens est Homo. E. quidam sapiens est animal. Secundum calculum : Homo idem est quod animal rationale; sapiens non idem est quod Y non homo. Ergo sapiens non idem est quod Y non animal-rationale. Sed talis collectio non sufficit. Ergo hoc modo video calculum claudicare. Idem est in sequenti :

Ferio : Nullum C est B.   Qu. D est C.   Ergo Qu. D non est B.
C = X. non B.   D non = Y non C. Ergo D non = Y. non $\overline{X}$ non $\overline{B}$.

Nunc vacat [videre] nunc dispicio in quo nodus. Misso igitur hoc genere expressionis, venio ad aliud ubi Est semper est secundi adjecti [1].

---

1. Cf. Phil., VII, C, 3o recto.

Prop. Univ. Aff. Omnis homo est animal. Ita stabit : *Homo non animal non est* seu non datur.

Prop. Partic. Aff. Qu. Homo est sapiens. Ita stabit : *Homo sapiens est* seu datur.

Prop. Univ. Neg. Nullus homo est lapis. Ita stabit : *Homo lapis non est.*

Prop. Partic. Neg. Quidam homo non est sapiens. Ita stabit : *Homo non sapiens est.*

Videamus an hinc duci possint ratiocinationes syllogisticæ.

Barbara. Omne C est B. Omne D est C. Ergo omne D est B.

C non B non est. D non C non est. Sed quomodo hinc concludemus : D non B non est ? Ita hæc quoque expressio non est apta [1].

Redibimus ergo ad æquationes, et quidem *Universalis affirmativæ* expressionem <priorem> tenebimus. Omne C est B, id est : $C = YB$.

{ An sic : Omne C est B. $C = BC$. Qu. C est B }

Sed *particularis affirmativa* Qu. C est B sic exprimetur :

$$XB = YC.$$

Universalis Negativa Nullum C est B, sic exprimetur :

$$C = Y \text{ non-}B \qquad \text{ut ante.}$$

Particularis Negativa Qu. C non est B sic exprimetur :

$$XC = Y. \text{ non } B.$$

Sic jam procedet demonstratio syllogismorum :

Barbara : Omn. C est B.   Om. D est C.   Erg. Omn. D est B.
$\qquad\qquad C = XB \qquad D = YC \qquad \text{Ergo } D = YXB.$

Celarent : Nullum C est B.   Omn. D est C.   Ergo Null. D est B.
$\qquad\qquad C = X \text{ non } B. \qquad D = YC. \qquad \text{Ergo } D = YX \text{ non-}B.$

Darii : Omne C est B. Qu. D est C. Ergo Qu. D est B.
$\qquad\qquad C = XB \qquad VD = YC. \text{ Ergo } VD = YXB \text{ quod procedit.}$

Ferio : Nullum C est B. Qu. D est C. Ergo Qu. D non est B.
$\qquad\qquad C = X \text{ non } B. \; VD = YC. \text{ Ergo } VD = YX \text{ non } B \text{ quod procedit.}$

Barbari : Omn. C est B.   Omne D est C.   Ergo quodd. D est B.
$\qquad\qquad C = XB. \qquad D = YC. \qquad \text{Ergo } VD = VYXB.$

---

1. Cf. *Primaria Calculi Logici fundamenta*, 1ᵉʳ août 1690 (PHIL., VII, B, II, 3).

Celaro : Nullum C est B.   Omn. D est C.   Ergo Qu. D non est B.
C = X non B.   D = YC.   Ergo VD = VYX non B.

| Noto quod hac expressione facile demonstratur subalternatio et conversio universalis affirmativæ, et particularis affirmativæ, sed non æque facile conversio Universalis Negativæ et Oppositio :

Omne C est B, seu C = YB. Ergo quodd. C est B nam quia C = YB, Ergo VC = VYB. fiat VY = Z, fit VC = ZB quod est subalternatio. Jam ex VC = ZB sequitur ZB = VC. Ergo quia C = YB sequitur ZB = VC [1].

Sed Nullum C est B seu C = X non B non facile dat B = Z non C. nisi ope syllogismi. Nempe in *Cesare* hoc modo

Nullum A est B.   Omne B est B.   Ergo Nullum B est A.
A = X non B.   B = B   Ergo B = Y non A.

Sed prius demonstrandus est modus *Cesare* per regressum, seu per principium contradictionis, itaque supponenda contradictio. Sed hæc quoque ex isto modo exprimendi nostro non bene apparet. v. g. quod inter hæc Nullum C est B et Qu. C est B [non datur medium] nec simul possunt esse vera nec simul falsa. Id non apparet ex hac expressione

C est X non B   et   ZC = YB.

Si ergo retenta expressione affirmativarum ipsam Universalem negativam sic exprimamus Nullum C est B id est XC non = YB, ipsa expressio dabit contradictionem < oppositionem cum particulari affirmativa. > Unde et statim sequitur conversio :   YB non = XC.

Similiter particularem negativam sic exprimemus : Quodd. C non est B, id est C non = YB. unde statim sequitur oppositio ad universalem Aff.

Hanc exprimendi rationem applicemus ad Modos.

Barbara est ut supra, ut et *Darii* et *Barbari*.

Celarent : Nullum C est B. Omne D est C. Ergo Nullum D est B.
(1) [2] XC non = YB. (2) D = ZC. Ex 1 est (3) XZC non = YZB. Ergo ex 3 per 2 : XD non = YZB. Quod erat dem.

---
1. C'est-à-dire la conversion partielle de l'U. A.
2. Les numéros des formules sont inscrits au-dessus de chaque copule.

Ferio: Nullum C est B. Quodd. D est C. Ergo quodd. D non est B.
(1) XC non = YB. (2) VD = ZC. jam ostendendum D non = WB.
Nam si esset D = WB, foret < per 2 > VWB = ZC seu YB = ZC contra 1.

Veniamus ad figuram secundam.

Cesare: Nullum B est C. Omne D est C. Ergo Nullum D est B.
  YB non = ZC   D = VC ostendendum jam XD non = WB.
Sit XD = WB et per 2 erit XVC = WB quod est contra 1.

Camestres: Omne B est C. Nullum D est C. Ergo Nullum D est B.
  B = XC   YD non = ZC ostendendum est VD non = WB.
Si esset VD = WB, tunc per 1 foret VD = WXC contra 2.

Festino: Nullum B est C. Quodd. D est C.   Quodd. D non est B.
  XB non = YC   VD = ZC   ostendendum D non = WB.
Nam si esset D = WB, tunc per 2 foret VWB = ZC contra 1.

Baroco: Omne B est C. Quodd. D non est C. Ergo Quodd. D non est B.
  B = VC.   D non = XC   ostendendum   D non = ZB.
Jam si esset D = ZB tunc per 1 foret D = ZVC, contra 2.

{ Patet ex hoc calculo quod et aliunde constat, aut conclusionem esse particularem negativam, aut aliquam præmissarum esse universalem affirmativam, alioqui nulla haberetur æquatio, adeoque nec substitutio in calculo. }

Si D = ZB substituissemus in 2, prodisset ZB non = XC, quod etiam est contra 1. nam ex 1 sequitur ZB = ZVC. Notandum hunc modum duplici modo demonstrari. Conferendum nostro modo probandi per regressum. Hoc in [. . .] locum habet et in aliis modis ubi plures æquationes. Imò ostendit se hic | tertia ratiocinatio seu regressus. nempe ex 2 fit VD non = XVC. Ergo per 1. est D non = XB. Ita notabile habetur secundum hunc calculum aliquem modum secundæ figuræ demonstrari sine regressu. Video idem succedere in *Camestres*, et in universum ubi Univ. Aff. seu æquatio est in præmissis. Nam in *Camestres*
B = XC. YD non = ZC. Ostendendum est VD non = WB.

Ex 2 fit XYD non = ZXC non = (per 1) ZB. seu XYD non ZB ut desiderabatur. Imò et in *Festino* res videtur procedere, ubi nulla univ. aff. in præmissis.

XB non $=$ YC   YD $=$ ZC   ostendendum D non $=$ WB.

Ex 1 fit ZXB non $=$ YZC, ergo per 2. fit ZXB non YD. Sed hæc ratiocinatio nimium concludit, ita enim conclusio fit universalis negativa, et conclusio non sequeretur præmissam debiliorem. Nam ZXB non $=$ YD est Nullum D est B. Videamus in *Ferio*.

Null. C est B.   Qu. D est C.   Ergo Qu. non est B.
VC non $=$ XB.   YD $=$ ZC   ostendendum D non $=$ WB.

Sed ex 1 fit VZC non $=$ XB. Ergo per 2 fit VYD non $=$ XB. quod quidem nimium concludit. $<$ Nempe non licet semper in negativis idem ascribere utrobique. de quo infra. $>$

Veniamus ad exempla in rebus. C sit homo, B sit lapis, D corpus. VC non $=$ XB Homo lapideus non idem est cum lapide humano. YD $=$ ZC corpus humanum idem est cum homine corporeo. Ex priore ZCV non $=$ ZXB. seu Homo corporeus lapideus non est idem cum lapide humano corporeo : jam ex 2 pro Homine corporeo substituatur corpus humanum, et fiet VYD non $=$ ZXB seu corpus humanum lapideum non est idem cum lapide humano corporeo. quod quidem rectè concluditur, sed inde non sequitur absurdum quod in indefinitis. Nempe non licet in absurdis substituere idem sibi ipsi.

Itaque rursus emendandum esse calculum video. Et particularis affirmativa aliter exprimetur atque adeò et ei contradictoria universalis negativa. Quidam Homo est animal sic : Homo animal $<$ (seu homo animalis) $>$ est animal $<$ homo seu animal $>$. Quod permittetur si homo animal est Ens. Alioqui nec admittetur hæc æquatio. si homo C et animal B scribetur CB $=$ BC. Sed pro universali negativa fiet CB non $=$ BC. Quanquam nec referat si transponas dicasque CB non $=$ CB id est rejicienda æquatio quam ingreditur terminus falsus etsi alioqui ut identica non possit non videri vera.

Quoniam autem hoc loco[1] incertarum notionum suppletoriarum velut X et Y assumsimus definitas; oportet et in universali affirmativa et in opposita confugere ad notiones determinatas, v. g. Homo est animal exprimemus Homo idem est quod animal Homo seu animal humanum.

---

1. Le mot *loco* devrait être répété.

| Resumamus ergo calculum ab integro.

Prop. Univ. Aff. Omne B est C in calculo dabit $\quad$ B = CB.
Prop. Part. Neg. Quodd. B non est C in calculo dabit B non = CB.
Prop. Part. Affirm. Quodd. B est C in calculo dabit $\quad$ BC = CB.
Prop. Univ. Neg. Null. B est C in calculo dabit $\quad$ BC non = CB.

Oppositio patet ex constructione, nempe inter Univ. Aff. et Part. Neg. item inter Part. Aff. et Univ. Neg.

Subalternatio demonstratur ab universale [1] ad particulare.

Omne B est C. Ergo quodd. B est C.

B = CB. Ergo BC = CCB = CB. nam in hoc calculo duplicatio literæ vel notionis nil addit. Ut si dicerem Homo est animal animal.

Nullum B est C. Ergo quodd. B non est C.

BC non = CB. ostendendum est B non = BC. Nam si esset B = BC, foret CB = BC (ex præced.) contra assumtionem.

Conversio etiam demonstratur, et quidem conversio simpliciter, ut part. Aff. nempe BC = CB. Ergo CB = BC.

Et Univ. Neg. BC non = CB, Ergo CB non = BC.

Conversio quoque *per accidens* in universali affirmativa demonstratur ex demonstrata subalternatione. Nempe Omne B est C. Ergo Quodd. C est B. in calculo B = CB Ergo BC = CB (quod est subalternatio) Ergo CB = BC (quod est particularis affirmativæ conversio simpliciter) id est quodd. C est B.

Nunc veniamus ad syllogismos.

Barbara. Omne C est B. Omne D est C. Ergo omne D est B.
$\quad\quad\quad$ C = BC $\quad\quad$ D = CD $\quad\quad$ ostendendum D = BD.
Ex 1 fit CD = BCD. Ergo per 2 fit D = BD.

Celarent. Null. C est B. Omne D est C. Ergo Null. D est B.
$\quad\quad\quad$ CB non = BC $\quad\quad$ D = CD $\quad\quad$ Ostendendum DB non = BD.
Ex 1 fit CDB non = BCD. Ergo ex 2 fit DB non = BD.

Darii. Omne C est B. Quodd. D est C. Ergo Qu. D est B.
$\quad\quad\quad$ C = CB $\quad\quad$ DC = CD $\quad\quad$ ostendendum DB = BD.

Ex 2 fit DCB = BCD et omisso utrobique C fiet DB = BD. Sed sic ratiocinari non licet, quia ita Major propositio non ingrederetur calculum. Vereor ergo ne in meis ratiocinationibus præcedentibus sit lu-

---

1. *Sic.*

bricum. Nempe sciendum non licere literam adjungere quam non constat PHIL., VII, B, IV, 5.
ex præmissis esse ingredientibus compatibilem. Ergo non licet sic ratiocinari ut in *Barbara* fecimus : ibi erat C = BC, D = CD, et ostendendum erat : D = BD. Dico non licere ex 1 facere CD = BCD. nam
licet ex 2 constet C et D esse compatibilia, tamen non constat B et D
esse compatibilia. Aliter ergo procedendum. [quia C et D compatibilia
per 2] Hinc in 2 ex 1 fit D = BCD ergo per 2 fit D = BD.

Itaque Resumemus calculum syllogismorum, adhibita cautione dicta,
ne combinemus quæ non constat esse combinabilia.

| *Barbara*. Omne C est B. Omne D est C. Ergo omne D est B.   5 verso.
        C = BC   D = CD   ostendendum D = BD.
In 2 pro C ponendo valorem ex 1 fit D = BCD. ergo per 2 fit
D = BD.

Celarent. Nullum C est B. Omne D est C. Ergo Null. D est B.
     CB non = BC   D = CD   ostendendum DB non = BD.
Nam si esset DB = BD, tunc per 2 foret CDB = BCD. Ergo omissa
D fiet CB = BC contra 1. Nempe omittere utrobique eandem literam
licet, ascribere nisi de combinabilitate constet non licet.

Darii. Omne C est B. Qu. D est C. Ergo Qu. D est B.
        C = BC.   DC = CD   ostendendum est DB = BD.
Sanè patet quia D et C combinabilia sunt et in C est B, etiam B et D
combinabilia esse. Sed nostro calculo res sic patebit. Ex 2 per 1 fit
DBC = BCD et omissa C fit DB = BD.

Ferio. Null. C est B. Qu. D est C. Ergo Qu. D non est B.
     CB non = BC   DC = CD   ostendendum D non = BD.
Si D esset BD, tunc per 2 foret BDC = CBD. Ergo CB = BC contra 1.
Ita negativæ ostenduntur refutando oppositum.

Barbari. Omne C est B. Omne D est C. Ergo Quodd. D est B.
        C = BC.   D = CD.   ostendendum DB = BD.
Nempe in *Barbara* ostendimus D = BD. Ergo DB = BD.

Celaro. Nullum C est B. Omne D est C. Ergo quodd. D non est B.
     CB non = BC   D = CD   ostendendum D non = BD.
Nimirum si esset D = BD, tunc per 2 foret CD = BCD. Ergo C = BC.
Ergo CB = BC contra 1.

An invertendo sic : CB non = BC. ergo C non = BC. Ergo < combinando > CD non = BCD ergo (per 2) D non = BD.

Video nempe combinationem semper fieri posse in negativis, ut si sit C non = BC dico D adscribi posse utrobique ut fiat CD non = BCD. nam si ponas D esse incompatibile cum B, respondeo : quid tum? tanto magis enim neganda propositio in qua hoc absurdum. Sed in negativis omittere eandem utrobique literam non licet, fortasse quidem ex ea ipsa litera ascripta oritur incompatibilitas et ratio negandi. Ergo tandem habemus præclaram calculi regulam : in affirmatione coincidentiæ omittere utrobique eandem literam licet, ascribere eandem nisi de combinabilitate constet non licet. Sed in negatione coincidentiæ ascribere utrobique eandem literam licet, omittere non licet, nisi < rursus > de ejus cum cæteris combinabilitate constet. Ita enim constat ob ipsam non fieri negationem.

{ N. B. Imò subest error, ut mox dicetur. }

Patet etiam hinc etsi regressu negativa demonstretur assumendo oppositum, tamen hac methodo dum combinatur in negativis, eam directè posse demonstrari ut vel in hoc exemplo patet sic. In *Celarent* CB non = BC per 1 < ibi >. Ergo CDB non = BCD. Ergo per 2. ibi. DB non = BD. Et in *Ferio*. CB non = BC per 1. ibi. Ergo BDC non = CBD. sed DC = CD. Ergo D non = BD. alioqui ex DC = CD fieret eadem præcedens coincidentia quæ tamen negatur. ubi tamen video admisceri aliquid indirectum. Præstat ergo oppositum negativæ probari.

| *Cesare.* Nullum B est C. Omne D est C. Ergo Null. D est B.
        BC non = CB.   D = CD.   DB non = BD.

Si enim esset DB = BD, inde per 2 foret CDB = BCD et (omisso D) BC = CB contra 1.

Directè sic : BC non = CB. Ergo CDB non = BCD, ergo per 2 fiet DB non = BD.

Video directè posse probari conclusiones negativas, cum in præmissis est universalis affirmativa. Itaque succedit in *Celarent, Celaro, Cesare,* non in *Ferio*.

Camestres. Omne B est C. Nullum D est C. Ergo Nullum D est B.
    B = CB.   DC non = CD.   Ostendendum est DB non = BD.
Si esset DB = BD < tunc per 1 > foret DCB = CBD seu DC = CD

contra 2. Vel directè sic : DC non $=$ CD per 2. Ergo DCB non $=$ CBD. Phil.,VII,B,iv,6. unde per 1, erit DB non $=$ BD.

Festino. Null. B est C. Qu. D est C. Ergo Qu. D non est B.

$\qquad$ BC non $=$ CB $\quad$ DC $=$ CD $\quad$ ostendendum est D non $=$ BD.

Si esset D $=$ BD, ex 2 foret BDC $=$ CBD seu BC $=$ CB contra 1. Vel directius, quia BC non $=$ CB erit BDC non $=$ CBD $<$ quod tamen prodiret ex $>$ DC $=$ CD per 2 si esset D $=$ BD.

Patet non prorsus directè procedere demonstrationem, quia abest præmissa universalis affirmativa.

Baroco. Omn. B est C. Qu. D non est C. Ergo Qu. D non est B.

$\qquad$ B $=$ CB $\quad$ D non $=$ CD $\quad$ ostendendum est D non $=$ BD.

Quia D non $=$ CD. Ergo DB non $=$ CBD. Ergo per 1 DB non $=$ BD. sed hoc nimium probat, fiet enim conclusio universalis Negativa. Sed hinc jam disco corrigendam esse meam regulam, nec licere etiam in negativis impune combinare, nam si liceret, ex D non $=$ BD posset fieri DB non $=$ (BBD seu) BD. Ergo ex particulari negativa posset fieri universalis negativa. Ergo omnes istæ ratiocinationes quibus volui in negativis evitare regressum, per accidens tantum successere, reapse non sunt tutæ. Regressu igitur nos contentos esse oportet. $<$ Et sic ratiocinandum : si D esset $=$ DB, foret, per 2, DB non $=$ CDB. Ergo D[1] non $=$ CB contra 1. $>$

Ut ergo regulæ calculi rectè constituantur, videndum quandonam adjici utrobique litera aut omitti debeat.

U. A. est $\quad$ C $=$ BC $\qquad$ P. Neg. $\quad$ C non $=$ BC
P. A. $\qquad$ CB $=$ BC $\qquad$ U. Neg. $\quad$ CB non $=$ BC.

Litera compatibilis utrobique addi potest $<$ in affirmativis $>$ v. g. si constat D esse compatibile cum C et cum B, pro C $=$ BC scribi potest CD $=$ BCD; sed non in negativis, nam ex C non [2] BC non potest fieri BC non $=$ (BCC seu) BC, alioqui ex particulari negativa fieret universalis negativa. Tum demum ergo in negativis licita additio si constet nil tale posse involvi, nec tunc refert de incombinabilitate, hæc enim potius auget falsitatem. Sunt et in omissione difficultates, nam utique quia C $=$ BC non licet facere 0 $=$ B. Sic quia reduplicatio nil mutat ex

---

1. Lire : B.
2. Suppléer : $=$.

PHIL., VII, B, IV, 6. CB non = BC liceret facere CB non = BCC, at omisso utrobique C fieret B non = BC. Hoc quidem succedit, sed dubito an vi formæ. Sanè ex C non = BC [non] an licet facere o non = B; id verum. An ergo licet omittere in negativis. LM non = LM. Ponamus hoc verum esse quia LM implicat contradictionem. non ideò sequitur M non = M aut L non = L.

6 verso. | Videamus ergo an liceat consequentias demonstrare calculo non suspecto.

Subalternatio. B = BC. Ergo BC = CB.

Conversio per accidens. B = BC. Ergo BC = CB. Ergo CB = BC.

Barbara. C = BC. D = CD. ostendendum D = BD.
Ex 2 per 1 fit D = BCD. Ergo per 2 fit D = BD.

Celarent. CB non = BC. D = CD. ostendendum DB non = BD.
Nam si esset DB = BD, tunc per 2 foret CDB = BCD. Unde si omittere utrobique D licet, fieret CB = BC contra 1.

Sed hæc omissio visa suspecta, nec tamen alia via apparet.

Si esset DB = BD adeoque compatibiles B et D etiam per 2 sunt compatibiles B et C contra 1. Sed calculo sic fiet : si DB = BD, erit per 2 CDB = BCD < contra 1 nam > sed ob DB non = BD fit CDB non = BCD. Puto suppletionem in talibus ut DB non = BD, et omissionem in talibus ut CDB = BCD semper fieri posse. Et sanè si DB est non Ens < seu falsum > etiam CDB erit non ens seu falsum.

Darii. C = BC, DC = CD. ostendendum DB = BD.
Ex 2 per 1 fit DBC = BCD. puto hic etiam permissam sic omissionem, ut fiat DB = BC. Nam certe datur DBC, etiam datur DB, ergo DB = BD.

Ferio. CB non = BC. DC non[1] = CD. ostendendum D non = BD.
Nam si esset D = BD ex 2 fieret BDC = CBD et CB = BC contra 1.

< *Barbari.* C = BC. D = CD. ostendendum DB = BD.
In 2 pro C ponatur valor ex 1 fit D = BCD Ergo (per 2) D = BD. Unde DB = BD. >

Celaro. CB non = BC. D = CD. ostendendum D non = BD.
Nam si esset D = BD, tunc inde per 2 fieret D = CDB, unde ex D = BD in sinistro pro D ponendo CDB et in dextro pro D ponendo

---

1. Supprimer *non* écrit par erreur.

CD fiet CBD = BCD seu CB = BC contra 1. Brevius si esset D = BD inde per 2 fiet CD = BCD, et pro CD ponendo CBD fiet CBD = BCD, id est CB = BC contra 1.

Hæc per omnes modos fieri merentur, ut notionalis analysis bene constituatur. Sed videamus an non liceat et in æstimatione per individua talem analysin comminisci [1].

In *Univ. Aff.* Omnis homo est animal, seu omnes homines sunt animalia, sit homo C et animal B, potest fieri B = C + B [2] quod significat animalia æquari hominibus et animalibus simul. *Partic. Neg.* Qu. C non est B, exprimatur B non = C + B [3], id est non omnia B æquantur omnibus [animalibus] B et C. *Univ. Neg.* Nullum C est B, dabit non B = C + non B, cujus negatio foret *particularis affirmativa*. Sed hinc non bene ducitur conversio simpliciter harum duarum propositionum.

| Sed non est opus astringi nos in calculo ad æquationes. Sufficit cum dicitur < in *Univers. Aff.* > Omnis homo est animal, homines inesse animalibus, seu coincidere omnes homines et quædam animalia. Et in *Part. Aff.* coincidere quosdam homines et quædam animalia; in *Univ. Neg.* omnes homines et omnes lapides esse non coincidentes < seu quemlibet hominum esse non coincidentem cuicunque lapidi >; in *Partic. Negativa* quendam hominem esse non coincidentem < cuicunque > sapienti, seu quemlibet hominem esse non coincidentem cuicunque sapienti [4].

U. A.

< Omne B est C, id est > Omnia B coincidunt quibusdam C. Ergo quædam C coincidunt cum omnibus B. Unde et quædam C coincidunt quibusdam B.

P. A.

Quoddam B est C, id est quoddam B coincidit cuidam C. Unde vicissim quoddam C coincidit cuidam B [5].

U. N.

---
1. Ici Leibniz passe du point de vue de la compréhension au point de vue de l'extension.
2. Le signe + a été surajouté au produit CB. Ici Leibniz conçoit l'addition en extension.
3. Même remarque.
4. Remarquer que Leibniz traduit l'U. N. et la P. N. de la même manière.
5. Leibniz avait d'abord mis, au pluriel : *quædam, quibusdam*.

Nullum B est C, id est omnia B excluduntur ab omnibus C. Unde vicissim omnia C excluduntur ab omnibus B. Item falsum foret quodd. B coincidere cuidam C. Patetque adeo et oppositio cum P. A.

P. N.

Quoddam B non est C, id est quoddam B excluditur a quolibet C. Ergo falsum est omne B coincidere cum quodam C, si quoddam B non coincidit cum ullo C. Unde patet oppositio ad U. A.

Patet etiam hinc inventio Termini distributi et non distributi < ex lineis duplicatis quas duximus, quibus designatur quæ in Termino afficiantur. > *Terminus distributivus* est idem qui totalis seu universalis; *non distributus,* qui particularis seu partialis. Subjectum est ejusdem quantitatis cujus propositio. Nempe prout propositio est universalis aut particularis, Minor terminus est totalis aut partialis. Hinc in U. A. et U. N. totum subjectum afficitur, in P. A. et P. N. tantum pars ejus. Sed prædicatum in omni propositione affirmativa est partiale seu non distributum, et in omni propositione negativa est totale seu distributum, cum subjectum vel totum vel pro parte a toto prædicato excludatur. Ex hac consideratione Termini distributi aut non distributi Theoremata fluunt insignia regulæque quæ figuris leges præscribunt modisque generales[1]. Unde cum Aristoteles non satis hujus inventi indicium fecisse videatur, nosse operæ pretium putem, an apud veteres Græcos, aut Arabas, aut Scholasticos demum, fortasse summulistas, fuerit excogitatum[2]. Lineæ autem connexoriæ quæ coincidentiam indicant semper a subjecto emittentur versus prædicatum, nempe a parte subjecti concernente; inde in part. Neg.

| Placet autem imposterum præponere Minorem propositionem et proinde * minor terminus esto B, Medius C, Major D.

A	*Barbara*	Omne B est C.... B minor
A		Omne C est D... C medius
A	Erg.	Omne B est D D major

---

1. Cf. *Mathesis Rationis* (Phil., VI, 14).
2. Cf. les *Lettres à Koch* du 2 septembre 1708 et du 31 août 1710 (*Phil.*, VII, 478, 481).
3. Les p. 7 verso et 8 recto sont blanches.

PHIL., VII, B, IV, 8.

A	*Barbari*	Omn. B est C [1]
A		Omn. C est D
I	Ergo	Quodd. B est D
A	*Celarent*	Omn. B est C
E		Null. C est D
E	Ergo	Null. B est D
A	*Celaro*	Omn. B est C
E		Null. C est D
O	Ergo	Qu. B non est D
I	*Darii*	Qu. B est C
A		Omn. C est D
I	Ergo	Qu. B est C [2]
I	*Ferio*	Qu. B est C
E		Null. C est D
O	Ergo	Qu. B non est D
A	*Cesare*	Omn. B est C
E		Null. D est C
E	Erg.	Null. B est D
	Cesaro	ut *Cesare* præter : Ergo Qu. B non est D.
E	*Camestres*	Null. B est C
A		Omn. D est C
E	Ergo	Null. B est D
	Camestros	ut *Camestres* præter : Ergo Qu. B non est D.
I	*Festino*	Qu. B est C
E		Null. D est C
O	Ergo	Qu. B non est D
	Baroco	Qu. B non est C
		Omne D est C
	Erg.	Qu. B non est D.

1. Nous nous dispensons de reproduire les figures des autres modes, qui sont identiques aux premières renversées, avec cette seule différence que, comme Leibniz vient de le dire, les paires de traits verticaux partent toujours du terme supérieur. Il avait tracé d'abord des figures à traits doublés et même triplés, pour indiquer les parties des termes affectées dans les prémisses et dans la conclusion ; puis il les a barrées pour leur substituer des figures à traits simples.

2. Lire : Qu. B est D.

A	*Darapti*	Omn. C est B.
A		Omn. C est D.
I	Ergo	Qu. B est D.
A	*Felapton*	Omn. C est B
E		Null. C est D
O	Ergo	Qu. B non est D
A	*Disamis*	Omn. C est B
I		Qu. C est D
I	Ergo	Qu. B est D
I	*Datisi*	Qu. C est B
A		Omn. C est D
I	Ergo	Qu. B est D
A	*Bocardo*	Omn. C est B
O		Quod. C non est D
O	Ergo	Qu. B non est D
	Ferison	Qu. C est B
		Null. C est D
	Ergo	Quodd. B non est D.
E	*Callentes*	Null. C est B
A		Omn. D est C
E	Ergo	Null. B est D.
A	*Baralip*	Omn. C est B
A		Omn. D est C
I	Erg.	Qu. B est D hic qu. B est omne D.
A	*Dibatis*	Omne C est B
I		Qu. D est C
I	Erg.	Qu. B est D
A	*Fessapmo*	Omn. C est B
E		Null. D est C
O	Erg.	Qu. B non est D.
I	*Fresismo*	Qu. C est B
E		Null. D est C
O	Ergo	Qu. B non est D.

E	*Callentos*	Null. C est B
A		Omn. D est C
O	Ergo	Qu. B non est D.

| Ex inspectione schematum noto, in omnibus modis perfectis præter *Disamis* et *Bocardo* Minorem terminum esse restrictiorem in conclusione quàm in minore prop. Ex imperfectis modis idem habent *Barbari, Celaro, Cesaro, Camestros*. Notandum hunc velut defectum in *Disamis* et *Bocardo* supplere modos alioqui imperfectos *Darapti* et *Felapton*, quorum ille ex *Disamis* hic ex *Bocardo* sequitur, quia quod ex $<$ prop. $>$ particulari sequitur utique et ex universali. Nempe $<$ hoc fit $>$ in omni syllogismo ubi conclusio particularis, et minor $<$ prop. $>$ est universalis in prima figura et 2da $<$ (quia ibi minor terminus est subjectum, et ideò et ipse universalis erit) aut negativa in 3tia et 4ta (quia ibi terminus minor est prædicatum, quod est universale in negativis.) $>$

Idem frequentius contingit termino majori, ut restrictior sit in conclusione quàm præmissa, cum contingit in perfectissimo modorum *Barbara*. Etsi enim in *Barbara* major terminus neque in majore propositione neque in conclusione sit universalis seu distributus, sed utrobique particularis; tamen reperitur in conclusione adhuc restrictior quam in præmissa. Idem est in *Barbari, Darii, Datisi*, ubi semper major terminus est partialis in præmissa et conclusione, sed magis partialis in conclusione. Ut verò major Terminus in præmissa sit totalis, in conclusione partialis, non contingere potest neque in secunda figura, quia ea conclusionem habet negativam, adeoque majorem terminum in ea totalem, neque in prima figura, quia cum in ea minor sit semper affirmativa, quodsi ergo conclusio affirmativa est, ut major terminus in ea possit esse partiale, erit et major propositio affirmativa, ergo et major $<$ terminus $>$ erit in præmissa partialis. Rursus si $<$ terminus $>$ major est partialis in conclusione, erit ea affirmativa, ut dictum. In 3tia figura autem est prædicatum in prop. majore, ergo ut in ea sit totalis, oporteret eam esse negativam, quod ob conclus. affirmativam fieri nequit. In quarta figura major est subjectum : ergo si conclusio affirmativa sit, et major propositio universalis, quod fit in modo *Baralip*, posset ibi esse major terminus partialis, cum in præmissa sit totalis. Sed peculiari ratione ibi quoque contingit aliunde ut major terminus sit latior in conclusione vi totius

Phil., VII, B, IV, 9. formæ, quàm apparet vi conclusionis. Nempe *Baralip* oritur ex *Barbara* sic : < *Barbara* ait : > Omne B est C. Omne C est D. Ergo Omne B est D. Ergo Quodd. D est B. < Itaque fit : *Baralip* : > Omne C est D. Et omne B est C. Ergo Qu. D est B. Hinc *Baralip* et *Barbara* idem schema habent, transpositis tantùm præmissis, et reperitur illa D quæ sunt B esse ea omnia D[1] quæ sunt C. Et ideò in *Baralip* conclusionem habere majorem distributum non vi formæ propositionis, sed vi formæ syllogismi. Interim suffecerit notari si spectemus regulas generales solas ad judicandum de termino distributo vel non distributo; in figuris tribus primariis majorem semper esse distributum in conclusione si sit distributus in præmissa. Imò in omnibus modis excepto modo *Baralip*. ubi revera etiam vera res est, sed ex generalibus regulis non apparet. Et dici potest in universum regulariter terminum distributum in præmissa esse et distributum in conclusione, et in minore termino solos ex modis perfectis *Disamis* et *Bocardo* facere exceptionem, in majore < ex omnibus modis solum > *Baralip* exceptionem facere videri, sed in speciem tantùm.

9 verso. | Hactenus indagavimus quandonam Terminus sit minus[2] restrictus in conclusione quàm in præmissa; sed generaliter dici potest terminum non posse[3] ampliorem in conclusione quàm in præmissa, alioqui id quod non venisset in ratiocinationem, ea nempe pars termini, quæ in præmissa non afficitur, veniret in conclusionem. Nempe id solum de termino extremo quod præmissa applicat medio, id ope medii applicari potest ad alterum extremum. Atque hoc est quod vulgò dicitur *Terminum non distributum* (universalem, totalem) *in præmissa nec posse esse distributum in conclusione.* Hinc quia subjectum propositionis Universalis distributum, et prædicatum propositionis negativæ itidem est distributum, *si conclusio est universalis, Minorem propositionem esse universalem in figuris ubi terminus minor est < præmissæ suæ > subjectum*, scilicet prima et secunda, *et negativam, nempe in figuris ubi minor terminus est præmissæ suæ prædicatum*, scilicet 3tia et quarta. Item sequitur, *Si conclusio est negativa, majorem propositionem esse negativam, nempe in figuris ubi major terminus est suæ præmissæ prædicatum*, scilicet prima et tertia; *et universalem, nempe in figuris ubi major terminus est suæ præmissæ subjectum*, scilicet secunda et quarta.

1. Il faut lire ici : B, sans quoi la proposition serait fausse.
2. Lire : *magis*.
3. Suppléer : *esse*.

Si conclusio est affirmativa, major propositio est affirmativa, nempe PHIL., VII, B, IV, 9. in prima et tertia figura; et est particularis in secunda et quarta figura. Excepto modo *Baralip* quartæ. Nempe paulo antè ostendimus excepto modo *Baralip* nunquam fieri, ut major sit partialis in conclusione, quin fuerit partialis in præmissa.

Consideravi an uterque Terminus extremus in præmissis simul posset esse particularis seu non distributus. < Idque reperi ita esse >; ita in modo *Darii* neuter terminorum extremorum est distributus; non minor, cum sit subjectum propositionis particularis, non major, cum sit prædicatum propositionis affirmativæ.

Nunc ergo ad medium < Terminum > veniamus. *Medius debet esse in alterutra < præmissarum > distributus seu totalis*; alioqui nulla potest effici coincidentia, si minoris termini aliquid parti medii coincidit < aut non coincidit >, et majoris termini aliquid rursus parti medii coincidit aut non coincidit, < diversæ partes medii affici poterunt; > utique nulla coincidentia aut non coincidentia inter ea quæ sunt in minore et quæ sunt in majore termino concludi potest, quæ non habetur nisi ope medii tum quæ coincidunt tertio coincidunt inter se, aut quæ excluduntur uno coincidentium excluduntur ab altero coincidentium. Hinc in figuris ubi medius terminus semper est prædicatum conclusio debet esse negativa, et ubi semper est subjectum conclusio debet esse particularis. Colliguntur et quædam de figuris ubi modo subjectum modo prædicatum est, sed consequentiæ illæ præsupponunt ex puris negativis et puris particularibus propositionibus nil sequi, et conclusionem sequi præmissam debiliorem, quæ prius demonstranda.

| Ostendendum est etiam de propositionibus ipsis primum quod ex 10 recto. meris particularibus nil sequitur. Et quidem concipi potest particularem negativam esse affirmativam subjecti [1] infiniti. Ex. gr. Quidam homo non est sapiens fieret : Quidam homo est non sapiens. Itaque sufficit ut demonstremus ex meris particularibus affirmativis nil sequi. Manifestum est autem si meræ sint particulares affirmativæ, semper effici posse ut eisdem medii non coin-

---

1. Lire : *prædicati*.

cidant aliqua ex majore termìnore [1] aut minore. Unde neque efficietur, ut coincidat aliquid minoris et medii [2].

Manifestum etiam est ex meris negativis propositionibus nil sequi. Nam sola exclusio ejus quod est in termino extremo ab eo quod est in medio non infert utique < ullam coincidentiam, sed ne quidem inferre potest > exclusionem ejus quod in uno extremo ab eo quod est in alio extremo. Ponamus enim aliquem totum extremum coincidere toti extremo;

min. ———
med. ———
maj. ———

id stare potest, etsi uterque extremus totus excludatur à toto medio. Multo facilius ergo stabit, si partes tantum extremi et medii excluduntur invicem. Et si exclusiones meræ in præmissis non impediunt tota extrema < totis > coincidere, multo minus impedient partem toti aut partem parti coincidere.

Demonstrandum etiam est conclusionem sequi præmissam debiliorem. Et primum ostendendum est, si una præmissarum sit particularis, etiam conclusionem esse particularem. Idque in meris affirmativis, quia quæcunque negativa propositio revocari potest ad affirmativam prædicati infiniti, et syllogismi hoc modo demonstrari queunt, ut mox ostendemus. Supponimus conclusionem esse affirmativam, quia omnia reduximus ad affirmativas. Quodsi ergo conclusio affirmativa sit universalis, minor est distributus in conclusione, Ergo et minor est distributus in propositione minore, quæ cum sit affirmativa, debet in ea esse subjectum, alioqui si esset prædicatum foret in ea non distributus. Ergo medius in ea est prædicatum, adeoque medius est non distributus in minore prop. Debet ergo esse distributus in majore prop. Ergo cum major propositio sit affirmativa, non debet in ea esse prædicatum sed subjectum, sed si subjectum sit distributum, propositio est universalis. Ergo major etiam est universalis. Ergo in affirmativis si conclusio est universalis utraque præmissa talis erit, aut si alterutra præmissa est particularis conclusio eam sequetur.

Pari fortasse modo demonstrabimus ex puris particularibus nil sequi < quia sufficit id demonstrari in affirmativis. > Nam si ambæ præmissæ sunt affirmativæ particulares, habeant ambæ omnes terminos non distributos, Ergo medius non erit distributus in alterutra præmissarum.

1. *Lapsus calami.*
2. Leibniz a voulu dire : *majoris.*

Ostendendum etiam est, una præmissa negativa existente conclusionem esse negativam. Si qua præmissarum sit negativa, excluditur aliquid extremi termini ab aliquo medii. De eo medii aliquid debet coincidere cum aliquo alterius extremi, alioqui meræ essent exclusiones, et mera diversa : ex eo autem quod coincidunt L et M, et excluditur M ab N, non potest colligi nisi excludi < invicem > L et N.

In omni Syllogismo idem ingrediens medii coincidit [aut non coincidit] < alicui ingredienti > alicui de utroque extremo applicatur. Sit ingrediens Medii γ ingrediens minoris β, ingrediens majoris δ. Vel ergo erit γ ∞ β et γ ∞ δ, Ergo γ ∞ β[1], vel erit non est γ ∞ β, γ ∞ δ, Ergo non est β ∞ δ, vel erit γ = β, non est γ ∞ δ, ergo non est γ ∞ β[2]. Sed ex his : non est γ ∞ β et non est γ ∞ δ, nil concludi potest. Ex his patet conclusionem sequi præmissam debiliorem et ex meris negativis nil sequi. constat enim hinc medium in alterutro esse universalem, alioqui in una præmissa fieret γ in altera (γ) ∞ vel non ∞ isti β aut δ. cum non distributus nihil certi definiat. Patet etiam terminum extremum non posse esse distributum in conclusione quin sit in præmissa, nempe nil ingreditur conclusionem quam de quo coincidentia aut exclusio in præmissis assumta est.

| Promisi ostendere omnes syllogismos negativos posse mutari in affirmativos, ex negativa faciendo affirmativam indefiniti subjecti[3]. Ostendamus percurrendo modos omnes negativos. *Celarent* dabit < in *Barbara* > Omne B est C, omne C est non D, Ergo omne B est non D. *Celaro* < dabit in *Barbari* > Omne B est C. Omne C est non D. Ergo quodd. B est non D. *Ferio* < dabit in *Darii* > Quodd. B est C. Omne C est non D. Ergo quodd. B est non D. *Cesare* dabit in *Barbara* conversione simpliciter majoris : Omne B est C. Omne C est non D (quia Null. D est C. Ergo et null. C est D.) Ergo Omne B est non D. *Cesaro*. Ex omn. B est non D sequitur Qu. B est non D. *Camestres* < in *Barbara* > Omne B est non C et (quia Omne D est C fit) Omne non C est non D. Ergo omne B est non D. *Camestros* < in iisdem > ex Omne B est non D infert Ergo quoddam B est non D. *Festino* < ex *Darii* > Qu. B est C.

---

1. Lire : β ∞ δ.
2. Lire : non est β ∞ δ. Dans ce paragraphe, Leibniz a substitué la forme : « non est γ ∞ β » à la forme : « γ non ∞ β. »
3. Lire : *prædicati*.

et (quia Null. D est C seu Nullum C est D) Omne C est non D. Ergo Qu. B est non D. *Baroco* ex *Darii*. Qu. B est non C et (quia Omne D est C) Omne non C est non D. Ergo Qu. B est non D. *Felapton* ex *Darii* Qu. B est C (quia Omne C est B) Omne C est non D. Ergo Qu. B est non D. < vel si malumus residere figuram (quod in secunda non licuit) in *Darapti* : Omne C est B. Omne C est non D. Ergo Qu. B est non D. *Bocardo* ex *Disamis*. Omn. C est B. Qu. C est non D. Ergo Qu. B est non D. *Ferison* ex *Datisi*. Qu. C est B. Omne C est non D. Ergo Qu. B est non D. *Callentes* ex *Barbara*. Nempe *Callentes* ita stat : Null. C est B. Omn. D est C. Ergo Null. B est D. Transpositis præmissis fiet Omn. D est C. Omn. C est non B. Ergo Omne D est non B. seu Null. D est B, unde convertendo Null. B est D. *Fessapmo* ut reducatur ad *Baralip*, modum ejusdem figuræ, sola enim qualitate ubique differentem, oportet in universali negativa subjectum facere infinitum seu negativum, quod licet [1]. sic ergo : Omne C est B. Omne non-D est C (quia Null. D est C) Ergo Qu. B est non D. *Fresismo* non habet modum ejusdem figuræ sola qualitate ubique differentem. Revocabimus ergo ad < *Darii* > primæ figuræ. Nempe Qu. C est B (unde Qu. B est C) Null. D est C (unde Omne C est non D) Ergo Qu. B est non D. Rem ergo habemus in omnibus modis comprobatam.

Ex hoc principio etiam ostendemus ex puris negativis sequi aliquid, sed conclusionem habere quartum terminum. In syllogismis igitur nostris manet regula quod ex puris negativis nil sequatur. Aliter autem aliquid inde sequi sic ostendemus : Nullus homo est lapis. Nullus homo est angelus. Ergo quidam non-angelus ncn est lapis. Res ostenditur reductione negativarum ad meras affirmativas hoc modo : Omnis homo est non-lapis. Omnis homo est non-angelus. Ergo quidam non-angelus est non lapis, vel quidam non-lapis non est [2] Angelus, ubi sunt non nisi tres termini [3]. Vel sic : Quidam non lapis est homo. Omnis homo est non angelus. Ergo quidam non lapis est angelus [4] vel contra. Videamus an aliquid etiam ex universali et particulari negativis simul sequatur. Et

---

1. C'est là une erreur : Nul D n'est C (ou Nul C n'est D) donne : Tout D est non-C (ou Tout C est non-D), mais non : Tout non-D est C, ce qui est une conversion simple (illégitime) de l'U. A.
2. Leibniz aurait dû écrire : « est non ».
3. Syllogisme en *Darapti*.
4. Lire : « non-angelus ».

quidni ? Nullus homo est lapis. Quidam homo non est sapiens. Hinc
Omnis homo est non [lapis] < angelus >. Quidam homo est non
sapiens. Ergo quidam non sapiens est non angelus. Sed hæc nihil mutant
in figura syllogistica. Neque operæ pretium est hæc amplius deduci,
nam facilè ex his quæ constant colligantur. Videri tamen possunt quæ
habet Cl. Sturmius in suo quem vocat Euclide catholico, quem olim
juvenis in Batavis dedit, et quem adulescens legere memini. Etsi nostris
desideratis non satisfaceret. < Possumus jungendo veteranea Elementa
de continente et contento hæc in demonstrationes formales redigere
duplici via, exemplari et ideali. >

PHIL., VII, B, IV, 11-12 (2 p. in-fol.)¹.

(1) *Propositio categorica* est Enuntiatio de toto aut parte termini unius
< nempe > quod [coincidat aut non coincidat] < idem sit aut diversum
ei quod inest seu > contento termini alterius. Terminus de cujus toto
aut parte enuntiatio fit est (2) *Subjectum* et ponitur primo loco. ut B, et
si de toto tunc in propositione ponitur (3) *Omne* B; si de parte tunc
ponitur (4) *Quoddam* B, et priore casu propositio vocatur (5) *universalis*,
posteriore (6) *particularis*, et in hoc dicitur consistere (7) *Quantitas*
propositionis. Alter terminus velut C dicitur (8) *prædicatum*; et, si
< identitas seu > coincidentia enuntiatur, adjungitur subjecto per τὸ
(9) *est*, veluti Omne B (aut quoddam B) est C, et (10) *propositio affirmativa* dicitur. Sin enuntiatur diversitas [non-coincidentia] unius ab altero,
hoc fit per τὸ (11) *non est*, veluti Omne B non est C, aut Quoddam B
non est C, et propositio vocatur (12) *Negativa*. Et in hoc dicitur consistere (13) *Qualitas* propositionis. < Cæterum loco hujus : > Omne B
non est C, solet etiam dici (14) *Nullum* B est C. Postremo *terminus*
cujus totum idem alicui aut diversum dicitur posset dici *universalis*, sed
solet dici < iis > *distributus;* sin parte tantùm, posset dici *particularis*,
sed solet dici *non distributus*. Nos alterutrum indiscriminatim usurpabimus³.

1. Ce qui suit est un autre essai, indépendant du précédent.
2. *Sic.*
3. Entre les deux lignes on croit lire : JCMODLION.

Propositio universalis affirmativa Omne B est C veluti Omnis homo est animal vel quod eodem redit, < Omnes homines sunt animalia, sive > Tota multitudo hominum [coincidit] < eadem est > contento in multitudine animalium. ut linea B respondet contento in linea C. Malumus tamen dicere totum B idem esse contento ipsius C, quam parti. Nam interdum fit ut totum B coincidat toti C. Ut si dicam (de plano intelligens) Omne triangulum esse trilaterum, quia ambo termini æquè latè patent; Et vicissim Omne trilaterum est triangulum. Sed recepto loquendi modo quem propositiones categoricæ < affirmativæ > sequuntur, nulla prædicatis (perinde ac subjectis) adjiciuntur universalitatis vel particularitatis signa, atque adeò dissimulatur, an ad partem tantùm prædicati an verò ad totum pertineat coincidentia. Ideò vi expressionis seu formæ id relinquitur in incerto. < et cum totum prædicatum hoc loco afficitur, id dicitur per accidens fieri. > Sanè de parte prædicati res certa (cum et in casu totius coincidentis pars coincidat, quippe quæ in toto continetur). Itaque vi formæ non attingitur nisi pars prædicati.

Propositio particularis affirmativa est Quoddam B est C veluti Quidam homo est sapiens, vel quod eodem redit, pars multitudinis hominum coincidit < eadem est > cum contento in multitudine sapientum. Uti pars lineæ B respondet contento in linea C. Et pars quidem subjecti respondebit parti prædicati, si alii quam homines sint sapientes < (velut genii ipseque Deus) >; toti verò, si solis hominibus sapientia convenire intelligatur. Ita si dicamus Quosdam homines esse imperatores, pars hominum toti imperatorum seriei coincidet. Sed vi formæ id tantùm in propositione < affirmativa > particulari certum est, partem prædicati affici, et coincidere parti subjecti.

| Propositio Universalis Negativa est Nullum B est C, sive Omne B non est C. veluti Nullus homo est lapis, sive quod eodem redit Omnes homines non sunt lapides. vel tota multitudo hominum exclusa est à tota multitudine lapidum neque assignari potest pars multitudinis hominum quæ coincidat parti aut contento multitudinis lapidum. Hic consideratu dignum est subjectum non minus quam prædicatum totum affici enuntiatione esseque adeò universale seu distributum ut vocant.

Propositio Particularis Negativa est : Quoddam B non est C. veluti quidam homo non est sapiens, sive pars multitudinis hominum excluditur à tota multitudine sapientum. Hoc etiam apparet in lineis B et C, nec refert an linea C producatur donec respondeat parti ipsius B, modo non eousque ut ei parti respondeat, à qua exclusa est. Fieri scilicet potest, ut alii homines sint sapientes; sed sufficit quosdam sapientes non esse. Hic autem rursus apparet praedicatum esse universale : < unde manifestum est praedicatum propositionis affirmativae esse particulare vi formae seu non distributum, praedicatum verò propositionis negativae esse universale seu distributum. >

Quidam categoricas propositiones adhuc magis quantitate variant, et universali ac particulari adjiciunt indefinitam et singularem [1]. Sed indefinita < quae signo quantitatis caret, v. g. homo est sapiens >, cùm incertae sit magnitudinis, securitatis ergo pro particulari habenda est donec aliquid amplius constet, nisi constet ut fere fit compendio loquendi signum universalitatis supprimi; hoc ergo non ad Logicam, sed ad interpretationem verborum pertinet. Singularis autem < propositio >, v. g. Petrus est homo, referenda est ad universalem, cum totum termini in uno hoc exemplo singulari contineatur. Neque enim cum Petrum dicimus plures eo nomine, sed certum aliquem designamus. Sed nunc à Scholiis familiarius omnia explicantibus ad Theoremata et demonstrationes veniamus.

Axiomata [2].

1. Quicquid inest inexistenti id ipsum inest, veluti si AB insit ipsi AC et AC insit ipsi AD, ipsum AB erit in AD.

2. Quicquid inest excluso, id ipsum exclusum est. Veluti [3] AB sit in AC, et AC sit extra DE, etiam AB erit extra DE.

---

[1]. Cf. p. 196, note 2.
[2]. Ici Leibniz se place au point de vue de l'extension, comme dans PHIL., VII, C, 83. Ces mêmes axiomes seraient faux au point de vue de la compréhension (cf. *Phil.*, VII, 209, et PHIL., VII, B, IV, 26). V. *La Logique de Leibniz*, p. 13, 20 et 362.
[3]. *Si* oublié.

PHIL., VII, B, IV, 11.

Quodlibet sibi inest, aut sibi exclusum non est. Coincidunt quorum contenta eadem sunt. Et vicissim. Hinc si A insit ipsi B et B ipsi A, coincident A et B.

Coincidunt duo cum quodvis contentum unius inest contento alterius. Nam si inest contento alterius, etiam idem erit alicui alterius contento[1].

PHIL., VII, B, IV, 13-14.

PHIL., VII, B, IV, 13-14 (3 p. in-folio).

Définitions de catégories logiques : *Idem, Nihil, Unum, Plura, Impossibile, Necessarium, Similia, Congrua, Requisitum, Partes, Totum, Aequalia*, etc.

PHIL., VII, B, IV, 15-20.

PHIL., VII, B, IV, 15-20 (6 p. in-4°).

15 recto.

Affirmatio est cogitatio de duobus [conceptibus] quatenus conceptus unius conceptum alterius continet.

Affirmatio absoluta est cum conceptus rei continet conceptum rei.
Subjectum est res continens.
Prædicatum est res contenta.

16 recto.

| Propositiones intellectuales primitivæ : Si subjectum et prædicatum sit idem, vera est propositio affirmativa ut *a* est *a*. Ex. gr. Deus est Deus.

Si antecedens et consequens sit idem, vera est propositio affirmativa, ut si A est $<$ verum $>$, certè A est $<$ verum $>$. Ex. gr. Si Deus est sapiens certè Deus est sapiens. vel : si sapiens non est miser, certè sapiens non est miser. Hinc

Si *a* est *b*, certè *a* est *b*.
Si *a* non est *b*, certè *a* non est *b*.
Si quidem *si a est b certè c est d*, utique *si a est b certè c est d*.
Si quidem *si a est b non statim c est d*, utique *si a est b non statim c est d*.
Si quidem *si a non est b certè c non est d*, utique *si a non est b certè c non est d*.
Si quidem *si a non est b certè c est d*, utique *si a non est b certè c est d*.

1. Cf. MATH., I, 9, 1; PHIL., VII, B, II, 42.

Si quidem *si a est b certè c non est d*, utique *si a est b utique c non est d*. PHIL., VII, B, IV, 16.

| Si una contradictoriarum est vera, altera est falsa. 16 verso.

Si *a* est *b*, certè *a non* non-est *b*.

Si *a non* non-est *b*, certè *a* est *b*.

| (1) *Ens*, ut : *a* corpus 2. *b* sentiens 3. *c* rationale 5. *d* seu *ab*. 17 recto.
Animal seu corpus sentiens. 6 seu 2,3. *e* seu *abc* seu *dc*. homo seu corpus sentiens rationale, seu animal rationale. 30 seu 6,5 seu 2, 3, 5. *f*. lapis. *g*. Petrus.

(2) Nota ⊏ [1] aut vox *est* < (ex. grat. *e* ⊏ *d* vel 30 ⊏ 6. homo est animal) > significat in locum *e* vel 30 vel hominis substitui posse *d* vel 6 vel animal.

(3) Et perinde est sive scribamus *e* ⊏ *d* sive *d* ⊐ *e*.

(4) Si *e* ⊏ *d* et *d* ⊏ *a*, tunc *e* ⊏ *a*. Si homo est animal, et animal est corpus, tunc homo est corpus.

Nam quia *d* ⊏ *a ex hypothesi*, ergo pro *d* substitui potest *a* per artic. 2. Jam *e* ⊏ *d ex hypothesi*, substituatur ergo *a* pro *d*, fit *e* ⊏ *a*. Quod erat demonstrandum.

(5) Si *f* ⊏ *e* et *e* ⊏ *d* et *d* ⊏ *a*, tunc *f* ⊏ *a*.

Nam *e* ⊏ *d* et *d* ⊏ *a ex hypothesi*, ergo *e* ⊏ *a per artic*. 4. quod est primum. Porro *f* ⊏ *e ex hypothesi* et *e* ⊏ *a per partem primam hujus demonstrationis*. Ergo *f* ⊏ *a per artic*. 4. Quod erat dem.

| (6) Eodem modo procedi potest in infinitum [2]. 17 verso.

(8) *Non* ita significat : si verum est *e* ⊏ *d*, falsum est *e* non ⊏ *d*. et si verum est *e* non ⊏ *d*, falsum est *e* ⊏ *d*.

(9) Si *e* ⊏ *d* et *f* non ⊏ *d*, tunc *f* non ⊏ *e*. Nam < per antithesin > sit *f* ⊏ *e*, est < autem > *e* ⊏ *d per hypothesin*. Ergo *f* ⊏ *d per artic*. 4, quod est falsum seu contra hypothesin, posuimus enim *f* non ⊏ *d*. Falsum est ergo *f* ⊏ *e*. ergo *f* non ⊏ *e*. per artic. 8. Quod erat dem.

(10) Si posito *d* non ⊏ *f* et *e* ⊏ *d* sequitur *e* non ⊏ *f* [3]

| *Ens*.   30.   6,5.   *a, b*. 18 recto.
            < Homo Animal Rationale >

---

1. Signe de l'inégalité, correspondant à > (*plus grand que*) ou plutôt (v. p. 326, note 2) à ⩾ (*supérieur ou égal à*).
2. Le n° 7 manque.
3. *Sic* (inachevé).

PHIL., VII, B, IV, 18.

Idem. 30 ⊓ [1] 6,5 < a ⊓ b > significat 30 et 6,5 sibi substitui posse. Ut hominem et animal rationale.

a ⊓ a. Homo est homo. Patet per se.

Si a ⊓ b et b ⊓ c, erit a ⊓ c.

< patet ex significatione ipsius ⊓.

c ⊓ d significat d substitui posse in locum ipsius c. Idem significat etiam d ⊓ c. < Ut si c sit homo, d sit animal, vulgo sic enuntiatur : Homo est animal. >

c ⊓.[2] d significat d substitui posse in locum ipsius d[3] sed non contra. Hinc si c ⊓ d, erit c ⊓ d et d non ⊓ c.

{ Si c non ⊓ d et c non ⊓. d, erit c non ⊓ d. }

Si a ⊓ b, erit a ⊓ b et b ⊓ a, et erit a non ⊓. b et b non ⊓. a.

Contra si a ⊓ b et b ⊓ a, erit a ⊓ b.

Si a ⊓ b et b ⊓ c, erit b[4] ⊓ c.

ut si homo sit animal et animal sit [corpus, tunc homo erit] substantia, homo erit substantia.

bc. Significat si a ⊓ bc, erit a ⊓. b et erit a ⊓. c.

Hinc si d ⊓ bc erit d ⊓. b et d ⊓. c.

Si a ⊓. b erit a ⊓ by.

Si a non ⊓ by et a non ⊓ b, erit a non ⊓ b.

PHIL., VII, B, IV, 21.

PHIL., VII, B, IV, 21 (un coupon) [5].

Characteristica omnis consistit in formatione Expressionis et transitu ab Expressione ad Expressionem. Expressio < simplex est vel composita, quæ > formatur vel per appositionem, vel per coalitionem. Appositione fit *formula*. Coalitione fit *character* novus. Sed pro calculo non opus est coalitione, sed sufficit simplex appositio seu formula, et compendii causa assumtione arbitrarii characteris cujus significatio tantum nota est. < licet ad perfectionem characteristicæ necessaria sit coalitio, ut ingredientia indicentur. > In appositione rursus interveniunt

---

1. Signe de l'égalité.
2. Signe d'inégalité excluant l'égalité (comme notre signe >, opposé au signe ⩾).
3. Lire : *c*.
4. Lire : *a*.
5. Cf. PHIL., VII, B, II, 74.

ordo (: quando ejus habetur ratio :) et signa quibus variatur appositio. Transitus ab expressione ad expressionem significat una expressione posita poni posse aliam. Hinc dantur jam | porro < formulæ > transitum involventes seu enuntiantes, et transitus ab enuntiatione ad enuntiationem seu consequentiæ. Transitus species simplicissima est substitutio, et ex substitutionibus ipsa mutua substitutio seu æquipollentia. Generalis transitus est, ut positis A et B dicere liceat AB, nisi quod scilicet ex specialibus calculi regulis obstet; est inter generalia postulata. Sunt et generales enuntiationes tales circa *est et non*; item inversio relationis ut A^{b}○-B^{eb}. Ergo B^{eb}○-A^{be} [1]. Seu si A se habet aliquo modo ad B, tunc B determinato quodam modo priori contrario se habet ad A.

PHIL., VII, B. IV, 22 (un coupon) : un extrait de la *Chirurgie* de BONTEKOE.

PHIL., VII, B, IV, 23 (un coupon).

In exemplis quæ *declaratoria* sunt, non *comprobatoria*, locum habet vulgi regula quæ ait : *Exemplorum non requiritur veritas*. Hac distinctione respondi R. P. Bouveto qui usus est exemplo colorum quos componit ex albo et nigro, ut octonos conficiat ad illustrandos octo Fohy caracteres lineares. Respondi etsi revera colores non oriantur ex sola mistione albi et nigri, sufficere tamen exemplum ad illustrationem, et cum non alius est scopus, exemplorum non requiri veritatem.   April. 1703.

PHIL., VII, B, IV, 26 (2 p. in-8°).

Syllogismus est actus mentis, quo per subjecto inclusum vel exclusum medium, colligitur : prædicatum etiam illi inclusum vel exclusum esse. Duabus autem res constat regulis.

1. Medium subjecto inclusum etiam prædicatum sibi inclusum (vel exclusum) ei includi (vel excludi) ostendit. . . . .

---

1. Leibniz a sans doute voulu faire le second signe en sens inverse du premier, mais il les a faits pareils. Le même signe se retrouve PHIL., VII, C, 144.

2. Medium subjecto exclusum etiam prædicatum se includens subjecto excludi ostendit [1]. . . . .

Hæc pertinent ad propositiones universales. . . . .

Et hinc particularium usus colligitur, quia particularis affirmativa est negatio exclusionis, et particularis negativa est negatio inclusionis. . .

Les particulières dérivent donc des universelles par contraposition. Mais elles en dérivent aussi par subalternation.

PHIL., VII, B, IV, 28 (un coupon).

Definitio.

In omni definitione constare debet id quod definitur esse possibile, interdum etiam quæritur, ut actu existat, ut in definitione Morborum. Ita si quis febrim definiat per frequentiam pulsuum præternaturalem, is refutaretur, si qua daretur tertiana, in qua omnia observantur et quæ homines | vulgò agnoscunt febrem, nec tamen pulsus esset frequentior. Si quis tres constituerit Atrophiæ species, unam in qua pinguedo sola, aliam in qua caro sola, tertiam in qua utrumque deficit, is simul asserere videtur, unam quamque harum specierum aliquando contingere. Ita si quis definit febres hecticas, malignas, simul asserit eas observari. In his quæ distincte non intelligimus opus experientia ad constituendas definitiones.

PHIL., VII, B, IV, 29 (un coupon).

Certum est ex multis erroribus inter se junctis concludi posse veritatem. Sed quæritur an ex una falsa propositione adjunctis non nisi veris verum concludi possit. Et ajo posse ex. gr.

    Omnis homo est doctus
    Quidam ignarus est homo
   Ergo Quidam ignarus est doctus.

Examinandum esset generaliùs quibusnam modis ex falso verum con-

---

1. Ces règles sont formulées au point de vue de la compréhension (elles se retrouvent littéralement dans *Phil.*, VII, 209). Elles seraient fausses au point de vue de l'extension (cf. PHIL., VII, B, IV, 11).

cludi possit adjunctis non nisi veris. Id est solvendum esset hoc instar problematis quod est efficiendum.

PHIL., VII, B, IV, 30 (un coupon).

In *Notionibus Empiricis,* ut auri, et aliorum in quibus de possibilitate non constat nisi a posteriori, non habentur definitiones nisi provisionales. Ex. gr. si aurum aliquod artificiale inveniretur, quod omnes haberet proprietates auri naturalis hactenus consideratas, et subsisteret in examinibus consuetis, exurgeretque aliquis qui novum quoddam indicaret examen ab artificiali illo auro non sustinendum, is utique defectum aliquem definitionis auri eatenus explevisset. Notandum præterea est, non sufficere ad condendas definitiones *Notionum Empiricarum* (ut ego voco) | si quis norit catalogum [proprietatum] < attributorum > rei, nam si omnes illas in unum cumularet ad definiendum, fieret definitio prolixa præter necessitatem. Sed opus est ut ex collatione cum aliis notionibus quædam attributa communia habentibus videat quænam sufficiant ad rem, (ut aurum) à notis omnibus discriminandam; idque cum pluribus modis fieri potest, tot dantur auri definitiones diversæ. Sic aurum potest definiri, corpus gravissimum; metallum ductilissimum; metallum cupellabile flavum, vel metallum cupellabile et quartabile.

PHIL., VII, B, IV, 31 (un coupon).

Comme tout se peut expliquer dans la Géométrie par le calcul des nombres et aussi par l'analyse de la situation, mais que certains problemes sont plus aisement resolus par l'une de ces voyes, et d'autres par l'autre [1], de meme je trouve qu'il en est ainsi des phenomenes. Tout se peut expliquer par les efficientes et par les finales; mais ce qui touche les [hommes] [esprits] [ames raisonnables] substances raisonnables s'explique plus naturellement par la consideration des fins, comme ce qui regarde les [corps] autres substances s'explique mieux par les efficientes.

1. Cf. *Elementa Nova Matheseos Universalis* (PHIL., VII, B, VI, 9-10).

PHIL., VII, B, IV, 32 (un coupon).

Catalogus Inventionum.

[In Metaphysi]

In Logicis. Plato invenit usum definitionum et divisionum. Architas prædicamenta seu classes rerum. Plato Algebram, seu suppositionem quæsiti velut dati. Aristoteles formas propositionum et syllogismorum absolutorum, et Loca Topica seu fontes disserendi. Lullius artem disserendi de quovis longius produxit. Petrus Hispanus et summulistæ Grammaticam philosophicam seu doctrinam de supposito. Joh. Suisset calculator æstimationem seu Logicam Mathematicam circa rerum gradus; Joh. Hospinianus enumerationem modorum absolutorum [1]. Petrus Ramus demonstrationem conversionum suppositis identicis < et figuris >, vel aliarum figurarum ex prima suppositis identicis et conversionibus [2]. Idem Leges universalitatis, necessitatis, et perfectionis in propositionibus seu κατὰ πάντα, κατ'αὐτό et καθόλου πρῶτον ab Aristotele propositas ursit. Idem Dichotomias et in universum Tabulas seu divisionum et subdivisionum catenas frequentari fecit; quem secuti Zwingerus Freigius Keckermannus Alstedius, aliique solidiores. < Joach. Jungius > Notionum species varias exquisitius consideravit, ostenditque non omnes consequentias revocari posse ad syllogismos [3].

PHIL., VII, B, v, 1-10 (5 feuilles doubles numérotées par Leibniz).

De Affectibus, 10 april. 1679.
Ubi de Potentia, Actione, Determinatione.

Suite de définitions psychologiques et morales.

1. V. *De Arte combinatoria,* 1666 (*Math.,* V, 23; *Phil.,* IV, 46).
2. V. op. cit. (*Math.,* V, 33; *Phil.,* IV, 55); *Nouveaux Essais,* IV, II, § 1; *Phil.,* VII, 67; PHIL., VI, 15; VII, B, IV, 7. Cf. *La Logique de Leibniz,* p. 8.
3. V. *Nouveaux Essais,* IV, XVII, § 4; PHIL., VII, B, III, 24; VII, C, 151. Cf. *La Logique de Leibniz,* p. 441, note 1.

Phil., VII, B, v, 12 (in-folio) [1].

Justus est charitativus similis sapienti quatenus est charitativus.

Charitativus est benevolus, similiter se habens erga quemlibet, quatenus est benevolus.

Benevolus est amans, confirmatus quatenus amans.

Confirmatus est inclinatus, magnus quatenus inclinatus.

Inclinatus est facilis quatenus volens.

Volens est cogitans < et tendens ad id quod cogitat > conans ad aliquid quatenus idem repræsentans.

(En marge, définition de *Tendens*.)

Cogitans est repræsentans, et conans quatenus repræsentans.

Conans < ad aliquid > est determinatus quatenus agens. < seu determinatum quatenus potest esse novum. >

Determinatus est habens < omnia > requisita absoluta quatenus est habens.

Habens absoluta quatenus est habens est habens quæ semel existentia supposita non involvunt aliud < subjectum ultimatum >.

. . . .

{ *Justus* est charitativus homœosophus. }

{ *Charitativus* est benevolus pantotropus. }

{ Patet ex his nobis verba apta deesse. }

. . . .

Cette chaîne de définitions est illustrée, d'une part par la figure ci-contre (f. 11), formée de cercles [2], et d'autre part par un arbre généalogique (f. 14) commençant par *justus*, puis *charitativus*, *quasi-sapiens*.

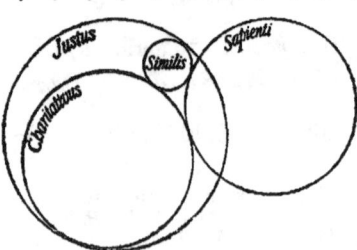

{ Justus est charitativus sapientiformis. }

1. Cf. Phil., VIII, 4-5.
2. V. *La Logique de Leibniz*, p. 436.

Phil., VII, B, vi, 1.   Phil., VII, B, vi, 1, f. 1-2 (4 p. in-folio).

[Projet et essai de Certitude]
< Essay sur un >
*Nouveau plan d'une science certaine,
sur lequel on demande les avis des plus intelligens* [1].

1 recto.   DE toutes les pertes que nous faisons, celle du temps et des occasions est la plus inestimable. Cependant nous ne nous en appercevons gueres que lors qu'il n'est plus temps et que les regrets sont superflus. On peut dire que les connoissances solides et utiles, sont le plus grand tresor du genre humain, et si jamais siècle a esté propre à l'accroistre et à le faire profiter c'est le nostre, cependant je ne vois pas que nous nous mettions en devoir de jouir comme il faut de cette grace du ciel, et du penchant glorieux des plus grands Princes, pour faire fleurir les Sciences et < les > Arts.

Toute nostre felicité consiste < principalement > en deux points principaux dont le premier est la satisfaction de l'esprit (qu'on sçait estre l'effect de la vraye pieté et de la bonne morale) et le second est la santé du corps qui est sans doute ce qu'il y a de plus pretieux de tous les biens terrestres. Mais l'un et l'autre point est egalement negligé et il n'y a < pas > de quoy s'étonner que la consideration de la vie future < dont nous ne connoissons l'estat que par la foy, > fait si peu d'impression sur les esprits, puisque les exemples de ceux qui s'attirent des miseres presentes et visibles par leur desordres, et, par le peu de soin qu'ils ont

---

[1]. Cf les fragments Phil. VI, 12, f, 29 : *Discours sur un plan nouveau d'une science certaine, pour demander avis et assistance aux plus intelligens* (publié par Bodemann, p. 90); Phil., VI, 11, a; VI, 12, e; VII, B, 1, 1.

de leur santé, ne sçauroient convertir < aucun de > ceux qui prennent le même chemin.

| Cela fait connoistre que souvent les plus eclairés n'ont que des pensées superficielles sur tout ce qui ne flatte point < d'abord > les sens, ou la vanité, ou l'avarice, non pas faute de penetration, mais faute d'attention; et il semble qu'on ne songe jamais serieusement qu'à ce qui le merite le moins.

Je croy qu'une des plus grandes raisons de cet abandonnement, est le desespoir de mieux faire < et la trop mauvaise opinion qu'on a de la nature humaine > car bien des gens sont prevenus d'une incredulité secrete qui les dispose à se figurer que l'homme est emporté par le Torrent general < de la nature > comme le reste des animaux, que tout ce que nous pouvons faire est une pure vanité, et que bagatelle pour bagatelle il faut mieux choisir les plus agreables.

Il y en a qui s'imaginent, que la raison ne sert qu'à nous affliger, et que bien loin de chercher la verité, il la faut fuir avec soin, parce qu'elle ne serviroit qu'à augmenter nos miseres, en nous faisant trop connoistre nostre neant.

Quant aux Sciences et Arts plusieurs se persuadent qu'il n'y a que les plus materielles qui ayent quelque solidité, comme les mechaniques, et les mathematiques, et que les autres ne sont que des belles illusions propres à faire subsister commodement ceux qui les cultivent et à tenir les peuples en devoir. On ne se promet rien de la médecine que lorsqu'on est malade, on se moque du droit pendant qu'on n'a point de procès sur les bras, et on fait l'esprit fort contre la Theologie, jusqu'à ce qu'il faut songer a mourir [1].

| Mais cette inconstance de nos jugemens, que nous abandonnons nous memes aux premiers approches du peril, fait assez connoistre qu'ils ne sont appuyés que sur la legereté et la paresse. Ce ne sont pas les plus informés qui sont les plus promts à prononcer. et ceux qui meditent trouvent plus de raison d'admirer l'excellence de la nature humaine que de la mépriser. Car enfin cet entendement qui nous eleve au dessus de l'univers pour le contempler, et qui nous fait connoitre des verités necessaires et eternelles, que l'univers luy meme est obligé de suivre; n'est-ce

---

1. Cf. Phil., VII, B, vi, 4 recto.

PHIL., VII, B, VI, 2. pas un échantillon de la nature divine, puisque rien n'est plus reel ny plus divin que la verité, et l'entendement qui luy repond. Ceux qui sont versés dans les profondes Contemplations de Geometrie et de Nombres ou la verité se montre toute nue admirent à tout moment l'ordre des choses; et quand ils envisagent quelque progression en rang des grandeurs ou il paroist de l'irregularité, ils trouvent tousjours apres une exacte discussion que tout est admirablement bien [reglé] < disposé et que ce desordre apparent fait par apres la plus grande beauté. > Il y a bien de l'apparence que la nature garde par tout cette coustume, < que ce merveilleux entendement [n'aboutira pas à rien] qu'elle a donné a nostre ame ne sçauroit aboutir à rien, > et que la sagesse, la justice et la bonté de l'auteur des choses ne se feroit pas moins connoistre dans le gouvernement des hommes que dans leur formation, si nous etions aussi capables d'envisager l'harmonie universelle comme nous sommes en etat d'examiner la concinnité particuliere de la machine de nostre corps.

Mais s'il y avoit autant d'incertitude de part et d'autre, ne seroit il pas a propos de faire < au moins > un essay de nostre pouvoir, avant que de desesperer du succés. Ne voyons nous pas < tous les jours > des nouvelles decouvertes non seulement dans les arts mais encor dans la philosophie et dans la medecine; pourquoy ne serat-il pas possible de venir à quelque soulagement considerable de nos maux : On me dira que tant de siecles avoient travaillé avec peu de fruit. Mais à bien considerer les choses, la plus part de ceux qui ont traité les sciences n'ont fait que se copier, ou que s'amuser; c'est presque une honte au genre humain de voir le petit nombre de ceux qui ont travaillé veritablement à faire des découvertes; nous deuvons presque tout ce que nous sçavons (les experiences du hazard mises à part) à une dixaine de personnes, les autres ne s'estant pas seulement mis en chemin d'avancer. C'est pour-

2 verso. quoy | apres les lumieres que nous avons aujourdhuy je crois si un grand Monarque faisoit faire quelque puissant effort, ou si un nombre considerable de < plusieurs > particuliers < capables mais > degagés d'autres considerations s'y prennoient comme il faut, que nous pourrions faire des grands progrès en peu de temps, et gouster nous même le fruit de nos travaux, qui de la maniere que nous nous y prenons apresent froide et languissante, sera reservé à la posterité.

Phil., VII, B, vi, 2, f. 3-8 (10 p. in-fol.) [1].

ELEMENTA RATIONIS

SI quid unquam < sine < justa > reprehensione vanitatis > ab hominibus promissum productumve est, quo spes sit augeri vires nostras viamque perficiendæ rationis aperiri posse; id certè cujus Divino beneficio nunc initia damus, tale asserere ausim; unde nisi fata obstant, magnæ non scientiarum tantùm, sed et aliarum rerum humanarum < à ratione pendentium > mutationes in melius portenduntur.

Fuit ea felicitas hujus seculi, ut instrumentum inveniretur mirificè juvandi usum oculi, quo nullum utique organorum corporeorum nobis insitorum ad cognitionem rerum præstantius est. Sed quanto ratio, quæ instrumentum est instrumentorum, et ut ita dicam, oculus oculi, non oculo tantum, sed et omni alteri instrumento naturali præstat, tanto Telescopiis ac Microscopiis omnibus excellentius est, hoc quod < nunc > delineamus Organon ipsius rationis.

Equidem non in obscuro causa est, cur hactenus solæ Mathematicæ disciplinæ ad miraculum et invidiam usque excultæ sint non tantùm certitudine sed et copia egregiarum veritatum; neque enim id ingeniis Mathematicorum tribui potest, quos nihilo aliis hominibus præstare, res ipsa [ostendit] < loquitur >, cum extra orbitas suas vagantur; sed naturæ objecti, in quo veritas sine labore, sine sumtuosis experimentis, ita ob oculos poni potest, ut nulla dubitatio relinquatur, detegitque sese series quædam, et ut ita dicam filum cogitandi, quod et securos nos reddit circa inventa, et viam indubitabilem ostendit ad futura.

Hinc Physicæ scientiæ perfectio < (præter experimenta) > sine controversia in eo consistit, ut reducatur ad Geometriam; detectis, quoad ejus fieri potest naturæ mechanismis, qui à partium figuris motibusque pendent; ipsa autem < rursus > Geometria cum nonnihil adhuc perplexa sit, neque enim omnes figurarum habitudines lineis in charta ductis commodè exprimi possunt, reducta est ad calculum quendam sive numerorum æstimationem, qua efficitur, ut characteribus numericis | ac literis alphabeti, numeros indeterminatos designantibus, variè combinatis ipsæ

---

1. Cet opuscule date de 1686 environ. Il est très intéressant pour l'histoire de la pensée de Leibniz (v. p. 345-347.)

figuræ < corporum > mirabili ratione exprimantur, quod vulgò [Analysin] < calculum > speciosum < à characteribus sive speciebus rerum > vocant. Ipsis autem numeris nihil est parabilius faciliusque, et quod magis sit in humani ingenii potestate; licet enim numerorum scientia majorem quendam perfectionis gradum acceperit magisque adhuc accipere possit per Artem Combinatoriam, sive Speciosam generalem, cujus applicatione ad numeros Analysis Mathematicorum nata est, attamen comprobationes veritatis analyticæ cujuscunque semper numeris ordinariis institui possunt, usque adeò ut à me excogitata sit ratio omnem calculum Algebraicum examinandi per abjectionem novenarii aut similem ad instar calculi communis[1]; atque ita omnis Veritas Mathematica pura per numeros à ratione transferri potest ad oculare experimentum.

Hoc verò beneficium perpetui per experimenta examinis filumque sensibile in labyrintho cogitandi, quod oculis percipi et quasi manibus palpari possit (quibus rebus mea sententia Mathematicarum incrementa debentur) in aliis humanis ratiocinationibus hactenus defuit[2]. < Experimenta enim in physicis difficilia, sumtuosa, fallacia sunt; in moralibus civilibusque ambigua et periculosa < aut potius in utroque genere utraque >; in Metaphysicis < autem > circa [res] incorporeas substantias (extra nostram) in hac quidem vita magnam partem ne possibilia < sunt > quidem, solaque divinæ fidei gratiâ supplentur. > Unde < plerumque defectu criterii indubitabilis > nec controversias liquidò finire, nec proinde < satis > ad ulteriora tutò progredi fas fuit, hæsimusque in initiis quibusdam, et à tot seculis casu magis quàm ratione profecimus, et ne nunc quidem in tanta luce seculi, et copia experimentorum, et aggestis in cumulum etiam majorum notitiis, magnis admodum accessionibus felicitas nostra adaucta est, nec satis videmur divinis beneficiis uti, quantum in nostra potestate est, < idque non solum observationum, sed et rationum neglectu. > Neque enim dubito quin ex his ipsis [quæ jam novimus] < experimentis atque notitiis, quas jam exploratas habemus > (aut quas certè per varios homines sparsas saltem publica autoritate facilè in corpus humanæ scientiæ amplissimum colligi liceret), per consequentias educi possent | multa mira et magna quibus non tantùm animi hominum perfici, et mores emendari, sed et vita hæc

---

1. Cf. MATH., IV, 13, a, b, c. V. *La Logique de Leibniz*, p. 98 et 484.
2. Cf. PHIL., VI, 11, a; 12, e, 9. V. *La Logique de Leibniz*, p. 92.

fieri beatior queat, compluraque mala quibus corpora nostra laborant Phil.,VII,B,vi,4. profligari; condita (ut de aliis artibus taceam) physica sive Medicina quadam (si barbarè at significanter loqui licet) provisionali, qua sæpe nullo negotio miseriis nostris succurri posset. Dum interea nescio qua ignavia torpemus et inter medias undas siti perimus, et sæpe empirici alicujus felici temeritati salutem debere cogimur; non magis Medicinæ, quàm humani generis, et illorum inprimis, opprobrio, quibus cum satis < vel > potentiæ atque opum < vel ingenii > dederit DEus, ut communem felicitatem adjuvare possint, malunt alia omnia agitare < quam quæ opus est >, donec ipsi aliquando malis oppressi sera pœnitentia frustrà auxilia petant à scientiis quas contemserunt, < vel lucri tantum aut vanitatis causa coluerunt > [1].

Sed huic quidem < hominum vitio > non nisi magni principis excellens atque efficax sapientia mederi potest. < qui unus sua autoritate ad scientiarum perfectionem intra paucos annos efficere posset, quod alioqui si eo quo nunc itur pergimus gradu, vix à multis seculis erit expectandum; satis enim manifestum est nisi acrius in seria incumbamus, futurum esse ut labores nostri non tam nobis, quàm posteritati prosint, quibus tamen jam tum frui possemus ipsi, si satis animi consiliique esset[2]. > Nos autem missis istis, vel potius Divinæ providentiæ et publicæ potestati commendatis, ad ea < nunc quidem > redeamus, quæ non tantùm optare possumus, sed et præstare speramus.

Asseverari igitur potest præter defectum < seriæ > voluntatis[3], qui non nisi ab altiore manu emendationem expectat, ab intellectus maxime remoris proficisci quod non satis utimur fruimur[4] divina in nos benignitate. Intellectus autem noster nisi superna luce illustretur, aut filo quodam Ariadnæo ducatur, quali solæ hactenus usæ sunt Mathematicæ, < fluxæ fidei est, et ubi primum ab experimentis recessit, < statim rerum tenebris et varietate perturbatur >, et conjecturis fallacibus, opinioneque vana regitur > vixque sine offensa progredi potest. Cogitandum igitur unicè est, quanam ratione Organon aliquod paretur menti, quale est dioptra et funiculus mensori, libra docimastæ, numerus Mathematico,

[1]. Cf. Phil., VII, B, vi, 1 verso.
[2]. Cf. Phil., V, 6, f. 9-10.
[3]. Cf. Phil., VII, C, 87-88.
[4]. L'un de ces deux mots devrait être barré.

vel quale est Telescopium oculo, quo scilicet non tantum dirigamur < in judicando >, sed et < ad inveniendum > promoveamur.

| Equidem Veteres præstitisse nonnihil in hoc genere negari non potest, jamque ante Platonem fuit aliquis non sanè contemnendus dialecticæ < artis > usus, ut vel ex hujus dialogis intelligi potest. Aristoteles autem adjutus antiquiorum meditationibus, primus quantum constat, Logicam ipsam in formam Mathematicæ cujusdam scientiæ adornavit, ita ut demonstrationum sit capax. Eoque nomine < vel ob exemplum, fateor > multum illi debere genus humanum, quanquam ipse parum Logica tali extra Logicam usus videatur, planeque ignoraverit, quomodo eadem ratione ad Metaphysicam < et rem moralem > aliasque ratiocinationes quascunque ab imaginatione per se independentes [characteristica quadam sive] combinatoria quadam arte ita progredi liceret, ut < eæ > vicariis characteribus, alphabetique literis imaginationi ad numerorum atque Algebræ instar subjici possint. Quod arcanum ni fallor in hæc tempora servatum, nunc primum prodit.

Porro etiam hoc negari non potest, si homines in ratiocinando pariter ac disputando < semper > inexorabili quadam atque indefessa severitate formis logicorum uterentur, nihil pro vero assumendo, quod non vel experientia vel ordinatis ritè argumentis esset comprobatum; posse eos [si non invenire veritatem] saltem evitare errorem < in ratiocinatione, et ubi vera deprehendere non valent, cavere ne falsa dicant >, multa etiam demonstraturos esse, quæ nunc dubia habentur; sed ille argumentandi rigor < plus difficultatis habet quam quis putet, præsertim ob < fallacissimas > ambiguitates verborum quibus homines utuntur > atque insuperabile < prope > tædium prolixitatis et coccysmorum[1], si quis eo more qui in scholis receptus est, uti velit in longa rationum catena. < Videmus plerisque hominibus vix satis ad meditandum patientiæ esse in obviis facilibusque, quanto minus, ubi prolixitas et difficultas conjungerentur. >

Auxitque malum falsa persuasio, quod creditum est nullam argumentationis formam, si severiùs agas, probari posse, quæ non pueriles de schola formulas sequatur *Barbara*que et *Baroco* sapiat. Mihi verò omnis ratiocinatio quæ vi formæ concludit, hoc est quæ semper successura est,

---

1. Chant du coucou ou du coq; au figuré, criailleries.

substitutis in præsentis exempli locum exemplis aliis quibuscunque, PHIL., VII, B, VI, 4.
rectam formam habere videtur. Unde non tantùm Mathematicorum
demonstrationes suam quandam structuram firmitati sufficientem habent,
sed et in omni vita et usu communi multò plures fiunt demonstrationes
accuratæ < pro cujusque rei natura >, quàm vulgaribus philosophis
videtur < qui omnia syllogismis triterminis metientes, longas argumen-
tationum catenas artificio humani sermonis < quem diuturnus > in
cultis linguis usus polivit, < imprimisque particularum, auxilio quarum
tota ferè vis logica est >, mira quadam dicendi rotunditate connecti
atque in pauca colligi non satis animadvertunt. > Ausimque dicere,
complures reperiri periodos in bonis autoribus, maximeque in oratoribus,
quibus < multa licet complexis > nihil desit ad vim concludendi, neque
enim transpositio enuntiationum essentialem formam immutat, et fraudi
esse nequit dicenti, quod aridum et exangue per se Ratiocinationis sce-
leton, quasi carne et tendinibus ad gratam persuasionis efficaciam ves-
tivit. Maximè autem in illis argumentationibus vis formæ cognoscenda
est, quæ quasi cærcmoniis quibusdam ac solemnitatibus ob hoc ipsum
astrictæ sunt, ne vagari animus ac titubare possit, quod non tantum fit
in scholæ formulis, imò nec tantùm in Geometrarum demonstrationibus,
sed et in calculo Arithmeticorum, in libris mercatorum, secundum propriam quandam artem computi institutis, in rationibus procuratorum
fisci < ædiliumque > et similibus, < (præsertim ubi commoda et incommoda eorum quæ proponuntur in tabula exhibere et calculo æstimare
licet) >, imò in ipsis actis forensibus et processu judiciali rite formato,
tanto magis quanto leges meliores ea de re conditæ in civitate haben-
tur[1]. | Atque hoc ipsum est quod ego nunc agito, excogitare formulas 5 recto.
< quasdam sive leges generales >, quibus omne ratiocinationis genus
astringi possit, perinde ac si calculo arithmetico uteremur, aut tabula
quadam æstimatoria, veritatem quasi in bilance expenderemus; ut pariter
scholasticarum distinctionum tricæ et popularis sermonis ambiguitates
evitentur, quale quid solos < ferè > hactenus Mathematicos assecutos
constat. Equidem fuere < quanquam pauci > qui quod princeps in
logica fecit Aristoteles, in aliis quoque scientiis ab imaginatione abstractis mathematicorum exemplo tentarent. Suspicor nonnulla ejus

[1]. Cf. PHIL., VI, 17: *Ad Stateram juris* (p. 211.) V. *La Logique de Leibniz*, ch. VII,
§ 15.

generis extitisse apud Stoicos quorum labores interciderunt. Stoicorum < autem > sectam ferè sequebantur Jurisconsulti veteres, quorum admirabiles in Digestis extant reliquia, de quibus ita sentio, nullos extare scriptores, qui < significationum constantia, formæ æquabilitate, > concludendi nervosa efficacia, < cæterisque orationis ratiocinatricis virtutibus > magis < quàm Romani illi Jurisconsulti > accedant ad vim laudemque Geometrarum. Adeò sibi simili ubique tenore ingrediuntur, ut quemadmodum Euclidem ab Apollonio, ita Ulpianum à Papiniano discernere vix possis. Tamque inimitabilis est ille simplicitatis judiciique color < naturalis >, ut ipse Cujacius qui maximam vitæ partem in eorum expositione consumserat, cum ad illud exemplum suas quasdam consultationes composuisset, < quæsita nimis arte >, longè dispar apparuerit. < Cæterum innumera sunt in Digestis quæ ex certis quibusdam hypothesibus ita firmiter concluduntur, ut ad demonstrationem non nisi nomen deesse videatur. Ut tamen prorsus sese formarent ad illam normam, ab istis hominibus et temporibus, < adde et scriptis ad vulgi usum comparatis, > expectari desiderarique non potuit. Aliter enim populo, aliter sapientibus scribunt etiam sapientes. >

Reperiuntur aliqua hujus generis etiam apud Scholasticos superiorum < maximè > seculorum, ne quem sua merita laude defraudemus [1]. Fuit enim aliquis Johannes Suisset, dictus Calculator, qui circa motus et qualitatum intensiones in media metaphysicorum regione Mathematicum sine exemplo agere cœpit. Hunc mihi videre non contigit. Vidi tamen quorundam ejus sectatorum scripta, unde agnosco, si ingenio eorum hominum ac bonæ voluntati, lumen Mathematicorum quod nunc accensum est, accessisset, potuisse ab illis nostros labores præveniri. Sed istam bonam frugem spinæ innumerabiles in eodem agro enatæ oppresserunt, certè occultarunt. Nam alioqui tantum abest ut ego Theologis philosophisque scholasticis, quemadmodum ab ignaris solet, detraham, ut contra subtilitatem eorum admirer, agnoscamque lubens plurima apud eos extare solida et præclara, demonstrationum capacia, quæ ab horrida illa obscuritate purgata magno cum fructu in lætius solum transferri et quemadmodum sylvestres arbores cultura mitescere queant.

5 verso. | Restauratis bonis literis, ac restituta dicendi ratione, quod superioris

---

[1]. Comparer cette revue historique aux passages suivants : PHIL., VI, 12, e, 10 sqq.; VI, 12, f, 27; VII, B, IV, 32.

maximè seculi beneficium est, < id potissimum > nostro servaverant PHIL., VII, B, VI, 5. fata, ut quod dixi Lumen Matheseos post tanti temporis Eclipsin rursus effulgeret, detectis < atque auctis > Archimedeis < per indivisibilia et infinita > inveniendi artificiis < (quæ Metaphysicam Geometrarum appellare possis, et quæ si quid judico plerisque aliis veterum præter Archimedem fuêre ignota); productaque < simul > Analysis illa calculi speciosi >, à veteribus partim studiosè occultata, partim non satis explorata; quam nos Vietæ debemus, qua tota Geometria ad Arithmeticam < singularem > reducitur. Sed accessit aliud majus, nempe initia quædam Physicæ ad Geometriam revocandæ, quorum specimina primi omnium Galilæus et Keplerus et Gilbertus dedêre, quibus Harvæum mechanica circulationis lege reseratâ meritò jungas. Horum inventis inter se copulatis atque in unum systema adornatis præclara addidit Cartesius, cui si diuturnior vita contigisset, haud dubiè ille nobis aliquando veritates dedisset solidas et in vita profuturas < multo plures >, nec tantùm hypotheses < tradidisset, pulchras quidem illas et plausibiles et scitu dignissimas, atque in exemplum subtilitatis atque ingenii profuturas > [utcunque ingeniosas et plausibiles], attamen < nimis ab usu remotas adhuc sterilesque, ut de incertitudine nihil dicam > [steriles dedisset]; quibus < proinde > nollem ingeniosos homines hodie multos velut insenescere, tanquam ad scopulos Sirenum atque excantata Circes cujusdam Magæ palatia hærere, quod Peripateticis apud suum Aristotelem contigit, neglecto progressu scientiarum.

Verùm quemadmodum pulchrè procedit usus Matheseos in his rebus, quæ oculis usurpari possunt, ita in his quæ imaginationi per se non subjiciuntur minus feliciter hactenus laboratum est. < Et tamen abstractas à concretione imaginum notiones > sciendum est, omnium quibus ratio occupatur esse potissimas, iisque contineri principia vinculaque < etiam > rerum imaginabilium et velut animam cognitionis humanæ. < imò in his potissimum consistere quod reale est in rebus, quemadmodum præclarè animadverterunt Plato et Aristoteles, secus quàm Atomicorum scholæ videtur >. In ultima certè analysi deprehenditur, Physicam principiis Metaphysicis carere non posse. Etsi enim ad Mechanicam reduci possit debeatve, < quod corpuscularibus philosophis planè largimur >, tamen in ipsis primis Mechanicæ Legibus præter Geometriam et numeros, inest aliquid Metaphysicum, circa causam, effectum, potentiam et resistentiam, mutationem et tempus, similitudinem et determinationem, per quæ transitus datur à rebus mathematicis ad substantias reales. Quod in illorum gratiam annotare pretium est, qui laudabili pietatis zelo, verentur < non injuria > ne si omnia in natura per materiam et motum explicare liceat, substantiæ incorporales eliminentur. Meritò igitur inculcandum est etsi omnia physica reduci possint ad Mechanicen, ipsa tamen [principia] Mechanices interiora < legesque primas > sine principiis Metaphysicis ac substantiis partium expertibus expediri nullo modo posse < minusque ea in re ineptire Scholasticos, quàm hodie multis videtur >, ac perinde licet sine formis illis substantialibus vel accidentalibus < adhibitis > particularia naturæ phænomena explicari possint debeantque, eaque in re maximè superioribus temporibus in Schola peccatum sit, quod generalibus < ejusmodi > plerique contenti præclarè suo officio functi sibi viderentur; tamen sine iisdem Physicam generalem omnino imperfectam esse, rerumque arcana principia cognosci non posse, res ipsa ostendet.

| Præterea in ipsa Geometria, imò et in Specioso Mathematicorum calculo, multa miro compendio inveniri possunt ex Metaphysicis notionibus circa simile et determinatum, quæ ex sola notione totius et partis < sive æqualis et congrui > vix per multas ambages communiter eruunt Geometræ. < Unde novum quoddam Analyseos Mathematicæ genus excogitari posse video à Vietæa toto cælo diversum, qua sine ambagiosa situs revocatione < ad magnitudinem > calculi causa, et rursus deinde restitutione magnitudinis ad situm, constructionis causa, directè situs per characteres, et figurarum constructiones per calculum repræsententur, quod non tantum in inventionibus Geometricis, sed et potissimum in applicatione Geometriæ ad Physicam maximum fructum promittit[1]. > Sed hæc neglecta non miror, quia nemo adhuc veram et usui generalissimo applicabilem similitudinis definitionem dedit, qualem nos produximus. Scientia enim de simili et dissimili in universum deque formulis et signorum combinatione, < non minus quam illa vulgò recepta de æquali et inæquali per demonstrationes tradi potest; et > in universum tam latè fusa est, ut non per Mathesin tantùm, et subjectas imaginationi artes regnet (in quibus ne satis quidem animadversa est hactenus, etsi

---

1. V. *La Logique de Leibniz*, ch. ix, §§ 5-8, et les textes qui y sont cités.

ipsa Algebra omnem suam ab ea præstantiam mutuetur), sed et viam præbeat, qua cætera et sensibiliter exprimi possint quæ ab imaginationis jurisdictione exemta videntur, quemadmodum ex nostris patebit [1].

Utique enim multò maxima pars cogitationum humanarum circa ea versatur, quæ nullo modo vel exhiberi modulis corporeis vel pingi figuris possint; unde Hieroglyphica Aegyptiorum et imagunculæ Mexicanorum ferè metaphoris constant, et memoriam potius quam rationem juvare possunt. Ita DEUM, et Mentes, et quæcunque ad intellectum voluntatemque pertinent, affectusque et virtutes ac vitia, ac < cæteras > qualitates mentis, sed maximè potentiam actionemque et ipsum motum nulla imaginatione consequi licet, quamvis effectum in res imaginabiles exerceant. Jam verò communes illæ notiones Entis, substantiæ, et Unius ejusdemque, < tum > possibilis, Necessarii, causæ, ordinis, durationis, intelligi mente possunt, oculis cerni non possunt. Quemadmodum nec veri et falsi, boni et mali, voluptatis et doloris, justi et injusti, utilis et damnosi. His tamen constat omnis < ferè > ratiocinatio nostra, et ad tertiam quamque vocem non Theologi tantùm et Philosophi, sed et politici ac medici aliquid < sensus corporeos > transcendens et metaφysicum ingerere coguntur. Hîc ergo Analysis quædam notionum desideratur.

Fuêre nostro imprimis seculo qui rem tantam < aliquâ ex parte > aggressi sunt, passimque circa DEUM inprimis et Mentem et his connexa demonstrationes polliceri tam solemne < nunc > factum est philosophis quàm quadraturam circuli Geometris et motum perennem artificibus sperare mos est. Sed neque negari debet ingens operæ pretium fecisse complures, etsi rem planè consecutum quenquam dicere non ausim, Neque id facilè fieri poterat ante illud subsidium quod menti nunc paramus. Equidem Cartesius | rogatui vel potius importunitati amicorum hoc tandem dare coactus est, ut suas meditationes Geometrica forma exhiberet, sed nuspiam magis nudum latus detexit < quanquam interea pulcherrima ab ipso etiam in hoc argumento observata esse negari non possit. > Hobbius poterat < itidem > facere operæ pretium, nisi vulgaribus præjudiciis alia pejora substituisset, nullas scilicet substantias esse incorporeas, veritatem omnem esse arbitrariam et pendere à nominibus imposititiis; omne juris ac societatis principium esse mutuum

---

[1]. V. *La Logique de Leibniz*, ch. VII, §§ 4, 6, 11, et ch. IX, § 11.

metum < aliaque non meliora >, ut taceam miros et vix in tali viro credendos circa Geometrica errores. Multos alios demonstratores prætereo, sed qui plerumque sibi indulgent plurimum et Geometrarum formam simulant potiùs quam habent, Unum novissimum autorem non contemnendi quidem sed tamen infelicis ingenii præterire non possum, cujus opus posthumum [1] multa habet de DEO et mente paradoxa, nihil minùs quam vera et demonstrata. Exempli causa solum DEUM esse substantiam, cætera omnia esse modos, et ut ita dicam accidentia sive affectiones DEI, quemadmodum rotunditas uniformitas < magnitudo > aliaque ejusmodi sunt affectiones sphæræ; < aut quemadmodum affirmatio, dubitatio, etc. sunt modi cogitantis >. Mentem nihil aliud esse quàm ideam vel si mavis figuram abstractam < seu formam mechanicam > hujus < sui > corporis, ut cubus Geometricus est forma cubi corporei; et [ita] < proinde > mentem immortalem esse quatenus nemo nescit ipsas abstractas figuras Geometricas esse interitus expertes, licet corpora dissolvantur. Et tamen ille de beatitudine nostræ mentis et emendatione multis disserere audet, quasi figuræ illæ et ideæ abstractæ meliores reddi, et agere pative possent, aut quasi ipsius ideæ Geometricæ intersit, utrum nuper < hoc > corpus in ipsam inciderit, vel corporis dissoluti nec jam amplius existentis referat quænam ejus fuerit figura novissima. Ita nihil est tam absurdum, quod non asseratnr, imò demonstrari hodie [jactetur] < soleat > ab aliquo philosophorum, < si quidem id vocamus demonstrare, et has profanationes tanti nominis ferimus; nam olim quidem parcè et severè demonstrandi appellatione philosophi utebantur, nunc vereor ne prostituatur promiscua hac audacia titulus unis irrefragabilibus rationibus præscribendus >. Et tamen hi ipsi autores habent subinde multa præclara passim interspersa, quibus apud incautum lectorem et paradoxorum amantem pretium conciliant mercibus malis [periculosis]. Eoque magis tempus est Criterium aliquod proferri Empiricum et palpabile < quo irrefragabiliter exhiberi queat omnis vera demonstratio > discernique verum à falso et certum aliquid etiam in scientiis ab imaginatione separatis constitui possit, coercendæ licentiæ luxuriantium ingeniorum. Indigna enim res < est > ab aliquot annorum millibus quibus floret philosophia adhuc in principiis hæreri, nihil-

---

1. Allusion à l'*Éthique* de Spinoza, publiée en 1677.

que constitutum haberi securum et firmum. Unde aliæ post alias sectæ in pretio sunt, < quæ priorum placita delent, > brevioris longiorisve regni, pro temporum genio opinionumque fortuna; exiguo interim incremento scientiæ, majoreque humani generis damno quàm fructu; dum præstantissima ingenia datum sibi tempus, quo expugnare naturæ latebras possent, inter se lites infinitas reciprocando consumunt. Quam intemperiem curiositate humanæ mentis et ambitione < ac studiis > autorum, et prætextâ libertate philosophandi sustentatam, nulla autoritas, sed sola illa fortasse Methodus quam proferimus nonnihil frenare potest.

| Inter omnes qui veram Apodicticam restituere sunt aggressi hactenus, nullum novi, qui totam rem inspexerit profundius Joachimo Jungio Lubecensi, quem eò minus præterire debeo, quod non pro merito nosci animadverto[1]. < Et tamen hunc ferè unum post Keplerum habuit tunc Germania, quem Galilæo et Cartesio opponere posset >. Hic certè si cogitata perfecisset, daturus nobis erat multa maximi usus ad condendam philosophiam demonstratricem. Mirabili enim industria et studio in notionum varietates inquisierat, et argumentationum analysin longè a vulgari diversam instituerat, et erat præterea instructus < non ab omnigena tantum literatura, sed et > ab interiore Mathesi, prope ultra illorum temporum, [aut potius] < atque > locorum captum, in quæ inciderat sorte nascendi vivendique. < Et supersunt hodieque ejus inventa in Mechanicis et Geometria, compluraque observata circa naturam edi dignissima. > Verùm illi nimis diu luctandum cum larvis fuit, hoc est cum tricis quibusdam inanibus philosophorum de vulgo, quas passim egregiè profligabat. Quodsi in ea tempora incidisset, quibus jam dissipabantur tenebræ, licuissetque illi totam in res ipsas industriam convertere, plurimum haud dubiè scientiarum pomœria protulisset. Jam enim senex erat et viribus fractus, quando Galilæi et Cartesii scripta in Germania increbrescebant. < Præterea sequebatur adhuc receptum argumentandi filum, in quo rigorem demonstrandi sine tædioso labore tenere vix licet. >

Mihi adhuc puero necdum nisi vulgaris Logicæ placita noscenti < expertique Matheseos > nescio quo instinctu subnata cogitatio est,

---

1. Cf. *Phil.*, VII, 186; PHIL., VII, B, IV, 32, et les autres textes cités ap. *La Logique de Leibniz*, p. 74, note, et p. 94.

posse excogitari analysin notionum, unde combinatione quadam exurgere veritates et quasi numeris æstimari possent. Jucundum est vel nunc meminisse quibus argumentis < utcunque puerilibus > ad tantæ rei suspicionem venerim [1]. Discenti logicam ac prædicamenta hoc est terminorum incomplexorum < omniumque < in ipsis > rerum cogitabilium qualemcunque > coordinationem intuenti (qua sanè delectabar mirificè) in mentem venit debere nova à Logicis excogitari prædicamenta, terminorum complexorum; in quibus propositiones perinde coordinarentur ad constituendos syllogismos ac termini incomplexi in prædicamentis vulgaribus coordinantur ad constituendas propositiones. Scilicet neque per somnium tunc noveram, hoc ipsum esse Apodixes continuas condere, quemadmodum faciunt Mathematici, qui propositiones ita disponunt, uti una ex alia perpetua serie derivatur. Ubi ergo primum adolescenti pro more scholarum objectiones proponere permissum fuit, ingerebam ego dubitationem meam, cum verò non satisfacerent præceptores, neque rationem reddere viderentur, cur magis connexiones incomplexorum quam complexorum logici agri essent, ipsaque dispositio naturalis veritatum jam tum maximi momenti mihi videretur, cœpi ipse de re cogitare acriùs. Sed mox animadverti ad propositionum series | rectè condendas, melius disponi debere notiones ipsas seu terminos incomplexos, atque adeò prædicamenta vulgaria prorsus esse reformanda. Videbam enim ex recta dispositione terminorum incomplexorum syllogismi nullo negotio exurgere < debere > ipsum syllogismum; cùm verò prædicamenta recepta mihi facilitatem hanc omnigenos syllogismos sola inde combinatione eruendi, veritatesque pulchras perinde atque optabam inveniendi, non darent, jam judicatu facile erat alia planè opus esse dispositione notionum. < Eadem occasione venit in mentem notiones, si rectè resolutæ atque ordinatæ haberentur, numeris posse repræsentari ac proinde veritates, ita fieri posse videbam, tractatas in quantum à ratione pendent calculando examinabiles fore. Quod meam curiositatem adhuc magis accendit. Observabam enim notionem quæ de notione prædicatur ita ei inesse, ut numerus productor producto. Sic Homo perinde dicitur animal rationale, quemadmodum senarius dicitur binarius ternarius, seu $6 = 2.3$. Si scilicet binarium voces, omnem numerum parem

---

[1]. Cf. *Phil.*, VII, 126, 185, 292, et *Vita Leibnitii a se ipso breviter delineata*. (Guhrauer, II, Notes, 52; *Klopp*, I, xxxvi.)

seu divisibilem per 2, ternarium verò omnem numerum divisibilem per 3. Quo principio semel reperto rationem postea excogitavi, qua omnes logicorum formæ demonstrari per numeros possent, imò qua idem artificium ad omnes notiones distinctas applicaretur. > Sed interea curriculum studiorum de more absolvendum erat, < et varia lectione animus veteribus novisque notitiis imbuendus, > inde peregrinationes < et aulæ > et negotia supervenerunt quæ divertere mentem potuerunt, evellere illam primæ adolescentiæ meditationem non potuerunt. Subinde enim illuc respiciebat animus superiore quodam ut reor instinctu impulsus, ipsaque incensus præstantia rei, et manifesta possibilitate, quorum utrumque in dies tanto magis apparebat, quanto longius in rerum cognitione progrediebar. Itaque jam viginti abhinc annis schediasmatibus quibusdam juvenilibus editis ejus rei à me publicè injecta mentio est [1]. Sed postea interior Matheseos cognitio in peregrinationibus accessit, inventaque mea nonnulla cum applausu summorum ingeniorum recepta sunt. Ita ut auctis præsidiis atque copiis meis, otium tantummodo et tempus, quod huic uni instituto prope soli satis diuturnum deberi apparebat, deesse videretur.

Tandem brevitatem vitæ < variosque casus mecum reputans >, indignum imò inexcusabile judicavi, si talis rei omnis mentio atque suspicio mea procrastinatione periret, < præsertim quòd videbam < non facile > capi ab aliis quæ in hanc rem subinde disserebam, unde serò fortasse alius eadem agitaturus expectari debere videbatur. > Est enim et in cogitando felicitas quædam, primaque semina bonarum meditationum ferè casui, hoc est divinæ cuidam suggestioni debentur. Hæc igitur considerans, sustuli < denique > moras, impedimenta negotiorum abrupi, collegi memet intra me ipsum manumque operi sum admolitus. Nihil autem me deterruerat magis, quàm ipsa principia, quæ habere videntur aliquid aridum et sterile et pene dixerim puerile, solent enim maximarum quoque rerum initia humilia ac pene deformia esse. Logica mihi atque Grammatica etiam elementa erant retractanda, et homini longè aliis assueto pene repuerascendum. Neque ignorabam judicia hominum varia, et plerumque novis cogitatis, optimæque voluntati reprehensionem potius quàm gloriam paratam esse. Sed vicit amor veritatis, plusque conscientiæ

---

[1]. Allusion au *De Arte combinatoria* de 1666, ce qui permet de dater le présent morceau de 1686 environ.

propriæ dandum visum est quàm opinioni alienæ. Itaque officio meo, ac [divinæ] < supernæ ut arbitror > vocationi satisfacere decrevi, quis inde fructus | in publicum pervenire debeat, divinæ voluntati relinquens.

PHIL., VII, B, vi, 9-12 (8 p. in-folio).

< Idea libri cui titulus erit >
ELEMENTA NOVA MATHESEOS UNIVERSALIS [1]

{ Elementa Matheseos <Universalis> talia esse debent ut prodesse possint etiam ad Cryptographemata interpretanda, ad ludum Schaccorum ludendum, et alia id genus. }

Haec Elementa Matheseos universalis multo plus differunt a Speciosa hactenus cognita, quam ipsa Speciosa Vietæ aut Cartesii differt a Symbolica veterum.

Ostendetur hic Methodus Calculum Geometricum ad illa quoque problemata porrigendi quæ Algebram (hactenus receptam) transcendunt.

Tradetur et Synthesis et Analysis, sive tam Combinatoria quam Algebra [2].

Mathesis universalis tradere debet Methodum aliquid exacte determinandi per ea quæ sub imaginationem cadunt, sive ut ita dicam Logicam imaginationis. Itaque hinc excluduntur Metaphysica circa res pure intelligibiles, ut cogitationem, actionem. Excluditur et Mathesis specialis circa Numeros, Situm, Motum [3].

Imaginatio generaliter circa duo versatur, Qualitatem et Quantitatem, sive magnitudinem et formam; secundum quæ res dicuntur similes aut dissimiles, æquales aut inæquales [4]. Et vero similitudinis considerationem pertinere ad Mathesin generalem non minus quam æqualitatis, ex eo patet quod Mathesis specialis, qualis est Geometria, sæpe investigat figurarum similitudines.

Similia sunt quæ per se singulatim discerni non possunt [5]. . . . . .

---

1. Cf. MATH., I, 9, a.
2. Cf. MATH., I, 27, a.
3. Cf. MATH., I, 26, a.
4. Cf. PHIL., VIII, 56 recto.
5. Le contenu de cet essai est analogue à celui des opuscules publiés par GERHARDT (*Math.*, V et VII) et cités dans *La Logique de Leibniz*, chap. vii et ix (notamment p. 398).

Quæcunque similibus et similiter determinantur, ea sunt similia. . . PHIL., VII, B, VI, 9.
Si duo sint similia, tunc nulla alia in ipsis institui potest comparatio quam *Ratio* ipsorum inter se, et *proportio* sive eadem ratio respondentium[1]. . . . .

Similitudines interdum cognosci possunt per Magnitudines: ita similes sunt figuræ, cum anguli respondentes sunt æquales; item, cum latera respondentia sunt proportionalia. . . . .

Contra Magnitudines vicissim inveniuntur per similitudines, ut Magnitudines Angulorum per similitudines figurarum, magnitudines numerorum, per identitates rationum. Et interdum evenit, ut quod prolixa indiget demonstratione secundum viam magnitudinis, facillime demonstretur secundum viam similitudinis, exempli causa, Triangula æquiangula habere latera Homologa, item circulos esse ut quadrata diametrorum. — 10 recto.

Quod vulgo vocant comparationem Aequationum, nihil aliud est quam cum supponitur duas formulas licet diverse expressas esse < revera > coincidentes, unde respondentes quoque magnitudines quæ unamquamque determinant debent inter se esse [æquales] < coincidentes >. Locum habet non tantùm in æquationibus, sed et in formulis magnitudinum, imò non tantùm in formulis magnitudinum, sed et in formulis quibusvis aliis, ut si literæ designarent non magnitudines, sed puncta. < Combinatoria enim seu doctrina de formulis generalior est Logistica seu doctrina Magnitudinis. >

Multum[2] autem differunt ea quæ eandem habent rationem, ab his quæ eandem habent relationem. . . . . — 10 verso.

Exemple : la relation du sinus et du cosinus est la même pour l'angle de 45° que pour tout autre angle.

Est autem Ratio relatio simplicissima[3]. . . . .

In Magnitudinum Calculo consideranda sunt Operationes et Usus ad problemata. Operationes constant additione, subtractione, Multiplicatione et divisione, potentiæ < vel formulæ > constitutione et radicis extractione, < Numeri absoluti et logarithmi inventione, > Seriei vel Tabulæ constructione, et clavis investigatione, seriei differentia et summa. Et — 11 recto.

---

[1]. Cf. MATH., I, 9, f; I, 26, a; III, B, 18, b.
[2]. Ici une addition en marge sur la *regula justitiæ*. Cf. *Mathesis universalis* (*Math.*, VII, 66). V. *La Logique de Leibniz*, p. 228, et note 1.
[3]. Cf. *Initia rerum mathematicarum metaphysica*. (*Math.*, VII, 23.)

Phil., VII, B, vi, 11. cum innumera supersint, ea his duobus comprehendi possunt generalibus, data proprietate aliqua rei, invenire ejus genesin seu constructionem; et data operatione per gradus, invenire operationem per saltum, seu compendia [1].

Ex his patet operationes alias esse syntheses, ut additionem, multiplicationem, potentiæ vel formulæ $<$ vel $>$ Seriei $<$ vel $>$ Tabulæ constructionem; alias esse analyses, nempe subtractionem, divisionem, extractionem radicum; inventionem geneseos seu clavis; et quidem quoad licet compendiosæ. . . . .

Les opérations parfois impossibles donnent naissance à des objets dont la construction est possible, ou dont l'interprétation se trouve dans la nature : nombres négatifs (« cum quis plus debet quam habet »), fractionnaires, incommensurables, imaginaires (ces deux dernières espèces venant de l'extraction de racines impossibles). Exemple : l'intersection d'une droite et d'un cercle.

11 verso.   Multum autem interest inter quantitates imaginarias seu impossibiles per accidens, et impossibiles absolute quæ involvunt contradictionem. . . Imaginariæ. . . possunt comparari cum Quantitatibus infinitis et infinite parvis quæ eodem modo oriuntur. . . . .

Exemple : le point d'intersection de deux droites qui deviennent parallèles devient imaginaire, s'en va à l'infini.

Et tamen hujusmodi imaginariæ egregium usum habent tum in Conicis, tum alibi passim, ad constructiones universales inveniendas [2]. . . .

Reales vero licet incommensurabiles quantitates possunt in natura exhiberi : eæque sunt vel Algebraicæ vel Transcendentes. . . . .

Logarithmes; approximations; Calcul différentiel. L'origine des problèmes transcendants se trouve dans l'indétermination.

12 verso.   . . . Methodus solvendi problema est vel synthetica vel analytica. Utraque vel per saltum vel per gradum. Synthetica $<$ vel combinatoria $>$ est cum alia problemata percurrimus et incidimus tandem in nostrum

---

1. Ces deux idées paraissent être respectivement les idées mères du Calcul différentiel et du Calcul intégral.
2. On nous permettra de rappeler que nous avons développé des considérations analogues dans notre livre *De l'Infini mathématique* (1re partie, liv. IV, ch. III, §§ 7 et 10).

< et huc pertinet Methodus eundi à simplicibus ad composita problemata. > Analytica est, cum à nostro inchoantes regredimur ut perveniamus ad conditiones quæ ad ipsum solvendum sufficiunt. Quanquam ipse regressus sit saltem in partibus progressus seu synthesis fictitia respectu incogniti; idque in analysi per saltum, cum ipsum problema solvere ordimur nullis aliis præsuppositis. Eodem modo et synthesis est per saltum < cum à primis oriendo omnia necessaria percurrimus ad nostrum usque problema >. Sed per gradum Analysis est, cum problema propositum revocamus ad facilius et hoc rursus ad facilius, et ita porro, donec veniamus ad id quod est in potestate.

Ad hanc analysin pertinet solutio per loca, cum scilicet incognitum debet reperiri in duabus seriebus < vel locis >. nam terminus communis vel intersectio dabit quæsitum [1]. . . . .

11 septembr. 1678.

Analysis linguarum [2].

A<small>D</small> inventionem ac demonstrationem veritatum opus est analysi cogitationum, quæ quia respondet analysi characterum, quibus ad significandas cogitationes utimur < cuilibet enim characteri certa respondet cogitatio, > hinc analysin cogitationum possumus sensibilem reddere, et velut quodam filo mechanico dirigere; quia analysis characterum quiddam sensibile est. *Analysis autem characterum* fit, cum characteribus quibusdam substituimus alios characteres, qui prioribus usu æquipollent; hoc uno tantum observato, ut pro uno multos, pro paucioribus plures (qui tamen inter se non coincidant) substituamus. Utique enim constabit etiam cogitationes quæ characteribus substitutis respondent, prioris characteris qui resolvendus proponebatur significationi æquipollere. Hoc autem ope characterum facilius fit, quam si nullo ad characteres respectu cogitationes ipsas aggrediamur; nam intellectus noster filo quodam mechanico regendus est, ob suam imbecillitatem; quod in

---

[1]. Cf. M<small>ATH</small>., I, 26, a; et *La Logique de Leibniz*, ch. VIII, § 12.
[2]. Le titre et la date sont répétés sur les deux feuilles.

PHIL., VII, C, 9. illis cogitationibus quæ res imaginationi non subjectas exhibent, ipsi præstant characteres.

Porro cum scientiæ omnes, quæ demonstrationibus constant, nihil aliud tradant, quam cogitationum æquipollentias < seu substitutiones >, ostendunt enim in propositione aliqua necessaria tuto substitui prædicatum in locum subjecti, et in omni convertibili propositione etiam

9 verso. subjectum in locum prædicati substitui posse [1], | et inter demonstrandum in locum quarundam veritatum quas præmissas vocant, tuto substitui aliam quæ conclusio appellabatur [2]; hinc manifestum est, illas ipsas veritates in charta ordine exhibitum iri sola characterum *analysi*, seu substitutione ordinata continuata.

Quoniam autem variæ sunt hominum linguæ, et nulla fere est quæ non jam satis exculta sit, ut quælibet in ea scientiæ tradi possint; ideo sufficit unam linguam assumi; unusquisque enim populus scientias domi invenire et ducere potest; quoniam tamen sunt linguæ in quibus scientiæ jam magis sunt excultæ, qualis latina est, hinc ejusmodi linguam præferri utilius fuerit, præsertim cum illa hodie nota sit plerisque scientias intelligentibus.

Sunt autem in lingua characteres varii nempe voces, vocumque immutationes. Et ex vocibus aliæ sunt crebro utiles aliisque servientes, aliæ rarius occurrentes ac per se stantes [3]. Sunt et phrases integræ, imò propositiones et quod plus est formulæ, recurrentes eodem modo, quæ instar vocum explicari debent. Ita vox *Bonus* explicanda est, item *vir bonus*, habetur enim pro una voce. Et phrasis *boni viri arbitrio*, et oratio : *multa cadunt inter calicem supremaque labra*, quæ proverbialis est, adeoque per se explicanda instar vocis, neque enim sensum omnino a vocibus capit ex quibus constat, quemadmodum nec vox sensum omnino capit ab etymologia seu literis ex quibus constat; tametsi < enim > ut hic voces ex quibus constat proverbium vel phrasis, ita in voce literæ ad originem intelligendam hujus significationis sint utiles, res tamen earum analysi non absolvitur. Eodem modo et *formulæ integræ* sunt quæ non tam pro vi orationum ex quibus componuntur, quam usus quem populus formulæ

---

1. Cf. PHIL., VII, B, II, 18.
2. Remarquer l'analogie établie ici entre les concepts et les propositions, ou entre les propositions et les inférences (cf. PHIL., VII, B, II, 62, et VII, C, 25 verso).
3. Distinction des particules et des mots proprement dits (noms et verbes). Cf. PHIL., VII, B, III, 40.

| proprium fecit, accipiuntur, sunt enim nonnunquam reliquiæ antiquitatis, et hodie etiam plane usum habent phrases vel voces ex quibus componitur formula; ipsa tamen formula usum priscum forte retinuit < quod similiter et in vocum origine contingit. > Tales formulæ reperiuntur apud Jurisconsultos.

Resolvendæ ergo Voces, phrases, proverbia, formulæ, quæcunque scilicet resolutionem suam non accipiunt ex partibus ex quibus componuntur.

Quoniam vero periodi (qui scilicet formulæ solennes non sunt) enuntiationes (quæ scilicet proverbia non sunt) constructiones (quæ scilicet phrases non sunt) voces (quæ scilicet simplices primitivæ non sunt, nec invicem significationem ab origine abeuntem ascivere) intelliguntur, intellectis partibus ex quibus componuntur, hinc sufficit analysin haberi vocum < primariarum > quæ scilicet significationem non omnino a sua Etymologia accipiunt, phrasium, proverbiorum, formularum. Cætera unusquisque judicio præditus ex his ducere potest. Deinde subjiciendus est modus ex his < formandi vel > componendi, ex vocibus primis derivatas, ex pluribus vocibus constructiones vel enuntiationes, ex his periodos, ex periodis sermonem. Ergo præter voces observandæ flexiones et particulæ, quibus constans ascribenda significatio est; sunt autem ut voces ita et flexiones aliæ inexplicabiles per alias simpliciores, aliæ in simpliciores resolubiles, intelligentur ergo resolubiles velut definitione quadam, si modus ostendatur, quomodo carere illis et simplices in earum locum substituere possimus. Ita possumus adverbiis carere; conjunctionibus | plerisque; interjectionibus omnibus; casibus etiam et temporibus ac personis : et hæc est analysis grammatica, qua vis et proprietas omnium quæ generalia sunt in lingua intelligitur. Annotandæ et anomaliæ, id est, quando casus flexusve aliter usurpantur, quam definivimus, sunt etiam ut in vocibus, ita in flexionibus homonymiæ, ita ut aliquando pluribus sit opus definitionibus diversis, adeoque et pluribus substitutionibus.

Hac analysi grammatica absoluta sequitur analysis Logica, id est ostenditur quomodo propositiones in propositionum locum substitui possunt, licet non immediate una ex alia per grammaticam substitutionem oriatur. id est ostenditur modus plures grammaticas substitutiones inter se invicem conjungendi. His ita præparatis acceditur ad ipsas scientias, et primum ad generalissimam seu Metaphysicam, inde agendum de actionibus affec-

PHIL., VII, C, 10. tibusque hominum¹, quæ crebrius occurrunt. Inde ad Mathematica progrediendum, ac denique in Physica et Historia terminandum².

Condendus est Nomenclator rerum omnium ex his scientiis collectis, disponendusque eo rerum ordine, quem definitio cujusque monstrat. [Optime investigentur omnes species per dichotomias.] Conscribendus est liber historiarum, seu propositionum universalium ex singularibus ductarum, vel etiam singularium in quibus aliquid evenit præter morem atque expectationem, id est quæ a præjudiciis nostris, seu ab universalibus jam formatis abeunt. Denique scribendus est liber practicus de modo scientias ad praxin transferendi, qui constare debet problematis ex ordine dispositis, quo faciunt ad felicitatem nostram alienamve³.

PHIL., VII, C, 11-12. PHIL., VII, C, 11-12 (4 p. in-fol.).

Joh. Henricus Alstedius Encyclopædiæ suæ Editionem 2 dans anno 1630 Joh. Gabrieli Bethlemo Transsylvano principi dedicat. . . . .

PHIL., VII, C, 13-16. PHIL., VII, C, 13-16 (6 p. in-fol.).

13 recto. *Scheda prima de* [notionibus] *distinctionibus* [generalibus] *seu fundamentis divisionum.*

⁴ Non videor male facturus si, ut olim ex Theatro Zwingeri, ita tunc⁵ ex Alstedii Encyclopædia fundamenta divisionum seu oppositiones⁶ excerpam. Habet enim, ut alibi notavi, ἡ μεριστικὴ τέχνη (hæc Logices pars est) usum insignem ad inveniendum, etsi mihi non æque apta semper ad sciendum videatur. . . . .

15 recto. *Scheda 2da de fundamentis divisionum.*

. . . .

1. Cf. le *De affectibus* du 10 avril 1679 (PHIL., VII, B, v, 1-10).
2. C'est là l'esquisse d'un plan d'Encyclopédie, comme le montre le paragraphe final.
3. Cf. le *Consilium de Encyclopædia nova* de juin 1679 (PHIL., V, 7, 5 verso).
4. Première phrase, citée par TRENDELENBURG, III, 42.
5. *Sic*, pour « nunc ».
6. Et non : « propositiones », comme l'imprime TRENDELENBURG.

Phil., VII, C, 17.

Notes logico-grammaticales.
Distinction du droit et de l'oblique.

. . . .

Quod nondum præstitum à quoquam memini est investigatio obliquitatum. Et discernitur per casus et præpositiones, daturque adeò obliquitas obliquitatis. . . . .
Relationes sunt vel comparationis vel connexionis[1]. . . . . .

Phil., VII, C, 18.

Loci logico-pragmatici.

. . . .

Phil., VII, C, 19.

Cyclognomica ex Lullio, Gregorio Tolosano. . . . . . .

---

1. Cf. *Characteristica verbalis* (Phil., VII, C, 159 verso) et le début des *Generales Inquisitiones* (Phil., VII, C, 20).

Generales Inquisitiones
de Analysi Notionum et Veritatum.   1686.

{ Hic egregie progressus sum. } [1]

20 recto.   OMITTAMUS nunc quidem omnia Abstracta, ita ut Termini quicunque non nisi de Concretis, sive ea sint substantiæ, ut Ego, sive phænomena, ut iris, intelligantur. Itaque nec de discrimine inter abstracta et concreta nunc erimus soliciti, < vel saltem non alia nunc adhibebimus abstracta, quàm quæ sunt Logica seu Notionalia, verb. grat. ut Beitas ipsius A, nihil aliud significat quàm τὸ A esse B > [2].

Privativum non A. Non-non-A idem est quod A.

Positivum est A, si scilicet non sit non-Y quodcunque, posito Y similiter non esse non-Z et ita porro. Omnis terminus intelligitur positivus, nisi admoneatur eum esse privativum. Positivum idem est quod *Ens*.

Non Ens est < quod est > merè privativum, seu omnium privativum, sive non-Y. hoc est non-A, non-B, non-C, etc. idque est quod vulgò dicunt nihili nullas esse proprietates [3].

Omnem quoque Terminum hîc accipiemus pro completo, seu substantivo, ita ut magnus idem sit quod Ens magnum, sive ut ita dicam *magnio*. Quemadmodum qui nasutus est dicitur *Naso*, < itaque in his adjectivi et substantivi discrimine non indigemus, nisi forte ad emφasin significandi [4]. >

Ens est vel per se vel per accidens, seu terminus est necessarius vel mutabilis. Ita Homo est Ens per se; < at > Homo doctus, Rex, sunt

---
1. Ce titre et cette note marginale paraissent avoir été ajoutés après coup.
2. Cf. Phil., VII, B, II, 12; C, 51, 159 verso; VIII, 1 verso.
3. Cf. Phil., VII, B, II, 32.
4. Cf. Phil., VII, B, II, 12; III, 41.

Entia per accidens. Nam res illa quæ dicitur Homo, non potest desinere esse homo, quin annihiletur; at potest quis incipere aut desinere esse Rex, aut doctus, licet maneat idem. Phil., VII, C, 20.

Terminus est vel *integralis* sive perfectus, ut Ens, ut Doctus, < ut idem vel similis ipsi A, qui scilicet potest esse subjectum vel prædicatum propositionis, licet nihil accedat >; vel est *partialis* sive imperfectus, ut : idem, similis; ubi aliquid addendum est (nempe : ipsi A) ut integer terminus exurgat. Et verò id quod addendum est, obliquè accedit; rectum < cum integrali accedens > salva termini integritate semper addi et omitti potest. Et *in recto* junguntur duo termini integrales constituentes novum integralem. Interim non omnis terminus cui alius *in obliquo* additur partialis est, ita Ensis est integralis, licet obliquè addendo inde fiat Ensis Evandri. Itaque potest aliquid < non-rectum > salva integritate termini omitti, ut hoc loco obliquum : Evandri [1]. At contra obliquum recto omisso integralem terminum non facit. Et proinde si terminus per se integralis cum aliqua flexione vel connexionis nota alteri addatur ita ut altero omisso integralem non faciat, additus est in obliquum. Potest autem ex obliquo à recto divulso fieri integralis. ut ex obliquo Evandri, fieri potest qui est < res > Evandri, seu Evandrius. Utile autem erit curare ut termini integrentur. Et proinde opus erit signis quibusdam rerum vel terminorum generalibus; ita si volumus semper uti in nostra characteristica non nisi terminis integralibus, non dicendum erit Cæsar est similis Alexandro, sed Cæsar est similis τῷ A qui est Alexander < seu similis rei quæ est Alexander >. Itaque terminus noster non erit : similis; sed : similis τῷ A. Eodem modo non exprimetur, verbo tenus : Ensis Evandri, sed Ensis qui est res Evandri, ita ut : qui est res Evandri, sit unus terminus integralis. Hoc modo poterimus dividere terminum quemlibet compositum in integrales. Sed hæc quousque et qua ratione exequi liceat, progressus docebit. < Quod si hoc semper procedit, non alia habebimus nomina quàm integralia. videbimus an *ex ipsis particulis* similiter integralia formare liceat. ut pro A in B, A *inexistens in aliquo*, quod est B. >

Ex his patet porro esse integrales qui in partiales resolvantur, et esse rectos in quos (si resolvas seu definitionem pro definito substituas)

---

1. Cf. Phil., VII, B, III, 26.

Phil., VII, C, 20. manifestum sit ingredi obliquos. Partiales ergo, itemque particulæ quæ obliquis additæ inde faciunt rectos, et partialibus additæ faciunt integrales, prius explicari debent quàm integrales, qui in partiales et particulas resolvuntur. Sed tamen ante partiales et particulas explicari debent < illi > integrales qui aut non resolvuntur, aut non nisi in integros. Et tales integrales a partialibus independentes utique esse necesse est, saltem generales, ut Terminus, Ens. nam his ipsi partiales indigent, ut transeant in integrales, ultimum enim complementum partialis < vel obliqui >, ut in integralem transeat, cum sit integrale, rursus in integralem et partialem resolvi non potest. Talium integralium < in obliquos et partiales nobis irresolubilium > enumeratione opus est, quam reliquorum Analysis dabit, et initio satis erit eos enumerare tanquam purè integrales, quorum resolutione in non-integrales minùs opus videtur. Res etiam eò reducenda est, ut paucis adhibitis integralibus per partiales et obliquos compositis, reliqui omnes inde rectà seu similariter sive sine obliquis componi possint. Et ita constitui poterunt pauci integrales, vel sanè certi definiti aut definita serie progredientes, qui poterunt considerari tanquam primitivi in recta resolutione ex quibus reliqui magis compositi deinde oriantur ut numeri derivativi ex primitivis. Eaque ratione cuilibet Notioni < quatenus sine obliquitate resolvitur > suus posset numerus characteristicus assignari.

20 verso. | Habemus igitur 1mo *Terminos* < *integrales* > *primitivos simplices* irresolubiles, vel pro irresolubilibus assumtos, *ut A.* { Terminum intelligo integralem, nam partiales fiunt ex integrali et particula, ut pars est Ens in aliquo, etc. } 2do *Particulas simplices* seu syncategoremata primitiva, *ut : In.* 3^{tio} *Terminos* < *integrales primitivos* > compositos ex meris Terminis simplicibus, idque rectà seu sine interventu particularum vel syncategorematum, *ut : AB.* 4to *Particulas compositas* ex meris particulis simplicibus, sine Termini (categorematici) interventu, *ut : cum-in.* qua particula uti possemus ad designanda (si categorematicis < postea > adjiciatur) rem quæ *cum* aliquo est *in* aliquo. 5to < habemus > *Terminos* < *integrales* > *derivativos simplices.* Appello autem *derivativos* qui oriuntur non per solam compositionem, scilicet similarem, seu recti cum recto, ut AB, sed per flexionis cujusdam aut particulæ sive syncategorematici interventum, ut A in B; ubi A et B dissimilariter terminum compositum ex ipsis, nempe τὸ A in B, ingrediuntur. Quam differentiam

inter compositionem et derivationem quodammodo et Grammatici observant. Sunt ergo derivativi simplices qui non possunt resolvi in alios derivativos, sed non nisi in primitivos simplices cum particulis. Sextò habemus Terminos < *integrales* > *derivativos compositos*, qui scilicet *rectà seu similariter* componuntur ex aliis derivativis, et hi obliquè etiam componuntur ex primitivis compositis una cum particulis. 7mo Ambigi potest de illis *derivativis qui constant ex primitivis simplicibus, et particulis compositis*, utrum sint potius simplices quàm compositi. Sanè in alios categorematicos resolvi non possunt nisi primitivi unius duplicatione, quatenus componendo eum nunc cum una nunc cum alia particula < simplice, compositum componente >, duo novi inde fieri possunt derivativi simplices ex quibus fieri potest propositus derivativus, quasi compositus. Octavò quemadmodum habemus Terminos categorematicos primitivos et derivativos, ita et haberi possunt *particulæ derivativæ*, eæque rursus simplices quidem ex particula simplice et termino primitivo; At *compositas* (Nono) ex particula composita et termino primitivo, quæ resolvi possunt in plures particulas derivativas simplices. Et decimò hic similiter ambigitur quid dicendum de particula derivativa ex termino primitivo composito et particula simplice. { Fortasse tamen præstat efficere ut omnes particulæ restent, quemadmodum et omnes obliqui, quemadmodum pagina præcedente dictum est. Nisi tamen obstet, quod ita non facilè apparebit quæ quibus sint arreferenda. }

Illud tamen adhuc in considerationem venire debet quod particulæ etiam primitivæ simplices non uniuntur ita similariter, ut termini primitivi simplices. Itaque multæ in compositione particularum occurrere possunt varietates. Exempli causa, si dicam Johannes-Pauli-Petri, id est Johannes [filius] Petri qui fuit [filius] Pauli, est quædam compositio similaris; at si dicam Socrates Sophronisci ex Athenis, dissimilaris est particularum vel flexionum compositio. Et hinc orientur haud dubiè varii respectus, variæque obliquitates obliquitatumque mixturæ, quarum accurata constitutione potissima characteristicæ artis pars continetur[1]. Sed de his non satis potest judicari antequam primitiva simplicia tam in Terminis quàm in particulis prorsus accuratè constituantur; vel saltem pro illis interim derivativa quidem et composita, sed primitivis simplicibus propiora assu-

---

1. Cf. Phil., VII, B, II, 12; C, 69.

mantur, donec paulatim ad ulteriorem resolutionem via se sponte aperiat. Sub particulis etiam hoc loco comprehendo nonnulla primitiva partialia, si qua sunt quæ in alia primitiva partialia non possint resolvi. Sed revera puto ea fieri ex Ente vel alio integrali termino cum particula.

| *Termini primitivi simplices* vel interim pro ipsis assumendi, sunto :
Terminus (quo comprehendo tam Ens quàm Non-Ens). *Ens* < seu possibile > (intelligo autem semper concretum, quia abstracta tanquam non necessaria exclusi). *Existens* (licet revera reddi possit causa existentiæ, et definiri posset Existens, quod cum pluribus compatibile est quàm quodlibet aliud incompatibile cum ipso[1]. Nos tamen his tanquam altioribus nunc abstinemus.) *Individuum* (Etsi enim Ens omne revera sit individuum, nos tamen terminos definimus, qui designant, vel quodlibet individuum datæ cujusdam naturæ, vel certum aliquod inviduum[2] determinatum, ut Homo seu quilibet homo, significat quodlibet individuum naturæ humanæ particeps. At certum individuum est Hic, quem designo vel monstrando vel addendo notas distinguentes (quanquam < enim > perfectè distinguentes ab omni alio individuo possibili haberi non possint, habentur tamen notæ distinguentes ab aliis individuis occurrentibus).)[3] *Ego* (est aliquid peculiare, et difficulter explicabile in hac notione, ideò cum integralis sit, ponendam < hic > putavi.)

Sunt etiam Termini primitivi simplices omnia illa phænomena confusa sensuum, quæ clarè quidem percipimus, explicare autem distinctè non possumus, nec definire per alias notiones, nec designare verbis. Ita cæco quidem multa dicere possumus de extensione, intensione, figura aliisque varietatibus quæ colores comitantur, sed præter notiones distinctas comites est aliquid in colore confusum, quod cæcus nullis verbis nostris adjutus concipere potest, nisi ipsi aliquando oculos aperire detur. Et hoc sensu, album, rubrum, flavum, cæruleum, quatenus in illa inexplicabili [imagine] < imaginationis nostræ expressione > consistunt, sunt termini quidam primitivi. Utile tamen erit eos, cum confusi sint, ratiocinationemque nihil adjuvent, evitare quoad licet, adhibendo loco definitionum notiones distinctas comites, quatenus eæ sufficiunt ad confusas inter se discernendas[4]. Interdum < et > miscere ambas methodos

---
1. Cf. le fragment Phil., VIII, 71 (2 décembre 1676).
2. *Sic*, pour : « individuum. »
3. Nous doublons la parenthèse.
4. Cf. Phil., V, 7, f. 5 recto; VI, 12, f, 26.

inter se utile erit prout commoditas dabit, itaque primariis istis proprias notas dare possumus, cæteris per eas explicatis. Sic coloratum est terminus explicabilis per relationem ad nostros oculos, sed quia ea relatio sine multis verbis accuratè exprimi non potest, et ipse oculus rursus explicatione prolixa indigeret, tanquam machina quædam, poterit coloratum assumi ut terminus primitivus simplex, cui addendo notas quasdam differentiales, poterunt designari colores varii. Fortasse tamen coloratum definiri poterit per perceptionem superficiei sinè sensibili contactu. Sed horum quid præstet in progressu patebit.

Videntur inter primitivos simplices recenseri posse omnes notiones quæ continent materiam cujusdam quantitatis, sive in quibus res homogeneæ conveniunt inter se, ut habens magnitudinem; extensum, durans, intensum, sed hæ notiones ni fallor resolvi adhuc possunt. De Notionibus Extensi et cogitantis peculiariter dubitari potest an sint simplices; multi enim[1] arbitrantur has esse notiones quæ per se concipiantur, nec porro resolutione indigeant, sed Extensum videtur esse continuum habens partes coexistentes[2]. Et terminus cogitantis videtur non esse integralis, refertur enim ad aliquod objectum quod cogitatur. Inest tamen in ipsa cogitatione realitas aliqua absoluta quæ difficulter verbis explicatur. Et in extensione videmur aliquid aliud concipere, quàm continuitatem et existentiam. Nihilominus satis videtur plena notio extensionis, ut concipiamus coexistentiam continuatam, sic ut omnia coexistentia faciant unum, et quodlibet in extenso existens sit continuabile seu repetibile continuè. [Extensis præter coexistentiam et partes et continuitatem est commune aliquid] Interea si e re videretur Extensum, vel etiam situm, (seu in [loco] < spatio > existens) assumere ut primitiva simplicia, ut et cogitans (seu Unum plura exprimens cum actione immanente, seu conscium) nihil ea res noceret, si præsertim deinde adjiciamus axiomata quædam unde cæteræ omnes propositiones adjunctis definitionibus deducantur. Sed hæc omnia, ut sæpe dixi, ex ipso progressu melius apparebunt. Et præstat progredi, quàm nimia quadam morositate obhærescere in ipsis initiis.

| Tentemus nunc explicare *Terminos partiales* seu respectivos ex 21 verso. quibus et particulæ nascuntur notantes respectum terminorum. Quod

Phil., VII, C, 21.

---
1. Les Cartésiens.
2. Cf. Phil., VII, C, 79.

PHIL., VII, C, 21. primum mihi inquirenti occurrit est *idem*. Idem autem esse A ipsi B significat alterum alteri substitui posse in propositione quacunque salva veritate. { Videndum an posito A ubique substitui posse ipsi B, etiam vicissim sequatur B ubique posse substitui ipsi A; sanè si termini isti se similariter habeant in relatione inter se invicem, utique mutua est substitutio. Quodsi non se habent similariter, nec ad tertium quodlibet plane eodem modo se habent, nec proinde unum alteri substitui poterit[1]. } Nam respectus illi per propositiones sive veritates explicantur. Sic Alexander Magnus, et rex Macedoniæ victor Darii. Item triangulum et trilaterum, sibi substitui possunt. Porro hæc coincidere ostendi < semper > potest semper resolutione, si scilicet eo usque resolvantur, donec appareat à priori esse ipsa possibilia, si etiam formaliter prodeant iidem termini, tunc diversi termini sunt iidem. Sit Terminus A et terminus B, si pro utroque substituatur definitio, et pro quolibet ingrediente rursus definitio, donec perveniatur ad primitivos simplices, prodibit in uno, quod in alio seu formaliter idem, Ergo A et B erunt *coincidentes*, seu iidem virtualiter. Sic ergo definiri potest :

Coincidit A ipsi B, si alterum in alterius locum substitui potest salva veritate, seu si resolvendo utrumque per substitutionem valorum < (seu definitionum) > in locum terminorum, utrobique prodeunt eadem, eadem inquam formaliter. ut si utrobique prodeat L. M. N. Salva enim veritate[2] fiunt mutationes quæ fiunt substituendo definitionem in locum definiti vel contra. < Hinc sequitur, si A coincidit ipsi B, etiam B coincidit ipsi A. >

Proxima notio, ut A sit *subjectum*, B *prædicatum*, si B substitui potest in locum ipsius A salva veritate, seu si resolvendo A et B, eadem quæ prodeunt in B prodeunt etiam in A. Idem aliter explicari potest, ut A sit B, si *Omne* A, et *quoddam* B coincidant.

Habemus igitur Notas : *Coincidens* ipsi B. *Subjectum* et *prædicatum*. *Est. Omne. Quoddam.*

Si dicatur Quoddam A est B, sensus est : quoddam A et quoddam B coincidunt. Unde et sequitur Quoddam B est A.

Si Omne A et quoddam B coincidunt, etiam quoddam A et quoddam

---

1. Cf. PHIL., VII, B, II, 42.
2. Leibniz a écrit par erreur : *varietate*, puis *verietate*.

B coincidunt. Sed hoc tamen videtur posse demonstrari ex negativis, ad ea igitur accedamus.

Ut A et A sunt prima coincidentia, ita A et non A sunt prima [diversa] < disparata. > *Disparatum* autem est, si falsum est Quoddam A esse B. Itaque si B = non A, falsum est qu. A esse B.

Generaliter si A sit B, falsum est A esse non·B.

Si falsum sit quoddam A esse non B, dicetur Nullum A esse non B, seu *Omne* A esse B.

Hinc demonstrari poterit hæc consequentia : *Omne A est B. Ergo quoddam A est B*. Hoc est : Omne A et quoddam B coincidunt. Ergo quoddam A et quoddam B coincidunt. Nam si Omne A et quoddam B coincidunt, Ergo falsum est quoddam A et quoddam non B coincidere (ex definitione *Omnis*). Ergo verum est quoddam A et quoddam B coincidere [1].

| Sed operæ pretium est totam rem Enuntiationum, et respectus terminorum qui ex variis enuntiationibus nascuntur, tractare accuratius. Inde enim Origo plerorumque Terminorum partialium et particularum sumenda est.

{ (Quælibet litera ut A, B, L, etc. significat mihi vel terminum aliquem integralem, vel integram aliam propositionem.)

(Cum pro pluribus terminis ponitur unus, illi sunt definitio seu valor assumtitius, hic definitum. ut si pro AB pono C, seu cum A = BC est primitiva propositio.)

(Coincidunt A et B, si per substitutionem valorum assumtitiorum loco terminorum et contra utrobique prodit eadem formula vera (falsa).) }

Coincidere dico enuntiationes, si una alteri substitui potest salva veritate, seu quæ se reciprocè inferunt.

(1) Coincidunt : Enuntiatio (directa) L et enuntiatio (reflexiva) L est vera. < Hinc coincidunt L esse veram est vera (falsa) Ergo L est vera (falsa). < (Hæc potius differenda pro explicatis prop.) > (Generaliter etsi A sit terminus, vel semper dici poterit A est verum < coincidit cuidam >) >

⊙ Coincidunt : L est vera, et : L esse falsam est *falsa*.

Coincidunt quod L esse falsam sit vera, et quod L est falsa. Hoc theo-

---

1. Cf. infra, § 29.

rematis instar demonstrare possum, hoc modo : L esse falsam est enuntiatio quæ vocetur M. Jam coincidit M est vera et M (per 1). Ergo pro M reddendo valorem, coincidunt L esse falsam est vera, et L est falsa.

(Idem aliter licet prolixius, adhibendo et ⊙, sic demonstratur : quod L esse falsam sit vera, coincidit cum hac quod L esse falsam falsam esse, est falsa. (per ⊙) et ista rursus cum hac quod L esse veram est falsa (per eandem ⊙) et ista denique cum hac quod L est falsa (per 1).)

(2) < Si coincidunt A et B, coincidunt etiam non A et non B. >

A non A *contradictorium* est.

Possibile est quod non continet contradictorium seu A non A. < Possibile est quod non est Y non-Y. >

Coincidunt Non-Non-A et A; adeoque, si coincidunt Non A et B, coincident etiam non B et A.

(3) Coincidunt Non verum et falsum.

Ergo et coincident non-falsum et Verum.

< Si A = B, etiam non A = non B.

Si A = quoddam verum. Ergo non A = non quoddam verum seu nullum verum seu falsum, nam non A continet non AY. >

{ Hæc omnia intellige si Termini sint possibiles, nam alioqui neque verum neque falsum in propositionibus quas ingrediuntur locum habet. }

(4) Coincidunt L esse veram est vera, et L esse non veram est non vera. adeoque coincidunt L et L esse falsam est falsa. Nam L idem est quod L est vera, et hoc idem quod L esse veram est vera (per 1) et hæc idem quod L non esse veram est non vera (per 4)[1]. Et hæc idem quod L esse falsam est falsa (per 3).

Coincidunt L, et L esse non falsam est non falsa. Nam coincidunt L < idem est quod > L esse veram est vera (per 1) et hæc idem est quod L esse non falsam est non falsa (per 3).

Coincidunt L esse falsam et L esse < non > veram est non falsa.

Coincidunt L esse falsam et L esse < non > falsam est non vera. Hæc facile demonstrantur ex præcedentibus.

Generaliter, si propositio vera aut non vera, falsa aut non falsa dicatur,

---

1. Renvoi à un § effacé (ces premiers paragraphes ont été raturés et recommencés).

verum in verum, falsum in falsum facit verum. Non in non æquipollet Phil., VII, C, 22. omissioni utriusque [1].

Demonstratur etiam ex his omnem propositionem aut veram aut falsam esse. Seu si L [non] est < non > vera, est falsa. Si est vera est non falsa; si est non falsa est vera; si est falsa est non vera. Omnia per 3.

Propositiones autem 1, 2, 3, 4. faciunt officium definitionum, unde sine probatione sunt assumtæ, indicant enim usum quorundam signorum nempe veritatis et falsitatis, < affirmationis et negationis. >

{ Dico aliquid impossibile esse seu contradictionem continere, sive terminus sit incomplexus continens A non A, sive sit propositio quæ rursus vel dicat coincidere ea quorum unum continet contradictorium alterius, vel contineat terminum incomplexum impossibilem; nam quoties coincidere dicuntur ea quorum unum continet contradictorium alterius, utique idem continet terminum contradictorium; quoties aliquid continet id cujus contradictorium continet, utique continet terminum contradictorium. Itaque adhibita propositione impossibili prodit terminus contradictorius incomplexus. }

| A est B (seu ipsi A inest B, seu ipsi A substitui potest B).

Propositio [categorica] est A coincidit ipsi B, A non coincidit ipsi B.

< A autem et B significare possunt terminos, vel propositiones alias. >

(5) < A non coincidit ipsi B idem est ac A coincidere ipsi B est falsum. >

(6) Si A coincidit ipsi B, B coincidit ipsi A.

(7) Si A non coincidit ipsi B, B non coincidit ipsi A.

(8) Si A coincidit ipsi B, et B coincidit ipsi C, etiam A coincidit ipsi C.

(9) Si A coincidit ipsi B; non A coincidit ipsi non B.

Hæc quatuor axiomata sunt corollaria hujus definitionis quod coincidunt, quorum unum alteri substitui potest.

(10) *Propositio per se vera* est A coincidit ipsi A.

(11) *Propositio per se falsa* est A coincidit ipsi non A.

(12) Hinc colligitur falsum esse non A coincidere ipsi A (per 6).

(13) Item colligitur verum esse A non coincidere ipsi non-A (per 5).

Hæ propositiones possent referri ad veras per consequentiam.

---

1. *In*, en style mathématique, équivaut au signe de multiplication.

Porro A ut dixi hoc loco significat Terminum vel propositionem. hinc non-A significat contradictorium termini vel contradictoriam propositionis.

(14) Si propositio ponatur, nec adjicitur aliud, intelligitur esse veram. Coincidit cum 1.

(15) Non B coincidit ipsi non B. est corollarium ipsius 10. posito Non B coincidere A.

(16) *Propositio* $<$ *Affirmativa* $>$ A est B $<$ sive A continet B$>$, seu $<$ (ut loquitur Aristoteles)[1] $>$ ipsi A inest B (in recto scilicet). Hoc est si pro A substituatur valor prodibit : A coincidere ipsi BY. Ut homo est animal, seu homo idem est quod Animal.... nempe Homo idem est quod Animal rationale. Nota enim Y significo aliquid incertum, ut proinde BY idem sit quod quoddam B seu Animal.... (ubi subintelligitur rationale, si modo sciamus, quod subintelligendum sit) seu quoddam animal. Itaque A est B idem est quod A esse coincidens cuidam B. seu A $=$ BY.

{ Notabile est pro A $=$ BY posse etiam dici A $=$ AB, et ita non opus est assumtione novæ literæ[2]. Præsupponit autem hæc notatio quod AA idem est quod A, oritur enim redundantia. }

(17) Hinc coincidunt : A esse B, et quoddam B coincidere ipsi A, seu BY $=$ A.

(18) Coincidunt A et AA, et AAA, etc. ex natura hujus characteristicæ, seu Homo, et Homo Homo, et Homo homo homo. Itaque si quis dicatur esse Homo pariter et animal, resolvendo Hominem in animal rationale pariter dicetur Animal rationale et Animal, id est animal rationale.

{ Hinc patet etiam ex AC $=$ ABD non licere inferri C $=$ BD. patet enim et in A $=$ AB non posse utrinque omitti A. Si ob AC $=$ ABD inferri posset C $=$ BD, præsupponendum esset, nihil quod continetur in A contineri et in C quin contineatur et in BD, et contra. }[3]

(19) Si A sit B, pro A poni potest B, ubi tantum de continendo agitur. ut si A sit B et B sit C, A erit C. Demonstratur ex natura coincidentiæ, nam coincidentia substitui sibi possunt (nisi in propositionibus quas dicere possis formales, ubi unum ex coincidentibus ita $<$ formaliter $>$

---

1. Cf. §§ 83, 132.
2. Cf. le § 83; et PHIL., VII, B, II, 3; 62, § 8; 63, § 8.
3. Cf. PHIL., VII, B, IV, 6 recto (p. 309-310).

assumitur, ut ab aliis distinguatur, quæ revera sunt reflexiva, et non tam PHIL., VII, C, 22. de re loquuntur, quam de nostro concipiendi modo, ubi utique discrimen est). Itaque cum (per 16) $A = BY$ et $B = CZ$. Ergo $A = CYZ$. seu A continet C.

{ Licebit et habere generale quoddam indefinitum, quasi Ens quoddam seu quoddam $<$ ut in communi sermone $>$, tunc nulla oritur coincidentia. }

(20) Notandum est quod in hoc calculo fuerat præmittendum : pro quotlibet literis simul poni posse unam, ut $YZ = X$. Sed nondum usurpatam in hoc calculo Rationis ne oriatur confusio.

(21) Deinde definitas à me significari prioribus Alphabeti literis, indefinitas posterioribus, nisi aliud significetur.

(22) [Itaque] pro quotcunque definitis substitui posse unam definitam, cujus valor $<$ seu definitio $>$ sunt illæ pro quibus substituta est.

(23) Pro qualibet definita substitui posse indefinitam $<$ nondum usurpatam $>$. Ac proinde et pro quotlibet definitis, et pro definitis et indefinitis, seu poni potest $A = Y$.

(24) Cuilibet literæ adjici potest nova indefinita, ut pro A poni potest AY. nam $A = AA$ (per 18) et A est Y (seu pro A poni potest Y, per 23) Ergo $A = AY$.

| (25) A esse B (A continere B) infert (continet) quoddam B esse 23 recto. (continere) A.

Nam $\overline{A \text{ esse } B} = \overline{BY = A}$ (per 17) $= \overline{BY = AY}$ (per 24) $=$ Quoddam B esse A (per 17).

(26) Admonenda adhuc quædam circa hunc calculum quæ præmittere debueramus. Nempe quod de quibuslibet literis nondum usurpatis asseritur generaliter vel concluditur, non tanquam Hypothesis, id de quotlibet aliis literis intelligi. Itaque si $A = AA$, etiam dici poterit $B = BB$.

(27) Quoddam $B = YB$. Itaque similiter qu. $A = [Y]ZA$ nimirum licet hoc quidem dicere ad imitationem prioris (per 26) sed nova assumenda est indefinita pro posteriori æquatione, nempe Z, ut paulo ante fuerat Y.

(28) Terminus simpliciter positus à me solet usurpari pro universali, ut A est B, id est omne A est B, seu in notione A continetur notio B.

(29) A est B, Ergo quoddam A est B (sive *A continere B*, infert seu continet Quoddam A continere B). Nam A est $B = AY$ est B (per 24).

(30) A esse B et B esse A idem est quod A et B coincidere, sive A coincidere ipsi B quod coincidit ipsi A. Nam $A = BY$ et $B = AZ$. Ergo $<$ (per 31) $>$ $A = AYZ$. Ergo YZ sunt superfluæ $<$ seu Z continetur in A. Ergo pro $B = AZ$ dici potest $B = A$. $>$

(31) Scilicet notandum et hoc est, si $A = AY$, tunc $<$ vel $>$ Y est superfluum, $<$ vel potius generale ut Ens $>$, et utique impune omitti potest, ut Unitas in multiplicatione apud Arithmeticos, $<$ vel Y inest in A. Imò revera semper inest Y in A, si dicatur $A = YA$. $>$

(32) *Propositio Negativa.* A non continet B, seu A esse $<$ (continere) $>$ B falsum est.

{ NB. Si B sit propositio, non B idem est quod B est falsum $<$ seu τὸ B esse falsum. non B, intelligendo B de propositione in materia necessaria, vel est necessarium vel impossibile. At secus est in incomplexis. $>$

Notionem sumo tam pro incomplexa quam complexa. Terminum pro incomplexa categorematica. }

(32) B. non-B est impossibile, $<$ seu si B. non $B = C$, erit C impossibile[1]. $>$ } Impossibile in incomplexis est non-Ens, in complexis est falsum[2]. }

(33) Hinc si $A = $ non B, erit AB impossibile.

(34) Quod continet B non B, idem est quod *impossibile*. seu EB non B idem est quod impossibile.

(35) *Propositio falsa* est, quæ continet AB continere non B, (posito B et A esse possibiles). $<$ Intelligo autem B et Y tam de Terminis, quàm de Propositionibus. $>$

{ A continere B et A continere C idem est quod A continere BC[3]. Hinc si A continet B, etiam continet AB. Hinc si AB continet non B, etiam AB continebit AB non B. }

(36) $A = B$. Ergo A est B, seu $A = B$ continet quod A est B, Nam si Y sit superflua, fiet $A = BY$. id est $A = B$. Idem aliter demonstratur: $A = B$ idem est quod $A = BY$ et $B = AY$. Ergo $A = B$ continet $A = BY$. $<$ Item $A = B$ ergo $AA = BA$. Ergo $A = BA$. Ergo A est B. $>$

(37) B est B. nam $B = B$ (per 10). Ergo B est B (per 36).

---

1. Cf. Phil., VII, B, ii, 36; 62; VII, C, 97.
2. Cf. § 75.
3. Cf. Phil., VII, B, ii, 33.

(38) AB est B. Est indemonstrabilis et sive identica sive definitio est, < vel τοῦ Est; vel continentis, vel veræ propositionis. > Nam significatur AB, seu id quod continet B, esse B seu continere B.

(39) Si B continet C, tunc AB continet C. Nam AB est B (per 38) B est C (ex hypothesi). Ergo (per 19) AB est C.

(40) *Vera propositio* est quæ coincidit cum hac : AB est B, seu quæ ad hanc primò veram reduci potest. < (Puto id et ad non categoricas applicari posse). >

(41) Igitur cum falsa sit quæ non est vera (per 3) sequitur (ex 40) falsam propositionem idem esse quod propositionem quæ non coincidit cum hac : AB est B, seu falsam propositionem idem esse quod propositionem quæ non potest probari.

< Propositiones facti non semper probari possunt à nobis, et ideò assumuntur ut Hypotheses. >

| < (42) A continet B et A non continet B, earum una est vera, altera falsa, seu sunt *Oppositæ*, nam si una probari potest, altera non potest, modo termini sint possibiles. Ergo (per 41) non simul veræ sunt aut falsæ. >

(43) B continere non B est falsa seu A[1] non continet non B. utrobique patet ex præcedenti. Nam utcunque resolvas manet semper hæc forma, nunquam fiet AB est B. < Patet et ex [42] aliter. B continet B (per 37). Ergo non continet non B. alioqui foret impossibilis (per 32). >

(44) Non B continere B est falsa, patet eodem modo.

(45) B et non B coincidere est falsa. Patet ex 43 et 44.

Supponunt autem hæc terminum B esse possibilem.

(46) AB continere non B est falsa, < seu AB non continet non B. > Suppono autem AB esse possibilem. demonstratur ut 43. Nam AB continet B, ergo non continet non B, quia est non impossibilis (per 32).

{ Cavendum est ne syllogismis utamur quos legitimos esse nondum demonstravimus. }

(47) A continet B est *Universalis affirmativa respectu ipsius A* subjecti.

(48) AY continet B est *particularis Affirmativa respectu ipsius A*.

(49) Si AB est C, sequitur quod AY est C, seu sequitur quoddam A est C. nam assumi potest B = Y per 23.

(50) AY non est B est Universalis negativa.

1. Lire : B.

(51) Hinc sequitur Universalem negativam et particularem Affirmativam esse oppositas, seu si una est vera, altera est falsa (ex 48 et 50).

(52) Particularis affirmativa verti potest simpliciter < seu si quoddam A est B sequitur quod quoddam B est A >. Hoc ita demonstro : AY est B ex Hypothesi, id est (per 16) AY coincidit ipsi BY. Ergo (per 6) BY coincidit ipsi AY. Ergo (per 16) BY est A. Quod erat dem.

{ Majusculis notentur propositiones fundamentales < seu indemonstratæ > ut LI. (vel simul numeris communibus* et diversis.)}

(53) Universalis Negativa convertitur simpliciter, seu si Nullum A est B sequitur quod Nullum B est A. Nam AY non est B (ex hypothesi). Ergo AY non coincidit BY (per 16). Ergo BY non coincidit AY (per 6). Ergo (per 16) BY non est A. Quod erat dem.

(54) Universalis affirmativa convertitur per accidens, seu, si Omne A est B, sequitur quod quoddam B est A. Nam A est B ex hypothesi. Ergo quodd. A est B (per 29). Ergo (per 53)[1] quoddam B est A. Idem brevius : A coincidit BY (per 16). Ergo BY coincidit A (per 6). Ergo (per 36) BY est A. Operæ pretium erit conferre has duas demonstrationes, ut appareat utrum eodem recidant, an vero detegant veritatem alicujus propositionis hactenus sine demonstratione assumtæ[2].

{ Dicendum de collatione horum : Nullum A est B et Omne A est non B.

Item de conversione per contrapositionem ipsius Universalis affirmativæ. pro Nullum A est B licebitne dicere Omne A non est B ? }

(55) Si A continet B et [B est falsa, etiam A est falsa] < A est vera, etiam B est vera. > Per < veram vel > falsam literam intelligo vel terminum falsum (seu impossibilem, seu qui est non-Ens) vel propositionem falsam. Et per verum eodem modo intelligi possit terminus possibilis vel propositio vera. Et ut postea explicatur, totus syllogismus mihi etiam propositio est. Cæterum quod hîc assero etiam sic enuntiari potest, quælibet pars veri est vera, seu quod continetur in vero est verum.

< Demonstrari potest ex sequenti. >

(56) *Verum* in genere < sic > definio : *Verum* est A, si pro A ponendo valorem, et quodlibet quod ingreditur valorem ipsius A rursus ita

---

1. Lire : 52.
2. Leibniz invoque ici un précepte de son Art d'inventer. Cf. § 88, et Phil., VI, 11, a (p. 158).

tractando ut A, si quidem id fieri potest, nunquam occurrat B et non B $<$ seu contradictionem $>$. Hinc sequitur, ut certi simus veritatis, vel continuandam esse resolutionem usque ad primò vera $<$ aut saltem jam tali processu tractata, aut quæ constat esse vera $>$, vel demonstrandum esse ex ipsa progressione resolutionis, seu ex relatione quadam generali inter resolutiones præcedentes et sequentem [1], nunquam tale quid occursurum, utcunque resolutio continuetur. Hoc valde memorabile est, ita enim sæpe à longa continuatione liberari possumus. Et fieri potest, ut resolutio ipsa literarum aliquid circa resolutiones sequentium contineat, ut hîc resolutio Veri. Dubitari etiam potest an omnem resolutionem finiri necesse sit in primò vera seu irresolubilia inprimis in propositionibus contingentibus, ut scil. ad identicas reduci non vacet [2].

PHIL., VII, C, 23.

| (57) *Falsum in genere* definio quod non est verum, [sive quod continet ea in quibus occurrunt B et non B]. Itaque ut constet aliquid esse falsum, vel necesse est ut sit oppositum veri, vel ut contineat oppositum veri, vel ut contineat contradictionem seu B et non B, vel si demonstretur, utcunque continuata resolutione non posse demonstrari quod sit verum.

24 recto.

(58) Itaque quod continet falsum est falsum.

(59) Potest tamen aliquid continere verum, et tamen esse falsum. si scilicet (per 58) præterea falsum contineat.

(60) Videmur etiam hinc discere posse discrimen veritatum necessariarum ab aliis, ut scilicet $<$ veræ $>$ necessariæ sunt quæ ad identicas reduci possunt, aut quarum oppositæ reduci possint ad contradictorias. Et impossibiles, quæ ad contradictorias reduci possint, aut quarum oppositæ reduci possint ad identicas.

(61) Possibiles sunt de quibus demonstrari potest nunquam in resolutione $<$ occursuram contradictionem $>$. Veræ contingentes sunt quæ continuata in infinitum resolutione indigent. Falsæ autem contingentes quarum falsitas non aliter demonstrari potest, quam quod demonstrari nequeat esse veras. Videtur esse dubium, utrum sufficiat ad demonstrandam veritatem, quod continuata resolutione [nulla occurrat] $<$ certum sit

[Hæc male postea correcta.]

---

1. Leibniz pense ici à une loi de progression, analogue à celle d'une série infinie. Cf. § 65.
2. Cf. *Phil.*, VII, 83; PHIL., VI, 12, f, 23; MATH., I, 2. V. *La Logique de Leibniz*, chap. VI, § 4.

nullam occursuram esse > contradictio. Inde enim sequetur omne possibile esse verum. Equidem Terminum incomplexum qui est possibilis, voco verum, et qui est impossibilis voco falsum. At de Termino complexo, ut : A continere B seu A esse B, ambigi potest. Resolutionem autem termini complexi intelligo in alios terminos complexos. Scilicet sit $\overline{A \text{ esse } B} = L$, et sit B = CD, et $\overline{A \text{ esse } C} = M$, et $\overline{A \text{ esse } D} = N$, utique fiet : L = MN. Licet autem subjectum A resolvatur, non potest pro A substitui pars valoris, sed substituendus est valor integer, quod obiter moneo. Et si C = EG et D = FG, et A = EFG, poterit M resolvi in has duas $\overline{A = EFG} = P$ et $\overline{EFG = EG} = Q$, seu erit M = PQ; et similiter N in has duas resolvi poterit : $\overline{A = EFG} = P$, et $\overline{EFG = FG} = R$. ergo L = PQR. quæ sunt primò veræ, nam P est Hypothesis, Definitio scilicet vel experimentum, R et Q sunt axiomata prima. Verùm si porro pergamus, requiritur ad definitionem, ut constet eam esse possibilem, seu necesse est ut demonstretur A esse possibilem, seu ut demonstretur, EFG non involvere contradictionem, id est non involvi X non X. Quod cognosci non potest nisi experimento, si constet A existere, vel extitisse, adeoque esse possibile (aut saltem extitisse aliquid ipsi A simile, quanquam revera hic casus fortasse non possit dari, nam duo completa nunquam sunt similia, et de incompletis sufficit unum ex duobus similibus existere, ut incompletum, id est denominatio communis possibilis dicatur (imò < tamen > videtur esse utile, seu si sphæra una extitit, dici poterit rectè quamlibet sphæram esse possibilem)) { Cujus simile possibile est, id ipsum et possibile est } Unde patet rem eodem modo procedere in Terminis complexis et in incomplexis. Nam probare verum esse terminum complexum est eum reducere in alios terminos complexos veros, et hos tandem in terminos complexos primò veros, hoc est in axiomata (seu propositiones per se notas), definitiones terminorum incomplexorum quos probatum est esse veros; et experimenta. Similiter Terminos incomplexos esse veros probatur reducendo eos in alios terminos incomplexos veros, et hos tandem in alios terminos incomplexos primò veros, hoc est in terminos per se conceptos, vel in terminos, aut terminos[1] quos sumus experti (aut quorum similes sumus experti. < Quanquam id adjici opus non sit, nam

---

1. Ce mot est répété par erreur.

demonstrari potest uno similium existente possibili et alia esse similia [1] >). Phil., VII, C, 24.
Ita ut omnis resolutio tam complexorum quam incomplexorum desinat in axiomata, terminos per se conceptos et experimenta. Fit autem hæc resolutio pro quolibet substituendo valorem < nam et cum pro continente substituitur contentum valor substituitur indefinitus, ut sup. n. 16 ostendimus. >

(62) Omnis autem propositio vera potest probari. Unde cum experimenta rursus sint propositiones veræ, ideò si nullus alius datur probandi modus quàm paulo ante descriptus, sequitur rursus experimenta resolvi posse in axiomata, terminos per se conceptos et experimenta, nulla autem dari possunt | Experimenta prima, nisi sint ipsa per se nota, seu 24 verso. axiomata.

(63) Quæritur an experimenta resolvi possint in alia experimenta in infinitum, et omissa mentione experimentorum an possibile sit < quandam probationem esse talem ut comperiatur > propositionis probationem < semper > præsupponere probationem alterius propositionis, quæ non sit axioma nec definitio, adeoque rursus indigeat probatione. Unde et necesse est terminos quosdam incomplexos continuè ita resolvi posse, ut nunquam deveniatur ad per se conceptos. Alioqui resolutione absoluta apparebit utrum coincidentia virtualis fiat formalis seu expressa sive an res redeat ad identicam.

(64) Quæritur igitur an possibile sit resolutionem terminorum incomplexorum aliquando posse continuari in infinitum, ut nunquam perveniatur ad per se conceptos. Et sanè si nullæ darentur in nobis notiones per se conceptæ, quæ distinctè attingi possint, aut non nisi una < (v. g. notio Entis) >; sequitur nec propositionem ullam ratione perfectè demonstrari posse; nam licet ex positis definitionibus et axiomatibus perfectè possit demonstrari sinè experimentis, definitiones tamen præsupponunt terminorum possibilitatem adeoque vel resolutionem in per se conceptos, vel in experimento compertos, reditur ergo ad experimenta seu ad alias propositiones.

(65) Quodsi dicamus possibilem esse continuationem resolutionis in infinitum, tunc saltem observari potest, progressus in resolvendo an ad aliquam regulam reduci possit, unde et in terminorum complexorum,

---

1. Lire : *possibilia*.

quos incomplexi in infinitum resolubiles ingrediuntur, probatione talis prodibit regula progressionis [1].

(66) Quodsi jam continuata resolutione prædicati et continuata resolutione subjecti nunquam quidem demonstrari possit coincidentia, sed ex continuata resolutione et inde nata progressione ejusque regula saltem appareat nunquam orituram contradictionem, propositio est possibilis. Quodsi appareat ex regula progressionis in resolvendo eo rem reduci, ut differentia inter ea quæ coincidere debent, sit minus qualibet data, demonstratum erit propositionem esse veram [2]; < sin contra apparet ex progressione tale quid nunquam oriendum, demonstratum est esse falsam < scilicet in necessariis. >>

{ Dubium: utrum verum omne quod non potest probari falsum; an falsum omne q. non potest probari verum; quid ergo de illis de quibus neutrum? Dicendum est semper probari posse et verum et falsum, resolutione in infinitum saltem. Sed tunc est contingens seu possibile est ut vera sit, aut ut falsa; idemque est de notionibus ut in resolutione in infinitum appareant veræ aut falsæ; id est ad existendum admittendæ, vel non. NB. Hoc modo an notio vera erit existens; falsa non existens; Omnis notio impossibilis est falsa, sed non possibilis est vera; itaque falsa erit quæ nec est nec erit, ut falsa est talis propositio; etc. Nisi forte malimus nullam existentiæ in his habere rationem, et notio vera hic idem quod possibilis; falsa idem quod impossibilis, nisi quando dicitur, v. g. *Pegasus existens.* }

(67) Necessaria autem propositio est, cujus opposita non est possibilis, seu cujus oppositam assumendo per resolutionem devenitur in contradictionem. Itaque necessaria est quæ per identicas demonstrari potest et definitiones, nullo alio usu experimentorum accedente, quàm ut inde constet terminum esse possibilem.

(68) Sed illud adhuc examinandum est, unde < sciam me rectè > progredi in definiendo, nam si dico A = EFG, non tantùm scire debeo E, F, G singula esse possibilia, sed etiam inter se compatibilia, id autem patet non fieri posse, nisi experimento vel rei vel alteriùs rei similis, in eo saltem de quo agitur. At si quis dicat me id saltem

---

1. Cf. § 56, et note.
2. Cette règle est inspirée par l'analogie du Calcul infinitésimal (méthode des limites.) Cf. § 74.

posse cognoscere | ex ideis in mente mea comprehensis, dum experior, me concipere EFG, quod voco A, respondeo posse me, cum dico concipere E, vel concipere aliquid quod experior nihil involvere aliud, vel concipere aliquid adhuc compositum, quod à me confusè apprehenditur. Si experior E nihil involvere aliud seu per se concipi, tunc admitti potest ipsum esse possibile. Sed de tali nullæ omnino fieri possunt propositiones nisi identicæ; alioqui falsò dixi me experiri quod nihil aliud involvat. Si experior E involvere plura, jam ea rursus similiter tractanda sunt, quoties verò plura conjungo, quæ non sunt per se concepta, opus est experimento non tantùm quod à me simul concipiantur in eodem subjecto, talis enim conceptus est confusus, sed quod revera extiterint in eodem subjecto.

(69) Itaque inter prima principia est, terminos quos in eodem subjecto existere deprehendimus non involvere contradictionem. Seu si A est B, et A est C, utique BC est possibile, seu non involvit contradictionem.

(70) DEUS ex solis sui intellectus sui[1] experimentis, sine ulla perceptione aliorum, judicat de rerum possibilitate.

(71) Quid dicendum de propositionibus, A est existens, seu A existit. Ut si dicam de re existente A est B, idem est ac si dicam AB est existens, v. g. Petrus est abnegans, id est Petrus abnegans est existens. Hic quæritur quomodo in resolvendo procedendum sit, seu an terminus Petrus abnegans involvat existentiam; an verò Petrus existens involvat abnegationem. an omnino Petrus involvat et existentiam et abnegationem, quasi dicas: Petrus est abnegans actu, seu abnegans existens; < quod utique verum est. > Et ita omnino dicendum est, et hoc discrimen est inter terminum individuum seu completum, et alium; nam si dicam aliquis homo est abnegans, homo non continet abnegationem, est enim terminus incompletus. nec homo continet omnia quæ de eo dici possunt de quo ipse.

(72) Unde si sit BY, et terminus Y indefinitus quicunque sit superfluus; seu ut quidam Alexander Magnus et Alexander Magnus sit idem, tunc B est *individuum*. { Si sit terminus BA et B sit individuum, erit A superfluus, seu si BA = C, erit B = C. }

(73) Sed quæritur quid significet τὸ existens. utique enim Existens est

---

1. *Sic*; l'un des deux *sui* est de trop.

Ph'L., VII, C. 25. Ens seu possibile, et aliquid præterea. Omnibus autem conceptis, non video quid aliud in Existente concipiatur, quam aliquid Entis gradus, quoniam variis Entibus applicari potest. Quanquam nolim dicere aliquid existere < esse > possibile seu Existentiam possibilem, hæc enim nihil aliud est quàm ipsa Essentia; nos autem Existentiam intelligimus < actualem, seu > aliquid superadditum possibilitati sive Essentiæ, ut eo sensu existentia possibilis < futurum > sit idem quod actualitas præscindens ab actualitate, quod absurdum est. Ajo igitur Existens esse Ens quod cum plurimis compatibile est. seu Ens maximè possibile, itaque omnia co-
25 verso. existentia æquè possibilia sunt. Vel | quod eodem redit, existens est quod intelligenti et potenti placet; sed ita præsupponitur ipsum Existere. Verùm poterit saltem definiri, quod Existens est quod Menti alicui placeret, et alteri potentiori non displiceret, si ponerentur existere mentes quæcunque. Itaque res eò redit, ut dicatur Existere quod Menti potentissimæ non displiceret, si poneretur mens potentissima existere. Sed ut hæc definitio applicari possit experimentis, sic potius definiendum est : *Existit*, quod Menti alicui < (existenti) > placet, (existenti non debet adjici, si definitionem, non simplicem propositionem quærimus) nec Menti potentissimæ (absolutè) displicet. Placet autem menti potius id fieri quod habet rationem, quàm quod non habet rationem, ita si plura sint A, B, C, D, et unum ex ipsis sit eligendum, et sint B, C, D per omnia similia, at solum A ab aliis sese aliqua re distinguat, Menti cuilibet < hoc intelligenti > placebit A. Idem est si saltem discrimen non appareat inter B, C et D, appareat autem inter A et ipsa, et mens decreverit eligere, eliget A. Liberè tamen eligit, quia potest adhuc inquirere, an non sit discrimen inter B, C, D.

(74) Omnes propositiones Existentiales, sunt veræ quidem, sed non necessariæ, nam non possunt demonstrari, nisi infinitis adhibitis, seu resolutione usque ad infinita facta, scilicet non nisi ex completa notione individui, quæ infinita existentia involvit. Ut si dico Petrus abnegat, intelligendo de certo tempore, utique præsupponitur etiam illius temporis natura, quæ utique involvit et omnia in illo tempore existentia. Si dicam infinitè Petrus abnegat, abstrahendo a tempore; ut verum hoc sit, sive abnegarit, sive sit abnegaturus, tunc nihilominus saltem ex Petri notione res demonstranda est, at Petri notio est completa, adeoque infinita involvit, ideo nunquam perveniri potest ad perfectam demonstra-

tionem, attamen semper magis magisque acceditur, ut differentia sit minor quavis data¹.

(75) Si, ut spero, possim < concipere omnes propositiones instar terminorum, et > Hypotheticas [concipere] instar Categoricarum, et universaliter tractare omnes, miram ea res in mea characteristica et analysi notionum promittit facilitatem, eritque inventum maximi momenti². Nimirum generaliter voco terminum falsum, qui in incomplexis est terminus impossibilis, vel saltem insignificans, et qui in complexis est propositio impossibilis, vel saltem propositio quæ probari non potest³. Itaque manet analogia. Itaque per A intelligo vel terminum incomplexum, vel propositionem; vel collectionem vel collectionum collectionem, etc. Ut generaliter terminus verus sit, qui perfectè intelligi potest.

(76) Præter Ens adhibebimus etiam Entia, < unde prodit totum et pars > et generaliter si A non est B et B non est A, et primitiva est hæc : A est L et B est L idem esse quod C est L, dicitur C totum, A (aut B) pars. Dubitari potest an et quatenus C sit unum Ens reale, an non semper ex pluribus resultet unum Ens, etiam dissitis, et quandonam resultet vel non.

{ continuum cum partes indefinitæ.

Numerus oritur si consideretur tantum plura esse Entia, non qualia. }

| (76) Non-A est non-$\overline{AB}$, seu non A = Y non AB. Omnis non homo est non : $\overline{homo\ rationalis}$. < sequitur ex 77. >

(77) Generaliter A est B idem est quod non B est non A. Unde demonstratio præcedens, nam AB est A. Ergo non A est non B⁴. < Hoc videndum an possit demonstrari. < Demonstratum est infra 95 et 99. >>

(78) A = B et non A = non B coincidunt.

(79) At si A sit B, non sequitur non A esse non B. seu si homo sit animal, non sequitur non hominem esse non animal. Itaque licet pro A substitui possit B, non ideò tamen pro non A licet substituere non B, nisi vicissim pro B substitui possit A.

---

1. Cette idée d'une approximation indéfinie est empruntée au Calcul infinitésimal. Cf. §§ 66, 134, 136.
2. Cf. Phil., VII, B, ii, 62; C, 73-74. V. *La Logique de Leibniz*, ch. VIII, § 16.
3. Cf. § 32.
4. Lire : non A est non AB.

(80) Videndum an infinitis possit careri, sane non A videtur idem esse quod is qui non est A, seu subjectum propositionis negativæ cujus prædicatum est A. seu Omnis qui non est A. Itaque si $\overline{Y}$ non est A, erit $\overline{Y} =$ non A. seu Y non $=$ AX, idem est quod $\overline{Y} =$ non A.

(81) $\overline{Y}$ seu Y indefinita cum lineola mihi significat quilibet, Y est unum incertum, $\overline{Y}$ est quodlibet.

(82) Nimirum et sic dici poterit; B non est A idem est quòd, B est non A. Unde B non $=$ AY idem esse quod B $=$ Y non A.

(83) Generaliter A est B idem est quod A $=$ AB, inde enim manifestum est B contineri in A, idemque est homo, et homo animal. Notavi hoc jam supra ad marginem articuli 16. < et quanquam inde fieri videatur homo est rationale animal animal, tamen animal animal idem est quod animal, ut notavi supra articulo 18. >

(84) Hinc si propositio A est B dicatur esse falsa < seu negetur >, utique hoc est dicere A non $=$ AB < hoc est quoddam A non est B. >

(85) A esse non B idem est ac dicere A $=$ A. $\overline{\text{non B}}$. patet ex 83. < Si dicas A $=$ A non B, est falsa, < seu A non $=$[1] non B > significat quoddam A est B. >

(86) Rursus non B idem est quod is qui non est B, seu genus cujus species sunt A, C, D, etc. posito A non esse B, C non esse B, D non esse B.

(87) Itaque Nullum A esse B idem est quod A esse non B, seu quodlibet A esse unum ex iis quæ non sunt B. Seu AY non $=$ ABY, idem est quod A $=$ A non-B. Habemus igitur transitum inter infinitas affirmativas et negativas.

(88) Ut obiter dicam, generaliter A esse AB, idem est quod A coincidere cum AB; (seu si propositio A est AB est vera, erit reciproca). Hoc ita demonstro. A est AB ex hypothesi, id est (per 83) A $=$ AAB. id est (per 18) A $=$ AB. Idem sic : A est AB (ex hypothesi) et AB est A (per 38) Ergo (per 30) A $=$ AB. Hæ duæ demonstrationes inter se comparentur, aut enim in idem desinent, aut dabunt demonstrationem alicujus propositionis sine probatione assumtæ[2].

(89) Consideremus particularem affirmativam Quoddam animal est

---

1. Suppléer ici : A.
2. En marge de cette phrase : NB. — Cf. § 54, et Phil. VI, 11, a (p. 158).

homo. BY = AZ. Ea etiam potest in hanc mutari : BY = AB < Y >, Phil., VII, C, 26.
seu dici potest quoddam animal esse hominem, idem esse quod, animal
quoddam esse hominem-animal. Patet ex 83. Nihil refert enim quod Y
incerta est, quæcunque enim illa sit, fingatur nosci, et adesse, tunc utique
locum haberet ratiocinatio.

| (90) Cæterum etsi hoc modo in Prædicato vitari semper possit inde- 26 verso.
finita Y, non tamen potest vitari in subjecto, et præstat in prædicato etiam
relinqui, ob inversionem manifestiorem. Et omnino quia non prorsus
eliminari possunt indefinitæ, præstat eas relinqui.

{ Imò puto posse eliminari. }

(91) A est B tunc A non est non B[1]. Esto verum A esse non B. si
quidem fieri potest, jam A est B ex hypothesi. Ergo A est B non B, quod
est absurdum. < adde infra 99[2]. >

{ Hic ratiocinandi modus, seu ducendi ad absurdum, jam in præcedentibus est stabilitus. }

(92) < Non valet consequentia : > Si A non est non B, tunc A est B.
seu Omne animal esse non hominem falsum est, quidem, sed tamen hinc
non sequitur Omne animal esse hominem.

(93) Si A est B, non B est non A. Falsum esto, < si fieri potest >
non B esse non A. seu non B non esse A, verum erit non B esse A. Ergo
quoddam A est non B. Ergo falsum est Omne A esse B, contra Hyp.[3]

(94) Si non B est non A, A est B. Falsum esto si fieri potest A esse B.
Ergo A erit non B. Ergo quoddam non B erit A (per conversionem).
Ergo falsum est quoddam non B esse non A (per 31)[4]. Ergo multo magis
falsum est omne non B esse non A, contra hypothesin.

(95) A esse B idem est quod non B esse non A, patet ex 93. 94.
juncto 30. Videndum an non propositio 95 demonstrari possit per se,
sine 93 et 94 < hoc præstitur articulo 98[5]. >

(96) Non non A = A.

(97) Nullum A est B idem est quod A est non B (per 87).

1. Voir la note du § 94.
2. Lire : 100.
3. En marge une addition barrée, contenant une autre démonstration.
4. Lire : 91. Cette conséquence est évidemment fausse (comme le théorème § 91),
puisque les deux particulières peuvent être vraies à la fois (par la règle des subcon-
traires). Néanmoins la conclusion est vraie (par la règle des contradictoires).
5. Lire : 99. — On lit en marge d'un § 96 barré :
« Nullum non-A, idem est quod solum A. »

{ (98) Omne A est B idem est quod Nullum A est non B, seu quoddam A non esse non B. patet ex 97 vel 87, tantum pro B ponendo non B et pro non B ponendo non non B seu B. }

(99) A est B. idem quod A est non non B (per 96) et hoc idem $<$ (per 87) $>$ quod Nullum A est non B (87) id est nullum non B est A (per conversionem universalis negativæ) id est (per 87) Omne non B est non A $<=$ A est B $>$. Quod erat dem.

(100) Si A est B, sequitur A non esse non B, seu falsum esse Omne A esse non B. Nam si A est B, utique nullum A est non B, seu falsum est quoddam A esse non B (per 87). Ergo (per 101) multo magis falsum est Omne A esse non B. Adde 91.

(101) Si falsum est aliquod A esse B, falsum est Omne A est B. seu quod idem est, aliquod A non est B. Ergo omne A non est B. Nam ponatur $<$ si fieri potest $>$ omne A esse B. Ergo quoddam A est B (per 29). Sed hoc est contra hypothesin, adeoque falsum, ergo et falsum prius.

| (102) Si A est B et A est C. idem hoc est quod A est BC.

(103) Si A est non B et A est non C, idem hoc est quod A est non B non C.

(104) Non B est non $\overline{BC}$. demonstratum est 76. sed non semper non BC est non B. Excogitandus esset modus propositionis formalis, seu generalis, quasi dicerem : falsum est omne negativum compositum esse negativum simplex, seu non $\overline{YX}$ non $=$ non $\overline{Y}$, ita ut $\overline{Y}$ et $\overline{X}$ significent quaslibet similiter se habentes.

(105) Si A est non $\overline{BC}$ non ideò sequitur $<$ vel $>$ A esse non B, vel A esse non C $<$ potest enim fieri ut B sit $=$ LM et C $=$ NP, et ut A sit non LN, quo facto A erit non $\overline{LMNP}$ seu Non $\overline{BC}$. $>$ Interim hinc sequitur falsum esse simul A esse B et A esse C, seu A esse BC. Patet ex 91 vel 99 [1].

(106) Patet ex his *non* à sua litera $<$ vel formula $>$ cui præfigitur in calculo divelli minimè debere.

(107) Omnis complicatio propositionum ita generaliter repræsentari potest $\overline{ABCD}$ etc. $<$ vocare possumus $\overline{AB}=L$, $\overline{LC}=M$, $\overline{MD}=N>$ ponendo aliqua horum similiter posse resolvi ut L vel M vel N, et ea in

1. Lire : 100.

quæ ipsa resolvuntur, rursus ita fortasse posse resolvi, pro re nata. Lineola autem supra ducta ut $\overline{AB}$ significare potest affirmationem vel negationem < aut potius > coincidentiam vel incoincidentiam, poteritque lineola notam habere tam in medio quàm in extremis, in medio ut significetur modus propositionis, utrum affirmativa an negativa, etc., extremum autem quo respicitur A poterit notam habere qua designetur utrum A sit terminus universalis an particularis, etc. similiter idem designabit pro B lineola quæ respicit B. Et si sit $\overline{\underset{1\ 2\ 3}{A\ B}\ \overset{4\ 5\ 6}{C}}$ locus 1 designabit quantitatem vel qualitatem, etc. secundum quam hic adhibetur terminus A < seu modum adhibendi termini A >, et locus 2 naturam propositionis AB, locus 3 modum termini B. Locus 4 modum adhibendi τοῦ AB seu L. Locus 5 naturam propositionis $\overline{ABC}$ seu $\overline{LC}$. locus 6[1] modum termini C[1]. Posset in numeris observari talis ordo, ut semper incipiatur à maximè subdivisis seu ab infimo subdivisionis gradu seu à terminis [simplicissimis] ad incomplexa propioribus, ut si sit

$$\overline{\underset{\underset{A\ B\ \ \ \overline{\underset{1\ 2\ 3}{CD}}\ \overline{\underset{4\ 5\ 6}{EF}}}{\overline{\underset{7\ \ \ 8\ \ \ 9}{\overline{10\ \ 11\ \ 12}}}}}{13\quad\quad 14\quad\quad 15}}\ \odot$$

Unde intelligi potest quàm miris modis terminorum relationes et denominationes variari possint tam ab ordine si respicias solam dispositionem numerorum, quàm a valore cujusque numeri, si vel solius quantitatis et qualitatis habeatur locus.

(108) Omnis terminus etiam incomplexus potest haberi pro propositione, quasi ipsi adjectum esset τὸ [verum] < hoc > Ens, ut Homo perinde sumi potest, ac si diceretur Homo < idem > est < quod hoc > Ens, < scilicet est id ipsum quod est, seu > vel potius generalius, perinde erit ac si adjectum esset τὸ verum, ut : Homo est verum. Homo est animal est < hoc > verum et τὸ < hoc > verum facit hoc loco officium quod unitas in Arithmetica, ad supplenda loca seu dimensiones. si scilicet ponatur quodlibet quod cum aliquo copulatur tot modis esse subdivisum quo id cum quo copulatur, ne terminus nisi æque complexo vel incomplexo jungi ponatur, verum seu Unitas scribatur V. ex ⊙ fiet ☽

1. Leibniz a écrit par erreur : 5 et B.

ubi loca sunt suppleta. dici enim potest A esse idem quod hoc verum, esse idem quod hoc verum, est hoc verum : sed notandum ipsum V suppletum ubique debere mutari : A $=$ A verum seu A $=$ verum *[1]

En marge :   ☽

43				44					45
37		38		39	40		41		42
25.	26.	27	28.	29.	30	31.	32.	33	34.	35.	36
1 2 3	4 5 6	7 8 9	10.11.12	13.14.15	16.17.18	19.20.21	22.23.24
AV	VV	BV	CD	EV	VV	FV	VV

| (109) Quemadmodum autem quilibet terminus concipi potest instar propositionis, t explicuimus, ita et quælibet propositio concipi potest instar Termini, ut Hominem esse animal est verum, est propositio, est tale quid, est causa, est ratio, etc. Quæ serviunt ad universalissimas condendas enuntiationes de his complicationibus.

(110) Possunt etiam novi Termini reflexivi condi, qui similiter tractari possunt ut directi, ut subjectum propositionis talis, tale..., potest appellari aliquo nomine. Et videndum quomodo hæ et ipsæ denominationes rursus inter se per literas explicari possint. ut si subjectum propositionis universalis affirmativæ sit prædicatum alterius propositionis affirmativæ, cujus subjectum est prædicatum prioris, subjectum dicitur esse idem cum prædicato ejusdem propositionis. Si quis autem velit rigorosè rem enuntiari ad morem communem logicorum < aut etiam hominum vulgò loquentium > in propositionibus satis difficultatis inveniet, ut si dicere velit subjectum propositionis universalis affirmativæ, cujus prædicatum est subjectum propositionis universalis affirmativæ, in qua subjectum est prædicatum præcedentis propositionis, est idem cum prædicato dictæ propositionis cujus est subjectum. Ac ne sic quidem relativum, *dictæ* vel *præcedentis* potest evitari, quanto satius, brevius, clariusque < dicemus > si A est B et B est A, A est idem cum B. Cujus etiam demonstratio facilè dari potest, quemadmodum super à nobis data est, adhibitis scilicet literis. At verbis haud dubiè foret satis perplexa et opus foret peculiarem adhibere curam in illis rectè disponendis. Nam si rectè constituta essent, credo idem præstarent; licet nesciam an pari claritate, similiter et consequentiæ ex literis facilè ducuntur, ut statim hic patet ut A diximus esse

---

1. Le bord du papier est usé.

idem ipsi A, ita et B posse dici idem ipsi B, quod non æquè videtur facilè ex verbis apparere.

(111) Notandum est posse etiam de tota resolutionis serie generalia quædam excogitari circa processum ejus, etiamsi continuaretur resolutio in infinitum, et circa hæc utique excogitari possent verba apta reflexiva, etiam literæ quædam generales ut $\overline{Y}$. Sed [hæc] in progressu clarius apparebit, quid horum præstet.

| (112) Videndum an non alio nonnihil sensu sumatur Y cum dicatur AY est B hoc est quoddam A est B, quam cum [dicitur] negatur ullum A esse B, ita ut non tantum negetur quoddam A esse B seu incertum hoc A esse B, sed et quodcunque ex incertis A, ut proinde cum dicitur nullum A esse B, sensus sit negari A$\overline{Y}$ esse B, nempe $\overline{Y}$ est Y, seu quodcunque Y continebit hoc Y. Itaque cum dico quoddam A est B, dico hoc quoddam A est B. si nego quoddam A esse B, seu hoc quoddam A esse B, tantum videor particularem negativam dicere. At cum nego quodcunque A esse[1], seu non tantum hoc, sed et hoc et hoc A esse B, tunc nego $\overline{Y}$A esse B. Unde etiam in loquendo negare quoddam A esse B, seu dicere quoddam A non est B, non videtur sonare nullum A esse B; similiter dicere Omne A non est B, non videtur sonare negationem quod omne A sit B; sed dici de quolibet A, quod non sit B. Pro prioribus tamen stat, quod negatio Universalis affirmativæ utique est particularis negativa. Itaque negatio particularis affirmativæ non potest etiam esse particularis negativa (neque enim negatio particularis affirmativæ et universalis affirmativæ potest esse idem) superest ergo ut sit universalis negativa; neque enim aliud esse potest.

{ Univ. Aff. A æquatur B cum aliquo addito. Univ. Neg. negatur }

(113) Res utiliter exhibebitur figuris. A est B seu A coincidit cuidam B.

A ⊢————⊣ seu A coincidit AB[2].
B ⊢————⊣

(114) Quoddam A est B, seu quoddam A coincidit cuidam B.

A --------————--------
B --------————--------

(115) Hinc A = A. Nimirum generaliter fingendum est quasi lineæ

---

1. Suppléer ici : B.
2. Ces figures sont faites au point de vue de la compréhension. Cf. § 123.

Phil., VII, C, 28. horizonti parallelæ, quarum una ducta est sub alia distinctionis causa, ductæ essent una super aliam.

(116) AB=BY, ubi per Y intelligo quicquid est in tota linea B quod cadit sub A.

(117) A=BY idem est quod A=BA.

(118) A=BY ergo BY=AY.

(119) A=BY et B=AY idem est quod A=B.

AB in genere.
A ─────
B ─────
Hæc omnia ex figuræ inspectione patent.

(120) Negatio hujus : quoddam A esse B, seu cum negatur quoddam A coincidere cuidam B, sic exprimetur :

A ─────
A   ─────

(121) Sed negatio hujus: Omne A est B sic exprimetur:

En marge des §§ 114-121 :

{ Lineola perpendicularis significat limites ultra quos non possunt et intra quos possunt extendi termini salva propositione seu habitudine.

Ut lineola perpendicularis significat maximum, ita duplex linea horizontalis significat minimum seu quod detrahi non potest salva habitudine. Duplex linea non videtur in subjecto necessaria, sed tantum in prædicato; subjectum enim sumo pro arbitrio. Pro duplici malo fortiorem. ut quando linea proximè sub linea ducitur intelligatur unus terminus componi licet etiam semper intelligi possit unus respectu magis distantium linearum adhuc inferius ductarum. }

(122) Potest et alia consideratio institui, ut genus non ponatur esse pars speciei, ut paulo ante fecimus, quia generis notio est pars < (vel saltem inclusum) > notionis speciei; sed ut contra potius species sit pars generis, quia individua speciei sunt pars (vel saltem inclusum) individuorum generis [1].

---

1. Ici Leibniz définit nettement les deux points de vue opposés de la compréhension et de l'extension. Sur la distinction de la *partie* et du *contenu*, voir *Nouveaux Essais*, IV, xvii, § 8; *Characteristica geometrica*, août 1679 (*Math.*, V, 151); *Initia rerum mathematicarum metaphysica* (*Math.*, VII, 19); *Specimen Geometriæ luciferæ* (*Math.*, VII, 274); *Phil.*, VII, 244; et *La Logique de Leibniz*, p. 305-6.

(123) Itaque **Omne A est B** sic repræsentabitur

A |══════------
B |══════════ } Omne A est B

quæ repræsentatio est inversa prioris. Eodem modo repræsentatio particularis negativæ est inversa prioris. Sed particularis affirmativa et Universalis negativa eodem modo repræsentantur ut ante, quia nihil refert utrum præponas aut postponas, itaque generaliter dici potest priorem repræsentationem a posteriore in eo saltem differre, quod lineæ in figura transponuntur.

| (124) Est et alia repræsentatio propositionum per numeros[1]. Nempe pro terminis ponendo numeros, Universalis affirmativa A est B significat : A $<$ (vel saltem quadratum ipsius A aut cubus) $>$ dividi potest per B. $<$ Nam A et AB hic habentur pro iisdem $>$.

(125) Particularis affirmativa, quoddam A est B, significat A multiplicatum per B seu AB dividi posse per B. Intellige scilicet $<$ AB semper dividi posse per A, $>$ nisi in AB destruatur A, si verbi gratia A significaret $\frac{C}{B}$, et C non posset dividi per B.

(126) Particularis negativa est, falsum esse dividi A posse per B, licet forte AB dividi possit per B.

(127) Universalis negativa est falsum esse AB dividi posse per B, cujus nulla alia causa est quàm quod A continet [non B] $\frac{1}{B}$.

Itaque propriè universalis negativa est si A continet non B, unde per consequentiam colligitur Universalem negativam esse oppositam particulari affirmativæ $<$ nempe si A dividitur per B, non potest fieri, ut A per B multiplicetur. $>$

{ Omnia per numeros demonstrari possunt, si modo notetur[2] }

(128) Habemus ergo has expressiones : A $=$ AB est universalis affirmativa. AB $=$ AB est particularis affirmativa; nam et hoc falsum est, si particularis affirmativa sit falsa, quia $<$ tunc $>$ AB est terminus impossibilis quia A continet non B. A $=$ A non-B est universalis negativa. Unde sequitur falsam esse particularem affirmativam, seu AB esse impos-

---

1. Ici Leibniz revient au système des nombres caractéristiques, exposé dans ses essais d'avril 1679 (Phil., V, 8, a, b, c, d, e, f; VII, B, 1b, 14-15; 57-58; VII, B, iv, 18).
2. V. § 129.

sibilem terminum, vel potius falsum (si enim demonstrari hoc perfectè non possit resolvendo in infinitum, falsus est, non impossibilis.) Denique particularis negativa est A non B = A non B[1]. Et hoc didici ex considerando numeros. Atque ita tandem plane eliminavimus indefinitam Y. < Idque ex numeris didicimus. >

(129) Omnia per numeros demonstrari possunt, hoc uno observato, ut AA et A æquivaleant, et ut [A non A] $\frac{A}{A}$ non admittatur, quia multiplicatio hoc loco repræsentat complexum notionum, si autem notio aliqua sibi ipsi directè adjiciatur ut Homo homo, nihil aliud fit quàm Homo. Divisio autem repræsentat negationem unius de alio, quando scilicet exactè non procedit. Itaque quando A dividi potest < exactè > per B, < seu quando A continet B >, tunc [prodit] < repræsentatur > propositio Universalis affirmativa A est B. Quando A dividi potest exacte per non B < seu per $\frac{1}{B}$ >, < seu quando A continet fractionem $\frac{1}{B}$ (quæ repræsentat non-B) > [oritur] < repræsentatur > Universalis negativa. At quando A non dividitur exactè per B, oritur particularis Negativa, et quando A non dividitur exactè per $\frac{1}{B}$ oritur particularis [negativa] aff. Ita arcanum illud detexi, cui ante aliquot annos frustra incubueram[2].

{ [3] Distinguenda negatio à divisione. divisio enim est omissio alicujus termini, sed non ideò negatio nisi quod revera in infinitis, quod non inest negatur, < itaque respectu formulæ distinguitur divisio seu ablatio à negatione, à parte rei non distinguetur. >

A = A vera
A = A
A = AB Univ. Aff.

A = A : B Univ. Neg.

AB = AB Part. Aff.
A : B = A : B Part. Neg.

A = A : A falsa
A non = A : A
vel A : B non = A : B
seu A : B est falsum
vel AB non = AB
seu AB est falsum
vel A non = A : B
vel A non = AB

1. Cf. PHIL., VII, B, IV, 5.
2. Allusion probable aux essais d'avril 1679 (PHIL., V, 8). Voir plus bas, § 187.
3. Cette note marginale est d'une autre encre. Cf. PHIL. VII, B, II, 74.

Intelligo hic quendam hominem esse doctum si modo id possibile sit, PHIL., VII, C, 28. hoc enim loco nos notiones abstractas, non experimenta consideramus. Si enim possibile sit $A = BY$, utique istud BY est quodd. B quod est A. Itaque si part. affirmativa est falsa, impossibile est dari talem notionem.

Videtur optimum, ut prius definiamus particulares[1], nempe AB est notio vera seu $AB = AB$ est part. Aff.

Et A : B est notio vera seu $A : B = A : B$ est partic. neg.

Cum verò dicimus AB esse falsam notionem, seu negamus part. Aff. fit Univ. Neg. Cum dicimus A : B esse falsam notionem seu $A : B$ non $= A : B$, fit Univ. Aff. Hinc statim patet conversio simpliciter Univ. Neg. et Part. Aff. Sed ex his demonstrandum jam esse $A = AB$ si $A : B$ non $= A : B$, et esse $A = A : B$ si AB non $= AB$. }

(130) Vera autem propositio est quæ probari potest. Falsa quæ non est vera. Impossibilis quam ingreditur terminus contradictoribus[2]. Possibilis quæ non est impossibilis. An igitur omnis universalis negativa impossibilis? Ita [est] < esse videtur > quia intelligitur de notionibus, non de rebus existentibus, ut si dico Nullum hominem esse animal, non id intelligo tantùm de existentibus hominibus < sed hinc sequetur quod de singulari aliquo ut Petro negetur, necessariò de eo negari >. < Igitur negandum est omnem Univ. Negativam esse impossibilem, et ad objectionem > responderi potest, A continere non B, probari vel demonstratione seu resolutione perfecta, vel non nisi resolutione in infinitum continuabili seu semper imperfecta. Itaque certum est quidem, non verò necessarium, quia nunquam reduci potest ad identicam vel oppositam ad contradictoriam.

| (130)[3] Verum igitur est quod probari potest, seu cujus ratio reddi 29 recto. potest resolutione. Falsum quod contra. Necessarium est quod resolutione reducitur ad identicum. Impossibile est quod resolutione reducitur ad contradictorium. Falsus est terminus vel propositio qui continet opposita < utcunque probata >. Impossibilis qui continet opposita per reductionem ad finitos probata. Ita ut $A = AB$, si probatio facta est per resolutionem finitam, distingui debeat ab $A = AB$, si probatio facta est per

---
1. Cf. PHIL., VII, B, II, 41.
2. *Sic*, pour : *contradictorius*.
3. Le n° 130 se trouve répété.

resolutionem ad infinitum, unde jam oritur illud de Necessario, possibili, impossibili et contingente.

(131) Dupliciter fit resolutio, vel conceptuum in mente, sine experimento (nisi reflexivo, quod ita concipiamus), vel perceptionum seu experientiarum. Prior probatione non indiget, nec præsupponit novam propositionem, et hactenus verum est quicquid clarè et distinctè percipio est verum[1]; posterior præsupponit veritatem experimenti. In DEO sola resolutio propriorum requiritur conceptuum, quæ tota fit simul apud ipsum. Unde ille novit etiam contingentium veritates, quarum perfecta demonstratio omnem finitum intellectum transcendit.

(132) Omnis propositio vera probari potest, cum enim prædicatum insit subjecto, ut loquitur Aristoteles[2], seu notio prædicati in notione subjecti perfecte intellecta involvatur, utique resolutione terminorum in suos valores seu eos terminos quos continent, oportet veritatem posse ostendi.

(133) Propositio vera necessaria probari potest reductione ad identicas, vel oppositæ ad contradictorias; < unde opposita dicitur impossibilis. >

(134) Propositio vera contingens non potest reduci ad identicas, probatur tamen, ostendendo continuata magis magisque resolutione, accedi quidem perpetuo ad identicas, nunquam tamen ad eas perveniri[3]. Unde solius DEI est, qui totum infinitum Mente complectitur, nosse certitudinem < omnium > contingentium veritatum.

(135) Hinc veritatum necessariarum a contingentibus idem discrimen est, quod Linearum occurrentium et Asymptotarum, vel Numerorum commensurabilium et incommensurabilium.

(136) At difficultas obstat[4]: possumus nos demonstrare lineam aliquam alteri perpetuò accedere, licet Asymptotam, et duas quantitates inter se æquales esse, etiam in asymptotis, ostendendo progressione utcunque continuata, quid sit futurum. Itaque et homines poterunt assequi certitudinem contingentium veritatum; sed respondendum est, similitudinem quidem esse, omnimodam convenientiam non esse. Et posse esse respectus, qui utcunque continuata resolutione, nunquam se, quantum ad

---

1. Criterium cartésien de la vérité.
2. Remarquer que Leibniz met ici la considération de la compréhension au compte d'Aristote; cf. § 16.
3. Cf. § 74 : idée de l'approximation indéfinie.
4. Cf. PHIL., VII, C, 68.

certitudinem satis est, detegant, et non nisi ab eo perfectè perspiciantur, Phil., VII, C, 29.
cujus intellectus est infinitus. Sanè ut de asymptotis < et incommen-
surabilibus >, ita et de contingentibus multa certò perspicere possumus, ex hoc ipso principio quod veritatem omnem oportet probari
posse¹, unde si omnia utrobique se habeant eodem modo in Hypothesibus, nulla potest esse differentia in conclusionibus, et alia hujusmodi,
quæ tam in necessariis quam contingentibus vera sunt; sunt enim
reflexiva. At ipsam contingentium rationem [reperire] < plenam reddere > non magis possumus, quàm asymptotas perpetuò persequi et
numerorum progressiones infinitas percurrere².

| (137)³ Multa ergo arcana Deteximus magni momenti ad analysin   29 verso.
omnium nostrarum cogitationum, inventionemque et demonstrationem
veritatum. Nempe quomodo omnes veritates possint explicari numeris,
quomodo veritates contingentes oriantur, et quod naturam quodammodo
habeant numerorum incommensurabilium. Quomodo veritates absolutæ
et hypotheticæ unas easdemque habeant leges, iisdemque generalibus
theorematibus contineantur, ita ut omnes syllogismi fiant categorici⁴.
Denique quæ sit origo Abstractorum, quod postremum nunc paulo distinctius explicare operæ pretium erit.

(138) Nempe si propositio A est B. consideretur ut terminus, quemadmodum fieri posse explicuimus, [ita] oritur abstractum, nempe τὸ
$\overline{A\ esse\ B}$, et si ex propositione A est B sequatur propositio C est D, tunc
inde fit nova propositio talis : τὸ $\overline{A\ esse\ B}$ est < vel continet > τὸ
$\overline{C\ esse\ D}$⁵, seu Beitas ipsius A continet Ceitatem ipsius D, seu Beitas
ipsius A est Ceitas ipsius D⁶.

(139) Generaliter autem si dicatur : aliquid esse B, tunc ipsum hoc :
$\overline{aliquid\ esse\ B}$ est nihil aliud quam ipsa Beitas; sic τὸ $\overline{aliquid\ esse\ animal}$
nihil aliud est quam *animalitas*. At τὸ $\overline{Hominem\ esse\ animal}$ est Animalitas hominis. Unde habemus originem tam abstracti quam talis obliqui.

(140) At per quale abstractum exprimetur τὸ $\overline{Omnis\ Homo\ est}$

---

1. Remarquer cette formule du principe de raison, et celle de son corollaire, le principe de symétrie, qui suit.
2. Cf. § 74.
3. Ce qui suit est d'une autre plume.
4. Cf. § 75; Phil., VII, B, ıı, 62; VII, C, 73-74.
5. Cf. Phil., VII, B, ıı, 62, § 16; 63, § 8; VII, C, 73.
6. Leibniz a interverti deux fois par erreur C et D.

PHIL., VII, C, 29. animal? An per hoc : Animalitas omnis hominis? Quæ longè utique differt ab omni animalitate hominis. Nam modo aliquis homo sit doctus, omnis doctrina hominis est terminus verus; at nisi omnis homo sit doctus, eruditio omnis hominis est terminus falsus. < Nisi quis intelligat terminum exclusivè, ut aliquando Geometræ, quando sub omni moto id cujus celeritas est infinitè parva seu quod quiescit. > Videtur eruditio omnis hominis etiam efferri posse eruditio humanitatis. Sed hoc tamen nolim, si insistimus supra dictis, quod humanitas alicui nihil aliud sit quam τὸ aliquid esse animal[1].

< (140) An quia ex eo quod quidam homo est doctus sequitur : quoddam doctum est homo : dicere licebit : doctrina hominis est humanitas docti? Ita puto. >

{ (141) Quomodo explicabimus quantitatem in abstractis, verbi gratia quando A est duplo calidius ipso B, seu < quando > calor ipsius A est duplus caloris ipsius B? Scilicet A esse calidum est calor ipsius A. Itaque si τὸ A esse calidum sit ad τὸ B esse calidum, ut 2 ad 1. erit calor ipsius A duplus caloris ipsius B. Sed porro videndum est, quomodo τὸ A esse calidum possit esse ad τὸ B esse calidum ut numerus ad numerum. Hoc ergo contingit quod causa quæ A esse calidum uniformi actione efficit, tali actione < adhuc semel > continuata efficiat B esse calidum, vel signum ex quo cognoscimus aliquid esse calidum sit continuum, et in uno alterius duplum. Sed in his multa opus est circumspectione, unde thermometra etsi signa sint graduum caloris, non tamen sunt æqualiter dividenda. }

(142) Sed quomodo abstractis efferemus propositiones negativas; ut quidam Homo non est doctus? nempe ut negatio hominis est non humanitas, ita negatio doctrinæ hominis est non doctrina hominis. Et si dicatur nullus homo est lapis, abstractum ejus seu τὸ (nullus homo est doctus) efferendum erit [non-doctrina] non-lapideitas omnis hominis; an verò dicere licebit : lapideitas nullius hominis? seu lapideitas non-hominis. Non puto; neque enim id exprimit nullum hominem esse lapidem.

(143) Illud jam videndum est, an cum abstractorum prædicationibus consentiat hæc doctrina, et quidem viriditas est color, prædicatio bona est, cur ita? An quia sequitur qui est viridis eundem esse coloratum?

---

1. Lire : *homo*.

Sed videamus an non exempla sint in contrarium. Circulus est uniformis, Phil., VII, C, 29. item circulus est planum. Non tamen dici potest uniformitatem esse planitiem, quia ex uniformitate non sequitur planities. An verò dicemus uniformitas circuli est planities ? Sanè videtur ex propositione circulus est uniformis sequi circulus est planum. [Respondeo] < Equidem verum est > non sequi ex hac propositione magis quàm ex quavis alia de circulo. < An ergo > videntur ergo prædicationes abstractorum non tantum consequentiam postulare sed et aliquid præterea. Quid ergo quia Omnis circulus est uniformis, seu quia si A est circulus, sequitur quod A est uniformis, licebitne < ideò > dicere circularitas est uniformitas ? Ergo pari jure dicere licebit : Circularitas est planities. Et proinde dicit poterit : Quiddam quod est uniformitas est planities. In quibus tamen hæreo adhuc nonnihil. Sane si idem sit uniformitas quod τὸ uniforme esse, et planities quod τὸ planum esse, an verum est aliquando quòd τὸ A uniforme esse sit τὸ A planum esse. Unde dici poterit Uniformitas respectu unius centri est planities < seu existentia in plano. > Et verò quemadmodum in concretis sunt prædicationes per accidens, cum Musicus est poeta, non video cur non et admittantur in abstractis, ut uniformitas aliqua sit planities. Rectè igitur dicemus uniformitatem circuli esse planitiem, et proinde poterimus insistere regulæ generali. Sed quomodo jungemus hæc in circularitate ? An quia dicimus circularitas est uniformitas, et circularitas est planities, dicere licebit uniformitas est circularitas planities? Et an non videntur confundi officia prædicamentorum, ut dici possit quædam qualitas est quantitas. Est quantitas cum aliquando ex eo quod, quis est qualis sequitur eum esse quantum. Quid ergo? Modo non possit dici omnis qualitas est quantitas. Videndum an in casu talis propositionis in abstractis sequatur necessitas in concretis, puto ne hoc et si vera sequi, sunt enim contingentes connexiones semper veræ, quæ pendent a liberis actionibus.

| 144. Propositiones sunt vel Essentiales vel existentiales; et ambæ 30 recto. vel secundi vel tertii adjecti. *Propositio essentialis tertii adjecti* < ut : > Circulus est figura plana. *Propositio essentialis secundi adjecti*, ut : figura plana, < ad > unum aliquod punctum eodem modo se habens, est; est, inquam, hoc est intelligi potest, concipi potest, inter varias figuras est aliqua quæ hanc quoque naturam habet, perinde ac si dicerem : figura plana ad unum aliquod punctum eodem modo se habens, est ens sive res.

PHIL., VII, C, 30. *Propositio existentialis tertii adjecti* : Omnis homo est seu existit peccato obnoxius, hæc scilicet est propositio existentialis seu contingens. *Propositio existentialis secundi adjecti* : Homo peccato obnoxius est seu existit, seu est ens actu [1].

145. Ex omni propositione [secundi] < tertii > adjecti fieri potest propositio tertii [2] adjecti, si prædicatum cum subjecto componatur in unum terminum, isque dicatur esse vel existere, hoc est dicatur esse res, sive utcunque, sive actu existens.

146. Propositio particularis affirmativa Quoddam A est B transformata in propositionem secundi sic stabit : AB est, hoc est, AB est res, nempe vel possibilis vel actualis, prout propositio est essentialis vel existentialis.

147. Propositio Universalis Affirmativa in propositionem secundi adjecti hoc quidem modo non æquè commodè transformatur, nam ex Omne A est B non licet commodè facere : Omne AB est. Cùm enim AB sit idem quod BA, pari jure dicere liceret Omne BA est; et proinde etiam Omne B est A. Itaque sic dicendum erit Omne A continens B est. Quomodo autem alia ratione propositio universalis affirmativa ad secundi adjecti enuntiationem reducatur mox patebit.

148. Propositio Particularis Negativa Quoddam A non est B sic transformabitur in propositionem secundi adjecti : A, non B; est. Hoc est A quod non est B est res quædam; possibilis vel actualis, prout propositio est essentialis vel essentialis [3].

149. Universalis negativa transformatur in propositionem secundi adjecti per negationem particularis affirmativæ. Ita verbi gratia Nullum A est B, hoc est AB non est. seu AB non est res. Posset etiam sic enuntiari : Nullum A est B, id est : Omne A continens non B est.

150. Universalis affirmativa transformatur in propositionem secundi < adjecti > per negationem particularis negativæ, ita ut Omne A est B, idem sit quod : A non B non est seu non est res. vel etiam (ut dixi n. 147) A continens B est res. Quod tamen posterius ut jam dixi minus aptum est, etsi verum sit, quia est superfluum, jam enim B in A continetur, sed si non omne A sit B, ex AB fit nova res.

---

1. Cf. PHIL., VII, B, IV, 3 verso.
2. Lire : *secundi*.
3. Lire : *existentialis*.

151. Habemus ergo propositiones tertii adjecti sic reductas ad propositiones secundi adjecti :

Qu. A est B dat : *AB est res.*

Qu. A non est B dat : *A non B est res.*

Omne A est B dat : *A non B non est res.*

Nullum A est B dat : *AB non est res.*

152. Et cùm ipsis identicis propositionibus tantùm fidi possit in notionibus realibus, adeò ut veritas nulla sine metu oppositi asseri possit nisi de ipsorum notionum realitate saltem essentiali, licet non existentiali, constet; ideò licebit propositionum categoricarum species quatuor etiam sic exprimere : *Part. Aff.* AB $=$ AB (seu AB et AB coincidunt, hoc est AB est res). *Part. Neg.* A non B $=$ A non B (seu A non B est res). *Univ. Aff.* A non B non $=$ A non B (seu A non B non est res). *Univ. Neg.* AB non $=$ AB (seu AB non est res).

153. Hoc autem præsupponit negari omnem propositionem, quam ingreditur terminus qui non est res. Ut scilicet maneat omnem propositionem vel veram vel falsam esse, falsam autem omnem esse cui deest constantia subjecti, seu terminus realis. Hoc tamen nonnihil ab usu $<$ loquendi $>$ remotum est in propositionibus existentialibus. Sed hoc ego non est cur curem, quia propria signa quæro, non recepta nomina his applicare constituo.

154. Quod si quis malit signa sic adhiberi, ut AB sit $=$ AB, sive AB sit res sive non[1], et ut in eo casu quo AB non est res possint coincidere B et non B, scilicet per impossibile, non equidem repugno. Et ita distinguendum erit inter Terminum et Rem seu Ens.

| 155. Omnibus ergo expensis fortasse melius erit, ut dicamus semper in characteribus quidem poni posse A $=$ A, licet quando A non est res nihil inde utiliter concludatur. Itaque si AB sit res, poterit inde fieri YA $=$ ZB, nam inde fieri potest : [BA] Nam AB $=$ R, et AB $=$ RB. sit B $=$ Y et R $=$ Z. fiet YA $=$ ZB. Et contra YA $=$ ZB $<$ Ergo YAB $=$ ZB $>$ jam A $=$ R et B $=$ (R) (seu A et B sunt res) Ergo YAB $=$ Z (R) Ergo AB $=$ ((R)).

156. A $=$ A.   A non $=$ non-A.   AA $=$ A.

157. A $=$ B est universalis affirmativa reciproca, quæ est simplicis-

---

1. Cf. Phil., VII, B, ii, 3; C, 97.

sima. < Coincidit cum non A = non B. et si negetur dici poterit A non = B. >

158. D = ZC est Univ. Aff.

159. YA = ZC est Partic. Aff.

160. D = non E Universalis negativa.

161. XE = non F particularis negativa.

162. Supersunt termini quos ingrediuntur non YA, hoc est non tale A (seu quoddam A non) qui differunt à non quoddam. Nempe aliud est dicere falsum esse, quoddam A esse B. Aliud est dicere falsum esse tale A esse B. Inde cum hic oriatur æquivocatio aliqua, satius erit literas Y prorsus eliminare, et hinc orientur tales propositiones.

163. A = B item non A = non B [primitiva] simplicissimæ.

164. A = AB *universalis affirmativa*.

165. AB = AB, posito AB esse rem, *particularis Affirmativa*. < seu YA = ZB. >

166. A =[1] non B universalis affirmativa[2].

167. A non B = A non B, posito A non B esse rem, *particularis negativa*.

168. Si A non = B, tunc vel A non B erit res, vel B non A erit res.

169[3]. AB est res æquivalet Qu. A est B, et Qu. B est A.

A non B est res æquivalet Qu. A non est B vel Qu. A est non B.

A non B est non res æquivalet Universali Affirmativæ : Omne A est B.

AB est non res æquivalet Universali Negativæ : nullum A est B, vel nullum B est A.

170. Interim opus est tamen, ut propositionem Qu. A est B discernamus a propositione : Quoddam B est A, et similiter Nullum A est B, à propositione nullum B est A.

171. Principia sunt : < *primo* > A = A.

< *Secundo* > non A = non A.

< *Tertio* > AA = A.

< *Quarto*. non non = omissioni ipsius non ut > non non A = A.

< *Quinto* > Si A = B erit AC = BC.

---

1. Suppléer ici : A.
2. Lire : *negativa*.
3. Ce qui suit est d'une autre plume et d'une autre encre.

< *Sexto.* Si A = B erit non A = non B.

Septimo. Si A = B, non erit A = non B.

Octavo. A non A non est res. >

172. Si A = B, erit AB = B.

Nam A = B ex hypothesi, ergo AB = BB per princip. quintum. id est per princip. 3. AB = B.

173. Si A = BC, erit AB = BC.

Nam A = BC ex hyp. Ergo AB = BBC per princip. quint. id est per princip. 3. AB = BC.

174. Si non A = B, erit non B = A.

Nam sit non A = B ex hyp. erit non non A = non B per princip. sext. Jam non non A = A per princip. 4. Ergo A = non B.

175. Si A = non B, non erit A = B.

Nam sit A = non B ex hyp. non erit A = non non B per princip. 6 [1]. Ergo per princip. 4 non erit A = B.

176. Si A = BC, erit A = AC. nam sit A = BC (per hyp.) erit A = ABC = BCBC = BCC = AC.

177. Si A = YC, erit A = AC. ut ante [2].

178. Si A = YC, erit ZA = VC.

Nam A = YC ex hyp. Ergo ZA = ZYC, sit ZY = V fiet ZA = VC.

179. Si A = YC, erit VC = ZA. patet ex præcedenti.

180. Si A = non AC, erit A = non C. (Scilicet si A est res.) Hoc accuratè demonstrandum.

181. non AC = Y non C (= Z non A).

182. Si Y non C = Z non A, erit = non AC.

183. non A non C = Y non AC.

} hæc demonstranda.

| 184. Omnis propositio in sermone usitata huc redit, ut dicatur quis terminus quem contineat, et quidem inspicitur [quantitas] termini continentis, vel absolutus, vel cum addito, et is dicitur continere contentum absolutum.

185. Non debet in [3] propositionibus propriè occurrere : non omnis, non quidam; hæc enim tantum negant propositionem signo omnis aut quidam affectam, non faciunt novum signum non-omnis vel non-quidam;

---

1. Lire : 7.
2. Cf. § 16, marge; et Phil., VII, B, II, 3; 63.
3. Le mot *in* est répété dans le ms.

sic si dicam non, quidam homo est animal idem est quod falsum est quendam hominem esse animal.

186. Quidam homo non est lapis significat : quidam homo est non lapis. [similiter] istud : Omnis homo non est lapis videtur significare Omnis homo est non lapis; Itaque generaliter sic interpretabimur *non* ante *est* quasi praedicatum negativum. sed si τὸ *non* praeponitur signo, intelligemus propositionem negari[1].

187. Jam supra[2] monui quae ad propositiones pertinent sic posse illustrari et quasi ad numeros revocari, ut concipiamus Terminum seu Notionem instar fractionis verbi gratia $\left[\frac{ab}{lm} = H\right]$ < *ab* non *l* non *m* = H > quod significat H continere *a*, et *b*, sed idem H continere non *l* et non *m*; observando tantùm ut *aa* idem sit quod *a*, < et non *a* non *a* idem quod non *a*, et non non *a* idem quod *a* >, et ut nunquam idem terminus contineat simul *a* et non *a*, seu ut terminus qui continet *a* non dicatur continere non-*a* vel contra < Denique qui continet *ab* continere etiam *a*, et qui continet non *a* continere etiam non *al*. >

[188. . . . .]

189. Principia ergo haec erunt : < primò > *aa* = *a* (unde patet etiam non *b* = non *b*, si ponamus non *b* = *a*).

secundo non non *a* = *a*.

tertio non idem terminus continet *a* et non *a* < seu si unum est verum, alterum est falsum, aut certè terminus ipse talis dicetur non verus sed falsus. >

Quarto [*ab* continet *a*] < A continere *l* idem est quod A esse = *xl*. >

Quinto non *a* continet non *ab*, seu si *l* continet *a*, non *a* continebit non *l*.

< *Sexto*. Quaecunque dicuntur de Termino continente terminum, etiam dici possunt de propositione ex qua sequitur alia propositio. >

< *Septimo* > Quicquid ex his principiis demonstrari non potest, id non sequitur vi formae.

190. *Universalis Affirmativa* Omn. A est B idem est quod A continere L < seu A = XL >.

Particularis Affirmativa : quoddam A est L, idem est quod A cum

---

1. Cf. PHIL., VII, B, II, 72.
2. V. §§ 124-129.

aliquo addito sumtum continere L. verbi gratia AB continere L posito B=LX, vel AN continere L. posito esse L=MN, et A=BM, nam ita fiet AN=BMN=BL. Proinde etiam qu. A est L idem est quod AL continet L, seu AL=AL; posito scilicet AL esse rem seu terminum < verum > qui non implicat opposita ut X non X.

Universalis Negativa Omne A est non B seu A continet non B seu A=X non B.

Particularis Negativa Quodd. A est non L seu AX continet non L. seu AX=Z non L seu et A non L continet non L, seu A non L=A non L, posito A non L esse terminum verum qui non implicat opposita.

191. Si vera est Universalis Affirmativa, vera etiam est Particularis Affirmativa, seu si A continet B, etiam qu. A continet B. Nam A=XB per princip. 4. Ergo ZA=ZXB (ex natura coincidentium). Et sit ZX=V (ex arbitrio) fiet ZA=VB.

| 192. < In terminis veris > propositio Universalis Affirmativa et particularis negativa non possunt esse simul veræ. sit enim A=XL et VA=Z non L, fiet AVA seu VA=A.Z non L=XLZ non L, qui terminus est falsus.

193. Eædem non possunt simul esse falsæ. sit A non=AL, et A non L non=A non L, erit A non L terminus falsus, ergo A=AL.

194. Terminus falsus est < qui continet oppositos > A non A. Terminus verus est non-falsus.

195. Propositio est quæ pronuntiat quis terminus in alio contineatur aut non contineatur. Unde etiam propositio affirmare potest terminum aliquem esse falsum, si dicat in eo contineri Y non-Y; et verum si neget. < Propositio etiam est quæ dicit utrum aliquid alteri coincidat aut non coincidat, nam quæ coincidunt in se invicem continentur. >

196. Propositio falsa est, quæ continet oppositas, ut ⊙ et non ⊙.

197. Ipsa propositio concipi potest instar termini, sic qu. A esse B, seu AB esse terminum verum, est terminus, nempe AB verum. Sic Omne A esse B, seu A non B esse falsum, seu A non B falsum est terminus verus. Sic Nullum A esse B seu AB esse falsum est terminus novus.

198. Principia : 1° [A=A] < coincidentia sibi substitui possunt >. 2do AA=A. 3° non non A=A. 4° Falsus < seu non verus > est terminus qui continet A non A; verus qui non continet. 5° Propositio est quæ termino addit quod sit verus vel falsus, ut : si A sit terminus eique ascri-

batur A verum esse, A non verum esse, solet etiam simpliciter dici A esse, A non esse. 6° Veri seu τοῦ esse adjectio relinquit, at falsi seu τοῦ non esse in oppositum mutat; itaque si verum aut falsum quid esse verum dicatur, manet verum aut falsum; sin verum aut falsum esse falsum dicatur, fit ex vero falsum, ex falso verum. 7° Propositio ipsa fit Terminus si termino ipsi adjiciatur verum aut falsum; ut sit *A* terminus, et *A est* vel *A verum est*, sit propositio, *A verum*, seu *A verum esse*, seu *A esse* erit terminus novus, de quo rursus fieri potest propositio. 8° Propositionem ex propositione sequi nihil aliud est quam consequens in antecedenti contineri ut terminum in termino, atque hac methodo reducimus consequentias ad propositiones, et propositiones ad terminos. < 9° A continere *l* idem est quod A $= xl$. >

{ Omne B est C.   B non C non est.
O.   A est B.   A non B non est.
O.   A est C.   A non C non est.

Sed hæc consequentia ex meris negativis etsi proba sit non tamen apparet, nisi re reducta ad affirmativas. Unde apparet hanc reductionem universalium ad negativas non esse adeò naturalem. Quemadmodum A continet B et B continet C etiam A continet C, ita si A excludit non B, ergo includit B, et B excludit non C ergo B includit C, itaque denique A includit C. Si adhibeamus AB est, A non B est pro particularibus, et A continet B vel A continet non B pro universalibus, poterimus carere propositionibus negativis. Sanè negativus non afficit copulam nisi quando dicitur propositio esse falsa, alioqui afficit prædicatum[1]. }

199. Propositio *particularis affirmativa* : AB est. *Particularis negativa* A non B, est. < Et posito A et B esse > *Universalis affirmativa* A non B non est. *Universalis Negativa* : AB non est. Hinc statim patet nec numero plures dari, et quænam earum sint oppositiones et conversiones. Nam P. A. et U. N. opponuntur, item P. N. et U. A. Patet etiam in propositione AB est vel AB non est utrumque terminum eodem modo se habere, et ideò locum habere conversionem simpliciter. Addi posset non A non B est, vel non A non B non est, sed nihil differt a LM est, vel LM non est, posito non A esse L et non B esse M.   U. A. seu A non B

---

1. Cf. Phil., VII, B, 11, 72.

non est, idem est quod A continet B. Nam A non continere B est < idem quod > A non B esse verum. Ergo A continere B idem quod A non B esse non verum.

{ 200. Si dicam AB non est, idem est ac si dicam A continet non B, vel B continet non A, seu A et B sunt [inconsequentia] < inconsistentia >. Similiter si dicam A non B non est, idem est ac si dicam A continet non-non B seu A continet B, et similiter non B continet non A. His ergo paucis [omnis] formæ fundamenta continentur. }

PHIL., VII, C, 32 (1 p. in-fol.).

Commencement d'une table alphabétique de définitions (de *A* à *Advocatus*).

PHIL., VII, C, 33-34 (4 p. in-fol.).

Table systématique de concepts généraux.
En marge, une note énumère les *omissa* : ce sont les mêmes que ceux de WILKINS [1].

PHIL., VII, C, 35-46 (12 p. in-fol.).

Tables systématiques de définitions.

PHIL., VII, C, 47 (1 p. in-fol.).

Table de définitions sous les rubriques : GENERA ET SPECIES, CAUSÆ, *effectus*.

PHIL., VII, C, 48-49 (2 p. in-fol.).

De discreta quantitate.

III. Transcendentales mixtæ relationes pertinentes ad Quantitatem discretam.

---

1. Cf. PHIL., VII, B, III, 10.

PHIL., VII, C, 48-49.

{ Si B sit A et C sit A, et idem sit B quod C, erit *unum* A. si non sint idem, erunt *plura*[1]. }

Table de définitions de concepts mathématiques (quelques termes français et allemands).

PHIL., VII, C, 50.

PHIL., VII, C, 50 (2 p. in-8°).

Sur les lois du mouvement.

PHIL., VII, C, 51.

PHIL., VII, C, 51 (un coupon).

Tutissime philosophabimur abstinendo ab abstractis, præsertim ne Metaphysicis speculationibus abutendo in Theologiam incurramus. Pleræque controversiæ philosophico-Theologicæ irrite agitantur, ob nomina non rite definita. Opus est autem definitionibus quales sunt meæ, nempe palpabiles, et ope characterum ad sensibile aliquid redactæ.

Optima Methodus perveniendi ad Analysin notionum a posteriori, est quærere demonstrationes propositionum maxime Axiomaticarum, quæ videntur aliis per se notæ[2]. . . . .

Suit l'énumération des auteurs auxquels Leibniz empruntera ces prétendus axiomes.

PHIL., VII, C, 52.

PHIL., VII, C, 52 (1 p. in-fol.).

Catalogus notionum primariarum, ex quibus cæteræ pleræque omnes componuntur.

PHIL., VII, C, 53-54.

PHIL., VII, C, 53-54 (4 p. in-fol.).

De Rerum Classibus.

Revue historique des auteurs de classifications logiques, depuis les *Catégories* d'ARISTOTE jusqu'au *Character realis* de WILKINS.

1. Cf. *Specimen Calculi universalis* (PHIL. VII, B, II, 17 verso).
2. Cf. PHIL., VI, 12, f, 23.

Phil., VII, C, 55-58 (8 p. in-4°).

Sur la *Dialectica juris* de Nic. Vigelius (Bâle, 1620).

Phil., VII, C, 59 (1 p. in-fol.).

Une table de concepts primitifs. Dans une note en tête, Leibniz forme le projet de construire une grande table où l'on pourrait unir les notions par des lignes menées d'un signe à l'autre.

Phil., VII, C, 60 (un coupon).

Sur les paradoxes.

Phil., VII, C, 62-63 (4 p. in-4°).

QUEMADMODUM in loco sabuloso ædificium molienti continuanda fossio est, donec solidam rupem firmave fundamenta offendat; et filum implicatum evoluturo quærendum est initium; et pro maximis ponderibus movendis stabilem < tantummodo > locum postulabat Archimedes; ita ad humanæ scientiæ Elementa constituenda desideratur punctum aliquod fixum, cui tutò inniti atque unde securè progredi possimus.

Hoc principium quærendum censeo in ipsa generali natura Veritatum, atque illud < ante omnia > tenendum : *Omnem Propositionem aut veram aut falsam esse.* Esse autem *Falsam* quæ veræ contradictoria est. *Contradictorias* verò esse, quæ non aliter differunt, quàm quod una earum est affirmativa, altera negativa. < Atque hæc quidem talia sunt, ut frustra eorum probatio postuletur. Cùm enim ad probationes non afferri possint nisi aliæ propositiones, frustra utique afferentur, si simul concedi et negari < aut > veræ et falsæ esse possunt cessatque statim ab initio omnis inquisitio veritatis. porro quotiescunque adhibetur aliqua propositio censetur esse vera, nisi aliud admoneatur. >

Vera autem propositio est cujus prædicatum continetur in subjecto, vel generalius cujus consequens continetur in antecedente, ac proinde necesse est quandam inter notiones terminorum esse connexionem, sive fundamentum < dari > à parte rei ex quo ratio propositionis reddi, seu probatio à priori inveniri possit[1]. | Idque locum habet in omni propositione vera affirmativa universali vel singulari, necessaria aut contingente; ut prædicati notio insit notioni subjecti vel expressè, vel virtualiter; expressè in propositione identica, Virtualiter in alia quacunque. Et [quidem si necessaria sit] propositio, prædicatum ex subjecto vel consequens ex antecedente probari potest vel sola antecedentis sive subjecti, vel et antecedentis et consequentis simul, sive prædicati et subjecti simul, resolutione. < Et quidem necessaria connexio est in propositionibus æternæ veritatis, quæ ex solis ideis sive definitionibus idearum universalium consequuntur. > Quodsi propositio sit contingens, non est necessaria connexio, sed < tempore variatur et > ex supposito divino decreto, et libera voluntate pendet; eoque casu ratio quidem reddi potest semper < ex natura rei, seu notione terminorum (saltem ab eo qui omnia novit) > cur id quod factum est potius factum quàm non factum sit. Sed illa ratio inclinat [potiùs quàm] < tantùm > necessitatem autem non imponit. Ex his sequitur Axioma maximi Usus ex quo pleraque in re physica et morali derivantur: *Nihil evenire cujus ratio reddi non possit, cur sic potiùs quàm aliter contigerit.* Exempli causa < inter > totius Staticæ fundamenta ponitur ab Archimede[2] duo pondera æqualia < A et B > et æqualiter a centro motus, < C >, distantia in æquilibrio esse, quod corollarium est hujus axiomatis < nostri >, nam si qua eveniret diversitas, utique aliqua reddi potest diversitatis ratio (*per nostrum axioma*) quod non potest fieri (*ex hypothesi*) cum omnia sese utrinque eodem modo habere ponantur; itaque nec diversa inde consequi possunt.

| Postquam igitur intelleximus omnem propositionem aut veram aut falsam esse, et omnem propositionem veram, quæ non per se vera, sive immediata est, posse probari à priori, sequitur ut modum probandi tradamus; is verò continetur hoc < potissimum > axiomate: *Prædicatum in locum subjecti propositionis universalis affirmativæ, vel consequens in locum antecedentis propositionis affirmativæ,* < *salva veritate* > *substitui potest*

---

1. Cf. *Generales Inquisitiones*, § 132 sqq., Phil. VII, C, 29 recto; IV, 3, a, 1; VIII, 6-7.
2. Cf. Phil., VIII, 2; 6 verso; *Phil.*, VII, 301, 309, 356.

< *in alia propositione ubi subjectum prioris est præedicatum, vel ubi antece- dens prioris est consequens.* > Excipiendæ autem sunt propositiones reduplicativæ in quibus nos testamur de termino aliquo ita strictè loqui ut alium substitui nolimus < sunt enim reflexivæ et respectu cogitationum se habent ut propositiones materiales respectu vocum. > Cæterum ratio axiomatis hujus patet ex præcedenti. Ponamus enim dari propositionem Universalem affirmativam Omne B est C, et aliam propositionem A est B, dico in posteriori pro B substitui posse C. nam cum A contineat B, et B contineat C < (per axioma præcedens) >, etiam A continebit C, quod sufficit (per axioma idem) ut dicamus A esse C. Nolo autem hoc loco varietatem propositionum prosequi et logicas regulas tradere, cum fundamentum substitutionis indicasse sufficiat.

| *Si qua notio sit completa, seu talis ut ex ea ratio*[1] *possit omnium prædicatorum ejusdem subjecti cui tribui potest hæc notio, erit notio Substantiæ individualis. et contra*[2]. Nam substantia individualis est subjectum quod alteri subjecto non inest, < alia autem insunt ipsi, > itaque prædicata omnia ejusdem subjecti sunt omnia prædicata ejusdem substantiæ individualis; eorum ergo ratio reddi potest ex notione substantiæ individualis, eaque sola : ut ex axiomate 2do manifestum est. Itaque notio quæ hoc præstat utique ipsius substantiæ individualis notio est.

PHIL., VII, C, 64 (2 p. in-8°).

Novembr. 1678.

Tabulæ. Divisiones. Methodus.
Genera et species subalternæ.

Utile est plurium eandem rem tractantium methodos in tabulas redactas inter se conferri, ita enim pro variis dispositionibus variæ rerum inter se cognationes, ac varia genera subalterna animo a speciebus imis abstracta, comparebunt.

Cuncta inveniri possunt per divisiones, imo quia quotcunque spe-

1. Suppléer : *reddi.*
2. Cf. *Generales Inquisitiones*, § 74, PHIL., VII, C, 25 verso; VIII, 6-7.

Phil., VII, C, 64. cierum *genus proprium* reperiri potest[1], cuncta possunt reperiri per dichotomias[2], v. g.

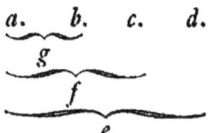

Nempe e dividetur in f et d, et f dividetur in g et c, et g dividetur in a et b.

Cunctæ inquam < imæ > species < $a.\ b.\ c.\ d.$ > inveniri per subdivisionem unam, sed non cuncta genera subalterna, v. g. genus proprium his tribus : $a.\ b.\ d.$ sic non comparebit. Itaque ut hoc quoque inveniatur adhuc alia opus erit dichotomia, v. g.

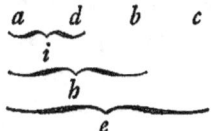

Enumeratio facienda est quot diversis opus sit subdividendi modis, ut omnes prodeant species subalternæ.

Verso. | Itaque methodus subdivisionum tum demum sufficiens est, cum de solis speciebus infimis < inveniendis > soliciti sumus : non vero cum rubricas quas vocant et titulos rerum constituere, ac varia genera venari volumus. Species infimas hoc loco intelligo non absolute, sed relate ad genus suum proprium ut : $a.\ b.\ c.\ d$ considero ut species infimas, earum scilicet quæ quæruntur.

Quæritur an species infimæ conjungendæ quæ sunt æque remotæ a genere [3]

Phil., VII, C, 65 (2 p. in-8°).

Distinctio mentis et corporis.

1. Cf. le *De Arte combinatoria*, n° 53 (Phil., IV, 61 ; Math., V, 39).
2. V. dans le *Consilium de Encyclopædia nova...* de juin 1679 (Phil., V, 7, f. 5 verso), l'opinion contraire, qui paraît être née précisément des considérations contenues dans le présent fragment. Cf. *La Logique de Leibniz*, p. 325.
3. *Sic.*

Phil., VII, C, 66 (2 p. in-8°).

De æquipollentia causæ et effectus.

Il n'y a pas de raison pour que la cause et l'effet diffèrent en grandeur, s'ils sont semblables d'ailleurs [1].

Phil., VII, C, 68 (un coupon) [2].

Si omnes propositiones etiam contingentes resolvuntur in propositiones identicas, an non omnes necessariæ sunt? Respondeo non sane, nam etsi certum sit extiturum esse quod est perfectius, tamen, minus perfectum nihilominus possibile est. In propositionibus facti involvitur existentia. Existentiæ autem notio est talis, ut existens sit talis status universi qui DEO placet. DEO autem libere placet quod perfectius est. Itaque involvitur demum actio libera. At nonne ipsius actionis liberæ reddi ratio potest? Utique si actionem liberam sumamus ut in tempore, erit ejus ratio alia actio DEi præcedens æque libera, et sic porro. Si sumamus actionem liberam æternam, quænam ratio cur DEus potius [elegerit] talem semper formaverit? Est utique ipsa natura seu perfectio divina [3], dicendumque est in contingentibus non quidem demonstrari prædicatum ex notione subjecti, sed tantum ejus rationem reddi, quæ non necessitet, sed inclinet.

Homo operatur libere, ubicunque ad ejus electionem aliquid sequitur, id autem quod in homine fit libere, in corpore fit necessitate physica ex hypothesi decreti divini.

Inania sunt quæ Cartesius ait quasi mens possit determinare cursum spirituum animalium, necesse est enim [motum] alicujus corporis determinationem mutari alio motu. Et sciendum est non tantum eandem quantitatem motus, sed et eandem determinationem in summa servari in mundo.

---

1. Cf. *Dynamica*, Pars II, Sect. I, *De causa et effectu activis*, Axiome et Prop. 4 (*Math.*, VI, 437, 439).
2. Cf. *Generales Inquisitiones*, § 136 (Phil., VII, C, 29) et Phil. VII, C, 62 verso.
3. La suite est d'une autre plume.

Phil., VII, C, 69 (1 f. in-4°).

< Propositio *a* est *b*. subjectum *a*. prædicatum *b*. Terminus *a* vel *b*. >
Propositio Vera : *a* est *a*. vel *de* est *de*
   item :   *ac* est *a*. vel *def* est *de* vel *de*, *f* est *d*, *fe*
   item :   *b* est *a*, posito *b* est *ac*. < vel *b* est *a* posito *b* esse *def*
                et *a* esse *de*. >

Schol. Nota : propositio *a* est *a* continetur in propositione *ac* est *a*. posito *c* haberi pro non adjecto. ut in algebra cum litera aliqua multiplicans significat unitatem.

Hypothesis est propositio pro arbitrio assumta, ut *b* est *ac*. vel *de* est *ac*. quando scilicet præfamur, nos eam non velle probare, sed tantùm supponere, et quid ex ea posita sequatur ostendere. < Ita enim theoremata sunt conclusiones ex ista hypothesi factæ. >

Propositio reciproca ut : *b* est *a*, si etiam *a* est *b*. Definitio est hypothesis reciproca, in qua definitum est terminus altero simplicior, ut definitio est : *a* est idem quod *de*. vel *de* est item quod *ghl*. Quum dico esse idem intelligo esse reciproca seu unum posse substitui in alterius locum. Nota pro voce est substitui potest vox continet. et *a* est *a* vel *ac* est *a*.

Ad modum Algebræ res rediret ad divisibilitatem, ut *b* est *c*, id est $\frac{b}{a}$ est integer, seu *b* est divisibilis per *a*, seu *b* est a^{rius}. ut si *b* sit 6 et *a* sit 3. nam *ac* est *a* seu *b* est *a*. seu 3, 2 est 3^{narius}. seu numerus divisibilis per 3.

Ut characteristica Logica probè constituatur, ita concipi debet, ut ex calculo etiam ostendi possint subsumtiones, conversionesque, item modi et figuræ. Consequentiæ quæ nullis syllogismis aliisque logicis artibus probari possunt, quas Jungius notavit, eæ referendæ ad characteristicam Grammaticam[1].

Verso. | Videtur negatio exprimi posse per [2]

---

1. Cf. **Phil.**, V, 7, f. 3 verso; VII, B, 11, 12; IV, 32.
2. *Sic.*

Phil., VII, C, 70 (2 p. in-fol.)

Genera Terminorum.
Liste de catégories.

Substantiæ.
Définitions.

Phil., VII, C, 71-72 (2 p. in-fol.).

Définitions de *Ens, possibile, Existens, Compossibile, perfectius, Necessarium, Contingens, iidem, diversi, multa, unum, duo, tria, quatuor* (démonstration de $2+2=4$), *partes, totum, magnitudo, similia, convenientia, congrua, positio, locus, tempus, ordo,* etc.

Phil., VII, C, 73-74 (3 p. in-fol.).

A *infert* B, vel B *sequitur* ex A [si substitutione coincidentium pro A oritur B], si ponendo A [sumendo A] et substituendo coincidens oritur B. [Non tamen necesse] non tamen requiritur ut nihil aliud oriatur quam B.

Eadem seu *Coincidentia*. . . . .
Contradictio. . . . .
Impossibile. . . . .
Possibile. . . . .

Vera propositio est A [est] continet B, si A non-B infert contradictionem. Comprehenduntur et categoricæ et Hypotheticæ propositiones, v. g. si A continet B, C continet D, potest sic formari : A continere B continet C continere D; itaque A continere B, et simul C non continere D infert contradictionem [1]. . . . .

Vera propositio categorica < *affirmativa universalis* est : > A est B, si A et AB coincidat, et A sit possibile, et B sit possibile.

Hinc sequitur, si A est B vera propositio est, A non-B implicare

---

[1]. Cf. Phil., VII, B, II, 62, § 16; 63, § 8; *Generales Inquisitiones,* § 138, Phil., VII, C, 29 verso.

contradictionem, nam pro A substituendo æquivalens AB fit AB non-B quod manifeste est contradictorium.

{ Verum est vel necessarium vel contingens. Verum necessarium sciri potest per finitam seriem substitutionum seu per coincidentia commensurabilia, verum contingens per infinitam, seu per coincidentia incommensurabilia. Explicabile conferemus commensurabili, inexplicabile incommensurabili. Verum necessarium est cujus veritas est explicabilis; contingens cujus veritas est explicabilis[1]. Probatio a priori seu [demonstratio] Apodixis est explicatio veritatis. }

Vera propositio hypothetica < primi gradus > est si A est B, et inde sequitur C est D. < nempe substitutione coincidentium. > Status quo A est B vocetur L, et status quo C est D vocetur M. Erit L ∞ LM ita reducitur hypothetica ad categoricam. . . . .

Ex Hypotheticis primi gradus eodem modo transiri potest ad hypotheticas secundi. . . . .

PHIL., VII, C, 75-78 (7 p. in-fol.).

Suite de définitions logiques et métaphysiques. (Fol. 77 recto, le mot *Monas* est employé pour désigner la substance simple.)

PHIL., VII, C, 79 (un coupon long).

79 recto.   Définitions géométriques : *Extensum*, etc.

79 verso.   *Extensum* est continuum cujus partes sunt coexistentes[2].

Axioma 1. Omne extensum < A > est in alio extenso < B > in quo est adhuc aliud (extensum) C, quod non est in ipso A. Seu omne extensum est in ampliore extenso.

Axioma 2. Duo quælibet extensa sunt in [communi] < eodem > extenso.

Axioma 3. Si A sit in B, et B in C, erit A in C.

Axioma 4. Si omne quod est in A sit in B, ipsum A est in B. et contra.

---

1. *Sic*, pour : *inexplicabilis*.
2. Cf. PHIL., VII, C, 21 recto.

Punctum est [Extensum in quo quicquid est idem] [quod in extenso   Phil., VII, C, 79.
est, sed ita ut [quod in] nihil aliud sit in ipso] in quo nihil est præter
ipsummet, ipsum autem est in extenso[1].
Ergo per axiom. 2. et 4. duo quælibet puncta sunt in eodem extenso.
Recta est via simplicissima transiens per duo puncta. . . . . .

Phil., VII, C, 80 (un coupon, 2 p.).   Phil., VII, C, 80.

Inquisitio in aliquid absolutum, in quod cogitationum objecta resolvi
oportet. . . . .

Phil., VII, C, 81 (un coupon.)   Phil., VII, C, 81.

La médecine étant la plus empirique des sciences a besoin de recueils
d'observations et de répertoires.

Phil., VII, C, 82 (un coupon).   Phil., VII, C, 82.

Définitions de l'*essence* et de l'*existence*.

---

1. Cf. Math., I, 3, a; 5, d.

Phil., VII, C, 83-84 (4 p. in-folio).

De formis syllogismorum Mathematice definiendis [1]

Neminem harum rerum intelligentem dubitare arbitror, quin Logicæ pars quæ de figuris et modis syllogismorum agit, ad geometricum rigorem revocari possit. Et sanè non pauci homines ingeniosi jam in eo ostendendo studium posuêre; mirum tamen est verum, modorum utilium numerum nondum determinari haberi [2], quod nunc facere aggredimur, nec indignum Geometra putamus. Nam si laudantur qui corporum regularium numerum definiêre, quorum nisi ad contemplandi jucunditatem usus nullus est, si Conchoeidis aut Cissoeidis alteriusve figuræ rarò usum habentis proprietates elegantiores eruisse dignum ingenio mathematici exercitium videtur, quanto potius erit ratiocinationem humanam qua neque præstantius neque utilius quicquam habemus, sub Mathematicas leges cogere. Nec proinde culpandi sunt Logici quod ista sunt prosecuti, sed quod istis pueros fatigârunt. < Nos autem non tantum pro contemplandi exactitudine ostendemus cur tres tantum sint figuræ directæ, quarta verò indirecta; et in unaquaque directarum modi sex, in indirecta autem [octo] < novem >, sed et juvandis discentium ingeniis Canonem Logicum subjiciemus mirifici usus ad agnoscendum è vestigio solis tribus lineis rectis ductis, utrum propositus aliquis modus sit concludens, sine ullo figurarum et regularum logicarum respectu [3]. >

Fundamentum Syllogisticum hoc est : Si totum aliquod C cadat intra aliquod D vel si totum C cadat extra aliquod D, tunc etiam id quod

---

1. Cf. Phil., VI, 14, 15. Une longue note marginale est consacrée à la *Logique* du P. Fabry.
2. *Sic.*
3. Cf. Phil., VII, B, iv, 1-10.

inest ipsi C priore quidem casu cadet intra D, posteriore vero casu Phil., VII, C, 83.
cadet extra D. Et hoc est quod vulgo vocant dictum de omni et nullo[1].

Hinc statim nascuntur modi illi primitivi : *Omne C est D. Omne B est
C. Ergo omne B est D.* < vel si mavis Omne B est C. omne C est D.
Ergo omne B est D (hoc est individua ipsius B continentur in individuis
ipsius C, et individua ipsius C < continentur > in individuis ipsius D.
Ergo individua ipsius B continentur in individuis ipsius D). > (hoc est
totum aggregatum individuorum ipsius C comprehenditur sub individuis ipsius D, jam omnia individua ipsius B comprehenduntur sub
individuis ipsius C, ergo et sub individuis ipsius D).

Omne C est D, quoddam B est C, ergo quoddam B est D. < vel quoddam
B est C. Omne C est D. Ergo quoddam B est D. (hoc est quædam individua ipsius B continentur in individuis ipsius C. omnia individua ipsius C
continentur sub individuis ipsius D. Ergo quædam individua ipsius B continentur sub individuis ipsius D). > Brevius ambos modos comprehen-
dendo : B vel ex toto vel parte < sive respectu vel omnium vel quorundam individuorum >, inest ipsi C, jam totum C inest ipsi D, ergo
et B vel ex toto vel ex parte inerit ipsi D.

Nullum C est D. Omne B est C. Ergo nullum B est D. Item *Nullum C
est D. Quoddam B est C. Ergo quoddam B non est C*[2]. (Hoc est : B vel ex toto
vel ex parte inest ipsi C : jam totum C cadit extra D; ergo et B vel
ex toto vel ex parte cadit extra D.) Hæc autem non minus geometricæ
certitudinis sunt, quam si dicatur, cui inest totum ei et inest pars, vel a
quo removetur totum, ab eo et removetur pars.

| < Ex his jam paucis cæteros modos omnes demonstrabimus, usi 83 verso.
tum subalternatione, tum regressu, tum conversione; et quidem per
subalternationem < seu argumentum ab universali ad particulare >
ostendemus modos < duos > primæ figuræ derivativos vulgo non usi-
tatos; per regressum ostendemus < ex primis > omnes modos figuræ
secundæ et tertiæ ac per hos ipsam conversionem; denique accedente
prioribus mediis (subalternationi et regressui) conversione, ostendemus
modos figuræ Quartæ seu indirectæ[3]. > Brevitatis autem causa morem

---

1. Ces axiomes sont formulés au point de vue de l'extension, comme ceux du fragment Phil., VII, B, iv, 11. Ils seraient faux au point de vue de la compréhension (cf. Phil., VII, B, iv, 26, et *Phil.*, VII, 209 : *Definitiones Logicæ*).
2. *Sic.* Lire : D.
3. Cf. *La Logique de Leibniz*, chap. i, §§ 5-7.

Phil., VII, C, 83. Logicorum secuti imposterum Universalem affirmativam exprimemus per A, universalem Negativam per E, particularem affirmativam per I, particularem Negativam per O, et scribemus ABC, EBC, IBC, OBC, pro exprimenda propositione, et AAA, AEE, etc., pro exprimendo modo.

Hinc quatuor primi *modi primæ* figuræ quos < *primitivos* seu > ab aliis independentes esse diximus, ita enuntiabuntur, *Barbara* : ACD. ABC. ABD. *Celarent* : ECD. ABC. EBD. *Darii* : ACD. IBC. IBD. *Ferio* : ECD. IBC. OBD. Ubi A.E.I.O significant formam, B.C.D materiam, nempe B minorem, C medium, D majorem terminum < v. g. ACD significat omne C est D, ECD significat Nullum C est D, IBC significat quoddam B est C, OBD significat quoddam O[1] non est D. > Subalternatio autem (cujus ope ex his quatuor modis alii duo modi primæ figuræ ducuntur), ita demonstratur : *Omne A est B.* quoddam A est A. *Ergo quoddam A est B.* quod est argumentum in *Darii*. Similiter : *Nullum A est B.* quoddam A est A. *Ergo quoddam A non est B.* quod est argumentum in *Ferio*. Hinc ex *Barbara* ducitur *Barbari* pro < conclusione > ABD scribendo IBD, quod ex ea sequitur; et ex *Celarent* ducitur *Celaro*, pro conclusione EBD scribendo OBD quod ex ea sequitur. Habemus ergo *duos modos novos eosque derivativos, primæ figuræ* : *Barbari* ACD. ABC. IBD. *Celaro*. ECD. ABC. OBD. Horum modorum utilitas apparebit in progressu ad omnes alios modos aliarum figurarum Methodo nostra constanti ex prima deducendos. Apparebit etiam tres figuras directas, primam, secundam et tertiam, habere numerum modorum æqualem, nempe senarium, et ex unoquoque modo primæ, methodo regressus quæ nunc sequetur demonstrari unum modum secundæ et unum modum tertiæ. Hinc secundæ figuræ etiam duos novos modos adjicio, tertia autem jam vulgò plena habetur.

{ In *Regressu* utimur hoc principio, quod conclusione existente falsa (hoc est contradictoria ejus existente verâ) et una præmissarum existente vera, altera præmissarum necessariò debeat esse falsa, seu contradictoria ejus debeat existere vera. Supponit ergo Regressus principium contradictionis, est autem *Contradictio* inter Universalem affirmativam et particularem negativam, seu si falsa sit A vera est O, et contra; item inter

---

1. *Sic.* Lire : B.

universalem negativam et particularem affirmativam, seu si falsa sit E Phil., VII, C, 83. vera erit A[1] et contra. }

Jam ex sex Modis primæ figuræ ducemus modos secundæ et tertiæ per *Regressum*, incipiendo à *Barbara*, ibique rem trademus ita explicatè, ut in sequentibus breviores esse possimus. In Barbara primæ : omne C est D. omne B est C. ergo omne B est D. Itaque si ponatur major esse vera (omne C est D) et falsa conclusio ac proinde vera ejus contradictoria (quoddam B non est C[2]) falsa erit minor (seu quoddam B non erit C). < Jam argumentum tale : Omne C est D, quoddam B non est D, ergo quoddam B non est C, est in *Baroco secundæ*, oritur ergo ac demonstratur hic modus per regressum ex *Barbara* primæ, supponendo conclusionem modi hujus primæ falsam, et majorem veram >. Sin ponatur in *Barbara* conclusio falsa (seu quoddam B non esse D) minor vera (seu omne B esse C) Erit major falsa (seu quoddam C non erit D) quod est in *Bocardo tertiæ*. Sed ut brevioribus notis totum hoc exprimamus :

Barbara primæ	ACD	ABC	ABD	*Barbara* primæ	ACD	ABC	ABD	
Regressus	ACD		OBD	Regr.		ABC	OBD	
Ergo		OBC		Ergo	OCD			
Hinc *Baroco* secundæ	ACD	OBD	OBC	Hinc *Bocardo* tertiæ	OBD	ABC	OCD	
Celarent primæ	ECD	ABC	EBD	*Celarent* primæ	ECD	ABC	EBD	
Regr.	ECD		IBD	Regr.		ABC	IBD	
Ergo		OBC		Ergo	ICD			
Hinc *Festino* secundæ	ECD	IBD	OBC	Hinc *Disamis* tertiæ	IBD	ABC	ICD	
Darii primæ	ACD	IBC	IBD	*Darii* primæ	ACD	IBC	IBD	
Regr.	ACD		EBD	Regr.		IBC	EBD	
Ergo		EBC		Ergo	OCD			
Hinc *Camestres* secundæ	ACD	EBD	EBC	Hinc *Ferison* tertiæ	EBD	IBC	OCD	
Ferio primæ	ECD	IBC	OBD	*Ferio* primæ	ECD	IBC	OBD	
Regr.	ECD		ABD	Regr.		IBC	ABD	
Ergo		EBC		Ergo	ICD			
Hinc *Cesare* secundæ	ECD	ABD	EBC	Hinc *Datisi* tertiæ	ABD	IBC	ICD	

1. *Sic.* Lire : I.
2. *Sic.* Lire : D.

Phil., VII, C, 84.								
	Barbari primæ	ACD	ABC	IBD	*Barbari* primæ	ACD	ABC	IBD
	Regr.	ACD		EBD	Regr.		ABC	EBD
	Ergo		OBC		Ergo	OCD		
	Hinc *Camestros* secundæ	ACD	EBD	OBC	Hinc *Felapton* tertiæ	EBD	ABC	OCD
	Celaro primæ	ECD	ABC	OBD	*Celaro* primæ	ECD	ABC	OBD
	Regr.	ECD		ABD	Regr.		ABC	ABD
	Ergo		OBC		Ergo	ICD		
	Hinc *Cesaro* secundæ	ECD	ABD	OBC	Hinc *Darapti* tertiæ	ABD	ABC	ICD

Patet ex hoc schemate, dum ex Modo figuræ primæ ducitur per regressum modus respondens figuræ secundæ vel tertiæ, majorem in prima manere etiam majorem in secunda; at minorem in prima manere minorem in tertia. < Conclusio verò et minor in prima et secunda, item conclusio et major in prima et tertia, prius in contradictorias mutatæ, inter se permutantur. > Hoc est conclusio primæ < per contradictoriam suam fit > in secunda facit minorem, et minor primæ in secunda facit conclusionem; vel contra. At conclusio primæ in tertia facit majorem, et major primæ in tertia facit conclusionem. < Modi etiam secundæ et tertiæ figuræ inter se respondentes seu ex eodem Modo primæ ducti, eandem habent propositionem communem, quæ minor est in secunda, major in tertia, cæteras (in suas contradictorias prius mutatas) etiam permutant. > Hinc sequitur si quis modos secundæ vel tertiæ inventos eadem ratione per regressum tractet, ut modos primæ tractavimus, non prodire novos modos, sed eosdem quos jam determinavimus. Nam si in secunda majorem servemus, reditur ad modum primæ < eandem majorem habentem > ex quo is modus secundæ ductus erat, sin minorem servemus, reditur ad modum tertiæ (minorem servatam pro sua majore habentem) qui ex eodem modo < primæ > ductus erat. | Idem est in tertia, ubi si minorem servemus, reditur ad modum primæ (ejusdem minoris) unde is modus tertiæ ductus erat; sin majorem servemus, reditur ad modum tertiæ (majorem servatam pro < sua > minore habentem) ex eodem primæ ductum. Ita ex *Cesare* per regressum servata majore fit pater *Ferio*, servata minore frater *Datisi*; similiter ex *Datisi* per regressum fit pater *Ferio* aut frater *Cesare*.

{ Hinc facile etiam sciri potest ad quem primæ modum datus aliquis secundæ tertiæve modus reducatur, hoc disticho observato :

> Altera majorem sed tertia forma minorem
> Ex prima servat quando regressus erit.

Ut jam amplius barbaris vocabulis *Cesare, Camestres* < etc. > reductionis causa inventis opus non sit, modo quis intelligat nihil aliud hic regressum appellari, quàm supposita falsitate conclusionis et veritate unius præmissæ concludere falsitatem alterius præmissæ. Res generaliter ita patet, < dissimulando qualitatem et quantitatem >

in prima	CD.	BC.	BD.
Regressus	CD		BD
Ergo		BC	
Hînc in secunda	CD	BD	BC
in prima	CD	BC	BD
Regressus		BC	BD
Ergo	CD		
Hinc in tertia	BD	BC	CD. }

Hæc secundæ tertiæque figuræ demonstratio simul continet earum originem à priori, seu modum quo potuêre inveniri, quæ demonstrandi ratio optima est, synthetica enim est sive combinatoria, non verò analytica, quæ figuras istas jam datas assumit. Prævideri etiam hac methodo potest quot modi et figuræ oriantur, nam unus modus figuræ primæ unum dat secundæ unumque tertiæ. Fecit autem, credo, neglectus novorum à me additorum modorum primæ et secundæ figuræ, ut hæc methodus non observaretur; aliàs enim non apparet ejus universalitas in modis tertiæ ex prima derivandis, unde Logici communiter utuntur conversionibus ad demonstrandos secundæ et tertiæ figuræ modos; sed ita simul incidêre in modos quartæ. Hæc vero nostra Methodus figuras directas secundam nempe et tertiam ex prima ducit per regressum, at modos indirectos, figuræ scilicet quartæ per regressum solum obtinere non licet, sed conversiones sunt adhibendæ, quæ tamen ipsæ per secundam tertiamque figuram debent demonstrari, ut nunc ostendam. Unde hac methodo vera ratio apparet, cur quarta figura à figurarum directarum numero excludatur, < et secundæ tertiæque sit postponenda, quandoquidem non nisi per illas demonstratur. >

PHIL., VII, C, 84. Ut autem ad quartam figuram accedamus, prædemonstrandæ erunt conversiones :

(1) In *Cesare* secundæ demonstratur Universalem Negativam posse converti simpliciter, nempe : *Nullum A est B*, Omne B est B. *Ergo Nullum B est A*.

(2) In *Darapti* tertiæ demonstratur Universalem Affirmativam posse converti per accidens, nempe : Omne A est A. *Omne A est B. Ergo quoddam B est A*.

(3) In *Festino* secundæ demonstratur Universalem negativam posse converti per accidens, nempe : *Nullum A est B*, quoddam B est B. *Ergo quoddam B non est A*.

(4) In *Datisi* tertiæ demonstratur particularem affirmativam posse converti simpliciter, nempe : Omne A est A. *Quoddam A est B. Ergo quoddam B est A*. Hoc modo enim (ut et in demonstranda subalternatione apparuit) consequentiæ biterminæ, adhibitis propositionibus identicis eundem terminum bis ponentibus, præbent syllogismos triterminos. Conversio per contrapositionem huc non pertinet, in contrapositione enim ipsi termini mutantur, translata mutatione à copula seu forma in ipsum terminum seu materiam. Licet autem identicæ aliis etiam in modis adhibeantur, tamen nullas novas conversiones obtinebimus, sed plerumque in conclusionem præmissæ repetitricem incidemus. Cui accedit quod solæ propositiones affirmativæ identicæ esse possint, et pro negativis veniendum est ad contrapositionem. Ut enim dicere possum, Omnis homo est homo, ita dicere etiam possum Nullus non-homo est homo. sed contrapositio ut dixi hujus loci non est [1].

Au bas de la page, un renvoi :

Figura Quarta [2].

PHIL., VII, C, 87-88.

PHIL., VII, C, 87-88 (4 p. in-folio) [3].

87 recto. Constat non tantùm omnes Veritates in rerum natura et mente Autoris DEI omnium conscii esse determinatas, sed etiam *determinatum esse quid < à nobis > ex notitiis quas jam habemus colligi possit*, sive

---

1. Cette page contient encore une longue note marginale sur la *Logique* du P. FABRY.
2. Nous n'avons pas retrouvé la suite annoncée par ce renvoi.
3. Cf. *Nouveau plan d'une science certaine* (PHIL., VII, B, VI, 1); *Elementa Rationis*

absoluta certitudine, sive maxima quæ ex datis haberi possit probabilitate. Phil., VII, C, 87.

Est vero in nostra potestate ut in colligendo non erremus, si scilicet quoad argumentandi formam rigidè observemus regulas Logicas, quoad materiam verò nullas assumamus propositiones, quarum vel veritas, vel major ex datis probabilitas, non sit jam antea rigorosè demonstrata. Quam methodum secuti sunt Mathematici, admirando cum successu.

Est etiam in potestate nostra ut controversias finiamus, si scilicet argumenta quæ afferuntur in formam accuratè redigamus, non syllogismos tantùm < formando atque examinando >, sed et prosyllogismos, et prosyllogismorum prosyllogismos, donec vel absolvatur probatio, vel constet quid adhuc investigandum probandumve argumentanti supersit, ne scilicet inani circulo priora repetat, et Diogenis dolium volvat.

Magnum igitur brevi tempore potuissemus colligere Thesaurum veritatum, si disputationibus scripto institutis accuratè observavissemus disputandi Methodum[1], et conclusa disputationis redegissemus in literas tanquam < in > Acta publica eruditorum, quemadmodum Democritus quæ semel accuratè investigando compererat annulo obsignabat; < aut quemadmodum Mathematici semel demonstratis aut præstitis apponunt signum : Q. E. D. vel Q. E. F. > Ita enim semper aliquid didicissemus, scilicet veritatem vel probatam, vel reductam saltem ad propositiones quasdam simpliciores quæ adhuc probandæ restarent, nec unquam postea resumsissemus priorem controversiam, sed quæstiones novas ex ea enatas, cumque non eatur in infinitum et < cùm > semper profecissemus aliquid, < nec unquam in vanum laboravissemus, ideò > mox in plurimis quæstionibus cognovissemus, quicquid de illis ex datis mente humana sciri potest.

Hæc Methodus plurimum contulisset ad Felicitatem generis humani. Nam ita datis notitiis, tanquam beneficiis Divinis, usi fuissemus quantum possibile est, et ex iis duxissemus quicquid inde duci potest; plurimaque malorum remedia aut vitæ subsidia in ærarium scientiæ humanæ publicum relata haberemus, quæ nunc irritis conatibus vanisque divagationibus quærimus, ignari nos ea jam habere in potestate. Sicubi autem constitisset, quæsita ex datis haberi non posse, convertissemus animum ad

---

(Phil., VII, B, vi, 4), et le *Mémoire pour des personnes éclairées et de bonne intention* (Foucher de Careil, A, 274-292).
1. Cf. la *Methodus disputandi* (Phil., VII, B, vi, 16).

Phil., VII, C, 87. nova Data acquirenda institutis methodicè experimentis. In his autem ubi non licet experimenta facere, saltem obtinuissemus tranquillitatem Mentis et pacem animorum, quemadmodum enim nullus præstans Mathematicus quærit Motum perpetuum pure mechanicum, < cujus demonstrata est

87 verso. impossibilitas >, ita nemo prudens ampliùs se vanis disquisitionibus | fatigaret, multò minùs aliis negotium facesseret, ineptaque odia exerceret in dissentientes, sed vim mentis in illa impenderet quæ cum fructu tractari possunt.

Verum multa magnaque fuere olim, hodieque perseverant *obstacula* quominùs consilia tam salutaria exitum sortirentur. Videntur tamen ad *duo* redigi posse. *Prius* ergo < et majus > *obstaculum mihi esse videtur, defectus seriæ voluntatis in hominibus*. quem quidem mirari non debemus, videmus enim non tantum quàm negligenter tractent negotium salutis æternæ sed etiam quomodò in rebus ante oculos et pedes positis se temere gerant. Quid enim ut exemplo quotidiano utar, præstantius in hac vita est sanitate, et nihilominus multi eam scientes videntesque pessundant, plurimi non curant, pauci de ea seriò et cum effectu aliquo cogitant. Quotusquisque autem faceret quod rusticus ille apud Benivenium in rarioribus observationibus, is cum inveterata Hydrope laborans auxilium peteret, Benivenius autem desperatum judicans, nihil se posse dixisset, consilium saltem flagitabat, cui subridens Benivenius, nihil aliud habeo amice quod tibi consulam, quam ut quam minimum possis, bibas. Tum rusticus integro anno potu abstinuit, eaque mentis firmitate insuperabilem Medicis morbum vicit[1]. Quis non exploderet Medicum, quæ rusticus ille potuit, ægris præcipientem? Plerique certam mortem quam tam durum auxilium mallent. Ita nos profecto malumus mentis nostræ intemperantiam < per omne errorum malorumque genus > sequi quàm aliquandiu sobriam cogitandi severitatem servare certa licet salutis spe. Magna enim opus esset patientia firmoque animi proposito ad rigorem accuratæ inquisitionis observandum, si nihil in ea indulgendum esset animo ad ludendi licentiam, saltusque faciendos prono. Cui accedit quod pauci veritatis cura tanguntur, nam qui otio et fortunis abundant torpent plerumque arbitrantes sibi suppetere quicquid ad commodè vivendum opus est, et quæ desunt invenire desperantes. Qui verò bonæ

---

1. { Vid. observationes rariores Benevenii editas cum Observ. Remberti dodonæi. {

sunt voluntatis, videntque quantum industria humana possit, plerumque vel rerum domesticarum cogitatione, vel publicis negotiis distrahuntur. Multa sunt præterea, præsertim in naturæ inquisitione, quæ impensas postulant, nec nisi multorum Conspiratione quæstari possunt.

Posterius obstaculum est imperfectio Artis Logicæ. ita enim sentio, Logicam quæ habetur in Scholis, tantum abesse à Logica illa utili in dirigenda mente circa veritatum variarum inquisitionem, quantum differt Arithmetica puerilis ab Algebra præstantis Mathematici. Quemadmodum ergo ante Tractatus de bello et pace habendos, agi solet de præliminaribus, et quemadmodum apud veteres Romanos prætor ligitantibus[1] < initio > præscribebat formulam, secundum quam postea judicio experirentur, denique quemadmodum, qui mari se committunt | non tantùm commeatu se instruunt, sed et pyxidem nauticam et Tabulas Hydrographicas, et Navigationum descriptiones diligenter < confectas secum ferunt, ne à recto cursu aberrent; > ita frustra < inchoamus > inquisitionem mox abrumpendam, aut in errores, vel inveniendi desperationem desituram, nisi certum iter, et biviis in itinere oblatis, certum < futurum > viæ indicem deligamus, et < similiter > temere cum aliis in disputationem descendimus, quæ vel in jocum < aut fallendi sive potius perdendi temporis exercitamentum >, vel in lites, convicia, pugnas, abibit, nisi antea conveniamus, de norma quadam manifesta, et controversiis non obnoxia, quæ dissentientes in concordiam redigere possit. Et sanè si quis acta colloquiorum < cum curâ > inspiciat, qualia fuêre, Ratisbonense; Montisbeligardense, aliaque hujusmodi, deprehendet nullum exitum potuisse obtineri, quia circa Modum disputandi non conveniebatur. Et in congressibus politicis deliberationibusque de bello, pace aliisque gravissimis argumentis apparebit, sæpe imperfectis enumerationibus laborari, et aliis multis modis peccari contra artem rationis, in judiciis autem, cum ipse processus judiciarius nihil aliud quam specialis quædam Logica sit, manifestissimum est quantum Logicæ imperfectione laboretur, nam < sæpe, ut alia infinita taceam >, non constat, cuinam incumbat probatio, sæpe etiam indiciis utrinque pugnantibus, deest statera quædam, ad quam argumenta quoque expendantur, ut appareat à qua parte stet major probabilitas[2]. Ut jam de

PHIL., VII, C, 87.

88 recto.

---

1. *Sic*, pour *litigantibus*.
2. Cf. *Ad Stateram Juris* (PHIL., VI, 17); *Elementa Rationis* (p. 339).

Phil., VII, C, 88. consultationibus Medicorum nihil dicam, quæ cum privato cujusque arbitrio committantur, nec certam formam acceperint et plerumque sint festinatæ < et fiant à distractis >, et suscipiantur circa rem < maximi quidem momenti, sed et > conjecturis maximè obnoxiam, ubi summa circumspectione opus esset; facile judicari potest, quanta et quam crebra in ipsa eorum Methodo vitia occurrere debeant, quæ sæpiùs ægri morte luent.

Magna hodie spes est obstacula ista, saltem pro parte, superari posse, tum publicè tum privatim. Et publicè quidem, præsentibus curiositatis et studiorum excitamentis < utendo >. Constat enim Reges principes et Respublicas ad veritatis inquisitionem juvandam pronos esse, sic in Gallia, Anglia, Italia, vidimus societates atque Academias Regias et ducales. Passim publicis sumtibus instruuntur laboratoria et inventoribus præmia destinantur. Multi nobiles et opibus abundantes curiosis studiis delectantur. Insignia nostri seculi inventa in Anatomicis, Astronomicis, Physicis, Mechanicis, Mathematicis, excitant ingenia ad spes majores. Quin et passim stipendia opima viris doctis numerantur. Quodsi conspirare tantùm inter se velint et præclaris occasionibus uti, maximum cognitionis solidæ thesaurum mox acquiremus.

88 verso. | *Privatim autem tempus est ut Analytices periti absolvant Logicam particularibus inquisitionibus dirigendis aptam, seu FILUM COGITANDI.* Nam cum tanta sit hodie præclararum cogitationum materia, superest tantùm ut illis detur forma. FILUM autem COGITANDI voco Methodum quandam facilem et certam, quam sequendo, sine agitatione mentis, sine litibus, sine formidine errandi, non minus securè procedamus, ac is, qui in labyrintho filum habet Ariadnæum. Et puto talem Methodum esse in potestate, nec difficulter admodum constitui posse, eamque fore tam evidentem, ut omnes controversias irrefragabiliter finiat, < prorsus > quemadmodum eæ quæ circa numerorum calculos occurrere possunt, a perito Arithmetico sive per se, sive socio adhibito, non difficulter terminantur. Hujus Methodi usum putem inter maxima bona esse numerandam [1], quæ generi humano obtingere possent. Et quidem tum possibilitatem imò facilitatem ejus constituendæ, tum etiam effectum atque usum possum demonstrare à priori < atque ita explicare ut pru-

---

1. *Sic.*

dens atque attentus quisque successus necessitatem videre possit. > Phil., VII, C, 88. Experimenta verò et specimina habeo, quæ me à posteriori securum reddant. Nec dubitem executionem < DEO juvante > polliceri intra paucos annos, si otio et amicorum conspirantium auxiliis liceat frui.

Phil., VII, C, 97 (1 p. in-fol.)[1].

2 Aug. 1690.

Fundamenta Calculi Logici.

(1)[2] A ∞ B idem est quod $\overline{A \infty B}$ est *vera* propositio.

(2) A non ∞ B idem est quod $\overline{A \infty B}$ est *falsa* propositio.

(3) A ∞ AA. seu literæ frustra hic in se invicem ducuntur.

(4) AB ∞ BA seu transpositio nil nocet.

(5) A ∞ B significat alterum alteri posse substitui, B ipsi A, vel A ipsi B, seu æquivalere.

[(6) Cui inest $\overline{A \text{ non } A}$, id est Non Ens seu terminus falsus.

(7) In omni termino inest A vel non A.]

{ Falsa propositio fit qua admissa termini assumti pro veris dant falsum. }

(6) Non immediate geminata se ipsam tollit.

(7) Itaque : A ∞ non non A.

(8) Itemque A ∞ B et A non non ∞ B, æquivalent.

(9) Cui inest $\overline{A \text{ non } A}$ est *non Ens* seu *terminus falsus*, verbi gratia si esset C ∞ AB non B, foret C non ens[3].

(10) Aequivalent : A non ∞ B et B non ∞ A. sequitur ex 5.

(11) Aequivalent A ∞ B et non A ∞ non B, nam quia A substitui potest ipsi B < per 5. >, ergo substituendo in non A fiet non B, seu pro non A substitui potest non B. Et similiter ostenditur pro non B substitui posse A[4]. Ergo quia A et B substitui possunt mutuo seu

---

1. Ce fragment se rattache aux *Primaria Calculi Logici Fundamenta* du 1ᵉʳ août 1690 (Phil., VII, B, ıı, 3).
2. Leibniz avait d'abord écrit les nᵒˢ des six premières propositions au-dessus de leur copule.
3. Cf. Phil., VII, B, ıı, 36; 62; VII, C, 23 recto.
4. Leibniz a voulu dire : « non A. »

PHIL., VII, C, 97. A ∞ B, etiam non A et non B substitui possunt mutuo seu fieri non A ∞ non B. Eodem modo jam ut ex A ∞ B demonstravimus non A ∞ non B, etiam ex non A ∞ non B demonstrabitur non non A ∞ non non B seu A ∞ B. Ergo demonstrantur hæ veritates ex se mutuo seu æquivalent.

[(12)] < (13) > B non ∞ non B, imo generalius AB non ∞ C non EB < et eodem modo (omissis >

Demonstratio. Esto enim (1) AB ∞ C non EB, jam (2) AB ∞ ABAB (per artic. 3.) et ABAB ∞ ABC non EB (per num. 1. articuli hujus). Ergo a primis ad postrema AB ∞ ABC non EB quod est absurdum per artic. 9. nam AB foret terminus falsus seu implicans[1].

[(13)] < (12) > Si A ∞ B fit AC ∞ BC demonstratur ex 5.

Sed non sequitur AC ∞ BC ergo A ∞ B : si < modo > enim esset A ∞ BC fieret (per 3) AC ∞ BC.

(14) Si A ∞ B sequitur EA non ∞ C non FB. Nam EA non ∞ C non FA (per 13.) Ergo pro ultimo A substituendo B (ex hyp.) fit EA non ∞ C non FB. Quando negatur aliqua propositio, non refert.

(15) Si A ∞ FB, sequitur EA non ∞ C non FGB.

Nam EA non ∞ C non GA < per 13. > Ergo pro A substituendo FB fit EA non ∞ C non FGB.

(16) Si A ∞ A non B, erit A non ∞ AB.

Nam A non ∞ AB non B < per 9. > Ergo < (pro A substituendo A non B ex Hyp. hic) > A non B non ∞ AB non B. Ergo A non ∞ AB[2].

(17) Non B ∞ non B non AB. Seu Non B continet non AB, seu Non B est non AB.

Hoc superest calculo nostro demonstrandum.

(18) C ∞ C non A non C sequitur ex 17. pro B ponendo non C.

(19) Aequivalent A ∞ AB et non B ∞ non B non A. < Est conversio per contrapositionem. >

Nam si (1) A ∞ AB, cum sit (2) non B ∞ non B non AB (per 17) in num. 2. pro AB ponendo A (per 1) fit non B ∞ non B non A. Rursus si (1) non B ∞ non B non A, cum sit (per 17) (2) non B ∞ non B non AB, jungendo 1. et 2. fit A ∞ AB (dubia tamen nonnihil conse-

---

1. Dans tout ce §, l'E a été inséré après coup entre non et B.
2. Ici Leibniz paraît conclure de AC = BC à A = B, ce qui n'est pas possible en général, comme il le dit § 12, mais seulement dans le cas spécifié § 19.

quentia per schol. ad 12. nempe fit quidem B non A ∞ B non AB, sed an hinc sequitur A ∞ AB? Sane si BC ∞ BD, tum demum certo C ∞ D si C et B nil habent commune)[1].

(20) Aequivalent Non AB non ∞ Y non B, et Non AB ∞ Z non A, < seu æquivalent Non AB non ∞ $\overline{\text{non AB}}$ non B et Non AB ∞ $\overline{\text{non AB}}$ non A. pro non AB pone X ab uno latere >[2].

Nam Non $\overline{\text{AB}}$ alterutrum horum saltem continet non A vel non B. Ideo si non contineat unum, continebit alterum, quod tamen non prohibet quin continere possit utrumque[3].

Phil., VII, C, 99-100 (4 p. in-fol.)

De abstracto et concreto.

. . . .

Phil., VII, C, 101 (2 p. in-fol.).

DE ABSTRACTO, Concreto, Substantia, Accidente, Substantivo, Adjectivo, et similibus.

. . . .

Phil., VII, C, 103-104 (4 p. in-fol.)

NOTATIONES GENERALES

. . . .

Une proposition catégorique est vraie quand le prédicat est contenu dans le sujet; une proposition hypothétique est vraie quand le conséquent est contenu dans l'antécédent.

---

1. Dans tout le § 19, Leibniz a mis la barre sur B non A, B non AB. Mais c'est une erreur dont il s'est rendu compte lui-même, car au § 17 il avait d'abord mis la barre sur B non AB, puis il l'a effacée pour la mettre sur non AB seulement.
2. Et en effet, Leibniz a écrit X au-dessus de non AB dans le premier membre des deux formules précédentes.
3. Ici Leibniz se trompe : Non AB *est contenu* à la fois dans non A et dans non B, au sens où il entend le rapport de contenance, c'est-à-dire au point de vue de la compréhension (v. § 17). Il est vrai que, d'autre part, non AB = non A + non B (c'est-à-dire non A *ou* non B), de sorte qu'on peut dire (toujours au sens de Leibniz) que Non AB *contient* l'alternative : « Non A ou non B, » qui n'exclut pas le cas : « Non A non B », c'est-à-dire « ni A ni B ». Cf. *Generales Inquisitiones*, § 104.

Phil., VII, C, 115-116, 119-134 (35 p. in-fol.).

Logica de Notionibus.

Les 7 premières feuilles doubles sont numérotées par Leibniz : « *Notiones* » ou « *Notionum scheda* » 1, 2, 3, ... Fol. 118 verso et 133 verso, Leibniz emploie des signes et notations spéciales pour indiquer des relations [1].

Les 2 feuilles 117-118 contiennent diverses notes indépendantes.

Phil., VII, C, 139-145 (12 p. in-fol.).

Analysis Did.

3 feuilles doubles et 1 feuille simple numérotées par Leibniz :

Scheda 1. did. Anal.

144 recto.   Sched. 4 et ultima Analys. didact.

Signatoria [2]. M communis, A Angulus, sit B Triang. C Acutus. L rectus. Q quadrangulum. A ⊸ ⟨ B ⟩, ⊸ L hoc est angulus Trianguli rectus. (+ Ego melius sic effero $A^{ar}\ B^r\ L^s$ +).

A ⊸ ⟨ B ⊸ R ⟩, ⊸ C angulus Trianguli Rectanguli acutus. (+ ego sic efferrem $A^{ar}\ B^{ri}\ R^{ri}\ C^s$ +) Corpus C. Dulce D. Album A. Tunc corpus dulce et album ita notatur : C ⊸ D ⊸ A vel ita C ⊸ A ⊸ A (+ ego sic $C^n\ D^n\ A^n$ +).

Angulus Triangulo et quadrangulo communis ita signatur : A ⊸ M ⊸ ⟨ B ⟩, ⊸ Q. vel ita A ⊸ ⟨ B ⟩, ⊸ Q. vel ita A ⊸ ⟨ Q ⟩, ⊸ B. (+ Ego sic $A^s\ M^{sr}\ B^{rb}\ Q^{rc}$, vel $A^{sc}\ B^{cb}\ Q^{cc}$, vel adhibendo numeros pro literis $A^2\ M^{23}\ B^{34}\ Q^{35}$ et $A^{26}\ B^{67}\ Q^{68}$). . . . .

Triangulum Rectangulum $T^p\ R^p$. Triangulum et Rectangulum $T^p + R^p$ seu $T^p + R^p +$, quod significat non perductum in se invicem, sed quasi additione copulari. . . . .

Triangulum Aequilaterum regulare $T^p\ Æ^p\ R^p$ ([3]) quod significat R esse

---

1. Cf. fol. 144.
2. Ici Leibniz rapporte les notations d'un auteur, en y joignant les siennes entre parenthèses. Cf. Phil., VII, B, IV, 21.
3. Certains de ces exposants sont barrés d'une ligne horizontale. Nous les imprimons en *italiques*.

abundans seu posse deleri, seu contineri in præcedentibus. Sed quid si PHIL., VII, C, 144.
vellem designare R contineri in uno tantum, ut Quadratum inscriptum
est regulare fieret $Q^p\,I^{pc}\,R^p$ ita denotatur notionem esse abundantem, et
R contineri in Q. Quid si velim dicere Omne quadratum et quoddam
Triangulum inscripta sunt regularia? $Q^p\,Y^q\,T^q\,I^{pq}\,R^{pq}$. Et ita Q et T esse
similaria agnoscitur ex eo quod unum cum ambobus concrescit. Et hoc
videtur optimum. . . . .

Sed redeamus ad aliena. . . . .

| $\overline{A.\,B.}$ potest esse non A. non B.[1] $\overline{A \succ B}$ id quod non est $A \succ B$. 144 verso.
$\overline{A \multimap B}$ id quod non est $A \multimap B$.

{ $<$ non $>$ et A et B. neque A neque B. vel A vel B, hoc est non et
A et B. sive A sive B, hoc est non neque A neque B[2]. aut A aut B hoc
est $\begin{cases} \text{non et A et B} \\ \text{non neque A neque B} \end{cases}$ simul. }

Illæ literæ eligantur ad respectus inversionem (quæ in primitivis consequentiis semper fit) significandum, quas typographi invertere queant, hoc
est quæ simul dextrum et sinistrum $\left(\genfrac{}{}{0pt}{}{CDE}{\text{ƎƆⱭ}}\right)$ non simul superum et infe-
rum (ut p d) differens habent, ut signa scilicet minus reddantur inusitata.
Observa itidem Triangulum minus quadrato $A \succ C \multimap B$, triangulum quo
majus est quadratum $A \multimap \supset \prec B$, quadratum majus triangulo $B \succ \supset \multimap A$.
Hic $\prec \succ$ signum duarum rectarum quasi concretarum significat con-
cretivam conceptuum compositionem, ita ut subjectum concretivum,
seu in quo fit concretio, sit ubi est bifidatio. At vero $\multimap \, \circ\!\!-$ sit signum
rectæ per circulum terminativæ seu absolutivæ compositionis estque terminus ibi ubi est circulus ($+$ scilicet in anterioribus $\circ\!\!-$ ipse notabat con-
cretionem $\multimap$ terminativam, sed nunc mavult ob inversiones utrumque
horum significare terminativam, et $\succ$ vel $\prec$ concretivam. Ego videbo
quid prodeat prioribus meis insistendo. Triangulum minus Quadrato
$T^a C^x Q^c$. At Triangulum quo Majus est Quadratum $T^a(T^r \supset^{dr} Q^d)$ quod
significat primarium subjectum notionis esse Triangulum, idque ex eo
declarari quod Triangulo hoc majus quadratum. Quadratum majus
triangulo $Q^e \supset^{ef} T^f$.

1. C'est justement le signe de négation adopté par BOOLE, PEIRCE, VENN et
SCHRÖDER (*Algebra der Relative*).
2. C'est là une des *formules* dites *de De Morgan*, parce qu'on a cru jusqu'ici que
le logicien anglais DE MORGAN les avait énoncées le premier en 1858.

PHIL., VII, C, 144.   { Inversio Relationis: Quadrangulum Laterum Æqualium Q^{æ}L^{ca}Æ^{ca}.
Latera Æqualia Quadranguli L^{æ}Æ^{æ}Q^{cs}. }

Categoricæ consequentiæ : oA + B. e. g. A + B (+ ego malim sic :
Omne A est B : A^d B^d. Quoddam A est B : Y^d A^{d}B^d +). . . . . .

PHIL., VII, C, 146-147.

PHIL., VII, C, 146-147 (3 p. in-fol.).

De ratione dividendi.

PHIL., VII, C, 148.

PHIL., VII, C, 148 (2 p. in-fol.).

CAP. XV. *De Notionibus.*

PHIL., VII, C, 149-150.

PHIL., VII, C, 149-150 (4 p. in-fol.).

De dianoea composita lectiones cœptæ 4 Martii, finitæ 23 Martii [1].

Voici les titres des chapitres :

CAPUT PRIMUM. *De dianoea composita.*
CAPUT SECUNDUM. *Species dianoeæ compositæ.*
CAPUT TERTIUM. *Similaris primi generis.*
CAPUT QUARTUM. *Similaris 2di generis modi usitatiores.*
CAPUT QUINTUM. *Similaris tertium genus.*
CAPUT SEXTUM. *Dissimilaris duarum primi generis modi usitatiores.*
CAPUT SEPTIMUM. *Dissimilaris duarum secundi et tertii generis, item dissimilaris trium modi usitatiores.*
CAPUT OCTAVUM. *Dianoea composita ex compositis.*

PHIL., VII, C, 151.

151 recto.

PHIL., VII, C, 151 (2 p. in-fol.).

Hanc tabulam Jungius solebat commendare discipulis, et Logicæ clavem dianoeticam appellare. Adjecta est Editioni 1681.

Dianoea < seu Consequentia > vel *immediata* vel syllogistica. Et hæc vel simplex, quæ sola apud Aristotelicos, vel *composita.*

1. Leçons de Joachim JUNGIUS.

Dianoea immediata
- Mutua sive Aequipollentia Logica.
  - Syncategorematica in partibus sc. orationis non per se significantibus. { Versatur in signis universalitatis et negationis. p. 135. 136. Log. Hamb. } Phil., VII, C, 151.
  - Categorematica
    - *Inversio relationis.* David est pater Salomonis et Salomon est filius Davidis. lib. 2. c. 10. § 12 [1].
    - *Conversio simplex* p. 175.
    - *Contrapositio.* 178. Omnis homo est animal. Ergo qui non homo non est animal. add. p. 179.
    - *Aequipollentia reflexa et rectæ prædicationes* p. 384. 385. Omne animal est sensu præditum. Ergo animal universaliter participat τὸ sensu præditum. Omnis piscis est animal, Ergo animal est genus piscis.
    - Sub qua etiam continetur æquipollentia ex oppositione orta. p. 172. Nullus lapis est frutex. Ergo falsum est quendam fruticem esse lapidem.
    - *Divisio relationum* p. 387. Rectæ AB, AC sunt inter se æquales. Ergo recta AC est æqualis rectæ AB.
- Non Mutua
  - *Subalternatio* p. 173. Omne animal sentit. Ergo quoddam animal sentit.
  - *Conversio per accidens* p. 176. Omne animal vivit. Ergo quoddam vivens est animal.
  - *Ab Exponibili ad exponentem.* p. 181. Animatum quatenus animatum vivit. Ergo omne animatum vivit.
  - *A rectis ad obliqua* p. 181. *affirmative* : circulus est figura, Ergo qui circulum describit is figuram describit. liber 2. c. 4. § 8.
  - *A rectis ad obliqua inversa* p. 395. Omne reptile est animal. Ergo qui creavit omne animal is omne reptile creavit.
  - *A rectis ad obliqua negative* p. 499. Quidam opulentus non est felix. Ergo quædam opulentia non est felicitas.

---

[1]. Cf. Phil., VII, B, III, 24, et *Nouveaux Essais*, IV, xvii, § 4, où Leibniz fait allusion à « des habiles logiciens ».

PHIL., VII, C, 151.

Dianoea composita
{
　Nominata
　{
　　Syllogismi biformes　　Doctrina sp. s. donis confirmata præferenda est non confirmatæ.
　　p. 266, 267.　　Illa Pauli, hæc ψeudapostolum. Ergo
　　Contractiva consequentia p. 380. 381. 382. 383.
　　Quod universaliter convenit generi etiam speciei universaliter convenit. Ergo quod universaliter convenit animali etiam speciei animalis universaliter competit.
　　Sorites p. 255.
　　Dilemma p. 255.
　}
　Innominata
　{
　　p. 268.

　　p. 270.
　}
}

In Logicæ Hamb. 2da editione quæ est anni 1681 quædam correcta. . . . .

In proloquio hujus editionis Vagetius quædam non spernenda notavit.

Insufficientia communium Logicarum apparet ex eis quæ habet Scheiblerus log. tr. 4. c. 13. tit. 9. ubi de syllogismo ex obliquis dicto *Cudesse** apparet scholasticos varias regulas ad syllogismos obliquos bonos a malis distinguendos, sed insufficientes, et parum tutas, ut notavit Scheiblerus. . . . .

Notes sur la *Logique* de JUNGIUS.

151 verso.　| Aristoteles monuit 1. prior. c. 37. t. 23 obliquos resolvendos in rectos. Scheibleri regulas d. l. examinat Vagetius et non satis accuratas ostendit. Utilis determinatio quantitatis in prædicato.

Objectio: Episcopus est homo. Ergo qui facit Episcopum facit hominem. Studiosus est homo. Ergo qui incipit esse studiosus incipit esse homo. . . . .

Quod Vagetius citat ex Diario eruditorum Parisino die Lunæ 22 Aug. 1678 in laudem Jungii dictum, mihi debetur. Ego enim Abbati de la Roque significaveram, ita autem habent verba: « Ce Jungius estoit sans contredit . . . . . . sur ses propres ouvrages [1] ».

---

[1]. Ce passage du *Journal des Sçavans* est cité dans *La Logique de Leibniz*, p. 74, note. Seulement, après les mots: « il n'a jamais voulu rien publier de son vivant », Leibniz a intercalé cette remarque : « (+ je n'avois pas parlé si generalement +). »

Phil., VII, C, 152-155 (8 p. in-fol.).

Analyse de la *Logica Hamburgensis* de Jungius.

Phil., VII, C, 156-157 (4 p. in-fol.).

De Organo sive Arte Magna cogitandi

[ubi agitur de vera Characteristica, Cabbala vera, Algebra, Arte Combinatoria, Lingua Naturæ, Scriptura Universali.]

Felicitas hominis summa consistit in perfectione ejus quàm maximè aucta.

Vigor seu status perfectionis auctæ in tantùm est supra *sanitatem*, in quantum *Morbus* est infra sanitatem. Est enim *perfectio* excellentior sanitatis gradus. Uti *morbus* consistit in læsa *facultatum* functione, ita *perfectio* consistit in potentiæ seu facultatis adjumento.

Humanarum facultatum potissima est *vis cogitandi*.

Vis cogitandi juvari potest, vel per remedia corporis vel per remedia mentis.

Remedia corporis sunt < corpora quæ ipsis organis corporeis applicantur > quibus torpor discutitur, imaginatio firmatur, sensûs acuuntur. Sed hæc non sunt hujus loci.

Remedia Menti præscripta consistunt in certis cogitandi modis, quibus aliæ cogitationes faciliores redduntur.

Maximum Menti Remedium est si inveniri possint cogitationes paucæ, ex quibus exurgant ordine cogitationes aliæ infinitæ. Quemadmodum ex paucis numeris < ab unitate usque ad denarium sumtis cæteri > omnes numeri ordine derivari possunt.

| Quicquid cogitatur à nobis aut per se concipitur, aut alterius conceptum involvit.

Quicquid in alterius conceptu involvitur id rursus vel per se concipitur vel alterius conceptum involvit. Et ita porro.

Itaque vel eundum est in infinitum, vel cogitationes omnes resolvuntur in eas quæ per se concipiuntur.

PHIL., VII, C, 156.   Si nihil per se concipitur, nihil omnino concipietur. Nam quod <non nisi> per alia concipitur, in tantum concipietur in quantum alia illa concipiuntur et hoc rursum ita : ac proinde tum demum < actu ipso > aliquid concipere dicemur, cum in ea quæ per se concipiuntur incidemus.

Similitudine rem illustrabo. Dono tibi centum accipienda a Titio; Titius ad Cajum te remittet; Cajus ad Maevium quod si ita perpetuo remittaris nunquam quicquam accepisse diceris[1].

Necesse est eorum quæ per se percipiuntur plura esse. Sit enim a, quod concipitur per b < seu quod b involvit >. ajo ipsum a necessario non [per] solum b, sed etiam per[2] aliquid aliud præterea [concipi] involvere; nam si per solum b concipitur, utique nihil aliud concipi poterit in a, quod non concipi possit in b, itaque nullum erit discrimen inter a et b. quod est contra hypothesin, posuimus enim a per aliud nempe b concipi. Itaque necesse est a minimum per duo concipi verbi gratia b et c.

Tametsi infinita sint quæ concipiuntur, possibile tamen est pauca esse quæ per se concipiuntur. Nam, per paucorum combinationem infinita componi possunt.

Imò id non tantum possibile sed et credibile seu probabile est, nam natura solet quàm maxima efficere quàm paucissimis assumtis, id est operari simplicissimo modo.

[*Alphabetum Cogitationum humanarum* est catalogus eorum quæ per se concipiuntur, et quorum combinatione cæteræ ideæ nostræ exurgunt.]

157 recto. | Fieri potest, ut non nisi unicum sit quod per se concipitur, nimirum DEUS ipse, et præterea nihilum seu privatio, quod admirabili similitudine declaratur. Numeros vulgò explicamus per progressionem decadicam, ita ut cum ad decem pervenimus, rursus ab unitate incipiamus, quàm commodè id factum sit nunc non disputo; illud interea ostendam, potuisse < ejus loco > adhiberi progressionem dyadicam ut statim ubi ad binarium pervenimus rursus ab unitate incipiamus; hoc modo.

---

1. Ce raisonnement (fondé sur l'impossibilité de l'infini) n'est pas valable, et Leibniz ne l'aurait pas admis plus tard. V. les *Generales Inquisitiones* de 1686, §§ 63, 64 (PHIL., VII, C, 24 verso).
2. Ce *per* devrait être effacé.

(0)	(1)	(2)	(3)	(4)	(5)	(6)	(7)
0	I	10	11	100	101	110	111

(8)	(9)	(10)	(11)	(12)	(13)	(14)	(15)	(16)
1000	1001	1010	1011	1100	1101	1110	1111	10000.

[Mirabiles] < Immensos > hujus [expressionis] < progressionis > usus nunc non attingo : illud suffecerit annotare quàm mirabili ratione hoc modo omnes numeri per Unitatem et Nihilum exprimantur.

Quanquam autem spes nulla sit homines in hac vita ad hanc seriem rerum arcanam pervenire posse, qua patet quanam ratione cuncta ex Ente puro et nihilo prodeant, sufficit tamen analysin idearum eousque produci, quousque demonstrationes veritatum requirunt.

Omnis idea tum demum perfectè resoluta est, cum demonstrari potest à priori eam esse possibilem. Nam si definitionem aliquam demus, nec ex ea appareat ideam quam rei ascribimus possibilem esse, non possumus demonstrationibus fidere quas ex definitione duximus, quia si idea illa forté contradictionem involvit, fieri potest ut contradictoria etiam de ea simul sint vera, adeoque demonstrationes nostræ erunt inutiles. Unde patet definitiones non esse arbitrarias[1]. Atque hoc est arcanum vix cuiquam satis animadversum.

Quoniam verò non est in potestate nostra perfectè a priori demonstrare rerum possibilitatem, id est resolvere eas usque in DEUM et nihilum, sufficiet nobis | ingentem earum multitudinem revocare ad paucas quasdam, quarum possibilitas vel supponi ac postulari, vel experimento probari potest. Ita omnes lineæ motuum in tota Geometria revocantur ad duos tantùm motûs, unum in linea recta alterum in linea circulari. His duobus enim suppositis demonstrari potest alias omnes lineas exempli causa, Parabolam, Hyperbolam, Conchoidem, Spiralem, possibiles esse. Rectam autem duci et circulum describi Euclides non docuit, sed postulare satis habuit. Quanquam posito spatio, < corpore >, linea recta, et motu continuo, possit etiam demonstrari possibilitas circuli. Imò et linea recta demonstrari potest posito spatio et corpore et motu continuo. Quid autem de tribus his continuis sentiendum sit videtur pendere ex consideratione perfectionis divinæ. Sed Geometria ad

---

1. Allusion à HOBBES. Cf. PHIL., VII, A, 26 verso; VIII, 3; et *Phil.*, IV, 425; VII, 295; *Nouveaux Essais*, IV, v, § 2; *Math.*, IV, 482.

Phil., VII, C, 157. hæc assurgere necesse non habet. Nam etiamsi non darentur in natura nec dari possent rectæ ac circuli, sufficiet tamen dari posse figuras, quæ à rectis et circularibus tam parum absint, ut error sit minor quolibet dato[1]. Quod satis est ad certitudinem demonstrationis pariter et usûs. Posse autem dari hujusmodi figuras non difficulter demonstratur, modo admittatur hoc unum, aliquas dari lineas.

Quarum idearum definitiones [causales] [reales] < perfectas > (id est possibilitatem rei à priori ostendentes) habere < ab initio > difficile est, earum interim adhibebimus definitiones nominales, id est ideam ejus rei resolvemus in alias ideas, per quas concipi potest, etsi non possimus progredi usque ad primas. Et hoc tum sufficiet cum experimento constat rem esse possibilem. Exempli gratia < ignem definire possumus, vaporem calidum et lucidum > iridem definire licet arcum in nubibus coloratum, satis enim constat experimento hujusmodi conceptus esse possibiles, tametsi non statim initio possimus ostendere < eorum > possibilitatem ejus à priori, explicando generationem seu causam.

Sunt quædam quorum nullæ dantur definitiones nominales. Ita ipsius caloris et lucis nullæ dantur definitiones nominales, ignoranti enim quid caloris nomine significetur, non aliter succurri potest quàm < vel rem de qua agitur exhibendo > vel nomina æquipollentia in lingua ipsi nota nominando, < aliave ratione memoriam ejus excitando, si olim calorem sensit. > Causam tamen caloris aliquam nemo dubitat, quæ si nota esset perfectè, utique daretur caloris definitio.

Phil., VII, C, 158-159.

PHIL., VII, C, 158-159 (4 p. in-fol.).

Characteristica verbalis.

158 recto. VOCABULA sunt signa vel Conceptuum, ut Nomina, vel modorum concipiendi, ut cæteræ partes orationis[2].

Conceptus spectantur vel per se, vel per accidens. Per se < secundum ipsas formalitates, ut humanitatem, pulcritudinem, tripedalitatem >, abstrahendo animum à materia metaphysica sive subjecto, adeoque et à tempore, loco et casu. Per accidens verò quatenus consideratur plurium

1. Idée et expression empruntées au Calcul infinitésimal.
2. Cf. Phil., VII, B, III, 40.

formalitatum concursus in eodem subjecto, quemadmodum facultatem Phil., VII, C, 158.
poeticam et jurisprudentiam contingit esse in eodem subjecto. Quare et
nomina inventa sunt *Abstracta*, ut humanitas, calor : *Concreta*, ut Homo,
calidus. | Discrimine inter substantiva et Adjectiva in Characteristica 158 verso.
careri potest [1]. Nam inter corpus et extensum, nihil aliud interest, quam
quod corpus videtur significare : subjectum extensum ; quod tamen satis
jam in voce extensi continetur. Ita homo nihil aliud est quàm subjectum
humanum seu subjectum humanitatis. Soliti autem sunt homines excogitare hujusmodi nomina substantiva < subjectum includentia > pro
illis rebus, quas magis considerant, nam rerum extensarum multitudo
constituit quendam cœtum, seu aggregatum cujus partes habent non
tantum convenientiam sed et connexionem; rerum verò calidarum
multitudo dispersa est. Similiter omne aurum in toto mundo consideratur velut totum quoddam (unde nec dicimus in plurali aura sed auri
copiam, de l'or, gold) ita et omnes homines unum cœtum facere intel-
liguntur præsertim cùm accedat hominum ex se invicem propagatio. Hinc
oritur illa quæstio an res specie differant; concipiunt enim homines
quasi semina quædam etiam in rebus inanimis, ut metallis : et chymici
inprimis huc inclinant, qui etiam qualitatibus omnibus quasi quædam
subjecta radicalia ascribunt. Ita credunt < formas substantiales latere
in seminibus > colores in quibusdam tincturis, odores in sulphuribus,
sapores in salibus; ita ut formæ (cum suis scilicet vehiculis) ex subjectis
quibusdam extrahi et aliis infundi possint. Sed cum hæc minus certa sint,
nec satis liquido sit explicatum quid intelligant homines cum de differentia specifica quærunt, ideò ista nunc quidem in characteristica negli-
gemus, donec distinctius constituantur.

| Discrimen inter *Propria* et *Appellativa* etiam negligi potest, nam non 159 recto.
tantum nomina individuorum origine fuere appellativa sumta à discrimine
quodam; sed et nihil ad rem pertinet, an hunc de quo loquimur solum
in rerum natura esse dicamus, an alibi alium extare ei similem. Aliud
potius discrimen inter nomina substituendum erit, huic simile, quod
scilicet res vel per notas [2] ex eorum qualitatibus sumtam nominabimus,
vel per aliquid signum arbitratum ipsis ascriptum, et hoc sensu quadrilaterum erit appellativum et rhombus proprium nomen rei cui tribuitur.

[1]. Cf. Phil., VII, B, II, 12; III, 41.
[2]. Leibniz avait d'abord écrit : *notam*.

PHIL., VII, C, 159. *Discrimen generum*, masculini, fœminini, neutrius, planè inutile est ad ratiocinationem, et inventum tantùm colloquii causa, ut tituli quibus homines discriminamus.

Modi concipiendi designantur *particulis*, quæ particulæ < in linguis receptis > vel singulatim faciunt vocabulum, vel cum aliis vocabulis coalescunt, < et affixæ et terminationes >, sed in lingua philosophica, particulæ, affixæ et terminationes non distinguentur quia quælibet pars vocabuli erit vocabulum.

Ex particulis et nominibus oriuntur variationes, nempe : casus, flexusve. Ad particulas refero verba auxiliaria. Verba omnia coalescunt ex nominibus cum judicii alicujus connotatione; seu ex nominibus cum verbo est.

Sed sequamur filum linguarum receptarum. Quæramusque quomodo omnia commodissimè resolvantur. Incipiamus autem à casibus nominum; qui semper resolvi possunt in præpositiones cum nominativo, quod exemplo Italicæ, Gallicæ, Hispanicæ patet [1]. *Præpositiones* sunt connexiones plurium nominum ad formandum unum nomen. *Conjunctiones* sunt connexiones plurium [judiciorum] < seu nominum ad formandum judicium seu propositionem > aut plurium propositionum sive ad formandam < ex pluribus > unam propositionem, sive ad formandam unam *Orationem*; id est compositum ex propositionibus. Quod compo-

159 verso. situm est ratiocinatio, vel tractatio. | Præpositiones igitur nituntur relationibus rerum, quæ significant locum, tempus, locum et tempus simul, ut locum præteritum, locum futurum (terminum à quo et ad quem) causam, (id est efficientem vel finalem) Materiam. Convenientiam, Oppositionem, Exceptionem, separationem; permutationem (seu mutuam separationem et adjunctionem) Unionem. Sed hæc paulo distinctius ordinanda sunt :

Relatio rei ad rem est vel convenientiæ, vel connexionis [2]. *Relatio convenientiæ* est vel similitudinis, vel dissimilitudinis. Huc pertinet analogia seu ipsarum similitudinum comparatio.

Relatio connexionis est vel subjecti et adjuncti, vel adjuncti et adjuncti, vel subjecti et subjecti. Ubi tamen notandum aliquod adjunctum posse rursus esse subjectum, ut calor est subjectum magnitudinis.

Connexio subjecti et adjuncti exprimitur per *in* ut doctrina in homine

1. Cf. PHIL., V, 7, f. 3 verso; VII, B, III, 40.
2. Cf. PHIL., VII, C, 17.

est laudanda. Nullum in latino extat[1] reciprocum exprimens relationem hominis ad doctrinam, nisi velis dicere homo cum doctrina est laudandus. Sed vocabulum *cum* generaliter significat quandam connexionem, non hanc speciatim de qua agitur.

Videndum an duæ formalitates sibi possint esse subjectum et prædicatum reciprocè, ut virtus gloriæ, et gloria virtutis; quemadmodum apud Lullium enuntiari solet. Hoc obiter.

Connexio adjuncti et adjuncti exprimitur etiam per *cum*, neque enim peculiaris habetur præpositio, gloria cum virtute est efficax, ubi perinde est, ac gloria et virtus in eodem subjecto.

Careri potest abstractis in lingua philosophica, et hoc semel constituto multa resecabimus[2]. Et verò abstractio abit in infinitum, et in se ipsam replicatur [ut: caloreitas]. Considerandum tamen est in rationum et numerorum tractatione fortè commodè careri non posse abstractis. itaque sufficiet hoc præceptum ut evitentur quoad licet. Et verò pro certò habeo characteristica recte constituta omnino vitari posse. In Geometria ergo et Arithmetica per lineas et numeros non intelligemus abstracta sed res cum ipsis, ut circulus nimirum, aureus, argenteus, ligneus, Numerus id est res multa, ut: Numerus quadratus, id[3] res tot, ut possint disponi quadrate.

PHIL., VII, C, 160-161 (4 p. in-fol.).

Sur la Caractéristique.

. . . *Alphabetum cogitationum humanarum* est catalogus *notionum primitivarum*, seu earum quas nullis definitionibus clariores reddere possumus. . . . .

PHIL., VII, D, 1, 1. (Un placard imprimé.)

LEXICON GRAMMATICO-PHILOSOPHICUM, seu *Tabulæ Rerum et Notionum omnium Simpliciorum et Generaliorum, tam Artefactarum quam*

---

1. On lit plutôt : *extrat*.
2. Cf. PHIL., VII, B, II, 12 ; C, 20 recto; 51; VIII, 1 verso.
3. Suppléer : *est*.

PHIL., VII, D, 1, 1. *Naturalium, Rationes et Respectus communiores, Methodo Prædicamentali ordinatas, complectentes; Quibus significandis, Nomina, non Casu, sed Arte et Consilio, servata inter Res et Signa convenientia Analogica, instituuntur. Ex Quibus Rerum et Notionum aliarum omnium magis Complexarum et specialorum* [1] *Nomina, vel Derivatione, vel Compositione, in una vel pluribus vocibus, per Regulas quasdam Generales et certas, secundum Analogiam Logico-Grammaticam, formantur; Ita ut Nomina sic formata Rerum Descriptiones ipsarum Naturæ consentaneas contineant* [2].

Ce placard porte des notes manuscrites de Leibniz, dont les deux principales se trouvent en tête : l'une, à gauche, reproduit la table des lettres et des chiffres de Dalgarno [3]. L'autre, à droite, est ainsi conçue :

Syllaba quæ non incipit a consona denotat rem imperfectam, seu partem alterius. In substantiis, retentis consonantibus unius sub-classis variatur vocalis; in accidentibus, retenta vocali variatur ultima consona [4].

PHIL., VII, D, 1, 2-4.

Trois tables imprimées. Ce sont les planches de l'ouvrage de WILKINS : *An Essay towards a Real Character and a Philosophical Language* (in-folio, London, 1668) [5].

1. Sic, pour *specialiorum*.
2. Titre publié par TRENDELENBURG (III, 40).
3. V. *La Logique de Leibniz*, Note III.
4. Ces règles sont extraites de l'*Ars Signorum* de DALGARNO.
5. V. *La Logique de Leibniz*, Note IV.

PHIL., VII, D, II, 1, f. 1-19 (38 p. in-folio).

Table de définitions, de la main de Leibniz. C'est le fragment le plus étendu que nous ayons de l'Encyclopédie qu'il projetait. Il doit dater des années 1702-1704, où Leibniz avait pour secrétaire Hodann (v. le n° suivant). Les rubriques sont empruntées (avec leur ordre) au *Lexicon Grammatico-Philosophicum* de DALGARNO [1].

PHIL., VII, D, II, 2, f. 1-52 (51 p. in-folio) [2].

Copie de la table précédente, de la main de Hodann [3], avec des corrections de la main de Leibniz [4]. Des quatre tables de définitions écrites par Hodann (v. les n°⁸ suivants), celle-ci est la plus complète et la plus intéressante; de plus, c'est la seule qui soit sûrement et entièrement l'œuvre de Leibniz, tandis que les autres sont des compilations de définitions empruntées à des auteurs divers (v. notamment les notes du n° 5). On pourra la comparer à la table n° 3, publiée par TRENDELENBURG.

Ens, Res quod distinctè concipi potest.
Existens quod distinctè percipi potest.
Abstracta sunt Entia, quæ discriminant diversa prædicata ejusdem Entis. Ex. gr. Etsi contingat, ut idem homo sit doctus et pius, aliud tamen est doctrina quam pietas, quæ dicuntur entia abstracta et *inhærere* homini tanquam subjecto.
Concretum est cui Entia inhærent, et quod non rursus inhæret. Nam interdum fit, ut abstracta inhæreant aliis abstractis, v. gr. magnitudo calori, cum calor est magnus. Et abstracta abstractorum indicantur adver-

1. V. PHIL., VII, D, I, 1.
2. Les feuilles sont écrites au recto seulement. La dernière est blanche.
3. Cf. PHIL., VII, D, II, 5, qui porte la signature de Hodann.
4. Nous avons corrigé quelques fautes de copie en collationnant avec le brouillon de Leibniz (n° 1).

PHIL., VII, D, II, 2, f. 1.

biis: v. g. calet valde, vel est calidus valde, id est, habens calorem magnum [1]. < Distinguendum autem hinc apparet inter Ens concretum (de quo agitur), et terminum concretum. Nam cum calorem magnum dicimus, tunc *magnum hoc* est Ens abstractum nempe calor; sed τὸ *magnum*, terminus est concretus >.

Accidens est ens abstractum derivativum, et opponitur abstracto primitivo seu constitutivo, quod vulgò vocant formam substantialem, et voce Aristotelis dici posset κατ'ἐξοχὴν Entelechia.

Substantia latè sumta et Ens concretum est idem. et comprehendit tum *Substantiam veram*, quæ una res est, tum et substantias seu *aggregatum substantiarum*, sive unum per accidens < verbo, *substantiatum* >, uti est grex, omnisque massa corporea. < Solent vulgò duo memorare Entia per accidens, nempe per aggregationem, quod dixi, velut grex, et per inhæsionem, velut homo doctus, tanquam compositum ex homine et doctrina. Sed sciendum hominem doctum non esse novum Ens, cum idem homo sit, qui antea fuerat indoctus. Itaque homo doctus vel homo musicus seu uno verbo Cantor non est ens novum, sed tantum terminus alius. Dantur ergo termini per se, ut homo, et per accidens, ut cantor, poëta. < sed sola aggregata sunt entia per accidens >>.

Corpus est extensum resistens.

Spiritus est substantia cogitans incorporea.

Cogitans est, quod est conscium suarum actionum seu habet actum reflexivum.

Homo est animal cogitans, seu est cogitans corpore organico præditum.

Organicum est machina naturæ perfecta, seu cujus quævis pars machina est.

CONCRETA MATHEMATICA

Concretum Mathematicum est Extensum sine resistentia.

Extensum est continuum cum situ seu cum coëxistentium ordine.

2. | *Continuum* est totum cujus partes sunt < extra partes, et > indeterminatæ. < Nempe > *extra partes*, id est separatim perceptibiles, ut distinguatur à Graduali Toto, cujus partes se penetrant; cum æstimatur intentio qualitatum; < *Indeterminatæ* verò sunt *partes* continui, quia

---

1. Cf. PHIL., VII, B, III, 10; VII, C, 159 verso.

nullæ jam sunt assignatæ, sed pro lubitu assignari possunt, ut distinguatur à contiguo. > Phil., VII, D, ii, 2, f. 2.

Punctum est situm habens, < sed > extensionem (seu partes coexistentes extra partes) non habens. < Extensum est linea vel figura. Et figura est superficies vel solidum. >

Linea est via puncti vel < est > sectio superficiei vel < est > extensum, cujus nulla sectio est extensa.

Sectio est extremum commune duobus.

Superficies est via lineæ talis, ut puncta lineæ non subeant locum punctorum ejusdem lineæ, < (seu est via lineæ novum locum occupans) >; vel est sectio solidi.

Solidum est via superficiei modo dicto. Item est extensum quod non est sectio alterius extensi. Item solidum est extensum *profundum*.

< *Longum* est quicquid extensum est.

Latum est cujus sectio extensa est. >

Profundum est habens aliquid tectum seu non extremum; quod de superficie, linea, puncto dici non potest.

{ Linea vel superficies aut est exquisita aut compendiaria, cum dissimulantur minutæ inæqualitates, ut cum columna cylindrica dicitur.

Punctum, linea, superficies aut *Mathematicæ* sunt, quæ nullam profunditatem, latitudinem, longitudinem respective habent; aut *physicæ*, quæ habent, sed consideratu non dignam. }

Figura est extensum, cujus sectio est extensa; nam dantur figuræ ambitu carentes, v. g. superficies tota sphærica.

{ Ambitum pro sectione ponere non licet. *Ambitus* est extremum totum, sectio potest esse pars extremitatis. }

Planum est sectio solidi utrinque congrua, itaque planum est superficies.

Recta est sectio plani utrinque congrua. itaque est linea. Item est linea < (seu via puncti) > minima inter duo puncta.

{ *Parallela* sunt extensa (extrema) æquidistantia, veluti rectæ et plana.

Triangulum est planum tribus rectis terminatum.

Quadratum est planum rectangulum æquilaterum, cujus scilicet omnes anguli recti et omnia latera æqualia; seu est quadrilaterum regulare.

Phil., VII, D, ii, 2, f. 2.

Figura regularis est æquiangula et æquilatera. Plana regularia sunt infinita, solida quinque tantum.

Latus est < una > recta extrema tota.

Hedra est < unum > planum extremum totum. }

3. | *Circulus* est planum, cujus extrema ab uno puncto æquidistant.

Sphæra est solidum tale.

Spira quod simul circumit et recedit. < quid circumire, explicabitur infra. >

Cubus est solidum rectangulum æquilaterum.

Conus est solidum, quod abscinditur recta transeunte per punctum fixum et simul per circumferentiam, < extrema > circuli.

Unde patet circulum et punctum non debere esse in eodem plano, alioqui non prodiret solidum sed planum. < Si recta perpendiculariter ex puncto in planum circuli dimissa incidat in ejus centrum, Conus dicitur *rectus*, sin minus dicitur *Scalenus*. Nam sectio ejus per verticem est triangulum scalenum. >

Conoeides est solidum factum tali rectæ Motu, si pro circulo sumatur ambitus figuræ cujuscunque.

Cylinder est solidum quod abscinditur recta simul attingente circumferentias, < vel > extrema duorum circulorum æqualium parallelorum, seu quod abscinditur, recta suis vestigiis parallela extremo uno per circuli circumferentiam transeunte. < Si recta angulum rectum faciat ad planum circuli, cylinder est *rectus*, sin minus, est obliquus. >

Cylindroeides est solidum tali rectæ motu factum, si pro circuli circumferentia ponatur ambitus figuræ cujuscunque.

Rotundum est, quod fit linea ad rectam immotam affixa et circa eam mota. < Itaque conus rectus, non scalenus; cylinder rectus, non obliquus; est rotundum. >

Sphæroides est rotundum, si linea sit in se rediens, et axis eam secet amphidextrè seu in duas partes congruentes.

Pyramis est solidum, cujus basis est triangulum et latera reliqua fiunt, dum ex tribus angulis rectæ ducuntur ad punctum extra planum trianguli positum.

{ *Prisma* est solidum, cujus sectio < plana > quævis hedræ parallela, eidem est congrua (seu æqualis et similis) itaque omnis cylinder est prisma. }

Basis est portio præ cæteris determinata ambitus figuræ solidæ, unde lineis ad punctum aliquod præ cæteris determinatum ductis absolvitur reliqua ambitus pars. Quod punctum dicitus *cacumen*.   Phil., VII, D, II, 2, f. 3.

Latus est recta < totalis >, quæ est pars ambitus figuræ superficialis. < Totalis inquam, nam pars lateris non est ipsum latus. >

Hedra est plana figura < totalis >, quæ est pars ambitus figuræ solidæ. Hinc dicimus Tetraedrum, Polyedrum.

Axis est recta immota in figura mota.

Concreta < Mathematica > sunt intelligibilia, nec qualitates sensibiles habent. Sequuntur < concreta physica, quæ sunt > sensibilia, eaque vel naturalia vel artificialia.

| { Corpora naturalia sunt perpetua aut caduca. Perpetua (sc. ad longum tempus) sunt cælum, sidera et magnæ siderum partes. 4.

Caduca sunt minores siderum partes suntque simpliciora : ignis, aër, aqua, terra. vel magis composita et hæc vel imperfecte mixta, quæ facilè in simpliciora resolvuntur, vel perfectè mista, quæ non facilè resolvuntur. Et hæc vel inanima vel animata. Inanima sunt vel semper inanima, quæ sunt ex regno minerali, vel ex animatis desumta, nempe ex regno vegetabili et animali. Rursus corpora vel sunt similaria (saltem ad sensum) vel dissimilaria, utraque vel insensibilia, quæ nullo modo prehendi possunt, vel sensibilia. Et sensibilia, vel impalpabilia, quæ prehendi non possunt, nisi undique perfectè includantur, ut aer, vel palpabilia. Et hæc sunt fluida vel firma. Fluida vel similaria vel mixturæ. Similaria (apparentia) a qualitatibus sensibilibus distinguentur, item ab analysi per aquam, ignem etc. Consistentia seu firma; aut rudia aut structuram habentia. Structura est simplex quæ (in salibus, gemmis, talcis) aut organica in plantis et animalibus. }

Similaria quædam sunt, quorum ingentes massæ in mundo sunt collectæ et dicuntur *Elementa*.

Ignis est lucidum urens.

Aer est fluidum impalpabile Elasticum.

Aqua est fluidum palpabile perspicuum, quod per se nullas habet qualitates sensibiles singulares, adeoque est inodorum, insipidum, incolorum, etc.

PHIL., VII, D, II, 2, f. 4.

Terra est firmum palpabile quod per se nullas habet qualitates singulares. Strictiùs terra persistit, vel non debet solvi in aqua, nec facilè fundi in igne.

His addi potest *Æther* vel fluidum cæleste sive quod *cælum*, id est, regionem siderum, replet.

Sidus est Globus mundanus seu notabilem faciens mundi partem. < Estque vel *luminare* (ut sol et luna) vel *stella*. >

Mundus est universum spectabile.

Luna est planeta, qui circuit alium planetam, sic Jupiter et Saturnus habent Lunas ut Tellus.

Planeta est sidus, quod mutat locum.

Fixa est sidus, quod non mutat locum.

Sol est sidus per se lucens.

Contingit autem, quantum nobis constat, ut omnes fixæ sint soles.

Tellus est planeta noster.

Ad ignem pertinent sequentia :

Fumus est exhalatio disposita ad concipiendum ignem. *Flamma* est exhalatio ignita. *Cinis* est pulvis residuus in imo à combustione. *Fuligo* est volatilis hujusmodi pulvis seu residuus in sublimi.

5. | In Aëre Sequentia.

Nubes est exhalationum sublimium massa visibilis.

Ventus motus aëris aperti.

Mare est valde magna aquæ collectio. In Tellure nostra contingit, omnia maria communicare inter se, demto Caspio. Posset etiam dici : mare est salsum receptaculum fluviorum exitu < aperto > carens.

Lacus est mediocris aquæ collectio. Quodsi quis aliquid magis definitum velit, addi potest, non extendi per iter unius diei. < Et posset item in eo a mari distingui, quod si aquas currentes recipit, etiam emissarium habet. >

Stagnum rursus est lacu minus.

Aqua stagnans quæ non habet notabilem cursum.

< *Palus* aqua stagnans, quæ non est limpida. >

Flumen est aqua perennis cursus, alveo coërcita.

Alveus est cavitas longa [in eodem < fere > horizonte] < horizontem parumper mutans >, fundum habens mediocris latitudinis et profunditatis.

Insula est portio superficiei telluris ex aquis quibus circumdatur eminens; vel est mons, cujus planities circumdans est aqua.   Phil., VII, D, II, 2, f. 5.

Mons est pars elevata in superficie telluris. *Vallis* depressa. < Flumen, lacus, stagnum est vallis aqua repleta. >

Continens est, quod est in insula magnam telluris superficiem occupante : potest etiam sumi, ut opponatur insulæ multo minori. Sic Britannia posset pro continente haberi respectu insulæ Vectis[1].

Caverna est locus cavus, cujus ambitum etiam superiorem terra constituit. Posset tamen aliquid addi, ut caverna non comprehendat cavitates valde longas seu vias subterraneas.

Rupes est mons saxeus, nisi malis rupem intelligere etiam in terra latentem, ut sit portio saxea magna terræ adhærens.

Meteora lucida aërea, aquea, terrea fuissent recensenda.

< Divisio etiam sic institui potuisset : > Corpora sensibilia sunt Elementa aut Elementata. *Elementa* sunt, quæ in alia, quantum sensu constat, mutari non possunt. nam aqua, verbi gr. tantùm dispergitur evaporatione, non vere in aërem transit. Elementa quoque sunt nobis ubique obvia. Suntque aut impalpabilia aut palpabilia. Impalpabilia sunt, valde activum *ignis*, minus activum *aër*; palpabilia sunt fluidum *aqua*, et firmum, *terra*.

Ignis est fluidum impalpabile lucens et urens, < et est principium lucis. >

Aer est fluidum impalpabile Elasticum < et est principium soni. >

Aqua est Elementum fluidum palpabile.

Terra est Elementum siccum seu palpabile firmum. Nam *siccum* < verò > idem est, quod palpabile firmum.

| Elementata sunt vel Meteora seu in sublimi, vel Terrena.   6.

Terrena sunt vel ex inanimis, quæ dicuntur Regni Mineralis : vel ex Animatis, et hæc sunt Regni Vegetabilis vel Animalis.

Sed aliæ quoque divisiones ex qualitatibus sensibilibus institui possunt : Aliæque item ex Analysi cum mechanica tum physica per ignem, aërem et aquam.

{ *Terra* pars superficiei telluris, quæ aquis madefacta in glebas coït,

---

1. L'Ile de Wight.

Pnn. VII, D, 11, et ulterius irrigata in lutum. Aliter : Terra est, quæ aquis diluta et quieti
2, f. 6.   relicta residentiam facit. Ex terra fertili separari[1] potest *pinguis limus*
remanentibus lapillis et arenis.

Marga est velut extractum terræ fertilis et quasi terræ adeps in antris montium constipatus.

Stenomargæ sunt margæ subtiliores, ut boli et terræ sigillatæ, sed saxis inclusæ. Bolus optima butyri instar in ore dilabitur.

Figulares terræ propius accedunt elementaribus, quia violentos ignes sustinent.

Argilla, dicta olim candida terra, hodie tenax, ex qua opera figlina. Impurior non æque fictilibus apta, lateribus coquendis insumitur.

Terra mera quod nec liquabile, nec fusile, nec inflammabile, nec halabile.

Terra vulgaris corpus, quod in aqua non liquatur quidem, dissolvitur tamen, eamque turbidam reddit, in eaque tandem, si sibi permittatur, subsidit. majori parte constat ex pulvere illiquabili et illiquefactibili.

Terra pinguis quæ trita digitis cohæret, seu quæ aquis mollita et humo illisa non facile dissipatur. }

Mineralia sunt liquida aut sicca. < Sane ut terræ, ita et aquæ sunt succis mineralibus et metallis infectæ. > Liquida sunt combustibilia aut incombustibilia. Incombustibile vel nativum vel factitium. Nativum Mercurius est seu *Argentum vivum*, quod est liquidum non madefaciens manus, seu non madefaciens nisi ea, quæ in igne ad ipsius statum reduci possunt, nempe Metalla. Est et liquidum ponderosissimum, multisque aliis modis definiri posset. < Atque illud præ aliis liquidis habet, quod sublimatum abit in siccum seu flores. > Mineralia liquida combustibilia sunt, pinguedines aqua graviores sulphurei generis dici possunt. Sunt bitumen < (etsi hoc et liquidum et concretum invenitur :) > et Petroleum seu olea mineralia, quæ puritate differunt.

Gradus : ab aquis non facile extingui : hoc *petrolei*. Flagrare absque ellychnio : hoc *naphthæ*. Ignem rapere : hoc naphthæ exquisitæ. Liquidum bitumen simile *dem Theer* pici ; dicitur *Bergthær*. distillatum dat petroleum.

Spermaceti est ex cetacei medulla spinali. in aqua non flagrat, nec sine ellychnio incendi potest, < pertinet ad animalium partes >.

---

1. Hodann a écrit : *præparari*.

De Ambra Grisea non satis constat, sitne regni mineralis, vegetabilis an animalis. si mineralis esset, inter mineralia liquida incombustibilia referri posset, et a cæteris odore grato distingueretur.

{ Liquida factitia mineralia incombustibilia sunt spiritus acidi minerales, ut salis, vitrioli, nitri, qui ubi crassiores sunt, olea appellantur per abusum. }

Mineralia sicca sunt rursus < vel combustibilia vel incombustibilia. > Combustibilia, quæ sulphurea dici possunt et vel pura sunt, habentque formam terræ ut sulphur, aut in lapide aliis sunt mista, { ut *carbo fossilis*, et qui ipso purior *gagates*. De *succino* dubitari potest, utrum sit regni mineralis; adeoque gagatæ cognatum, a quo transparentia differt; an sit regni vegetabilis, ut quidam arbitrantur. Sulphur, Camfura et Benzoin seu Asa dulcis toto corpore sublimantur in flores, oleum non dant. Sed vegetabilis sunt naturæ præter sulphur. Cespites bituminosi (Turfæ) dubium regni vegetabilis an mineralis; < prius malim. > }

Incombustibilia sunt liquabilia aut illiquabilia.

Omne siccum liquabile potest generali nomine vocari *succus concretus*. qualis in vegetabili regno est saccarum. Quidam chymici etiam talia generali salium vel *salinorum* nomine comprehendunt.

< *Succus* alias dicitur liquor subcrassus ex re consistente expressus sponte, vel vi aliena. >

{ *Sales* dicunt etiam corpora, quæ in aqua soluta pellucidam eam relinquunt, nec tenacem reddunt. Sed saccarum, gummia, gluten faciunt ex aqua liquorem lentum et opacum. Quædam irrigantur magis aqua quam solvuntur, ut terræ. quædam solvuntur, sed sponte rursus præcipitantur.

Alia etiam sponte rursus separantur ex aqua diminuta ejus quantitate, et tunc fiunt crystalli, si non nimium dematur.

Lutum terra aquis rigata. }

Sed pergamus de succo concreto (seu sicco liquabili) minerali, qui concretus fixus vel volatilis.

Succus concretus mineralis fixus est vel nullo colore tinctus vel tinctus. Non tinctus est vel ortu aqueus vel aereus. Ex aqua est *sal communis*, nec refert ex mari an ex aqua fontana educi deprehendatur, an sit fossilis, cum et fossilem appareat ex aqua venisse, eaque dissipata remansisse aut purum, ut in Polonia in forma saxi, aut mistum terræ, ut Halis in Tirolensi Comitatu. < Huic addatur *nitrum Antiquorum*, quod est sal sapore

Phil., VII, D, ii, 2, f. 7.   amarus facultate detersivus, in igne non exiliens (ut sal communis) sed in bullas extumescens (instar aluminis) et forsan fixus et fusilis. < colligebatur partim > efflorescens ex vallibus siccitate canescentibus, partim ex lacubus calore solis concretus prope Nilum : ejus spuma seu pars superior in aquis concrescens dicta *Aphronitrum*. Boraci affine veterum nitrum, adhibitum arenis fundendis in vitrum, fere ut sales ex cineribus, < usurpatum et pro > lotionibus et balneis, < ut > hodiè sapo ex sale fixo cinerum et oleo, nam et nitrum cuti ex oleo sordidæ affricabatur. >

8. | } De Chrysocolla aut Borace dubitari potest, cujus sit naturæ. Non solvitur in aqua nec saporem habet, nisi ab ustione, quia subamarus. fit ex lapide candido et fissili, qui Chrysocollæ veterum.

Baurac Arabibus nitrum. Borax veterum chrysocollæ in auro glutinando successit. Borax ustione fit candidum et calciforme corpus, amissa pelluciditate decrescit et pondere. Ergo habet aliquid salis.

Alumen resolvitur in spiritum acidum et corpus petrosum. < *Vide infra* >. }

Aereus succus est salpetræ, qui hodie vocatur *nitrum*. Id ex aëre duci creditur. Illud certum est experimento pulveris pyrii, continere aërem valde condensatum.

Succus mineralis concretus fixus tinctus est vel non metallicus ut alumen < *vide supra* >, vel metallicus ex metallo corroso, ut *vitriolum*, qualia vel nativa ut commune, vel factitia ex variis metallis. Et notabile est spiritum acidum, qui est in sulphure et qui est in vitriolo communi, imo et qui est in alumine convenire.

Succus concretus mineralis volatilis est vel nativus, qui sponte natura aut mediocri igne separatur ut sal *armeniacus*, vel factitius, ut Mercurius sublimatus.

Minerale siccum, quod nec comburitur igne nec aqua liquatur, id vel igne evaporat vel liquescit, vel partim evaporat partim liquescit. Et quod liquescit, vel in vitrum abit seu in calido ductile, vel in metallum seu corpus in calido fluidum non madefaciens, quod ad instar argenti vivi in frigido. Hinc aliquando ex eodem corpore simul habetur metallum, quod *regulum*, vitrum quod *scoriam* et sublimatum quod *flores* appellant. Ita lapis est mineralis, quem Cobaltum vocant. Ejus regulus est Bismuthum, ejus scoria est Tafera vel smaltum (cærulei coloris vitrum). Denique ejus flores sunt *Arsenicum*, quod est albi coloris.

Auripigmentum quoque et *Sandaraca* (quorum illud est aurei coloris, hoc ad rubrum inclinat, utrumque venenatum) flores sunt mineralium propriorum; non minus quam arsenicum. Elevantur etiam igne flores sulphuris, item cinnabaris, pompholix aliaque multa. Phil., VII, D, ii, 2, f. 8.

Minerale item siccum, quod nec igne comburitur, nec aqua liquescit, nec facile evaporat, est vel incohærens vel cohærens.

Incohærens continet genera terrarum, quæ si reducantur in partes tactu indiscriminabiles, dant limi genera, ut argillam, bolum, cretam, margam. Sæpe fiunt sedimentis aquarum. Huc et ochra, rubrica, creta et umbra aliaque id genus. Quin et ferrum destructum aliudve metallum < corrosum > in ochra et similibus latet, ut in viridi montano (*Berggrün*) cuprum. Hinc in lateribus coctis vis magnetica, et in globulis Becheri ex argilla.

Cohærens est vel immalleabile vel malleo ductile. Prius est lapis posterius metallicum.

Lapis est vel difficulter vel facile vitrificabilis, qui posterioris generis potest generali nomine *vitrescens* appellari; qui prioris *calcarius*, qui dat calcem vivam si aduratur. Summa tamen vi ignis tandem, quicquid non evaporatur, in vitrum abit.

| Calx generaliter est friabile factum ex lapide adusto. Unde vox calcinandi. 9.

| Lapides combustibiles Lithanthraces et gagates, an quia bitumine prægnantes? examinanda recrementa.

Lapides qui cotibus attriti succum dant lacteum, ut galactites, morochthus, hæmatites, et dulcem melitites v. Georg. Agric. Morochthus alias durus, alias mollis, qui terræ quam lapidi similior, nonnullis Leucogæa.

Lapidis duri partes non duræ, ut filamenta amianthi, laminæ talci.

Metalla refrigerata in pristinam redeunt speciem, sed lapides fusi in vitrum; an quod antea etiam vitrum, tantum nonnullis aliis mistum? Sunt lapides nempe calcarii qui igne in pulverem fatiscunt vel calcinantur. Sunt denique qui nec liquantur, nec in pulverem fatiscunt, ut adamas et rubinus orientalis, amianthus, magnetes seu talcus tam albus quam rufus. Sed summo igne per collectionem radiorum tandem omnes funduntur. Sunt, qui non immediate eant in pulverem, sed in alium lapidem (sed friabiliorem) cretam, calcem, hæmaticam factum (ut Georg. Agric. testatur per artem ex magnete de Nat. fossil. lib. 5. c. 6).

Later (vel testa) igne coctus, validiore igne fluit in scoriam. < Et pumex videtur esse lapis ustus. >

Cæterum dici potest, aliud esse liquescere aliud fundi. Liquescere competit vitro et metallo. fundi tantùm metallo, an quod refrigeratum redeat semper ad pristinam naturam nisi evaporet? Ita fere, etsi non sit necesse.

Quædam saxa facillime liquescunt, ut vena argentea, quæ dicitur cornea *Geding-hornfarb-Silberertz*, quod ad candelæ flammam liquatur et plus multò dimidia parte argentum est. Bismuthi vena facillime funditur. item plumbi vena pellucido fluori similis apud Kentman tit. 24. 3. anu.|

Rursus lapis formatur concrescendo vel ex humiditate aquea, vel ex fusione ignea. Ex humiditate vel privatione humiditatis vel crystallisatione in humido. Privatio humiditatis aut subita est per coctionem, et ita fiunt *lateres*; vel tarda per exhalationem spontaneam, et ita quosdam lapides formatos notavit Peirescius, de quo Gassendus in ejus vita. Crystallisatione in humido lapides aliquando formari credibile est ad salium instar, de quo Stenonis.

Ex fusione ignea duplici modo lapides fiunt vel congelatione vel crystallisatione. Et utrumque in fixo et in sublimato. In fixo congelatione durescit vitrum, crystallisatione admista minera quædam artificialis, quæ fit, cum sulphur plumbo aliisque metallis miscetur. In fixo iterum congelatione, ut lapilli rubiniformes, qui prodeunt in lateribus retortæ post distillationem quorundam corporum. Sed crystallisatione in sublimato possent formari lapides ad instar salium sublimatorum, qui folia aut Crystallos ostendunt.

Sunt et aliæ formationes, tum spontaneæ, tum per spiritum lapidificum seu congelantem. Sed quia plerumque formatio lapidum nativorum ignota est, præstat nunc eos dividere à qualitatibus.

10. | Sunt ergo lapides nativi alii similares alii ex pluribus < diversæ naturæ > aggregati. Similares rudes aut figurati. Rudes < sunt continui aut discontinui, qui componuntur ex pluribus sed ejusdem naturæ, et sunt granosi, fibrosi, foliati, tessellati, qui scilicet puncta, lineas, superficies, aut corpora colligant. Ubi corpora componentia similiter in superficies et lineas, et superficies in lineas et puncta, lineæ denique in puncta dispesci sensu possunt. Puncta autem intelligo granula, lineas id quod vocamus *splitter*, superficies quod folia, qualia in lapidibus talcosis. Con-

tinui lapides naturam vitri habere solent > vel terris vel arenis seu   Phil., VII, D, II,
lapillis vitrescentibus, granosa sunt et fibrosa, quæ... colligant, ut ligna   2, f. 10.
splitter sunt et... quæ superficies colligant. Formati aut uniformes aut
figurati. Uniformes, ut sunt vitriformes, quorum fragmina componunt
arenam.

Figurati sunt < qui regulam servant, quales inprimis > crystalliformes, præditi angulis [vel foliis], aliquando et < foliis in angulos compositis >. Dissimilares sunt ex variis concreti, ut *rupes*, aut in rupibus *venæ* varia mineralia et metalla simul complexæ, Germanice *Ertz*. Talis naturæ est lapis Calaminaris, < et > *Pyritæ* < qui sunt > lapides sulphurosi.

Solent et dividi lapides in vulgares, medios et pretiosos. Vulgares sunt aut minus duri, ut saxa structuris apta, lapides scissiles, pumices, tophi, < aut > duriores ut silices, cotes, lapides lydii, smiris, spathum.

Lapides medii æstimantur vel ob elegantiam vel ob usum. Ob elegantiam vel nativam crystallus et selenitis (qui talci genus purius) vel ob inductam polituram, < sic > marmorum genera, veluti marmor commune, jaspis, agates, porphyrites < quæ autem politura nitescunt duritiem habent >. Ob alios usus < æstimantur > Magnes, Amianthus.

Lapides pretiosi < seu gemmæ > distinguuntur duritie, aqua seu perspicuitate et colore. < Hactenus Lapides. >

Ductile seu malleabile est < Metallicum, et > aut semimetallum aut metallum. Illud facilius evaporat, ut antimonium, bismuthum, tutia seu zincum. Ex Antimonio sulphur fieri potest. Bismuthum Agricola vocat plumbum cinereum. < Arte > mistum ex stanno et regulo antimonii est mistura typothetarum. alii ex stanno et bismutho. Agricola prius habet lib. 1. c. 2 posterius lib. 8. c. 12. Ferri etiam fusionem adjuvat stibium.

} Quædam metallica malleabilitatem amittunt refrigerationis modo aut mixtura. }

} Præstat fortasse à fusione distinguere lapides et metalla, illa in fusione tenacia sunt, hæc liquida seu terminos non servantia, ut rectius dici queat lapides (ut vitra) liquescere, metalla fundi. }

Metallum quod magis resistit est aut nativum aut factitium. Nativum perfectum, nempe aurum et argentum, quæ cineritio resistunt, aut imperfectum, ut reliqua. Omnia metalla sunt mercuriale congelatum. nam in igne eam habent naturam, quam Hydrargyrum extra ignem. Sed

Phil., VII, D, 11, 2, f. 10.

quia simul aliquid accessit quo ligata est pars Mercurialis, quod Chemici sulphur vocant, inde disgregatio quoque partium seu raritas secuta est, dum mista non satis quadrant, ut minorem habeant gravitatem specificam, quam Mercurius, uno auro excepto, in quo proba mistio est, puriorque ipse Mercurius, quia aurum pondere Mercurium vulgarem ipsum vincit.

Ex metallis facta, uno pluribusve ad priora genera nempe ad *olea* (id est liquida combustibilia) *Mercurios* (quos corporum vocant, qui evaporati abeunt in sicca) *spiritus* (qui evaporati manent liquidi) *sulphurea* (id est sicca combustibilia) *salina* seu succos concretos (id est sicca liquabilia in aqua ut vitriola) *Flores* (seu sicca illiquabilia facile sublimabilia) *Terras* strictius dictas (sicca scilicet nec combustibilia nec liquabilia nec facile evaporabilia, verbo Terrestria sed incohærentia) *lapides* (seu terrestria cohærentia malleo non ductilia) et speciatim lapides vitrescentes seu *scorias* denique ad alia *Metallica* decomposita reduci possunt.

11. | Animatum est quod præditum est anima et corpore organico.

Non alia animata nobis sunt nota, quam quæ se nutriunt et simile producere solent, quod *vegetare* appellant.

Animatum est aut vegetans tantum, quod dicitur planta; aut sentiens quoque, quod animal appellatur.

Planta spectatur secundum species et partes. Secundum species planta vel non habet stipitem lignosum, quæ dicitur *herba*; vel habet stipitem lignosum; et vel pluribus stipitibus lignosis exit ex terra et dicitur *frutex* vel uno et vocatur *Arbor*.

Herbæ distingui possunt vel usu vel in se. Ab usu aliæ serviunt corpori animali, aliæ ad usus extraneos adhibentur. Corpori serviunt vescæ et medicamentosæ, quibus addi possunt odoræ. Usus extranei sunt velut ad tingendum, carminandum etc. Sed rectius dividuntur ab intrinseco, et quidem vel a generatione partibusque eo pertinentibus, flore, fructu, semine; vel à nutritione et eo pertinentibus, radice, stipite. Vel pro divisionis fundamento folia, succi aliæque partes fluidæ aut solidæ addi possunt. Et sane flores foliaque sunt quasi plantæ in planta. Hodie commodissimam putant divisionem secundum formam florum, ita tamen ut ad subdividendum, vel ubi flores notabiles non sunt, alia discrimina a fructibus maximè seu seminibus adjungantur.

Flores aut *staminei* sunt aut foliacei. Sub stamineis gramina, arundines (cognatæ graminibus sed majores) cannabis, urtica, lapathum, frumentaceæ herbæ, lupulus, spinachia, atriplex, beta, acetosa continentur. Ex his quædam ut urtica, cannabis, lupulus, spinacia, atriplex, mercurialis alios habent pediculos pro polline, (quod quidam putant esse quasi semen masculum) qui flores gestant, alios pro seminibus seu ovario, qui floribus carent. Et sane stamina in apicibus capsulas pollinis habere solent, quod multi non rectè, opinor, pro excrementitio habent.

Phil., VII, D, 11, 2, f. 11.

Flores foliacei competunt plerisque plantis, et vel simplices sunt vel compositi, cum plures flores uno calyce continentur. Flores simplices vel unius sunt folii vel plurium. Unum illud folium regularis aut irregularis est figuræ. Regulare est figura campanæ, infundibuli, pateræ, rosæ, etc.

Flores sunt campaniformes in lilio convallium, convolvulo, Tithymalo, Malva et Althæa, Bryonia, cucumere et pepone, rubria. Infundibuliformes in gentiana, Nicotiana, Hyoscyamo, pervinca. Pateriformes in primula veris, centaurio minore, plantagine. Rosiformes seu forma calcaris in Valeriana, borragine, Lysimachia, Anagallide, veronica, solano, pimpinella. Irregulares sunt flores, in aro, specie linguæ convolutæ; linguatim sectæ in Aristolochia, rostri vel rictus forma in linaria, Euphrasia, acantho, salvia, mentha, thymo, verbena, majorana, betonica.

| Flores simplices plurium foliorum, sunt quadrifolii in crucem (in isatide, cramba, nasturtio, cochlearia, sinapi, rapa et raphano, chelidonio) multifolii rosiformes (ita in amarantho, portulaca, papavere, flore passionis, rore solis, junco, Kali vel Solda, saxifraga, hyperico, ruta, cappare, sedo seu semper vivo, geranio, helleboro, pœonia, anemona, ranunculo, filipendula, fragaria, quinquefolio, tormentilla, asparago). Multifolii umbelliferi (velut in apio, cicuta, fœniculo, angelica, chevrophyllo Gallis *cerfueil*, imperatoria, pastinaca, ferula, laserpitio. Hi plerique quinquefolii) oculiformes (in caryophyllo, lino) liliformes (velut asphodelo, hyacinto, croco, narcisso, iride, lilio ipso, corona imperiali, tulipa, porro, cœpe, allio. Plurimi in his sextifolii). Multifolii irregulares, qui dici solent leguminosi (velut in cicere, lente, glycyrrhiza, faba, lupino, piso, vicia, loto, trifolio, fœno græco, media seu luserna, phaseolo, viola, aconito).

12.

Flores compositi ex flosculis perfectis, imperfectis, mistis. Imperfecti,

PHIL., VII, D, II,
2, f. 12.

qui alias partem tantum floris formarent, Et misti habent discum ex flosculis perfectis compositum, coronam velut radiatam ex imperfectis, unde flores radiati dicuntur. Compositi sunt ex flosculis perfectis (velut in carduo, cinara (*artischock*), cyano, carthamo, lappa, absynthio, artemisia, tanaceto, scabiosa). Ex imperfectis (velut in lactuca, scorzonera, cichorio). Ex utrisque flores nempe radiati (velut in Enula campana seu Helenio, Tussilagine, doronico, corona solis, belide, chrysanthemo, matricaria, chamæmelo, millefolio, caltha).

Sed sunt et plantæ, in quibus nulli flores observantur, et semina tamen notari possunt. Horum aliquibus fructus in foliorum tergo nascuntur (velut in filice, polypodio, adianto, lingua cervina), aliquibus peculiariter colligantur in fasciculo oviformi (velut in osmunda, quæ partim ad lunarios refertur), in cellulis (velut in Ophioglosso) vel capsulis semiapertis (velut in lichene, qui genus est musci).

Sunt aliæ plantæ, in quibus nec flores nec semina spectari, nisi forte microscopio possunt, etsi semina adesse non sit dubitandum, velut in muscis, fungis, tubere, fuco, alga, corallio, madrepora, corallina, spongia, alcyonio.

Arbores ex floribus distinguentes < eas > ab arbustis seu fruticibus non distinguunt. Itaque arbores rursus flores vel stamineos vel foliaceos habent. Stamina interdum affixa fructibus, ut in fraxino, siliqua, interdum separata sunt, sed in eodem tamen pedunculo, ut in buxo; interdum diversi sunt pedunculi florum stamineorum et fructuum, ut in therebintho, lentisco.

Sunt et flores pannosi, seu panniculi villosi forma, velut cauda felis, unde *chaton* Gallis : hi partim staminei partim foliacei partim misti : ita corylus. In his fructus in eodem pedunculo, sed separato tamen a paniculis loco nascuntur. Et fructus vel osseum habent involucrum, (velut in nuce, corylo, carpino seu Gallis *charme*) vel coriaceum, ut glans (velut in quercu, ilice, fago, castanea) vel squamiforme, velut in abiete, pinu, larice, quorum paniculi in staminum summitatibus manifestum pollinem habent, tum in alno, cypresso, betula; vel bacciforme, *en Bayes* (velut in cedro et junipero, taxo, moro) fructus sicci et conglomerati (in platano).

13. | Sunt et arbores vel arbusta, ubi paniculi et fructus diversis pediculis sustinentur (velut in salice, populo).

Flores arborum foliacei rursus unius sunt folii aut plurium. Unius (velut in ligustro, lauro, Gelsemino, styrace, olea, ulmo, vitice seu agno casto, Acacia, Mimosa seu sensitiva, sambuco, vite idæa) ubi aliquando contingit, ut diverso ramusculo fructus et flos insistat, ut in visco. Flores plurium foliorum formam rosæ componunt (velut in hedera, vite, berbere, rubo, acere, paliuro, senna, cassia, aurantio, citreo, lemone, pruno, armeniaca (*abricotier*). persica, ceraso, amygdalo, pyro, cydonia, sorbo, malo punica (quæ malum punicum fert) rosæ frutice, grosularia, myrto, corno, mespilo) vel sunt leguminosi (ut in genista, cytiso). Extra ordinem poni meretur Ficus, ubi Cordus censuit, florem in ipso fructu includi, nempe stamina quædam operculo cuidam affixa, quo seminis granum continetur.

PHIL., VII, D, II, 2, f. 13.

Hæc plantarum divisio per florum formas aptissima hactenus ad primariam earum partitionem visa est, quâ in quædam prædicamenta digererentur. Sed adjungendæ essent divisiones collationesque ex aliis sumtæ partibus nulla cura, an qui in forma radicum, stipitum, foliorum consentiunt, alias sunt diversissimæ.

Legumen herba, cujus grana seminis vesca sunt in siliqua.

Frumentum cujus in spica.

Arbores habent semina vesca, aut sicco circumdata aut succoso. Sicco duro *nuciferæ*; molliore rotundo *glandiferæ*, conico *coniferæ*. Succoso vel separato, ut in pomis, prunis, cerasis; vel conglomerato, ut in uvis, baccis aut similibus, quæ acinis constant.

Radices *bulbosæ* sunt in globum collectæ membranis tunicatæ, quæ non à lateribus, sed tantum ab imo fibras emittunt.

Herbæ *umbelliferæ* quarum flores crescunt forma umbellæ eorum cauliculis ex unius caulis majoris vertice prodeuntibus.

Corymbiferæ cum flores componunt velut redimiculum muliebrium comarum, ut ex hedera coronæ a bacchantibus gerebantur.

Tomentosæ herbæ quæ tomentum seu materiam lanuginosam ferunt. Sic gramen tomentosum *cotton-grass*, cujus spica seu caput lanuginem continet.

Speciatim :

Filix quæ est herba, cujus flores nulli notantur, semina pene insensibilia, folia ex foliis exiguis serratis composita, fructus super tergo foliorum disseminati.

Convolvulus planta est dicta, quod circa vicinas plantas se contorquet,

PHIL., VII, D, 11, campana floris marginibus deorsum versis, succus plerumque lactescit,
2, f. 13. et semina sunt angulosa.

Scabiosa est herba, cujus flos ex flosculis inæqualibus compositus, et folia flosculorum tubulosa, in summo laciniatim divisa scabiei mederi creditur.

14 | Partes jam plantarum videamus, quæ sunt perennes aut annuæ, vel ut ego malim serviunt nutritioni aut generationi. Pro nutritione sunt siccæ aut succi. Siccæ vel nutrimentum attrahunt, ut radix, vel longius ducunt et vel ad fructificationem propagant, ut *truncus, rami, surculi*; vel divertunt ut *spinæ*, folia.

Truncus constat secundum longitudinem *geniculis* seu nodis et *internodiis* seu spatiis inter nodos. Secundum crassitiem vero constat, *cortice, corpore, medulla*, ex quibus cortex et medulla molliores; ille extimus, hæc intima. Corpus constat ex tubis variis aerem aut humorem continentibus. Succi sunt liquidi aut concreti. Liquidi ut *sapa, balsamum*. Concreti, ut *gummi, resina*, ex quibus illud aqueum, hoc oleosum.

Partes, quæ ad generationem seu ad fructificationem referuntur sunt vel propagativæ humoris vel diversivæ. Utræque vel remotiores a seminibus vel propiores. Remotior et propagans est *cauliculus*, divertentes sunt continens, calyx, contentum flos, ejusque partes, quæ sunt folia, staminave. Propius propagans est vel serviens semini vel ipsum semen. Propagans pro semine Masculo est *stamen et capsula in ejus extremitate*; ipsum semen masculum est pollen. Pro semine fœmineo seu ovario, quod semen κατ'ἐξοχὴν, aliis granum in plantis dici solet, inservit cauliculi forma *pistillus*, tum fructus ipse ex continente seminum seu ovario ipsoque semine constans. Continens seminis varium est pericarpiumque dici laxè potest, quo pertinet spica, uva ex multis capsulis. Capsulæ propiores, ut poma, acini, et in ipsis *nucleus*, in quo tum pulpa tum ipsum semen seu granum, tanquam ovum, in quo pars essentialis, *germen* quibusdam dicitur (*le germe*). Neque hic divertentia desunt, ut aristæ, putamina, item palea, quæ grana frumentacea includit.

Animalia sunt aut sentientia tantum, nempe *bruta*, aut rationalia etiam, ut *homo*.

Brutum est aut imperfectius nostro sensu, aut magis perfectum. Imperfectius est *insectum*, ex quo genere plurima non habent determinatos

pulmones, sed in variis partibus corporis habent organa respirationis, ut Phil., VII, D, 11,
plantæ, cum perfectiora propriis respirationis organis sint instructa. 2, f. 14.

Posset etiam animal dividi in Exangue et Sanguineum; et exangue in minus et majus. Exangue minus erit insectum.

Porro insectum aut non est alatum aut est alatum. Non alatum aut apodum est, ut vermis, limax; aut pedes habet, et quidem vel sex vel plures. Hexapoda sunt terrestria vel aquatica. Terrestria vel per se vel in aliis animalibus. < hæc vel > salientia aut non salientia, pulex, pediculus. *per se* scarabæus (qui api non alatæ similis) et brucus (qui locustæ non alatæ). Aquatica sunt qualis scorpius aquaticus. Polypoda sunt terrestria vel aquatica. Et terrestria vel octo pedum, ut scorpius, araneus, cimex, syro (in caseo), acaris (in cute), tinea (in vestimentis) vel 14 pedum ut asellus, vel pedum plurium, ut scolopendra. Polypoda aquatica sunt pediculus marinus et pulex marinus.

| Insectum alatum est vel per se, vel transformatione ex alio animali. 15.
Priora sunt vel terrestria vel aquatica. Terrestria oblonga aut lata. Oblonga vel campalia ut locustæ, vel latentia in foraminibus ut grylli. Lata ut cimex sylvestris, blatta alata, quæ lucem vitat. Aquatica sunt tipula, quæ aranei pedibus per aquam incedit, aut cicada aquatica, quæ in ea natat. Ex transformatione alata spectantur ante transformationem et post eam. Ante transformationem sunt apoda aut pedata. Apoda dicuntur uno nomine Eulæ, ex quibus favifica quædam alata, vespæ et muscæ carnivoræ prodeunt.

Pedata sunt hexapoda aut polypoda. Ex hexapodis aquatica (ex quibus muscæ quædam) terrestria (ex quibus scarabæi).

Polypoda insecta sunt Erucæ, inter quas bombyx.

Post transformationem insecta alata sunt aut nuda seu tenuibus alis, aut Coleoptera, quibus alæ sunt munitæ. Tenuibus alis sunt aut membranaceis aut farinaceis. Membranaceis præditæ alis sunt favifica, ut apes, vespæ; non favifica, muscæ (quibus alæ binæ), formica (cui alæ quatuor), culex (qui aquaticus binarum alarum), cicada (quæ alis latis prædita est sonumque edit). Farinaceis alis præditi sunt papiliones. Alas munitas habent varia genera scarabæorum aut bruchorum volantium, quorum aliqui cornuti quidam aquatici; quidam molliores, ut cantharides et cicindelæ.

Exanguia majora sunt duriora aut molliora. Duriora sunt crustacea

Phil., VII, D, ii, 2, f. 15.   aut testacea. Crustacea sunt genera cancrorum, Astaci. Huc astaci fluviatiles, squillæ marinæ, crabbæ, aranei marini. Testacea seu conchylia sunt turbinata (ut Nautilus, murex, buccinum, cochlea marina, concha veneris) vel non turbinata, eaque univalvia (ut balanus, echinus), vel bivalvia (ut concha margaritifera, ostrea, pecten, bernida, quæ aliis innascitur). Molliora sunt perfecta, imperfecta. Perfecta vel rotundiora (ut polypus, qui velut pedes habet, intusque osse caret; item sepia, quæ atramentum effundit, pedibus caret, os tamen intus habet, nisi quod sæpiola osse caret) vel oblongiora (ut loligo). Imperfectiora, quæ propemodum *Zoophyta* habentur, partium distinctiorum (lepus marinus et cochleæ forma nisi quod cornua desunt, holothurium) vel minus distinctarum pellucidum, (ut pulmo marinus, a cujus centro radii pedum instar) opacum, facile adhærens vel sub callosa pelle (Tethya) vel molli (urtica marina).

Animalia sanguinea aut respirant branchiis, ut aquatica, aut pulmone, quæ rursus sunt vel aërea vel terrestria. Aquatica sunt pisces, qui natant branchiisque respirant. Suntque vivipari aut ovipari. Vivipari oblongi et rotundi, vel non tales. Oblongi sunt cetacei aut cartilaginosi. Cetacei sunt magni (balenæ) minores (delphini) utrique prolem intra se educant.

Cartilaginei sunt magis marini (xiphias, canis carcharia, asterias) communes et aquis dulcibus (Luso, acipenser) vivipari curti et rotundi sunt vel tenues et lati (ut raja, torpedo, rana piscatrix) vel crassi et breves (ut mola, quæ capiti a pisce abscisso similis est).

16. | Ovipari sunt marini aut aquæ dulcis. Marini vel a pinnis vel figura aut crusta distinguuntur. Pinnarum in tergo radii vel toti molles, vel partim molles partim asperi sive spinosi.

A figura sunt ovipari oblongi aut lati. Ovipari marini, quibus pinnæ totæ molles, aut tres habent pinnas (ut aselli et merlucii) aut binas (ut thynni et scombri, quos quidam makarellas vocant, et piscis volans) aut unam tantùm, ut harengi, sardæ, acus. Ovipari marini, quibus pinnæ partim molles partim duræ : alii binas habent, unam flexilem, alteram spinosam (ut mugil, mullus), alii unam habent partim mollibus, partim duris radiis constantem (ut auta, sparus, scorpius, perca marina).

Ovipari marini oblongi (congrus, serpens marinus, tænia, lampetra, anguilla) lati (solea, rhombus, passer) ovipari marini crustacei (triangulus, polygonus, acus, stella piscis).

Ovipari aquæ dulcis sunt majores aut minores. Illi voraces aut secus. Voraces aut molliores aut firmiores. Illi aut unipinnes (ut lucius) aut bipinnes, communes aquæ dulci aut marinæ (ut salmo), aquæ dulci proprii (ut trutta, carpio), firmiores voraces (ut perca), non voraces aquarum magis stagnantium (ut cyprinus, tinca), magis currentium (barbus, capito). Oviparæ aquæ dulcis minores (ut gobio, *Gründling*, qui in parte inferiore aquæ. Phoxinus, qui in superiore).

PHIL., VII, D, II, 2, f. 16.

Avis est animal sanguineum alatum et ab habitatione partim et nutrimento est vel terrestris vel aquatica.

Terrestris vel ex plantis vel ex animalibus vivit, et quidem vel insectis vel carne. Aquatica ex animalibus aquaticis ali solet. Quæ ex plantis vivunt seu phytivoræ aut breves habent alas, minus aptas ad volandum, aut longas. Quæ breves vel volant vel non volant. Volant domesticæ (ut gallus, pavo) feræ majores, mediæ, minores. Porro aves phytivoræ majores aut sylvestres sunt (ut phasianus, in quo cauda gradatim versus medium crescit; attagen, cui crura plumosa; urogallus, cui pilosi digiti, serratæ utrinque falculæ, nutrimentum ex foliis tenerioribus) aut campestres (velut otis et anas campestris Bellonii, quæ ferè magnitudine differunt).

Aves phytivoræ brevium alarum feræ mediæ (ut perdix, cui rubet pectus, gallina corylorum *Haselhuhn*, cui crura pilosa).

Minores pullacei generis (ut coturnix, rallus).

Phytivoræ feræ non volantes magnitudine retinentur (ut struthiocamelus, casuarius).

Aves Phytivoræ longarum alarum sunt rostro longiore et tenuiore, vel breviore et firmiore. Illæ sunt generis columbini (velut columba, turtur, illa minor, hic major) aut turdini. Hæ pectore variegato maculis aut non variegato. Prioris generis canoræ (ut turdus communis *Drossel*, sturnus) non canoræ (ut turdus transitorius). Pectore minus variegato aliæ colore minus pulchro canoræ (ut merula communis), non canoræ (ut merula montana); aliæ colore pulchriore (ut upupa, alcyon).

| Aves phytivoræ longarum alarum brevis rostri sunt granivoræ $<$ et vel habent $>$ tuberculum durum in palato (ut in Emberiza alba, alauda congener) vel sunt passerini generis $<$ quibus nil tale $>$. Quæ passerini generis aut non canoræ sunt aut canoræ. Non canoræ vel minores ut passer communis, vel majores rostro fortiore, quo putamina fructuum

17.

PHIL., VII, D, 11, frangunt (ut cocothraustes). Canoræ *fincken* (velut rubicilla, passer
2, f. 17. canarius qui viridior; et quæ colore obscurior fringilla et linaria magnitudine inprimis differentes).

Aves insectivoræ aut majores sunt aut minores. Majores. Majores velocius (ut hirundo) tardius aut canoræ (velut luscinia, alauda, rubecula *Rothkalche*, rubicilla *rothschwänzgen*) aut non canoræ, quæ vel gustu commendatur (ut friedula vulgo beccafigo, oleanthe *Wheat-ear* quæ in foraminibus terræ latet albo corpore) vel cauda insignes sunt (ut motacilla).

Minores insectivoræ vel canoræ sunt (ut serinus) vel non canoræ (ut regulus, parus).

Aves carnivoræ sunt aut rapaces, aut semirapaces. *Rapaces* sunt diurnæ aut nocturnæ. Diurnæ majores (ut aquila, vultur, ubi in posteriore rostrum non statim curvatur ut in priore) mediæ, ex quibus nonnullæ, falconum nomine ad venatum aliarum avium ab hominibus adhibentur (ut accipitres, milvii). Minimi (ut cuculus, qui satis voce noscitur, et lanius, qui processum habet ab exteriore mandibulæ superioris parte). Nocturnæ (ut bubones).

Semirapaces magis ex cadaveribus quam vivis animalibus victum quærunt, et pleræque ad loquelam sunt aptæ, suntque ex genere corvorum, psittacorum aut picarum. Corvino generi rostrum largius rectiusque (majores ut corvus, mediæ ut cornix, minores ut monedula). Psittacis rostrum angulatum colorque insignis. Picæ garriunt crepitantes et multipliciter variegantur. Ad picas referri potest manucodiata. Picus (*Whoodpecker*) muros arboresque scandit, eaque in re etiam a cauda juvatur, in qua pennæ firmiores.

Aves aquaticæ cruribus et rostro longioribus utuntur, et vel vicinæ degunt aquis, vel ipsa in aqua. vicinæ aquis sunt ex genere pluvialium, quibus rostrum plus pollice longum, ex genere hæmatoporum, quibus rostrum duos pollices excedit (ex quibus ipsi hæmatopo rostrum et crura rubent) Ex genere Scolopacum (*Schneppen*). quæ aquam ingrediuntur aut sunt fissipedes aut planipedes. Quæ pedes fissiles habent, vel non natant vel natant. Quæ non natant sunt ex genere gruum. Ex his grus arteriam asperam habet literæ S forma, et herbis vivit. Ciconia pisces magis quærit. Ardea piscivora est, ex pennis cristam habet. Fissipedes quæ natant, vel sunt ex genere colymborum, quæ multum aqua merguntur,

pedes habent pinnatos, pennas plumosas, sine cauda; vel sunt ex genere PHIL., VII, D, II,
fulicarum, quibus corpus compressius in latus, aliæque pedes habent 2, f. 17.
pinnatos, aliæ non habent. Palmipedes < vel > habent rostrum planum
vel acutum. Planum habent herbivoræ (ut cygnus, anser, anas). Acutum
habent, quæ sunt ex genere pelicanorum (vel onocrotalorum) anatum
insularium (quæ desertas rupes habitant, unum tantum ovum pariunt,
postica carent), mergorum (qui multum sub aquis, rostro rotundo
serrato, sub extremum uncinato), ex genere hirundinum marinarum,
quibus alæ prope ut hirundinum (ut larus).

| Nunc ad animalia terrestria veniamus. 18.

Hæc vivipara et ovipara sunt (Illa cum avibus communem in ea re
naturam habent, hæc plus piscibus accedunt) Vivipara aut solidis pedibus
aut fissis. Quæ fissis ungulis aut rapacia aut non rapacia. Rapacia omnia
sex habent dentes incisores, et binos oblongos, quibus prædam tenent,
suntque capite rotundo magis, quæ generis felini, aut magis oblongo,
quæ canini[1].

Solidipeda aut solidungula seu cornipeda sunt (velut equus, asinus,
mulus), vel pedes habent nonnihil duros et fissis accedentes (ut camelus,
qui pedes bisulcis accedentes habet, superiore ungulæ parte nonnihil
fissa, et ex ruminantium est genere; et Elephas maximus quadrupedum,
qui multifidis accedit, prominentiis digitos repræsentantibus). Fissos pedes
habentia non rapacia quædam sunt *cornuta et ruminantia*, quæ bicornia
sunt. Et sunt iis cornua aut cava (ut in bove, ariete, capro) aut solida
maribus propria, ut in alce et cervo, dama et rangifero, capredo *Rehbock*,
magnitudine distinctis. Cætera vel sunt *cornuta non ruminantia*, quæ unius
cornu unicornia (ut rhinoceros) vel *ruminantia non cornuta* (ut camelo-
pardalus, girafa) vel *nec ruminantia nec cornuta* (ut porci).

Ad bovinum genus referuntur varia (ut urus, qui est barbatus, bisons,
cui gibbus in tergo, bonasus cui cornua circa aures reflexa, bufalus, cui
cornua plana, aspera) ad caprinum referuntur itidem varia (ut *Steinbock*,
ibex cui cornua angularia et tuberosa, rupicapra cui cornua rotundata
et in extremo uncinata, gazella cui recta et contorta).

Bestiæ unguibus armatæ non rapaces sunt hominiformes aut lepori-
formes. Hominiformes majores (ut simia, papio vel pavianus, illæ nulla

---

[1]. Cette phrase est à peu près répétée au commencement de la p. 19.

PHIL., VII, D, 11, cauda, hic brevi), minores (longa cauda cercopithecus, et facie ei simile
2, f. 18.   animal ignavum). Hominiformia facie et auribus hominem nonnihil
referunt, pedibus anterioribus ut manibus utuntur, quatuor iis incisores
lati, et bini dentes oculares nihilo reliquis longiores.

Quæ leporini sunt generis, binos habent dentes oblongos in inferiore
mandibula binosque oppositos sed paulo minus longos in superiore.
Pleraque ruminantibus accensentur, quod ubi incisorum ope os cibo
implevere, rursus molaribus comminuunt alimentum. Sed verè tamen
ruminantia non sunt, cum non nisi uno sint prædita stomacho, unde
cibos non revocant. Sunt majora, media, minora. *Majora* aut pilosa aut
calamata. Pilosa vel in aperto (ut lepus) aut subterranea (velut cuniculus,
cui longæ aures, brevis cauda; aut mus alpinus, cui contra) alia calamos
pro pilis habent (ut major, histrix; minor, echinus).

Medii generis (ut arborum habitator ampla cauda sciurus).

Minoris (sorex, mus et talpa, cui minuti oculi, pedes lati instar
manuum aliaque unde apparet non optime huc referri). Muribus vesper-
tilio accenseri potest.

19. | < Bestiæ unguibus armatæ rapaces, felini generis canini, illa
rotundo capite hæc oblongo [1] >.

Rapacia felini generis corpore sunt proportione pedum aut minus
oblongo aut oblongo. Non oblongo majora et vel robore insignia (leo,
ursus), vel maculis (rotundis tigris, oblongis pardus), visu (lynx). Minora
(ut catus domesticus, civetta) Oblonga se in foramina inserunt et sunt
terrestria vel amphibia. Terrestria aut pellibus vilioribus (ut viverra,
quæ cuniculis capiendis adhibetur, putorius, qui malè olet), aut pretio-
sioribus (major ut martes, minor ut mustela, quæ *Hermine*). Amphibia
meliore pelliceo (castor) deteriore (lutra vulgo *Otter*). Rapacia canini
generis Europæa vel exotica. Europæa terrestria (ut canis qui docilitate
et obsequio, lupus qui contra rapacitate; vulpes quæ subtilitate laudatur.
His addi taxus potest) exotica (ut Armadilli seu tatii), amphibia (ut
phocas).

Oviparæ bestiæ aut gradiuntur et quadrupedes sunt aut repunt. Gra-
dientia sunt lata aut oblonga. Lata habent crustam (ut testudo terrestris
vel marina) vel pellem (ut rana; et buto, qui venenatus nec saltat).

1. Répétition : v. p. 18.

Oblonga sunt majora, media, minora. Majora (ut crocodilus), media (ut Pʜɪʟ., VII, D, ɪɪ, lacerta, chamæleon), minora (ut salamandra terrestris, aquatica). Repentia 2, f. 19. quæ pedibus carent oblonga et rotunda sunt rursus majora, media, minora. Et quidem majora (ut serpens) media sine veneno (natrix *Snake*) venenata (vipera) minora (ut cæcilia quæ creditur venenata et cæca).

Partes animalium communiores sunt, aut specialiores. Communiores fluidæ seu contentæ aut firmæ seu continentes. Fluidæ aut aëreæ seu impetum facientes, quæ spiritus vocantur; aut liquidæ seu humores. Humor utilis aut excrementitius. Utilis aut in sanguinem tendit, aut est in sanguine, aut ex sanguine separatur. In sanguinem tendit chylus ex cibo. In sanguine est sanguis ipse, serum quod aquea perspicuitate est, sed calore concrescit; bilis. Ex sanguine separantur succus nutritius < pro individuo >, et pinguedo, adeps, et quod congelascit sebum. *Sevum* pinguedo dura. Pinguedo incerti usus. Semen, pro fœtus generatione; lac pro nutritione. Excrementitii humores sunt bilis collecta, excrementa ex chylo secreta, sanguis menstruus, urina, sudor.

Continentia sunt similaria aut dissimilaria. Et illa dura aut flexilia. Dura (ut cartilago et ossa) flexilia aut serviunt ad transmissionem aut ad motum aut ad tegendum. Ad transmissionem spirituum cerebrum cum medulla spinali, nervi, fibræ. Ad transmissionem humorum vel simplicem venæ et arteriæ vel percolatoriam glandulæ. Ad motum : ligamenta tendinesque, quibus musculi ossibus alligantur, musculi ipsi, caro. Ad tegendum, cutis, membrana.

Continentia dissimilaria sunt externa et interna. Externa caput et truncus. Capitis partes generales facies et posticum (synciput, occiput) illa magis hæc minus pilosa. Speciales *magis organicæ* (apertæ, tectæ) et minus organicæ. Apertæ utiles ad sensum visûs (oculus), auditûs (auris), odoris (nasus), gustûs (os).

Cranium est os capitis superius, quo tegitur cerebrum.

| *Nasus* est cava prominentia, per quam transit respirationis pars et 20. odor.

Os est scissura faciei, per quam transit maxima pars respirationis et alimentum. Habet mandibulam superiorem et inferiorem, quæ mobilis est, et labia supra et infra, quæ sunt carnosæ laciniæ, quibus dentes teguntur et os clauditur.

PHIL., VII, D, 11, 2, f. 20.

Tectæ partes internæ magis organicæ sunt, vel prominentes ut lingua et dentes, vel concavæ palatum, guttur, in quo Epiglottis. *Lingua* est molle, carnosum et oblongum corpus, quod motu, flexu et allisu suo servit cibis movendis in ore et voci formandæ. *Dentes* sunt ossa brevia verticaliter sita in ore infixa alia in mandibula superiore, alia in inferiore sibi respondentia, ut eorum ope cibi intercepti firmi teneantur, incidantur, molantur. Hinc alii canini, incisores, molares.

Gingiva est caro, ubi infixi dentes.
Palatum est cavitas oris superior.
Guttur est ex ore in interiora descendens via cava.
Fauces intus initium gutturis.
Gula extra superior pars colli.
Uvula seu gurgulio est caro mollis inflabilis in extremo palati, ubi incipit guttur.
Epiglottis ibi est valvula quæ aperitur extrorsum, ad emittendum spiritum, clauditur vicissim, ne cibus intret in viam respirationis.
Partes minus organicæ supra, medio, ad latera.

Supra *Frons* quæ est suprema pars faciei supra oculos. *Cilium* protuberentia super oculo, quæ infra terminat frontem.

Medio ad latera; suprà, *tempora* quod est inter aures et frontem. Inferius *malæ* quæ sunt e regione oris, et spiritu ad exitum nitente clauso ore inflantur. *Genæ* sunt superior pars malarum.

Infra sub ore directè *mentum* terminatio faciei infima externa, in qua intus primum *maxilla* seu mandibula inferior mobilis. interius *tonsillæ* quæ sunt binæ glandulæ in faucibus < Hactenus caput. >

Truncus quod corpori superest demto capite vel demto capite et membris. Habet superiora, media, ima. Superiora anticum et posticum simul complexa sunt collum et scapulæ. Collum est quod truncum capiti jungit.

Cervix est colli pars posterior.
Nucha quod est proxime infra foramen cervicis, ubi oritur spina. alii sic appellare malunt cavitatem posticam colli prope caput.
Palearia pellis dependens a gutture, ut in bobus.
Humeri pars trunci lateralis superior, à qua brachia pendent.
Scapula os humeri.
Clavicula instar clavis jungit scapulam sterno.

Ad antica et postica determinata sunt pectus < et dorsum >. PHIL., VII, D, II,
Thorax est medius venter seu superior trunci cavitas. circumscribitur 2, f. 20.
supra claviculis, infra diaphragmate; ante sterno, postica ossibus dorsi :
lateratim a costis; continet partes, motu se aperientes et claudentes
nempe cor et pulmones. Hinc ut eas coerceat, ossibus firmatur. *Sternum*
ossa pectoris.

Ejus pars anterior extus apparens dicitur pectus, posterior dorsum,
utrinque latera.

Mammæ sunt extuberantiæ carnosæ in pectore, aptæ ad lac gignendum
in suis glandulis, quarum fungosa extremitas *papilla* est, apta suctioni
exquisiti sensus instar glandis.

| *Spina tergi*, est osseum omne tergi à collo ad inferiora, constans 21
vertebris seu partibus, quæ separatim verti possunt. Continent medullam
dictam spinalem.

Costæ sunt ossa lateralia thoracis.

Coxendix est os, in cujus cavitate recipitur < os femoris >, est pars
interna coxæ < quæ ad latera > ossis sacri, quod spinæ est pars inferior immobilis.

Infimus venter, *abdomen* qui et proprie *venter*, est cavitas trunci inferior,
membranâ circumdata, quæ peritonæum appellatur, superius terminata
diaphragmate, continens ventriculum, intestina, pancreas, hepar, lienem,
renes, vesicam, et quæ pertinent ad generationem et excrementa. Sub
peritoneo omentum est, membrana nempe adiposa, intestina involvens,
quod Epiploon vocatur.

Umbilicus est centrum depressum in antico infimi ventris, in quod vasa
quædam (dicta umbilicalia) terminantur, quæ serviunt ad fœtus in utero
communicationem cum venis maternis.

Ilium superior coxæ pars, ubi intestinum ileon seu convolutum.

Clunes vel nates prætuberantiæ, quibus sedemus, in medio *anus* exitus
excrementorum.

Hypochondria, quod a costis nothis seu inferioribus ad ilia; unde hypo-
chondriaca affectio, quia ibi intus mesenterium obstructionibus obnoxium,
vulgo Weiche Seite.

Hypogastrium pars abdominis sub umbilico.

Inguen quod in hypogastrio est circa pudenda, ibi glandulæ, quæ aliquando, in bubones intumescunt.

Phil., VII, D, II, 2, f. 21.

Pubes pars inguinis propior pudendis in quo pili succrescunt ætate ad generationem maturescente.

Trunco adhærent *artus*, nempe partes corporis ad motum externum destinatæ, suntque totales aut partiales. Totales in bestiis vocantur pedes, et sunt quatuor numero; ex quibus anteriores etiam ad alia movenda vel sistenda adhibentur, et in homine *brachia* appellantur. ubi posteriores ad motum totius corporis de loco in locum super terra aut in aqua magis serviunt, et pedes speciatim dicuntur; etsi in avibus et pedes serviant ad alia movenda et brachia abierint in alas.

Artus ergo totalis (ut brachium, pes), dividitur in armum, cubitum, manum.

Armus est pars brachii trunco vicina, quæ per humerum ei connectitur.

Cubitus est pars media inter armum et manum.

Manus est pars extrema brachii, qua aliquid comprehendi potest, constatque carpo, quo cubito jungitur, palma seu medio manus, cujus cavum dicitur *vola manus*. et denique parte extrema in *digitos* fissa, qui oblongi sunt, quibus fieri possunt diversi motus, quique rursus in *articulos* subdividuntur.

Condylus junctura articulorum.

In pede armo respondet *femur*, cubito *crus*, manui *pes imus*.

Genu est commissura femoris et cruris, ubi flexus. In anterioribus pedibus sic dici solet Latinis, in posterioribus *suffrago*.

22. | *Tibia* pars anterior seu dura cruris. *Sura* posterior, quæ carnosa.

Pollex digitus intimus, qui cæteris major et ab iis remotior. quibusdam *Hallus*.

Planta est imum pedis, quod in quibusdam bestiis induratur. Carpo respondet *Tarsus*. Quibusdam os tarsi primum dicitur *talus*.

Nunc ad partes internas animalis, quæ sunt viscera et ossa; nempe mollia et dura. De ossibus quædam jam dicta, quia structuram faciunt exteriorem.

Viscera sunt vel pro motu aëris seu respirationis, vel pro motu humorum eoque sensibili, quo in circulum aguntur, aut insensibili, quo præparantur. Pro respiratione *pulmo* est follis naturalis genus, qui per arteriam asperam aërem recipit, et rursus expellit exterius, quod respirationem vocant. In duas partes dividitur a *mediastino* id est, membrana thoracis cavitatem in duas partes dividente, ut una corrupta alia supersit.

Et quælibet pars duos habet *lobos*. Intus versus thoracis cavitatem concavi sunt, quia cor amplectuntur. PHIL., VII, D, II, 2, f. 22.

Pro motu sanguinis sensibili est *cor*, quod habet speciem antliæ valvulis instructæ, quo sanguinem uno foramine attrahit, alio expellit, valvula utriusque regressum impediente. Duos habet ventriculos, ex quibus dexter recipit sanguinem venosum ex vena cava, eumque mittit ad pulmones per venam arteriosam, ut aëre imprægnetur. Ex pulmonibus redit per arteriam venosam seu venam pulmonarem ad ventriculum cordis sinistrum, unde expellitur in arteriam magnam : in diastola uterque ventriculus aperitur : in systola uterque comprimitur.

Cætera viscera serviunt ad humores præparandos. Et quidem alimenta in ore masticata et saliva imprægnata per œsophagum recipit sinistro orificio situs in abdomine *ventriculus*, cujus motu quoque subiguntur inclusa, et protruduntur deinde in intestina tenuia, ubi *chylus* seu pars utilis alimenti ab excrementitio separatur. Chylus per vasa lactea extractus in receptaculo proprio colligitur, atque inde per venam subclaviam et cavam in dextrum cordis ventriculum deportatur. Reliquum stimulante *bile* (in hepate a sanguine separata) propellitur in intestina crassa. *Lienis* qui in sinistro hypocondrio situs (ut hepar in dextro), quod viscus est spongiosum, usus non satis notus.

Renes ex sanguine per venas emulgentes allato separant humorem aqueum et salsum sudori cognatum seu urinam. Bini sunt siti sub hepate et liene, et urinam ope ureterum mittunt in vesicam urinariam, ubi servatur, donec expellatur; ut bilis servatur in fellea.

Testes semini maris elaborando serviunt, numero bini extra abdomen positi, in quos venæ binæ et arteriæ binæ ingrediuntur, quas spermaticas vocant, quæ intra testem in ramos sparguntur, advenit et nervus a sexto pari. Ex testibus semen per vasa deferentia in cavitatem penis fertur. Prostatæ[1] sunt binæ glandulæ, quæ aliquem quoque humorem in penem emittunt. In mulieribus uterus peni respondet, corpora bina testibus comparantur.

| Hodie putant, ovarium esse in omni fœmina, ubi ovulum a semine virili fœcundetur, aique inde in uterum per tubam Fallopianam delatum fœtum constituat, qui ibi nutritur. In mediis intestinis jacet *mesenterium*, 23.

---

1. Hodann a écrit : *Prostratæ*.

Phil., VII, D, ii, 2, f. 23.

in quo multi sanguiferi et chyliferi ductus : et *pancreas* glandulosum corpus, succum intestino tenui, non procul ab introitu bilis peculiari ductu infundit, quo bilis temperatur.

Sunt et partes animalium peculiares, ut in natantibus *squamæ*, tenue tegmentum et partitum, *crusta* fragilior, *testa* durior et aperiens sese, ut in ostreis. Eadem *branchiis*, id est, foraminibus in capite lateralibus respirant. Quædam insecta habent ad cornuum instar *antennas*, quibus explorant iter. Datur et in natantibus vesica aërea, cujus contractione gravitatem corporis specificam augere creduntur. Sunt et *pinnæ*, *pinnulæ* lata tenuisque substantia ex acuminibus composita, quæ ex corpore piscis exit.

In volantibus corpus tegunt *plumæ*, quarum in extremo ramusculi piliformes, ad fundum *calamus* cylinder scilicet perforatus.

Alæ sunt quasi remi, quibus percutitur aër. Cauda pro gubernaculo. In quadrupedibus quibusdam *cornua* (quæ aliquando et in piscibus, ut in cetis) armant caput, *ungulæ* pedes. *Jubæ* pinnis respondent.

Pilus corpus longum flexile, quod plantæ instar cute exit ; ex multis compositis fit *lana* in quibusdam, in aliis *pelliceum*.

Ex pilis in mento *barba*. In extremo trunci prominentia est *cauda*, quæ et ipsa sæpe pilosa.

Victus est alimentum animalis.

Panis corpus siccum comestile, quod fit materiam vegetabilem (ex granis maximè) in farinam redactam et aqua maceratam coquendo.

Potus est liquor alimentosus, qui hauritur ore.

Jus est liquor eorum, quæ coquuntur.

Butyrum unctuosum ex lacte collectum.

Caseus ex crassæ partis lactis coagulatione depositæ compressione formatum.

Fartum esca, qua quid farcitur, ut intestinum vacuum, cum fit farcimen ; Farcire autem est minutis partibus collectis implere.

Artocreas est coctum ex farina cum butyro cavum carne repletum.

Amictus est tegumentum portatile tenue scilicet contra aëris injurias transitorias, non contra vim solidi majorem.

Filum est linea tenuis flexilis apta ad connectendum.

Vitta est fascia capitis crines colligens.

Pannus textum unde vestis, maxime ex lana.

Pulvinar cui ob mollitiem commode innitimur sive incumbendo sive Phil., VII, D, II,
insidendo. Speciatim saccus clausus, materia flexili plenus in usum 2, f. 23.
dictum.

Saccus, recipiens flexile, firmum, amplum, uno tantum loco apertum, qui arte fit ex extenso seu plano. aut multas habebit plicas aut consui debebit.

Ornamentum amictus, quod in eo spectari volumus, etsi ad tegendum necesse non sit.

| Aedificium est tegumentum magnum firmum, loco affixum contra   24.
aëris injurias diutius durantes, vimque etiam majorem a solido inferendam; non pro nobis tantum sed et nostris rebus conservandis.

Latiori *structuræ* vocabulo comprehendas etiam navem, murum, pontem, turrim, columnam, obeliscum, ut sit omne corpus ingens artefactum cujus partes cohærent : ut scilicet a machina distinguatur, nisi hanc quoque comprehendere velimus.

Navis est sustentaculum hominum et rerum capax, ut in aqua promoveantur. Et habent hoc commodi, ut majora opera facile promoveantur, quia minus resistit aqua motui incumbentis quam terra.

Pons est sustentaculum duo extrema firma aquam coercentia conjungens, ut transiri possit sine immersione in aquam.

Tignum est prisma ligneum quadratum, ædificiis aptum.

Asser est planum ligneum oblongum arbore abscissum.

Later est lapis ex terra coctus.

Cæmentum propriè lapis ex ædificio cæsus. Hodie vulgo materia mollis quæ deinde sponte fit firma inservitque aliis colligandis.

Columna est corpus cylindriforme, quod erectum firmitate sua tecta structurarum sustinere potest. soletque crassities infra major esse et supra prominere aliquid, ut pluvias delabentes a columnæ corpore arceat.

Arcus est tectum cavum in extremo sustentatum.

Cancelli obstaculum retiforme rigidum, quod oculis non corpori patet.

Scala compositum ex gradibus, ut iri possit ad locum altiorem.

Gradus est fulcrum, in quod fit passus in altum.

Vallum olim ex lignis erectis unde miles dicebatur vallum ferre in expeditione. Nunc intelligitur erectum crassum ex terra, ut eo salvo ad locum aliquem veniri non possit. Solet vestiri lapide, ne inclinata nimis sit anterior facies ad horizontem, ascendique facile possit. Nam ipsa per

Pʜɪʟ., VII, D, II, se terra aggesta (unde *aggeris* nomen) indiget inclinatione faciei seu pro-
2, f. 24. cursu inferiorum, ne superiora ruant extra vallum. Solet etiam adhiberi aquis coercendis.

Obex est impedimentum motus.

Ostium est apertura ad introitum in locum destinata.

Fenestra est apertura lucem admittens.

Caminus est proprie via fumi clausa, ne incommodet. Nam verbo tenus caminus, *chemin*, significat viam. Sed adhibetur tamen et ad locum ignis apertum simul designandum.

Si locus ignis est clausus, nisi quantum opus ad usum, is locus dicitur *fornax* quæ non tantum adhibetur ad calefaciendum aërem conclavis clausi; sed et ad immissa aut superposita vi ignis tractanda.

Grundia suggrunda pars tecti prominens ultra murum vel parietem, ut ab eo pluviæ casum arceat.

Vestibulum ædificii pars ante januam.

Posticum quod est in parte posteriore, ut ostium posti cum. Posterius autem censetur hoc loco, quod non æque aditur.

Contignatio, quod fit ex tignis junctis, ut firmum aliquid componant. Sed maxime si sit horizonti parallela, serviens ad separanda superiora habitacula ab inferioribus.

25. | *Transtra* sunt tigna transversa a pariete ad parietem. dicuntur et de remigum sedilibus in navi.

Si super duabus trabibus parallelis erigantur tigna parallela sibi ex adverso, et tigno obliquo conjungantur, hæc tigna obliqua appellantur *Capreoli (Streben)*.

In habitaculo, quod imum est horizontale dicitur *pavimentum*; quod supra, *tectum*; quod ad latus angulo ad horizontem recto surgit, *paries*.

Malus est lignum erectum in navi, quod ferre potest velum.

Transenna est funis extentus.

Clavus vel gubernaculum est, quod in postrema parte navis in aquam prominet. servit ad navem convertendam. Nam si aqua quiescat ipsum gubernaculum motum instar remi navem ab aqua repellit, unde convertitur. Sin navis sit in motu, gubernaculum obliquatum magis aquæ resistit quam rectum, et ita ipsa vis motus navem convertit.

Anchora est corpus uncinatum, quod si in fundum aquæ projiciatur et fune navi annectatur, servit ad navim sistendam. dum enim navis moveri incipit, anchora trahitur, simulque acumen, quo terram momorderat, Phil., VII, D, 11, magis intra eam adigitur, ut tandem, nisi frangatur aut rumpatur aliquid, 2, f. 25. navis ulterius promoveri non possit.

Remus est vectis in extremo latus seu palmam habens, quo dum pellitur aqua, repellitur ab ea corpus mobile in aqua.

Velum est superficies ventum excipiens, ut ejus vi navis propellatur.

Supellex varia.

Canalis est prisma cavum ut canna. Sub prismate cylinder continetur.

Funis est prisma flexile vel cylinder flexilis, sed cui firmitas adest.

Theca est repositorium portatile.

Acicula est instrumentum perforandi exiguum.

Acus est simul instrumentum perforandi et aliquid secum transducendi, ut filum, lardum.

Forfex est compositum ex duobus cultris, angulum mobilem facientibus, ut interceptum inter ipsos secari possit.

Pecunia est materia pretii noti apta ad aliarum rerum pretia, ad exiguas usque partes, mensuranda.

Mensa est planum horizontale super pavimentum erectum infra hominis altitudinem aptum ad sustinenda, quæ manibus tractare volumus.

Candela est cylinder ex materia combustibili, *ellychnium* per longitudinem ejus transiens circumdante, id est, filum, quod facilius adhuc ignem concipit quam ipsa materia candelæ.

Vas est continens diffluentis in summo apertum. Itaque liquida et arida ex partibus exiguis composita continere potest.

Cathedra est sedes altior, ut qui sedet spectari audirique faciliùs possit, ad docendum ferè comparata, etsi latius sumi possit.

Sporta sportula est vas contextum ex flexilibus crassioribus *Korb* ut ex palea, juncis, et firma facere potest etiam ex non firmis, ut ex stramine.

Arca est receptaculum undique clausum utcunque portatile, cujus tectum arcuatum instar januæ sursum versæ aperiri potest.

Lectus est locus horizontalis stratus, ut in eo commode quiesci possit a jacente.

Supellex rustica.

Aratrum est mobile corpus, quod aciem habet, qua terram proscindit, ut semina injici possint.

Occa instrumentum est, quo glebæ confringantur et sata rursus operiantur.

Ligo est instrumentum constans angulo recto, cujus una extremitas manu tenetur, altera ferro armata est, ut penetrare in terram apice et radices veprium eruere possit.

Currus est corpus ex receptaculo vel sustentaculo rerum transportandarum et rotis compositum, ut facilius trahatur.

Atramentum est liquor niger, quo literæ in charta duci possunt. Componitur ex solutione vitrioli et gallarum.

Charta est superficies flexilis ex linteis vel laneis tusis, maceratis atque expansis rursusque siccatis.

Liber est compositum ex multis paginis parallelis inscriptibilibus parallelè sibi affixis, ut aperiri et claudi possint quiescente extremitate, quibus committuntur.

Organum pneumaticum est instrumentum musicum, in quo aër per fistulas transiens sonum facit.

Lyra instrumentum musicum portatile, chordis instructum, quæ digitis pulsantur.

Pandura est instrumentum musicum chordis instructum, quæ chordæ alia arcu tensa tanguntur *Geige*.

Tympanum est instrumentum sonorum cavum, cujus superficies tensa pulsatur.

Tuba instrumentum musicum ore inflatile majus incurvum ex metallo.

Campana est instrumentum cavum ex metallo, quod alio corpore duro pulsante sonum reddit. Pulsans si intus suspensum sit totoque pulsato pulset, *pistillus* vocatur.

Ludus est exercitium incerti exitus, quo certatur delectationis gratia.

Pictura est similitudo rerum solidarum in superficie.

Spectaculum est actio publica ubi factis delectantur < vel saltem afficiuntur > spectatores non verbis tantùm.

Arma sunt instrumenta nocendi per vim manifestam. Ita venena excluduntur, ubi vis non apparet. PHIL., VII, D, II 2, f. 26.

Gladius est ferrum oblongum, mediocri latitudine, crassitie minore, aciem habens. Omnis gladius aciem habet, non omnis acumen.

Bombarda est fistula, ex qua per expansionem pulveris pyrii ejicitur globus.

Arcus est compositum ex linea, quæ extremis per chordam tractis vim elasticam accipit, eaque dimissa se restituens missile propellit.

Tela sunt arma missilia brevia, acumen habentia. Sagittæ appellantur.

Hasta est lignum oblongum, acumine duro armatum.

Clypeus est superficies magnæ parti corporis obtensa cui non adhæret, tam firma, ut armis perrumpi facile non possit.

ACCIDENS COMMUNE 27.

Causa est coinferens natura prius illato. < Interdum dicemus *Concurrens*, cum causa de concurrente potiore sumitur. >

< *Causa sufficiens* est inferens natura prius illato. Sæpe causa nomine simpliciter posito intelligitur *sufficiens*, vel pæne sufficiens. *Causa per se*, (item *causa sufficiens per se*) est coinferens (inferens) natura prius, modo nihil impediat. >

Coinferens quod cum alio vel aliis sumtum constituit inferens.

Inferens est, quo posito aliquid ponitur. Omne inferens est coinferens. Nam si per se infert, etiam cum aliis non impedientibus sumtum infert. Porro non omne inferens causa est, cum etiam ex effectu inferatur causa.

Coinferens idem est quod *conferens*.

Connexa sunt quorum quodlibet necessariò infert alterum.

Oriri aliquid ex eo dicitur, quod est inferens natura prius < vel saltem coinferens primarium natura prius seu causa primaria. >

Requisitum est suspendens natura prius. < vulgò *causa sine qua non*. >

< *Constituens* est requisitum immediatum, seu sine medio illationis vel probatione. ita pars constituens est totius, puncta etiam etsi partes non sint, tamen sunt constituentia corporis. >

Suspendens est, quo non posito aliud non ponitur; < dicitur et conditio. sunt quædam suspendentia non absolutè, sed secundum certum produ-

PHIL., VII, D, II, cendi vel existendi modum. Quod et ad requisita applicari potest, et
2, f. 27. quædam sunt requisita, *secundum quid*, non simpliciter. idemque in inferentibus etiam locum habere potest.

Consuspendentia, vel *correquisita*, quibus omnibus non positis, sequitur demum rem non poni. Aggregatum ergo omnium correquisitorum foret requisitum plenum. >

Conjuncta sunt etiam, quæ connexa non sunt, modo de facto simul ponenda sint.

Efficiens est causa activa.

Medium causa, quam causa efficiens [primaria utitur] < finem intendens facit, esse causam >.

Finis est, cujus appetitio est causa < sufficiens > conatus in agente.

Materia est constituens passivum, quod manet in mutatione. < Qu. an materia sit abstractum? >

Forma est constituens activum < abstractum > Interdum sumitur pro constituente mutabili. < Spiritus animales sunt constituentia activa, sed non abstracta. >

Auxilium est, quod actionem alterius reddit faciliorem, < id fieri vim agentis augendo, vim aliam addendo, manente vi minuendo impedimentum. >

Impedimentum difficiliorem, < quod fit diminuendo vim agentis, diminuendo vim auxiliantis, manente vi minuendo effectum, quod *impedimentum strictè dictum* est. idque fit vim aliò divertendo. Est et alius modus impediendi lato sensu, si eludatur actio, objectum amovendo, vel obliquius reddendo, ubi virium pars non proficit ad effectum. < *Obstaculum* actionem in se divertit, nulla licet mutatione facta in agenti et patiente >. >

Permittens non impedit cum possit.

Instrumentum est, quod agit patiendo.

Præparans est producens causam futuram, < vel causæ futuræ qualitatem requisitam >.

Conservat quod impedit corruptionem.

Exemplum universalis est particulare, sub eo comprehensum.

Occasio est rerum status, nobis conveniens ad agendum sine opera nostra oblatus.

Meritum est actus præmio dignus. *Demeritum* pœnâ.

Fortuna est status rerum a nostra prudentia non dependentium. *Status* est aggregatum prædicatorum mutabilium (accidentium) contemporaneorum.

Phil., VII, D, ii, 2, f. 27.

Modi existendi.

Independens quod alio tanquam natura priore non indiget < quod non habet requisitum >. *dependens* quod contra.

Simplex cujus pauca sunt constitutiva. *Compositum* cujus multa. < *Prorsus simplex* cujus nulla >.

Pertinere dicitur, quod haberi convenit.

Periculum est facilitas mali; quodsi non sequatur, *salvi* dicimur seu *salutem* habere < posito malum esse magnum >.

Permanens quod durat diu.

Mutabile, quod potest non durare. < Præstat durationem definire per mutationem, ut alibi factum. >

Habere dicitur A et B < dicitur > haberi, si ita existat B, ut eo uti possit A. *Carere* est non Habere, cum conveniret. *Habere* est generalius quam *possidere* et latius sumtum, ut ad res quascunque etiam inanimes et juris expertes applicari possit, uti pertinere rem ad me est latius, quam jus mihi in rem esse. Et uti habere abstrahit animus a possessione, ita pertinere a jure. Habemus ea, quæ sunt pars nobis, item quæ sunt attributa, uno verbo, quæ sunt in nobis. Habemus tamen etiam, quæ non sunt in nobis, nempe instrumenta agendi, amicos, res amicorum. Sunt enim in habendo quidam gradus. Res amicorum habemus contra hostes communes, sed non contra ipsos amicos.

{ *Utimur* eo quod facimus concurrere ad finem nostrum. }

| *Conveniens* est, quod confert ad perfectionem majorem.

28.

Vita est activitas primitiva substantiæ plenæ simplicis < seu est forma substantialis >.

Mors est cessatio vitæ.

Vices continent mutuam unius in alterum mutationem.

Ordinarium est, quod fit secundum regulam communem, < seu secundum id quod plerumque contingit. >

Extraordinarium quod secus.

Modi agendi.

Phil., VII, D, 11, 2, f. 28.

Incipere est agere et proximè ante non egisse.
Continuare est agere et proxime ante egisse.
Finire est agere et proxime post non esse acturum. Pro agere poni potest et in aliquo statu esse.
Repetere est agere, quod prius actum est sed [intervallo] < tempore > interjecto.
Potentia est status, ex quo oritur alius status (qui *actus* dicetur) posito conatu agendi.
Conatus est status, ex quo oritur [actus] < alius status (qui nempe dicitur actus) > nisi aliquid impediat.
Debetur quod requisitum est ad perfectionem.
Oportet fieri, quod debitum est.
Expedit, quod confert ad perfectionem. < Itaque expedire et convenire est < foret > idem. Præstat discriminari ut *expedire* dicamus, quod extrinsecè confert ad perfectionem, non ipsam constituit vel continet. >
Facile cujus pauca sunt requisita. *Difficile* cujus multa. Sub multis magna continentur; nam magna habent multas partes.
Requisitum vide p. præced.
Solet cujus exemplorum numerus multo major est, quam oppositi.
Habitus est ad id quod solet fieri ex agentis dispositione.

En marge, signe de deleatur.

Spontaneum est, cum principium actionis in agente.
Violentum, cum contra, præsertim si patiens resistat seu agentis activitatem minuat.

Perfectio.

Perfectio est magnitudo realitatis.
Bonum quod confert ad perfectionem percipientis, < seu conveniens percipienti. >
Malum quod ad imperfectionem. *Indifferens* quod neutrum.
Pulchrum cujus contemplatio jucunda est.
Deforme cujus molesta.
Purum cui non admiscentur, quæ reddunt imperfectius.
Impurius cui admiscentur.

Utile est quod expedit percipienti. Quid sit expedire, videatur titulus præcedens. *Noxium* contra. < Itaque bonum utile non continet neque constituit perfectione.n. >

Jucundum quod continet perceptionem perfectionis.

Molestum quod imperfectionis.

Aptum est conveniens ad propositum. *Ineptum* contra.

Consentanea et dissentanea.

Eadem sunt, quæ sibi substitui possunt salva veritate.

Diversa, quæ secus.

Opposita quæ nec simul esse, nec simul non esse possunt.

Consistentia quæ simul esse possunt. *non consistentia* quæ secus.

Respectivum est, quod relationem dicit, seu quod relatione constituitur. *Absolutum* contra.

Positivum quod nullam involvit negationem nisi negationis.

Negativum contra. Potest et dici *absolutum* et *limitatum*.

| *Actus* explicatus supra, ubi potentia. *Medium*, ubi finis et causa efficiens.

Objectum est subjectum attributi producendi; quod interdum extrinseca denominatio est, ut cum attributum est τὸ cogitari.

Actio est variatio secundum perfectionem; < vel exercitium perfectionis. >

Mutatio secundum imperfectionem. < quæ continet passionem. >

Subjectum est, cui aliud ens inhæret, quod dicitur adjunctum. vid. supr. de Abstracto.

Circumstantia est conjunctum actioni. *Conjunctum* quid vide supra, ubi de causa.

Gradus comparationis.

Valde est tale, cujus adjunctum est magnum. Valdè calidum, cujus calor est magnus.

Mediocre, quod nec magnum nec parvum.

Parvum et magnum dicuntur, quod multis minus majusve est. Cæterum *majus* est, cujus pars alteri (*minori*) toti æqualis est.

Maximum est omnibus majus. *Minimum* omnibus minus.

PHIL., VII, D, II, 2, f. 29.

Prius est cujus simplicior in ordine collocatio est. alterum *posterius*.
Simul si neutrum prius aut posterius.
Excedit, deficit, satis est, quod majus minusve debito, aut neutrum est.

RELATIO NUMERI.

[*Multitudo* est unitates.]
Si A sit L et B sit L, sitque A et B idem, *unum* est L.
< *Multitudo* est aggregatum unitatum. >
Totum est, cujus plura constitutiva in recto concurrentia. dicuntur *partes*.
< Strictius totum ita sumitur, ut sit homogeneum parti. Homogenea sunt quorum unum in simile alteri, si non sit, mutari potest. >
Reliquum pars quæ manet aliis demtis.
Proportio est habitudo magnitudinum duarum, cujus ope una ex alia data [definiri] < determinari > potest.
Ordo est relatio inter multa, qua quodlibet a quolibet discriminatur.
Commune est attributum plurium subjectorum.
Proprium unius aut quorundam.

ACCIDENTIA MATHEMATICA

AFFECTIONES PRIMÆ.

Longum (*breve*) in quo via magna (parva) secundum eam plagam, qua in eo maxima esse potest.
Latum angustum secundum plagam, quæ post priorem maxima esse potest, anguloque est ad priorem recto.
Crassum tenue rursus ut ante, anguloque ad planum a prioribus plagis factum recto.
Rectum quod via minima incedit.
Curvum quod alia.
Distantia est viæ inter duo minimæ magnitudo.
Continuum ubi extremitates partium non determinatæ. secus in *discreto*.
Si superficies *plana* non sit (seu cui non ubique congruat recta, sed *gibba*) erit unum latus *concavum*, alterum *convexum*.
Convexum est, quod est a parte plani aut rectæ tangentis. *Concavum* contra.

Positio.

Perpendiculare quod angulum rectum facit seu utrinque æqualem, alias *obliquum* est.

| *Inclinat* ab ea parte, ubi minor angulus.

Jacens est, quod tandem prodit aucta ad extremum inclinatione.

Parallelum est, quod ubique æque distat.

Secat terminum communem, quod cadit in utrumque, terminum communem habentium, < et in ipsum etiam terminum. >

Transversum est, quod angulo recto secat.

Angulus incidens est, quem via facit ad occurrens.

Refractus, quem via continuata trans occurrens, facit ad priorem.

Reflexus est si via non ultra occurrens sit continuanda sed retro.

Ultra est, cum via secat occurrens. *Citra* cum manet ad easdem partes.

Retrò est citra < ire >, cum pergere < ita > non licet < ut tandem non amplius sit ad easdem partes. >

Supinum est, cum posterius est inferius. *Pronum* cum anterius est inferius. *Inferius* est latus versus eam partem, ad quam fit motus < naturalis universalis, qualem in gravibus agnoscimus. Naturalem hic intelligo apparentem. >

Dextrum et *sinistrum* nec anterius vel posterius, neque superius aut inferius < et tamen in plaga ad eas recta. > Distinguuntur, quod dextrum nobis est commodius.

Situs.

Distantia sunt si via ab uno ad aliud non nisi per alia : *Contigua* secus.

Plaga est determinatio rectæ ex puncto dato educendæ; generalius pro recta potest aliquando poni linea. *Plaga* contraria est, quæ priori jacet in directum, seu est in eadem recta indefinita.

Infra quod est in plaga gravis ex puncto dato cadentis. *Supra*, quod in contraria.

Ante, quod est in plaga motus horizontalis futuri. *post* quod in contraria. Itaque utrumque facit angulum rectum ad plagam inferioris et superioris. Generalius sumi potest, si τὸ horizontalis omittatur.

Dextrum et *sinistrum* sunt plagæ contrariæ inter se facientes angulum

PHIL., VII, D, II, rectum tam ad plagas superioris et inferioris, quam ad plagas anterioris
2, f. 30. et posterius[1]. Sed dextrum a sinistro discerni non potest extra animalia,
[et] < nec > solet discerni nisi facto ipso, seu perceptione, dum ab uno
latere motum commodiorem quam ab alio homines experiuntur. Posset
etiam in animalibus discerni Anatomia.

Alioqui si hominis umbilicus sumatur pro puncto, ex quo ducendæ
plagæ, erit superius in plaga versus caput, inferius in plaga versus pedes.
Anterius in plaga ab umbilico extra corpus, posterius in plaga ab umbilico per corpus. Dextrum ad latus, in quo situm hepar, sinistrum ad
latus, in quo situm cor. Hæc intelligenda, si homo sit in situ naturali
ambulandi.

Duorum unum est *intra* A alterum *Extra*. si ab uno ad alterum transeundo via recta (aliquando sensus est quacunque) non possit perveniri nisi cadendo in A. Discernentur autem intra et extra, quod illud est
in parte concava, hoc in convexa; quas supra discrevimus. Sic centrum
est intra circumferentiam circuli, imo et intra arcum circuli. Omne
punctum, quod in aream circuli non cadit, dicetur extra circumferentiam
esse. Secus est de arcu. An ergo intra arcum cadet, quod extra circulum,
modo sit a parte concava arcus. Quid etiam si peripheria includens habeat
puncta flexus contrarii, seu sit concavo-convexa? Dicemus ergo intra et
extra sic distingui, quod intra est, sit in parvo definito spatio, quod extra
in magno imo infinito. Accuratius *intra* ambitum est, quod in area
ambitu inclusâ est. *Extra* quod in spatio est, quod prodit areæ continuatione. *Inclusum* autem non est pars.

31. | Circumdat ambitus figuræ eam rem, quæ est intra figuram. Quodsi
figura sit solida, nullo modo ab eo, quod non est in figura, ad id quod
in ea est, veniri potest, nisi per circumdans seu ambitum. Circumdans
postea aliter sumemus (ubi de motu separante).

Ambitus est terminus figuræ totus, et dicitur respectu figuræ, ut circumdans respectu ejus, quod in figura. Sic murus est ambitus civitatis
sed circumdat homines in civitate.

Extremum seu terminus est locus, quo unum ab alio nullam partem
cum ipso communem habente seu separatim mobili attingi potest. Solet
etiam extendi ad vicina huic loco. Et ita circumferentia circuli ubique

---

1. *Sic*, pour *posterioris*.

extremum habet, ubique enim attingi potest. Sed alio sensu extremum sumitur pro ultimo loco moti[1] in re, quem immediate sequitur motus extra rem, posito lineam utriusque motus unam esse. Et hoc sensu circumferentia non habet extremum.   Phil., VII, D, II, a, f. 31.

Medium est, quod plurimum recedit ab omni extremo. Ita centrum in ovali, quod ab omnibus punctis non æque recedit.

Potest esse figura imperfecta, quæ duos habet ambitus, seu cujus totus terminus non componit unum continuum : v. g. Sphæra excavata, cujus alius est internus terminus alius externus.

Potest tamen ambitus ita sumi, ut parti termini exteriori competat, eritque ambitus totum extremum continuum externum. Et externum est, quod neque in re neque in eo est, cujus extremum totum est alterius extremum continuum. Qualis est sphæra concentrica inclusa, cujus ambitus totus est ambitus interior sphæræ cavæ includentis.

ACCIDENS PHYSICUM

Maximè communia.

Motus est mutatio loci. *movetur* in cujus quavis parte pars sumi potest, quæ locum mutat, quod fieri potest, etsi totum locum non mutet, ut fit, cum corpus movetur circa suum axem vel manentem vel [NB] mutabilem. Nam etsi partes sumi possint in tali corpore (v. g. sphæra) quæ locum non mutant, ex. gr. sphæra concentrica in priore intellectu designata : tamen in hac sphæra minore, utcunque parva intelligatur, pars tamen sumi potest, quæ locum mutat, pars nempe in quam nullum cadit punctum axis. *Locum* autem *mutare* dico extensum, cujus quodvis punctum mutat locum.

Quoties movetur aliquid, pars ejus aliqua locum mutat, imo pars aliqua cujusque partis.

Quiescit quod non movetur. an : cujus nulla pars movetur? Sed ita daretur medium inter id, quod movetur et quod quiescit.

Tempus est ordo continuus existentium secundum mutationes.

Aeternitas est ad tempus ut infinitum ad finitum.

---

1. *Sic*, pour *motus*.

Præteritus status est, ex quo oritur præsens, et qui inconsistens est præsenti.

Futurus qui oritur ex præsente, et inconsistens est præsenti.

Quis vero *præsens* sit, non definitione explicari sed sola perceptione cognosci potest.

| *Novum* est, quod est temporis præsentis, non præteriti remoti.

Antiquum quod est temporis præteriti remoti, et si non sit etiam præsentis dici poterit *antiquatum*.

Locus est ordo continuus existentium eodem tempore seu extensum formale. Si universalis sit, erit *Spatium infinitum*. Potest et sumi pro extenso concreto, seu in quo est ordo continuus coëxistentium sed immoto aut immoti instar spe :tato, ad quod datur situs alterius rei seu modus ad eam < rem > perveniendi; quæ res dicitur *locatum*, dum scilicet locatum indistans est ab iis, quæ sumi possunt in loco. Totum indistans a locato, partemque nullam habens distantem est superficies proxima ambientis, per quam locum definivit Aristoteles. Sed hæc locum corporis tantum designat, non locum puncti, lineæ aut superficiei. Præterea fieri potest, ut ambiens sit in motu.

Plenum est [locus locatum habens] < in quo non est locus sine locato >. *Vacuum* locus sine locato.

Præsens oppositum *absenti* idem, quod indistans. Indistantia tamen interdum quæritur ad usum communicationis seu actionis unius in aliud. Ita præsens dicitur, qui in eodem est conclavi decem pedibus a me remotus: absens, qui in alio conclavi, quique non < tot > pedibus a me remotus, sed < tamen > ob murum interjectum nec videre me nec satis audire potest.

Occupat, quod locum suum implet.

Inclusum est, quod pars non est, et tamen circumdatur.

Modi motus.

Gravitas est tendentia ad centrum longe remotum, unde fit, ut directiones gravium censeantur non convergentes sed parallelæ.

Levitas est conatus a centro.

Celeritas et *Tarditas* est, quod æstimandum est in motu ex composita ratione longitudinis seu spatii directa et temporis reciproca: id est, cum

spatium percursum majus est dato tempore, vel tempus minus dato spatio   Phil., VII, D, II,
percurso, celeritas major censetur aut tarditas minor; contra si secus.   2, f. 32.

Conatus est actio, ex qua sequitur motus, si nihil impediat.

Vis seu tendentia est status permanens, ex quo sequitur motus, si nil impediat. Itaque vis et conatus differunt ut ens permanens et successivum. Et vis est conjuncta cum conatu, idem quod activitas. Conatus igitur est actio, quæ potentiæ activæ seu viribus adimi non potest, quantumcunque ei resistatur. *Conatus* est exercitium virium seu virtutis. < sed supra actionem exercitio definivimus. >

Sustinet quod impedit descensum conantis seu gravis, et quod impeditur, dicitur *innitens*.

Resistit, quod impedit actionem conantis.

Cedit quod resistere desinit.

Potest aliquid vim exercere etiam sine certa directione, si scilicet conetur in omnes partes, ut facit aër inclusus in sclopeto ventaneo.

Motus simplex.

Flexum esse, cujus linea curva est; potest dici de corpore et motu. *Flectens* est, quod facit, ut linea alicujus sit curva.

Vertere est motum flectere vel mutare plagam.

Obvertere corpus dicitur aliquam superficiem ei, cui accederet id quod ex corpore per eam superficiem exiret.

| *Jacere* est in plano horizontali longitudine sua esse.   33.

Cadit quod fit jacens ex erecto. *Surgens* quod contra.

Erectum, quod est in plano verticali longitudine sua, seu cujus longitudo normalis horizonti.

Tollere est simul portare et movere in altum.

Deponit qui portare desinit, cum res quiescere potest.

Portare est sustinere et movere.

Trahere dicitur movens, quod anterius est moto. *Pellere* quod posterius. Interdum pars trahentis pellit, ut in annulo: sed fune oportet ipsam partem trahentis trahi a reliqua parte ejus. Credunt Philosophi hodie, omnem tractionem esse apparentem et reduci posse ad pulsum.

Contrahere est trahere [in] < partes ut totum occupet > locum minorem; < et ita trahentur partes versus se invicem. >

Dilatare reddere rem majoris loci occupatricem.

Motus cum contactu.

Concursus est motus, quo continuato sequeretur penetratio seu duo in eodem loco. Potest alterutrum esse quiescens, quod ex ipsis movetur. Itaque in concursu est *percussio*, quæ idem hoc loco quod *ictus*.

Fricatio est rasio asperorum seu eminentias habentium, ut alia eis in motu congruere non possint, quin vis accedat, id est, eminentiarum vel abrasio vel depressio.

Radunt se duo corpora, quæ se superficie tangunt, eamque in motu mutant.

Terere est premendo comminuere.

Premere est conatum durabilem habere actionis, ex quo sequeretur alterius penetratio. Itaque innitens premit.

Pulsio definita est cum tractione.

Vehi dicitur, quod movetur cum sustentante.

Volutatur curvum, quod ita promovetur, ut linea volutata æqualis sit descriptæ in superficie sustentante.

Provolvitur quod simul gliscit (glisse) et volutatur.

Vellere est conari evellere.

Evellere est extrahere per vim, vel cum aliqua continui firmi solutione.

Percussio interdum strictius sumitur. Nam cum quis celeriter impellere conatur, oblongo circa centrum continuè ab agente moto, *percutere* dicitur, ut virga, sceptro. Interdum latius cum instrumento quovis, ut lapide jacto, quando instrumentum semel in motum actum separatur ab agente. Generalissimè percussio pro ictu, ut supra.

Imprimere est ita premere, ut vestigium relinquatur prementis. Potest autem premens vestigium relinquens, diversum esse a premente, quod imprimit, ut si homo imprimat typum ceræ. *Vestigium* est signum locati.

Sigillare est figuram imprimere, ut sit signum integritatis.

Tegere est rem ita sitam esse, ut *excipiat* ictum, hoc est, dum ictum accipit, impediat, ne aliud (quod tegitur) accipiat ictum.

Pungere est aliquo tenui paulum perforare.

Motus separans.

PHIL., VII, D, II, 2, f. 34.

Separare est ex cohærentibus facere incohærentia, seu quorum unum ab alio removeri potest. In *flexu* enim pars una sine alia movetur, sed non ab ea removetur.

Scindere vel *secare* est ita separare, ut extremitas utraque nova separatorum sit locus motûs superficiei separantis, seu ita ut separans continua interpositione sit causa separationis. Locus motus posset uno verbo dici *tractus*.

Acies est linea (seu extensio longitudinis [1] notabilis expers) quæ incipit interponi.

Scissio solet strictius ita sumi, ut *scindens* ab ea superficie scindendi penetret, in qua signatur linea separationis a latitudine non a crassitie, ut facit culter. Secans vero ut *serra* a crassitie penetrat.

Porus cavum in corpore exitum habens ad superficiem, etsi non utrinque.

Caverna est cavum in corpore, quod nullum exitum habet, ut in pumice.

Frangere est partes rigidi separare flectendo.

Flectere est mutare curvitatem. Nam et ille flectit, qui ex curvo rectum facit.

Lacerare est separare distrahendo, quo fieri solet, ut superficies nova sit irregularis, quia, ubi separata cohæserant, uniformitas non erat.

Forare est facere foramen. Est autem *foramen* locus vacuus pervius in pleno. Nempe uti *pervius* ita ut ab uno latere pleni separantis ad oppositum latus perveniri possit.

Ligata sunt unum ad aliud, quæ eidem lineæ flexili firmæ cohærent. Porro ut flexile alteri cohæreat, efficimus, dum flexile circumdat corpus (quemadmodum armilla brachium) sed ita, ut ligatum se educere non possit.

Circumdant se duæ lineæ in se redeuntes, si posita earum firmitate, et si flexiles sint, tamen una ab alia removeri non possit : ut lineæ A et B, item lineæ CDEC et FGHF. Fieri tamen potest, ut circumdatio non sit mutua, veluti si lineæ CDEC pars DCE auferatur remanente parte DE,

---

1. Lire : *latitudinis*.

ipsa quidem linea DE circumibitur a linea FGH, sed non contra. Quæritur ergo quæ pars auferri possit a CDEC salva circumdatione. Dico igitur, si linea etiam non in se rediens OIKLMNP ita sita sit, ut duo in ea puncta sumi possint velut in N, quibus in recta eadem a se invicem diductis crassities alterius lineæ DE perfectam flexilis lineæ inter duo puncta intercepta interceptæ auctionem impediat, linea OIKLMNP

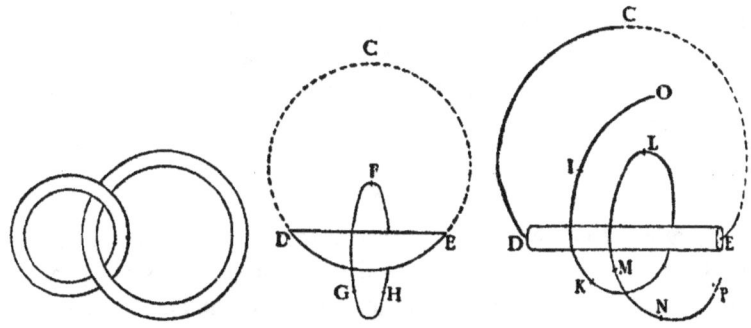

(Ces trois figures sont empruntées au brouillon de Leibniz.)

circumdabit lineam DE. Sed re magis Geometricè considerata linea circumdans est ad omnem plagam circumdatæ. ita ut sumtis in circumdante tribus punctis inassignabiliter vicinis, plana per ea puncta transeuntia, quæ pro rectis haberi possunt, sint in quavis plaga cylindri, per cujus cavum transit linea DE, cuivis rectæ in cylindro ad axem parallelo occurrant. Ita oportet, ut spiræ lineæ OIKLMNP non sint latiores quam pro longitudine cylindri, $<$ quid si lineæ sint in se redeuntes ex hujusmodi circumdatione mutua sequitur colligatio $>$ quid si linea DE debeat reddi vicissim circumdans supplendo DCE, et jungantur O et P, potesne evadere inter IK et LM salva mutua circumlatione seu colligatione.

35. | Cum linea ita flectitur, ut diducendo extrema quantum vis, recta fieri non possit etsi nihil circumdatum alienum interponatur, fit *nodus* et tunc ipsa portio lineæ a linea circumdatur. Ipsa autem dici potest *perplexa*.

Solvere est a flexili liberum reddere. Strictius id intelligitur salva flexilis continuitate, ne nodus gladio secetur.

Aperire partem tegumenti ita amovere, ut per locum quem deseruit, in locum inclusum perveniri possit.

Claudere est ita admovere, ut per locum quem acquisivit in locum inclusum perveniri non possit.

Undique tectum est, ad quod perveniri non potest salvo tegumento. PHIL., VII, D, II, 2, f. 35.

Plica est linea angulum constituens duarum superficierum continuarum in flexili.

Explicare est ita flectere, ut angulus talis ille diminuatur aut plane tollatur. Nota si linea angulum constituens non sit recta, continuè mutato angulo linea plicæ angulum constituens mutari debet nam curva non est axis.

Spargere est multa vicina jacere irregulariter, vel si mavis, jacere in diversas partes, ut pleraque a se invicem removeantur.

Jacere, jactus, projicere est imprimere motum in grave, quod postea sibi relinquitur.

MOTUS RETENTIO.

Hærent, cohærent quorum unum ab alio removeri nequit; quod fieri potest, etsi se non tangant, ut duo annuli in catena jacente sic disponi possunt, ut se non tangant. Sed etsi se tangunt, tamen nullum est extremum unius, quod cohærat extremo alterius, et tamen tota cohærent. Talia tota nonnihil a se removeri possunt, sed non ultra limites certos. Plus igitur est *cohæsio extremorum*, cum unum corpus ita moveri non potest, ut quodlibet ejus punctum ab alio corpore recedat. Interim fieri potest, ut, cum ad sensum apparet esse cohæsio extremorum, reverà sit tantum cohæsio totorum. Cæterum ipsa cohæsio totorum supponit aliquam cohæsionem extremorum saltem in partibus totius.

Tenere quod premendo aliud inter partes suas efficit, ut, quod premitur, a premente facile separari non possit. Ita digitis premimus, quæ tenemus. Difficultas autem ex eo oritur, quod pressum nonnihil deprimitur, et depressio in eo oritur, adeoque inæqualitas superficiei, unde fit frictio superficierum prementis et pressi.

Prehendere quod incipit tenere.

Palpabile est, cujus pars licet non undique clausa ita moveri potest, ut cum movente maneat. Sic aqua palpabilis est : aër non item nec ignis.

QUALITAS SENSIBILIS 56.

Calidum est, quod per se aërem dilatat. *Frigus* quod aërem per se contrahit. Hoc comprobatur Thermometro. Per accidens fit, ut frigore

Phil., VII, D, 11, 2, f. 35.

existente aer dilatetur et vasa etiam rumpat, quia constricta glacie aqua multæ bullæ aëris compressi antea unitæ vim majorem exercent, quam ut coërceri possint, cum parietes multarum plus habeant firmitatis quam parietes unius ex ipsis factæ. Eaque vis aëris compressi propria se dilatandi major est vi comprimendi, quam habet frigus.

Humidum est fluidum palpabile. An humidum etiam dicemus metallum fluens? *Siccum* est palpabile non fluidum.

Fluidum cujus pars quævis cognita est inconsistens. An *Fluidum* cujus partes nullam habent cohæsionem : *Consisiens* cujus aliquam, intellige cohæsionem notabilem : alioqui nullum forte fluidum daretur, nempe exquisitum.

Irrigatur corpus siccum, quod humore imbuitur.

Uvidum cujus superficies humida est vel potius humore aspersa.

Congelatur proprie, quod frigore fit siccum vel consistens.

Coagulatur proprie pars sicca se separans a liquido, ut in lacte.

Liquatur quod in humore abit in humidum.

Liquescit quod in igne humidum fit, ut cera, metallum.

Stabile est, quod figuram per se non mutat, ut cera.

Instabile est aqua, cumulus arenæ aut granorum. Itaque sicca etiam possunt esse instabilia : *Humidum* tamen est prorsus instabile seu nullo modo propriis terminis continetur.

Elasticum molle est figuram recipiens. Ita durum dicemus, quod sensibiliter non mutat figuram. An malleabile omne habet gradum mollitiei?

Etiam humidum est pro parte *cohærens* id est parte mota sequuntur aliquæ sed paucæ. Planè cohærens est, cujus omnes partes cohærent : cui opponitur diffluens incohærens.

Densum est, cujus major est quantitas in minore spatio. *Rarum* contrà.

Dilatare est ex denso rarum efficere. *Densare* contra.

Aqua densari non potest, ideo inclusa corpori rigido potius vas franget, quam embolum admittet.

Durum est, cujus pars non (facile) movetur alia quiescente. Itaque non tantum difficulter dividi, sed et difficulter flecti potest.

Molle quod non durum sed tamen stabile. Quædam mollia per accidens sunt dura, ut aqua, si magna vi percutiatur, resistit globo tormentario, eumque repercutit.

Crassum est, quod in partes exiguas dividi nequit. *Subtile* contra.

Lubricum est, cujus frictio exigua est, ut aqua glacies. Itaque et navis Phil., VII, D, 11, per aquam, et trahæ per glaciem facilè magna pondera transferunt. 2. f. 36.

Lubricum siccum est læve, cui opponitur asperum.

Lentum cujus partes extenduntur prius quam separentur, ut vimen. Idem est elasticum, cum redeunt ad statum priorem, ut chorda. Etiam molle potest esse lentum, ut cera, et humidum, ut gluten solutum.

| *Tenax* est, quod alteri facilè adhæret. Tale non tantum est humidum, 37. sed et siccum, ut cum cornu cervi ustum labiis adhæret. Item unicornu fossile.

Glutinosum est humidum tenax.

In flexu, quæ pars inter alias duas prius non interposita erat, nec nunc interjecta est. Idem fieri potest in *Tensione* (condensatione nempe et dilatatione). Sed in humido, aut semihumido ut cera, turbari possunt partes. Flexilia < dura > sæpe prorsum et retrorsum flexa tandem franguntur.

Molle transformabile est semihumidum seu proximum humido. Ut enim humidum alienos terminos facile accipit, ita hoc quoque etsi paulo difficilius. Id interest quod servat nec diffluit. Et hoc ipsum est esse tenax sui nonnihil, ita ut pars adhæreat parti. posset dici *Tractabile*, quod manibus figurari potest.

Vitrum fit in igne molle. Metallum fit in igne fluidum.

Filum est *sequax* non tenax.

Fatiscit quod sponte liquescit, ut sal tartari in oleum per deliquium.

Rigidum flecti nequit < (ad sensum) >. Differuntne rigidum et durum? An dicemus, *Rigidum* esse, durum firmum. An potius, quædam rigida et tamen non dura sed fragilia sunt. Vitrum spissum non tantùm rigidum, sed et durum est. Rigidum non malleabile est *friabile* seu vitreæ naturæ. Metallum est rigidum durum sed non friabile. *Rigidum* nempe est, quod non est flexile, idque vel fragile ut vitrum tenue, vel durum ut vitrum spissum, vel durum et friabile seu potius *teribile* ut lapis vitrumque spissum; vel *ductile*, ut metallum.

Ductile est, quod ad magnam vim est lentum nonnihil.

Fissile est quod habet partes longas cohærentes firmiores, quam id, quo cohærent. Unde facilius sic dividitur corpus quam alio modo. Ita lignum constat ex lineis, seu corpusculis longis non latis cohærentibus aut *Splittern*.

Phil., VII, D. II,
2, f. 37.

Lapis fissilis talcus ex superficiebus planis : cæpe ex curvis. Quædam sponte finduntur, ut dum limus siccescit.

Granosum est, cujus partes cohærentes non longæ nec latæ sunt, sed velut puncta. ut marmora complura, speciatim is, qui dicitur *Granito*. Sed interdum cementum non minus durum est quam ipsa grana.

Corpus non permanens aut *fluxum* est, quod alias atque alias recipit partes, aut agitatum, cujus partes a se invicem separantur. Posset et dici *turbatum*, ut in aqua fervente. Sunt, qui credunt, omnia liquida insensibiliter turbata esse, idque firmat solutio salium in ipsis.

Si corpus valde turbetur, dissipatur seu exhalat, unde *halitus*, qui non est palpabilis. Idque facit frequenter calor, quo remittente rursus concrescit aliquid palpabile. Halitus, cujus concrementum est siccum (ut sal volatile, fuligo) Aristoteli est *fumus*; is, cujus concrementum humidum est *vapor*.

Nidor est halitus, cujus concrementum est inflammabile : potestque esse vel siccum, ut cum fiunt flores sulphuris, vel humidum, ut cum fit oleum distillatum. Itaque Nidor vel vapor est vel fumus.

38.   Sapor.

Insipidum cujus sapor nullus aut tenuis. Cæteri non melius quam exemplis ostenduntur.

Acris ut piperis.
Amarus ut bilis.
Salsus ut salis vesci.
Dulcis ut saccari.
Pinguis ut pinguedinis.
Acidus ut aceti.
Austerus ut in pomis immaturis.

Addi potest *acerbus*, ut aluminis et alii complures; sed septem illi suffecerint, ubi notandum, gratam esse solere combinationem salsi et pinguis, amari et acidi : censenturque priores tres calidi, posteriores tres frigidi, medius temperatus. Sed ego pene malim pinguem loco salsi et salsum loco pinguis ponere.

Fragrans cujus odor gratus. *Fœtens* cujus ingratus.

Vox est sonus gutture animalis formatus.

Sonus articulatus est, qui scribi potest seu qui in literas potest resolvi. *Inarticulatus* contra.

PHIL., VII, D, II, 2, f. 38.

Tonus est magnitudo soni secundum *acutum* et *grave*, id est secundum velocitatem aut tarditatem tremoris, quo fit. Potest autem *fortis* aut *debilis* esse magnitudinę, prout fortior ictus, etsi eadem velocitas sit tremorum, nec ideo magis minusve acutus fiat. Ut videmus eandem chordam mollius fortiusve percussam eundem edere sonum, modo ejusdem maneat longitudinis et tensionis.

Tenor inter acutum et gravem medius censetur.

Fortis potest esse obscurus confusione. Non adeo fortis potest esse clarus distinctione.

Clarus ergo, qui bene auditur. *Obscurus* qui contra.

Duorum sonorum *consonantia* est, si proportio ictuum simplex, ut dupla, sesquialtera etc.

Asper sonus fit multis interpositis impedimentis.

Sin minus, dici potest *æquabilis*.

COLOR.

Lux est qualitas *lumen* emittendi, quod consistit in *radiis* seu lineis rectis in omnes partes momento ad sensum sparsis per media (quæ *perspicua* dicuntur) ea lege, ut radius transiens a medio in medium *refringatur* et in eodem medio occurrens superficiei politæ *opacæ* (seu transitum impedienti) reflectatur, angulo ad angulum incidentiæ æquali.

Tenebræ est privatio lucis eo loco, ad quem radii pervenire non possunt.

Album consistit ex magno numero speculorum parvorum.

Nigrum ex magno numero cavernularum in superficie radios admissos non reflectentium.

Ex albo et nigro mistus, ut *cinereus* et similes. ita *fuscum* subnigrum est *dunckelbraun*.

In iride ordo colorum est : ruber, flavus, viridis, cæruleus, purpureus. Et quidem *viridis* ex flavo et cæruleo constat, et in medio est situs.

Ruber est in convexo, *purpureus* in concavo curvitatis radii refracti. *Flavus* rubro, *cæruleus* purpureo proximus. convexi ex justo majore, concavi ex justo minore sunt refractione.

Varii ex his misti, ut galvus ex viridi et flavo, *spadiceus* ex rubro et nigro. *Cæsius* (quasi cælius) ex cinereo et cæruleo aliique.

39.
Communes affectiones mistorum.

Mistio est minutarum partium diversi generis disgregata collectio.

Fermentatio latius dicta est motus spontaneus intestinus. Strictius ille, per quem liquor ita præparatur, ut ex eo spiritus ardens distillatione separari possit.

Temperamentum est mixtura quatuor qualitatum celebrium, calidi, humidi, frigidi et sicci.

Concretio est mistorum unio.

Concoctio est præparatio per calorem.

Alteratio est mutatio qualitatis.

Generatio est corporis productio naturalis. *Corruptio* est destructio naturalis.

Affectiones vegetabiles.

Nutritio incrementum per intussusceptionem, seu partium novarum inter pristinas transitum.

Fames molestia ex appetitu cibi.

Fertile aptum ad producendum. *Fœcundum* ad producendum simile. *Sterile* ineptum.

Pullulare pullulos emittere, ut cum a radice novæ plantæ surgunt.

Crescere fieri majus. *Decrescere* fieri minus.

Florere est seminum principia proferre, in vigore esse.

Marcescere est vigorem amittere.

Sanitas est status, quo functiones probè fiunt. *Morbus* est notabilis functionum læsio.

Maturum quod debito tempore transacto aptum redditum est ad generandum vel ad alios usus. *Immaturum* secus.

ACCIDENTIA SENSITIVA

Generalia.

Spirare est attrahere aërem ad sanguinem vigorandum.

Vocem edere est dare sonum articulatum.

Edere alimentum solidum per os in stomachum trajicere. *Bibere* liquidum. PHIL., VII, D, II, 2, f. 39.

Vigiliæ est continuatio perceptionis expressæ.

Somnus est interruptio expressæ perceptionis, alia interdum interposita, quæ non cohæret priori, quam *somnium* appellamus.

Sexus est discrimen inter marem et fœminam.

Mas est animal, quod ad gignendum sibi simile contribuit fœcundationem ovi.

Fœmina quæ ipsum ovum et contribuit et nutrit. fœcundato ovo *concipit*, formato animali fœtum excludit seu *parit*.

Educare est alimentum et tutelam præstare animali nato, donec sibi providere possit.

Motus animalis.

Volare est in aëre se movere remigando, sine sustentaculo solido.

Natare est idem facere in aqua.

Serpere est sicco se promovere sine pedibus.

Gradi est pedibus se promovere.

Ire est in motu esse ad locum. *Venire* est ire expectatum.

Saltat animal cum a [terra] <sustentaculo> se elevat, statim ad eam recasurum.

Fugere est ob metum recedere. *Sequi* est accedere ad fugientem.

Ducit, qui secum incedere facit.

Discumbere est incipere jacere. *Surgere* est incipere erectum esse.

Sensus interni. 40.

Cognitio est sensio cum repræsentatione seu idea : continet omnes tres operationes.

Memoria est repetita cognitio orta ex priore.

Phantasia seu *imaginatio* est cognitio cum imagine extensionis seu figuræ.

Appetitus est conatus ortus ex cognitione.

Voluptas est perceptio perfectionis.

Providentia est præsensio futuri.

Experientia est memoria multa similium.

Inclinatio naturalis.

Simplicitas est defectus sagacitatis.

Sagacitas est facultas insignis præsentiendi.

Ferum est tractatu periculosum animal : opponiturque *miti*.

Alio sensu ferum est, quod difficulter regitur et opponitur Mansueto quod facile regitur seu manui assuevit.

Levis est, qui nimis facile movetur ab apparentibus. *Gravis* contra.

Constans qui non facile dimovetur a priori. *inconstans* contra.

Affabilis est jucundus alloquenti. *Morosus* contra.

Sobrietas est moderatio circa cibum et potum.

Affectatus est cujus nimia cura observari potest. qui nimis quærit observari aliquid in se.

Diligentia est cura laudabilis. *Cura* est attentio ad agendum.

Ignavia est nimia laboris evitatio.

Labor est actio in sentiente, quæ habet difficultatem.

Crudelis est cui voluptas est cruciatus (seu magnos dolores) in alio efficere.

Misericordia est sensus alieni doloris tendens ad eum minuendum.

Gratitudo est benevolentia ex memoria beneficii.

Passiones principales.

Admiratio est attentio ob singularitatem.

Amare est esse in statu delectandi aliena felicitate, vel si etiam irrationalia amari dicamus, aliena perfectione.

Odium est status delectandi contrario.

Spes est opinio boni futuri. *Timor* mali.

Gaudium est lætitia ob eventum.

Lætitia est voluptas animi prædominans, seu voluptas animi ex totali statu. Possunt esse voluptates animi, quibus dolor prævaleat.

Ira est impetus ad nocendum ob contemtum : generalius, ob malum depellendum.

Patientia dolor cum quiete.

Pudor molesta memoria præteriti facti nostri cum opinione minutæ existimationis.

Gloria est opinio multorum de iis, quæ laudem in nobis merentur. generalius de bonis nostris.

Phil., VII, D, ii, 2, f. 40.

Laudare est boni mentis aliena opinio declarata. Sumitur interdum generalius de bono etiam non mentis. interdum strictius de bonis voluntatis, ut laus sit præmii genus.

Honor est declaratio opinionis potentiæ alienæ. *Contemtus* impotentiæ.

Animositas est impetus animi.

Liberalitas est proclivitas benefaciendi cum suo detrimento. Strictius proclivitas donandi.

Parsimonia studium singulare conservandi, quæ sunt in bonis nostris.

Passiones minus principales.

41.

Pœnitentia est dolor de commisso errore seu peccato. Alio sensu est animus resipiscendi, qui potest esse sine dolore. Si vim vocis spectemus, fit ex consideratione pœnæ.

Imitatio est actio cum voluntate aliquid alteri simile faciendi. Studium assimilandi.

Zelus est animositas in bono persequendo.

Invidia est molestia ex alieno bono, scilicet non forte, quia nocet, sed quia alienum est.

Miseratio est molestia ex alieno malo.

Vindicta est pœna, quam infligimus, ut animo nostro satisfiat aut exempli aut indemnitatis causa.

Consternatio est subitus metus, qui judicium turbat.

Adulari est approbare acta alterius, ut ei placeamus, neglecta veritate.

Approbamus, quæ proba esse affirmamus.

Æmulatio est studium æquandi aliena bona aut superandi.

Concupiscentia est desiderium ex opinione voluptatis.

Passionum affines actus.

Curare latiùs, attentio in agendo : strictiùs attentio in conservando.

Expectatio est opinio futuri propinqui ad nos pertinentis.

Observare est percipere cum reflexione.

Cavere est facere, ne malum nobis obtingat.

Attentio est cogitatio cum desiderio cognoscendi.

Simulare est id agere, ut videamur aliquid opinari. Opinionis speciem affectare.

Affectare est hoc loco studium apparendi.

Audere est agere non obstante periculi cognitione.

Effectus passionum.

Risus oris commotio involuntaria ex jucundi cogitatione.

Fletus est humoris fluxus ex oculis orta ex cogitatione molesti. Voluptas facit ridere, sed non lætitia, quæ facit interdum, ut cantemus. Sed tam tristitia quam dolor fletum facit.

Ludere est exercitium, ubi quæritur jucunditas.

Queri est indicare dolorem ex malo, quia eo simus indigni.

Provocare postulare ad certamen.

Placere agere alteri grata.

Offendere agere alteri ita molesta, ut inde ad nocendum excitetur.

Lis est certamen opinionum. *Concordia* consensus opinionum.

Insidiatur qui tentat nocere non expectanti.

Fallit qui falsam opinionem dat sciens.

Alii effectus.

Quærere id est *interrogare* est voluntatem cognoscendi ostendere ei, qui potest docere seu dare cognitionem. Qui si det, dicitur *respondere*.

Quærere (oppositum non responsioni sed inventioni) cum locum rei cognoscere tentamus, eumque, ubi obtinemus, dicimur *invenire*. Utrique notioni hæc una est communis, ut *quærere* sit cognoscere tentare. Cum locus desinit esse cognitus, dicimur *perdere*. Ita perdimus ex oculis; perdimus, quæ fur abstulit.

Offero cum testor voluntatem gratificandi Tibi, si velis. Quod si te velle ostendas, diceris *acceptare*.

Tradere transferre possessionem. *Recipit* is, in quem transfertur.

| *Sumere* est actu proprio inchoare possessionem.

Relinquere dimittere est sponte possidere cessare, ita ut alius possit inchoare actu proprio seu sumere. Sumimus etiam ab offerente, et tunc fit traditio.

Lucta est, cum certamus membris consertis, quis alterum dejicere possit.   Phil., VII, D, II,
Labor est actio molesta. An ut supra, actio in sentiente, quæ habet   2, f. 42.
difficultatem.

Negotium est status actionum seriarum. *Otium* est status sine seria actione. *Serium* agimus non tantum ob jucunditatem præsentem, sed et ob fructum futurum.

Lassitudo est virium in præsens diminutio ex labore.

ACCIDENS RATIONALE

Actus intellectus primi.

Ingenium est facultas inveniendi seu transeundi utiliter de cogitatione ad cogitationem. Itaque et reminiscentia quædam inventio est.

Conscientia est reflexio in actionem, seu memoria actionis nostræ, ita ut cogitemus, nostram esse. Involvit hoc ipsam substantiam veram seu τὸ ego.

Curiositas est studium quærendi aut dicendi cur.

Perceptio est ex eorum numero, quæ percipiuntur potius quam definiuntur.

Assensus est opinio conveniens alterius opinioni.

Dissensus opinio opposita.

Judicium est facultas cognoscendi veritatem. Judicium respondet ad quæstiones plenas, ubi tantum responderi debet : Est aut non est. Inventio respondet ad questiones, in quibus supplendum est aliquid a respondente v. g. quis, cur etc.

Discursus est transitus cogitantis a sententia ad sententiam, ordine quodam sive consequentiarum sive alio ut in methodo.

Considerare est cogitare de aliquo, studio id cognoscendi.

Meditari est aliquandiu considerare.

Machinatio est meditari artificiosam productionem.

Actus intellectus ex primis orti.

Supponere est aliquid sine adjecta probatione assumere tanquam antecedens verum, ut inde colligatur verum esse consequens. Hæc suppositio fit sive in spem futuræ probationis, aut ob memoriam factæ, sive quod eam necessariam non putemus.

PHIL., VII, D, II, 2, f. 42.

Inferre est propositionem ex alia facere per substitutionem terminorum æquivalentium.

Additio est sumere numeros tanquam partes, ut inde fiat totum.

Subtrahere est, si pro toto habente aliquam partem sumatur aliud totum habens easdem partes, una demta, quæ dicitur subtracta.

Multiplicatio est additio numerorum æqualium dato, quoties præscriptum est. Datus dicitur multiplicandus, sed multitudo præscripta est Multiplicator.

Divisio est subtractio numerorum $<$ dato $>$ æqualium, ex numero dato, quoties fieri potest. Datus prior dicitur divisor, posterior dividendus. Numerus subtractionum dicitur quotiens : quodsi aliquid post subtractiones repetitas adsit, dicitur Residuus. Hinc facile patet, si dividendus multiplicetur per divisorem, et producto addatur residuum, redire dividendum.

43. | *Probare* est efficere, ut cognoscatur propositionem esse veram.

Comparare est considerare, in quo duo conveniant et differant. Ita ut ex uno cognito alterum cognosci deinde possit.

Mensurare est datum assumere, quod mensura vocatur, idque quantum licet, partibus alterius nullam partem communem habentibus applicare. Unde apparet, hanc operationem multum habere commune cum divisione Arithmeticorum. Mensuram esse ut divisorem, mensuratum ut dividendum, et posse aliquid esse residuum, si mensuratum non exacte contineat mensuram.

Conjicere est ex probationibus insufficientibus rectè inferre, quæ dicuntur *indicia*. Hoc autem recte fit, cum ex plurimis eligimus verisimilius, et præsertim in cavendo malo.

Magna mala ex levibus vitat mens provida causis.

Includere est habere inter exempla. *Excludere* contrà.

Ars est habitus cum recta ratione effectivus.

Scientia est cognitio veritatis per probationes certas.

Sapientia est scientia primaria, seu scientia felicitatis.

Opinio est sententia ex verisimilibus orta.

Verisimilius autem est, quod facilius verum esse potest.

Intelligentia est cognitio à priori seu distincta. vulgo habitus, quo cognoscuntur principia veritatum.

Discretio est cognitio diversitatis.

Intellectus expressio.

Affirmare et *Negare* quid sit, per clariora exprimere difficile est. Adhibenda Ecthesis terminorum pro rebus, ut cum explicamus, quid sit consequentia; per substitutiones æquipollentium, quemadmodum alibi exposui.

Loqui est voce articulata signum dare cogitationis suæ.

Scribere est id facere permanentibus in charta ductibus. Quos ad vocem referri non est necesse, ut apparet ex Sinensium characteribus.

Interpretari est ex signis pervenire ad cogitationem.

Docere est cognitionem efficere. *Discit* in quo efficitur.

Interrogare et *respondere* obiter jam explicuimus supra inter effectus passionum.

Narrare est factum docere.

Fama est sermo publicus de facto nupero.

Definire est explicare notionem; seu resolvere in plures notiones uni æquivalentes.

Distinguere est discrimina plurium docere.

Restringere est ex propositione generali (seu plurium exemplorum) facere minus generalem. *Ampliare* contrà.

Signum.

Signum est perceptum ex quo colligitur existentia non percepti. Sed hoc loco est signum cogitationis.

Litera est unus ductus significans minimam aut penè minimam vocem articulatam, ut x est penè minima, cum idem valeat quod *cs*.

Syllaba < an > est minimum compositum ex literis per se pronuntiabile. Sed ita *sp* foret litera. Est ergo potius per se pronuntiabile continens non nisi unam vocalem. *Vocalis* autem est litera per se pronuntiabilis < ore aperto. Itaque *s* non est vocalis; *h* est quasi vocalis. >

| *Nomen* est signum notionis, seu simplæ mentis operationis, ubi scilicet non est verum aut falsum.

Casus nominis est flexio significans respectum rei nominatæ.

Figura est locutio posita pro cognata, salva claritate.

Phil., VII, D, II, 2, f. 44.

Genus est terminus universalior alio, seu qui alterius (speciei) continet exempla et adhuc plura.

Species infima est, cujus non datur species.

Individua ejusdem speciei infimæ sunt, quæ non possunt per essentialia distingui.

Propositio est oratio, in qua semel affirmatur aut negatur.

Oratio est, in qua affirmatur aut negatur, vel semel vel sæpius nil refert.

Prosa est sermo, qui nullas alias habet quam veritatis claritatisque seu necessarias leges.

Ligata in qua leges ex arbitrio præscribuntur gratiorem reddentes orationem.

Periodus est oratio per se subsistens.

Accentus est syllabæ elevatio in vocabulo.

Sectio, caput sunt partes orationis magnæ, illa major, hæc minor.

Regula est propositio dirigens.

Exceptio casus seu exemplificatio subjecti, ubi cessat prædicatum et regula non est vera.

Voluntas.

Voluntas est conatus intelligentis.

Libertas spontaneitas consultantis.

Invitum est necessarium ingratum in agente.

Cogere est necessariam alicujus actionem facere.

Deliberatio est consideratio argumentorum contrariorum circa bonum et malum practicum.

Determinatio est ultimum judicium intellectus practici, seu conclusio quæstionis, de qua deliberatur.

Consensus est sententia conveniens sententiæ alterius. *Dissensus* contra.

Virtus est habitus bene agendi. *Vitium* male.

Electio est statuere, quid sit melius inter plura.

Rejectio est statuere, quid sit minus bonum.

Optare est velle, quæ non sit in potestate efficere.

Credere seu fidem habere est opinionem habere de veritate dictorum alterius, quod fit, si eum veritatem scire posse et dicere velle judicemus.

Diffidere contra.

Suscipere est aliquod negotium incipere, ita ut non facile rursus desi-   Phil., VII, D, II,
nere possis.   2, f. 44.

Voluntatis expressio.

Suadere est proponere aliquid tanquam bonum audienti.

Dissuadere tanquam malum.

Petere proponere aliquid tanquam bonum dicenti, quod effici possit ab audiente. *Deprecari* tanquam malum.

Benedicere est optare bonum alteri, vel declarare se alterius bono gaudere.

Maledicere est optare malum alteri, seu declarare se gaudere alterius malo.

Hortari suadere jam disposito. *Dehortari* dissuadere.

| *Laudare* est virtutem prædicare, aut generalius, perfectionem.   45.

Vituperare vitium prædicare, aut generalius imperfectionem. Itaque laudamus facultatem benefaciendi, non vituperamus [1] facultatem nocendi sed dispositionem; nam si contra, qui facultatem habeat, careat voluntate, laudem meretur ipsa nocendi potentia.

Minari est malum prædicare, quod velis facere.

Consolari est dolorem levare verbis, generalius sive verbis sive factis.

Imperare est significare Tibi, nos velle, ut sit imposita Tibi necessitas faciendi.

Necessitas intelligitur, ut sine malo tuo non possis non facere. Itaque quod imperamus, volumus etiam ab invito, vel nostra causa si non Tua. Et vel expressæ insunt minæ in imperio vel subintellectæ.

Consulere significare, nos utile Tibi judicare, ut facias; et fieri potest, ut nobis non prosit, imò ut noceat. In imperante sufficit pro ratione voluntas : secus in suadente.

ACCIDENS ŒCONOMICUM

Relatio morum.

Ceremonia est consuetudo in agendo non necessaria ad rem, conferens tamen ad attentionem spectatorum. An potius conferens ad ornatum?

---

1. Hodann a répété ces deux mots par erreur.

PHIL., VII, D, II, 2, f. 45.

Civilitas habitus, quo quis gratus est in conversatione. *Rusticitas* contra. quorum illud < scilicet > testatur aut imitatur hominem in civitate, id est, hominum frequentia versatum : hoc versatum rure, id est, procul ab hominibus elegantibus.

Salutare est conversationem incipere cum significatione benevolentiæ, præsertim cum voto. *Valedicere* est tali significatione conversationem finire. Itaque etiam gestu salutamus aut valedicimus, ut pileo. Fit interdum, ut simul salute ius et valedicamus, ut in transitu.

Jocari est ludere verbis; studio facere, quæ risum excitent.

Irridere eum dicimur, cujus contemnendi causa ridemus.

Comitari est ire cum aliquo, strictius : ipsius gratia, honoris causa.

Visitare est ire ad aliquem honoris causa.

Tractare multum cum aliquo agere. unde et tractare eos dicimur linguis vulgaribus, quibus convivium exhibemus.

Congratulari est testari eventum tibi gratum etiam nobis gratum esse.

VARIÆ DENOMINATIONES PERSONARUM ET RERUM.

Superior est, qui habet jus imperandi alteri, qui *inferior* appellatur. Interdum latius sumitur, ut superior sit, cui jus est majorem honorem exigendi quem reddendi. *Inferior* contra. *Æquales*, ubi par causa utriusque. Est autem *honor* signum æstimationis et maxime potentiæ.

Æstimatio opinio de perfectione.

Publicum pertinens ad magnam societatem, quod secus *privatum*.

Nobilitas est honor generis. Itaque etiam nobilis habetur, qui incipit generis honorem. Et generosus est, qui bono genere se prognatum testatur, ut equus, cheval de bonne race.

Plebejus in quo non est honor generis.

Divitiæ est potentia ex rebus extraneis, quæ in nostra sunt potestate. Itaque pecunia multa, et quæ pecunia multa æstimantur, divitem faciunt.

Paupertas est impotentia ob defectum rerum pecunia æstimabilium.

46. | *Valor* seu pretium est quantitas perfectionis, in aliqua mensura expressa, velut in pecunia.

Lucrum est augmentum bonorum, quæ pecunia æstimantur.

Damnum est decrementum.

Impensa est minuere aliquid de bonis suis consilio boni majoris, ut cum pecuniam in loco negligimus. Phil., VII, D, II, 2, f. 46.

Sumtus est impensa in vivendo seu quotidianis, nempe victu, amictu, famulitio.

Merces est pretium usus dati, nempe sive tui sive rei tuæ. Ut cum equum *locasti*, cum ædes. Reddenda ergo est res locata a *conducente*.

Merx est quod habetur animo professo vendendi.

Vendere autem est pro pretio certo mutare cum alio, qui dicitur *Emere*. *Permutare* pro re pretii incerti. Itaque venditioni pecunia intervenire solet. Utrobique est animus non ferendi damnum seu abest animus donandi.

Relatio societatis.

Familia est societas domestica, continuæ conversationis causa. Aliter est societas cognatorum.

Natio est multitudo hominum ejusdem regionis vel ejusdem linguæ. Creduntur ejusdem generis vel nativitatis sed ex longinquo.

Maritus et *uxor* sunt mas et fœmina, qui societatem iniere durabilem liberorum quærendorum causa, uno nomine *conjuges*.

Cognatus est, qui ab eodem homine est ortus.

Affines sunt, quorum cognati sunt conjuges, seu ex quibus orti forent cognati.

Vicinus est qui prope habitat. Prope, id est, exigua distantia.

Peregrinus, qui ex alia regione venit in nostram viciniam.

Hospes qui aliunde veniens in nostra domo moratur.

Familiaris cum quo crebra est conversatio, qualis solet esse inter homines ejusdem familiæ.

Amicus est, cujus professa benevolentia est.

Hostis, cujus professa est malevolentia. An pro professa ponemus, quæ pro certa habetur.

Creditor est, cui aliquid dare jure tenemur nos, qui dicimur *debitores*.

Modi acquirendi seu tenendi dominium

Hæreditas est universitas bonorum alterius, quæ ipsius morte in alium aliosve transfertur, qui dicuntur *hæres* aut *hæredes*. Itaque est etiam

<small>Phil., VII, D, ii, 2, f. 46.</small> hæres, cui secunda aut tertia aut alia numero designata pars bonorum datur.

Legatum est pars bonorum, quæ non facit hæreditatem, et voluntate defuncti defertur. Itaque tertia pars bonorum non est legatum, nam hæredem facit eum, cui datur. Interim et hæredi legatum dari potest, quod *prælegatum* dicitur. Sed hoc non facit hæredem.

Donare est dare eo animo, ut dans damnum ferat, accipiens lucrum.

<small>47.</small> | *Possidere* est in *potestate* rem habere seu in eo esse statu, quo de re agere pro arbitrio universim non impediare; exceptio autem a regula universum non tollit. Ita et *dominium* est jus in rem universim, seu jus possidendi aut rem pro arbitrio tractandi, nisi vi aut jure prohibeare, excepto si quid Masuri rubrica notavit, ut ait poeta[1].

Habitare est in domo morari.

Præscriptio est juris, si quod fuit, elisio per temporis lapsum, introducta, ne homines perplexam re per tempus obscurata dent materiam litium, sive negligentia sive etiam dolo.

Contractus.

Tractare aliquandiu inter se agere de jure acquirendo aut amittendo.

Permutare, vendere, Emere quid sit, jam dictum in tertio retro paragrapho, ubi de mercede et mercibus.

Locare et *conducere* vide ibidem.

Deponere est rem custodiendam dare nostri gratia.

Sponsionem facere seu *fidejubere*, est promittere, si alius non det, me daturum.

Transigere est convenire de litigioso, animo potius aliquod damnum ferendi quam litem continuandi. Qui alios ad transigendum permovet, vulgo dicitur eos *accommodare*.

Modi obligandi, obligationem dissolvendi.

Promittere est *denuntiare* (seu significare Tibi) facturum me rem Tibi gratam. Id si fiat, dicitur *præstari*.

Stipulari est promissionem ab aliquo exigere.

---

1. Perse, *Sat. V*, v. 90.

Spondet, qui promittit stipulanti, unde stipulantis interrogatio : centum dare spondes? cui alter respondebat : spondeo. PHIL., VII, D, II, 2, f. 47.

Pignori dare est rem alteri custodiendam dare, ut de debito sit securus.

Fidejubere quid sit, jam dictum in præcedenti.

Solvere est dare rem promissam seu præstare dationem.

Acceptilare male [Autor noster dixit] < dicitur >. *Accepti-latio*, dicitur ut translatio, nempe *acceptum ferre* est, cum præ nobis ferimus, nos debitum accepisse, et perinde sumus contenti aliquo accepto, ac si omne, quod debetur, accepissemus, et ita opponitur satisfactioni. Hinc Sociniani quidam volunt, Deum acceptilatione contentum esse pro *satisfactione*.

Condonare est debitum donare.

Compensare est debitum solvere mutui debiti extinctione.

ACCIDENS POLITICUM

RELATIO OFFICII.

Dominus qui generale habet alteri imperandi jus, nempe *servu*. generale scilicet, nisi quid jure prohibeatur. Sic enim hic intelligitur generalitas.

Rex est, qui generalem habet in civili societate imperandi potestatem sed boni communis causa, et qui in societate sunt, subditi appellantur.

Civilis autem *societas* est, quæ inita est animo durabilis securitatis, atque adeo inter multos.

Clericus est persona cultus divini officio < peculiariter > occupata. Reliqui Laici appellantur.

| *Tutor* est, cui munus incumbit eum regendi, qui per ætatem se 48. regere nequit, quem *pupillum* vocant.

Munus est compositum ex jure et obligatione erga societatem.

Legatus est missus reipublicæ causa dignitatem sustinens mittentis.

Dux est, qui militibus imperat.

Miles est destinatus ad pugnandum pro republica, seu cujus munus est pugnare.

Pugnare autem est certare per vim.

Consiliarius est, cujus munus est consilium dare, seu juvare animi facultate.

Relatio officii in Judiciis.

Judex est, cujus munus est pronuntiare de controversiis hominum (seu opinionibus pugnantibus) cum effectu, seu ita, ut pronuntiatum pro vero habeatur. Unde Jure Romano dicitur *rem judicatam* pro veritate haberi. Interim aliquando tum demum sententia transit in rem judicatam, cum nullum interpositum est remedium suspensivum sive novæ informationis apud eundem judicem, sive appellationis ad superiorem. Porro qui certant de opinione, Litigantes, item partes dicuntur.

Judicium est complexus actuum eo tendentium, ut quod justum est, per judicem fiat verum seu existens : vel est status ratione certantium, per quem exitus obtineri potest.

Patronus seu *advocatus* est orator litigantis, qui dicitur *Cliens*. Itaque distinguitur advocatus a *procuratore*, qui ab alio loquendi pro se facultatem habet. Procurator et patronus esse et patronum adhibere potest.

Actor est, de cujus petitione judicium est. *Reus* a quo petitur. Itaque etsi reus aliqua petere possit, verbi gratia, ut actor condemnetur in expensas : tamen id incidens est in judicio, neque ea de re judicium est susceptum. Potest et *reus* esse sine actore, si judex ex officio [agat] < procedat >. Itaque generalius *Reus* est, de quo in judicio quæritur, an debeat aliquid *pati*, id est, an debeat aliquid fieri, quod ipsi non est gratum.

Testis est, qui declarat, quid de facto litigioso sibi sit compertum.

Officialis qui in officio publico est. Vulgò qui in judicio Ecclesiastico Episcopi locum tenent, *officiales* appellantur.

Judiciorum materia.

Persona est, quicunque in judicio concurrit.

Res de qua in judicio agitur.

Actio est titulus petitionis, de qua judicium est, seu petitio jure permissa judicium faciens, ut actio emti, actio ex stipulatu.

Jus est id, quod rationis est circa bona et mala personarum a personis.

Factum est præteritum circa quod quæritur futurum secundum jus.

Lex est generale pronuntiatum circa jus.

Titulus est caput juris.

Partes (seu Actus) litigantium.

PHIL., VII, D, II, 2, f. 48.

Citatio est temporis designatio, quo apud judicem esse debemus : quod ubi fit, *comparere* dicimur.

Allegare est aliquid verum < esse > dicere.

Probare est veritatem reddere claram.

Causam agere est in judicio agere ad obtinendam sententiam.

| *Accusare* est alteri crimen imputare apud judicem.

49.

Excusare factum est imputationem criminis refutare facto concesso.

Appellare est judicem postulare, qui judicis prioris sententiam possit reformare.

Submittere se est remedium omittere contra sententiam judicis; quanquam alio sensu *submissio* etiam dicatur declaratio, qua quis concludit disputationem, ut audiat sententiam.

Confessio est affirmatio facti proprii ab alio allegati.

Partes (seu Actus) judicis.

Decernere, decretum est pronuntiatio judicis circa aliquid, quod ad judicium pertinet. Itaque decreta sunt non tantum de primaria questione, sed et de incidentibus.

Condemnare reum est pronuntiare, eum debere pati, quod in judicium est deductum. *Absolvere* cum pronuntiatur, non debere pati. < Patitur etiam, qui agit invitus >.

Pœna est malum passionis ob malum actionis seu ob actionem pravam. id est ingratum, quod nobis invitis obtingit, ob gratum quod volentibus obtigit, vel quod contingit invito ob aliud, quod contigit volenti, et quod dicitur *puniri*. seu cujus metus utilis est ad impediendas actiones. Hinc qui pœnam jure minatus est, exigit jure, etiamsi neque exemplum amplius neque emendatio quæratur, saltem ne frustra sit minatus. < Agere dicitur etiam, qui non impedit nam se cohibet. >

Parcere est non punire, cum possis.

Proscribere est hostem publice declarare. Alio sensu est exilium indicere publicatis bonis, quia hostes declarati et fugere coguntur, et quæ habent, apud nos amittunt.

Arrestare vel *sistere* est impedire remotionem personæ aut rei.

PHIL., VII, D, II, 2, f. 49.

Incarcerare est sistere loco clauso seu *carcere*.

Confiscare est in fiscum redigere. *Fiscus* est publicum ærarium, quod tamen aliquando strictius accipitur de patrimonio principis ordinario, et opponitur ærario reipublicæ, in quod ordinibus aliqua est potestas.

DELICTA.

Delictum est actio punienda.

Injuria est, quod alteri molestiam facit seu animi tranquillitatem minuit, *ce qui chagrine*, seposito damno, qualia sunt, quæ minuunt existimationem.

Furtum damnum clam datum, animo lucrandi. Quod si per vim apertam datum sit, *rapina* appellatur.

Fornicatio generaliter est omne delictum re venerea admissum, speciatim libidine vaga.

Rebellio est bellum subditorum contra superiorem.

Factio est pars subditorum dissentiens ab aliis circa rempublicam. Itaque per se non est crimen. In omni factione est multitudo consentiens ut in *secta*, quæ strictiùs ita accipitur, ut multitudo paucos sequatur.

Hæresis est opinio erronea saluti æternæ periculosa. Alio sensu est opinio de rebus divinis punienda. Vel generalius adhuc : secta prava, secta punienda.

50. | *Schisma* est delictum, quo quis Ecclesiæ autoritatem contemnit. Etiam in hæresi non error sed contemtus < seu pertinacia > punitur : Sed id interest, quod in hæresi sit error circa quæstionem juris, in schismate potest esse error circa quæstionem facti. In hæresi schisma inest, non statim in schismate hæresis.

Ecclesia autem est societas publica in cultu divino. Speciatim vero accipitur de societate tali inter Christianos.

Crimen falsi est fraus circa ipsa remedia fraudis.

Proditio est ejus, qui amicum se gerit, animus hostilis; vel ejus qui amicus esse debet, conspiratio cum hoste. Speciatim subditi conspiratio cum hoste reipublicæ.

Incantatio est superstitio noxia, seu tentamentum nocendi per vires incorporales, vel potius irresistibiles : speciatim per carmina, quibus occultæ potestates moveri credebantur.

Bellum.

Bellum est status professi animi per vim certandi seu nocendi, ut aliquid obtineatur. Quodsi Deus semper exitum felicem justo dare crederetur, foret, provocare ad judicium divinum, seu genus judicii per sortem. Sed Deus interdum ob majores alias rationes permittit, ut injustitia prævaleat. Itaque provocatio ad divinum judicium Dei tentatio est, id est, quasi quis tentare vellet, an Deus sit, vel an justus sit; ex erronea persuasione, quod oporteat Deum non indulgere malis. Quo homines adeo inclinant, ut pœna improborum etiam absolvi Deos dixerint Poetæ [1].

Invadere est vim incipere. *Defendere* est vi uti ad impediendum malum per vim, quam qui infert, *offendere* dicitur, cum generaliter offendere sit incipere nocere, vel saltem incipere nocentem videri, imò molestum nempe per culpam. Sæpe enim offendimus inviti, et sola opinione offensi sine culpa nostra vera.

Excubare est attentum esse ad mali adventum vel appropinquationem, animo impediendi.

Obsidere est animo cogendi clausum tenere eum, qui se clausum tenet, ne introeatur.

Prælium est pugna multitudinis contra multitudinem.

< *Pugna* certamen per vim. >

Induciæ est interruptio belli.

Captivus est hostis redactus in potestatem, sed tanquam qui hostis esse non desinit.

Spoliare est bona adimere animo nocendi.

Vincere est cum vi nostra superstite alterius vis agere cessat, seu cum vis nostra alterius vim facit cessare. Generalius etiam extra vim est scopum certaminis obtinere.

Certamen autem est mutuus conatus agendi et impediendi. < Imo datur certamen sine mutuo impedimento, et id, ubi mutuum impedimentum est, dico conflictum, qui potest etiam esse moralis. >

Deditio est, qua quis se profitetur victum et in potestatem redactum, nec amplius hostem. Quo continetur, ut noxiam ulteriorem deprecetur.

---

1. Allusion à CLAUDIEN, *In Rufinum*, I, v. 21.

Religio. Superstitio.

Religio est cultus potentiæ invisibilis intelligentis seu Numinis; quæ si rationi contraria sit, superstitio appellatur. Etiam cum Christus esset visibilis, tamen ejus potentia erat invisibilis.

Colere autem generaliter est beneficum nobis reddere conari. Nam ita colimus etiam agrum. Hinc quem colimus, ne noceat, etiam beneficum aliquatenus reddere volumus. Est enim aliquod bonum in privatione mali.

< Res sacræ sunt res adhibitæ ad cultum religiosum, quæ *profanantur* alio usu pravo. >

Fœlicitas est status lætitiæ durabilis, *Miseria* tristitiæ.

< *Salus* (apud Theologos) est felicitas < hominum > æterna. > Cum *Gratia Naturæ* opponitur, opponuntur ea, quæ Deus agit ut Monarcha intelligentium iis, quæ tantum agit ut autor rerum. Speciatim autem in œconomia humanæ salutis.

Jurare est ita loqui, tanquam pœnam Numinis augeri velis, si fallas. Huc scilicet tendit, qui Deum testem invocat, qui provocat Deum ad pœnam.

Orare est a Numine petere.

Hymnus est laus Numinis sermone ligato (ad versum scilicet vel cantum).

Sacrificium est rem ita Numini offerre, ut non amplius apta sit ad alios usus. Itaque quæ usu sacro consumuntur, proprie dicuntur sacrificari, ut thura. Ita Sinenses chartas auro obductas incendunt honori sive Numinum sive etiam Heroum. Sic fruges Diis adolebantur, animalia occidebantur honoris Numinum causa, quanquam nihil in eo sit, < quemadmodum est in thure et Sinensium chartis >, quod cultum reddat gratiorem. Sufficere enim videbatur, quod redderetur metuendus, significatione iræ in peccantes.

Sacramentum est ceremonia sacra efficaciæ insignis. Itaque consentaneum est, a Deo institutam aut probatam.

Mysterium est res divina occulta. Hoc veteres de ritibus arcanis accipiebant, nos de dogmatibus, quæ cognitionem creaturæ transcendunt.

Miraculum est actio divina, quæ transcendit cognitionem humanam; vel strictius, quæ transcendit cognitionem creaturarum, vel in qua Deus agit præter ordinem naturæ. Itaque in Mysterio perpetuum miraculum est.   Phil., VII, D, II, 2, f. 51.

Phil., VII, D, II, 3, f. 1-36 (36 p. in-fol.) [1].   Phil., VII, D, II, 3, f. 1-36.

Table de définitions. — Titre de la main de Leibniz :

Tabula explicata [*et aucta*]. Σὺν θεῷ.

Le reste de la main de Hodann. A partir d'Accidens commune, les rubriques sont les mêmes que dans les n°ˢ 1 et 2. (La physique et la minéralogie y sont bien moins développées.)

Phil., VII, D, II, 4, f. 1-12 (12 p. in-fol.).   Phil., VII, D, II, 4, f. 1-12.

Table de définitions. — De la main de Leibniz :

Cum Deo.

Le reste de la main de Hodann. Définitions de termes de la vie commune (beaucoup d'ustensiles). A la fin, concepts psychologiques et moraux.

Phil., VII, D, II, 5, f. 1-90 (89 p. in-fol.).   Phil., VII, D, II, 5, f. 1-90.

Table de définitions. — De la main de Leibniz :

Ex indice explicatus.   Σὺν θεῷ.

En tête, note de la main de Hodann :

N. B. Per literam *P.* intelligitur Ausonius Popma de differentiis verborum per *B.* vel *T. L.* Thesaurus Linguæ Romanæ vulgo Forum Romanum, per *M.* Martinii Lexicon Philologicum. per *L. P.* Lexicon Philosophicum Micraelii. per *D.* Dalgarnonis Lexicon Latino-Philosophicum [2].

1. Publié par Trendelenburg ap. *Monatsberichte der königl. preuss. Akademie der Wissenschaften zu Berlin* (1861), p. 170-219.
2. Les mêmes sigles se trouvent dans la table n° 3.

C'est un véritable lexique par ordre alphabétique (de *Abacus* à *Zythum*), avec des corrections et additions de la main de Leibniz.

C'est à la fin de cette table que se trouve la note de Hodann [1] :

Has definitiones sive mavis Descriptiones ex Matthiæ Martinii Lexico Philologico, Thesauro Latinæ Linguæ, qui vulgo Forum Romanum vocatur et Burero nonnunquam adscribitur, forte quia corrector fuit, item ex Micraelii Lexico Philosophico, Auson. Popma de differentiis verborum aliisque, secundum ductum Lexici Latino-Philosophici quod Dalgarno exhibuit in Arte Signorum vulgo Charactere universali et Lingua Philosophica, ad mandatum Illustris atque Excellentissimi G. Gu. Leibnitii collegit propriasque addidit Joh. Frideric. Hodann, S. S. Theol. Candidatus [2].

{ Finis operi impositus
Anno 1704 d. 28 Maji.
SOLI DEO GLORIA. }

---

1. Publiée par Trendelenburg, III, 41-42, et *Monatsberichte...*, p. 171, et par Gerhardt ap. *Phil.*, VII, 30 (sauf les trois derniers mots en majuscules).

2. Hodann fut le secrétaire de Leibniz de 1702 à 1704 (Trendelenburg, *Historische Beiträge zur Philosophie*, III, 40), ce qui fournit la date approximative de toutes les tables précédentes. (Phil., VII, D, 11.) V. *La Logique de Leibniz*, ch. V, § 24.

PHIL., VIII, 1-2 (4 p. in-4°).

Introductio ad Encyclopædiam arcanam;
sive initia et specimina Scientiæ Generalis,
de instauratione et augmentis scientiarum,
< *deque perficienda mente, et rerum inventionibus.*
ad publicam felicitatem. >

Dicendum erit tum de his quæ pertinent ad hunc librum, tum de his quæ pertinent ad libri argumentum.

Quoad librum, dicendum erit de ejus autore, scopo, argumento, forma; occasionibus; dictione, judiciis aliorum de eo formandis. [Cur] An autor anonymus? Inprimis autem dicendum est de fructu ejus et modo utendi, ad quæ duo, cætera reducenda sunt. Fructus verisimilis redditur, ab autore ejusque subsidiis, scopo, forma. Modus utendi ex argumento et forma tantum.

Libri argumentum est ipsa Scientia Generalis, cujus tractanda tum præcognita, tum præcepta.

Præcognita scientiæ sunt rationis et facti, sive Dogmatica et Historica.

Præcognita Dogmatica sunt : scientiæ definitio, et Nomina, Objectum, Methodus seu partitio, Utilitas seu Finis.

Scientia Generalis nihil aliud est quam Scientia [cogitandi] < de Cogitabili in universum quatenus tale est >, quæ non tantum < complectitur > Logicam hactenus receptam, sed et artem inveniendi, et Methodum seu modum disponendi, et Synthesin atque Analysin, et Didacticam, seu scientiam docendi; Gnostologiam, quam vocant, Noologiam, Artem reminiscendi seu Mnemonicam, Artem characteristicam seu symbolicam, Artem Combinatoriam, *Artem Argutiarum*, Grammaticam philosoφicam : Artem Lullianam, Cabbalam sapientum, Magiam

Phil., VIII, 1. naturalem. forte etiam Ontologiam seu scientiam de Aliquo et Nihilo, Ente et Non Ente, Re et modo rei, Substantia et Accidente. + Non multum interest quomodo Scientias partiaris, sunt enim corpus continuum quemadmodum Oceanus [1].

1 verso. | Cogitabile in universum [est Notio seu Conceptus] est objectum hujus scientiæ quale tale est per modum considerandi [2], excluditur ergo Nomen sine Notione, seu quod nominabile est, cogitabile non est, ut Blitiri, quod scholastici in exemplum afferunt.

Cogitabile est aut simplex aut [compositum] < complexum >. Simplex dicitur Notio seu Conceptus.

[Compositum] < Complexum > est quod in se involvit Enuntiationem sive Affirmationem aut negationem, verum aut falsum. [Dicitur et complexum].

Conceptus est aut distinctus aut confusus. item clarus aut obscurus. Simplex seu primitivus aut compositus seu derivativus; adæquatus aut inadæquatus [3].

Conceptus clarus est cum talem habemus ut rem oblatam possimus agnoscere, ita conceptus equi, lucis, coloris, circuli. Sin minus est obscurus, qualem habeo hominis cujus vultum non satis bene mihi repræsento, < aut qualem imperiti Geometriæ habent figuræ ellipticæ, quam ovalem vocant, veram vero tractu ex duobus focis describendam à descripta per arcus circulorum non distinguentes. >

Conceptus distinctus est cum notas quas habeo ad rem cognoscendam separatim considerare et inter se distinguere possum. Ita Examinator Monetarum conceptum distinctum auri habet, nec tantum visu, sono et pondere agnoscit, sed et tradere ac describere potest notas auri.

Conceptus adæquatus est, qui ita est distinctus, ut nihil contineat confusi, seu cum ipsæ notæ conceptu distincto cognoscuntur, sive per alias notas, usque ad notiones simplices seu primitivas.

{ Placet removere hic conceptus Abstractos tanquam non necessarios,

---

1. La même comparaison de la science à l'Océan se trouve dans les fragments Phil., V, 6, f. 18 (*Bodemann*, p. 82); VIII, 58-59 (*Bodemann*, p. 113), et VIII, 94-95. (V. plus loin).

2. { Pleraque consideramus, non secundum se, sed secundum modum quo a nobis concipiuntur et nos afficiunt. }

3. Cf. Phil., VII, A, 26, et les *Meditationes de Cognitione, veritate et ideis*, 1684 (*Phil.* IV, 422). V. *La Logique de Leibniz*, ch. VI, § 12.

præsertim cum dentur abstractiones abstractionum. Et pro calore consi- PHIL., VIII, 1.
derabimus calidum, quia rursus posset aliqua fingi *caloreitas*, et ita in
infinitum [1]. }

Conceptus primitivus est, qui in alios resolvi non potest, cum res
scilicet nullas habet notas, sed est index sui, an autem ullus ejusmodi
conceptus hominibus distinctè obversetur, ut scilicet eum se habere agnoscant, dubitari potest. Et quidem solius rei quæ per se concipitur talis
esse potest conceptus, nempe Substantiæ summæ hoc est DEI. Nullos
tamen conceptus derivativos possumus habere, nisi ope conceptus primitivi, ita ut revera nihil sit in rebus nisi per DEI influxum, et nihil cogitetur in mente nisi per DEI ideam, etsi neque quomodo rerum naturæ
ex DEO, neque quomodo rerum ideæ ex idea DEI profluant satis
distinctè agnoscamus, in quo consisteret analysis ultima seu adæquata
cognitio omnium rerum per suam causam.

{ Conceptus est aut [realis] aptus aut ineptus. Conceptus aptus est,
de quo constat eum esse possibilem, seu non implicare contradictionem. }

| Complexum est vel Enuntiatio vel compositum ex Enuntiationibus. 2 recto.
Quod rursus est vel Argumentatio aut compositum ex pluribus argumentationibus communem conclusionem habentibus vel est tractatio. Posset
etiam res reduci ad quæstiones. Vel enim una est quæstio, vel compositum ex pluribus quæstionibus.

Enuntiatio omnis est Affirmativa aut negativa. vera aut falsa. pura aut
Modalis. Categorica aut Hypothetica. Explicata aut contracta.

Negativæ nulla alia est natura, quàm quod una negatio aliam tollit, et
< quod > si ipsa est vera, affirmativa est falsa, et contra.

Vera Enuntiatio habetur a nobis cum < Mens nostra ad illam sequendam propensa est et > nulla ratio dubitandi potest inveniri. Absolutè
autem et in se illa demum propositio est vera, quæ vel est identica, vel
ad identicas potest reduci, hoc est quæ potest demonstrari à priori seu
cujus prædicati cum subjecto connexio explicari potest, ita ut semper
appareat ratio. Et quidem nihil omnino fit sine aliqua ratione, seu nulla
est propositio præter identicas in qua connexio inter prædicatum et
subjectum non possit distinctè explicari, nam in identicis prædicatum et
subjectum coincidunt aut in idem redeunt. Et hoc est inter prima prin-

---

1. Cf. PHIL., VII, C, 159 verso.

PHIL., VIII, 2. cipia omnis ratiocinationis humanæ, et post principium contradictionis maximum habet usum in omnibus scientiis [1]. Ita axiomata Euclidis, si æqualibus addas æqualia, etc. sunt corollaria tantùm hujus principii, nulla enim reddi potest ratio diversitatis. Similiter axioma quo utitur Archimedes initio sui tractatus de æquiponderantibus [2], hujus principii nostri (nihil est sine ratione) corollarium est. Quoniam verò nobis non est datum semper omnium rationes à priori reperire, hinc cogimur fidere sensibus et autoritatibus et maxime et perceptionibus intimis et percep-
2 verso. tionibus variis inter se conspirantibus. Naturalis nobis data est | propensio adhibendi fidem sensibus et pro iisdem habendi in quibus discrimen non reperimus. Et omnia apparentia credendi nisi sit ratio in contrarium, alioqui nihil unquam ageremus. In rebus facti illa satis vera sunt < quæ > æquè certa sunt, ac meæmet ipsius cogitationes et perceptiones. Hîc disputandum contra Scepticos [3].

Non videtur satis in potestate humana esse Analysis conceptuum, ut scilicet possimus pervenire ad notiones primitivas, seu ad ea quæ per se concipiuntur. sed magis in potestate humana est analysis veritatum, multas enim veritates possumus absolutè demonstrare et reducere ad veritates primitivas indemonstrabiles; itaque huic potissimum incumbamus [4].

Prædicamenta seu catalogus conceptuum ordine propositorum rerumque conceptibilium seu Terminorum simplicium. Conceptus sunt : Possibile. Ens. Substantia. Accidens seu adjunctum. Substantia absoluta. Substantia limitata seu quæ pati potest. Substantia vivens, quæ habet in se principium operandi seu Animam. *Substantia cogitans* quæ agit in seipsam, dicitur et *Mens*.

{ Possibile. Ens. Existens. Potens. [Agens]. Cognoscens. [Agens] volens [percipiens, patiens, quod m] Durans [Materia] Quod mutatur. Patiens. Percipiens. Locatum. Extensum. Terminatum. Figuratum. [Motum. Quiescens]. Tangens. Vicinum. Distans. }

Omnis anima est immortalis. Mens autem non tantùm est immortalis,

---

1. Cf. PHIL., I, 15; IV, 3, a, 1; VII, C, 29 recto; VIII, 6.
2. Cf. PHIL., VII, C, 62 verso; VIII, 6 verso; *Phil.*, VII, 301, 309, 356. V. *La Logique de Leibniz*, ch. VI, § 24.
3. Cf. PHIL., VIII, 3, et *Phil.*, VII, 296. V. *La Logique de Leibniz*, ch. VI, § 36.
4. Cf. PHIL., VI, 12, f, 23; MATH., I, 2. V. *La Logique de Leibniz*, ch. VI, § 4, et p. 199, note 1.

sed et semper aliquam habet cognitionem sui. < sive memoriam priorum. Phil., VIII, 2. unde pœnæ et præmii est capax. >

Substantia vivens sive sentiens, quæ tamen ratione sive reflexione caret, est corpus. Et forma substantialis corporis est anima. Anima est substantia agens et patiens. Materia est id quod tantum patitur et non agit unquam sed agitur quovis momento, etiam cum agere ipsa videtur; ita ut materia sit tantùm instrumentum formæ sive animæ.

| { < Principia certitudinis metaphysicæ. > [1]   2 recto.

Principia prima a priori
Nihil potest simul esse et non esse, sed quodlibet est vel non est :
Nihil [potest esse] est sine ratione.

Principia prima cognitionis a posteriori
< seu certitudinis logicæ > [seu certitudinis φysicæ].
Omnis perceptio cogitationis meæ præsentis est vera.

<< Principium certitudinis moralis. >
Omne quod multis indiciis confirmatur, quæ vix concurrere possunt nisi in vero, est moraliter certum. < seu incomparabiliter probabilius opposito.

Principium certitudinis φysicæ.
Omne quod semper experti sunt homines, multis modis, adhuc fiet ut ferrum in aqua mergi. >>

Principia cognitionis topicæ.
Unumquodque præsumitur manere in statu in quo est.
Probabilius est quod pauciora habet requisita, seu quod est facilius. }

Phil., VIII, 3 (2 p. in-4°) [2].   Phil., VIII, 3.

Nouvelles ouvertures.

Guilielmi Pacidii PLUS ULTRA
seu introductio et specimina Methodi arcanæ
de Instauratione et Augmentis Scientiarum
ad communem felicitatem.

Præfatio. Quid autorem ad scribendum impulerit, quod scilicet videret quantum præstare possint homines si vellent, et rectæ viæ insisterent.

1. V. *La Logique de Leibniz,* p. 260, note.
2. Cf. Phil., VII, A, 1 ; B, 1, 1.

Phil., VIII, 3.   Cur nomine suo abstinuerit, et quod sectæ nomina dissuadeat. Cur non diutius distulerit, donec principia absolvisset, quia distractus veretur ne quid sibi humani accidat; et pietatis esse putat publice prodesse. Non tradit hic ea quibus unus pro aliis eminere, et ad magnam ingenii et eloquentiæ opinionem pervenire posset; quanquam et ista certa arte ex hac methodo pullulante constent, sed quomodo felicitas publica queat augeri, aucta hominum cognitione.

< Partitio operis. >

Cap. 1. *de Historia Literaria.* Explicatur status humanæ scientiæ a primis temporibus ad nostra usque. . . . .

Suit une liste d'auteurs à consulter.

Cap. 2. *de Statu præsenti eruditionis,* omnisque cognitionis humanæ. Hic ordine materiarum, in præcedenti ordine temporum. . . . . .

Suit une longue liste d'auteurs à consulter [1].

Cap. 3. *Elementa veritatis* contra Scepticos, quid in Cartesio desideratum. Quæ sit nota clari et distincti. Difficultas quam passus Hobbius [circa clarum et distinctu] circa definitiones arbitrarias [2]. Difficultas Jungii circa Metaφys. Quid sit naturale lumen non explic. a Cartes. [3]

Phil., VIII, 4.   Phil., VIII, 4-5 (4 p. in-fol.) [4].

4 recto.   *Justitia* est charitas sapientis seu charitas quæ prudentiæ congruit.

< *Benevolentia* est habitus amoris. >

[*Benevolentia* seu] *Amor* est affectus quo efficitur ut bonum malumve alienum censeatur pars nostri. Sed quoniam amor ita definiendus esse videtur ut cadat et in DEUM, sufficiet dicere :

Amare est alterius felicitate delectari. . . . .

Sapientia est scientia felicitatis. . . . .

1. Cf. Phil., VII, A, 16; B, II, 12. C'est à ces deux parties de l'*Encyclopédie* que se rapportent les longs fragments publiés par Gerhardt, sous les nos VI A (mai 1681) et VIII (*Phil.,* VII, 66-73, 127-156).
2. Cf. Phil., VII, A, 26 verso; VII, C, 157; *Phil.,* VII, 295; IV, 425.
3. Cf. Phil., VI, 12, f, 25. V. *La Logique de Leibniz,* p. 94, 95, 103 sqq., 196, 202.
4. Cf. Phil., VII, B, v, 12.

Lætitia est opinio voluptatum . . . . PHIL., VIII, 4.
| Definiemus ergo *Voluptatem* sensum perfectionis.   4 verso.
Itaque etiam *Perfectio* concinne definietur, Potentiæ incrementum.

En marge : Une suite de définitions et de propositions dont le commencement est presque identique au fragment publié par GERHARDT (*Phil.*, VII, 73-75). Elle se continue ainsi :

{ Sequantur theoremata de justitia, seu sapientis sive felicis ad alios relatione, sive de officiis nostris. }

| { *Officium* est quicquid in perfecte justo necessarium est.   5 recto.
Licitum est, quicquid in justo possibile est.
Peccatum est, quicquid in justo impossibile est [1].
Accuratè loquendo nihil est indifferens sive omnis actus aut officium aut peccatum est. Oritur ergo indifferentia tantum ab ignorantia nostra.
Officium nostrum est : quærere sapientiam.
(quærere potentiam proportione sapientiæ jam acquisitæ).
quærere cognitionem DEI ;
quærere cognitionem nostri ;
quærere cognitionem mundi ;
quærere scientias ad perfectionem nostram utiles ;
quærere scientiam methodi generalis ;
quærere scientiam persuadendi ;
quærere virtutem seu habitum affectus ratione gubernandi.
omnia ordine quodam regere ; facere sibi breviarium agendorum.
habere facultates suas animi pariter ac fortunæ in numerato et promtas ad agendum.

A. prodesse omnibus quoad licet.

B. nihil mutare in rebus constitutis sine magna satis spe boni majoris.
< ideoque >

B. conservare unumquemque in iis quæ habet in potestate. Hinc jam nascitur jurisprudentia seu doctrina de jure, proprietate, obligationibus et actionibus.

Ex A sequitur justitia distributiva, seu de optima Republica.

Ex B sequitur doctrina de justitia commutativa, seu jure et proprie-

---

1. Cf. *Definitio justitiæ universalis*, ap. TRENDELENBURG, II, 265. V. *La Logique de Leibniz*, Note IX.

Phil., VIII, 5. tate, et de modo conservandi unumquemque in iis quæ habet in potestate nam *jus* hoc sensu nihil est aliud quam facultas conservandi nobis ea quæ in potestate nostra sunt, id enim initum est. } . . . . . .

(La suite en marge du fol. 5 verso.)

Phil., VIII, 6. **Phil., VIII, 6-7 (4 p. in-fol.)** [1].

6 recto. Primæ *veritates* sunt quæ idem [2] se ipso enuntiant aut oppositum de ipso opposito negant. Ut A est A, vel A non est non A. Si verum est A esse B, falsum est A non esse B vel A esse non B. Item unumquodque est quale est. Unumquodque sibi ipsi simile aut æquale est. Nihil est majus < aut minus > se ipso, aliaque id genus, quæ licet suos ipsa gradus habeant prioritatis, omnia tamen uno nomine *identicorum* comprehendi possunt.

Omnes autem reliquæ veritates reducuntur ad primas ope definitionum, seu per resolutionem notionum, in qua consistit *probatio a priori*, independens ab experimento. Exemplum dabo, hæc præpositio inter Axiomata a Mathematicis pariter et aliis omnibus recepta : Totum est majus sua parte, vel pars est minor toto, demonstratur facillime ex definitione minoris vel majoris, accedente axiomate primitivo seu identico. Nam *Minus* est quod alterius (*majoris*) parti æquale est. quæ quidem definitio facillima est intellectu, et consentanea praxi generis humani, quando res inter se comparant < homines >, et æquale minori a majore auferendo excessum reperiunt. Hinc talis fit ratiocinatio : Pars æqualis est parti totius (nempe sibi ipsi, per axioma identicum, quod unumquodque sibi æquale est) quod autem parti totius æquale est, id toto minus est (per definitionem minoris) Ergo pars toto minor est [3].

Semper igitur prædicatum seu consequens inest subjecto seu antecedenti. et in hoc ipso consistit natura veritatis in universum seu connexio

---

1. Cf. Phil., I, 15; IV, 3, a, 1; VIII, 100-101; *De Veritatibus primis* (Phil., VII, 194), et *Specimen inventorum de admirandis naturæ generalis arcanis* (Phil., VII, 309). Cet opuscule a été publié et commenté dans la *Revue de Métaphysique et de Morale*, janvier 1902 (t. X, p. 2).
2. Suppléer ici : « de ».
3. Cf. Math., I, 2; Phil., VII, 300; Math., III, 322; VII, 20, 274. V. *La Logique de Leibniz*, p. 204.

inter terminos enuntiationis, ut etiam Aristoteles observavit [1]. Et in iden- Phil., VIII, 6. ticis quidem connexio illa atque comprehensio praedicati in subjecto est expressa, in reliquis omnibus implicita, ac per analysin notionum ostendenda, in qua demonstratio a priori sita est.

Hoc autem verum est in omni [propositione] < veritate > affirmativa [sive necessaria] universali aut singulari, necessaria aut contingente < et in denominatione tam intrinseca quam extrinseca. > Et latet hic arcanum mirabile a quo natura contingentiae seu essentiale discrimen veritatum necessariarum et contingentium continetur < et difficultas de fatali rerum < etiam > liberarum necessitate tollitur [2]. >

| Ex his propter nimiam facilitatem suam non satis consideratis multa 6 verso. consequuntur magni momenti. Statim enim hinc nascitur axioma receptum *nihil esse sine ratione*, seu *nullum effectum esse absque causa*. Alioqui veritas daretur, quae non posset probari a priori, seu quae non resolveretur in identicas, quod est contra naturam veritatis, quae < semper > vel expresse vel implicite identica est. Sequitur etiam cum omnia ab una parte se habent ut ab alia parte in datis [determinantibus], < tunc > etiam in quaesitis seu consequentibus omnia se eodem modo habitura utrinque. Quia nulla potest reddi ratio diversitatis, quae utique ex datis petenda est. Atque hujus corollarium vel exemplum potius est postulatum Archimedis initio aequiponderantium, quod brachiis librae et ponderibus positis < utrinque > aequalibus, omnia sint in aequilibrio [3]. < Hinc etiam *aeternorum datur ratio*, si fingeretur mundum ab aeterno fuisse, et solos in eo fuisse globulos, reddenda esset ratio cur globuli potius quam cubi. >

Sequitur etiam hinc *non dari posse* < *in natura* > *duas res singulares solo numero differentes* : utique enim oportet rationem reddi posse cur [dicantur] < sint > diversae, quae ex aliqua in ipsis differentia petenda est. Itaque quod D. Thomas agnovit de intelligentiis separatis quas nunquam solo numero differre asseruit, id de aliis quoque rebus dicendum est; neque unquam duo ova, aut duo folia vel gramina in horto perfecte sibi similia reperientur [4]. Et perfecta < igitur > similitudo locum habet

---

1. Cf. *Generales Inquisitiones*, §§ 16, 132 (Phil., VII, C, 22 verso, 29 recto).
2. Cf. Phil., IV, 3, a, 1; VII, B, II, 71; VII, C, 25 verso, 29 recto.
3. Cf. Phil., VII, C, 62; VIII, 2 recto; et *Phil.*, VII, 301, 309, 356.
4. Leibniz semble ici faire allusion au fait suivant, qu'il rappelle dans sa *Lettre à l'Électrice Sophie* du 31 octobre 1705 (*Phil.*, VII, 563) : comme il exposait à la

Phil., VIII, 6. tantum in notionibus incompletis atque abstractis, ubi res non omnimode sed secundum certum considerandi modum in rationes veniunt, ut cum figuras solummodo consideramus, materiam vero figuratam negligimus, itaque duo triangula similia merito considerantur a Geometria, etsi duo triangula materialia perfecte similia nusquam reperiantur. Et licet aurum aliave metalla, salia item, et multi liquores pro homogeneis corporibus habeantur, id tamen ad sensum tantummodo admitti potest, et ne sic quidem exacte verum est.

Sequitur etiam *nullas dari denominationes < pure > extrinsecas*, quæ nullum prorsus habeant fundamentum in ipsa re denominata [1]. Oportet enim ut notio subjecti denominati involvat notionem prædicati. Et proinde quoties mutatur denominatio rei, oportet aliqualem fieri variationem in ipsa re.

7 recto. | *Notio completa seu perfecta substantiæ singularis involvit omnia ejus prædicata præterita, præsentia ac futura* [2]. Utique enim prædicatum futurum esse futurum jam nunc verum est, itaque in rei notione continetur. Et proinde in < perfecta > notione < individuali > Petri vel Judæ considerati sub ratione possibilitatis abstrahendo animum a divino creandi ipsum decreto, insunt et a DEO videntur omnia ipsis eventura tam necessaria quam libera. Atque hinc manifestum est DEUM ex infinitis individuis possibilibus eligere ea quæ supremis arcanisque suæ sapientiæ < finibus > magis consentanea putat, nec si exacte loquendum est, decernere ut Petrus peccet, aut Judas damnetur, sed decernere tantum ut præ aliis possibilibus Petrus (certo quidem, non necessario tamen sed libere) peccaturus, et Judas damnationem passurus [3] ad existentiam perveniant. Seu ut notio possibilis fiat actualis. Et licet salus quoque futura Petri in notione ejus æterna possibili contineatur, id tamen non est sine gratiæ concursu, nam in < eadem > notione < perfecta > Petri < hujus > possibilis, etiam divinæ gratiæ auxilia ipsi ferenda sub notione possibilitatis continentur [4].

princesse Sophie le principe des indiscernables dans les jardins du château de Herrenhausen, M. d'Alvensleben voulut le réfuter par le fait, et chercha dans le jardin deux feuilles semblables : il n'en trouva point.
1. Cf. Phil., I, 14, c, 7; Phil., III, 5, et 15 (*Bodemann*, p. 70).
2. Cf. le *Discours de métaphysique* de 1686, § XIII (*Phil.*, IV, 427) et la controverse avec Arnauld (*Phil.*, II, 12, 57, 136, etc.). V. aussi *Phil.*, I, 383; IV, 475; et Phil., VII, C, 62-63.
3. La parenthèse précédente se trouvait d'abord ici.
4. Cf. Phil., IV, 3, a, 3.

Omnis substantia singularis in perfecta notione sua involvit totum univer- PHIL., VIII, 7.
sum, omniaque in eo existentia præterita præsentia et futura. Nulla enim
res est, cui non ex alia imponi possit aliqua < vera > denominatio,
comparationis saltem et relationis. Nulla autem datur denominatio pure
extrinseca. Idem multis aliis modis inter se conspirantibus a me ostenditur.

Imo *omnes substantiæ singulares* < *creatæ* > *sunt diversæ* [impression]
expressiones ejusdem universi, ejusdemque causæ universalis, nempe DEI;
sed variant perfectione expressiones ut ejusdem oppidi diversæ repræsentationes vel scænographiæ ex diversis punctis visûs.

Omnis substantia singularis < *creata* > *in omnes alias physicam actionem
et passionem exercet*. Mutatione enim facta in una consequitur mutatio aliqua respondens in aliis omnibus, quia variatur denominatio [extrinseca].
Et hoc naturæ experimentis consentaneum est, videmus enim in vase
liquore pleno (quale vas est totum universum) motum in medio factum
propagari ad extrema, licet magis magisque insensibilis reddatur, prout
ab origine magis recedit.

| In rigore [Metaphysico] dici potest *nullam substantiam creatam in* 7 verso.
aliam exercere actionem metaphysicam seu influxum. Nam ut taceam non
posse explicari quomodo aliquid transeat ex una re in substantiam alterius, jam ostensum est ex uniuscujusque rei notione jam consequi omnes
ejus status futuros. Et quæ causas dicimus esse tantum requisita comitantia in Metaphysico rigore. Idem ipsis naturæ experimentis illustratur, revera enim corpora ab aliis corporibus recedunt vi proprii Elastri,
non vi aliena, etsi < corpus aliud requisitum fuerit > ut Elastrum
(quod ab aliquo ipsi corpori intrinseco oritur) agere posset.

Posita etiam diversitate animæ et corporis, hinc explicari potest unio eorum
sine Hypothesi vulgari influxus, quæ intelligi non potest, et sine Hypothesi causæ occasionalis, quæ Deum ex machina advocat. Nam DEUS ab
initio ita condidit animam pariter et corpus tanta sapientia et tanto artificio, ut ex ipsa cujusque prima constitutione notioneve omnia quæ in
uno fiunt per se perfecte respondeant omnibus quæ in altero fiunt,
perinde ac si ex uno in alterum transiissent, quam ego *Hypothesin concomitantiæ* appello. Quæ vera est in omnibus substantiis < totius universi > sed non in omnibus sensibilis est, ut in anima et corpore.

Non datur vacuum. Nam spatii vacui partes diversæ forent perfecte

Phil., VIII, 7. similes et congruæ inter se, nec ex seipsis discerni possent, adeoque differrent solo numero, quod est absurdum. < Eodem modo quo spatium, etiam tempus rem non esse probatur. >

[*Non datur substantia corporea cui nihil aliud insit quam extensio seu magnitudo, figura et horum variatio.* Ita enim duæ possent existere substantiæ corporeæ perfecte similes inter se quod est absurdum. Hinc sequitur dari aliquid in substantiis corporalibus analogum animæ, quod vocant formam.]

Non datur atomus, imo nullum est corpus tam exiguum, quin sit actu subdivisum. Eo ipso dum patitur ab aliis omnibus totius universi, et effectum aliquem ab omnibus recipit, qui in corpore variationem efficere debet, imo etiam omnes impressiones præteritas servavit, et futuras præcontinet. Et si quis dicat effectum illum contineri in motibus atomo impressis, qui in toto sine ejus divisione effectum sortiantur, huic responderi potest, non tantum debere effectus resultare in atomo ex omnibus universi impressionibus, sed etiam vicissim ex atomo colligi totius universi statum : et ex effectu causam, jam vero ex sola figura atomi et motu colligi per regressum non potest quibus impressionibus ad eum pervenerit, quia idem motus obtineri potest diversis impressionibus; ut taceam rationem nullam reddi posse, cur corpora certæ parvitatis non amplius sint divisibilia.

Hinc sequitur *in omni particula universi contineri mundum infinitarum creaturarum*. Non tamen continuum in puncta dividitur, nec dividitur omnibus modis possibilibus ; non in puncta, quia puncta non sunt partes, sed termini; non omnibus modis possibilibus, { quia non omnes creaturæ insunt in eodem, sed certus tantum earum in infinitum progressus. Quemadmodum qui rectam et quamvis ejus partem bisectam poneret, alias divisiones statueret quam qui trisectam.

Non datur ulla in rebus actualis figura determinata [1], nulla enim infinitis impressionibus satisfacere potest. Itaque nec circulus, nec ellipsis, neque alia datur linea a nobis definibilis nisi intellectu, vel lineæ antequam ducantur, aut partes antequam abscindantur.

[Spatium tempus extensio et motus non sunt res, sed modi considerandi fundamentum habentes.]

1. Cf. le fragment Phil., III, 5, b : « Il n'y a point de figure précise et arrestée dans les corps à cause de la division actuelle des parties à l'infini. » (*Bodemann*, p. 68.)

Extensio et motus et ipsa corpora [sunt phænomena vera ut iris] quatenus in his solis collocantur, non sunt substantiæ, sed phænomena vera, ut irides et parhelia. Nam non dantur figuræ a parte rei et corpora si sola extensio considerentur, non sunt una substantia, sed plures.

Ad corporum substantiam requiritur aliquid extensionis expers, alioqui nullum erit principium realitatis phænomenorum aut veræ unitatis. Semper habentur plura corpora nunquam unum ergo revera nec plura. Cordemoius simili argumento atomos probabat, quæ cum sint exclusæ, superest aliquid extensione carens, analogum animæ, quod olim formam vel Speciem appellabant.

Substantia corporea neque oriri neque interire potest nisi per creationem aut annihilationem. cum enim semel duret, semper durabit neque enim ulla ratio est differentiæ, neque dissolutiones partium corporis quicquam cum ipsius destructione commune habent. ideo *Animata non oriuntur aut intereunt, tantum transformantur.* }

Phil., VIII, 20 (1 feuillet).

Suite et fin du fragment (relatif à Spinoza) imprimé ap. *Bodemann*, 103 :

(* Ego soleo dicere : tres esse infiniti gradus, infimum, v. g. ut exempli causa asymptoti hyperbolæ; et hoc ego soleo tantum vocare infinitum, quod est majus quolibet assignabili; quod et de cæteris omnibus dici potest; alterum est maximum in suo scilicet genere, ut maximum omnium extensorum est totum spatium, maximum omnium successivorum est æternitas. Tertius infiniti isque summus gradus est ipsum *Omnia*, quale infinitum est in DEO, is enim est unus omnia : in eo enim cæterorum omnium ad existendum requisita continentur. Hæc obiter annoto. *)

| De infinito ecce observationem notabilem : cum sit infinitum infinito majus, dabiturne aliquod alio æternius, ut potest res esse ante quodlibet tempus imaginabile et tamen ab æterno, quia tempus ejus non absolute sed nostra tantum relatione erit infinitum. Fuit ergo tempus cum non esset, sed id tempus abest abhinc infinite. Quemadmodum est linea infinite parva relatione puncti.

Phil., VIII, 37-38.   Phil., VIII, 37-38 (4 p. in-fol.).

[De] < De Cognitione > Veritate, et Ideis. G. G. L.

Tel est le titre original de ce célèbre opuscule, publié dans les *Acta Eruditorum* de novembre 1684 (*Phil.*, IV, 422). On n'y trouve pas le mot « Meditationes ».

Phil., VIII, 39-42.   Phil., VIII, 39-42 (8 p. in-4°).

*De modo perveniendi ad veram corporum Analysin
et rerum naturalium causas.*

Copie par un secrétaire (corrigée par Leibniz) du brouillon catalogué Phil., VI, 8, a, et daté « Maji 1677. » Fin (de la main de Leibniz) :

Hæc autem per definitiones et linguam [philosophicam] < rationalem > egregie inprimis fient [1].

Phil., VIII, 43-44.   Phil., VIII, 43-44 (4 p. in-fol.).

*Spongia Exprobrationum,
seu quod nullum doctrinæ genus sit contemnendum.*

Ce morceau est une réfutation des philosophes (Cartésiens) qui méprisaient l'histoire, l'érudition, l'archéologie, la philologie, etc. [2]

Phil., VIII, 56-57.   Phil., VIII, 56-57 (4 p. in-fol.) [3].

56 recto.   PHILOSOPHIA est complexus Doctrinarum universalium < opponitur Historiæ quæ est singularium. > Partes habet duas, Philosophiam theoreticam et philosophiam practicam. Philosophia theoretica exponit

---

[1]. Gerhardt a dû imprimer le brouillon (*Phil.*, VII, 265-269); voici par exemple la dernière phrase : « Hæc autem per definitiones et linguam philosophicam egregie fient. » (v. *Bodemann*, p. 86).
[2]. V. *La Logique de Leibniz*, p. 159.
[3]. Ce fragment doit être postérieur à 1696, car on y trouve le mot « Monas » (f. 56 verso).

rerum naturas, practica exponit rerum usus ad obtinendum bonum malumque evitandum. Ita fit ut eadem bis occurrere possint, tum ratione suæ causæ efficientis in priore parte, tum ratione finalis in posteriore; < sed alterutro loco tantum innuendo seu remissive [1]. >

PHIL., VIII, 56.

Philosophia Theoretica duplex est, Rationalis et Experimentalis, sub qua comprehendo et Mixtam.

Philosophia Theoretica rationalis [duplex est] agit de [Affectionibus] [adjunctis] prædicatis et de substantiis seu subjectis. Doctrina de adjunctis est de Qualitatibus, Quantitatibus et Actionibus. Nempe pars una continet veritates necessitatis logicæ, altera veritates necessitatis Physicæ. Priorum contrarium est absurdum; posteriorum contrarium est inconveniens.

Philosophia theoretica rationalis necessitatis logicæ [continet veritates vel ortas ex solo principio contradictionis, vel ortas etiam ex principio reddendæ rationis] continet doctrinam Formarum seu de Qualitate, et doctrinam Magnitudinum seu de Quantitate [2].

Doctrina Formarum continet *Logicam* et *Combinatoriam*.

Doctrina Magnitudinum est Mathesis, estque de Discreto et de Continuo.

De Discreto, seu Numero agit Logistica, estque duplex : de numero certo Arithmetica, de incerto Speciosa.

De Continuo dupliciter agitur ex principio positionis, quod totum æquivaleat partibus : et est Scientia Finiti; et ex principio Transitionis, seu Lege continuitatis, et prodit Scientia infiniti.

| Utraque duplex est, Scientia situs seu Geometria, et Scientia [Temporis et situs [Motus seu temporis] seu Phoronomica] vestigiorum seu phoranomica, < nempe situs et mutationis. >

56 verso.

Geometria duplex est, una quæ utitur solo principio congruentiæ, altera quæ utitur et principio similitudinis.

Phoranomica duplex est, una sine consideratione temporis, qualis est tornatoria; altera quæ involvit tempus, ut quæ tractat de Motu accelerato et similibus. Et quidem componit motus tum quasi geometrice, tum

---

1. Cette indication pratique montre que ce morceau est un plan d'Encyclopédie. On sait d'ailleurs que l'Encyclopédie devait être composée suivant une double méthode, synthétique ou théorique, et analytique ou pratique. (Cf. *Nouveaux Essais*, IV, xxi.) V. *La Logique de Leibniz*, ch. V, §§ 7 et 23.
2. Cf. PHIL., VII, B, vi, 9 (*Elementa nova Matheseos universalis*).

Pʜɪʟ., VIII, 56. φysice; < ut cum conatus embryonati * directionibus componuntur. >
Ex principio convenientiæ oritur doctrina Actionis seu *Dynamica*.

{ Possent matheseos mistæ partes inseri suis locis ut perspectiva, dioptrica, catoptrica, gnomonica, Geometriæ, [Uranologia] Astronomia, phoronomicæ. }

Doctrina de subjectis est de substantia < et de substantiato; substantia rursus > primitiva et de substantiis derivativis.

Substantia primitiva est DEUS, de quo Theologia naturalibus [1].

Substantia derivativa est duplex, Originalis et Ortiva.

Substantia originalis est Monas, et hujus loci est [doctrina de] [physo] *psychologia*.

Psychologia [2] duplex est, una de percipientibus in genere, < sensibus etc. >, altera de intelligentibus seu spiritibus quæ dici potest *pneumatologia*, ubi de mentibus, sed maxime de nostris.

Substantia ortiva est vivum, ut Animal, planta.

Substantiatum est corpus [naturale] vel Organicum, vel non Organicum [regulatum].

Non organicum est vel regulatum ut salia, vel irregulatum ut rudera.

Philosophia experimentalis < rursus > est [qualitatum] [affectionum] prædicatorum et subjectorum.

Prædicatorum est *poiograφia* [3], ut experiamur in quibus subjectis reperiantur qualitates. [Et huc chymia]

{ Poiograφia duplex, mathematica, ubi variæ partes Matheseos mistæ, et φysica, ubi chymia. }

Subjectorum duplex est tractatio, specierum, et Aggregatorum.

Specierum est *Eidograφia* [4], secundum tria regna quæ sunt :

Regnum minerale, quorsum terræ, lapides et qui in his succi et sales, res metallica;

Regnum vegetabile, quorsum plantæ, < cujus usus in > agricultura;

Regnum Animale, huc Anatomia, < cujus usus in > medicina.

---

1. *Sic*, pour « naturalis. »
2. La plume de Leibniz se refuse à écrire ce mot nouveau : on lit : « Physi » à moitié corrigé en « Phychologia. »
3. Cf. Pʜɪʟ., V, 7, f. 5 recto.
4. Cf. Pʜɪʟ., V, 7, f. 5 verso.

Aggregata sunt particularia et totale. Particularia sunt Rudera, similaria vel quasi talia, et organica.

Aggregatum totale tractat Cosmologia, sub qua Geographia naturalis et Uranologia. Hic pars Matheseos mistæ Astronomia.

| Philosophia practica agit de Bono et Malo, seu de fine et Mediis. Hæc priorum omnium usum ostendere debet ad nostram felicitatem.

Felicitas hujus vitæ consistit in [sanitate corporis et gaudio] lætitia durabili, quæ obtinetur [per sanitatem et vigorem corporis, et] per perfectionem < mentis et > corporis et mentis[1]. et per horum instrumenta.

Perfectio mentis [est] < obtinetur > Logica, et Ethica[2].

Logica ostendit modum [inveniendi] [ratiocina] ita [cogitandi] ratiocinandi, ut ad felicitatem obtinet[3] convenit.

Ethica id agit ut [removeat quæ nos intus] mens a bene ratiocinando et a lætitia per affectus non impediatur.

Perfectio corporis consistit [in sanitate] tum in conservatione functionum ejus, < quod est sanitatis >, tum in functionum ejus exaltatione, quod fit exercitiis seu gymnastica.

Instrumenta sunt bina existimatio et opes, << nempe > per instrumenta rationalia et irrationalia. >

{ Servi sunt instrumenta rationalia, et tamen possent ad œconomicam referri, quatenus animalibus comparantur. }

Existimationis est doctrina politica.

Opum est doctrina œconomica, < quæ agit de instrumentis irrationalibus, quæ sunt vera et fictitia per opinionem rationalium, quale pecunia, cujus proinde tractatio videtur ad politicam partem pertinere. >

Instrumenta irrationalia < vero > sunt sentientia, < nempe animalia, equi, boves, etc. > sunt viva ut plantæ; sunt agentia ut ignes [et] aquæ, < venti >, machinæ; sunt Quiescentia : huc confecta et materialia. Confecta sunt structuræ, amictus, supellex. Structuræ sunt < tum > immobiles, ut aggeres, moles, [domus], tum mobiles, ut currus, naves, supellex. Quædam sunt materialia ad victum amictum et structuram. Hinc granaria et magazina.

Omnia hæc quæ de hominis bono et felicitate tractavimus, possunt et

---

1. Leibniz a oublié de biffer « et mentis ».
2. Cf. Phil., VI, 11, a; VII, C, 87; 156.
3. *Sic*, probablement pour : « obtinendam ».

PHIL., VIII, 57. recurrere de felicitate et bono plurium, ut sit [quasi] < Logica >, Ethica, Medicina, politica et œconomica totius societatis, præsertim societatis sibi sufficientis, seu reipublicæ.

57 verso. | Principia veritatum
1) Principium contradictionis
2) Principium reddendæ rationis
3) Congruentiæ ⎱ hæ puto prioribus duobus subordinantur.
4) Similitudines ⎰
5) Lex continuitatis
6) Principium convenientiæ seu Lex Melioris

hinc Leges < naturæ, tum > motuum corporis, et inclinationum voluntatis.

Notionum gradus

Positiones simplices

in Arithmetica et Speciosa

Combinatoria

Consequentiæ reflexivè tractatæ

hæ porriguntur etiam ad contingentia seu infinitum involventia in rebus.

Mutationes, ubi consequentiarum consideratione reflexiva accedente prodeunt causa et Effectus. item actiones : primitiva, DEUS.

< Fons rerum substantiatoriæ Monas. >

Subjectum seu substantiæ < simplicis > natura, ubi de perceptione et appetitu, et (ubi distincta sunt) ratione et voluntate, consideratur hic aliquid in mutatione permanere.

Compositum, ubi de connexio[1] substantiarum simplicium; et ordine coexistendi, spatio, tempore.

[Fons rerum DEUS.]

Unio, seu quid realitatis in composito præter ingredientia [unde nobis phænomenon] seu realisatio relationum.

Nostra Mens phænomenon facit, divina [dat Unionem] Rem.

Præsentia est immediatio in ordine coexistendi.

Divina cogitatio efficicit[2], ut quod in ideis ratio est mutationis in alio, in ipsum agat.

Ita ut Actio unius in aliud sit status continens Unionem, et rationem

1 *Sic.*
2 *Sic.*

< distincte intelligibilem > mutationis in subjecto aliquo reddendam ex alio subjecto.

D'une autre plume :

{ In Temmik philosophiam ancillantem [1]. }

Phil., VIII, 64-65 (4 p. in-fol.).

Copie, de la main de Leibniz, du morceau publié par Gerhardt : *Phil.*, IV, 343-349. Le commencement est bien : « Il est asseuré que l'abus de la philosophie nouvelle fait grand prejudice à la pieté.... »
Voici quelques variantes :
P. 346, 3ᵉ ligne du bas : « Si le Rᵐᵒ P. de la Chaise,... (qu'on voit bien, par ce qu'en dirent déjà autres fois les RR. PP. Fabry et des Chales, avoir examiné les modernes....) »
P. 347 : il manque « Anglois » après « Harriot ».
P. 349 : au lieu de : « sans advection (?) » lire : « sous la direction ».
Gerhardt a dû publier ce morceau d'après le brouillon de Leibniz.

Phil., VIII, 71 (un coupon).

2 Xbr. 1676.

Non est opus ad augendam rerum multitudinem pluribus mundis, neque enim ullus est numerus qui non sit in hoc uno < mundo >, imo in qualibet ejus parte.

Introducere aliud genus rerum existentium, aliumque velut mundum etiam infinitum, Est abuti existentiæ nomine, neque enim dici potest an nunc existant illæ res an non. Existentia autem ut a nobis concipitur involvit aliquod tempus determinatum, sive hoc demum existere dicimus, de quo certo aliquo temporis momento dici potest, ista res nunc existit.

Multitudo est major rerum in toto quam in parte; etiam in [numero] infinita multitudine. De vacuo formarum non inutilis dissertatio, ut ostendatur non omnia < possibilia per se > existere posse cum cæteris, alioqui multa absurda. nihil tam ineptum fingi posset, quod non esset in mundo, non tantum monstra, sed et mentes malæ et miserabiles, item injustitiæ, et nulla esset ratio cur DEus diceretur bonus potius quam

---

[1]. Cf. Phil., VIII, 60-61 (*Bodemann*, p. 113).

PHIL., VIII, 71. malus, justus quam injustus. Esset aliquis mundus in quo omnes probi pœnis æternis punirentur, et omnes improbi pensarentur, felicitate luerent scelus[1].

Immortalitas mentis mea methodo statim probata habetur, quia possibilis in se, et aliis omnibus compossibilis, sive rerum cursum non imminuit. Quia mentes *n'ont point de volume*[2]. Principium autem meum est, quicquid existere potest, et aliis compatibile est, id existere, quia ratio existendi præ omnibus possibilibus non alia ratione limitari debet, quam quod non omnia compatibilia. Itaque nulla alia ratio determinandi, quàm ut existant potiora, quæ plurimum involvant realitatis.

Si omnia possibilia existerent, nulla opus esset existendi ratione, et sufficeret sola possibilitas. Quare nec DEus foret nisi in quantum est possibilis. Sed talis DEus qualis apud pios habetur non foret possibilis, si eorum opinio vera est, qui omnia possibilia putant existere.

Dialogus de anima brutorum inter Pythagoram et Cartesium [apud inferos] < in Elysiis campis > sibi obviam factos.

PHIL., VIII, 85. PHIL., VIII, 85 (un coupon), publié par *Bodemann*, p. 119. Le titre est : « *Existentia* ».

PHIL., VIII, 86. PHIL., VIII, 86 (un coupon).

Dernière phrase, non publiée par *Bodemann* (p. 120) :

Itaque illi tantum termini generales sunt substantiarum, qui homogenei sunt, et talis est conceptus Entis puri seu absoluti, sive DEi.

PHIL., VIII, 94-95. PHIL., VIII, 94 95 (4 p. in-4°)[3].

94 recto. LE corps entier des sciences peut estre consideré comme l'ocean, qui est continué partout, et sans interruption ou partage, bien que les hommes y conçoivent des parties, et leur donnent des noms selon leur

---

1. Cf. le fragment PHIL., II, 1, h (contre Hobbes et Spinoza), imprimé ap. *Bodemann*, p. 62.
2. Cf. *Discours de métaphysique* (1686), § V (*Phil.*, IV, 430).
3. Ce morceau est postérieur à 1690 (voir p. 531, note 2). Cf. *De l'horizon de la doctrine humaine* (PHIL., V, 9) et PHIL., VIII, f. 68 (*Bodemann*, p. 114).

commodité ¹. Et comme il y a des mers inconnues, ou qui n'ont esté navigées que par quelques vaisseaux que le hazard y avoit jettés, on peut dire de même qu'il y a des sciences dont on a connu quelque chose par rencontre < seulement > et sans dessein. L'art des combinaisons est de ce nombre; elle signifie chez moy, autant que la science des formes ou formules ou bien des variations < en general; en un mot c'est la Specieuse universelle ou la Characterique. > De sorte qu'elle traite de eodem et diverso; de simili et dissimili; < de absoluto et relato >; comme la Mathematique ordinaire traite de uno et multis, de magno et parvo, de toto et parte. On peut même dire que la Logistique ou bien l'Algebre luy est sousordonnée en un certain sens. car lorsqu'on se sert de plusieurs notes indifferentes ou qui < au commencement du calcul > pouvoient estre echangées et substituées mutuellement sans faire tort au raisonnement, en quoy les lettres d'Alphabet sont fort propres; et lorsque ces lettres < ou notes > signifient des grandeurs, ou des nombres generaux, il en vient l'Algebre ou plus tost la Specieuse de Viete. Et c'est justement en cela que consiste l'Avantage de l'Algebre de Viete < et de Descartes > sur celle des anciens, qu'en se servant des lettres au lieu des nombres tant connus, qu'inconnus, on vient a des formules, ou il y a quelque liaison et ordre, qui donne moyen à nostre esprit de remarquer des theoremes, et des regles generales. Ainsi les meilleurs avantages de l'algebre ne sont que des echantillons de l'art des caracteres, dont l'usage n'est point borné aux nombres ou grandeurs. Car si ces lettres signifioient | des points (comme cela se practique effectivement chez les Geometres) on y pourroit former un certain *calcul* ou sorte d'operation, qui seroit entierement different de l'Algebre, et ne laisseroit pas d'avoir les mêmes avantages qu'elle a < c'est de quoy je parleray une autre fois. > Lorsque ces lettres signifient des termes ou notions, < comme chez Aristote >, cela donne cette partie de la logique qui traite des figures et des modes. Et j'avois raisonné là-dessus dans les commencemens de mes etudes, m'estant hazardé de publier un petit traité de l'Art des combinaisons qui a esté < assez bien reçeu et > reimprimé malgré moy ², car ayant eu bien d'autres veues

---

1. Cf. PHIL., V, 6, f. 18 (*Bodemann*, p. 82); VIII, 1 recto; et 58-59 (*Bodemann*, p. 113).
2. A Francfort sur le Main, en 1690 (v. *Phil.*, IV, 103-104).

Phil., VIII, 94. depuis, j'aurois pu traiter les choses tout d'une autre façon. Cependant < (pour le dire en passant) > j'avois remarqué dès lors ce theoreme general de Logique : que les quatre figures des Syllogismes ont chacune un nombre pareil de modes utiles; et que dans chaque figure il y a six modes. Enfin quand les lettres ou autres caracteres signifient des veritables lettres de l'Alphabet, ou de la langue, alors l'art des combinaisons avec l'observation des langues donnent la Cryptographie [c'est-à-dire l'art de faire des chiffres et] de déchiffrer. J'ay encore remarqué qu'il y a un calcul des combinaisons ou le composé n'est pas un tout collectif, mais distributif, c'est-à-dire ou les choses combinées ne doivent concourir qu'alternativement, et ce calcul a encor ses loix toutes differentes de celles de l'Algebre. Enfin la Specieuse generale reçoit mille façons, et

95 recto. l'Algebre n'en contient qu'une. | Or sans entrer dans la discussion particuliere des loix qui diversifient la Specieuse, on peut la combiner avec l'Arithmetique en calculant *le nombre des variations possibles* que les notes generales peuvent recevoir. Ces variations peuvent estre prises de differentes façons, et dans les ecritures que nous formons < en nous servant > des lettres < d'alphabet >, il y a de la varieté < tant > à l'egard des lettres < que > de l'arrangement des lettres, et des intervalles ou distinctions (car nous n'ecrivons point tout de suite, mais nous laissons de la distinction entre les mots.) Or puisque toutes [les] connaissances humaines se peuvent exprimer par les lettres de l'Alphabet, et qu'on peut dire que celuy qui entend parfaitement l'usage de l'alphabet, sçait tout; il s'en suit, qu'on pourra calculer le nombre des verités dont les hommes sont capables < et qu'on peut determiner > la grandeur d'un ouvrage qui contiendroit toutes les connaissances < humaines > possibles; et ou il y auroit tout ce qui pourroit jamais estre sçû, ecrit, ou inventé; et bien au dela. car il contiendroit non seulement les verités, mais encor les faussetés que les hommes peuvent enoncer; et meme des expressions qui ne signifient rien. Cette recherche sert à mieux concevoir, combien peu est l'homme au prix de la substance infinie, puisque < le nombre de > toutes les verités que < tous > les hommes < ensemble > peuvent sçavoir < est assez mediocre > quand il y auroit une infinité d'hommes < qui par toute une eternité se relevassent dans l'avancement des connoissances, et supposé < tousjours > que la nature humaine ne soit pas plus parfaite qu'elle est a present < car il ne s'agit point icy de

l'autre vie, [ou] quand l'ame humaine sera elevée à un estat plus sublime. >> Ce paradoxe est bien d'une autre force que celuy d'Archimede, qui fit voir aux courtisans du Roy Hieron que le nombre des grains de sable qui rempliroient < non seulement tout le globe de la terre, mais encor > l'espace d'une bonne partie de l'univers < etendu d'icy jusqu'aux astres > est assez petit et aisé à écrire, car ce nombre n'est presque rien au prix de celuy des verités, puisqu'il n'y a point de grain de sable, qui n'ait sa figure particuliere, et qui ne pourroit fournir un grand nombre de verités, sans parler des verités tirées des autres choses. Il ne s'en suit pourtant pas, si le monde < avec le genre humain > dureroit assez, qu'on ne pourroit trouver que des verités déja connues autresfois car le genre humain se pourroit contenter d'un certain petit nombre | de verités, pendant toute une eternité < qui ne seroient qu'une partie de celles dont il est capable, ainsi il laisseroit tousjours quelque chose en arriere. > Mais supposé qu'on aille tousjours en avant < pendant qu'on peut quoyque peut estre lentement pourveu le progres demeure tousjours le même, il faut enfin que tout s'epuise > et qu'on ne puisse pas même faire de Roman, qu'un autre n'ait déja fait; ny former de chimere nouvelle. Ainsi il faudroit tousjours qu'il fut un jour vray au pied de la lettre, qu'on ne dira plus rien, qui n'ait deja esté dit, *nihil dici, quod non dictum sit prius*. Car ou l'on dira ce qui a esté dit, ou < bien, si l'on veut continuer de dire des choses nouvelles >, l'on epuisera ce qui reste encor à dire, < puisque cela est fini comme nous demonstrerons tantost. > Il s'agit donc de donner un nombre plus grand que le nombre de tout ce qui se peut dire ou enoncer; c'est ce que nous allons faire.

PHIL., VIII, 100-101 (4 p. in-4°).

(1) *Ratio* est in Natura, cur aliquid potiùs existat quàm nihil. Id consequens est magni illius principii, quod nihil fit sine ratione < quemadmodum etiam cur hoc potius existat quàm aliud rationem esse oportet. >

(2) Ea ratio debet esse in aliquo Ente Reali, seu causa. Nihil aliud enim *causa* est, quam realis ratio; neque veritates possibilitatum et

PHJL., VIII, 100. *necessitatum* (seu negatarum in opposito possibilitatum) aliquid efficerent nisi possibilitates fundarentur in < re > actu existente.

(3) Hoc autem Ens oportet necessarium esse, alioqui causa rursus extra ipsum quærenda esset cur < ipsum > existat potiùs quam non existat, contra Hypothesin. < Est scilicet Ens illud ultima ratio Rerum, et uno vocabulo solet appellari DEUS. >

(4) Est ergo causa cur Existentia prævaleat non-Existentiæ, seu *Ens necessarium* est EXISTENTIFICANS.

(5) Sed quæ causa facit ut aliquid existat, seu ut possibilitas exigat existentiam, facit etiam ut omne possibile habeat conatum ad Existentiam, cum ratio restrictionis ad certa possibilia in universali reperiri non possit.

(6) Itaque dici potest *Omne possibile* EXISTITURIRE, prout scilicet fundatur in Ente necessario actu existente, sine quo nulla est via qua possibile perveniret ad actum.

100 verso. | (7) Verum hinc non sequitur omnia possibilia existere : sequeretur sanè si omnia possibilia essent compossibilia.

(8) Sed quia alia aliis incompatibilia sunt, sequitur quædam possibilia non pervenire ad existendum, suntque alia aliis incompatibilia, non tantùm respectu ejusdem temporis, sed et in universum, quia in præsentibus futura involvuntur.

(9) Interim ex conflictu omnium possibilium existentiam exigentium hoc saltem sequitur, ut existat ea rerum series, per quam plurimum existit, seu series omnium possibilium maxima.

(10) Hæc etiam Series sola est determinata, ut ex lineis recta, ex angulis rectus, ex figuris maximè capax, nempe circulus vel sphæra. Et uti videmus liquida sponte naturæ colligi in guttas sphæricas, ita in natura < universi > series maximè capax existit.

(11) Existit ergo perfectissimum, cùm nihil aliud *perfectio* sit, quàm quantitas realitatis.

(12) Porro perfectio non in sola materia collocanda est, seu in replente tempus et spatium, cujus quocunque modo eadem fuisset quantitas, sed in forma seu varietate.

101 recto. | (13) Unde jam consequitur materiam non ubique sibi similem esse, sed per formas reddi dissimilarem, alioqui non tantum obtineretur varietatis quantum posset. Ut taceam quod alibi demonstravi, nulla alioqui diversa phænomena esse extitura.

(14) Sequitur etiam eam prævaluisse seriem, per quam plurimum oriretur distinctæ cogitabilitatis. [PHIL., VIII, 101.]

(15) Porro distincta cogitabilitas dat ordinem rei et pulchritudinem cogitanti. Est enim ordo nihil aliud quam relatio plurium distinctiva. Et confusio est, cum plura quidem adsunt, sed non est ratio quodvis à quovis distinguendi.

(16) Hinc tolluntur atomi, et in universum corpora in quibus nulla est ratio quamvis partem distinguendi à quavis.

(17) Sequiturque in universum, Mundum esse Κόσμον, plenum ornatûs; seu ita factum ut maximè satisfaciat intelligenti.

(18) *Voluptas* enim intelligentis nihil aliud est quàm perceptio pulchritudinis, ordinis, perfectionis. Et omnis dolor continet aliquid inordinati sed respectivè < ad percipientem >, cùm absolutè omnia sint ordinata.

(19) Itaque cùm nobis aliqua displicent in serie rerum, id oritur ex defectu intellectionis. Neque enim possibile est, ut omnis Mens omnia distinctè intelligat; et partes tantum alias præ aliis observantibus, non potest apparere Harmonia in toto. [101 verso.]

(20) Ex his consequens est in Universo etiam justitiam observari, cùm *justitia* nihil aliud sit, quàm ordo seu perfectio circa Mentes.

(21) Et Mentium maxima habetur ratio, quia per ipsas quàm maxima varietas in quàm minimo spatio obtinetur.

(22) Et dici potest Mentes esse primarias Mundi unitates, proximaque simulacra Entis primi, quia distinctè percipiunt necessarias veritates, id est rationes quæ movere Ens primum, et universum formare debuerunt.

(23) Prima etiam causa summæ est *Bonitatis*, nam dum quantum plurimum perfectionis producit in rebus, simul etiam quantum plurimum voluptatis mentibus largitur, cum *voluptas* consistat in perceptione perceptionis[1].

(24) Usque adeò, ut mala ipsa serviant ad majus bonum, et quòd dolores reperiuntur in Mentibus, necesse sit proficere ad majores voluptates.

---

1. Sic, pour : *perfectionis*.

PHILOLOGIE, I, 2.   PHILOLOGIE, I, 2.

Reductio linguarum ad unam. Ms. Guelf. 4°. 3. 5 [1]. Novum inventum linguarum omnium ad unam reductarum sub S. R. J. principi Augusto duci Brunsv. et Luneb. conferat dicatque Athanasius Kircherus Autor Romæ anno 1660. 17. die Octobr.

Notes en haut de la page : A gauche :

{Extat aliquid editum Kircheri in hoc genere in Bibliotheca Hanoverana his conferendum.}

A droite :

{Cum Kircherus simile quid ad Eminentissimum Elect. Moguntinum misisset, Linckerus tunc ejus consiliarius vocabat non male : *difficiles nugas.*}

Is qui cum alio correspondere volet (sic loquitur) hunc libellum habeat lingua sibi nota explicatum.

Novem sunt paginæ in folio. Unaquæque sex columnarum, itaque in summa sunt 54 columnæ nempe titulorum. Cuilibet titulo in quavis columna sunt subjecta vocabula 30. Itaque habemus in universum vocabula 1620. Et unumquodque vocabulum significatur duabus notis, quarum una est character columnæ, altera est numerus a columna.

54
30
1620

Tituli columnarum cum suis signis sunt :

△ *Divina.*
   Angelica.
◉ *Cœlum.*
□ *Elementaria.*
   Humana.
   Animalia.
   Vegetabilia.

1. Cette indication se réfère sans doute au catalogue de la bibliothèque de Wolfenbüttel, dont Leibniz était bibliothécaire depuis 1691.

⬠ *Mineralia.*
B. *Bonitas.*
M. *Magnitudo.*
D. *Duratio.*
P. *Potentia.*
S. *Sapientia.*
Vo. *Voluntas.*
Vi. *Virtus.*
Ve. *Veritas.*
G. *Gloria.*
= *Differentia.*
♡ *Concordantia.*
o—o *Contrarietas et Oppositio.*
α *Principium.*
⊙ *Medium.*
ω *Finis.*
etc. etc.

A ce manuscrit sont jointes deux feuilles imprimées : ce sont les deux Tables combinatoires extraites de l'*Ars magna* du P. Kircher (p. 462)[1].

Un placard gravé :

Bernardi Tabula. Orbis eruditi literaturam a charactere Samaritico hunc in modum favente Deo *deduxit Eduardus Bernardus.* A. D. 1689 [2].

Tableau composé de 29 alphabets, phénicien, hébraïque, syriaques, sanscrit, grecs (de diverses époques), latins (id.), franc, saxon, gothique, runique, copte, éthiopien, russe, arménien. La 30ᵉ table a pour titre :

XXX. *Notæ præcipuæ Græcorum.*

[1]. V. *La Logique de Leibniz*, p. 53 et 543.
[2]. En bas on lit : Oxoniæ, apud Theatrum. pret. 1ˢ.

Math., I, 1, a.   Math., I, 1, a (un coupon)[1].

Recta est inter duos terminos ejusdem generis unica. Seu quæ si alteri tali applicata duobus terminis coincidit, tota coincidit. Seu quæ alteri simili quomodocunque applicata (ita ut producta non secet) congruit[2]. Adde aliam Jungii definitionem, quam aut non intelligo, aut non putem universalem. Ait enim omnes partes sibi congruere. [eam * tamen ita intelligi voluisse]

Math., I, 1, b.   Math., I, 1, b (un coupon).

Veritates præliminares < seu Principia > quibus Euclides sua Elementa superstruit, si examinaverimus, et ad calculum nostrum Speciosæ Situs revocaverimus, facilius erit idem postea præstare in Theorematibus quæ inde deducuntur. Sub Veritatum præliminarium nomine hic tantum Axiomata et postulata intelligo, exclusis definitionibus, quæ non sunt veritates sed explicationes Terminorum, nisi quatenus de possibilitate agitur, nam eatenus ad Axiomata vel postulata referri debent[3]. . .

---

1. Les manuscrits mathématiques de Leibniz ont été classés par Gerhardt en 14 volumes (M. Bodemann y a ajouté un vol. XV de Supplément, auquel les observations suivantes ne s'appliquent pas.) Les 11 premiers volumes sont divisés en fascicules numérotés; chacun d'eux porte le titre de l'opuscule principal qu'il contient, et renferme en outre des brouillons et des coupons qui se rapportent en général, *mais pas toujours*, au sujet de cet opuscule. Or, les feuilles de chaque fascicule n'étant pas numérotées (comme dans les volumes classés par M. Bodemann), nous n'avons pu indiquer que le numéro du fascicule où elles se trouvent, et nous avons dû, pour la commodité des renvois, distinguer les divers fragments extraits d'un même fascicule par des lettres minuscules qui correspondent à leur ordre relatif, mais nullement à leur rang dans les manuscrits.

2. Cf. Phil., VII, B, II, 54.

3. Cf. le commencement de Math., I, 3 : « Demonstrationes Euclideas, ut a Clavio exhibentur, revocabimus, quoad opus et ratio est, ad calculum situs, quo melius

Math., I, 2.

22 febr. 1679.

Demonstratio Axiomatum Euclidis.

Apollonium olim Axiomata demonstrare aggressum narrat Proclus, Pars 1. idem intelligo conatum facere Robervallium [1]. Mihi recte fecisse videtur : tum demum enim ad perfectissimas comprehensiones perveniemus, cum nihil sensui aut imaginationi fidentes omnia ad notiones exigemus. . .

Quoniam possumus demonstrare omnes veritates, etsi in infinitum non Verso. progrediamur resolvendo [2]; quemadmodum propositio totum est maius parte demonstrari potest solo termino majoris resoluto, reliquis totius et partis non explicatis [3], ideo nobis ad geometriam perfecte absolvendam et ad characteres reducendam satis erit, si eousque continuemus resolutionem, quousque produci potest, id est, donec omnium axiomatum demonstratio habeatur.

Recta est quæ duobus punctis < sine alia conditione adjecta > deter- Pars 2. minata est. . . . .

Recta est linea quæ duobus punctis datis sine ulla alia < præterea > Verso. conditione quam hac, ut eo ipso determinata sit, determinata est.

{ Quæri adhuc potest an detur linea quæ sic determinetur [4]. Sed hoc patet ex generali axiomate quod ex duobus quibuslibet simul sumtis semper aliquid novi determinatur, plus enim est ea simul ponere, quam ea ponere singulatim. }

Au milieu de définitions géométriques, on trouve des définitions de *Voluntas, Perceptio, Sentire, Percipere*.

---

talis caiculi elementa constituamus » (*Bodemann*, p. 285). Ces textes prouvent que la critique des principes de la Géométrie d'Euclide constituait pour Leibniz le travail préparatoire de son *Calculus situs*, et doit par suite être rattachée à ses essais de Caractéristique géométrique. (Cf. Math., I, 3, e; I, 12; I, 14, d.) On sait d'ailleurs que la démonstration des axiomes était selon lui le meilleur moyen de fonder la Caractéristique; c'est ce que prouve le rapprochement des dates de la *Demonstratio Axiomatum Euclidis*, 22 février 1679 (Math., I, 2), et de la *Characteristica geometrica*, 10 août 1679 (Math., I, 11; *Math.*, V, 141 sqq.).

1. Cf. Phil., VI, 10, f. 54.
2. Cf. Phil., VI, 12, f, 23; VIII, 2 verso.
3. Cf. Phil., VIII, 6. V. *La Logique de Leibniz*, p. 183 et 204.
4. Ce qui suit est d'une autre encre, et paraît être une addition ultérieure.

Math., I, 3, a. **Math., I, 3, a (un coupon.)**

Punctum est locus simplex, seu in quo nullus alius est locus. Itaque si sit B in A, erit A ∞ B [1].

Locus constituitur per puncta seu loca simplicia. Itaque locus vocabitur $\overline{X}$ si lubet, qui constituitur per puncta quorum quodlibet dici potest X.

Itaque locus in eo est in quo quodvis ejus punctum est. Si *omne* X sit Y, erit $\overline{X}$ in Y.

[Spatium est locus plenissimus seu in quo omnis est alius locus.]

Spatium est locus omnium punctorum, sit quodvis punctum P, erit spatium $\overline{P}$.

Itaque, < ut punctum erat locus minimus, ita > spatium est locus [plenissimus] maximus seu in quo omnis alius est locus, [itaque si omne punctum sit P, spatium erit $\overline{P}$. Nam cum omne] nam cum omne cujusque loci punctum in spatio sit, omnis locus in eo erit.

Math., I, 3, b. **Math., I, 3, b (un coupon).**

In plano linea Tangens dicitur, quæ occurrit non secat, estque in eodem plano; sed hoc locum non habet in tangente curvæ quæ non est in plano. Quomodo ergo ibi discernemus rectam tangentem ab alia quæ < etiam > occurrit non secat. Vel potius quæ generalis erit nota tangentis. Credo id unum superesse generalissimum, ut tangens sit quæ continuat directionem curvæ.

Mea Methodo [2] a diametro secari circulum bifariam non eget demonstratione. Cum nulla in determinatione utriusque partis sit ratio discriminandi, itaque congruere eas necesse est. Congruere enim oportet, quæ ex iisdem eodem modo determinantur.

Math., I, 3, c. **Math., I, 3, c (un coupon).**

An dicere licebit? [*Situs*] *Positio* est modus discernendi < etiam > ea quæ per se discerni non possunt, ut duo puncta per se nil habent quo

---

1. Cf. l'*Analysis Geometrica propria* (1698), § 9 (*Math.*, V, 173); et Phil., VII, C, 79; Math., I, 5, d.
2. Application du principe de raison déterminante à la Géométrie.

discernantur, at positione discernentur. *Situs* erit positio coexistendi, est ergo positionis species. Etiam instantium datur positio, non situs.

Math., I, 3, c.

Math., I, 3, d (un coupon).

Math., I, 3, d.

Recta planum < vel aliam superficiem > non secat sed trajicit, nisi vocabulum sectionis latius accipias.

Math., I, 3, e (in-fol.).

Math., I, 3, e.

Puncti ad punctum situs datus est, si detur continuum in cujus duo data puncta cadere illa possent. . . . .

Puncta duo (A et B) eundem inter se situm habent quam duo alia puncta C et D, si priora æque ac posteriora in duo ejusdem continui puncta L M cadere possunt. . . . .

Hinc dico situm punctorum A et B congruum esse situi punctorum C et D. Quod ita designo A. B $\backsimeq$ C. D [1]. . . . .

Plus tard, quand on aura défini la droite et sa longueur, on écrira :

$$AB = CD.$$

Geometria determinatoria. . . . .
Calculum situs elaboratum habebimus, si accommodentur ei Elementa Euclidis. < Percurramus definitiones postulata Axiomata libri primi [2]. >

Math., I, 5, a (in-4°).

Math., I, 5, a.

Prima Geometriæ principia.

. . Ea est natura *situs*, ut omnia quæ habent situm, habeant etiam situm inter se; ita ut posito A habere situm (verbi gratia ad L) et B habere situm (verbi gratia ad M) sequatur A et B habere situm inter se. . .

1. Signe de congruence employé dans l'*Analysis Geometrica propria* de 1698, § 1 (*Math.*, V, 172).
2. Cf. Math., I, 1, b, note.

Math., I, 5, b.   Math., I, 5, b (in-4°).

Si quid ego judicare possum, vera Geometriæ Analysis nondum tradita est, et Calculus qui habetur potius numericus est, quam Geometricus, literis enim < inter calculandum > denotari solent non puncta, quemadmodum opus esset in calculo Geometrico, sed magnitudines, hoc est numeri indefiniti. Itaque magnitudo directe calculo illo repræsentatur, situs vero sive figura tantum indirecte et per circuitus. Quæ res facit ut ex brevibus delineationibus Geometricis prolixissimi sæpe exurgant calculi Algebraici, et contra ut difficile sit ex calculo Algebraico eruere commodas constructiones. At in calculo vere Geometrico per puncta ipsa formula calculo < designata vel > reperta debet esse ipsius < delineationis et > constructionis expressio. Manifestum etiam est calculum Algebraicum non exprimere totum id quod considerandum est, sed pleraque ex Elementaribus propositionibus, aut inspectione figuræ supponere, unde fit, ut analysis in medio itinere quasi abrupta obhærescat nec ad finem usque perducatur, ac proinde nec omnium transformationum sit capax, quas natura rei suppeditat. Quodsi vero Analysis ad situm directe exprimendum accommodetur et ad prima principia usque perducatur, unde ipsa Geometriæ Elementa demonstrantur, omnia per eam delineari atque mœniri directe poterunt, quodam calculi combinationumque genere, quæ nunc vix magno figurarum apparatu et imaginationis fatigatione reperiuntur. Quo vix quicquam in inquisitionibus physicis et mechanicis utilius præstari posset ad mentem sublevandam ac rerum naturam quæ mathematice operatur in penitissimas usque latebras prosequendam [1].

A la suite, ce passage encadré :

Math., I, 5, c.   Math., I, 5, c.

In rerum situ atque extensione consideranda menti ante omnia occurrit plura simul percipi, sed hoc non sufficit, nam si simul frigus et dulcedinem percipiam non ideo noto extensionem. Itaque opus est ut percipiam

---

1. Cf. *Lettre à Huygens* du 3 sept. 1679, avec son *Appendice (Math.,* II, 18, 20). V. *La Logique de Leibniz*, ch. IX, § 5.

etiam quandam relationem inter ea quæ simul percipio; et quidem rela-   Math., I, 5, c.
tionem cujusdam uniformitatis, ut si simul percipiam chartam albam, et
murum album. Quin etsi charta sit alba, et murus niger, attamen uniformitatem quandam percipio, quæ consistit in aliquo quod albo et nigro commune est, et quo manente concipio, album ex nigro fieri posse. Præterea percipio quandam distinctionem uniformium (ut duarum partium chartæ albæ) quatenus duo aliter percipio cum eodem tertio; seu aliter A cum C quam B cum C. Percipio tamen me similia omnia percipere posse in uno loco quæ in alio.

Si quid percipio, et ideo plura alia $<$ simul $>$ percipere supponor, quæ aliquam habent inter se et cum priore uniformitatem [1].

Math., I, 5, d (in-4°.)   Math., I, 5, d.

Si posito B in A eo ipso intelligitur coincidere A et B, vocabitur A *punctum*.

Itaque si sit B in A et ideo sit A ∞ B, erit A punctum.

Et si sit B in A et sit A punctum, erit A ∞ B [2]. . . . .

A ∞ B seu punctum puncto congruum est.

A. B est $\sim$ C. D. Hoc per se patet ex definitione similitudinis. . .

Math., I, 8 (1 p. in-fol.).   Math., I, 8.

Situs Puncti est modus determinandi distantiam ejus ab aliis quibuslibet, quorum distantia inter se determinata est [3]. . . . .

Unicum tantum punctum est, quod datas distantias a quatuor datis punctis solidum comprehendentibus habere possit. . . . . . .

Math., I, 9, a (2 f. in-fol. et 6 in-4°).   Math., I, 9, a.

Mathesis generalis.

---

[1]. V. *La Logique de Leibniz*, ch. IX, § 9.
[2]. Cf. Phil., VII, C, 79; Math., I, 3, a.
[3]. Cf. Math., IV, 13, e.

MATH., I, 9, b.   MATH., I, 9, b (un coupon).

Combinatoria de formis, variationibus, simili et dissimili, ordinato et perturbato, inverso, reciproco; unico seu determinato. De seriebus seu Tabulis. Axiomata varia egregiæ utilitatis. Quæ similiter determinantur similia sunt. Datis ordinatis etiam quæsita sunt ordinata [1]. Sive si ordo est in determinantibus erit et in determinatis. Si determinantia coeunt, etiam determinata respondentia coibunt. Utile est ad rerum naturas investigandas eas in seriebus quærere; et, si eadem res in pluribus seriebus reperiri queat, et sit quasi in nodo seu intersectione diversarum serierum, eo melius cognoscitur. . . . .

Suit un exemple mathématique [2].

MATH., I, 9, c.   MATH., I, 9, c (un coupon) [3].

aa	$+$	ab	$+$	abc	$+$	$abcd$
bb		ac		abd		
cc		ad		acd		
dd		bc		bcd		
		bd				
		cd				

sic designo breviloque

aa + ab + abc + $abcd$
ets.   *ets.*   *ets.*

ubi *ets.* significat : *et similia.*

MATH., I, 9, d.   MATH., I, 9, d (un coupon) [4].

Non omnes ipsius o (Nihil) potentiæ sunt æquales. omnes potentiæ affirmativæ ipsius o sunt quantitates nihilo æquales seu infinitè parvæ; sed potentiæ negativæ ipsius o sunt quantitates infinitæ : sic $o^{-1} = \frac{1}{0}$.

---

1. Formule du principe de continuité ou « de l'ordre général » (Cf. *Phil.*, III, 52). V. *La Logique de Leibniz*, p. 236, note 1.
2. Cf. MATH., I, 26, a.
3. V. *La Logique de Leibniz*, p. 493, note 1.
4. Cf. MATH., IV, 12.

MATH., I, 9, e (un coupon).

In situ omni est ordo, sed arbitrarium est initium. In linea duobus tantum modis eligi potest.

MATH., I, 9, f (un coupon).

Analyseos Metaphysicæ propositio insignis : *Si data sit relatio inter duas quantitates homogeneas quam nulla tertia ipsis homogenea ingrediatur, erit ratio earum data.* Hoc maximi est usus in rerum natura cognoscenda. Exempli causa, etsi ignorarentur leges concursuum tamen ex hoc lemmate sequitur corpore aliquo incurrente in corpora quiescentia quotcunque, fore amissionem velocitatis velocitati incursus proportionalem. Nam data est utique velocitas amittenda, ex data velocitate integra incurrentis corporumque magnitudine et situ. *Relationem* autem *datam* dico dum aliquid ex quibusdam datis datur; cum ergo relationem sola velocitas integra et amittenda ingrediatur, erit ratio earum data [1] . . . .

MATH., I, 9, g (un coupon).

Datum est determinatum cognitum. Ex dato diametro circuli datur area quadrati inscripti, sed determinatur area circuli.

MATH., I, 9, h (un coupon).

De relationibus.

Videtur tandem ratio detecta demonstrandi in generalibus aliqua, v. g. quod eodem corpore per idem spatium uniformiter moto diversis velocitatibus, actiones sint ut velocitates [2] . . . .

---

[1]. Cf. MATH., I, 26, a; III, B, 18, b. V. *La Logique de Leibniz*, p. 300.
[2]. Application du principe de raison à la Mécanique. Cf. MATH., I, 9, f.

INÉDITS DE LEIBNIZ.

Math., I, 9, i.   Math., I, 9, i (un coupon).

Definitio : æqualia sunt quæ [mutuo] sibi substitui possunt salva veritate, videtur nimium dicere seu obreptitia esse. Nam ex eo quod priori posterius substitui potest, salva circa magnitudines veritate, sequitur vicissim et posterius priori similiter substitui posse, ut alibi demonstravi [1]. Jam quæ demonstrari ex definitione possunt, inserere præoccupando est (si rigide agas) obrepere.

Math., I, 9, j.   Math., I, 9, j (un coupon).

Un de mes estonnemens est, que des personnes studieuses, qui s'appliquent fort à l'analyse, ne donnent rien de nouveau, comme par exemple le feu P. Prestet amy du R. P. Malebranche [2]. Je crois que cela arrive en partie, parce qu'ils suivent trop la route que les autres avoient déjà prise; il faut s'écarter du grand chemin pour trouver quelque chose, à peu près comme un voyageur qui va en Grece pour trouver des inscriptions que les autres n'ont pas encor remarquées [3].

Math., I, 12.   Math., I, 12.

Demonstratio omnimoda quæ nullam propositionem, nisi identicam, sine demonstratione assumit; nulloque perinde axiomate aut alia affirmatione demonstrabili sed non demonstrata utitur, etiam analysin perficit.

Itaque ut Analysin situs constituerem, inter alia cogitavi scopum obtinere posse si perficerentur Demonstrationes Elementorum Euclidis, in quo jam olim Apollonius, Proclus, nuper Clavius laboraverunt [4]. . .

---

1. Cf. Phil., VII, B, ii, 42 : VII, B, iv, 11; et *Specimen Calculi universalis*, § 6 (*Phil.*, VII, 219). V. *La Logique de Leibniz*, p. 338.
2. Cf. *Remarques sur les Elemens de Mathematique de M. J. Prestet*. Janv. 1676 (Math., XV, v, 61-70).
3. Cf. *Lettre à Malebranche*, 22 juin 1679 (*Phil.*, I, 332).
4. Cf. Math., I, 1, b, et note.

Définitions de Continuum, Pars, Totum, Homogeneum, Forma.   Math., I, 12.

Homogenea sunt, quæ possunt esse requisitum immediatum ejusdem. Requisitum immediatum est, A ipsius B, si propositio hæc : Si A non est, B non est, demonstrari non potest [seu per se nota est]. . . . . .

Itaque Requisitum immediatum sive *Contentum*, et Requirens immediatum, sive *Continens*, considerabimus ut genus, partem autem et totum, ut species. . . . .

Math., I, 14, a. En tête d'une feuille :   Math., I, 14, a.

Hic generalis notio lineæ sine consideratione motus et superficiei, item notio latitudinis et profunditatis. . . . .

Linea est extensio cujus sectio quævis per idem punctum est id punctum. . . . .

Math., I, 14, b. En tête d'une feuille :   Math., I, 14, b.

Videamus an non commodius sit Motum adhibere, quam sectiones; cum revera Sectiones sint moti generantis vestigia. Et ita poterimus nihilominus abstinere a consideratione similitudinis; adhibita sola consideratione congruentiæ.

Linea est extensum quod describitur motu puncti [1]. . . . .

Math., I, 14, c. En tête d'une feuille :   Math., I, 14, c.

Hic memorabilia nactus sum : continui Notionem et partis; adeoque homogenei non supponendo similitudinem, vel transformationem seu motum. Et possum sane condere *Geometriam novi generis*, ex solo principio inexistentiæ, seu ex *solis Epharmostiis* ut congruentia, non adhibita similitudine seu *Morphicis*.

Continuum est A in quo utcunque sumta bina exhaurientia B et C, aliquid habent commune D, seu utrique tam B quam C inexistens [2].

---

1. Cf. Math., I, 18 : *Generalia de descriptionibus linearum per motum.*
2. Cf. une définition analogue du continu dans le *Specimen Geometriæ luciferæ* (*Math.*, VII, 285).

MATH., I, 14, d.   MATH., I, 14, d. Commencement d'une feuille :

Elementa plani [1] in calculum redigere conabor, ut specimen exhibeam Calculi Situs quem excogitavi [2]. . . . .

MATH., I, 15.   MATH., I, 15 (8 p. in-4°). Copie de la main d'un secrétaire.

De Calculo Situum.

P. 1.   § 1. Ut in Calculo Magnitudinum < cum ipsas Magnitudines formamus dum > addimus, multiplicamus, in se ducimus et horum reciproca peragimus, tùm etiam conferimus per rationes, aliasve relationes progressiones ac denique Majoritates, Minoritates et Æquationes. Ita in Situ formamus Extensa per Sectiones et Motus, deinde conferimus, spectamusque in eis præter Magnitudines Similitudinem, Congruentiam (ubi concurrunt Æqualitas et Similitudo) Coincidentiam, adeoque Determinationem. Determinatum enim est cui aliquid, iisdem positis conditionibus, coincidere debet.

§ 2. Et ut doctrina Magnitudinis sua habet Axiomata, veluti Totum sua parte majus est. Quod majus est majore majus est minore. Si æqualibus æqualia addas proveniunt æqualia, aliaque id genus. Ita Doctrina Situs Axiomata propria habet qualia sunt :

Si Similitudo, Congruentia, Coincidentia sint in Determinantibus, esse etiam in determinatis, et vicissim, si ea sint in Determinatis erunt quoque in Determinantibus simplicissimis.

Exempli causa. Ponamus non nisi unicam Rectam a puncto ad punctum duci posse, sequetur omnes Rectas esse inter se similes, quia ad determinandam Rectam ab A. ad B. nihil aliud opus est quam assumi A, B. et ad aliam LM, saltem assumi situm punctorum L, M. Situs vero duorum punctorum situi aliorum duorum semper similis est quia nihil differentiæ præter solam magnitudinem distantiæ totius assignari potest, sed magnitudo jam est aliquid ad tertium relatum. < Non tamen Situs punctorum

---

1. C'est-à-dire la Géométrie plane, opposée aux « Solidi Elementa ».
2. Cf. MATH., I, 1, b, et note.

duorum Situi punctorum aliorum $<$ duorum $>$ plane [idem] $<$ con- Math., I, 15. gruus $>$ erit nisi ita ponantur ut quodlibet Extensum continuum quod applicari potest inter Terminos unius situs possit etiam applicari inter Terminos situs alterius. $>$

Similia vero sunt quæ ambo seorsim spectata sunt indiscernibilia ita ut nihil sumi possit in uno cui simile sumi nequeat in altero, abstrahendo ubique ab aliquâ determinatâ Magnitudine nisi excipias magnitudinem Angulorum, quæ ad doctrinam situum, non vero ad doctrinam Magnitudinum referri debet.

Cum ergo probaverimus omnes situs binorum punctorum esse similes, etiam determinata, seu omnes Lineæ Rectæ erunt Similes.

| § 3. Contra non omnia Triangula per situm trium punctorum deter- P. 2. minata sunt similia inter se. neque enim ABC similiter se habent ut LMN. Potest enim Distantia AB ad Distantiam BC aliam rationem habere quam Distantia LM ad distantiam MN, ita ut in determinantibus sit dissimilitudo. ex quo patet etiam in duabus Rectis lineis tria puncta tribus aliis dissimiliter sita eligi posse.

Nam similitudo a determinato reciprocè tantum valet ad purè determinantia, non etiam ad ea quæ sunt plùs quàm determinantia.

Sic, etiamsi Circulus determinetur per tria puncta peripheriæ data, et omnes Circulos inter se similes esse minime sit negandum, tamen hîc Consequentia non valet a determinatorum similitudine ad determinantium similitudinem, quia Peripheriæ tria puncta data plùs determinant, quàm ipsum Circulum, scilicet etiam certum Angulum in segmento, et tres partes peripheriæ determinatam ad totum Circulum rationem habentes.

At contra si Circuli duo determinentur per datas duas Chordas et per æquales Angulos in segmentis super Chordas factis, tum demum Circuli non solum similes erunt, sed etiam similiter determinati. Hic autem quæstio nec de tali quidem determinatione est, sed saltem de primis et simplicissimis determinantibus, quæ ubi determinata fiunt similia, etiam similia esse debent.

Si vero contingeret, dissimilia determinantia nihilominus dare similia determinata, id ipsum certo indicio est hanc determinationem non esse simplicissimam, sed aliam dari simpliciorem.

MATH., I, 15. § 4. Uti Magnitudinum Logisticam seu Mathesin generalem ad calculum reducimus, utimurque imprimis rationibus et æquationibus, ita calculus quidam in situ institui potest per similitudines et congruentias.

P. 3. | Literæ autem in Calculo Magnitudinis designare solent ipsas Magnitudines. In Calculo Situs possunt designare puncta et loca. Hinc si YA ≌ B.A.[1] locus omnium Y est superficies sphæræ.

In hac Consignatione B.A. significat situm puncti B. ad punctum A, sed ≌ est signum congruitatis. Sensus ergo illius Consignationis talis est. Quodlibet indeterminatum Y eum situm habere ad punctum determinatum. A quem habet B ad A. unde intelligitur ipsum B quoque inter ea Y seu in eadem superficie sphæræ esse. Sed si posuissem Y.A. ≌ B.C. non opus fuerit B in superficie sphæræ poni. < Sed jam maneat Y.A. ≌ B.A. >

§ 5. Jam positâ aliâ adhuc sphærâ ZL. ≌ ML. et considerando has duas superficies sphæricas se intersecare et loca communium concursuum vocari V. unumquodque V. erit simul Y. et Z. ut scribere possim V.A. ≌ BA et V.L. ≌ ML. Potest autem B assumi coincidens ipsi M (quod ita signatur B ∞ M) quod vocetur F, determinatum ex ipsis V. fietque V.A. ≌ F.A. et V.L. ≌ F.L. unde componendo fit V.A.L. ≌ F.A.L. unde sequitur, Lineam in qua se secant duæ superficies sphæricæ ejus esse naturæ ut quodvis ejus punctum V habeat ad duo data A.L. situm eundem. quem constans F. (quæ proinde una est ex ipsis V) ad eadem puncta A.L.

§ 6. Idem etiam sic enuntiari poterat : Quodvis punctum[2] A.G.L.

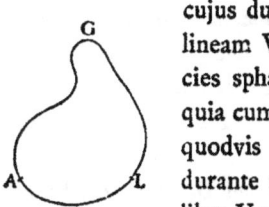

cujus duo puncta A. et L. quiescunt, motu suo talem lineam V.V.V. describet qualem formant duæ superficies sphæricæ sua intersectione, id est Circularem, quia cum Extensum ponatur rigidum adeoque punctum quodvis ut G suum situm servet ad puncta A.L. durante motu extensi continuo quiescentia, inde quodlibet Vestigium ipsius G. circumvoluti situm eundem ad duo puncta fixa A. et L. retinebit non aliter ac suprà scripsimus V.A.L ≌ F.A.L.

---

1. Ce signe de congruence se trouve dans l'*Analysis Geometrica propria*, 1698 (*Math.*, V, 172) et dans l'*In Euclidis* πρῶτα (*Math.*, V, 185).
2. Lire : *extensum.*

| § 7. Puncta vero quævis quæ dicto Motu durante unà cum punctis A et L quiescunt, eo ipso quia quiescunt, oportet esse situs sui ad A. et L. unica. Nam si moverentur pluribus locis eundem situm ad A et L. exhibere possent, siquidem omnia eorum vestigia eundem situm ad A. et L. haberent. Jam vero ea puncta sunt sua ipsorum vestigia, id est describent Circulos indefinite parvos sive evanescentes in puncta. Ita prodit Linea Recta cujus Expressio hæc erit. Posito puncto quovis ejus indeterminato R. dicetur R.A.L. Unicum seu si R.AL ∾ (R)A.L. erit R ∞ (R).

§ 8. Hinc patet duas Rectas non transire per eadem duo puncta ut ABC et ABS. nam si in Rotatione Plani punctis A. et B. fixis totum planum moveatur, illa rotatio efficiet ut quicquid semel fuit altero superius seu propius externo initio rotationis id facie versa fiat postea inferius seu remotius ab initio rotationis externo. At, si tàm Lineæ ASB quàm ACB essent Rectæ, facta rotatione ad Fixa puncta A. et B. oporteret 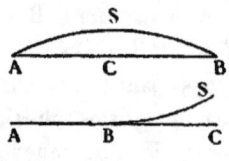 ambas quiescere ex natura Lineæ Rectæ modo ostensâ. Si ambæ quiescerent, S semper maneret suprà extensum ACB et nunquàm caderet infrà, quod est contrà Naturam Rotationis.

§ 9. Hinc statim colligimus Rectas inter se similes esse, habere partem toti similem, quin etiam Rectam Lineam esse simplicissimam, cum nihil aliud quàm extrema ad totam suam determinationem requirat, adeoque et minimam inter extrema, et pro distantiâ punctorum in posterum sumi posse. Pro distantiâ sumetur, quia Terminis immotis, distantiam Terminorum oportet esse immotam. Si ergo alia Linea inter A. et B præter Rectam assumeretur pro distantiâ, etiam illa punctis A. et B. Fixis in rotatione Plani maneret immota, præter Rectam AB. etiam immotam in eadem rotatione per § 7. Ergo darentur duæ diversæ Lineæ simul immotæ in hac rotatione, quod absurdum per § 7.

| Brevissima erit, quia si alia brevior ab A. ad B. pertingit, Linea < seu extensum > assequetur distantiam se ipso majorem quod absurdum. Si alia æqualis datur, ut si esset ASB non quidem Recta, æqualis tamen rectæ ABC, oporteret distantias AS + SB. non esse majores quàm A.B. quia non possunt esse majores conterminis curvis AS + SB (quæ ponuntur ipsi AB æquales) ex naturâ brevissimi.

Math., 1, 15. Sed Euclides demonstravit esse AS + SB majores quam AB, nullis principiis huic (Brevissima duo inter eosdem terminos non dantur) innitentibus implicitè assumtis, sed ex puris angulorum sitibus ratiocinando. Ergo patet quoque nostri asserti veritas, quod duo brevissima inter eosdem Terminos non dentur.

§ 10. Fortasse tamen illud Euclideum ex paucioribus etiam demonstrari potest Scilicet.

Dissimiles Arcus in eodem Circulo a Chordis æqualibus abscindi nequeunt. Id quod ex natura similium per se constare censendum est.

Itaque Diametrus AB major est Chordâ AD nam Chorda AD abscindit

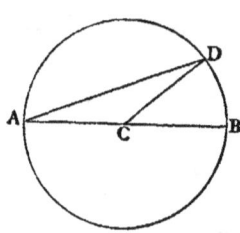

Arcum dissimilem dimidio Circuli AB (alias ab A ad B rediret contrà § 8). Ergo per positum principium non erit AD = AB. Sed nec AD ⊓ AB, quia CA + CD = AB duplum Radii duplo Radii. Ergo hoc pacto esset AD ⊓ CA + CD Brevissimum majus altero iisdem Terminis interjecto quod absurdum.

Cum ergo Chorda AD nec æqualis sit Diametro nec major, patet Diametrum quâvis Chordâ majorem esse. Hinc sequitur tertium Trianguli Isoscelis AMN duo latera tertio sunt

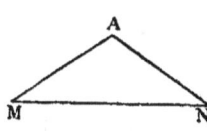

majora. Nam Circulum Centro A, per M et N ducendo AM + AN æquantur Diametro seu duplo Radii sed MN modo fiet Chorda ejus Circuli. Ergo ut paulo ante probatum AM + AN ⊓ MN.

Denique dico in quocunque Triangulo duo latera reliquo esse majora DE + DF ⊓ EF. Nam abscindo DX = DE, Ergo DE + DX ⊓ EX, ut

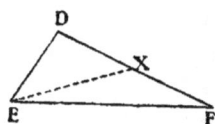

de Triangulo Isoscele ostensum. Addo utrinque XF. Ergo DE + DX + XF ⊓ EX + XF. Id est DE + DF ⊓ EX + XF (א).

Aut igitur DE + DF minus erit brevissimo EF, quod absurdum per § 9. aut æquale (et sic per ea quæ ad litteram א probavi erit EF ⊓ EX + XF Brevissimum alio cointerjecto absurdum) aut denique DE + DF majus erit quàm EF quod erat demonstrandum.

P. 6. | § 11. Ut Linea Recta est locus omnium punctorum sui situs ad duo

puncta unicorum, ita **Planum** est locus omnium punctorum sui situs ad   Math., I, 15.
tria puncta unicorum, unde patet, etiam assumtis duabus rectis se inter-
secantibus haberi Planum. Esto enim
Recta per A.L. et alia per A.M. Habemus tria puncta A.L.M. nec tantùm
determinata sunt puncta omnia Rectæ
per AL et omnia Rectæ per AM sed et
omnes distantiæ a quovis puncto unius
Rectæ ad quodvis punctum alterius
rectæ, adeoque quodvis punctum in

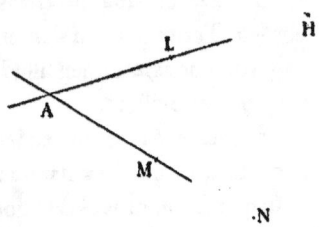

quavis harum distantiarum (quæ etiam sunt Lineæ Rectæ) determinatum est seu sui situs ad A.L.M. unicum.

§ 12. Jam Rectæ per A.L. omnia puncta vocentur Y et Rectæ per
A.M. omnia puncta appellentur Z. erit ita A.L.Y. unicum et A.M.Z.
unicum. Ex ipsis Y unum sit H, et ex ipsis Z unum sit N erit A.L.H.
unicum et A.M.N. unicum. Sumatur alius locus cujus quodvis punctum
V sit unicum sui situs ad H.N. Sed ipsum H. est unicum ad A.L. et
ipsum N. est unicum ad A.M. Ergo V. erit unicum ad A.L.A.M. Nam
in Determinationibus pro Determinato substitui possunt Determinantia.
Cum ergo sit V. ad A.L.A.M. unicum et repetitio ejusdem A. superva-
canea sit, saltem inde inferetur esse V. ad A.L.M. unicum. id est omnia
puncta V. esse in eodem plano cum A.L.M. quia Planum est locus
omnium punctorum sui situs ad tria puncta Fixa Unicorum.

§ 13. Sequetur etiam Duo Plana sese secare in Lineâ Rectâ. Sit X.
Unicum ad A.B.C. et Y. unicum ad L.M.N. Puncta vero utriusque Plani
communia omnia vocentur Z. ita ut puncta Z sint unica sui situs tam ad
A.B.C. quàm ad L.M.N. Ergo omnia Z tam X. erunt quam Y. Producantur Distantiæ LM.LN. et MN. dum Plano per A.B.C. occurrat in λ. μ
et ν. quod fieri necesse est quia planum quodvis secat totum spatium et
sectio communis procedit in Infinitum. Item, omnis Recta procedet in
infinitum. Necesse igitur est ut ad illud Planum seu ad sectionem communem perveniat.

§ 14. Sed ne moveatur objectio, forsan unam inter Distantias L.M.N.   P. 7.
esse sectioni Parallelam, duo nobis puncta λ. et ν. sufficiunt. Quodsi
vero omnia tria in sectionem cadant nihilominus ex duobus eorum
determinatis determinatum erit tertium, alioqui si tria essent indetermi-

MATH., I, 15. nata inter se determinarent Planum in ipsa intersectione Planorum, quod absurdum, quia sic ipsa quoque intersectio Planum foret. Itaque fiet Z. λ. ν. unicum id est omnia puncta Z. cadent in Lineam Rectam. Hinc quia duæ Rectæ se mutuo non nisi in unico puncto secare possunt, trium Planorum Intersectio punctum erit.

§ 15. Videndum etiam quid fiat, si tres superficies sphæricæ se secent, ubi locus intersectionis extensum esse nequit. Neque enim duarum Linearum sectio Extensum est. Facile autem ostendi potest, per duo puncta innumeros transire circulos. etsi possit etiam aliquando Circulus circulum attingere saltem in uno puncto, etiam tum, quando non sunt in eodem Plano, etsi se non tangant. Circulum vero ex tribus punctis determinari manifestum est. Nam ex duobus punctis A. et B determinatur Recta cujus omnia puncta ad duo puncta hæc se habent eodem modo, inter quæ etiam est Centrum Circuli. Similis locus punctorum ad B et C eodem modo se habentium (inter quæ idem Centrum esse debet) extrat[1] in Rectâ punctis B et C. determinatâ. Ergo Centrum Circuli est in ambabus iis Rectis, id est in earum Intersectione sive : Ergo intersectio ambarum Rectarum est punctum ejusdem relationis ad (B.C.B.A. et cum B repetere supervacaneum sit ad) B.C.A. quod punctum omnino debet esse Centrum Circuli per A.B.C. Sed nos supra definivimus Circumferentiam Circuli, locum punctorum eodem modo se habentium ad duo puncta Fixa. Hinc Circulus erit Locus punctorum eodem modo se habentium ad quodvis punctum X. Rectæ per AB, determinata substituendo pro Determinantibus.

§ 16. Sumantur tria puncta in Circumferentia hujus Circuli et Planum per ea transiens, cui occurrat Recta per AB. in Puncto quod sit C. Ergo Circumferentia est locus punctorum eodem modo se habentium ad C. ostendendumque erit omnia puncta Peripheriæ cadere in hoc Planum per tria puncta Peripheriæ ipsius ductum. Quod fiet si ostendatur Planum esse locum omnium punctorum ad duo quædam puncta eodem modo se habentium. Rectam vero esse lo-|cum omnium punctorum

---

1. *Sic.* Lire : *extat.*

eodem modo se habentium ad tria quædam puncta. Sint puncta A.B.C. Duarum jam quarumcunque Sphærarum circa A et circa B. intersectiones, cadent in Planum. Idem est de duabus quibuscunque sphæris circa A et C. Inde, quia hoc sufficit ad determinandum, Consequens est, Planum ex intersectionibus sphærarum circa A et B et Planum ex intersectionibus Sphærarum circa B. et C. aut circa A. et C. eandem determinare Rectam ad quævis puncta hujus Plani eodem modo se habentem; ad quæ illisio Rectæ in illud planum eodem modo se habet.

§ 17. In Plano quoque possumus concipere Rectam ut locum omnium punctorum eodem modo se habentium ad duo tantum puncta A. et B. Adeoque omnes Circumferentiæ æquales circà A. et B. se secabunt in hoc loco seu in hac Linea Rectâ. Hic modus locum determinandi diversus est a priore. Aliud enim est dicere, locum omnium punctorum eodem modo se habentium ad duo puncta A. et B. esse Rectam. Aliud locum omnium punctorum eodem modo se habentium ad A. ut ad B. esse Planum. Nam prior proprietas sic exprimitur : A.B.C. $\backsim$ A.B.Y. in solido. Locus omnium Y. Recta sed posterior proprietas sic exprimitur : A.Y. $\backsim$ B.Y. erit locus omnium Y. Planum. Sed, si omnia Y. sint in eodem Plano cum AB et inter se posito A.Y $\backsim$ B.Y. erit locus omnium Y. Linea Recta.

Ex A.B.C. $\backsim$ A.B.Y. sequitur A.C. $\backsim$ A.Y. et B.C. $\backsim$ B.Y. unde constat Y. cadere in Sphæram Centro A. Radio AC. et in Sphæram centro B. radio B.C.

§ 18. Ex Contactibus etiam Sphærarum in uno puncto sequitur dari locum Unicorum ad duo puncta, vel vicissim ex hoc sequitur Contactus Sphærarum in uno puncto. Idem est in Plano de Contactibus Circulorum. FA$\backsim$FB$\backsim$LA$\backsim$LB. sic GA$\backsim$GB$\backsim$MA$\backsim$MB. nempe circulus centro A radio AE descriptus cum sit E infra Rectam et A. supra Rectam, secabit eam bis in F et L, quæ sectionum puncta sibi continuo appropinquant, F. transeundo in G.H. etc. : et L in M. N. etc. : Ubi autem sibi occurrent, ibi in unum coalescent in D. eritque ibi duorum

MATH., I, 15.   **Circulorum Contactus.** Hinc si A et B sint ea ad quæ omne punctum rectæ FL eodem modo se habet, erit D sui situs ad ea unicum et in Rectam per A.B. cadet. Videtur etiam sequi has Rectas se non nisi in uno puncto secare.

MATH., I, 26, a.   MATH., I, 26, a (1 f. in-4°)[1].

Logica est Scientia generalis.
Mathesis est scientia rerum imaginabilium.
[Theologia] *Metaphysica* est scientia rerum intellectualium[2].
Moralis est scientia affectuum.

Combinatoria agit de calculo in universum, seu de notis $<$ sive characteribus $>$ universalibus. . . . .

Non omnes formulæ significant quantitatem, et infiniti modi calculandi excogitari possunt. Exempli gratia pro calculo alternativo si dicatur x esse *abc*, intelligi potest x esse vel a vel b vel c. Hinc si sit x idem quod *abc*, et y idem quod *ade*, erit xy idem quod *abcde*, seu calculo alternativo id quod est x vel y necessario erit vel a vel b vel c vel d vel e. Cum in

Verso. multiplicatione alias $<$ et $>$ secundum | leges communis calculi posito x [esse] valere *abc*, et y valere *ade* debuisset xy valere *abcde*. Verum in calculo alternativo tali, a et aa æquivalet, nec ulla ratio habetur combinationis literæ secum ipsa. Ita posito x esse *abcd*, et idem x esse *cefg*, sequitur x esse c. posito hæc omnia *a.b.c.d.e.f.g.* esse inter se diversa. Si enim constet hoc modo x esse unum ex his quatuor *a.b.c.d.* et unum ex his quatuor *c.e.f.g.* necesse est ut sit id quod utrobique reperitur nempe c. Quali artificio uti solent lusores ad divinandum quam chartulam aliquis sumserit, licet ab iis tegatur. Et eodem artificio utuntur et Geometræ, nam cum sciunt quod quærunt debere esse in aliquo circulo dato, idemque esse debere in alio circulo etiam dato, concludunt id cadere in horum circulorum intersectionem[3]. Idem fieri potest in seriebus numerorum, Et alioqui calculus alternativus immensum habet usum in

---

1. Ce fragment doit dater de 1683 (voir la fin). V. *La Logique de Leibniz*, ch. VIII, § 12.
2. Cf. *Elementa nova Matheseos universalis* (PHIL., VII, B, VI, 9).
3. Cf. MATH., I, 9, b.

calculo decimali, seu cum omnes quantitates per terminos progressionis cujusdam Geometricæ exprimi debent, quod vulgo in calculo quæritur.

Suit un paragraphe sur la distinction de la qualité et de la quantité.

Quandocunque una quantitas ex alia determinari potest nulla tertia homogenea assumta, semper data est ratio unius ad alteram [1].

Ni fallor, exemplum habui nuper (Martio vel Aprili 1683) puto in subducendo calculo pensionum, ubi cum initio non prævidissem rationem datam, eam datam apparuit. . . . .

MATH., I, 26, b (3 p. in-4°). Une préface commençant ainsi :

Duo sunt lectorum genera quibus instituti mei rationem reddere volo.

. . . .

à savoir les *tirones* et les *docti* [2].

MATH., I, 26, c (un coupon).

Duæ sunt Methodi, Synthetica seu per artem combinatoriam, et analytica. Utraque ostendere potest inventionis originem, neque ergo hoc est privilegium analyseos. Discrimen in eo est quod combinatoria < orsa a simplicioribus > totam Aliquam scientiam, vel saltem theorematum et problematum seriem exhibet, et inter ea etiam id quod quæritur. Analysis vero problema propositum reducit ad simpliciora; et fit vel per saltum, ut in Algebra, vel per problemata intermedia in Topica vel reductione. Idem discrimen et in combinatoria : ordimur enim vel a primis vel a propinquis [3].

MATH., I, 26, d (un coupon).

Methodus synthetica est, cum problema difficile soluturi incipimus a facilioribus. In synthesi per se facile observandum, ut tentemus obtinere

---

1. Cf. MATH., I, 9, f; III, B, 18, b.
2. Cf. la préface de l'*Inventorium mathematicum* (*Math.*, VII, 13 note).
3. Cf. PHIL., VI, 12, f, 28 (*Bodemann*, p.90) et MATH., I, 26, d; 27, a; III, A, 26, c.

Math., I, 26, d. elegantes progressiones, quibus Tabularum < calculandarum > compendia contineantur. Algebra, qua scilicet incognitum pro cognito sumimus, est synthesis quædam peculiaris problematis propositi fictitia. Synthesis fictitia generalis, cum generalis expressio habetur rei quæ quæritur, ut in curvis communibus. Analysis pura quæ nihil syntheseos habet, est Anagogica, in qua semper procedimus per incognita retro, nempe reducendo problema propositum ad aliud facilius, et hoc iterum ad aliud. Talis est Methodus mea qua utor cum alias æquationes reduco ad æquicompositas[1]. Item cum formulas in quibus potentiæ, reduco ad illas in quibus sola rectangula. Item cum curvarum ordinatas resolvo in partes seu in duas pluresve ordinatas aliarum curvarum simpliciorum; vel terminos seriei, ut plurium serierum terminos, quo facto summas vel dimensiones illarum reduco ad has simpliciores. Eademque methodo pervenio ad seriem summatricem, quando aliqua per formulam communem exprimibilis datur, quando scilicet formula resolvitur in differentiam duorum terminorum vicinorum ejusdem seriei. Methodus procedendi per meras cognitas est pure Synthetica. Mixtas mixta [2].

Verso. | Zetetica Vietæ pertinent ad Synthesin . . . .
Data veterum pertinent ad Anagogicam [3]. . . . .

Math., I, 26, e.   Math., I, 26, e (un coupon).

Jan. 1680.

Modus reducendi problemata ad alia simpliciora.

Si tres magnitudines inter se debent fieri æquales, efficiatur ut duæ quælibet sint inter se æquales. hac methodo exhibetur ab Euclide Triangulum æquilaterum. item efficiatur ut summa duarum quarumlibet æquetur tertiæ duplæ . . . .

---

1. V. *La Logique de Leibniz*, Appendice III, § 16.
2. C'est-à-dire : « Methodus procedendi per cognitas mixtas (incognitis) est mixta (Analyseos) ».
3. Cf. Math., I, 26, c; 27, b; III, A, 26, c.

Math., I, 27, a (1 f. in-4°).

[Constitui specimina quædam dare [Analyseos Transcende] Geometriæ Analyticæ, Algebram Transcendentis, circa problemata quæ ad Æquationes Algebraicas < sive communes > reduci non posse demonstro. Igitur harum æquationum Algebraicarum loco alias introduco, [quæ nullius sunt certi gradus], de quibus non potest dici sintne planæ an solidæ, an sursolidæ an alterius certi gradûs.]

Deprehendi Algebram non porrigi ad omne genus problematum, et pollicitationes Cartesii justo ampliores esse, cum ait omnes quæstiones Geometricas a se eo reduci posse ut tantum sit opus quærere radices quarundam æquationum, quæ construi possint per curvas quas ille in Geometriam recipit. Hæc enim adeò à veritate aliena sunt, ut pro certo affirmare audeam potissima utilissimaque problemata quæ Geometriam ad Mechanicen < aliosque usus > applicanti occurrunt ab Algebra < hujusmodi > non pendere nec in ejus potestate esse, qui notas publicè methodos < solummodò > secutus fuerit.

Quæ cum mihi multo usu constarent, succurrendum eorum errori existimavi, qui Algebra communi contenti, quidvis à se præstari posse jactant, credo quòd majoris momenti quæstiones non attigêre. Ideò specimina quædam dare constitui Geometriæ Analyticæ circa problemata transcendentia versantis, quæ demonstro ad æquationes Algebraicas reduci non posse < nec dici posse plana aut solida aut sursolida, alteriusve certi gradus >; et habere tamen Analysin quandam propriam, vulgari latiorem, nec minus certam. | Specimina autem quæ dixi sunt circa quadraturas generales Circuli, Ellipseos et Hyperbolæ, Trigonometriam Canonicam sine Tabulis, inventionem Logarithmi ex numero, et numeri ex Logarithmo dato; idque per expressiones analyticas non ut hactenus appropinquatorias, sed exactas, ita ut problemata hujusmodi transcendentia prorsus ad instar communium tractari queant, sive theoriam, sive praxin spectes. Habeo etiam < soluta > complura Problemata ad Mechanicen, Opticen aliasve scientias applicata, quæ non nisi per [hanc] Analysin transcendentem tractari possunt.

Math., I, 27 b (un coupon).

Synthesis. Analysis.
Combinatoria. Algebra.

Pleraque difficiliora non per Algebram, sed per Combinatoriam inventa sunt, imo ipsa fundamenta Algebræ per Combinatoriam sunt constituta, nam (exempli causa) quis invenisset summam radicum esse terminum secundum, summam binionum sub radicibus tertium, summam ternionum quartum, etc. nisi quis plura binomia eundem terminum communem habentia, ut $x+a$, $x+b$, $x+c$, etc. id à posteriori agnovisset, et æquationes radicales datam dividentes pro binomio hujusmodi haberi posse cogitasset. Idem tamen potuisset inveniri a priori vel saltem ut inveniretur occasio sumi per analysin, considerando quod | ob legem homogeneorum Terminus secundus necessario sit æqualis quantitati ex radicibus simpliciter compositæ, et quidem ex omnibus eodem modo, id est summæ. Dubium an per aliquem numerum multiplicatæ; sed nullum numerum prodire considerando multiplicationem patet. Eodem modo terminus tertius componitur ex binionibus, nam quadrata licet binionibus homogenea in calculum intrare non possunt, quia multiplicatio semper est inter diversos radices.

Math., I, 27, c (un coupon).

De arte combinatoria scribenda. Circa de variis ludorum generibus. *Von interest oder* de apparentia moriendi. *Dahin von bills of mortality.* < Pharos scientiarum > Izquierdo. De Cryptograφicis. De arte observandi aliquid curiosum ex oblatis Tabulis. De arte casus formandi seu fingendi casus difficiles. De exceptionibus, replicis duplicis et earum usu in disciplinis ubi universalia facile haberi non possunt quasi via ad universalia. De ludis *wozu ists stroh guth*. Deque exercenda juventute per ludos. De logica ratione datis duabus rebus inveniendi commune genus proximum seu proprium. De magnitudine libri in quo omnes hexametri possibiles scripti extent. De libro in quo scriptæ jam habeantur

omnes veritates quæ ab hominibus comprehendi possunt [1]. De applica-   Math., I, 27, c.
tione combinatoriæ in Algebra, deque Algebræ perfectione. De formis,
de formis simplicibus, de potentiis, de Trinomiis. De Numeris combi-
natoriis, de harmonicis [2].

< Addatur Henrici Mylpfortij < Vratislaviensis > Encyclopædiæ
Aphoristicæ consilium seu Isagoge per Definitiones et Soritas. >

Math., I, 27, d (1 f. in-4°). Autre plan, plus développé, écrit sur une   Math., I, 27, d.
note d'hôtel datée de « Bockenemb, anno 1680 » [3].

De Arte combinatoria libellus componi posset utilis, jucundus, pulcher.
Multa in eo inseri possunt pereleganta, ut de variis ludorum generibus.
De eo quod interest solvendo ad vitam, ut vocant; ubi de [apparentia]
moriendi verisimilitudine, et de catalogis mortuariorum. Addatur Cara-
muelis Mathesis audax, ubi etiam de quibusdam ludis. Combinatoria
Kircheri. Isquierdo Pharos scientiarum. Excogitandum aliquid Lullianæ
arti vicarium eaque melius. P. Ivo Capucinus subjecta omittit [4]. De arte
observandi aliquid Curiosum ex oblatis Tabulis. Keplerus ex calculo con-
jecit hyperbolam fore aptam dioptricæ, quod postea Cartesius demonstravit. Huddenius ex Tabulis aliquot millium qui Amstelodami reditus
ad vitam habebant inde ab 80 annis condidit regulam quam alibi retuli [5].
Similes Tabulæ condendæ de declinationibus magneticis [6], unde homo
aliquis ingenio præditus aliquam struat hypothesin.

Quomodo a simili ratiocinandum. Veterum methodus pro demonstranda
æqualitate angulorum refractionis et incidentiæ; hanc Fermatius egregie
transtulit a catoptrica ad dioptricam. Ita ex eo quod ostensum est in
omni machina semper centrum gravitatis descendere, ingeniosus aliquis

---

1. Cf. *De l'Horizon de la Doctrine humaine* (Phil., V, 9) et Phil., VIII, 94-95.
2. Cf. les fragments Math., VIII, 27, sur le triangle harmonique inventé en 1673. Le présent fragment est donc postérieur à cette date; et d'autre part, il paraît anté-rieur au fragment suivant, qui date probablement de 1680.
3. *Bockenemb* = Bockenem, village du cercle d'Hildesheim. Il est bien probable que la date de cette note est celle du présent fragment.
4. Cf. *Ars Lulliana Ivonis* (Phil., III, 5, d.)
5. Cf. *De reditibus ad vitam* (*Math.*, VII, 133-7).
6. Cf. les projets présentés par Leibniz à Pierre le Grand, où il est souvent ques-tion de l'observation du magnétisme terrestre, de la déclinaison et de l'inclinaison (*Foucher de Careil*, VII, 395, 506, 519, 562, etc.). V. *La Logique de Leibniz*, p. 527, note 2.

MATH., I, 27, d. inferet, ergo centrum gravitatis semper eadem celeritate ferri, etiam in eodem plano, et corporibus non connexis. De Cryptographicis tentandum quomodo possit inveniri clavis, si forte sit nomen aliquod, remotis auxiliis quæ a lingua sumuntur. De non valentibus. Solutio problematis quod Fr. Christian Rosencreuz proposuit. De arte casus formandi, fingendi casus difficiles, formandi dubia, faciendi instantias. De arte casuandi ut vocat Jacobus Gothofredus. Datis duabus rebus, earum convenientiam et disconvenientiam invenire magis est analyticum. Sed data re aliam invenire valde similem aut valde dissimilem magis Combinatorium. Caput præmittendum de differentia Methodi Analyticæ et Combinatoriæ, et de differentia ingenii Analytici et ingenii combinatorii [1]. In analysi magis opus attentione ad pauca, sed valde acri, in combinatoria opus respectu ad multa simul, itaque simile est discrimen atque inter pictores rerum minutissimarum et statuarios. Analytici magis Myopes. Combinatorii magis similes presbitis. Analysis ubi semel reperta est, solam requirit attentionem $<$ seu firmitatem mentis cui respondet in exercitiis corporeis firmitas manuum $>$; et tali ingenio sunt, qui non vagi sunt, sed possunt etiam sine calamo, sola imaginatione calculare. At Combinatoria magis requirit subitam per multa discursationem, $<$ cui in corporeis exercitiis agilitas respondet. $>$ Et ut his qui imaginatione firma non valent ad res attente considerandas succurritur figuris et characteribus, ita his qui memoria non valent nec multa simul sibi exhibere possunt, succurritur ope Tabularum. Characteristica vero et tabulis et analysi auxiliatur. De Tabulis ita condendis ex cognitis, ut ex interpretatione vel continuatione seriei divinentur incognita [2]. Ex multis modis unam eandemque rem quærendi $<$ et inveniendi $>$ semper est aliquis, qui longius ducit et ad altiora servire potest. Ex inquisitione rei ejusdem per diversas vias efflorescit quædam ut ita dicam æquatio seu comparatio, non inter duas quantitates, sed inter duas methodos, unde semper

Verso. nova et præclara theoremata condi | possunt. Est ars quædam condendi theoremata [3]. Combinatoria non semper demonstrativa est, sed sæpe agit variis divinationibus et tentamentis. Methodus exclusiva Freniclii.

---

1. Cf. *De Synthesi et Analysi universali* (*Phil.*, VII, 297); et MATH., I, 26, c, d; 27 b.
2. Cf. PHIL., V, 7, 1 verso.
3. Cf. *Schediasma de arte inveniendi theoremata*, 1674 (PHIL., VI, 12, d).

Algebra non est res magna, hic indignabuntur, qui eam pro mysterio aliis venditant. Est tamen nihil aliud quam talis calculi gubernatio ut incognitum quantum licet solum vel paucis expressum habeatur. Hæc est investigatio æquationis. Resolutio autem æquationis species est tantum artis inveniendi clavem rei involutæ. Hoc fit hic non difficulter per synthesin et analysin. Algebra plurimum habet de Synthesi [1]. Datur methodus quædam magis analytica, qua problema aliquod reducitur ad aliud problema facilius unum vel plura; hoc vere est retrorsum vestigia legere.

Math., I, 28 (4 p. in-folio).

Specimen Ratiocinationum Mathematicarum, sine calculo et figuris.

Possumus *Quantitatem* rei definire affectionem totius quatenus habet omnes suas partes. < Sæpe autem res ipsæ secundum hanc affectionem consideratæ dicuntur quantitates. >

Rationem vero dicere possumus formam comparationis duarum rerum secundum suam quantitatem.

{ *Coincidentia* sunt eadem diversimodè enuntiata. Ut via < recta > ab A ad B à via < recta > à B ad A.

Determinantia sunt, quæ simul uni soli competunt. Itaque quorum determinantia sunt eadem, ea licet diversimodè enuntiata coincidunt.

Quorum determinantia coincidunt, ea inter se coincidunt. (ut duæ rectæ quarum extrema coincidunt, duo arcus circuli quorum tria puncta coincidunt).

Congrua sunt quæ per se discerni non possunt.

Congrua per se spectata sibi substitui possunt quasi essent coincidentia.

Quorum determinantia congruunt ea inter se congruunt (ut quia datis tribus lateribus datur Triangulum, ideò si congruunt AB. BC. CD [a] ipsis FG. GH. FH congruet triangulum ABC triangulo FGH). }

Aequalia sunt quæ resolvi possunt in partes < suas > diversas singulas singulis diversis alterius congruentes.

---

1. Cf. le fragment Math., I, 27, a.
2. Lire AC au lieu de CD.

MATH., I, 28.   *Corollar*. Hinc quæ congruunt æqualia sunt, nam et eorum partes congruunt.

Corollar. Omnia æqualia transformari possunt in congrua. Et quæ in congrua transformari possunt æqualia sunt.

< *Coroll*. Æqualia eodem modo secundum quantitatem tractata exhibent æqualia. >

Similia sunt quæ sola magnitudine discerni possunt.

Corollar. Quæ similia et æqualia sunt congrua sunt. Et contra.

Corollar. Omnia congrua sunt similia.

Corollar. Similia similiter tractata exhibent similia.

< *Corollar*. Quæ similiter determinantur similia sunt. >

Homogenea sunt quæ in eo conveniunt in quo pars < eorum > quælibet cum toto convenit.

< *Corollar*. Omnia similia sunt homogenea. >

Corollar. Omnia homogenea transformari possunt in similia. Et omnia quæ in similia transformari possunt, homogenea sunt.

Minus est quod parti alterius (*Majoris*) æquale est.

Corollar. Minus minore est minus majore, quia pars partis est pars totius.

Corollar. Totum est majus sua parte.

Corollar. Duo homogenea quorum unum altero nec majus nec minus est, æqualia sunt.

Partes cointegrantes sunt omnes partes in quas totum simul resolvi potest.

< *Coroll*. Totum est æquale omnibus partibus cointegrantibus [1]. >

Summa quarundam quantitatum est totum, cujus illæ quantitates sunt partes cointegrantes.

Summa summarum est summa quantitatum ex omnibus summis.

Si eædem sint quantitates, diversæ summæ, tamen eadem est summa summarum.

P. 2. | *Differentia* duarum quantitatum est < ea > pars majoris, cujus altera cointegrans æqualis est minori.

Corollar. Differentia æqualium est Nihil.

Summa ex aliqua quantitate, et differentia quantitatum quarumcunque æqualium æqualis est priori quantitati. Sequitur ex præcedenti.

---

1. Tout ce qui précède est encadré dans un contour fermé.

Si summa duarum quantitatum, et differentia duarum quarumcunque MATH., I, 28. quantitatum, colligantur in unam summam, ea æqualis erit summæ ex quantitate majore duarum posteriorum, et differentia inter summam duarum priorum, et minorem duarum posteriorum[1].

Hinc summa summæ et differentiæ duarum earundem quantitatum æqualis est duplo majoris.

Differentia summæ et differentiæ duarum earundem quantitatum æqualis est duplo minoris.

Summa duarum differentiarum est differentia inter summam majorum et summam minorum.

Differentia duarum differentiarum est differentia inter duas summas collectas ex quantitate majori unius et minori alterius differentiæ.

Differentias voco *continuas*, cum quantitas minor differentiæ unius est quantitas major differentiæ alterius.

Summa quotcunque differentiarum continuarum, est differentia quantitatis maximæ et minimæ.

Progressio Arithmetica est series quantitatum ex quibus duæ quælibet proximæ sunt æquidifferentes.

Hinc in progressione Arithmetica duæ quælibet eodem intervallo distantes sunt æquidifferentes, et contra æquidifferentes sunt æquidistantes.

Hinc series quantitatum æquidistantium ex progressione arithmetica sumtarum, est progressio Arithmetica < (adeoque et ex Geometrica sumtarum Geometrica). >

Si sint tres quantitates < proximæ > progressionis Arithmeticæ, summa extremarum est duplum intermediæ.

Si sint tres quantitates progressionis arithmeticæ, et media æquidistet ab extremis, summa extremarum æqualis est duplo mediæ.

Si sint quatuor quantitates progressionis arithmeticæ, et tantum distet secunda a prima, quantum quarta à tertia, summa extremarum æqualis est summæ intermediarum.

| Si sint quotcunque quantitates progressionis Arithmeticæ, duplum P. 3. mediæ, vel (si numerus quantitatum par est adeoque duæ sunt mediæ) dimidium summæ duarum mediarum toties sumta quot sunt termini reliqui, æquale est summæ omnium.

---

1. C'est-à-dire : $(A+B)+(C-D)=C+(A+B-D)$.

MATH., I, 28. Comparare duas quantitates per se < (sine extrinseca mensura assumta) > est subtrahere minorem à majore quoties fieri potest, et residuum à minore, < etiam quoties fieri potest >, et residuum secundum à primo, idque continuare, donec vel nullum supersit residuum, vel appareat quæ sit futura progressio quotientium seu numerorum subtractionis cujusque in infinitum. < quam voco *seriem quotientium comparationis.* >

Proportionales sunt duæ quantitates duabus quantitatibus, cum utrobique eadem ratio est majoris ad minorem.

Proportionales quantitates eandem habent seriem quotientium comparationis (Nam eadem est forma comparationis, ita ut comparatio una ab alia nequeat discerni. Ergo eadem forma quoque erit comparationis per se in specie). Data quantitate reperiri potest alia homogenea quæ sit ad ipsam in data ratione [1].

Pars aliquota rei est, qualium < inter se æqualium > summa est ipsa res < quæ dicatur *dividendum* item *multipla* >. *Mensura* autem extra rem sumta est, quæ parti rei aliquotæ æqualis est. Dicitur et rem metiri [dimidia]. Partium aliquotarum maxima est dimidia.

P. 4. | *Commensurabilia* sunt quæ habent mensuram communem.

Numerus est homogeneum unitatis.

Numerus integer est cujus pars aliquota est unitas, seu summa unitatum.

Numerus fractus est summa partium aliquotarum unitatis.

Numerus rationalis est Unitati commensurabilis, alias dicitur *Surdus*.

Omnis integer et omnis fractus sunt rationales.

Dantur numeri surdi.

Omnes numeri rationales sunt commensurabiles inter se.

Omnis mensura numeri rationalis est rationalis.

Omnis mensura numeri surdi est surdus.

Itaque numerus rationalis et surdus sunt incommensurabiles.

Mensura falsa est quæ subtracta quoties fieri potest, aliquid relinquit quod dicitur *Residuum*. Numerus subtractionum dicatur *Quotiens falsus*. Mensura vera vel dicitur *divisor* < res autem mensuranda *dividendus*, sive mensura sit vera sive falsa. >

Quotiens falsus est integer numerus ut et residuum.

Residuum est minus mensura falsa.

Le passage précédent, depuis *Comparare*, est encadré dans un contour fermé.

Mensura communis partium cointegrantium, est mensura communis MATH., I, 28. summæ.

Mensura communis differentium est mensura communis differentiæ.

Mensura mensuræ < vel partis aliquotæ > est mensura mensurati vel totius.

{ Dividendum est summa < ex > multiplo mensuræ falsæ per quotientem et residuo.

Quotiens verus est compositum ex quotiente falso, et residuo per mensuram falsam diviso. }

Mensura communis < maxima > residui et mensuræ falsæ est mensura communis < maxima > mensuræ falsæ et quantitatis Mensuratæ < seu dividendi > (patet ex præcedentibus, nam eadem est mensura et residui, et mensuræ falsæ, ergo et multipli mensuræ falsæ per quotientem, ergo et summæ residui et hujus multipli, ergo et dividendi. < eadem vero et maxima est. Ponatur enim dari communis mensura divisoris et dividendi, major quàm maxima divisoris et residui. Ea cum sit dividendi, sitque etiam partis ejus (nempe multipli divisoris, quia ipsius divisoris) ergo et reliquæ partis seu residui. Erit ergo divisoris et residui communis, major ea quam posuimus maximam. >)

Si ex divisore fiat dividendus, et ex residuo divisor, maxima mensura communis secundi divisoris et secundi dividendi, erit eadem quæ præcedentis divisoris et præcedentis dividendi; nam < maxima > mensura communis secundi divisoris et secundi dividendi est residui et divisoris præcedentis divisionis (ergo per prop. proxime positam) divisoris et dividendi ejusdem præcedentis divisionis.

Si ex divisore fiat dividendus et ex residuo divisor, idque aliquandiu continuetur, maxima communis mensura ultimi divisoris et ultimi dividendi erit eadem quæ primi divisoris et primi dividendi quia semper in sequente eadem mensura quæ in antecedente et in antecedente quæ in antecedente antecedentis, et ita porro.

Divisor exactus est maxima communis mensura sui et dividendi, neque enim partem aliquotam habere potest majorem ipso toto.

Si continuata divisione divisoris per residuum, denique nullum supersit residuum, ultimus divisor erit maxima communis mensura primi dividendi et primi divisoris.

Math., I, 28.   Ergo comparatione duarum quantitatum per se invenitur earum maxima communis mensura si quam habent.

Math., I, 29.   **Math., I, 29.**

Dialogue sur l'enseignement élémentaire de l'Arithmétique. Personnages : *Aretæus, Eusebius, Charinus* (nom substitué à celui de *Pacidius*) et un enfant *(puer)* à qui l'on fait découvrir les vérités mathématiques (à l'imitation du *Ménon* de Platon). D'ailleurs Eusebius fait un grand éloge de Platon : il vient de lire le *Phédon* [1].

Math., III, A, 8.   **Math., III, A, 8** (copie corrigée par Leibniz).

Du jeu de Quinquenove. Octobr. 1678.

Le jeu de quinquenove se jouait seul, avec deux dés ; son nom vient de ce qu'il se terminait quand on amenait 5 ou 9. Il s'agit de savoir qui a le plus de chances de gagner, celui qui joue ou celui qui parie contre lui. Leibniz montre que celui qui joue a l'avantage avant le premier coup, mais a ensuite le désavantage. Les règles de probabilités qu'il applique à ce problème se retrouvent dans le *De incerti æstimatione* (Math., III, A, 12).

Math., III, A, 9.   **Math., III, A, 9 :**

Du jeu de la Bassette.
Loix de la Bassette.

Il s'agit d'un jeu de cartes qui fut importé en France et mis à la mode par un ambassadeur italien en 1678. Le mathématicien français Joseph Sauveur (1653-1716) en fit la théorie, à la demande du fameux courtisan Dangeau [2], et la publia dans le *Journal des Savants* du 13 février 1679 [3].

---

1. Cf. le préambule du *Pacidius Philalethi*, octobre 1676 (Math., X, 11). On sait que Leibniz avait résumé en latin le *Phédon* (en mars 1676) et le *Théétète* (Phil., III, 10, a, b ; ap. *Foucher de Careil*, B, p. 44, 98).
2. Fontenelle, *Éloge de Sauveur*.
3. Cf. *Lettre à Jean Bernoulli* du 29 janv. 1697 (*Math.*, III, 363). V. *La Logique de Leibniz*, Note XVII.

MATH., III, A, 10 : *Le jeu du Solitaire.*

Leibniz imagine de pratiquer ce jeu à l'envers, en plantant progressivement les fiches au lieu de les enlever, et en suivant la règle inverse. Il se propose de déterminer quelles sont les figures que l'on peut défaire suivant la marche ordinaire, en cherchant quelles sont les figures que l'on peut construire suivant la marche inverse.

MATH., III, A, 11 : *Du jeu de l'Hombre.*

Il s'agit du jeu de cartes espagnol bien connu.

MATH., III, A, 12.

De incerti æstimatione.

Septembr. 1678.

. . . .

Axioma : Si ludentes similia agunt ita ut nullum discrimen inter ipsos assignari possit, nisi quod in solo eventu consistat, eadem spei metusque ratio est.   P. 1.

Potest demonstrari ex Metaphysicis, nam ubi quæ apparent eadem sunt, idem de iis judicium formari possunt, id est eadem est ratio opinandi de futuro eventu, opinio autem de futuro eventu spes metusve est [1].

. . . .

| *Probabilitas est gradus possibilitatis.*   P. 2.
Spes est probabilitas habendi.
Metus est probabilitas amittendi . . . .

| Demonstrato ergo *tantum nos in bonis habere videri, quanta est habendi probabilitas, et tantum nobis de re abesse videri, quanta est amittendi probabilitas* (nam hoc erat illud de quo memini Robervallium dubitasse) cætera ita facile absolvemus :   P. 4.

< THEOREMATA : >

(1) Si plures sint eventus æque faciles et uno eventu rem habebo, aliis

[1]. Application du principe de raison ou de son corollaire, le principe de symétrie.

omnibus non habebo, spes valebit partem rei aliquotam pro numero partium.

Sit numerus eventuum n, res ipsa R, spes erit s æqu. $\dfrac{R}{n}$. . . . .

(2) Si plures sunt eventus æquè faciles, et aliquot eventibus rem habiturus sum, aliquot aliis re cariturus, spei æstimatio erit portio rei quæ ita sit ad rem totam, ut numerus eventuum qui favere possunt ad numerum omnium eventuum.

Nempe $\dfrac{s}{R}$ æqu. $\dfrac{f}{n}$ seu s æqu. $\dfrac{f}{n}$ R.

. . . .

Si omnes eventus sint æquè faciles, et unicuique eventui res aliqua assignata sit, quam in eum eventum sim habiturus, erit spes portio aliquota summæ rerum secundum numerum eventuum.

$$s \text{ æqu. } \dfrac{A+B+C \text{ etc.}}{n} \text{ verbi gratia } \dfrac{A+B+C}{3}.$$

. . . .

| Si ex omnibus eventibus aliquot dent rem A, aliquot alii rem B, et reliqui rem C, erit spes tota aggregatum ex rebus singulis in numerum eventuum qui eas dare possunt ductis, divisum per numerum eventuum possibilium omnium.

Ut si numerus eventuum qui dare possunt rem A sit α, numerus eventuum qui dare possunt rem B sit β, et numerus eventuum qui dare possunt rem C sit γ, [erit] et numerus omnium eventuum sit n, erit spes

$$s \text{ æqu. } \dfrac{\alpha A + \beta B + \gamma C}{n} \quad . \quad . \quad . \quad . \quad .$$

Si major sit numerus eventuum possibilium quam casuum quibus aliqua res assignata est, nihilominus idem dicendum erit quod ante, nec proinde necesse est $\alpha + \beta + \gamma$ esse æqu. n.

Nam perinde est ac si reliquis eventibus, quibus nihil assignatum est, assignatum esset o, quod impune ascribi vel deleri potest.

v. g. $\qquad\qquad s$ æqu. $\dfrac{\alpha A + \beta B + \gamma C + \delta o}{n}$

posito $\quad n$ æqu. $\alpha + \beta + \gamma + \delta,\quad$ quod idem est ac   MATH., III, A, 12.

$$s \text{ æqu. } \frac{\alpha A + \beta B + \gamma C}{n}.$$

. . . .

Leibniz emploie les signes ambigus de la *Méthode de l'Universalité* P. 8.
(PHIL., V, 10, f. 11-24).

MATH., III, A, 13.   MATH., III, A, 13.

Canon general de la division.

Leibniz y emploie les coefficients symboliques en chiffres [1].

MATH., III, A, 16 (un coupon).   MATH., III, A, 16.

Diophantea seu Arithmetica figurata < absoluta methodo dyadica >.

Mirabilis succurrit usus dyadicæ pro Diophanteis. quibus videtur præstari quicquid in eo genere possibilis est. Semper res reducenda est prius eo, ut opus sit numeris integris, quod semper possum; inde numeri assumantur per dyadicas formulas indefinitas, ubi illud egregium quod ad nullas assurgitur potentias [2].

MATH., III, A, 20.   MATH., III, A, 20.

CONSTRUCTOR.

Instrumentum algebraicum pro inveniendis omnium æquationum radicibus geometrice pariter et in numeris quantumlibet exactis sine calculo.

Inveni mense Decembr. 1674. Parisiis.
Gottfredus Guilielmus Leibnitius.

. . . .

1. Cf. *Math.*, VII, p. 166 sqq., 193 sqq. V. *La Logique de Leibniz*, Appendice III, § 7 sqq.
2. Cf. MATH., III, A, 29 et 30, sur les problèmes de Diophante; et MATH., III, B, 1-6, sur l'Arithmétique binaire.

MATH., III, A, 26, a (1 feuillet).

Sæpe cogito de Machina Combinatoria, sive Analytica, qua et Calculus literalis perficiatur. Ut si sint aliquot æquationes, et totidem incognitæ, id agitur ut omnes ordine incognitas tollamus usque ad unam.

Suit la description d'une telle machine.

MATH., III, A, 26, b (un coupon). [1]

Combinatoria ad 134.

Algebra et Combinatoria differunt apud me, ut Analysis et Synthesis. Est autem methodus analytica, cum quæstio aliqua proposita tamdiu resolvitur < in notiones simpliciores, > donec ad ejus solutionem perveniatur. Methodus vero synthetica est, cum a simplicioribus notionibus progredimur ad compositas, donec ad propositam deveniamus. Pleraque hominum inventa sunt potius synthetica quam analytica; exempli gratia si Monachus, qui Bombardam invenit, quæsivisset Machinam solito fortiorem, atque conclusisset eam se habiturum si materiam parare posset fulminis imitatricem, seu quæ subito incensa se dilataret; atque ita pulverem fulminantem vel jam ab aliis inventum adhibere se debere conclusisset, vel ipse invenisset analysi continuata, inquirendo scilicet quæ inflammationi et dilatationi apta essent; is inquam processisset methodo analytica. Sed cum Monachus ut ferunt cum [2] in pulverem pyrium incidisset, ejus vim cogitando conjunxit cum instrumentis ubi maxima vis desideratur, qualia sunt bellica : statim enim secum ratiocinatus de usu inventi a se pulveris, cogitavit maximum fore, si canali includi posset, et dirigi ictus in locum destinatum. Combinationem igitur inventi a se pulveris cum aliis rebus instituit, nempe cum re bellica. Ita inventum pyxidis nauticæ combinatorium potius quam analyticum esse credibile est [3]. Crediderim enim potius, hominem aliquem ingeniosum,

1. Cf. MATH., I, 26, d; 27, b.
2. L'un des deux *cum* est de trop.
3. Cf. *Phil.*, VII, 60.

cum acum magnetis polum semper respicere videret, secum cogitasse id   Math.,III,A,26.b.
usui fore navigantibus ad sciendam semper plagam mundi, quam Nautas
quæsivisse aliquid, quod ipsis tunc quoque cum siderum conspectus
deesset, plagam mundi monstraret. Tale enim aliquid esse in rerum
natura non fuissent suspicati. Pleraque inventa sunt partim analytica
partim combinatoria. Ut Machina mea Arithmetica : occasione enim
instrumenti quod passus numerat cogitavi similiter additionem et subtractionem facile fieri, sed hoc non contentus, cum multiplicationem quoque
et divisionem quærerem, Analysi sum usus [1]. Horologium meum æqua-
bile invento partim Analytico constat, nempe in substantia, partim
Synthetico, dum pendulis ut Elastris applico [2]. Methodus Combinatoria
est a causis ad effectus, seu a mediis ad finem, seu a re ad rei usum.
Analytica ab effectu ad causam, a fine ad media. Utraque potest esse
scientifica, < cum scilicet ad propositum quæsitum dirigitur. >

{ Methodus perfecta procedit ea via qua certum est exitum repertum
iri, et cujus partes quoque sunt tales. }

Math., III, A, 37 (2 p. in-4°) [3]. Publié par Gerhardt (*Math.*, VII, 5-7),   Math., III, A, 37.
mais non complètement. Plus 6 p. in-fol. et 4 p. in-8° sur le même sujet.

Inveni *Canonem pro tollendis incognitis quotcunque æquationes non nisi
simplici gradu ingredientibus* . . . .

Règle dite *de Cramer* pour la résolution d'un système d'équations
simultanées du 1ᵉʳ degré, et pour l'élimination des inconnues (au moyen
de ce qu'on appelle à présent les *déterminants*). Cf. *Specimen Analyseos
novæ*.... (Math., IV, 8) [4].

1. V. *La Logique de Leibniz*, p. 295, note 4.
2. Cf. *Lettre à l'auteur du Journal des Savants touchant le principe de justesse des
horloges portatives de son invention*, 1ᵉʳ mars 1675 (*Dutens*, III, 135); *Lettre à
Oldenburg*, 30 mars 1675 (*Briefwechsel*, I, 110, 112-113); et Math., XI, 13: *De horologio absoluto sive de motu æquabili pure mechanico demonstratio geometrica* (Bodemann, p. 304).
3. Ce n° manque au catalogue *Bodemann*.
4. V. *La Logique de Leibniz*, Appendice III, § 8.

MATH., III, B, 1.   MATH., III, B, 1 (8 p. in-fol.).

De dyadicis.

Publié par GERHARDT (*Math.*, VII, 228-234). Leibniz a barré le § 13, sur les périodes des colonnes, et l'a remplacé par la note imprimée par GERHARDT, p. 234, qui se termine ainsi :

Periodicas series dare. [De quo] fundamentum paucis delineavi scheda separata, in-4°.

MATH., III, B, 2.   MATH., III, B, 2 (7 p. in-fol.).

De progressione dyadica.

15 Martii 1679.

Sur l'Arithmétique binaire.

MATH., III, B, 3, a.   MATH., III, B, 3, a (4 p. in-fol.).

ESSAY D'UNE NOUVELLE SCIENCE DES NOMBRES.

Sur l'Arithmétique binaire (étude des périodes de chiffres) [1].
Tab. 1 et 2 : Suite naturelle des nombres.
Tab. 3 : Ternaires.
Tab. 4 : Quinaires.
Tab. 5 : Septénaires.
Tab. 6 : Quarrés.
Tab. 7 : Cubes.
Une dernière table contient les nombres premiers; à côté se trouve cette note :

Primitivi carent periodis.

MATH., III, B, 3, b.   MATH., III, B, 3, b (1 p. in-4°).

De ambiguorum valorum expressionibus generalibus.

Leibniz emploie les signes ambigus de la *Méthode de l'Universalité* (PHIL., V, 10).

---

1. V. *La Logique de Leibniz,* Appendice III, §§ 3 et 4.

Math., III, B, 4.

Hæc Dn. Angicourt demonstravi. Omnis series numerorum rationalium, qui sint arithmeticorum potestates ejusdem gradus . . . . .

Berolini, Novembr. 1701.

Ce fragment est le brouillon de l'opuscule Math., IV, 9, publié par Gerhardt (v. infra).

Math., III, B, 7.

Mémoire (d'une main étrangère) sur les caractères de Fohi, avec un grand tableau[1].

Math., III, B, 12.

Definitionem realem seu æquationem numeri primitivi ita demonstrabimus.

Si sit $2^{y-1} - 1$ æqu. *by in integris*, erit y primitivus [2]. . . . . . .

Math., III, B, 14, a (4 p. in-fol.).

De numero jactuum in tesseris.

Januar. 1676.

{ Proposuit mihi dux Roannesius [3] }. . . . .

Mémoire sur la probabilité des divers coups de dés.

Math., III, B, 14, b (7 p. in-fol.).

Mémoire, en français, daté du 7 janv. 1676, sur le calcul des partis (Leibniz cite au début le chevalier de « Meslé »[4], Pascal et « Huguens »).

---

1. V. *La Logique de Leibniz*, Appendice III, § 2.
2. Démonstration du théorème de Fermat. Cf. Math., III, B, 17, fol. 3, daté du 1ᵉʳ juin 1683 (ap. Vacca, *note* citée dans notre *Préface*) : « Aequatio primitivi. Hic tandem arcanum illum detexi... $2^{y-1} - 1 : y$ est integer. »
3. Le duc de Roannez, ami de Pascal.
4. Lire : « Méré. »

MATH., III, B, 14, c (un coupon).

Mons. le duc de Rohanez me proposa avanthier une telle question d'Arithmetique : de 64 hommes il est mort 36 en 10 ans, combien en doit il mourir chaque année ? La difficulté consiste, en ce que la premiere année quelques uns de ces 64 estant morts, le nombre de ceux qui mourront la seconde sera bien plus petit. Car d'un moindre nombre il en mourra toujours moins. Voyez la solution dans un cahier à part.

MATH., III, B, 18, a (un coupon).

Causa cur omnia [melius] < brevius > determinentur situ quam calculo hæc est, quia ad punctum in plano positione dandum requiruntur magnitudines duarum rectarum; itaque magis composita est expressio per magnitudinem rectarum quam per situs punctorum.

MATH., III, B, 18, b (un coupon) [1].

Ratio.

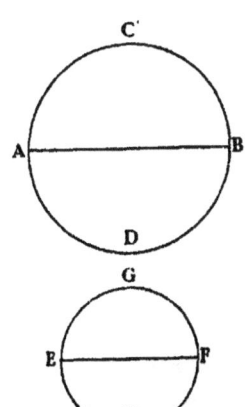

Ratio eadem ex sola similitudine sumi non potest, exempli causa consideratio diametri AB respectu circuli ACDB, eadem est quæ diametri EF respectu circuli EGFH, et tamen dici non potest rationem circulorum ad suas diametros esse eandem, alioqui si foret AB ad circ. ACBD ut EF ad circ. EGFH, foret permutando AB ad EF ut circ. ACBD ad circ. EGFH, seu circuli forent ut diametri, quod falsum est. sunt enim ut diametrorum quadrata. Itaque ut similitudo indicet rationem eandem, opus est, ut ea quorum ratio esse dicitur, sint homogenea.

Sed adhuc nova occurrit difficultas : est AB ad BC ut AE ad BF [2]; nec tamen recta ABC similis est spatio AEC [3].

---

[1]. Cf. MATH., I, 9, f; 26, a. V. *La Logique de Leibniz*, p. 300.
[2]. Entendez : l'aire ABED et l'aire BCFE.
[3]. C'est-à dire l'aire ACFD (Voir la figure à la page suivante).

Dicendum ergo generalius Rationem eandem dici cum duæ quantitates homogeneæ una ex alia sine tertiæ ipsis homogeneæ interventu eodem modo determinantur¹. Hinc ratio est numerus quo exprimitur una quantitas posito alteram esse unitatem. Seu rationes sunt directe ut antecedentes eodem posito consequente, vel reciproce ut consequentes eodem posito antecedente. Sit ratio $\frac{a}{b}$ et alia ratio $\frac{c}{b}$, erit $\frac{a}{b}$ ad $\frac{c}{b}$ ut a ad c.

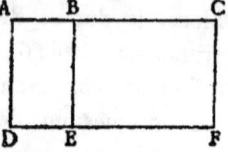

Sit ratio $\frac{b}{a}$ et alia $\frac{b}{c}$, erit $\frac{b}{a}$ ad $\frac{b}{c}$ ut c ad a.

Math., III, B, 19.

Invenire tres numeros ut duorum quorumlibet summa et differentia sint quadrati.

1 April. 1676.

Leibniz fait ici usage des signes ambigus de sa *Méthode de l'Universalité*².

Math., IV, 1, a.

Septembr. 1674.

Aequatio quadratica duarum incognitarum in numeris exequenda.

En marge de la 2ᵉ feuille :

{ Methodus Generalissima solvendi problemata numerorum in integris, modo id fieri possit ea solutione quæ jam habetur in fractis. Inveni 10ᵐᵒ Septembris 1674 Parisiis. }

1. Cf. Math., I, 9, f; 26, a.
2. Le même problème est traité dans les fragments Math., III, A, 16, 30

Math., IV, 1, b.   **Math., IV, 1, b.**

Schediasmata de Aequationibus Numericis affectis ad puras reducendis solutionis habendæ causa. Initio Septembr. 1674.

Math., IV, 1, c.   **Math., IV, 1, c (un coupon).**

De æquationibus utiliter in duas divellendis pro dioφanteis . . . .

Math., IV, 4, a.   **Math., IV, 4, a.**

Tres numeros reperire, quorum summa quadratus, et summa quadratorum sit quadrato-quadratus. . . . .

Le même problème est traité dans quelques feuilles qui se trouvent dans les fascicules Math., III, A, 16; III, B, 19.

Math., IV, 4, b.   **Math., IV, 4, b.**

Problema Freniclianum : Invenire Triangulum Rectangulum in numeris, cujus area quadratus. impossibile demonstratum. Julio 1679.[1]

Contient le prospectus imprimé du problème et porte cette note marginale :

Jul. 1679. Methodus mea perfecta Problematis Fenicliani impossibilis resolutio, tum Frenicliana tum propria.

Math., IV, 4, c.   **Math., IV, 4, c (1 f. in-4°).**

Mirifica. 8 Martii 1683.

Pro absolvendis Dioφanteis ita procedendum arbitror . . . . . .

---

[1]. Cf. Math. III, B, 8 : « *De Triangulo rectangulo numerico.* 12 dec. 1675 » ; III, B, 20 : « Triangulum rectangulum invenire in numeris. 4 Decembr. 1678 »; Math., IV, 15 : « Invenire triangulum rectangulum in numeris cujus area sit quadratus. 29 Decembr. 1678. » (publié par Gerhardt, *Math.*, VII, 120); et l'appendice de la *Lettre d'Eckhard à Molanus* du 10 oct. 1679 (*Phil.*, I, 306.)

Math., IV, 8.

Specimen Analyseos novæ qua errores vitantur, animus quasi manu ducitur et facilè progressiones inveniuntur. Junii 1678.

Le préambule a été publié par Gerhardt, *Math.*, VII, 7, note [1].

. . . .

Habemus ergo theorema pulcherrimum cujus vis se extendit in infinitum : Datis quotcunque Æquationibus plenis, in quibus incognitæ ultra simplicem [dignitatem] < gradum > non ascendunt, tunc valor incognitæ cujuscunque erit fractio cujus numerator componitur ex cognitis terminis æquationum, nominator ex coefficientibus quantitatis incognitæ cujus valor quæritur. Ambo autem tam termini pure cogniti quam coefficientes < ex eadem æquatione sumti > afficiuntur per easdem quantitates multiplicantes eodem ordine. . . . Ut autem afficientes inveniantur, regula hæc tenenda est, ut scilicet omnes coefficientes aliarum < diversarum > literarum (quam illius cujus valor quæritur) inter se ducantur seu combinentur vel con3nentur [2], etc. quot modis fieri potest, quæ simul additæ incipiendo a minima litera, ut — 12, 23 + 13, 22 (quia 12 minor quam [3]) signaque alternando. Primum autem signum in primo Termino cognito (primo id est altissimo) erit —, in secundo (ubi incipit 12, 33) erit +, in tertio rursus —. Atque ita habemus regulam cujus ope statim valor incognitæ simplicis sine ullo calculo scribi potest.

Sed optime indagantur Afficientes ex Nominatore. Nominator semper est idem pro 2. 3. 4.. et fit ex omnibus coefficientibus diversarum incognitarum et æquationum in se invicem ductis [et alternando per + et — scriptis]. Producta ex his complicationibus coefficientium collocentur ordine, electo aliquo (quia initio res arbitraria est) qui postea constanter retineatur; commodissimum autem erit, quantitatibus per numeros, ut fecimus, expressis, si inter scribendum tam in quolibet producto quam in ipsis productis ordinandis incipiatur a numeris minoribus. Porro productis ita ordine collocatis præfigatur alternis + et —. Nec refert an incipias a signo + an vero a signo —, quia etiam in numeratore omnia signa mutarentur, si contrarium elegisses. Scriptus hoc modo nominator

P. 4.

---
[1]. V. *La Logique de Leibniz*, Appendice III, §§ 7, 10.
[2]. Notation employée dans le *De Arte combinatoria* (1666).
[3]. Suppléer ici : 13.

MATH., IV, 8. omnium incognitarum valoribus communis, inveniendi numeratoris causa digeratur secundum coefficientes incognitæ cujus valor desideratur. Hoc loco secundum 34, 24, etc. Et ope hujus digestionis haberentur afficientes supra dictæ; sive quod idem est, si jam in locum harum coefficientium substituantur cognitæ ejusdem cum coefficiente æquationis, habebitur numerator quæsitus < adeoque integer valor. > Operæ pretium esset hoc theorema accurate demonstrare, quod fieret per [Algebram] Analysin illam sublimem, quæ calculo etiam sine calculo leges præscribit.

Suit une addition marginale.

MATH., IV, 9.   MATH., IV, 9.

Demonstratio, quod columnæ serierum exhibentium potestates ab arithmeticis, aut numeros ex his conflatos, sint periodicæ.

(Publié par GERHARDT, *Math.*, VII, 235-238.) Copie, corrigée par Leibniz, du brouillon catalogué MATH., III, B, 4 (v. supra).

MATH., IV, 11.   MATH., IV, 11.

Conspectus Calculi.

Publié par GERHARDT, *Math.*, VII, 83-100. En marge du § (p. 99) :

Unusquisque numerus dividi potest per unitatem . . . .

Leibniz a fait la figure suivante, inédite [1] :

1. Cf. MATH., IV, 17, a, b, où l'on trouve deux ébauches de cette figure, évidemment antérieures, la première datée du 3 janvier 1676.

MATH., IV, 12 (1 f. in-8°)[1].

Regula de Transitu per saltum non admittendo mirabilem quandam exceptionem pati videtur, sed ea oritur ex fictitiis expressionibus, calculo utilibus, attamen, ut Jungius loqui solebat, non nisi toleranter veris[2]. Constat n^0 esse 1, quicunque sit numerus n. Itaque etiam locum habebit, cum $n = 0$, seu erit $0^0 = 1$. ita ut 0^0 sit plus quam 0^1 vel 0^2 vel 0^3, etc. Quod ipsum satis paradoxum est, ut exponens minor in rationalibus integris faciat potentiam majorem. Sed jam ad instantiam contra regulam de Saltu non admittendo veniamus . . . .

Soit 0^{a-x}; sa valeur est 0 tant que $x < a$; pour $x = a$, elle est $0^0 = 1$; pour $x > a$, elle est $\frac{1}{0} = \infty$. Ainsi cette fonction saute de 0 à 1, et de 1 à l'infini :

Itaque Nihilum, Unitas et Infinitum sese immediate consequuntur, nullo interposito.

Au verso, Leibniz représente ce fait algébrique par une figure.

MATH., IV, 13, a (1 f. in-fol.).

Januar. 1675.

De examine per Novenarium in Calculo Analytico.

{ Vide horum praxin in Schediasmatibus *de seriebus summabilibus.* januar. 1675.[3]}

MATH., IV, 13, b (1 f. in-4°).

De Examine per Abjectiones Novenarii pro Algebra ita perficiendo, ut vix unquam error contingere possit. . . . .

1. Cf. MATH., I, 9, d.
2. Cf. *Lettre à Christian Wolf*, ap. *Acta Eruditorum* de 1713 (*Dutens*, III, 408).
3. Il s'agit probablement du fragment *De seriebus summabilibus*, catalogué MATH., VIII, 4; ce qui en détermine la date.

MATH., IV, 13, c.   MATH., IV, 13, c (un coupon).

Ars examinandi calculos Analyticos . . . .

Fin :

Aliud cogito : ex arte combinatoria lineis sive radiis, ex certis quibusdam punctis ad quælibet alia ductis, optime exprimi multiplicationes; inprimis si coloribus quibusdam aliisve formis distinguerentur[1]. Melius adhuc si omnia essent exemtilia, seu quasi cortices separabilia.

MATH., IV, 13, d.   MATH., IV, 13, d (un coupon).

Primariæ propositiones < Elementorum >.

Putat Cartesius has solum propositiones esse ad calculum necessarias : pythagoricam de æqualitate quadrati hypotenusæ cum quadratis baseos et catheti; alteram de Triangulis similibus latera proportionalia habentibus. Sed ex his duabus posterior continetur in priore. Ego has propositiones puto tenendas : Trianguli tres angulos esse duobus rectis æquales. Trianguli aream esse factum dimidium ex altitudine in basin; et Triangula similia habere latera proportionalia. Ex his duci possunt, utiliter tamen notabuntur hæc : quadrata catheti et baseos æquari quadrato hypotenusæ, et in circulo angulum ad circumferentiam esse duplum anguli ad centrum[2]. Utile etiam notare in circulo rectangula sub segmentis decussantibus sese, esse æqualia. item tangentem circuli esse perpendicularem in radium a puncto contactus ductum. item angulum in ejusdem circuli

Verso.   segmento esse eundem; et | in semicirculo esse rectum. Operæ pretium erit cæteras primarias annotare propositiones et breviter demonstrare.

MATH., IV, 13, e.   MATH., IV, 13, e (un coupon).

Situs < Puncti > est modus determinandi distantiam ejus ab aliis quibuslibet, quorum distantia inter se invicem jam determinata est[3].

---

1. On trouve des figures ou signes de ce genre ap. *Math.*, VII, 179.
2. Leibniz a voulu dire le contraire : l'angle inscrit est la *moitié* de l'angle au centre sous-tendu par le même arc.
3. Cf. MATH., I, 8.

Si detur distantia puncti a quatuor aliis punctis < solidum comprehendentibus >, quorum distantia inter se determinata est, dabitur etiam distantia ejus ab alio quolibet puncto cujus distantia a quolibet quatuor priorum determinata est. Requiritur autem ut < quatuor > puncta solidum comprehendant, sive ut non sint in eodem plano, alioqui quatuor puncta non plus determinant quam tria. Unde etiam non debent tria quædam ex his quatuor punctis cadere in eandem rectam, alioqui omnia quatuor caderent in idem planum, sive triangulum cujus basis esset hæc recta, apex punctum quartum.

Situs [*corporis*] < *Extensi* > est [modus determinandi distantiam cujuslibet puncti ejus] ex quo sequitur situs cujuslibet ejus puncti.

Data specie lineæ et tribus ejus punctis datur situs lineæ.

Data specie superficiei et quatuor ejus punctis datur situs superficiei.

Data specie corporis et quinque ejus punctis datur situs corporis.

< Hæc accuratius examinanda. [1] >

MATH., IV, 13, f (4 p. in-4°).

Video multos eorum qui Geometriam quam vulgo Analyticam vocant, partem circa problemata rectilinea versantem satis intelligere sibi videntur, et de veterum recentiorumque inventis tenuius et de suis methodis magnificentius sentire quàm par sit; deceptos partim justo audacioribus magnorum autorum promissis [2], partim successu quem in minutis quibusdam problematibus experti sunt spe sua majorem : difficiliora autem rarò attingunt, soliti aliorum inventis frui, et interea blandiri sibi, quasi inventuri ipsi, si Diis placet, in quibus nemo alius præivisset. Credunt scilicet problema omne revocari à se posse eo ut unius tantum magnitudinis incognitæ sit opus, cujus relatio ad alias cognitas exprimi à se queat æquatione in qua incognita ad certum quendam ascendat gradum [3]. Quo facto radicem æquationis quæsitam sive | per numeros appropinquantes sive per linearum, quas ipsi geometricas vocant, veteres autem locos appellabant, intersectiones exhiberi posse.

1. V. *La Logique de Leibniz*, p. 409, note 2.
2. Allusion à DESCARTES. Tout ce morceau est dirigé contre les Cartésiens.
3. Cf. MATH., I, 27, a.

MATH., IV, 13. f. Quantum autem opinione sua fallantur illi boni viri, paucis ostendere operæ pretium est, reipublicæ literariæ causa, ne decipiatur juventus promissis inanibus, et ne longius serpat illa melioris geometriæ corruptela; quam passim invaluisse video, ut nulla amplius accuratarum demonstrationum, nulla constructionum elegantiorum [in quo genere veteres] apud multos cura sit. quæ mens si fuisset veteribus summis viris, dudum et paralogismis scaterent omnia, et plerisque compendiis egregiis vitæque utilibus [ut in re Optica] destitueremur. De paralogismis moneo non sine gravi causa, expertus enim scio quàm in illos sint proclives, qui calculo nimium tribuunt. Et novi insignes sanè mathematicos, ingenio ac doctrina pollentes, et in algebra hodierna versatissimos, qui aggressi problemata quædam, et solutiones suas mecum communicantes, aliis semper literis alios mittebant paralogismos; et agnoscentes à me indicatos priores, non tamen abstinebant à novis, donec omnes spes suas omnia tentamenta frustra consumsissent. Amicus quidam sane ingeniosissimus problema per se non difficile quærens incidit in contradictionem; repetiit calculum plus quam decies; cumque nihil proficeret, ad me accessit, deprehendi statim erroris causam, sanè ita subtilem, ut non nisi ab illo agnosci possit, qui accuratas algebræ regularum demonstrationes investigavit.

P. 3. | De abusu Geometriæ indivisibilium idem sentio, mirum quàm facilis sit lapsus cùm difficiliora tractantur. Ita insignem Geometram cum superficiei sphæroidis æqualem circulum exhibere vellet, subtili quodam sophismate deceptum videre memini; nesciebat enim id nisi supposita hyperbolæ quadratura præstari non posse. Possem aliquot hujusmodi errorum exempla adducere, aliis cautioni futura, sed ea dialogis servo, in quibus hæc < studia > familiarius tractare consultum erit.

Nunc indicabo quæ Geometriæ vulgatæ ac hodie sub Analyseos specioso nomine acceptæ desint. Ea ad duo summa capita reduco, inventionem valorum, et constructionem linearum. Nam, ut a *constructione* < *lineari* > incipiam, quotusquisque est qui eam calculi artem teneat < curetve >, quæ rectà ducat ad constructiones elegantiores? Veteres tamen in hanc rem incubuisse diligenter multa me persuadent : nec verò miror quod sæpe constructiones < geometricas > e calculo elicere difficile est. Nam calculus magnitudinem [tantum] tractat, Geometria et magnitudinem et situm; situs autem consideratio propria habet com-

pendia quæ per solam magnitudinis considerationem non nisi vi adhi-   MATH., IV, 13, f.
bita exprimi possunt. Itaque < constructionum causa > superesse ajo
quærendam quandam Analysin Geometriæ propriam longe ab Algebra
diversam[1]. Venio ad *Valores incognitarum*. hos equidem < commodissimè > reperire calculi propriè officium est, qui si perfectus esset,
possemus constructionum elegantia æquiores animo carere. | Nunc verò   P. 4.
rarissimè fit ut optimas calculandi vias inde ab initio prævidere liceat, et
sæpe ne aditus quidem patet < ullus > ad calculum qualemcunque.
Itaque sunt problemata in quibus longo circuitu opus est receptam calculandi rationem sequenti. Sunt alia in quibus ne calculare quidem satis
licet. Quod ad priora attinet, multum interesse quænam eligas incognitas,
sive quantitates quærendas, cum aliæ ad horribilem < non rarò >
ducant prolixitatem, dum aliæ mox finem ostendunt. Deinde iisdem
etiam electis incognitis diversas esse calculandi vias; denique sæpe plures
incognitas æquationesque utilius adhiberi, quam unius incognitæ æquationem unam. Quare qui veras calculi artes tenet, et plerumque reduc-
tiones ab initio præscindit, et ex pluribus incognitis ejusdem gradus eas
eligit, quarum valores postea simpliciores et ad construendum aptiores
fiunt.

MATH., IV, 13, g (un coupon).   MATH., IV, 13, g.

12 Feb. 1679.

Divisio. < item diophantea et comparatio. >

MATH., IV, 13, h (1 f. in-8°).   MATH., IV, 13, h.

Scheda quarta. 10 decembr. 1678. *Divisionis compendium generale.*

Un autre feuillet in-8° :

10 decembr. 1678. *Dividendi compendium generale.*

1. V. *La Logique de Leibniz*, ch. IX, §§ 5 sqq.

Math., IV, 14, a.　Math., IV, 14, a (6 p. in-fol.).

Annotationes quædam.

Copie de la main d'un secrétaire.
Emploi des coefficients symboliques.

Math., IV, 14, b.　Math., IV, 14, b (3 p. in-fol., 4 p. in-fol. et 2 tableaux de 2 p. in-fol. chacun).

Annotationes algebraicæ.

De la même main. Même remarque.

Math., IV, 16, a.　Math., IV, 16, a.

Ordinatio Divisionis characteristicæ.

Tableau de la division algébrique, avec des coefficients symboliques.

Math., IV, 17.　Math., IV, 17.

Numeri primi eorumque genesis mira.

6-7 Septembr. 1677.

Math., IV, 17, a.　Math., IV, 17, a.

Figura Numerorum ordine dispositorum et punctatorum ut appareant qui Multipli qui primitivi. Et elegans progressio quæ incipit : tres primitivi (1. 2. 3.) unus multiplus (4) unus primitivus (5) unus multiplus (6) unus primitivus (7) tres multipli (8. 9. 10) etc. in qua progressione latet mysterium primitivorum.

Figure analogue à celle du fragment Math., IV, 11, sauf que la première ligne horizontale (après les nombres, jusqu'à 30) est supprimée et, que les 14 lignes horizontales partent de la diagonale principale. De plus, elles sont traversées par des lignes verticales correspondant aux nombres multiples et joignant leurs points.

{ Figura notabilis, in qua primorum et multiplorum arcana latent. Math., IV, 17, a. Notabile puncta oblique cadere in lineas rectas. Angulumque rectæ ad horizontalem perpetuo variari arithmetica sinuum progressione. Restat tantum ut perpendicularium linearum proprietates detegantur. }

Au-dessous, Leibniz a noté l'ordre de succession des primitifs et des multiples jusqu'à 119 :

3P. 1M. 1P. 1M. 1P. 3M. 1P. 1M. 1P. 3M. 1P.
1M. 1P. 3M. 1P. 5M. 1P. 1M. 1P. 5M. 1P. 3M.
1P. 1M. 1P. 3M. 1P. 3M. 1P. 1M. 1P. 3M. 1P.
1M. 1P. 1M. 1P. 5M. 1P. 3M. 1P. 1M. 1P. 5M.
1P. 3M. 1P. 5M. 1P. 1M. 1P. 5M. 1P. 3M. 1P.
1M. 1P. 3M. 1P. 1M. 1P. 3M. 1P. 5M. 1P.

Math., IV, 17, b.

3 januar. 1676.

*Ouverture nouvelle
de Nombres multiples, et des diviseurs des puissances.*

ADITUS AD NOVAM CONTEMPLATIONEM DE NUMERIS MULTIPLIS per OMNIUM NUMERORUM DISPOSITIONEM ET PUNCTATIONEM.

Ébauche de la figure précédente, en vertu de cette règle :

N^{tus} quisque est N^{rarius}.

En regard des lignes successives on lit :

Secundus quisque, Tertius quisque, Quartus quisque, Quintus quisque.

Suit une énumération de 10 propositions relatives à la divisibilité.

Math., VII, 5 : *Tentamen Anagogicum* (publié par GERHARDT, *Phil.*, VII, 270-279).

Le commencement est : « J'ay marqué en plusieurs occasions... » Tout ce qui précède est une note ajoutée après coup au titre. Note en tête :

MATH., VII, 5.   { Zu sehen, ob einige der propositionen schohn bey Barrow oder sonst[1]. }

MATH., VII, 5, a.   MATH., VII, 5, a (1 f. in-4°).

Démonstration du théorème de Pythagore (au verso d'une lettre de Matthias Zabany datée : « Hanover, den 10 Octobr. 1698 »). Note en tête de la page :

Hic specimen dare placuit Analyseos Anagogicæ a vulgari Algebristis usitata, quam Metagogicam seu transsultoriam vocare possis, diversa, in demonstrando theoremata reductione continua ad alia theoremata simpliciora per gradus, cum vulgaris Analysis eat per saltum [2]. Et cum Pappus dixerit quæsitum vel demonstrandum assumi in Analysi pro vero, atque inde deduci alias enuntiationes donec incidatur in jam notas, quod Conringius et alii reprehendunt, volui hoc evidente specimine ostendere quod olim Conringio respondi [3], etsi alias ex vero falsum duci possit, nihil tale hic esse metuendum, quia non adhibentur nisi ratiocinationes reciprocæ, itaque hic modum loquendi mutavi, nec dixi, ut initio volebam, ex Pythagorico Theoremate sequi articulum 6, ex hoc (supposita triangulorum similium proportionalitate laterum) sequi articulum 10 aliunde jam demonstratum vel demonstrabilem. Sed malui dicere et ostendere verum fore Theorema Pythagoricum si verus articulus 10. ita Analysis ista non minus rigorose demonstrat quam ipsa Synthesis.

Voici l'article 6 :

AB esse med. prop. inter BD et BE.

et l'article 10 :

ang. DAE (in semicirculo) sit rectus.

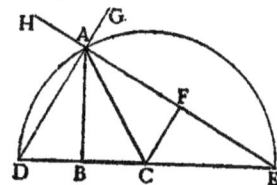

1. V. *Bodemann*, p. 297.
2. Cf. MATH., I, 26, c, e.
3. En 1678. Cf. *Phil.*, I, 195; *Nouveaux Essais*, IV, XII, § 6. V. *La Logique de Leibniz*, p. 266, note 1.

Math., VIII, 27, a.

Titre au verso :

Triangulum Harmonicum respondens Triangulo Arithmetico Pascalii, quo ostenditur quomodo numerorum figuratorum reciproci seu fracti, possint addi in summam.

Patet et quomodo sæpe ex simplicibus divinemus composita.

(Febr. 1676.)

Math., VIII, 27, b (un coupon, auquel le papier précédent renvoie). Contient l' « *Origo inventionis Trianguli Harmonici* » qui remonte à l'année 1673.

MATH., IX, 1.

PHORANOMUS SEU DE POTENTIA ET LEGIBUS NATURÆ [1] [DIALOGUS] [2].

Préface [3].

Cum Geometricis demonstrationibus jam evicerimus æquipollentiam omnium Hypothesium, in motibus quorumcunque $<$ et quotcunque $>$ corporum, quæ solis impressionibus corporeis moventur; consequens est ne Angelum quidem discernere posse, in rigore Mathematico, quodnam ex pluribus $<$ hujusmodi $>$ corporibus quiescat, ac centrum sit motus cæterorum. Et sive corpora Liberè moveantur, sive concurrant inter se, ea est admiranda naturæ lex, ut nullus oculus, in quocunque puncto materiæ ponatur, certis indiciis discernere possit ex phænomenis, ubinam et quantus qualisve sit motus; *circa ipsum Deus omnia an ipsummet agat* : Et ut in summa dicam $<$ (cum spatium sine materia res imaginaria sit $>$) Motus in rigore Mathematico nihil aliud est, quam mutatio situs corporum inter se, neque adeò absolutum quiddam est, sed in relatione consistit. Idque ex ipsa definitione loci Aristotelica jam consequitur, motus enim loci mutatio est, et locus est superficies ambientis; qua mutata motus contigit, sive ambiens sive locatum quiescente altero discessisse ponatur.

Cum verò nihilominus homines motum et quietem assignent corporibus $<$ etiam illis, quæ neque ab intelligentia, neque ab interno instinctu

---

[1]. Voir l'analyse sommaire et les extraits que Gerhardt a donnés de cet ouvrage (qu'il date de 1688) ap. *Math.*, VI, 8-9, et *Archiv für Geschichte der Philosophie*, t. I, p. 575-581 (1888).
[2]. Adressé à Thévenot.
[3]. D'après un brouillon de 4 pages de la main de Leibniz, et une copie de 4 pages de la main d'un secrétaire, revue par Leibniz. La pagination est celle de la copie.

moveri censent >, videndum est quo sensu faciant ne falsa dixisse MATH., IX, 1. judicentur. Et respondendum est eam Hypothesin eligendam esse, quæ est intelligibilior; neque aliud esse veritatem Hypotheseos, quàm ejus intelligibilitatem. Et cum diverso respectu non tam hominum et opinionum, quàm potius rerum ipsarum quæ tradendæ sunt una Hypothesis aliâ sit intelligibilior et scopo proposito convenientior; | etiam diverso P. 2. respectu, una erit vera, altera falsa. < Ut proinde veram esse Hypothesin nil aliud sit, quam recte adhiberi. > Et quemadmodum pictor idem palatium diversis projectionibus scenographicis exhibere potest, sed peccare tamen judicatur in eligendo, si eam præferat, quæ partes tegit, aut obscurat, quas cognoscere impræsentiarum interest < ita quoque non magis peccabit Astronomus Theoriam planetarum explicando Hypothesi Tychonica, quàm > si in doctrina Sphærica tradenda explicandisque diebus et noctibus Hypothesi Copernicana utatur, et difficultate oneret discipulum, quæ non est hujus loci. Et male loqueretur Historicus, Copernicanum licet systema secutus, qui pro sole terram moveri, aut in signo arietis versari dictitaret; nec minus falso (id est absurde) dixisset Josua, sta terra.

Itaque non est opus cum Marino Mersenno et Honorato Fabrio, viris licet doctis et religiosis, eo confugere, ut < tantum > provisionalis (si ita loqui licet) censura in eos stricta dicatur, qui Scripturam sacram populariter locutam contendunt, quasi aliquando demonstrato motu terræ contingere posset, ut declararet Ecclesia non aliter intelligi debere verba Scripturæ sacræ, quam illud poëtæ : provehimur portu, terræque urbesque recedunt [1]. Sed merito dicetur Scripturam sacram hoc loco servata et veritate et verborum proprietate locutam esse, nec tam sese | accommodare opinionibus hominum, quàm potius reconditos P. 3. ferre maximos omnigenæ sapientiæ thesauros, id enim dignius est autore Deo.

Sed cum in theoria planetarum explicanda Hypothesis Copernicana mirificè illustret animum, et Harmoniam rerum pariter ac sapientiam creatoris pulcherrimè ostendat; cæteræ autem innumeris tricis laborent, et omnia turbent miris modis, dicendum est, ut Sphæricam Ptolemaicam, ita vicissim Theoriam Copernicanam esse verissimam, id est maximè

---

1. VIRGILE, *Enéide*, III, 72.

MATH., IX, 1. intelligibilem et < solam > explicationis capacem [quæ menti satisfaciat], < qua recta ratio sit contenta >. Et Claudius de Chales vir doctus ex societate Jesu ingenuè fassus est, non esse sperandam Hypothesin aliam, qua menti satisfiat, plerisque jam Astronomis insignibus non obscurè profitentibus, solo se metu censuræ a Copernicano systemate præferendo retineri. Qua cautione non habebunt opus imposterum, et salva censorum autoritate Copernicum liberrimè sequentur, si modo nobiscum agnoscant, veritatem Hypotheseos non aliter quam pro majore intelligibilitate accipi debere, imò nec aliter accipi posse; ita ut jam omnis distinctio cesset inter eos qui Copernicanum systema ut Hypothesin præferunt [intelligibiliorem] < intellectui convenientiorem >, et < eos > qui propugnant ut veritatem; cùm talis sit hujus rei natura, ut utrumque sit idem, neque major hic < vel alia > veritas sit quærenda. Et cum permissum sit præferri ut Hypothesin simpliciorem, permissum etiam erit, hoc ipso sensu doceri ut veritatem. Ita servabitur et censorum autoritas ut nunquam retractatione imposterum opus habeant, quæcunque demum nova in cœlo terrave detegantur; et tamen [pulcherrimis] < egregiis > nostri temporis inventis nulla (prætextu censuræ) vis fiet.

P. 4. | Hoc intellecto, jam tandem libertatem philosophicam ingeniis restituemus salva Ecclesiæ reverentia, et Romam atque Italiam à calumnia liberabimus, quasi illic veritates maximæ et pulcherrimæ censuris opprimantur, quod passim apud Anglos et Batavos (ne Gallos nominem) dici ac scribi constat. < Et certe nisi talis ratio ineatur viris doctis obsequium religiosum professis, in tanta luce seculi maxima fit injuria, ut velut ad tenebras damnati videantur, adempta ipsis facultate eximias veritates detegendi; et aliis honorem præripientibus, non sine Italiæ opprobrio; qualem animum esse summis illis viris, penes quos censuræ est potestas, nemo sanus credat. > Neque vero negari potest Copernicum velut lucem quandam mundo intulisse, et qui doctrinam ejus non intelligunt, eos in natura rerum velut in cæca nocte versari. Non tantùm enim labyrinthi stationum et retrogradationum uno mentis ictu evanescunt sine ullo molimine, sed et magneticæ observationes mirificè conspirant, terra ipsa magnetis rationem habente, non tantùm respectu magnetis nostri, sed et siderum ipsorum, et hac ipsa Magnetica lege in Jove quoque cum satellitibus < Mediceis > et Saturni annulo cum suis similiter lunis, ita effulgescente, ut Copernicus vix majus aliquid ad confirmandas sententias suas vel optare potuisse videatur. Sed tamen hoc systema seipsum vicit, in Keplero qui « jura poli rerumque fidem, legesque deorum » primus patefecit mortalibus, observans : cuncta prodire phænomena si terra et planetæ omnes primarii ponantur ferri in Ellipsi cujus in foco sit sol, et eam esse motus legem in planetæ orbita, ut areæ ex sole abscissæ sint temporibus proportionales. Math., IX, 1.

Supererat, ut ratio tam inexpectatæ legis < physica > redderetur, quod demum nobis singulari felicitate successit. Inveni enim motum hunc planetarium universalem pulcherrime explicari per communem planetarum vorticem circa solem, imò ex ipsa motus lege consequi geometrice, ut resolvi possit in duos, circulationem harmonicam circa solem < (cujus scilicet proportione minor in majore à sole distantia sit velocitas) >, et accessum rectilineum ad solem < exemplo gravitatis vel magnetismi >; postquam < scilicet > demonstravi eam esse proprietatem universalem et reciprocam circulationis harmonicæ (: in qua crescentibus uniformiter distantiis à centro, harmonicè decrescunt velocitates, et vicissim :) ut areæ ex centro abscissæ sint temporibus proportionales, quæcunque sit lex motus paracentrici. Itaque eo jam res rediit, ut quod veteres vix votis attigisse videntur, primaria Universi phænomena per Geometricam Analysin ad simplicissima et clarissima intelligendi principia, id est optimam adeoque et verissimam (eo quo diximus sensu) Hypothesin reducta habeamus.

MATH., X, 11 (44 f. in-4°).

PACIDIUS PHILALETHI [1]

{ Prima de Motu Philosophia. }

{ consideratur hîc natura mutationis et continui, quatenus motui insunt. Supersunt adhuc tractanda tum subjectum motus, ut appareat cuinam ex duobus situm inter se mutantibus ascribendus sit motus : tum vero motus causa seu vis motrix } [2]

1 recto.   Cum nuper apud illustres viros asseruissem Socraticam disserendi methodum, qualis in Platonicis dialogis expressa est, mihi præstantem videri [3] : nam et veritatem animis familiari sermone instillari, et ipsum meditandi ordinem, qui à cognitis ad incognita procedit apparere, dum quisque per se nemine suggerente vera respondet, modò aptè interrogetur, rogatus sum ab illis, ut specimine edito rem tantæ utilitatis resuscitare conarer, quæ ipso experimento ostendit indita mentibus scientiarum omnium semina esse. Excusavi me diu, fassus difficultatem rei majorem quam credi possit; facile enim esse dialogos scribere, quemad-

---

1. Il existe de cet ouvrage un brouillon de la main de Leibniz (f. 33-44), une copie partielle de la main de Leibniz (f. 31-32) et une copie de la main d'un secrétaire, revue par Leibniz (f. 1-30). C'est celle-ci que nous reproduisons, en la collationnant avec la copie de Leibniz et en la complétant par le brouillon de Leibniz. Celui-ci porte le titre:
Pacidius Philalethi S. Dial. Mot. plag. 1 (2, 3, 4, 5, 6)
et la mention :
Scripta in navi qua ex Anglia in Hollandiam trajeci. 1676 Octob.
Cet ouvrage a la forme d'une lettre adressée par *Pacidius* à *Philalethes* (on sait que *Pacidius* est le pseudonyme de Leibniz : v. Phil., VII, A, 1; VIII, 3; et *Le Logique de Leibniz*, p. 130, 132). Voir l'analyse sommaire et les extraits que Gerhardt en a donnés dans l'*Archiv für Geschichte der Philosophie*, t. I, p. 211-215 (1888).
2. Note de la main de Leibniz, citée par Gerhardt, *loc. cit.*
3. V. p. 568, note 1.

modum facile est temere ac sine ordine loqui; sed oratione efficere, ut Math., X, 11.
ipsa paulatim e tenebris eniteat veritas et sponte in animis nascatur
scientia, id vero non nisi illum posse, qui secum ipse accuratissimè
rationes inierit, antequam alios docere aggrediatur. Ita resistentem me
hortationibus arte circumvenerunt amici : sciebant diu me de motu
cogitâsse atque illud argumentum habere | paratum. Forte advenerat 1 verso.
juvenis familia illustris cæterum curiosus ac discendi avidus, qui cum
in tenera ætate nomen militiæ dedisset, successibusque egregiis incla-
ruisset; maturescente cum annis judicio elementa Geometriæ attigerat,
ut vigori animi artem atque doctrinam jungeret. Is Mechanicam
scientiam sibi deesse quotidie sentiebat, et in scriptoribus hujus artis
plerisque, nonnisi pauca < et vulgaria > de elevandis ponderibus et
quinque potentiis, quas vocant, tradi; at fundamenta scientiæ genera-
lioris non constitui, sed nec de ictu ac concursu, de virium incrementis
ac detrimentis, de medii resistentia, de frictu, de arcubus tensis et vi
quam Elasticam vocant, de cursu ac undulationibus liquidorum, de soli-
dorum resistentia, aliisque hujusmodi quotidianis argumentis, certa
satis præcepta tradi querebatur. Hunc mihi adduxêre amici, atque ita
instruxêre, ut paulatim irretitus in colloquii genus laberer, quale toties
laudaveram, quod illis ita successit, ut consumtis frustra tergiversatio-
nibus accenso omnium studio tandem obsequi decreverim.

| *Charinum* (: hoc advenæ nomen erat :) adduxit mihi *Theophilus* 2 recto.
senex egregio judicio ad omne argumentum paratus qui consumto in
negotiis flore ætatis, opibus atque honoribus partis, quod reliquum vitæ
quieti animi atque cultui Numinis dare decreverat. Vir pietatis solidæ
interiore quodam sensu, et communis boni studio accensus, cujus augendi
quoties spes affulgebat, neque opibus ille neque laboribus parcebat. Arcta
mihi cum eo familiaritas, et non injucunda consuetudo erat : multus
tunc forte de Republica sermo, et infidis historiarum monumentis, quæ
rerum gestarum simplicitatem fictis causarum narrationibus corrupêre,
quod ille in negotiis quibus ipse interfuerat, accidisse luculenter osten-
debat. Ego cum viderem cum *Theophilo* ac *Charino* advenisse *Gallutium*
virum insignem, in experimentis exercitatissimum..., et singulares Corporum proprietates doctum, rei vero medicæ peritia inprimis admira-
bilem, et successibus clarum, quoties flagitantibus | amicis, quanquam à 2 verso.
medici nomine ac professione et omni lucro alienus, remedia dederat;

MATH., X, 11. hujus causa a Republica ad Philosophiam, non invito *Theophilo*, sermonem ita flexi :

Pacidius : Quod de historia civili ais, *Theophile*, corrumpi ab illis, qui ex conjectura, causas occultas eventuum conspicuorum fingunt, id in historia naturali etiam periculosius fieri Gallutius noster sæpe questus est. — *Gallutius* : Ego certè sæpe optavi, ut observationes naturales, et inprimis historiæ morborum nobis exhiberentur nudæ et ab opinionibus liberæ, quales Hippocraticæ sunt, non Aristotelis, non Galeni, non recentioris alicujus sententiis accommodatæ : tum demum enim resuscitari poterit philosophia, cum fundamenta solida jacta erunt. — *Theophilus* : Non dubito quin regia sit via per experimenta, sed nisi ratiocinatio eam complanaverit, tardè proficiemus et post multa secula in initiis hærebimus. Quàm multas enim observationes præclaras, apud Medicos congestas habemus, quot elegantia Chymicorum experimenta
3 recto. feruntur, | quanta rerum sylva à Botanicis aut anatomicis suppeditatur, quibus miror philosophos non uti, nec ducere ab ipsis, quicquid inde duci potest : quod si facerent, fortè haberent in potestate multa quæ sibi deesse queruntur. — *Pa.* : Sed nondum extat ars illa, per quam in naturalibus ducatur ex datis quicquid ex illis duci potest, quemadmodum id ordine certo in Arithmetica atque Geometria præstatur. Geometræ enim proposito problemate vident an sufficientia habeant data ad ejus solutionem, ac viæ cuidam tritæ atque determinatæ insistentes, omnes problematis conditiones tamdiu evolvunt, donec ex ipsis quæsitum sponte prodeat sua. Hoc ubi in naturali philosophia præstare didicerint homines, discent autem ubi meditari volent, mirabuntur forte multa à se tamdiu ignorata, quod non ignaviæ aut cæcitati antecessorum, sed methodi veræ defectui tribui debet, quæ sola lucifera est. — *Charinus* : Si mihi talium inexperto sententiam dicere permittitis, asseverarim à
3 verso. Geometria ad Physicam difficilem | transitum esse, et desiderari scientiam de motu, quæ materiam formis, speculationem praxi connectat, quod experimentis qualibuscunque tyrocinii castrensis didici : sæpe enim mihi machinas novas et jucunda quædam artificia tentanti successus defuit, quod motus ac vires non perinde ac figuræ et corpora delineari atque imaginationi subjici possint. Quoties enim structuram ædificii aut munimenti formam animo conceperam, initio quidem exiguis modulis ligneis [aut cereis] aliave ex materia confectis cogitationi

fluctuanti subveniebam; postea provectior delineationibus in plano MATH., X, 11.
factis ad solida repræsentanda contentus eram; denique eam imaginandi facilitatem paulatim nactus sum, ut rem totam omnibus numeris absolutam, omnesque eius partes ad vivum expressas animo formarem, et velut oculis subjectas | contemplarer. Sed cum de motu agebatur, 4 recto.
omnis mea cura atque diligentia irrita fuit, neque unquam assequi potui, ut virium rationes atque causas imaginatione comprehendere, ac de machinarum successu judicare liceret, semper enim in ipso motus inchoandi initio hæsi, nam quod toto reliquo tempore evenire debebat, jam momento primo fieri quodammodo debere animadvertebam. Circa momenta autem atque puncta ratiocinari, id quidem supra meum captum esse fatebar. Quare à rationibus depulsus, ad experientiam meam atque alienam redactus sum, sed quæ nos sæpe fefellit, quoties eorum, quæ experti eramus, falsas causas pro veris sumseramus, atque inde argumentum ad ea quæ nobis similia videbantur porrexeramus. — *Pa.* : Præclara nobis narras, Charine, | et unde mihi ingeniis æstimandis sueto 4 verso.
quid à te expectari possit si rectè ducaris, judicare facile est. Gaudeo enim impensè, quod tua experientia didicisti vires ac motus non esse rem subjectam imaginationi, quod magni momenti est in philosophia vera. Quod autem de necessitate doctrinæ motuum ad naturalem philosophiam ais, verissimum est, sed iis non adversatur, quæ supra dixi, de Logica ante omnia constituenda. Nam scientia rationum generalium, immersa naturis mediis, ut veteres vocabant, id est figuris (: quæ per se incorruptibiles atque æternæ sunt :) velut corpore assumto, Geometriam facit. Eadem caducis atque corruptibilibus sociata ipsam constituit scientiam mutationum sive motuum de tempore, vi, actione. Itaque quemadmodum rectè Geometriam esse Logicam Mathematicam egregius nostri seculi philosophus dixit, ita Phoronomiam esse Logicam Physicam | au- 5 recto.
dacter asseverabo. — *Cha.* : Magno me beneficio affeceris, Pacidi, si aliquam in hoc argumento mihi lucem accenderis. — *Ga.* Diu est, quod nobis meditationes tuas de motu promittis : tempus est ut satisfacias expectationi nostræ, nisi arculæ tuæ qua chartas recondis, vim à nobis adhiberi mavis. — *Pa.* Reperietis in ea pro thesauro, quod ajunt, carbones; pro elaboratis operibus schedas sparsas, et subitanearum meditationum vestigia male expressa, et memoriæ tantùm causa non nunquam servata. Quare si quid a me desiderabatis dignum vobis, dies mihi

MATH., X, 11. dicendus erat. — *Th.* : Post tot interpellationes paratum esse oportet debitorem, nisi malum nomen audire velit. — *Ga.* : Veritatis assequendæ causa societas inter nos contracta est, actionem autem pro socio scis, Pacidi, non ultra esse quam in id quod facere possis. Quantum autem
5 verso. possis, tuæ fidei committimus, ut agnoscas liberalita — | tem nostram. Scilicet contenti erimus solutione per partes; fac tantùm ne Charinum studio ardentem frustra ad te adduxerimus. — *Ch.* : Ego amicorum postulationibus preces meas jungo, nec absolutum opus, aut continuum sermonem flagito, sed instructiones fortuitò nascentes, ut sermonis occasio tulerit [1]. — *Theoph.* : Meministi, Pacidi, quid nobis sæpè de Socraticis Dialogis prædicaveris : quid obstat quominus nunc tandem earum utilitatem exemplo [2] discamus, nisi forte Charinum infra Phædonem aut Alcibiadem ponis, quibus ille neque ingenio neque animis, neque fortuna cedit. — *Pacid.* : Video vos meditatos atque instructos venisse ad me circumveniendum; quid agam dum alius mecum lege agit, alius precibus non minus valituris tarditatem meam expugnat. Fiat, ut jubetis; permitto me voluntati vestræ. Sed qualiscunque successus erit, periculo vestro erit, neque enim illum aut sententiis meis, (: quarum in ea festinatione ne meminisse quidem satis possum :) aut Socraticæ methodo (quæ meditatione opus habet) præjudicare volo; cæterum res
6 recto. omnis ad te redit, Charine. | — *Ch.* : Quid ita? — *Pacid.* : Quia tute te docebis, hæc enim Socratica methodus est. — *Ch.* : Quî possim discere ab ignaro? — *Pacid.* : Disces à te nec ab ignaro, plura enim scis, quam quorum meministi. Ego tantùm reminiscendi eorum quæ scis, et inde ducendi quæ nescis occasionem dabo, et ut Socrates ajebat, gravido tibi atque parturienti obstetricio munere adero. — *Ch.* : Grave est, quod à me postulas, ut ignorantiam meam utcunque silendo tectam, prodam sermone. — *Gall.* : Si Pacidio credimus, scientiam tuam ipse mirabere. — *Ch.* : Quanquam magnus mihi sit autor Pacidius, præsentior tamen est conscientia mei. — *Pacid.* : Nondum expertus es, Charine, quid per te possis; tentanda aliquando fortuna est, ut scias ipse quanti tibi esse debeas. — *Theoph.* : Age, Charine, permitte te nobis, neque intercede diutius utilitati tuæ ac voluptati nostræ. — *Ch.* : Pareo vobis, quanquam periculo opinionis quam de me habere potuistis : quantulacunque

---

1. Ici finit la copie de Leibniz (f. 31-32).
2. Dans le brouillon : *experientia*.

enim fuerit certe experimento adhuc amplius minuetur. Sed ingenui est, Math., X, 11.
fallere nolle : itaque facile patiar, ut de me sentiatis, prout res est,
| dummodo hærenti subveniatis < et proficiendi occasionem detis >. 6 verso.
— *Pacid.* : Id faciemus, quantum in nobis erit. Tantum mihi si placet
responde < interroganti. > Quoniam de motu tractare nobis propo-
situm est, quæso, Charine, dic nobis quid motum esse putes. — *Ch.* :
Qui possum ab initio dicere, quod vix in progressu multa industria erui
posse arbitrabar. — *Pacid.* : Nonne Motum aliquando cogitasti? —
Ch. : Perinde est ac si quæras an sensibus ac ratione usus sum. —
Pa. : Dic ergo nobis quid animo obversatum sit cum de motu cogitares.
— *Ch.* : Difficile est id statim colligere atque ex tempore explicare. —
Pa. : At tenta tamen : neque enim periculum est errandi, quicquid enim
per motum a te intelligi dicas, perinde erit; dummodo non in progressu
aliquid assuas, quod in ea notione quam sumsisti non contineatur. —
Ch. : Id cavere vestrum est, ego *motum* esse arbitror, *mutationem loci*, et
motum in eo corpore esse ajo, quod locum mutat. — *Pa.* : Euge,
Charine, liberaliter et ingenue facis, quod nobis | statim exhibes, quæ vix 7 recto.
multis interrogationibus extorquere sperabam : fac modo ut integrum
sit beneficium tuum. — *Ch.* : An aliquid amplius adjiciendum putas. —
Pa. : Non utique, ubi quæ dixisti intellexerimus. — *Ch.* : Quid vero
clarius quam mutatio, quam corpus, quam locus, quam inesse? — *Pa.* :
Ignosce tarditati meæ, quæ facit, ut nec ea intelligam quæ aliis clarissima videntur. — *Ch.* : Ne illude quæso. — *Pa.* : Obsecro te, Charine,
ut persuadeas tibi, nihil alienius esse ab ingenio meo, et sinceram esse
professionem hæsitationis meæ. — *Ch.* : Tentabo explicare sententiam
si interrogaveris. — *Pa.* : Recte. Statum mutationis nonne statum
quendam rei esse putas? — *Ch.* : Puto. — *Pa.* : Differentem a priore < rei
statu > ante mutationem, cùm omnia adhuc integra essent? — *Ch.* :
Differentem. — *Pa.* : Sed < et > ab eo qui erit post mutationem? —
Ch. : Haud dubie. — *Pa.* : Vereor, ne id nos conjiciat in difficultates.
— *Ch.* : Quas obsecro. — *Pa.* : Permittisne | mihi exempli electionem? 7 verso.
— *Ch.* : Non habes opus permissione. — *Pa.* : Mors nonne mutatio est?
— *Ch.* : Haud dubie. — *Pa.* : Actum ipsum moriendi intelligo. —
Ch. : Et ego eundem. — *Pa.* : Qui moritur vivitne? — *Ch.* : Perplexa
est quæstio. — *Pa.* : An qui moritur mortuus est? — *Ch.* : Hoc impos-
sibile esse video. Mortuum enim esse significat mortem alicujus esse

MATH., X, 11. præteritam. — *Pa.* : Si mors mortuo præterita est, viventi erit futura, quemadmodum nascens nec nasciturus est nec natus. — *Ch.* : Videtur. — *Pa.* : Non ergo qui moritur vivit. — *Ch.* : Fateor. — *Pa.* : Moriens ergo nec mortuus est, nec vivus. — *Ch.* : Concedo. — *Pa.* : At videris concessisse absurdum. — *Ch.* : Nondum absurditatem [video] < animadverto > [1]. — *Pa.* : Nonne vita in certo aliquo consistit statu? — *Ch.* : Haud dubie. — *Pa.* : Hic status aut existit aut non existit. — *Ch.* : Tertium nullum est. — *Pa.* : In quo non est hic status id vita carere dicimus. — *Ch.* : Esto. — *Pa.* : Nonne mortis momentum illud

8 recto. est, quo quis incipit | vita carere. — *Ch.* : Quidni. — *Pa.* : Aut quo desinit vitam habere. — *Ch.* : Perinde est. — *Pa.* : Quæro an hoc momento absit an adsit vita. — *Ch.* : Video difficultatem neque enim ratio est cur alterum præ altero dicam. — *Pa.* : Opus est ergo, ut neutrum dicas aut utrumque. — *Ch.* : Sed tute mihi exitum hunc interclusisti. Nam satis video, statum aliquem necessariò adesse aut abesse, neque simul et adesse et abesse, vel nec adesse nec abesse. — *Pa.* : Quid ergo? — *Ch.* : Quid? nisi me hærere. — *Pa.* : Quid si ego quoque? — *Gall.* : Siccine nos deseris, Pacidi. — *Pa.* : Sæpe fassus sum magnas esse circa principia difficultates. — *Gall.* : Cur nos in locum tam lubricum duxisti, si labantes sustentare non posses. — *Pa.* : Sed tanti erat agnoscere difficultatem. — *The.* : Si te novi, Pacidi, non utique quievisti antequam tibi satisfaceres, neque enim in hæc hodie primum incidisti : quare tempus est ut sententiam < tuam > nobis edisseras. — *Pac.* : Si vobis obsequar, amici in portu naufragium fecero < nondum provectus in plenum mare. > — *Th.* : Quid ita. — *Pa.* : Quia methodi Socraticæ leges violavero, qua primum die eam, vobis hortantibus,

8 verso. attentavi. — *The.* : Id nolim | equidem. — *Pa.* : Quare sententiam meam desiderare non debes. Charini est hortante me invenire veritatem, non a me quærere inventam. Neque enim illi fructum methodi, aut successus voluptatem invidere debemus. — *Gall.* : Fac obsecro ut gustare incipiamus quos narras fructus. — *Pa.* : Tentabo atque ita porro quæram : dic mihi, Charine, putasne aliquos esse mortuos, qui vixerant. — *Ch.* : Certum hoc est, quicquid argutemur. — *Pa.* : Desiitne aliquando vita? — *Ch.* : Desiit. — *Pa.* : Ergone aliquod ultimum vitæ

---

1. Correction au crayon.

momentum fuit? — *Ch.* : Fuit. — *Pa.* : Rursus, Charine, putasne aliquos vixisse, qui nunc mortui sunt. — *Ch.* : Certum est hoc quoque, imò idem priori est. — *Pa.* : Sufficit certum esse. Ergone status mortui cœpit? — *Ch.* : Cœpit. — *Pa.* : Et primum aliquod hujus status momentum sive initium fuit? — *Ch.* : Fuit. — *Pa.* : Superest hoc unum mihi respondeas, idemne sit ultimum momentum vivendi et primum momentum non vivendi. — *Ch.* : Si nihil asserendum est quam quod certò comprehendimus, id quidem asseverare non ausim. — *Pa.* : Gratulor tibi, Charine, quod artem dubitandi, sane non exiguam, didicisti. Hîc enim | (fatebor tibi) aliquod judicii tui experimentum capere volui. Sed dic mihi, quæso, quid te hîc tam cautum fecerit? — *Ch.* : Videbam inferre te velle, communi vivendi ac non vivendi momento eundem simul vivere ac non vivere, quod absurdum esse agnosco. — *Pa.* : An rectam futuram fuisse putas illationem? — *Ch.* : Non puto ei resisti posse. — *Pa.* : Quid ergo de sententia sentis ex qua absurdum necessariò sequitur? — *Ch.* : Absurdam esse. — *Pa.* : Ergo duo momenta se immediate sequi possunt, unum vivendi, alterum non-vivendi. — *Ch.* : Quidni, cum possint et duo puncta : quod mihi opportune admodum in mentem venit, cum rem quodammodo oculis subjiciat. super Tabula perfecte plana AB. feratur sphæra prorsus rotunda C; manifestum est non cohærere sphæram plano, neque extrema habere communia, alioqui unum sine altero non moveretur; manifestum est tamen contactum non nisi in puncto esse, et extremum aliquod sive punctum sphæræ, *d*, ab extremo sive puncto tabulæ, *e*, non distare. duo ergo puncta, *d* et *e*, simul sunt, etsi unum non sint. | — *Pa.* : Nihil planius aptiusque potuit dici. — *The.* : Memini Aristotelem quoque contiguum à continuo ita discernere, ut *continua* sint, quorum extrema unum sunt, *contigua* quorum extrema simul sunt. — *Pa.* : Eodem ergo modo dicemus cum Charino, statum vivi mortuique tantum contigua esse, nec communia extrema habere. — *Ch.* : Urbanè admodum me autorem citas eorum, quæ tu in animo meo nasci fecisti. — *Pa.* : Jam dixi te sententias tuas tibi debere, occasiones mihi. Sed hoc in majoribus comprobabitur, quanquam eundum sit per gradus. — *Gall.* : Patere ergo, ut quæram an ex his aliquid momenti cujusdam putes duci posse. — *Pa.* : Mirarer hoc te non jamdudum quæsivisse < nisi te Gallutium esse nossem >. Scio

MATH., X, 11. enim < alioqui > viris in naturæ inquisitione, et experimentorum luce versatis hæc aut inepta aut certe inutilia videri; sed acquiesces opinor, ubi consideraveris; cum de principiis agitur nihil parvum debere videri. — *Ga.* : Non sum adeò à rebus abstractis alienus, ut non agnoscam, tenuia omnium scientiarum initia esse, velut stamina prima telæ majoris.

10 recto. | Sed cum sciam solere te paulatim viam ad majora moliri, prægustum aliquem expectabam qui dictis dicendisque luci esset. — *Pa.* : Non possum hîc, Galluti, satisfacere desiderio tuo, nec, si possem, deberem : Non possum, quia ut venatores non certam semper ac designatam sequuntur feram, sed obvia sæpe præda contenti sunt; ita nos aliquando cogimur arripere veritates, ut quæque primum occurrerit, certi nunquam non lucrosam hanc esse capturam, et magno satis numero collecto, tum demùm subductis rationibus recognitisque opibus nostris atque digestis majorem spe thesaurum reperiri. Adde quod non meo tantum arbitrio colloquium connectitur sed Charini : responsionibus accommodandæ sunt interrogationes meæ. Si vero possem tibi jam tum ante oculos ponere futuri sermonis œconomiam, etiam te judice, ubi me audieris, non deberem : nonnunquam enim gaudemus falli, et major eventus gratia est, cum non expectatur : scis circulatores tum maxime oblectare

10 verso. cum versis aliorsum oculis | spectatorum, inopinatum aliquid e pera velut e nihilo educunt. — *Gall.* : Hac spe non amplius interpellabere. — *Pa.* : Ad te igitur redeo, Charine; conclusimus impossibilem esse statum mutationis. — *Ch.* : Ita certe si momentum mutationis pro momento status medii seu communis sumatur. — *Pa.* : At nonne res mutantur? — *Ch.* : Quis neget? — *Pa.* : Mutatio ergo est aliquid. — *Charin.* : Certe. — *Pa.* : Aliud ab eo quod impossibile ostendimus, < momentaneo scilicet statu. > — *Ch.* : Aliud. — *Pa.* : An ergo status mutationis aliquem temporis tractum postulat? — *Char.* : Videtur. — *Pa.* : Potestne aliquid pro parte existere aut non existere. — *Charin.* : Hoc clarius explicandum est. — *Pa.* : Potestne crescere aut decrescere veritas alicujus propositionis certo temporis tractu quemadmodum aqua incalescit aut refrigeratur per gradus? — *Ch.* : Minime quidem : puto enim totam statim falsam aut totam veram esse propositionem. nunc enim intelligo quæstionem, ut cum aqua calida sit etsi magis magisque incalescat, uno tamen momento opus est, ut ex non calida fiat calida

11 recto. vel contra, quemadmodum momento | fit ex recto obliquum. —

Ch.[1] : Rursus ergo rediimus ad momentaneum mutationis statum, quem impossibilem esse apparuit. — *Po.*[2] : Nescio quomodo reciderimus in difficultates quibus exieramus. — *Pa.* : Si duorum hominum facultates non nisi uno obolo differant, poteritne unus dives censeri quin idem et de altero judicium fiat. — *Charin.* : Non poterit credo. — *Pa.* : Ergo unius oboli differentia divitem vel pauperem non facit. — *Char.* : Non opinor. — *Pa.* : Neque unius oboli additio vel detractio divitem faciet non divitem, aut pauperem non pauperem. — *Ch.* : Non utique. — *Pa.* : Nemo ergo unquam fieri potest ex paupere dives vel ex divite pauper, quotcumque obolis datis vel ademtis. — *Ch.* : Quid ita obsecro? — *Pa.* : Pone pauperi obolum dari, an desiit pauper esse? — *Ch.* : Minime. — *Pa.* : Detur iterum obolus, an tum desiit? — *Ch.* : Non magis. — *Pa.* : Ergo nec tertio obolo dato desinet pauper esse. — *Ch.* : Fateor. — *Pa.* : Par est ratio de alio quocumque : aut enim nunquam aut unius oboli adjectione desinet pauper esse : pone millesimo pauperem esse desinere, nongentesimo nonagesimo nono adhuc fuisse; | utique unus obolus depulit paupertatem. — *Ch.* : Agnosco vim argumenti, et me ita delusum miror. — *Pa.* : Faterisne igitur aut nunquam aliquem divitem vel pauperem fieri aut fieri posse uno obolo addito vel detracto. — *Ch.* : Cogor fateri. — *Pa.* : < Hoc argumenti genus Acervum veteres appellabant, quod non omnino inutile est, si recte utaris. Nunc enim > a discreta ad continuam quantitatem argumentum transferamus < ut si punctum A ad punctum B accedat > fiet aliquando ex non propinquo propinquum < ut in B >. Nonne eodem argumento quo paulo ante colligemus aut propinquum nunquam fieri, aut fieri unius pollicis < ut FB > accessione. — *Ch.* : Colligemus. — *Pa.* : At nonne pro pollice substituere poterimus pollicis centesimam aut millesimam aut aliam partem quantumlibet parvam ? — *Ch.* : Certe. — *Pa.* : Si pollicis < FB > centesima pars < CB > facit ex propinquo non propinquum, totus pollex non facit. — *Ch.* : Non utique : nam priores nonaginta novem partes < FC > nondum fecere propinquum. — *Pa.* : Patet ergo pollicis accessionem non facere ex non propinquo propinquum nisi quia continet ultimam centesimam. —

1. Lire : *Pacidius*.
2. Lire : *Charinus*.

Ch. : Et ultima cente —|sima CB pari jure non facit propinquum, nisi ob novissimum sui B. — *Pa.* : Novissimum autem nonne minimum est? — *Ch.* : Minimum utique, nam si non esset < minimum > aliquid ab eo rescindi posset, salvo eo quod propinquitatem facit. < Pone enim novissimum illud ipsius CB non esse minimum B sed rectam DE > non per se sed ob aliam sui partem < adhuc minorem EB > faciet ex propinquo non propinquum. — *Pa.* : Habemus ergo < vel nihil esse per quod quid propriè ac per se fiat propinquum vel > minimi adjectione aut detractione aliquid fieri ex propinquo non propinquum, adeoque minima esse in rebus. Jam minimum in loco potestne alio quam minimo temporis absolvi? — *Char.* : Non potest : alioquin pars ejus temporis partem loci absolveret, minimi autem pars nulla est. — *Pa.* : Rursus ergo patet statum mutationis in præsenti exemplo (à longinquitate ad propinquitatem) momentaneum esse. — *Ch.* : Esto. — *Pa.* : Redit ergo difficultas prior, ultimone momento status prioris an primo posterioris ascribi debeat status mutationis. — *Ch.* : Videor tandem | mihi exitum reperisse. Dicam enim componi ex utroque < et licet momentaneus dici soleat, duo tamen momenta continere > : quemadmodum locus contactus, < qui in puncto esse dicitur >, utrumque corporum se tangentium extremum continet. — *Pa.* : < Rectè dixisti, et superioribus tuis congruenter neque ita > [Nihil] habeo quod objiciam huic sententiæ tuæ. — *Ch.* : Mutationem ergo nuper proscriptam velut postliminio reduximus in naturam. — *Pa.* : Modo teneamus < esse contactum vel aggregatum duorum statuum oppositorum, non verò > esse entis genus à qualitate sive statu ipso distinctum, neque < adeo esse > statum medium, sive transitum a Potentia ad actum vel a privatione ad formam < quemadmodum vulgo philosophi mutationem et motum concipere videntur >.

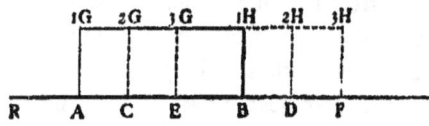

— *Ch.* : Jam ergo mihi permissum erit, Motum definire mutationem. — *Pa.* : Ergo fateri debes motum < corporis ut GH ex AB vel 1G1H versus EF vel 3G3H > esse compositum ex novissimo momento existentiæ in loco < AB > a quo fit < motus >, et primo momento existentiæ in loco proximo ad quem fit motus corporis. Quæso jam,

Charine, designa mihi locum proximum in quem fit. — *Ch.* : Designabo
tibi quemlibet CD < vel 2G2H >. — *Pa.* : At ego non quemlibet,
sed proximum quæro. — *Ch.* : Satis video ut proximus sit intervallum AC debere minimum esse. — *Pacid.* : Aut necesse est
mobile de loco A.B. in locum. EF. ire per saltum, ita ut non
eat per locos intermedios (verbi gratia CD) omnes. — *Ch.* :
Quod impossibile est. — | *Pa.* : Ita sane videtur. sed quæso :
motus nonne continuus est? — *Ch.* : Quid hoc loco continuum
vocas? — *Pa.* : Hoc volo, aliquando nulla quiete interrumpi,
sive ita durare posse, ut corpus GH nullo in loco (æquali sibi)
AB.CD.EF vel intermediis existat ultra momentum. — *Charin.* :
Quid si hoc tibi negem? — *Pac.* : Poteris non sine exemplo nam et ex
veteribus Empedocles et ex recentioribus docti quidam Viri quietulas
quasdam interspersas asseruêre. — *Ch.* : Hac fiducia nego, alioqui vix
ausurus. — *Pa.* : Non habes ad negandam[1] aut certè | ad dubitandam[1]
alia opus autoritate, Charine, quam tua : sed hoc mihi responde : interspersa quies nonne est existentia corporis in eodem loco per aliquem
temporis tractum? — *Ch.* : Certe. — *Pacidius* : Sunto ergo quietes
interspersæ, quæro an inter duas quietes < motui interspersas > aliquis
intercedat motus. — *Ch.* : Utique nisi pro quietibus interspersis, continuam quietem velimus. — *Pacid.* : Motus intercedens aut < momentaneus est, aut aliquo temporis tractu durans. — *Cha.* : Non utique >
momentaneus, alioqui corpus momento uno iret per spatium quoddam
quod perinde est ac si ad saltus, supra vitatos, reverteremur. Esto enim
tempus N.P. quo corpus GH transit ex loco AB in locum EF. sit tempus
quietis MN, quo durante corpus hæret in loco AB et sic OP tempus quo
hæret in loco CD erit utique NO tempus motus quo < corpus > transibit ex AB in CD et PQ tempus motus quo transibit ex CD in EG.
Pono autem AC.CF intervalla esse non minima sed alia quæcunque,
exempli gratia, centesimam pollicis partem | aliamve minorem aut majo-
rem : utique tempora motuum quoque non momentanea sive minima,
sed designabilia esse deberent; alioqui vel nullus foret progressus, vel
tempore aliquo minimo sive momento inter duas quietes posito, fieret
saltus corporis < GH ex loco AB in locum CD > distantem, adeoque

---

1. *Sic*, faute de copiste pour *-dum*.

vel non foret medio tempore (quippe quod in minimo nullum est) in loco medio < ut L > inter A et C, vel simul uno momento foret in omnibus locis intermediis. Quæ omnia absurda videntur. — *Pa.* : Optima est ratiocinatio tua sed in rem meam. — *Ch.* : Quid ita. — *Pa.* : Saltem enim motum durante tempore NO per spatium LC. continuum nullisque amplius quietulis interruptum fatebere. Atque ita redisti ad id quod declinaveras. — *Ch.* : Non possum id diffiteri nam si alias rursus quietulas introducerem, rediret tantùm quæstio < eadem > et tametsi indefinite progrederer subdividendo ac quietulas < indefinite > exiguas atque indesignabiles, motulis ejusdem naturæ miscerem, opus tamen | et tempusculis atque lineolis foret, restarentque eædem semper ratiocinationes. Nam quies semper plus quam momentanea < foret, alioqui quies non foret; ergo et motus non momentanei, alioqui eorum aggregatum ad aggregatum > quietularum collatum nullam haberet rationem designabilem, ac proinde aut nullus foret corporis progressus, aut, quales vitavimus, saltus. — *Pa.* : Gaudeo, Charine, me sagacitate ingenii tui magna laboris parte levari, hæc enim omnia mihi probanda erant. Unum addo, admisso semel aliquo motu continuo quietes interspersas ei usui non servire, cui eas destinârant autores sui, nam illi capere non potuerunt quomodo motus unus alio celerior esse possit, sine quiete interspersa. Si enim corpus A feratur motu continuo per tempus non minimum utcunque exiguum, ostendam motus inæqualitatem oriri sine quiete interspersa. Si enim corpus A feratur motu continuo ex. *d* in *e*, utique radium *cfd* aget in *cge*, motu etiam continuo, ac proinde celerior erit motus radii in puncto *d*. | percurrente arcum *dhe*, quam in puncto *f*. percurrente arcum *flg*. — *Ch.* : Manifestum id quidem. — *Pa.* : Motu jam continuo admisso vide quæ consequantur. — *Ch.* : Quænam obsecro? — *Pa.* : Quod nunc movetur estne adhuc in loco, à quo movetur? — *Ch.* : Non opinor, alioqui pari jure foret et in loco ad quem tendit : ac proinde in duobus locis simul. — *Pa.* : Jam ergo locum aliquem deseruit. — *Ch.* : Eum scilicet à quo venit. — *Pa.* : Deserere autem non potuit sine motu. — *Ch.* : Fateor. — *Pa.* : Ergo quicquid movetur jam antè motum est. — *Ch.* : Mira conclusio. — *Pa.* : Eodem argumento concludetur et quod movetur adhuc motum iri. — *Ch.* : Fateor, nam quod movetur, nondum est in loco in quo erit : non potest autem ad eum venire nisi adhuc moveatur. Ergo quicquid movetur, adhuc movebitur. — *Pa.* : Sed inde sequitur, motum esse æternum, ac neque incipere neque finire. — *Ga.* : Hoc Aristoteles tibi concedet, et qui hoc argumentum tractavit Proclus. — | *Th.* : Vitanda hæc conclusio est. — *Pa.* : Utique vitanda, sed si quis eam verè absurdam < non putet, eum simili argumento ad absurdum > evidens adigemus, si pro motu indefinito, adhibeamus aliquam speciem motus aut gradum, ut si corpus corpori continuè appropinquet, demonstrabitur eodem argumento semper appropinquâsse et semper appropinquaturum esse, quod absurdum est nam corpus. A motu ab 1 ad 2 appropinquat puncto B sed si ultra procedat a 2 ad 3. tunc non amplius ei propinquius reddetur < sed ab eo recedet >. — *Ch.* : Videtur et mihi idem argumentum adhiberi posse : nam quod appropinquat, non amplius est in loco remotiore ex quo appropinquat; ergo jam eum deseruit : deserere autem locum remotiorem < (nec tendere ad æquè vel magis remotum) > est appropinquare. idem nondum < adhuc > est in loco propiore versus quem appropinquando tendit, ergo adhuc in eum veniet; venire autem in locum propiorem est appropinquare, ergo adhuc appropinquabit. Ergo appropinquatio quoque æterna sive initii atque finis | expers erit, quod absurdum esse in confesso est. — *Pa.* : Sed quid respondemus : hæc enim ratiocinatio videtur omnem nobis evertere motum. — *Ch.* : Confugiam ex hac tempestate ad portum jam aliquoties salutarem. — *Pa.* : Nactus aliquid mihi videris, Charine, quo confidas argumenti vim eludi posse. — *Ch.* : Judicium penes vos esto; si vera superiùs constituimus, negandum est veram atque admittendam esse propositionem hanc : Corpus aliquod nunc movetur. Si quidem ipsum, *nunc*, sumitur pro momento, quoniam nullum est momentum transitus sive medii status, in quo dici possit corpus moveri, sive locum mutare, nam eo momento *neque* foret in loco quem mutat, *neque* non foret, quemadmodum ostendisti : præterea aut in nullo foret loco aut in duobus, eo scilicet quem deserit et quem acquirit, quod fortè non minùs absurdum quàm quod tu ostendisti | < simul > esse et non esse aliquo in statu. Evitantur ista, si, ut te pro-

MATH., X, 11. bante cœpimus, motum esse dicamus statum compositum ex ultimo momento existendi in loco aliquo, et primo momento non existendi in eodem sed in alio proximo. Non ergo aliud erit motus præsens quam aggregatum duarum existentiarum momentanearum in duobus locis proximis, nec dici poterit : *nunc aliquid moveri,* nisi ipsum *nunc* duorum proximorum momentorum summam sive duorum temporum < differentes status habentium > contactum interpretemur. — *Pa.* : Fateor me quoque nullum alium videre portum, in quem nos recipiamus sed vereor tamen ut tuta satis statio sit quo loco anchoram tu jecisti. — *Ga.* : Ubi tandem consistemus, si hinc quoque pellimur? — *Pa.* : Natura rerum viam inveniet; nemo unquam à recta ratione deceptus est. —

17 recto. *Th.* : Multa hodie audivi præter opini-|onem meam, et res quas arbitrabar clarissimas tam subitò tenebris involutas sum miratus. Sed facile agnosco nostram hanc esse culpam, < non tuam >, neque a philosophia res certas dubias reddi, sed a nobis incerta pro certis arrepta esse, quod agnoscere primus utique gradus est ad scientiam solidam atque imposterum inconcussam. — *Pa.* : Gaudeo cum viris prudentibus mihi negotium esse, nam vulgus nos otio abuti diceret; sed tanti est arcere profanos à philosophiæ sacris. Nunc sumtam à nobis notionem motus excutiamus, ut pateat an in ea quiescere liceat. Ais, Charine, nihil aliud esse motum quàm aggregatum existentiarum momentanearum alicujus rei in locis proximis duobus. — *Ch.* : Ita certè ajo. — *Pa.* : Redeamus ad figuram < supra... > sit mobile. G. cujus loca duo proxima A. et C. quorum intervallum debet esse nullum, sive minimum; sive, quod idem est, talia esse debent puncta, A.C. < ut nullum inter ipsa sumi possit punctum, sive ut si duo > adessent Corpora KA, BC, ea se

17 verso. tangerent extremis A.C. Motus | ergo nunc est aggregatum duarum existentiarum rei G. in duobus punctis A.C. proximis, duobus momentis etiam proximis. — *Ch.* : Ita conclusum est. — *Pa.* : Si jam continuus est aliquamdiu motus, sine intercedente quiete, per aliquod spatium tempusque, < tunc > sequitur, id spatium componi non nisi ex punctis et tempus non nisi ex momentis. — *Ch.* : Velim id clarius ostendas. — *Pa.* · Si motus præsens est aggregatum duarum existentiarum, erit continuatus plurium. Nam continuum sumsimus atque uniformem. Existentiæ autem diversæ diversorum sunt momentorum atque punctorum, et toto tempore atque loco durantibus non nisi aliæ atque aliæ existentiæ sunt

< sese immediate sequentes > ergo non nisi momenta atque puncta < se immediate sequentia in tempore ac loco erunt >. — *Ch.* : Etsi vim argumenti subagnoscam, penitùs tamen intelligam ex figura. — *Pa.* : Sit mobile punctum G. id nunc movetur ex A in C sive duobus momentis proximis, N. O. est in duobus spatii punctis proximis A.C. nempe primo momento N. in primo | puncto A. secundo momento O in secundo puncto C ex concessis. Quemadmodum autem puncto A proximum in spatio sumsimus punctum C et momento N. < proximum momentum O. > ita puncto C. proximum sumi poterit punctum E, et momento O proximum S. — *Ch.* : Haud dubie, neque enim ob motus, loci, temporis *uniformitatem*, ulla ratio pro uno potius quam pro alio inveniri potest < cum corpus de puncto non nisi in punctum proximum momento etiam proxime semper sequente, progredi possit. > — *Pa.* : Quoniam ergo motus non nisi diversarum existentiarum < per momenta punctaque aggregatum est, et æque continuus est ac spatium tempusque, ideo etiam ubique in spatio puncta, et in tempore momenta sese immediate sequentur, ea ipsa scilicet in qua motus continua successione incidit, ideò > tempus non nisi momentorum < et spatium non nisi punctorum > aggregatum erit. — *Ch.* : Fateor. — *Pa.* : Et, si quid aliud in tempore aut spatio occurreret, id a mobili transmitti non posset, pone enim C ab E intervallo aliquo abesse CE. quomodo id à mobili transibitur, nisi aut in puncta resolvatur proxima sibi, aut saltus recipiamus a vobis declinatos, quo mobile spatium aliquod | momento transmittit; ita ut non successive per omnia media transeat; nam dicere intervallum B transmitti tempore OP, nihil est dicere cum distinctè explicare necesse sit, quod momento quolibet ut S ac puncto quolibet < ut E inter > duo extrema OP, vel C et B assignabili fiat quoniam constat aliud semper atque aliud fieri aliudque momentum ad aliud referri punctum aut quietes interspersas < (quas inutiles supra ostendi) > et saltus admittendos esse quibus fiat ut mobile pluribus momentis hæreat in uno puncto, et vicissim plura puncta absolvat uno momento. — *Ch.* : Concedamus tibi spatium non nisi punctorum ac tempus non nisi momentorum esse aggregatum : quid inde mali times? — *Pa.* : Si hæc admittitis, omnes in vos uno agmine incurrent difficultates quæ de continui compositione feruntur famoso labyrinthi nomine insignes. — *Ch.* : Hæc præfatio etiam eminus terrorem incutere potest. — | *Th.* : Non poteramus ergo pene-

trare in naturam motus nisi in hunc labyrinthum introduceremur. — *Pa.* : Non certè quia motus ipse ex continuorum numero fertur. — *Gall.* : Neque Aristoteles neque Galilæus neque Cartesius nodum vitare potuêre, tametsi alius dissimulârit alius pro desperato reliquerit, alius abruperit. — *Ch.* : Excipiamus age, quicquid < hoc ictuum est > tanti erit multis difficultatibus simul defungi. — *Pa.* : Omnia huc transferre non est instituti mei : suffecerit adduxisse quæ totam ostendant difficultatem intellecta, totam exhauriant depulsa atque discussa. Quærendum ante omnia est, lineam seu longitudinem finitam, ex finito an infinito punctorum numero componas. — *Ch.* : Tentemus, an ex finito. — *Pa.* : Hanc arcem non diu tenebis : dudum enim demonstratum est à Geometris lineam quamlibet in datum numerum partium æqualium dividi posse; sit recta A.B. Ajo eam in tot dividi posse partes æquales, in quot dividi potest alia quælibet | major, sumatur major aliqua CD ipsique AB constituatur parallela; jam jungantur CA.DB. producanturque donec

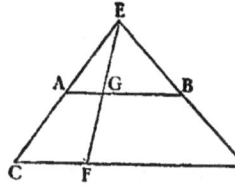

sibi occurrant in E. sit CF una ex partibus æqualibus ipsius CD. exempli causa centesima, ducaturque recta EF quæ secabit AB in puncto G. eritque (ex Elementis < Euclidis >) ob triangula AEB et CED inter se similia, itemque ob triangula AEG et CEF similia, erit, inquam, AG. ad AB ut CF ad CD. ac proinde cum CF sit ad CD ut 1 ad 100. seu cum CF una centesima sit ipsius CD, erit et AG una centesima ipsius AB. — *Ch.* : Non est cur pergas jam enim hinc video impossibile esse ut linea ex finito punctorum numero componatur, nam hoc posito aliqua utique intelligi poterit linea, ex 99 punctis cujus certe pars centesima sine fractione sive aliquota puncti parte intelligi non potest. Dicendum est ergo Lineas ex punctis quidem constare, sed numero infinitis. — *Pa.* : Videtur ejusdem argumenti vis contra omnem punctorum multi- | tudinem valere, sed alio diagrammate utamur ad eam rem aptiore : in parallelogrammo rectangulo LNPM ducatur diagonalis NM. Nonne idem est numerus punctorum in LM. qui in NP? — *Ch.* : Haud dubie nam ob NL,MP parallelas ipsæ LM, NP æquales sunt[1], jam à quolibet puncto ipsius LM ut 1.3.5. ad quodlibet punctum ipsius NP. ut 2.4.6. ductæ

---

1. Insérer ici : *Pacidius.*

intelligantur rectæ, ut 12. 34. 56 parallelæ ipsæ LN quæ secabunt diagonalem NM in punctis 7.8.9 etc. ajo tot esse puncta intelligibilia in NM quot in LM. adeoque si lineæ sunt aggregata punctorum, esse LM et NP æquales, quod est absurdum, cum assumi possint rationem habentes qualemcunque. — *Ch.* : Consequentiam quam nexurus es, agnoscere mihi videor. Nam si plura sunt puncta in NM quam LM, aliquod erit punctum in NM per quod nulla transit ex rectis 12, 34, 56, etc. id punctum sit *b*. per ipsum ducatur recta ipsi LN < parallela occurrens ipsi LM> alicubi in *a* et ipsi NP alicubi in *c* | at *a* non est ex numero punctorum 1.3.5. alioqui enim et *b*. foret ex numero punctorum 7.8.9. contra hypothesin, ergo 1.3.5. etc. non sunt omnia puncta ipsius LM, quod est absurdum, nam posuimus esse. Idem est de puncto *c*. Patet ergo tot necessariò intelligi puncta in LM et NP quot in NM, adeoque si < hæ lineæ mera > sunt aggregata punctorum, esse lineam minorem æqualem majori. < Jam sumatur MD pars ipsius MN, æqualis ipsi ML, utique cum ML et MD sint æquales eundem habebunt numerum punctorum, jam si ML et MN eundem habent numerum punctorum (ut ex aggregatione punctorum sequi ostendimus), etiam MN et MD eundem numerum punctorum habebunt, pars et totum, quod est absurdum >. Unde constat lineas ex punctis non componi. — *Ch.* : Redegisti me ad summam perplexitatem. — *Gall.* : Venit hic in mentem ratiocinationis similis quæ extat apud Galilæum : numerus omnium quadratorum < major > est quam omnium numerorum : sunt enim | aliqui numeri non-quadrati : vicissim numerus omnium quadratorum æqualis est numero omnium numerorum, quod sic ostendo : nam nullus est numerus cui non respondeat suus quadratus, non est ergo major numerus numerorum quam quadratorum. Vicissim omnis numerus quadratus habet latus < numerum > : non est ergo major numerus quadratorum quam numerorum : neque major ergo neque minor, sed æqualis erit numerus

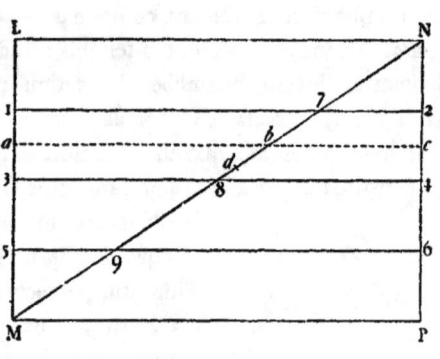

MATH., X, 11. numerorum omnium (quadratorum et non-quadratorum) et numerus omnium quadratorum : totum parti, quod est absurdum. — *Th.* : Quid obsecro respondes, Pacidi. — *Pac.* : Ego Charinum interrogandum censeo. — *Ch.* : Jocaris. — *Pa.* : Minime vero, arbitror enim te per te exire posse ex labyrintho. — *Ch.* : Permitte quæso ut ex Gallutio audiam quid dixerit Galilæus. — *Ga.* : Dixit : majoris, æqualis, minoris, nomina non habere locum in infinito. — *Ch.* : Difficile est acquiescere : nam quis neget, numero numerorum < omnium > contineri numerum
21 verso. numerorum quadratorum, qui inter omnes numeros reperiuntur : | contineri autem utique est partem esse, et partem toto minorem esse in infinito non minus quam in finito arbitror verum. — *Ga.* : An alius tibi exitus patet, Charine? — *Ch.* : Quid si audeam dicere nullum omnino esse numerum omnium numerorum, talemque notionem implicare contradictionem? — *Th.* : Mirum aliquid et audax dixisti, Charine. — *Pacidius* : Imò rem dixit præclaram, et, si quid judico, veram. Nam quod contradictorias habet consequentias utique impossibile sit necesse est. — *Ch.* : Gaudeo me tam feliciter divinasse. — *Pac.* : Vides quid per se possit animus si propositis rectè difficultatibus interrogando excitetur. — *Ga.* : Ergone assentiris Charino, Pacidi? — *Pa.* : Ego multa et magna habeo argumenta cur ejus sententiam probem. Arbitror enim eam esse quarundam notionum naturam, ut sint incapaces perfectionis atque absoluti et in suo quoque genere summi. Talis res est numerus,
22 recto. item motus : celerrimum enim motum intelligi | non posse arbitror : pone rotam aliquam motu celerrimo agitari, jam si aliquis ejus radius produci intelligatur, punctum aliquod extra rotam in radio producto sumtum, motu agetur celeriore quam rota, id est celeriore quàm celerrimus : Eodem modo < ut velocitas maxima, ita et > numerus maximus quiddam impossibile est : numerus autem omnium numerorum idem est cum numero omnium unitatum (semper enim nova unitas addita prioribus novum numerum facit) et numerus omnium unitatum < a numero maximo non differt. — *Th.* : Ergo ne DEus quidem intelliget numerum omnium unitatum? > — *Pa.* : Quomodo eum intelligere putas quod impossibile est? an totum comprehendet quod parti suæ æquatur? — [*Ga.* : Similiter concludendum erit, nullum esse numerum omnium linearum curvarum analyticarum possibilium, Analyticas autem quas vocem, nosti. Earum autem unicuique exhiberi potest ratio-

nalis æquipollens, id est cujus ordinata sit rationalis posita abscissa ratio- Math., X, 11.
nali; ita scilicet ut data quadratura curvæ analyticæ rationalis tot curvæ
rationales quot analyticæ, at aliunde patet plures | esse analyticas irratio- 22 verso.
nales : nam cuilibet rationali infinitæ respondent irrationales. Numerus
ergo simul erit æqualis et inæqualis, adeoque impossibilis, cùm ex eo
impossibile sequatur.] — *Pa.* : Eodem modo facile ostendemus etiam
numerum omnium curvarum implicare impossibilitatem; neque id vero
mirum videri debet, admissâ semel numeri maximi impossibilitate. Nam
et in < quolibet > gradu finitus est curvarum analyticarum numerus,
gradus < autem > dimensionum tot sunt quot numeri, ergo numerus
omnium graduum impossibilis est, idem scilicet cum numero omnium
numerorum : multo magis ergo et numerus ex summis omnium numerorum qui in singulis gradibus continentur. — *Th.* : Sed tempus est ut
difficultati circa puncta quoque satisfaciatis. — *Ch.* : Audebo dicere nec
punctorum omnium assignabilium numerum esse. — *Th.* : At nonne
puncta sunt in | linea etiam antequam assignentur? Determinata ergo est 23 recto.
multitudo eorum atque certa. — *Ch.* : Si probas, Pacidi, dicemus puncta
nulla esse antequam designentur. Si sphæra planum tangat punctum
esse locum contactus, si corpus ab alio corpore < vel superficies a
superficie secetur > tunc superficiem vel lineam esse locum intersectionis. sed alibi non esse, et puncta, lineas, superficies, et in universum
extrema non alia esse, quam quæ fiunt dividendo : et partes quoque non
esse in Continuo antequam divisione producantur. Nunquam autem
fiunt omnes divisiones quæ fieri possunt < possibilium autem divisionum
non magis est numerus quam possibilium Entium, qui coincidit cum
numero omnium numerorum. > — *Pa.* : Mire profecisti, Charine, in
hoc genere ratiocinandi : neque enim quod aliud dicerem ipse habebam.
Una superest magna difficultas in qua ipse Cartesius hæsit, cujus admo-
neor verbis tuis. — *Ch.* : Postquam Galilæo satisfecimus, cur de Cartesio
desperemus? — *Pa.* : Tantum his duobus viris tribuo ut credam quidvis
præstare potuisse, ubi animum applicuissent < sed ut sumus homines,
variè distracti et impetum potius cogitandi quàm methodum constantem
ac definitam sequentes, quandam etiam in cogitando fortunam experi-
mur. In vase circulari ABCD sit liquidum > | *e.f.g*, liquidum, inquam 23 verso.
perfectum cujus scilicet pars quælibet, utcunque exigua, à qualibet alia
data separari possit. Sit in eo corpus circulare non liquidum, sed soli-

MATH., X, 11. dum, fixum extra vasis centrum : jamque materia liquida agitetur seu fluat : erit motus ejus celerior in *g.* quam in *e.* et in *e* quam in *f.* tantundem enim materiæ transit per *g* quantum per *e* vel per *f.* minor autem est locus *g.* quam *e.* et *e.* quam *f.* necesse est ergo loci parvitas celeritate motus pensetur. — *Ch.* : Hæc manifesta sunt : necesse est enim quod per *e* transit, supplere debere id quod per *f* transit, quia vas plenum esse posuimus : et vicissim debere suppleri ab eo quod a *g* venit. — *Pa.* : Hinc sequitur cum pro $<$ punctis $>$ *g.e.f.* alia ubilibet puncta assumi queant, et par ubique ratio sit, materiam liquidam actu divisam esse ubique, neque in linea *g.e.f.* ullum assumi posse punctum quin motus gradu proprio agitetur, $<$ à velocitate cujuslibet alterius differente, $>$ ac proinde a

24 recto. $<$ quolibet alio assignabili erit $>$ actu separatum. — | *Ch.* : Fatendum hoc est, posito materiam esse perfectè liquidam et vas plenum. — *Pa.* : Hinc videtur sequi materiam divisam esse in puncta : divisa est enim in omnes partes possibiles ac proinde in minimas. Ergo corpus et spatium ex punctis componentur. — *Ch.* : Quid hîc Cartesius? — *Pa.* : Contentus dixisse materiam actu dividi in partes minores omnibus quæ a nobis intelligi possunt, monet non esse neganda, quæ demonstrata putat tametsi finita mens nostra non capiat quomodo fiant. $<$ Sed aliud est explicare quomodo quid fiat, aliud satisfacere objectioni et evitare absurditatem. — *Ch.* : Debuisset utique explicare quomodo sic materia non resolvatur $>$ in pulverem $<$ ut ita dicam $>$ ex punctis constantem, cum nullum punctum nulli cohærens relinqui pateat singula $<$ enim per se movebuntur $>$ motu differente à motu alterius cujuscunque. — *Ga.* : Si huc usque produxisset ratiocinationem, $<$ fortasse $>$ recognovisset sententiam suam difficultatibus illis premi, $<$ coactus fuisset utique respondere difficultati. — *Gall.* : Sed quid nos dicemus $>$

24 verso. quibus laborat compositio continui ex punctis? — | $<$ *Ch.* : Poterimus negare liquidum perfectum seu corpus ubique flexile dari. — *Pa.* : Multum interest inter liquidum perfectum et corpus ubique flexile; ego neque atomos $<$ Gassendi $>$ admitto seu corpus perfectè solidum, neque materiam subtilem Cartesii seu corpus perfectè fluidum; corpus tamen ubique flexile adeò non nego, ut putem omne corpus tale esse; quæ alias

demonstrabo. Posito corpore perfecte fluido negari non potest divisio MATH., X, 11.
summa sive in minima; at corpus ubique quidem flexile sed non sine
resistentia quadam eaque inæquali, habet partes cohærentes adhuc, licet
variè diductas et complicatas, ac proinde divisio continui non consideranda ut arenæ in grana, sed ut chartæ vel tunicæ in plicas, itaque licet
plicæ numero infinito, aliæ aliis minores fiant, non ideò corpus unquam
in puncta seu minima dissolvetur. Habet autem omne liquidum aliquid
tenacitatis, itaque licet in partes divellatur, tamen non omnes partes partium iterum divelluntur, < sed aliquando > tantum figurantur, et transformantur; atque ita non fit dissolutio in puncta usque, licet quodlibet
punctum à quolibet motu differat. Quemadmodum si tunicam, plicis in
infinitum multiplicatis, ita signari ponamus ut nulla sit plica tam parva,
quin nova plica subdividatur : atque ita nullum punctum in tunica assi-
gnabile erit, quin diverso à vicinis motu cieatur, non tamen ab iis divel-
letur, neque dici poterit tunicam in puncta usque resolutam esse, sed
plicæ licet aliæ aliis in infinitum minores, semper extensa sunt corpora,
et puncta nunquam partes fiunt, sed semper extrema tantùm manent. —
Th. : Divinè ista mihi dicta videntur, et mirifica hæc à plicis comparatio est. — *Pa.* : Gaudeo vobis sententiam meam probari, quam alias
uberius exponam, nam à controversia de liquido et solido, vacuo et
pleno > veræ et certæ de natura rerum < Hypotheseos > constitutio
pendet, < quas ego quæstiones > demonstratione dirimere < mihi
posse videor, quod alterius loci temporisque est. — *Gall.* : Speramus te
nobis tam præclaras cogitationes non negaturum : eaque conditione tibi
præsentem ejus materiæ tractationem remittimus. > — *Pa.* : Vestra | 25 recto.
ergo venia in viam redeo. Scis, Charine, non frustra nos huc digressos.
— *Ch.* : Scilicet conclusimus continuum neque in puncta dissolvi posse,
neque ex ipsis constare, neque certum ac determinatum esse numerum
assignabilium in eo punctorum. — *Pa.* : Ergo, mi Charine, motus quoque
continuus < uniformis > nullus est, quo scilicet corpus spatium aliquod
utcunque exiguum tempore aliquo transmittat. Demonstravimus enim
mutationem esse duarum existentiarum quibus corpus duobus proximis
momentis in duobus proximis punctis est aggregatum, adeoque < conti-
nuando motum multiplicabimus tantum hæc aggregata; ergo si continuata hac mutatione spatium tempore > absolvitur, spatium ex punctis,
tempus ex momentis, componi. — *Ch.* : Non possum negare, posito

MATH., X, 11. motu continuo < uniformi > et stabilita quam dixisti mutationis notione componi Continuum ex punctis. Nam durante motu, ut uni puncto atque momento aliud proximum sumsimus < ita nulla ratio est cur non et huic secundo aliud tertium proximum assumamus; > cumque

25 verso. hoc modo pergendo tandem spatium, tempusque absolvatur; utique | ex punctis momentisve < sibi immediatis > constabunt. — *Pa.* : At constare ex illis non posse, est, credo, a nobis demonstratum. — *Cha.* : Concedendum est ergo, quicquid tergiversemur, motum continuum quo mobile aliquo temporis tractu aliquem locum successivè sine quiete intercedente < uniformiter > transmittat impossibilem esse. — *Pa.* : Constat tamen locum a mobili transmitti, sive aliquem esse motum. — *Charin.* : Hoc utique experimur neque enim nostrum est sensum [1] fidem in dubium vocare, et de veritate motus dubitare. — *Pa.* : Atqui mobile locum durante quiete non transmittit. < — *Ch.* : Non certe. — *Pa.* : Et > inter duas quietes ne ulla quidem motus continui portio quantulocunque tempore intercedit < alioqui de eo redirent priores difficultates. Ergo vel nil nisi quies erit, vel nec corpus omnino progredietur, sublatusque erit motus e natura; vel inter quietes interponetur motus instantaneus per saltum, ita ut corpus quod aliquandiu quievit in hoc loco usque ad hoc momentum, proximo momento existere et quiescere incipiat in loco aliquo dissito, ita ut non transierit per loca intermedia >. — *Ch.* : Jam agnosco quo me adigas et vix tandem præcipitio vicinus periculum video. Effecisti præstigiis tuis, unum ut reliquum sit, corpus scilicet à loco in locum per saltum transire, quemadmodum si ego uno statim momento Romam transferrer : quoniam enim multum est tempus

26 recto. quo < motus continuus > duret, sequitur punctum mobile E | ubi fuerit in loco A per tempus MN. transferri in locum B momento N. ibique permanere tempore NP. quo finito rursus momento P. transsiliat in C. unde sequi videtur uno momento N. punctum mobile esse simul in toto loco AB quemadmodum idem punctum E vicissim toto tempore M sive N. est in uno puncto A. Sed vide an non absurdum sit idem corpus simul in pluribus locis esse. — *Pa.* : < Qui saltum hunc admittent, non illud volent momento utriusque temporis communi N corpus esse in pluribus locis; reciderent enim in difficultates superiores, si ali-

1. Pour *sensuum*.

quod momentum commune duorum statuum quietis scilicet in A et quietis in B extra A assignarent. Sed dicent N ultimum ipsius MN temporis momentum existendi in A immediatè excipi ab O primo momento ipsius OP temporis existendi non in A sed in B; tempora autem MN et OP immediata esse atque < habere > sua extrema N.O indistantia sive contigua habere. — *Ga.* : Obsecro te, Pacidi, jocarisne an seriò nobis < hæc narras > [sententiam tuam edisseris]. — *Char.* : Dicis, < Pacidi, > punctum mobile | E cum tempore MN extiterit ac quieverit in spatii puncto A tempore proximo existere atque quiescere in spatii puncto B. quomodo autem illuc venerit non dicis. — *Pa.*[1] : Qui saltus illos statuet, nihil aliud habet quàm ut dicat, mobile E cum aliquandiu in loco A fuerit, extingui et annihilari, et in B momento post iterum emergere ac recreari; quod motus genus possimus dicere *transcreationem*[2]. — *Gall.* : Si hoc pro demonstrato haberi posset, rem profectò magnam egissemus. Haberemus enim demonstratum Creatorem rerum. — *Pa.* : An ergo huic sententiæ acquiescis, Charine? — *Ch.* : Ego verò ita hic quiesco, ut avis laqueo deprehensa, ac diu sese effugiendi spe nequicquam agitans, quæ tandem lassata concidit. — *Pa.* : Hoc est potius non habes quod respondeas quàm ut assentiaris. — *Ch.* : Fateor, nam me valde mordent isti saltûs; cùm enim magnitudo aut parvitas nihil ad rem faciat, æquè mihi absurdum videtur corpusculum aliquod exiguum ab uno extremo lineolæ quantulæcunque ad aliud pervenire, non tamen per puncta intermedia, quàm me Romam momento transferri intermediis omnibus perinde omissis, ac si in natura non essent. Pone enim illi corpusculo rationem ac sensum dari, eam profectò inconcinnitatem deprehenderet in saltu suo qui nobis exiguus, at ipsi satis magnus est, quam nos in nostro. Ponamus in corpore nostro esse animalcula tanto minora nobis, quanto caput humanum est orbe terrarum. Horum animalculorum unum, si ab una auricula ad alteram pervenerit, dicent socii ejus, si ratione uti fingantur, ab uno polo ad alterum pervenisse. Itaque < omnia proportione sibi respondent, et > inconcinnitas aliqua atque violentia, sive quod eodem redit, miraculum ordinarium, quale est saltus iste tam in parvis quàm in magnis vitari debet. — *Pa.* : Rectè

---

1. Le reste est de la main de Leibniz. Il se sépare de son brouillon (f. 42 verso).
2. Cf. f. 30 recto.

MATH., X, 11. facis, Charine, quod huic sententiæ resistis, quæ pugnat cum pulchritu-
27 recto. dine rerum et sapientia DEi. Alioqui perinde esset | ac si DEus incon-
gruitates quasdam, quas in natura scilicet evitare non poterat, tegere
tantùm nobis ac dissimulare voluisset, transferendo scilicet illas in minutiora rerum, ubi animadverti non possint. Sed vides ipse, ut fortius
adhuc stringam, ubicunque posuimus hunc saltum fieri, ibi eodem modo
eum potuisse declinari, nam eo jure quo nos contendimus, saltum illum
contingere non apud nos, sed apud minutiora quædam corpora, eodem
jure eadem minutiora corpora, si ratiocinari de his rebus fingerentur,
eandem inconcinnitatem ad minora adhuc relegarent : quod rationi etiam
consentaneum est, nam cum eligendi potestas est, utique sapiens
minorem potiùs inconcinnitatem eliget, itaque jure dicent animalcula
illa, in minoribus potius hunc saltum debuisse evenire quàm apud se.
Sed cum minora alia quæcunque eodem argumento uti possint, patet
saltus istos semper ad minora ac minora propelli et nusquam consistere
posse in natura rerum. Nec refert quod corpuscula illa forte non sint
ratione prædita, neque enim hîc quæritur quid corpora pro se dicere
possint, sed quid DEus omnium remunerator dicere possit pro ipsis, non
enim tam aliis satisfacere quærit quàm sibi. Denique, < quod rem
omnem conficit >, nihil sine ratione facit sapientissimus rerum autor;
nulla autem ratio est, cur huic potius quàm illi corpusculorum gradui
saltus illi miraculosi ascribantur, nisi atomos scilicet admittamus, seu
corpora ita firma ut nullam subdivisionem nullumve flexum patiantur
< his enim præter summæ soliditatis miraculum < (nam sine extraor-
dinario quodam DEi concursu explicari non potest) > hoc novum
miraculum saliendi de loco in locum omissis intermediis non incommodè
tribuemus. sed talia ego corpora > in natura esse non puto; eo ipso
planè argumento, quo hos saltûs excludo, nulla enim ratio est, cur
DEus hîc stiterit opificem manum, harumque solarum creaturarum interiora sine aliarum creaturarum varietate < velut torpentia et mortua >
reliquerit. Et perfectò si corpuscula atoma ipsa aut atomis vicina sensu
ac ratione prædita fingerentur, non nisi inconcinnitates ac < quoti-
diana > miracula sese offerrent, legesque naturæ sapientis, quas
aliquando exponemus, minime observarentur. Sed de Atomis alias accuratiùs dicemus, nunc satis sit saltus utcunque < ita > refutâsse, ut
appareat declinandos esse, si quidem vitari possint. — *Th.* : Sed hoc

opus, hic labor est, < ita enim tute nos implicuisti, ut exitum non videam, quin et denique ingratum videtur, > evertere totam ædificii nostri structuram aut, si mavis, Penelopes telam retexere. — *Pa.* : Videtis, amici, nos circa ipsa rerum primordia ac velut summas versari, ubi profectò patientia opus est, neque ulla mora longa videri debet. Quodsi relegenda nobis vestigia sunt, culpare debemus festinationem nostram, atque cavendi artem discere ab exemplis. Denique neminem vestrum esse puto, cui non hi saltus ægrè faciant; itaque necessitate quadam ad retexenda nostra argumenta compellimur.

| *Ga.* : Resumamus ergo quam primum, ac totam ratiocinationum præcedentium seriem breviter recollectam exhibeamus, ut uno obtutu lustrari possit, faciliusque appareat, ubi sit hiatus. — *Pa.* : Hoc Charinum optimè facturum confido. — *Ch.* : Tentabo :

Quicquid movetur, mutat locum, sive mutatur quoad locum. Quicquid mutatur, id duobus momentis sibi proximis in duobus est statibus oppositis. Quicquid continue mutatur, ejus cuilibet momento existendi in statu uno succedit momentum existendi in statu opposito. Itaque speciatim : Si aliquod corpus continue movetur, ejus cuilibet momento existendi in puncto spatii uno, succedit momentum existendi in puncto spatii alio. Hæc duo spatii puncta vel sibi sunt immediata, vel mediata. Si immediata, sequitur lineam componi ex punctis, tota enim linea transmittitur hoc transitu a puncto ad aliud punctum immediatum. Lineam autem componi ex punctis est absurdum. Si mediata sint duo puncta, tunc corpus ab uno ad alterum momento transiens vel simul in intermediis et extremis erit, adeoque in pluribus locis, quod absurdum, vel faciet saltum, seu transibit ab uno extremo ad alterum omissis intermediis. Quod etiam est absurdum. Ergo corpus non continue movetur, sed quietes et motus sunt sibi interspersi. Sed motus ille interspersus rursus est vel continuus, vel alia quiete interspersus, et sic in infinitum. Ergo vel alicubi incidemus in motum continuum purum, quem jam ostendimus esse absurdum, vel fateri debemus, nullum omnino superesse motum, nisi momentaneum, sed omnia in quietes resolvi. Rursus ergo incidimus in motum momentaneum, seu saltum, quem vitare volebamus [1].

---

1. Cet alinéa a été cité par GERHARDT (*loc. cit.*).

Pa. : Eleganter profectò, Charine, summam collationis nostræ complexus es. Videamus ergo an uspiam resisti possit. — *Ch.* : Quo rectius omnia expendam, figuras adhibebo, et superiores positiones nostras ad eas exigam. Sit mobile punctum E, quod momento M sit in loco A, et momento R in loco C. nec ullum assumi punctum possit ut B in quo non aliquo medii temporis momento ut P. fuerit, ut scilicet saltus vitetur. Pro certo etiam habeo, quod à te demonstratum est, Pacidi, in ipso momento ut P nullam fieri mutationem, alioqui simul contradictoria essent vera itaque si momento P. ipsum mobile est in loco B, et contingere debet mutatio < utique >, nihil aliud asseri potest, quàm momento proximo Q fore in puncto proximo D, ac duas lineas AB.CD se attingere in punctis diversis, illam puncto B, hanc puncto D; eodemque modo duo tempora MP.RQ se attingere instantibus duobus, illud instanti P, hoc instanti Q. Quemadmodum duæ sphæræ se tangunt duobus diversis punctis, quæ simul quidem sunt, unum tamen non sunt. Si jam in loco, tempore et motu uniformitatem admittamus, necessariò quod de uno puncto B et uno instanti P diximus dicendum erit de quolibet alio puncto, et quolibet alio instanti. Itaque quod diximus de puncto B dicendum erit et de puncto D. adeoque uti punctum B excipitur immediato puncto D, ita punctum D excipietur alio immediato puncto, et hoc rursus alio, usque ad C, adeoque linea componetur ex punctis, quoniam mobile singula hæc puncta sibi continuè immediata transeundo lineam percurret. Lineam autem ex punctis componi absurdum esse demonstratum est. Quoniam autem negari non potest uniformitas in loco et tempore per se consideratis, superest ergo ut negetur in ipso motu. Et inprimis negandum est, uti puncto B sumtum est punctum immediatum D, ita puncto D sumi posse aliud punctum immediatum. — *Pa.* : Sed quo jure id negas, cum nulla sit in linea uniformi < continua > prærogativa unius puncti præ altero? — *Ch.* : At nobis hic sermo non est de linea aliqua uniformi < continua > in qua duo ejusmodi puncta sibi immediata B et D ne sumi quidem potuissent, sed de linea AC jam actu in partes secta à natura, quia ponimus mutationem ita factam, ut uno

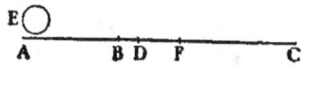

momento existeret mobile in unius ejus partis AB extremo B, et altero
in alterius partis DC extremo D. Estque discrimen inter has lineas duas
actu < a se > divisas < contiguas >, et unam indivisam seu continuam manifestum, quod, ut jam Aristoteles notavit, extrema B.D in
duobus contiguis lineis differunt, in una continua coincidunt, < quemadmodum supra notavimus. > Nego igitur aliud punctum ipsi D
immediatum in linea DC sumi posse, neque enim aliud punctum in
rerum natura admittendum censeo, quàm quod sit alicujus extensi extremum. — *Pa.* : Rectè ratiocinaris, posito naturam sic actu lineam AC
divisisse in partes AB et DC. Sed hæc divisio fuit arbitraria. Quid si ergo
sic divisionem instituisset, | ut D referretur ad lineam AB, et fieret linea
AD. nonne utique altera linea fuisset CF. et habuissemus ipsi D immediatum punctum F. adeoque tria puncta sibi immediata B.D.F. ? — *Ch.* :
Non video quid aliud responderi possit, quàm hypothesin istam impossibilem esse. — *Pa.* : Quid ita, nonne punctum D eodem jure potuisset
esse terminus lineæ AB, quo punctum B? — *Ch.* : Re satis expensa
videtur mihi, < quemadmodum et supra alia occasione te probante
dixi >, puncta ista non præexistere ante divisionem actualem, sed nasci
divisione. itaque si divisio facta sit uno modo, alterius divisionis puncta
in rerum natura non extabunt < neque ergo hæc tria B.D.F. ex diversis
divisionibus sumta in unum addi possunt. > Imò quia lineæ AB et AD
æquales similes et congruæ sunt, B unius divisionis et D alterius ne
different quidem. — *Pa.* : Acutè quidem ista, sed quæ nondum absol-
vant difficultatem. Explicanda est enim difformitas illa quam in motu
statuisti, quoniam ab ea difformitas in divisione lineæ repetenda est.
Explosimus verò saltus supra explicatos. Itaque nec quietes temporariæ
cuilibet motui interponi possunt, alioqui necessariò veniemus ad saltus.
— [*Ch.* : Fortasse saltus per spatia infinitè parva non sunt absurdi, quemadmodum et quietulæ per tempora infinitè parva, his saltibus interpo-
sitæ. posito enim spatia saltuum momentaneorum temporibus quietum
esse proportionalia, cuncta respondebunt < eo modo quo supra saltus
et quietes per < tempora et > lineas ordinarias explicuimus >. —
Pa. : Ego spatia hæc et tempora infinitè parva in Geometria quidem
admitterem, inventionis causa, licet essent imaginaria. Sed an possint
admitti in natura delibero. Videntur enim inde oriri lineæ rectæ infinitæ
utrinque terminatæ, ut alias ostendam; quod absurdum est. Præterea

MATH., X. 11. cum infinitè parvæ quoque aliæ aliis minores assumi possint in infinitum, rursus non potest ratio reddi cur aliæ præ aliis assumantur; nihil autem fit sine ratione[1].] — *Cha.* : Quid < ergo > si dicemus Motum mobilis actu esse divisum in infinitos alios motus < inter se diversos > neque per ullum temporis tractum eundem perseverare < atque uniformem. > — *Pa.* : Rectè profectò, et vides ipse hoc unum superesse, sed et rationi consentaneum id est, nullum enim corpus est, quod non quolibet momento aliquam passionem subeat a vicinis. — *Cha.* : Itaque jam divisionis ac difformitatis causam habemus, et quomodo hoc potiùs quàm illo modo instituatur divisio punctaque assignentur explicare possumus. [*Pa.*] Tota res ergo eò redit : quolibet momento quod actu assignatur dicemus mobile in novo puncto esse. Et momenta quidem atque puncta assignari infinita, sed nunquam in eadem linea immediata 29 recto. sibi plura duobus, neque | enim indivisibilia aliud quam terminos esse[2].
— *Pa.* : < Euge : nunc demum mihi spem exitûs facis. Illud tamen vide. > si indivisibilia sunt termini tantùm, erunt et momenta tantùm termini temporis. — *Cha.* : Ita sanè. — *Pa.* : Est ergo aliud quiddam in tempore quam momentum, id vero cum nullo momento sit, non erit. < Nunquam enim aliud quam momentum existit. > — *Cha.* : Tempus ipsum aliquando esse aut non esse dici non debet, alioqui tempore temporis opus esset. Neque dico aliud in tempore esse quam partes temporis, quæ etiam tempora sunt, et earum terminos. — *Pa.* : Omnem mihi objiciendi materiam ademisti. — *Ch.* : Quàm gaudeo. — *Pa.* : Sed operæ pretium erit considerare materiæ temporis et motus harmoniam. Itaque sic sentio : nullam esse portionem materiæ quæ non in plures partes actu sit divisa, itaque nullum corpus esse tam exiguum in quo non sit infinitarum creaturarum mundus. Similiter nullam esse temporis partem in qua non cuilibet corporis parti vel puncto aliqua obtingat mutatio vel motus. Nullum itaque motum eundem durare, per spatium tempusve utcumque exiguum; itaque ut corpus ita et spatium et tempus actu in infinitum subdivisa erunt. Neque ullum est momentum temporis quod non actu assignetur, aut quo mutatio non contingat, id est quod non sit

1. Leibniz a seulement indiqué la suppression du passage précédent, par les mêmes signes que nous : []. Cette réplique de Pacidius a été citée par GERHARDT (*loc. cit.*).
2. Ce passage (depuis *quolibet momento*) a été cité par GERHARDT (*loc. cit.*).

finis veteris aut initium novi status in corpore quovis; non ideò tamen admittetur aut corpus vel spatium in puncta dividi, aut tempus in momenta, quia indivisibilia non partes, sed partium extrema sunt; quare etsi omnia subdividantur, non tamen in minima usque resolvuntur[1]. — *Gall.* : Admirandam nobis exhibes ideam rerum, tantùm enim aberit, ut sint atomi, ut contrà potiùs in quolibet corpusculo quidam mundus sit rerum infinitarum quod hactenus nescio an satis sit consideratum. Itaque neque | in loco, neque in tempore quicquam vacuum admittis, neque in materia torpidum atque ut ita dicam expers vitæ. — *Pa.* : Ita est, Galluci, eamque ego sententiam solam dignam puto maximo rerum autore qui nihil sterile, nihil incultum, nihil inornatum reliquit. — *Th.* : Profectò facis ut obstupescam. Magnam rem dixisse visi sunt, qui infinitos in spatio hoc Mundano stellarum globos, et in unoquoque globo < esse > mundum asseruêre; tu in qualibet arenula non mundum tantùm, sed et infinitos ostendis mundos. quo nescio an dici possit aliquid splendidius, ac magnitudini divinæ convenientius. — *Pa.* : Sed aliud velim à vobis animadverti, quod hic demonstratur corpora cum in motu sunt non agere. — *Th.* : Cur ita ? — *Pa.* : Quia nullum est momentum mutationis commune utrique statui, itaque nec ullus status est [passionis] < mutationis >; sed aggregatum tantum duorum statuum, veteris et novi, itaque nec status actionis est in corpore, seu nullum potest assignari momentum quo agat, nam corpus < movendo ageret et > agendo < mutaretur seu > pateretur, at nullum est momentum passionis seu mutationis vel motus in corpore. Itaque actio in corpore non nisi per aversionem quandam intelligi potest. Si < verò > ad vivum reseces < seu > si momentum unumquodque inspicias, nulla est. Hinc sequitur Actiones proprias et momentaneas, earum esse rerum quæ agendo non mutantur. Ac proinde illa actio qua mobile ex una sphæra in aliam contiguam transfertur, seu qua efficitur, ut mobile quod uno momento fuit in una sphæra, proxime sequenti | sit in alia contigua, non ipsius est corporis transferendi E. id enim quo momento est in puncto B non est in motu, per supra ostensa, ergo nec agit motu; similiter non agit cum jam est in momento D. Id ergo à quo movetur corpus et trans-

MATH., X, 11.

29 verso.

30 recto.

---

1. Ce passage (depuis *nullam esse portionem*) a été cité par GERHARDT (*loc. cit.*). Cf. PHIL., VIII, 7 verso.

fertur, non est ipsum corpus, sed causa < superior > quæ agendo non mutatur, quam dicimus DEum. Unde patet corpus ne continuare quidem sponte motum posse; sed continuè indigere impulsu DEi, qui tamen constanter et pro sua summa sapientia certis legibus agit [1]. —

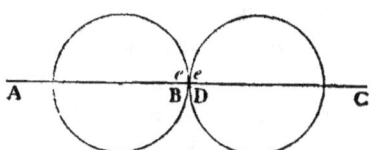

Cha. : At quomodo, quæso, transfertur corpus ex puncto B in corpus D, postquam momentum transitionis seu status medii sustulimus? — *Pa.* : Hoc non puto explicari posse meliùs quam si dicamus corpus E extingui quodammodo et annihilari in B, creari verò denuò ac resuscitari in D. quod posses novo sed pulcherrimo vocabulo appellare *trans-creationem* [2]. < Et hic sanè est quasi saltus quidam ex sphæra una B in alteram D, non tamen qualem supra refutavimus, quia hæ duæ sphæræ non distant. > Atque hoc est illud denique cujus causâ tot machinas rationum admovi, ut scilicet vos adigerem denique ad agnoscendam tanti momenti veritatem. Unum addo, non esse quòd vos turbet transcreatio, nam dicere rem hîc existere cessare, illic autem existere incipere, sublato transitu seu statu intermedio, est idem dicere, ac illic annihilari illic resuscitari. Ac si unus simpliciter dicat rem esse desinere in statu priori et nunc incipere esse in alio, alius verò dicat annihilari in statu priori, resuscitari in posteriore, utrumlibet admittas, nullum in ipsa re discrimen notari potest, sed tantum in eo quod prior causam dissimulat, posterior exprimit. Nulla autem causa intelligi potest cur res quæ in aliquo statu esse cessavit, in alio esse incipiat (sublato quippe transitu), nisi substantia quædam permanens quæ et destruxit primum et produxit novum, quoniam sequens status ex præcedente utique necessariò non sequitur. — *Th.* : Hinc mirificè confirmatur

F. 31-32 (4 p. in-4°) : Copie du commencement du *Pacidius Philalethi*, de la main de Leibniz (reproduite dans les 5 premiers feuillets de la copie du secrétaire).

F. 33-44 (23 p. in-4°) : Brouillon du *Pacidius Philalethi*. (*Dial. Mot.*)

---

1. Ce passage (depuis *Id ergo*) a été cité par GERHARDT (*loc. cit.*).
2. Cf. f. 26 verso.

.... *The.* : Hinc mirificè confirmatur quod præclarè olim à Theologis Math., X, 11.
dictum est, conservationem esse perpetuam creationem, huic enim sen- 43 recto.
tentiæ affine est quod à te demonstratur, mutationem omnem quandam
esse transcreationem. — *Ga.* : Imò verò videtur ex solo statu præcedente status sequentis ratio reddi posse. Exempli causa, celebre est
axioma philosophorum jam Aristoteli adhibitum : quicquid semel
movetur semper moveri eodem modo, nisi superveniat impedimentum.
Hoc axioma demonstrari potest ex eo quod nulla ratio reddi potest cur
| præsente cesset momento, non verò jam cessaverit aliquo paulo 43 verso.
priore. — *Pa.* Gaudeo hæc à te objici, hinc enim præclara doctrinæ
nostræ utilitas inprimis elucebit. Video enim aliquos ex hoc theoremate
voluisse ducere materiam aliquando à DEo motam non amplius ejus
ope indigere, sed acceptum semel impetum sponte naturæ suæ retinere [1],
alios qui de æternitate motus persuasi non poterant capere quomodo
aliquando impellere incipere potuerit, DEum planè sublatum credidisse [2].
Id verò nostra de motu doctrina hucusque explicata planè evertit.
Omnino enim cessat motus, neque per ullum tempus quantulumcunque
durat, sed quovis momento ope superioris causæ intermortuus resus-
citatur. Quoniam verò DEus perfectissimo modo operatur, hinc usus
axiomatis, quod nihil sit sine ratione, velut postliminio redit. Nam
quas semel elegit DEus in aliquo temporis tractu [quietum ac motuum
alternationes] < mutationum formas, eas > sine ratione non immu-
tabit. Unde fiet ut in natura stabile maneat axioma, motum eodem modo
continuari quamdiu nullum supervenit impedimentum. Si verò esset
aliquis Motus continuus statusque medius in mutatione sive transitus
momentum, fatendum esset < vim esse in argumento Gallutii : imò >
DEo careri nunc posse, ubi materia semel motum recepisset, quoniam
status sequens ex ipsa motus ac materiæ natura sponte consequeretur,
non accedente naturæ divinæ consideratione. < Habetis ergo quod hîc
minime expectabatis, DEI et creationis assertionem, operationemque
ejus specialem mutationi rerum necessariam. > — *Gall.* : Quis unquam
tantas res credidisset ex tantulis nasci posse ? — *Th.* : Ego non possum
satis explicare verbis quantopere admirer exitum tam inexpectatum. —
Ch. : Me verò maximè admiratione teneri par est, militem et non nisi

1. Allusion aux Cartésiens.
2. Allusion aux Atomistes.

MATH., X, 11. rebus sensibilibus suetum, qui nunquam hactenus tota mea vita aut expertus aut etiam suspicatus sum, in rebus abstractis et ab imaginatione remotis claras usque adeo atque firmas demonstrationes fieri posse. Equidem longe alia ab hoc congressu expectabam, scilicet motuum leges, et mechanicas potentiarum rationes : non contemtu talium, quæ nunc audivi, sed ignoratione. Nunc verò nollem ista tota cum Algebra atque Mechanica commutare, nec toto anno metaphysicæ auditor esse recusarem, Pacidio interrogante, usque adeò ille tædium sustulit, et arte tractandi, et ipsarum magnitudine rerum. Ad Mechanica autem non nisi cum illi tempus videbitur descendemus. — *Th.* : Agite, amici, fructus hujus Meditationis bona fide gustemus. Ego quidem ex quo me ex mundo reducem ad me recepi, nihil prius habui cultu DEI et cura salutis, et consideratione æternitatis. Nam si immortalis nobis anima est, exigui momenti nobis videri debet hæc paucorum annorum vita, nisi

44 recto. quatenus effectus suos in futurum porrigere | credibile est. Itaque virtutibus et sapientiæ operam demus, veris ac duraturis animæ bonis, sapientia autem inprimis consistit in perfectissima naturæ cognitione, quam non esse tantum atque operari, sed et specialem omnium curam habere, nec res tantum creasse ex nihilo, sed et creare quotidie atque resuscitare quisquamne unquam tam luculenter demonstravit? Equidem fateor exultasse me intellecta vi harum ratiocinationum, atque philosophiæ gratulari, quæ tandem in gratiam reditura videtur cum pietate, cum qua ei non culpa sua, sed hominum opinione et judiciis temerariis, aut etiam expressionibus male consultis parum convenire videbatur. Desinant itaque viri pii, ac gloriæ divinæ zelo accensi, metuere aliquid à ratione; modò dent operam ut rectam nanciscantur. Quin potius ita habeant, ut quisque in vera philosophia provectior est, ita divinam potentiam atque bonitatem magis agnoscere, neque aut à revelatione aut ab iis quæ miracula aut mysteria vocantur alienum esse, cum demonstrare possit, vera quædam ac propria miracula quotidie in natura evenire; cum nullum $<$ enim $>$ ex revelatis magis mirum ac sensibus pugnans videatur, quam rem annihilari atque creari $<$ aut in re finita partes actu infinitas esse $>$. Philosophi vicissim cessent omnia ad imaginationem et figuras referre, et nugarum atque imposturæ postulare, quicquid cum notionibus quibusdam crassis ac materialibus pugnat, quibus aliqui totam rerum naturam circumscribi putant : cum aspecturi sint, ubi

rectè meditati fuerint ¹, motum ipsum minimè imaginationi subjici et Math., X, 11. mysteria quædam metapysica ex spirituali ² natura profecta in eo contineri: arcanam quoque nobis vim intus assistere qua frui possit animus, amore atque caritate accensus, et meditatione attenta elevatus.

Hæc cum pietate insignis et studio ardens dixisset senex, omnes, Alethophile, ignem quendam concepimus, ac certatim in divinas laudes effusi ad studium tam faustum nos cohortati sumus, præ quo alia omnia nihili videantur, cum non aliter æstimanda sint, quam prout conferre possint ad hunc animi statum in quo felicitas omnis ponenda est. Sed et consensus apparuit sapientum, et multa ex Theologorum mysteriis Theophilus, multa ex Hermeticorum atque Pythagoræorum arcanis Gallutius attulit confirmandæ veritati. Charinus autem talium novus in alium pene hominem mutatus videbatur. Ego cum unum adhuc demonstrationis hujus fructum adjecissem, quod scilicet hinc appareat aliud longe esse actionem, aliud mutationem, et posse aliquid agere sine repassione, id magni usus esse in divinis omnes agnovere cum applausu. Tandem cum sermo in multam noctem protractus esset, nec tantùm in alium colloquii diem, sed et in certas quasdam communis studii leges consensissemus, data acceptaque arcani fide (quædam enim dicta erant ultro citroque, quæ huc transferri non possunt, quod non omnes iis digni aut certè pauci maturi atque præparati videantur), colloquium sanè diutissimum finivimus. Ego postero mane sumto calamo dum caleret animus recente memoria hoc tibi pariter ac mihi, Alethophile, exaravi, tametsi animam illis infundere non potuerim quæ loquentium vultu ac motu habent collationes, alioquin argumenti siccitate languentes [His si placet fruere ac] Vale.

1. Allusion aux Cartésiens.
2. *Sic.*

Math., XII, a.   Math., XII, a[1].

28 jun. 1676. De [curvarum] < figurarum > areis per infinitas series exprimendis, regula generalis. . . . .

Math., XII, b.   Math., XII, b.

Octobr. 1681. Methodus generalis pro Diophanteis . . . . . .

Math., XII, c.   Math., XII, c.

1676. Summa quadratorum deinceps ab unitate methodo mea analytica; Et inde ducta demonstratio regulæ ab Arnaldo in hunc usum mihi propositæ.

. . . . Mons. Arnauld m'avoit donné la regle ou le theoreme Fevrier 1676 et je luy en ay donné la demonstration par le calcul precedent.

Ce specimen peut servir d'exemple pour l'art de trouver des demonstrations par le calcul; et < fait voir > comment il faut changer l'expression, ou les caracteres, pour y arriver . . . .

Math., XII, d.   Math , XII, d.

10 decembr. 1678. *Arithmetica figurata seu Diopantea.*
{ Hic inseritur generalis observatio *de divisione in locum comparationis substituenda.* } . . . .

Emploi des signes d'ambiguïté.

1. Les volumes Math., XII, XIII et XIV sont des liasses de papiers de tous formats non classés. Aussi ne pouvons-nous donner aucune référence précise pour ces fragments, que nous avons remarqués à cause de leur date.

INDEX NOMINUM ET RERUM [1]

Abdomen : 463.
Abjectio : 57. v. Novenarius.
Ablatio : 63.
Abscissa : 118, 120.
Abscissus : 593.
Absens : 480.
Absolute primus : 219-221.
Absolutus : 17, 24, 26, 51, 60, 64, 221, 324, 331, 389, 409, 475, 590, 612.
Absolvere : 505.
Abstractio : 435, 513.
Abstractus : 8, 174, 218, 227, 243, 257, 287, 341, 356, 360, 387, 389-391, 400, 403, 423, 433, 435, 437, 512, 520, 602, 626.
Absurditas : 184, 191, 614.
Absurdus : 23, 62, 87, 148, 184, 192, 198-200, 202, 234, 260, 261, 275, 379, 525, 601, 607.
Abundans : 166.
Academia : 147, 420.
Accentus : 498.
Acceptare : 494.
Acceptilare : 503.
Accepti-latio : 503.
Accessus : 593.
Accidens : 19, 20, 21, 83, 117, 209, 245, 356, 357, 391, 423, 438, 471, 476, 479, 490, 495, 499, 503, 509, 512.
Accidentalis : 9, 13.
Accommodare : 502.
Accusare : 505.

Accusativus : 285, 286.
Acerbus : 488.
Acervus : 603.
ACHATES : 179.
Acicula : 161, 188, 469.
Acidus : 488.
Acies : 483.
Acris : 488.
Actio : 9, 14, 21, 26, 37, 38, 160, 185, 188, 225, 330, 343, 353, 390, 391, 405, 475, 504, 521, 525, 528, 597, 623, 627.
Activitas : 473.
Activus : 3, 9, 10, 14, 188.
Actor : 504.
Actualis : 22, 24, 248, 376, 392, 520, 522, 621.
Actualitas : 24, 376.
Actus : 15, 18, 22-24, 474, 475, 495, 534, 604, 614, 620-622, 626.
Acus : 187, 469.
Acutus : 489.
Adæquatus : 219, 220, 512, 513.
ADAM : 151, 240.
Adamas : 57, 447.
Additio : 63, 100, 107, 110, 112, 125, 141, 146, 147, 173, 250, 424, 496.
Adeps : 461.
Adjectivum : 185, 243, 244, 282, 287, 289, 290, 356, 423, 433.
Adjectum (secundi, tertii adjecti) : 301, 391-393.

---

1. Dans cet *Index*, on a intercalé les mots grecs au rang alphabétique qu'occuperait leur transcription latine. On a réuni les mots français aux mots latins qui en sont la traduction; on a joint en général au verbe ses participes et à l'adjectif l'adverbe et le substantif qui en dérivent (Ex. *continuus, continuum*). Enfin on a séparé les divers sens d'un mot par des indications abrégées, qui sont : *alg* (èbre), *anat* (omie), *arith* (métique), *géom* (étrie), *gramm* (aire), *log* (ique), *math* (ématique), *phys* (ique), *soc* (iologie).

Adjunctum : 434, 435, 475, 525.
Adulari : 493.
Adverbium : 35, 185, 244, 281, 282, 287, 289, 290, 353, 437-8.
Advocatus : 213, 504.
Ædificium : 223, 467.
Æger, Ægrotus : 3, 4.
ÆGYPTUS, Ægyptius : 212, 223, 226, 343.
Æmulatio : 493.
Æquabilis : 489.
Æqualis : 47, 52, 56, 147, 152, 187, 257, 262, 500, 546, 563, 564, 621.
Æqualitas : 1, 152, 548.
Æquatio : 45-49, 59-61, 64, 65, 71, 94, 98-145, 148, 149, 171-173, 181, 233, 245, 247, 301-305, 311, 349, 367, 550, 558-560, 562, 563, 571-575, 578, 579, 583, 585.
Æquicompositus : 558.
Æquiformis : 274.
Æquilaterum : 84, 558.
Æquilibrium : 21, 171, 402, 519.
Æquipollens : 68, 284, 497.
Æquipollentia : 233, 261, 262, 327, 352, 405, 427, 590.
Æquipollere : 57, 240, 263.
Æquiponderantibus (de) : 191, 514, 519.
Æquivalens, Æquivalere : 56, 66, 116, 240, 242, 250, 274, 408, 421-423, 496, 497.
Æquivocatio : 119, 120, 131, 157, 394.
Aer : 39, 40, 188, 441, 443, 486.
Ærarium : 219, 417.
Aereus : 456, 461.
Æstimatio : 500, 569, 570.
Æstus : 174.
Æternitas : 213, 479, 523, 625, 626.
Æternus : 18, 22, 89, 178, 192, 212, 232, 402, 405, 418, 519, 523, 597, 607.
Æther : 442.
Æthiops : 280.
Affabilis : 492.
Affectare, Affectatus : 492, 494.
Affectio : 476, 490.
Affectus : 151, 189, 190, 330, 353-4, 527, 556.
Affirmare, Affirmatus : 64, 70, 497.
Affirmatio : 43, 65, 69, 76, 78, 85, 111, 239, 254, 324, 381.
Affirmativus : 16, 52, 59, 61, 69, 85, 112, 113, 183, 193-202, 205, 221, 238, 242, 262, 293, 318, 320, 321, 366,

378, 398, 402, 407, 416, 427, 519, 544. V. Universalis, Particularis.
Agates : 449.
Agenda : 160.
Agere, Agens : 25, 256.
Agger : 468.
Aggregatum : 13, 14, 60, 62, 220, 270, 433, 438, 526, 527, 609, 611, 615, 623.
AGRICOLA (Georgius) : 447, 449.
Agricultura : 223, 526.
Aire : v. Area.
'Ακρίβεια : 212.
Ala : 457, 466.
Alatus : 455, 457.
ALBIUS : v. WHITE.
Albus : 489.
ALCIBIADES : 598.
Alethophilus : v. *Philalethes*.
ALEXANDER : 357, 362, 375.
Algebra : 37, 43, 50, 94, 95, 98, 111, 112, 123, 124, 127, 139, 155, 175, 181, 218, 223, 257, 330, 338, 343, 348, 406, 419, 429, 531, 532, 557-563, 572, 580, 581, 584, 585, 626.
Algebraicus : 34, 35, 107, 125, 149, 164, 336, 350, 542, 559, 571, 586.
Algebrista : 37, 148, 588.
Algorithmus : 107, 257.
Alimentum : 465.
Aliquid : 160, 252-256, 512.
Aliquotus : 566, 610.
Allegare : 505.
Allégorie : 179.
Alloeoptotus : 166.
Alphabetum : 48, 165, 220, 223, 532.
Alphabetum Cogitationum humanarum · 430, 435.
ALSTED : 330, 354.
Alteratio : 490.
Alternare, Alternatio : 48, 625.
Alternative : 532, 556-7. V. Calculus.
Altitudo : 582.
Alumen : 94, 224, 446.
Alveus : 442.
Amare : 492, 516.
Amarus : 488.
Amavitio, Amaturitio : 289.
Ambiguitas : 72, 102-143, 338.
Ambiguus : 99-143, 146, 574, 628.
Ambitus : 439, 478, 479.
Ambra : 445.

Ambulatoire (point) : 106, 115, 125-129, 133, 134.
Americanus : 158, 160.
AMÉRIQUE : 181.
Amianthus : 447, 449.
Amictus : 466, 467.
Amicus : 501.
Amor : 5, 8, 157, 516, 627.
Amphibius : 460.
Amphibole, Amphibolie : 120-122, 157.
Ampliare : 497.
AMSTELODAMUM : 561.
Anagogicus : 558, 587, 588.
Analogia : 174, 220, 377, 434.
Analogicus, Analogus : 224, 522, 523.
Analysis : 1, 2, 14, 18, 20, 24, 32, 36, 97, 98, 105, 111, 122-125, 144, 155, 159, 160, 170, 171, 175, 178, 180, 181, 184, 188-190, 215, 218, 221, 231, 234, 241, 257, 272, 280, 284, 285, 311, 336, 341-351, 356, 358, 377, 389, 400, 431, 441, 511, 513, 514, 519, 524, 542, 545, 546, 557-562, 572, 573, 579, 580, 584, 585, 588, 593. V. Synthesis, Speciosa.
Analysis didactica : 424.
Analysis grammatica : 353.
Analysis infinitorum : 18.
Analysis logica : 353.
Analysis situs : 329, 546.
Analytica : 189, 191. V. ARISTOTELES.
Analytica (ars) : 167, 168, 219, 420.
Analyticus : 51, 97, 106, 109, 122, 143, 144, 146, 148, 162, 165, 168, 170, 173, 350, 351, 415, 557, 559, 562, 563, 572, 573, 581-583, 612, 613, 628.
Anatome, Anatomia, Anatomicus : 13, 161, 167, 224, 420, 478, 526, 596.
Anchora : 468.
Anciens : v. Veteres.
Angelus : 20, 21, 94, 159, 177, 590.
ANGICOURT (M. d') : 575.
ANGLIA : 420.
Anglus : 592. V. WHITE.
Angulus : 21, 97, 145, 149, 152, 349, 477, 485, 489, 534, 549, 552, 561, 582, 587.
Angustus : 476.

Anima : 3, 10, 12-16, 153, 182, 192, 212-213, 222, 226, 232, 450, 514, 515, 521-523, 530, 626.
Animal : 3, 13, 14, 16, 40, 42, 43 sqq.[1], 151, 165, 167, 188, 224, 450, 454, 461, 478, 491, 526. V. Spiritus.
Animalculum : 617, 618.
Animalitas : 389.
Animatus : 13, 441, 450, 523.
Animositas : 493.
Animus : 40, 71, 73, 93, 160, 169, 232, 256, 627.
Annihilatio : 523.
Annotatio : 586.
Annulus : 485.
Annus : 51, 219.
Anomalia : 36, 353.
Anomia : 67.
Anonymus : 511.
Ante : 477.
Antecedens : 253, 262, 324, 398, 401-403, 518, 577.
Antenna : 466.
Antimonium : 449.
Antipathia : 12.
Antiquatus : 480.
Antiquitas : 25, 223, 225, 244.
Antiquus : 480.
Antitypia : 13.
Antlia : 187, 465.
Anus : 463.
Aperire : 484.
Apex : 583.
Aphoristicus : 561.
Aphronitrum : 446.
Apodictica, Apodixis : 345, 346, 408.
Apodus : 455.
APOLLONIUS : 144, 174, 181, 182, 340, 539, 546.
Apoplexia : 16.
A posteriori : 17, 26, 154, 163, 166, 329, 400, 421, 515, 560.
Apostolus : 239.
Apparentia : 190, 226, 227.
Appellare : 505.
Appellativus : 433.
Appetitus : 12-14, 491, 528.
Appositivus : 275.

---

1. Nous ne tenons pas compte des passages où *Animal*, *Homo*, etc., sont employés comme exemples de termes logiques.

Approbare : 493.
Appropinquans : 583.
Appropinquatorius : 559.
Approximation : 144, 145.
A priori : 2, 17, 18, 26, 98, 163, 166, 272, 402, 408, 415, 420, 431, 432, 513-515, 518, 519, 560.
Aptus : 475.
Apud : 287.
Aqua : 39, 40, 188, 441, 443, 486.
Aqua dulcis : 456, 457.
Aqua fortis : 52.
Aquaticus : 455-458.
Arabes : 225, 312.
Aratrum : 470.
Arbitrarius : 32, 98, 124, 128, 141, 151, 220, 243, 431, 516, 621.
Arbitrium : 35, 167, 173, 185.
Arbor : 450, 452, 453.
Arbustum : 452.
Arca : 469.
Arcanus : 18, 171, 190, 219, 386, 389, 431, 519, 587, 627.
Archæus : 12.
Archif : 225.
ARCHIMEDES : 50, 96, 105, 144, 168, 191, 341, 401, 402, 514, 519, 533.
ARCHITAS : 330.
Architectonica, Architectura : 38, 169, 223, 244.
Arcus : 145, 147, 257, 471, 478, 552, 606.
Area : 146, 582, 593, 628.
Arena : 615.
Arenula : 623.
Aretæus : 568.
Argentum, Argenteus : 52, 53, 448, 449.
Argentum vivum : 52, 74, 75, 444. V. Hydrargyrum, Mercurius.
Argilla : 444, 447.
Argumentatio : 72-74, 77, 84, 221, 248, 513.
Argumentum : 72, 73, 76, 77, 84, 183, 195, 211, 218, 247, 603.
Argutiæ : 37, 511.
Ariadnæus : 337.
Aristarchus : v. VOSSIUS.
ARISTOTELES : 25, 32, 159, 175, 177, 179, 182, 189, 191, 211, 282, 286, 312, 330, 338, 339, 341, 366, 388, 400, 428, 438, 480, 488, 519, 531, 596, 601, 607, 610, 621, 625.

Aristotelicus : 179, 192, 426, 590.
Arithmetica : 2, 37, 50, 99, 148, 152, 155, 156, 181, 223, 257, 341, 381, 419, 435, 525, 528, 532, 568, 571, 576, 596, 628. V. Binaire, Dyadica.
Arithmeticus : 36, 147, 339, 368, 420, 496, 580, 589. V. Machina.
Arma : 223, 471.
Armeniacus : 446.
Armus : 464.
ARNAULD : 10, 180, 211, 219, 628.
Arrestare : 505.
ARRIANUS : 5.
Ars : 3, 35, 37, 71, 72, 166, 167, 169, 170, 174, 211, 215, 224, 228, 429, 496. V. Characteristica, Combinatoria, Theatrum.
Ars conjectandi : 174.
Ars deciphrandi : 162.
Ars demonstrandi : 154.
Ars inveniendi, inventoria : 31, 37, 161-166, 167-170, 170-174, 175-182, 217, 511.
Ars judicandi : 36.
Ars ratiocinandi : 94.
Arsenicum : 446.
Arteria : 461.
Arteria aspera : 464.
Articulatus : 489.
Articulus : 464.
Artifex : 212.
Artificialis : 151.
Artificiose : 189.
Artificium : 95, 176, 190, 596.
Artillerie : 227.
Artocreas : 466.
Artus : 464.
Arundo : 451.
Asa dulcis : 445.
ASIA : 212.
Asinus : v. Pons.
Asper : 489.
Assensus : 495.
Asser : 467.
Assertio : 184.
Assignabilis : 11, 18, 609, 615.
Astronomia : 39, 244, 526, 527.
Astronomicus : 222, 420.
Astronomus : 180, 591, 592.
Astrum : 6.
Asyllogistus : 221.
Asymptota : 99, 106, 117, 388, 389, 523.

Atheismus : 5, 8.
Atlas universalis : 160, 163, 222-224.
Atomici : 341, 625.
Atomus : 8-10, 522, 523, 535, 614, 618, 623.
Atqui : 243.
Atramentum : 470.
Atrophia : 328.
Attentio : 72, 493.
Attractio, Attractiva (vis) : 11, 188.
Attributum : 56, 67, 185, 241, 242, 244, 252, 328.
Audere : 494.
Auditus : 190.
AUGUSTINUS : 25, 26, 184.
Auripigmentum : 447.
Aurum : 44, 50-56, 74, 84, 329, 449, 512. V. Fulminans.
Auster : 232.
Autoritas : 35, 183, 184, 189, 211, 212, 514, 592, 605.
Auxiliaris, Auxilium : 434, 472.
Avis : 56, 457-459.
Axioma : 32, 34, 35, 50, 146, 147, 159, 180, 181, 186, 187, 211, 221, 229, 230, 255, 256, 323, 361, 365, 372, 373, 402, 403, 514, 518, 519, 538, 539, 544, 546, 548, 569, 625.
Axiomaticus : 400.
Axis : 115, 118, 121-123, 135, 165, 441, 485.

BACON : 169, 174.
Balistica : 38.
Balsamum : 454.
Baralip : 298, 314.
Barba : 466.
Barbara : 230, 248, 249, 294, 301-303, 306, 307, 310, 312, 411-413.
Barbari : 230, 248, 294, 302, 307, 310, 313, 412, 414.
Barbaries : 31.
Barbarisme : 156.
Baroco : 296, 304, 309, 313, 320, 413.
BARONIUS : 232.
BARROW : 588.
BARTON : 179.
Basis : 441, 582, 583.
Bassette : 568.
Batavus : 592.
Beatitas, Beatitudo : 169, 212.
Beatus : 21, 73, 169.

BECHER : 283, 447.
Bellum : 212, 507.
Belopoetica : 223.
Benedicere : 499.
Benedictini : 4.
Benevolentia : 516.
Benevolus : 331.
BENIVENIUS : 418.
Benzoin : 445.
BERLIN : 575.
Bernacla : 56.
Bernardini : 4.
BERNARDUS : 537.
Bestia : 459, 460.
BETHLEM (Jean-Gabriel) : 354.
Bibere : 491.
Bibliotheca : 30, 95, 163, 222.
Bicornis : 459.
Bien : v. Bonum.
Biennium : 40.
Biformis : 428.
Bilis : 461, 465.
Bimalis : 284.
Binaire (arithmétique) : 278, 574.
Binarius : 17, 88, 240, 242.
Binio : 164, 258, 260.
Binomium : 560.
Bipes : 232.
Bismuthum : 446, 448, 449.
Biterminus : 416.
Bitumen : 444.
Bivalvis : 456.
Blitiri : 255, 512.
Bocardo : 74, 297, 314, 320, 413.
BOCKENEM : 561.
BODEMANN : 538.
Bolus : 444, 447.
Bombarda : 471, 572.
BOMBELLI : 148.
Bonheur : v. Felicitas.
Bonitas : 6, 27, 58, 221, 535, 626.
BONTEKOE : 188, 327.
Bonum : 21, 24, 25, 29, 95, 139, 157, 219, 224, 474, 527, 528, 535, 626.
Bonus, Optimus : 27, 58.
BOOLE : 57, 425.
Borax : 446.
BORELLY : 216.
Botanicus : 224, 596.
BOUVET (le R. P.) : 327.
Bovinus : 459.
Brachium : 464.

Branchia : 456, 466.
Brevis : 476.
Brutum : 53, 454, 530.
Bulbosus : 453.
BURERUS : 510.
Butyrum : 466.

Cabbala : 429, 511.
CABÆUS : 178.
Cacumen : 441.
Cadere : 481.
Caducus : 441.
Cæcus : 220, 360.
Cælestis : 174.
Cælum : 177, 222, 441, 442.
Cæmentum : 467.
Cæpe : 488.
Cæremonia : 223, 499.
Cæruleus : 489.
CÆSAR : 357.
Cæsius : 490.
Caius : 280.
Calamatus : 460.
Calaminaris (lapis) : 449.
Calamus : 466.
Calcarius : 447.
Calcularis : 152.
Calculus : 3, 34, 35, 43, 46, 49, 50, 53, 57, 66, 73, 80, 86, 94, 97, 99-145, 148, 152-156, 166, 168, 173, 174, 181, 215, 221, 229, 235, 247, 250, 256, 260, 262, 301, 304-311, 326, 335, 336, 339, 367, 406, 420, 422, 531, 542, 550, 556, 557, 563, 571, 572, 576, 580-585, 628.
Calculus alternativus : 556-557.
Calculus geometricus : 348, 542.
Calculus logicus, universalis, rationalis, rationis : 49, 57, 66, 229, 235, 239, 249, 367, 421.
Calculus Ratiocinator : 239.
Calculus situs : 538, 539, 541, 548-556.
Calentes : 297, 314, 320.
Calentos : 297, 315.
Calidus : 485.
Calor : 38, 185, 187, 188, 190, 390, 432, 513.
Caloreitas : 513.
Calx : 224, 447.
Calyx : 454.
Camestres : 295, 304, 308, 313, 319, 413.
Camestros : 296, 313, 319, 414.
Camfura : 445.

Caminus : 468.
Campana : 470.
Canalis : 469.
Cancelli : 467.
Candela : 469.
Caninus : 459, 460, 462.
Cannabis : 223.
Canon : 46, 410, 573.
Canonicus : 559.
Canonista : 213.
Canorus : 457, 458.
CANTOR (Moriz) : 179.
Capax : 241.
Capreolus : 468.
Caprinus : 459.
Capsula : 454.
Captivus : 507.
Capucinus : 561.
Caput : 85, 459, 461; — 498.
CARAMUEL : 561.
Carbo : 445.
CARDAN : 177.
Carere : 473.
Caritas : 3, 627.
Caritativus : 64, 331.
Carnivorus : 458.
Carpus : 464.
Carta : v. Charta.
CARTESIUS : v. DESCARTES. *Cartésien* : 189, 361, 524, 583, 625, 627.
Cartilaginosus : 456.
Cartilago : 461.
Caseus : 466.
CASPIUM (mare) : 442.
CASSINI : 222.
Castrametatoria : 223.
Casuare : 562.
Casus : 97-107, 114, 115, 119, 122, 123, 126-128, 165, 166, 171, 263, 560, 562, 570.
Casus (hasard) : 93, 161, 163, 165, 170, 173, 212.
Casus (*gramm.*) : 35, 282, 285, 287, 288, 353, 355, 434, 497.
Catalogus : 34, 163, 168, 229, 561.
Categorematicus : 358, 359, 368, 427.
Categoricus : 42-45, 49, 51, 52, 57, 60, 61, 75-77, 80, 83, 85, 193-196, 205, 232, 238, 245, 260, 262, 321, 369, 377, 389, 393, 407, 408, 426.
Catena : 171, 485.
Cathedra : 469.

Cathetus : 582.
Catholicus : 4.
Catoptrica : 223, 526, 561.
Cauda : 460, 466.
Cauliculus : 454.
Causa : 13, 14, 16, 19, 26, 33, 34, 38, 39, 63, 93, 146, 151, 159, 160, 174, 176, 182, 188, 190, 218, 245, 256, 272, 341, 399, 405, 432, 471, 521, 522, 528, 533-535, 573, 594-597, 622-625; — 505.
Causa efficiens, causa finalis : 7, 13, 19, 20, 329, 525.
Causa occasionalis : 521.
CAVALIERI : 99, 106, 144, 148.
Cavere : 493.
Caverna : 443, 483.
Cedere : 481.
Celarent : 230, 294, 301-303, 306, 307, 310, 313, 319, 411-413.
Celaro : 230, 295, 303, 307, 310, 313, 319, 412, 414.
Celeritas : 38, 186, 480, 614. V. Velocitas.
Censor, Censura : 591, 592.
Centrum : 98, 106, 117, 478, 479, 554, 582, 590.
Centrum gravitatis : 115, 124, 144, 561, 562.
Cerebrum : 461.
Ceremonia : v. Cæremonia.
Cerevisia : 224.
Certamen : 507.
Certitudo : 22, 34, 49, 66, 175, 180, 181, 221, 227, 232, 335, 388, 389, 411, 417, 432, 515.
Certus : 26, 59-62, 151, 169, 214-217, 243, 272, 387.
Cervix : 462.
Cesare : 234, 295, 303, 304, 308, 313, 319, 413.
Cesaro : 295, 313, 319, 414.
Cetaceus : 456.
Changement : v. Mutatio.
Character : 27, 29, 30, 36, 42, 48-50, 53, 66, 99, 100, 105, 107, 112, 124-126, 129-131, 143, 154-156, 161, 176, 220, 223, 224, 257, 274, 276, 277, 284, 285, 290, 326, 335, 351, 352, 393, 400, 539, 556, 562, 628.
Character philosophicus, universalis : 168, 169, 184, 282, 283.
Characterismus : 72, 73.

Characteristica : 29, 42, 60, 62, 92, 94, 98, 99, 129, 181, 267, 274, 275, 284, 326, 338, 357, 359, 366, 377, 406, 429, 432-435, 511, 531, 562.
Characteristicus : 49-51, 54, 55, 77, 586. V. Numerus.
Charinus : 568, 595-627.
CHARPENTIER : 284.
Charta : 224, 470, 615.
Chartula : 556.
Chemicus : v. Chymicus.
CHERUBINUS : 223.
Chimæra : 25.
Chinensis : v. Sinensis.
Chirurgica : 188, 224.
Chorda : 549, 552.
Christianus : 5, 213, 506.
CHRISTUS : 239, 508.
Chronique : 225.
CHRYSIPPE : 177.
Chrysocolla : 446.
Chylus : 461, 465.
Chymia : 179, 526.
Chymicus : 224, 433, 450, 596.
Chymista : 52.
CICERO : 169.
Cilium : 462.
Cinereus : 489.
Cinis : 442.
Cinnabar : 447.
CIRCE : 341.
Circularis : 122, 123, 138, 172, 431, 550, 613.
Circulatio : 341, 593.
Circulator : 602.
Circulus (*géom.*) : 15, 29, 115, 122, 123, 135, 144, 145, 154, 155, 171-174, 182, 241, 257, 272, 349, 391, 431, 432, 440, 478, 540, 545, 549, 551-556, 559, 576, 582, 584.
Circulus (*log.*) : 160, 417.
Circumdare : 483.
Circumferentia : 150, 155, 478, 554, 555, 582. V. Peripheria.
Circumstantia : 156, 176, 229, 475.
Cissoïde : 106, 115, 410.
Citatio : 505.
Citra : 477.
Civilis : 167, 218, 223, 503.
Civilitas : 500.
Civitas : 170.
Civitas Dei : 16.

Clarus : 189, 219, 220, 242, 360, 489, 512, 516.
Classis : 36, 145, 400.
CLAUBERG : 219.
Claudere : 484.
CLAUDIANUS : 507.
CLAUDINUS : 212.
CLAUDIUS CLEMENS : 204.
Clavicula : 462.
Clavis : 562, 563.
CLAVIUS : 191, 538, 546.
Clavus : 468.
Clerus, Clericus : 5, 503.
Cliens : 504.
Clunes : 463.
Clypeus : 471.
Coagulare : 486.
Coalitio : 110, 112, 141, 142, 326.
Cobaltum : 446.
Coctoria : 224.
CODRUS : 271.
Coefficiens : 46-48, 579, 580.
Cœnobia : 95.
Coexistens : 408.
Coexistentia : 361, 376.
Cogere : 498.
Cogitabilis : 511, 512.
Cogitabilitas : 535.
Cogitans : 331, 361, 438.
Cogitatio : 169, 170, 215, 220, 343, 351, 352, 389, 420, 429, 528.
Cognatus : 501.
Cognitio : 183, 189, 214, 219, 420, 491, 527, 626.
Cognitus : 189, 583.
Cohærens : 447, 486, 615.
Cohæsio : 485.
Coincidens : 52, 54, 56, 62, 166, 250, 264, 268, 311, 349, 362, 366, 407, 408, 563.
Coincidentia : 106, 229, 308, 312, 317-321, 366, 367, 373, 374, 381, 548.
Coincidere : 56, 250, 258, 261-264, 311, 312, 324, 362, 363, 368, 378, 397.
Coinferens : 471.
Cointegrans : 274, 564.
Coleopterum : 455.
Colere : 508.
Collectanea : 93, 182.
Collectio : 377.
Collectivus : 250, 267, 290, 532.
Colloquia : 213, 221, 419.

Collum : 462.
Color : 10, 38, 157, 190, 327, 360, 361, 433, 457, 489.
Coloratus : 157, 158, 361.
Columbinus : 457.
Columna : 163, 223, 467, 580. V. *Hercule*.
Combinabilis, Combinabilitas : 307, 308.
Combinatio : 34, 40, 162, 163, 170-173, 256, 258, 308, 346, 430, 532, 542, 556, 572.
Combinatoria (ars) : 159, 162-171, 177, 336, 338, 348, 349, 415, 429, 511, 525, 528, 531, 544, 556, 557, 560-562, 572, 573, 582.
Combustibilis : 444, 445.
COMENIUS : 218.
Comitari : 500.
Commensurabilis : 17, 388, 408, 566.
Commensurabilitas : 272.
Commensuratio : 1.
Commerce : 227.
Commissarius : 211, 212.
Commoditas : 93, 95.
Communicans : 251.
Communis : 52-54, 57, 91, 242, 250-254, 476.
Commutativus : 517.
Comparare : 496.
Comparatio : 53, 250, 281, 349, 475, 521, 562, 563, 566, 568, 585, 628.
Comparere : 505.
Compatibilis : 57, 166, 247, 307-310, 360, 374, 376, 530.
Compendiosus : 257.
Compendium : 36, 37, 94, 168-170, 222, 242, 256, 350, 558, 584, 585.
Compensare : 252, 503.
Compensatio : 171, 256.
Completus : 220, 356, 372, 375, 376, 403, 520.
Complexio : 231.
Complexus : 17, 237, 346, 368, 372, 373, 377, 381, 386, 512.
Complicatio : 380, 382, 579.
Componere : 258.
Compositio : 53, 108, 110, 130-133, 136, 138, 152, 251, 258, 358, 359, 425.
Compositus : 13, 38, 40, 42, 48, 86-89, 100, 107, 119, 125, 128-136, 141, 143, 159, 162, 164, 170, 238-243, 358, 359, 375, 441, 473, 512, 528.
Compossibilis : 407, 530, 534.

Comprehensio : 519, 539.
Conans : 331.
Conatus : 474, 481, 526, 534.
Concavus : 476.
Conceptio : 158.
Conceptus : 34, 49, 50, 53, 60, 85, 219, 220, 243, 388, 429, 432, 512, 514.
Concessio, Concessum : 184.
Conchoïde : 106, 410, 431.
Conchylium : 456.
Concipere : 491.
Conclusio : 32, 33, 43, 66, 72, 73, 76, 84, 90, 91, 96, 176, 179, 187, 190, 195-209, 230, 246-248, 316, 318, 320, 352, 389, 406, 412-415.
Concoctio : 490.
Concomitantiæ (hypothesis) : 521.
Concordia : 494.
Concretio : 490.
Concretivus : 425.
Concretus : 356, 360, 391, 423, 433, 437, 438, 441, 445.
Concupiscentia : 493.
Concurrens : 471.
Concursus : 482, 545. V. Extraordinarius.
Condemnare : 505.
Conditio : 23, 80, 91, 165, 235, 471, 596.
Conditionalis : 67.
Conditionatus : 17, 22, 25, 26.
Condonare : 503.
Conducere : 501, 502.
Condylus : 464.
Conferens : 255, 256, 471.
Confessio : 505.
Confirmatus : 331.
Confiscare : 506.
Conflictus : 38, 507.
Confusio : 215, 489, 535.
Confusus : 10, 12, 15, 16, 62, 190, 219, 220, 360, 375, 512.
Congelatio : 448, 486.
Congratulari : 500.
Congruentia : 1, 152, 525, 528, 547, 548, 550.
Congruere : 540.
Congruus : 269, 407, 522, 541, 549, 563, 564, 621.
Conica (sectio) : 97, 98, 103, 115-124, 134, 135, 143, 144, 150, 168, 172, 174, 223, 242, 350.
Conifer : 453.

Conjectura : 211, 226, 420.
Conjicere : 496.
Conjugatio : 286, 290.
Conjunctio : 185, 245, 287, 288, 353, 434.
Conjunctum : 472, 475.
Conjux : 501.
Connexio : 8, 51, 102, 151, 164, 402, 434, 435, 513, 518, 519, 528.
Connexus : 73, 471.
Conoeides : 440.
CONRING : 192, 221, 588.
Conscientia : 16, 161, 189, 213, 495.
Consensus : 183, 188, 498, 627.
Consentaneus : 475.
Consequens : 254, 262, 324, 398, 401-403, 518, 519, 577.
Consequentia : 22, 34, 70, 73, 76, 77, 80-85, 89, 175, 186, 187, 221, 226, 229, 231-234, 243, 249, 252, 260, 284, 310, 327, 330, 379, 382, 398, 406, 416, 422-3, 425-428, 497, 528, 549, 612.
Conservare : 256, 472.
Conservatio : 625.
Considerare : 495.
Consiliarius : 503.
Consilium : 188.
Consistens : 486.
Consistentia : 190, 475.
Consolari : 499.
Consona : 204.
Consonantia : 489.
Conspecies : 53.
Constans : 492.
Consternatio : 493.
Constituens : 250, 251, 269, 471.
Constitutio : 190.
Constitutum : 251, 269.
Constructio : 97, 98, 115, 119, 122-124, 145, 181, 342, 350, 584, 585.
Constructio (*gramm.*) : 152, 156.
Constructor : 571.
Consuetudo : 71, 189.
Consulere : 499.
Consuspendens : 472.
Contactus : 152, 482, 555, 556, 582, 601, 604, 613.
Contemplativus : 3.
Contemtus : 493.
Contentum : 195, 205, 229, 256, 269, 274, 322, 324, 373, 461, 547. V. Continens.

Contignatio : 468.
Contiguus : 15, 439, 477, 601, 617, 621, 623.
Continens : 229, 256, 266, 274, 321, 324, 369, 373, 396, 461, 547; — 443. V. Contentum.
Continere : 16, 18, 47, 51-58, 65, 68, 69, 85, 229-231, 235, 249, 254, 257, 258, 262, 265, 367, 378, 395-401, 406, 407, 411, 423, 425.
Contingens : 1-3, 13, 16-23, 211, 255, 271-273, 371, 374, 388-392, 402, 405-408, 519, 528.
Contingentia : 3, 17, 21, 22, 519.
Continuare : 474.
Continuatio : 18, 371, 373.
Continuatus : 171, 220, 361, 371, 374, 388, 390.
Continuitatis (lex) : 174, 525, 528, 544.
Continuus : 16, 57, 105, 361, 377, 390, 408, 431, 438, 476, 522, 525, 541, 547, 549, 565, 594, 601-610, 613-616, 619, 621, 625.
Contractivus : 428.
Contractus : 502.
Contradicere : 52, 53, 80.
Contradictio : 17, 87, 183-186, 233, 253, 303, 350, 365, 371-375, 407, 408, 412, 431, 513, 612. V. Principium contradictionis, Implicare.
Contradictorius : 18, 45, 48, 67-70, 79-83, 86-90, 184, 185, 231, 236-239, 247, 261, 273, 325, 364-366, 371, 387, 401, 408, 412-414, 431. V. Oppositus.
Contrahere : 481.
Contrapositio : 83, 91, 254, 370, 416, 422, 427.
Contrarietas : 250.
Contrarius : 52, 82, 83, 111, 126, 137, 138, 186. V. Oppositus.
Controversia : 192, 212-215, 221, 244, 336, 400, 417-420.
Conus : 98, 120, 168, 242, 440.
Conveniens : 407, 473.
Convenientia : 124, 434, 526, 528, 562.
Conversio : 43, 46, 61, 76, 79, 80, 83, 90, 91, 197, 202-209, 221, 229, 232, 234, 253, 254, 293, 303, 306, 310, 311, 330, 370, 379, 380, 398, 406, 411, 415, 416, 422, 427.
Conversus : 60, 62, 92, 201.
Convertibilis : 58-60, 233, 292, 293.

Convexus : 476.
Convolvulus : 453.
Coordinatio : 163.
COPERNIC, *Copernicanus* : 129, 591-593.
Copula : 49, 77, 85, 221, 243, 244, 273, 282, 289, 398, 416.
Cor : 465.
CORDEMOY : 523.
CORDUS : 453.
CORNELIUS MARTINIUS : 206.
Cornipes : 459.
Cornu : 466.
Cornutus : 459.
Corollarium : 197-202, 230, 231.
Corporeus : 13, 438, 522, 523, 590.
Corpus : 11-22, 38-40, 53, 93, 94, 149, 150, 171, 186, 190, 192, 212, 223, 226, 246, 247, 257, 404, 405, 429, 431, 433, 438, 441, 450, 454, 515, 521-523, 526, 527, 587, 590, 595, 596, 604-607, 613-615, 619, 622-624.
Corpuscularis : 9, 341.
Corpusculum : 1, 5, 158, 617, 618, 623.
Corrélatif : 133.
Correquisitum : 472.
Correspondant : 102-105, 110, 113, 132, 141, 142.
Corruptio : 490.
Cortex : 454.
Corvinus : 458.
Corymbifer : 453.
Cosmographica : 38, 39.
Cosmologia : 527.
Cosmopolitica : 40.
Costa : 463.
Cotes : 449.
Coxendix : 463.
Cramer (règle de) : 573, 579-580.
Cranium : 461.
Crassus : 476, 486.
Creatio : 10, 523, 625.
Creator : 591, 617.
Creatura : 13, 17-24, 522, 618, 622.
Creatus : 15, 18, 19, 23, 521.
Credere : 498.
Creditor : 501.
Crescere : 490.
Creta : 447.
Cribrum : 170.
Criterium : 189, 336, 344.
Critique : 226.
Crudelis : 492.

Crus : 458, 464.
Crusta : 460, 466.
Crustaceus : 455, 456.
Cryptographie : 174, 348, 532, 560, 562.
Crystalliformis : 449.
Crystallisatio : 448.
Crystallus : 445, 448, 449.
Cubique : 145.
Cubitus : 464.
Cubus : 257, 440.
CUJAS : 340.
Culinaria : 224.
Cultus : 223.
Cum : 287, 291, 435.
Cuprum : 52, 65.
Cura, Curare : 492, 493.
Curiosus, Curiositas : 95, 222, 495.
Currus : 470.
Cursus : 20.
Curva, Curvus : 15, 97, 98, 105, 106, 115, 120-124, 134, 135, 143-146, 164, 166, 257, 476, 485, 540, 551, 558, 612, 613, 628.
Cyclognomica : 355.
Cycloïde : 145.
Cylinder : 440.

Dabilis : 147.
DALGARNO : 151, 278, 285, 435-437, 509, 510.
Damnum : 500.
DANGEAU : 568.
Darapti : 296, 314, 414.
Darii : 230, 233, 295, 301, 302, 306, 307, 310, 313, 411-413.
DARIUS : 362.
Datisi : 296, 314, 413.
Datum : 166, 176, 417, 418, 519, 545, 558, 596.
DAVID : 6.
De Arte combinatoria (allusions au) : 157, 175, 196, 347, 531.
Debere : 474.
Debilis : 489.
Debitor : 501.
Decadicus : 430.
Decennium : 40, 96.
Decimalis : 257, 284, 557. V. Ars.
Deciphratoria : 37, 162.
Declinatio (*gramm.*) : 281, 286, 290; (*phys.*) : 561.
Découverte : 226.

Decrescere : 490.
Decretum : 19-24, 402, 405, 505, 520.
Dedicatio : 218.
Deditio : 507.
Deductio (ad absurdum) : 184.
Defendere : 507.
Deficere : 476.
Definibilis : 187, 522.
Definire : 497.
Definitio : 17, 25, 32-35, 43, 50, 55, 68, 78, 80, 119, 120, 159, 160, 180, 182, 186, 187, 190, 220, 221, 229, 230, 240-244, 252, 258, 328-330, 353, 361-363, 367, 369, 372, 373, 400, 406, 431, 432, 516, 518, 524, 538, 546, 561, 575.
Definitus : 59, 242, 258, 367.
Deformis : 474.
Degré : v. Gradus.
Dehortari : 499.
Deliberatio : 4, 21, 212, 213, 229, 419, 498.
Delictum : 506.
Delineatio : 597.
Demeritum : 472.
DEMOCRITUS, *Democriticus* : 7, 232, 417.
Demonstrabilis : 22.
Demonstratio : 1, 2, 8, 17-19, 33-35, 50, 73, 76, 81, 82, 93, 95, 107, 117, 118, 121, 146, 148, 153-155, 162, 164, 169, 171, 173, 175, 177-184, 187, 190, 192, 215, 220, 233, 339, 340, 343, 344, 352, 370, 376-378, 382, 388, 389, 400, 415, 431, 432, 519, 546, 580, 584, 590, 626-628.
Demonstrativus : 154, 177-179, 191, 227, 262.
Demonstrator : 177, 344, 345.
DE MORGAN : 425.
Denarius : 88.
Dénombrement : 229.
Denominatio : 8, 9, 244, 381, 382, 500, 519-521.
Denominator : 43, 109. V. Nominator.
Dens : 459-462.
Densus : 486.
Dependens : 256, 473.
Deponere : 481, 502.
Deprecari : 499.
Derivatio : 286, 359.
Derivativus : 10, 207, 240, 255, 358, 359, 512, 513, 526.

DESARGUES : 98, 124.
DESCARTES : 2, 7, 27, 98, 124, 144, 145, 170, 178, 179, 181, 191, 192, 220, 232, 341, 343, 345, 348, 388, 405, 516, 530, 531, 559, 561, 582, 583, 610, 613, 614. V. *Cartésien*.
DES CHALES (le P.) : 216, 529, 592.
Descriptio : 165.
Designatio : 250.
Destructio : 171, 523.
Determinans : 544, 548, 549, 553, 563.
Determinatio : 22, 166, 176, 330, 342, 405, 498, 540, 548-553.
Determinatorius : 541.
Determinatus : 13, 15, 22, 49, 110-112, 147, 151, 165, 166, 195, 265, 331, 522, 534, 539, 544, 545, 548, 553, 613.
Detractio : 250, 275.
Derivatus : 241.
DEUS : 2-8, 12-27, 29, 86, 95, 151, 153, 154, 157, 178, 179, 186, 191, 192, 212, 226, 238, 241, 242, 260, 262, 272, 273, 337, 343, 344, 375, 388, 405, 416, 421, 430, 507, 509, 513, 516, 517, 520, 521, 523, 526, 528-530, 534, 590, 591, 612, 618, 624-626. V. Divinus.
Devise : 224.
Dexter : 477, 478.
Diagonalis : 610, 611.
Diagramma : 610.
Dialectica, Dialecticus : 37, 189, 338.
Dialogus : 530, 568, 584, 590, 594, 598.
Diametrus : 146, 155, 540, 545, 552, 576.
Dianœa : 426-428.
Diaphragma : 463.
Diarium : 174.
Dibatis : 298, 314.
Dichotomia : 39, 163, 330, 354, 404.
Dictionarium : 165, 169, 185, 229.
Dictum de omni et nullo : 411.
Didactica : 511.
Différent : 102, 108, 110.
Differentia (*log.*) : 39, 40, 53, 62, 63, 82, 85, 89, 162, 182, 374, 376; (*math.*) : 99, 101, 108, 109, 117, 124, 129, 130, 137, 138, 152, 564, 565, 577.
Difficilis : 474.
Difficultas : 161, 184, 191, 220.
Diffidere : 498.
Difformitas : 621, 622.

DIGBY : 178, 179.
Digestes : 175, 340.
Digitus : 464.
Dilatare : 481, 486.
Dilemma : 428.
Diligentia : 492.
Dimensio : 98, 105, 109, 116, 124, 145, 146, 168, 381, 613.
Dimittere : 494.
DIOGENES : 417.
Diophantea : 571, 578, 585, 628.
Dioptrica : 178, 223, 526, 561.
Diplome : 225.
Directio : 38, 540.
Director : 213.
Directus : 184, 382, 410, 415. V. Reflexivus.
Disamis : 249, 296, 314, 413.
Discere : 497.
Disciplina : 215.
Discipulus : 239.
Discretio : 496.
Discretus : 399, 476, 525, 603.
Discrimen : 220, 221, 257.
Discumbere : 491.
Discursus : 495.
Disjunctivus : 49, 238, 270.
Disparatus : 47, 53, 62-66, 239, 363.
Disputatio : 175-177, 213, 417, 419.
Disquiformis : 274.
Disquivalens : 274.
Dissensus : 495, 498.
Dissentaneus : 475.
Dissimilaris : 358, 359, 426, 441, 449, 461, 534.
Dissimilis : 257, 549.
Dissolutio : 523, 615.
Dissuadere : 499.
Distans : 477.
Distantia : 9, 15, 105, 121, 128, 149, 476, 543, 548-553, 582, 583, 593.
Distichus : 207.
Distillatio : 167.
Distinctio : 404, 489, 543.
Distinctivus : 535.
Distinctus : 12, 34, 50, 189, 190, 219, 220, 256, 360, 512, 516, 528, 535.
Distinguere : 497.
Distributivus : 250, 290, 517, 532.
Distributus : 294, 312, 315-323.
Diurnus : 458.
Diversitas : 14, 125, 195, 205.

Diversus : 146, 166, 193-195, 264, 265, 407, 475.
Dives : 603.
Dividendus : 47, 58, 60, 62, 67, 81, 496, 566, 567.
Divinatio : 562.
Divinatoria : 37.
Divinitas : 13.
Divinus : 22-24, 27, 31, 35, 223-226, 335-337, 347, 348, 402, 405, 417, 431, 520, 528, 623-627.
Divisibilis : 10, 15, 54, 57, 58, 64, 88, 241, 406, 522.
Divisibilitas : 406.
Divisio (*log.*) : 162, 330, 354, 403, 427, 453; (*arith.*) : 44, 45, 47, 55, 60, 63, 64, 69, 100, 105-113, 125, 147, 173, 187, 386, 496, 567, 571, 585, 586, 628; (*géom.*) : 613, 615, 621, 622.
Divisivus : 290.
Divisor : 47, 58, 60, 62, 65, 67, 70, 75-82, 87-92, 162, 245, 246, 277, 496, 566, 567.
Divitiæ : 29, 95, 229, 500.
Docere : 497.
Docimastica : 224.
Doctrina : 169, 214, 226.
Doctus : 232-234, 557.
Dogma : 222, 508.
Dogmaticus : 511.
Dolor : 187, 188, 535.
Domesticus : 457.
Dominicanus : 286.
Dominium : 501, 502.
Dominus : 245, 503.
Donare : 502.
Dorsum : 463.
Dubitatio : 169.
Ducere : 491.
Ductilis : 487.
Ductus : 257.
Dulcis : 488.
Duodenarius : 17.
Duratio : 473.
Durus : 461, 486.
Dux : 503.
Dyadica : 279, 430, 571, 574. V. Binaire.

Ecclesia : 506, 591, 592.
Ecclesiasticus : 4, 96, 504.
Ecthesis : 497.
Edere : 491.

Educare : 491.
Effectus : 16, 38, 39, 94, 169, 188, 218, 245, 342, 399, 405, 522, 528, 573.
Efficiens : 472. V. Causa.
Ego : 244, 360.
Eichstetensis : 224.
Eidographia : v. Idographia.
Ἔκθεσις : 221.
Elasticus : 486, 487, 595.
Elastrum : 521, 573.
Electio : 22, 23, 498.
Elementa (*phys.*) : 39, 441, 443.
Elementa (*log.*) : 34, 49, 50, 57, 148, 152, 159, 160, 185, 189, 215, 218, 277, 542, 548, 582. V. Euclides.
Elementa veritatis æternæ : 191, 219, 516.
Elementaris : 542.
Elementatum : 443.
Ellipsis (*géom.*) : 15, 115, 117, 123, 135, 174, 559, 593; (*log.*) : 162.
Ellipticus : 122, 512.
Ellychnium : 469.
Eloquentia : 8, 212.
Elysii (campi) : 530.
Emblema : 224.
Embolus : 188, 486.
Emere : 501, 502.
Empedocles : 605.
Emphaticus : 157.
Empiricus : 26, 93, 328, 337, 344.
Encyclopædia : 30-41, 164, 165, 217, 222, 354, 511-515, 525, 561.
Enigme : 182.
Ens : 70, 160, 232, 233, 236, 237, 259, 261-263, 271, 289, 325, 356, 358, 360, 368, 373, 376, 377, 381, 391-393, 407, 431, 437, 438, 512, 530, 533-535. V. Non-Ens, Res.
Entelechia : 10, 438.
Entendement : v. Intellectus.
Enthymema : 221.
Enumeratio : 162, 164, 202, 419.
Enuntiatio : 162, 238, 259-262, 363, 382, 512, 513, 519.
Epagogicus : 166.
Epharmostia : 547.
Ephemerides : 222.
Epictetus : 5.
Epicurus : 232.
Epiglottis : 462.
Epiploon : 463.
Episcopus : 183, 504.

Epitheton : 243, 244.
Erectus : 481.
Ergo : 243.
Error : 71, 116, 154-156, 169, 176, 183, 218, 221, 328, 338, 432, 579, 581, 584.
Eruditio : 214, 516.
Esprit géométrique : 181. V. PASCAL (Blaise).
Esse : 321, 325, 362, 369, 391, 406, 434.
Essentia : 9, 17, 18, 376, 409.
Essentialis : 17-20, 23, 120, 272, 391, 393.
Ethica : 244, 527, 528.
Etymologia : 288, 352, 353.
Euclidæus : 33, 538.
EUCLIDES : 2, 37, 50, 174, 177, 180-182, 191, 223, 340, 431, 514, 538, 539, 541, 546, 552, 558, 610.
Euclides catholicus : v. STURMIUS.
Euclides metaphysicus : 179. V. WHITE.
EUROPA : 4, 222, 223.
Europæus : 290, 460.
Eusebius : 568.
EVANDER : 287, 357.
Evellere : 482.
Eventus : 569, 570.
Evidens : 183.
Evidentia : 183, 189.
Evolutio : 145, 164.
Examen : 221, 581.
Examinator : 512.
Exanguis : 455.
Excedere : 476.
Exceptio : 498, 560.
Excipere : 482.
Excludere : 496.
Exclusio : 318, 319.
Exclusivus : 170, 390, 562.
Excrementum : 461.
Excubare : 507.
Excusare : 505.
Exemplum : 50-55, 74, 84, 113, 125, 249, 254, 256, 327, 472.
Exercitium : 527.
Exercitus : 214.
Existens : 14, 22, 360, 374-376, 407, 437.
Existentia : 9, 13, 17-19, 23, 24, 53, 271, 360, 374-376, 405, 409, 520, 529, 530, 534, 608, 609, 615.
Existentialis : 18, 20, 271, 272, 376, 391-393.
Existentificans, Existiturire : 534.

Existimatio : 527.
Exotericus : 189.
Exoticophylacium : 224.
Expectatio : 493.
Expectativa : 250.
Expedire : 474.
Experientia : 33, 35, 154-156, 159, 176, 181, 183, 187, 189, 190, 220, 328, 338, 388, 491, 597.
Experimentalis : 2, 93, 525, 526.
Experimentum : 4, 17, 31, 33, 34, 39, 41, 50, 71, 73, 93-95, 158, 168, 174, 219, 336, 337, 372-375, 387, 388, 418, 421, 431, 432, 521, 595, 596, 602.
Expertus : 55, 56, 227.
Explicabilis : 12, 408.
Explicare : 485.
Explicatio : 7, 35, 220, 244, 408.
Exponens : 48, 107, 427.
Exponibilis : 427.
Expressio : 9, 15, 108, 109, 118, 141, 152, 326, 497, 499, 521, 581.
Exprimable : 119, 120.
Exprimere : 188.
Extensio : 10, 13, 149, 360, 361, 522, 523, 542.
Extensus : 257, 361, 408, 433, 438, 523, 549, 550, 554, 583, 615, 621.
Externus : 14-16, 25, 281.
Extra : 478.
Extraction des Racines : 100, 107, 113, 114, 118, 120, 125.
Extraordinarius : 7, 22, 473, 618.
Extremum : 186, 478, 551, 601, 604, 613, 615, 617, 619, 621, 623.
Extremus (terminus) : 84, 195-199, 248, 317.
Extrinsecus : 8, 19, 244, 519-521.

FABRICIUS : 192.
FABRY (le P. Honoré) : 178, 192, 213, 216, 219, 410, 416, 529, 591.
Facilis : 474.
Factio : 506.
Factitius : 444.
Factum : 27, 219, 225, 229, 369, 405, 504, 514.
Facultas : 12, 188, 219, 429.
Fallere : 494.
Fallopiana (tuba) : 465.
Falsitas : 61, 62, 76, 154, 184.
Falsus (*log.*) : 43, 45, 49, 52, 61-69, 78, 79,

82, 83, 87-90, 183, 189, 203, 204, 229, 230, 235, 239, 254, 255, 259-263, 328, 363-365, 368-374, 377, 386, 387, 393, 397, 398, 401, 421, 422, 518; (*math.*) : 137, 138, 154, 566; (crimen falsi) : 506.
Fama : 177, 497.
Fames : 490.
Familia, Familiaris : 501.
Farinaceus : 455.
Fartum : 466.
Fatalis : 519.
Fatiscere : 487.
Fauces : 462.
Febris : 328.
Felapton : 296, 320, 414.
FELDEN (Jean) : 179, 192.
Felicitas : 40, 85, 95, 96, 153, 159, 160, 169, 217-219, 222, 332, 336, 354, 417, 429, 508, 515, 516, 527, 528, 627.
Felinus : 459, 460.
Felix : 93, 246.
Femur : 464.
Fenestra : 468.
Fera : 457.
Ferio : 230, 295, 301-307, 310, 313, 319, 411-413.
Ferison : 297, 314, 320, 413.
FERMAT : 99, 561, 575.
Fermentatio : 167, 490.
FERRARE (duc de) : 178.
Ferrum : 224.
Fertilis : 490.
Ferus : 492.
Fesapmo : 298, 314, 320.
Festinatio : 71.
Festino : 296, 304, 313, 319, 413.
Fibra : 461.
Fictitius : 85, 219, 581.
Fidejubere : 502, 503.
Fides : 188, 220.
Figura (*géom.*) : 10-13, 34-37, 98, 117, 123-125, 145, 146, 149, 160, 163, 181, 190, 205, 215, 222, 241, 249, 257, 335, 336, 384, 385, 432, 439, 440, 478, 479, 520-523, 542, 562, 563, 586, 587, 596, 597, 620, 626, 628.
Figura (*log.*) : 36, 43, 76, 83, 183, 196, 198, 200-206, 229-234, 247, 315, 316, 406, 410, 532; (*gramm.*) : 497.
Figuratus : 50, 88, 520, 571, 589, 628.
Filix : 453.

Filum : 34, 73, 217, 219, 336, 337, 345, 351, 420, 434, 466.
Filum cogitandi : 335, 420.
Finire : 474.
Finis : 7, 13, 14, 37, 256, 472, 527, 573. V. Causa, Medium.
Finitus : 1, 19, 106, 148, 257, 387, 408, 525, 610, 613, 614, 626.
Firmitas : 38, 232.
Firmus : 441, 461.
Fiscus : 506.
Fissilis : 458, 487.
Fissilitas : 38.
Fissipes : 458.
Fissus : 459.
Fixus : 38, 114, 125, 127-129, 133, 135, 442, 445. V. Luna.
Flamma : 442.
Fiavedo : 190.
Flavus : 489.
Flectere : 481, 483.
Fletus : 494.
FLEURANCE : 191.
Flexilis : 461, 614, 615.
Flexio (*gramm.*) : 35, 36, 152, 244, 287, 290, 353, 357-359.
Flexus : 483; (*gramm.*) : 434.
Florere : 490.
Flores (*chimie*) : 446, 450.
Flos : 451-454.
Flosculum : 451, 452, 454.
FLUDDUS : 7.
Fluiditas : 15, 38.
Fluidus : 39, 186, 441, 461, 486, 614, 615.
Flumen : 442.
Fluor : 448.
Fluxus : 16, 488.
Focus : 164, 593.
Fodina : 224.
Fœcundus : 490.
Fœmina : 491.
Fœmineus : 454.
Fœtens : 488.
Fœtus : 463, 465.
FOHI : 327, 575.
Foliaceus : 451, 452.
Folium : 451-454.
Fons : 14, 15, 528.
FONSECA : 25.
FONTENELLE : 96, 568.
Forare : 483.
Forfex : 469.

Forma : 2, 37, 55, 232, 472, 525, 529, 531, 534, 544, 547, 561, 596, 604; (*log.*) : 36, 43, 46-48, 72-77, 84, 85, 88, 90, 184, 193, 205, 211, 214, 221, 247, 256, 292, 310, 316, 322, 323, 338, 339, 347, 417. V. Materia.
Forma substantialis : 433, 438, 473, 515, 522, 523.
Formalis : 84, 184, 186, 366.
Formalitas : 432, 433, 435.
Formula : 37, 71, 97, 98, 106, 109, 114-119, 122, 123, 126, 162, 252, 326, 338, 339, 352, 353, 419, 531, 542, 556, 558, 571.
Formularia (ars) : 37, 531.
Fornax : 468.
Fornicatio : 506.
Fortificatio : 163, 223.
Fortis : 489.
Fortuitus : 89, 256.
Fortuna : 170, 218, 227, 473, 613.
Fossilis : 65.
Fractio : 42-45, 62-64, 109, 117-119, 148, 290, 396, 610.
Fractus (numerus) : 58, 63, 66, 69, 566, 589.
Fragrans : 488.
Frangere : 483.
FREIGIUS : 330.
FRENICLE : 562, 578.
Fresisom, Fresismo : 298, 314, 320.
Friabilis : 487.
Friabilitas : 38.
Fricatio : 482.
Frigus : 190, 485.
Frons : 462.
Fructus : 93, 96, 452, 453.
Frumentum : 453.
Frutex : 450, 452.
Fugere : 491.
Fuligo : 94, 442.
Fulminans (aurum) : 55.
Fumus : 442, 488.
Fundamentalis : 234.
Fundamentum : 205.
Fundatio : 95, 96.
Funis : 469.
Furtum : 506.
Fuscus : 489.
Fusilis : 74.
Futurus : 22-26, 480.

Gagates : 445, 447.
Galactites : 447.
GALENUS : 6, 596.
GALILEI : 144, 170, 178, 191, 341, 345, 610-613.
GALLIA : 420.
Gallicus : 160, 191, 434.
Gallus : 282, 451, 452, 592.
Gallutius : 595, 623.
Galvus : 490.
GASSEND : 7, 232, 448, 614.
Gaudium : 492.
Geminatio : 262.
Gemma : 58, 449.
Gena : 462.
Genealogicus : 223.
Generalis : 56, 126-130, 134-136, 145, 147, 148, 158-163, 166, 205, 219, 228, 237, 256. V. Scientia
Generatio : 232, 432, 490.
Generosus : 93, 222.
Genesis : 350, 586.
Geniculus : 454.
Genitivus : 285, 287.
Genu : 464.
Genuinus : 219.
Genus : 13, 25, 52-57, 62-66, 81, 82, 85, 86, 89, 119, 124, 149, 159, 162, 246, 384, 399, 403, 404, 407, 428, 498, 547, 560; (*gramm.*) : 243, 286, 434. V. Humanus (genre humain).
Geodæsia : 38.
Geographia : 38, 40, 527.
Geographicus : 222, 224.
Geometra : 26, 33, 37, 106, 125, 170, 176, 178, 180, 181, 191, 221, 228, 339-341, 344, 390, 410, 531, 556, 584, 596, 610.
Geometria : 2, 37, 98, 105, 123, 124, 144-146, 152, 155, 171, 176, 178-182, 191, 215, 218, 223, 244, 329, 334, 335, 341, 342, 345, 348, 431, 435, 512, 520, 525, 526, 539, 541, 542, 547, 559, 583-585, 595-597, 621.
Géométrie des infinis : 98, 124.
Geometricus: 17, 18, 38, 97, 122, 144, 145, 148, 152, 155, 173, 216, 249, 344, 410, 411, 484, 542, 559, 571, 583, 590, 593.
Geopolitica : 40.
GERHARDT : 217, 218, 239, 249-251, 510, 516, 517, 524, 529, 538, 573-575, 578-580, 587, 590, 594, 619, 622-624.

GERMANIA : 4, 289, 345.
Germen : 454.
Gerundium : 282.
Gibbus : 257, 476.
GILBERT : 178, 341.
Gingiva : 462.
Glacies : 486.
Gladius : 471.
Glandifer : 453.
Glandula : 461.
Globulus : 447, 519.
Globus : 39, 164, 171, 257, 623.
Gloria : 93, 96, 225, 493.
Gluten : 445.
Glutinosus : 487.
Gnomonica : 526.
Gnostologia : 511.
Godefridus Veranius Lublinensis : 210.
GOLIUS : 151.
Gossypium : 223.
GOTHOFREDUS : 562.
Gradi : 491.
Gradus : 467; — 9, 11, 15, 38, 39, 176, 210-213, 221, 226, 227, 232, 475; (*math.*) : 107, 115, 120, 124, 129, 130, 135, 136, 144, 174, 559, 583, 613.
GRÆCIA : 546.
Græcus : 225, 226, 312.
Gramen : 451.
Grammatica : 35, 36, 156, 221, 243, 244, 280-282, 286, 287, 330, 347, 353, 511.
Grammatica rationis : 206.
Grammaticus : 359, 406.
Grandeur : v. Magnitudo.
Granito : 488.
Granivorus : 457.
Granosus : 488.
Granum : 454.
Graphice : 223.
GRASSWINCKEL : 179.
Gratia : 16, 26, 508, 520.
Gratitudo : 492.
Gravis : 20, 21, 489, 492.
Gravitas : 11, 188, 480, 593.
GRÉGOIRE DE SAINT-VINCENT : 106, 174.
GRÉGOIRE DE VALENCE : 188.
GREGORIUS Tolosanus : 355.
GROTIUS : 179.
Grundia : 468.
Gubernaculum : 468.
Gula : 462.
GULDIN : 105.

Gummi : 445, 454.
Gustus : 10, 190.
Guttur : 462.
Gymnastica : 527.

Habere : 473.
Habitare : 502.
Habitus : 223, 474.
Hæmatites : 447.
Hæreditas, Hæres : 501, 502.
Hærere : 485.
Hæresis : 506.
Hæreticus : 4.
HALÆ : 445.
Halitus : 488.
Hallus : 464.
HAMILTON : 59.
Harmonia : 12-14, 81, 98, 115, 117, 119, 123, 124, 145, 174, 334, 535, 591, 622.
Harmonicus : 34, 38, 145, 561, 589, 593.
HARRIOT : 529.
HARVEY : 341.
Hasta : 471.
Hazard : 227.
Hebræus : 6, 289.
Hedra : 440, 441.
HELENA : 287.
Hepar : 465.
Heraldica : 222.
Herba : 450, 453.
Hercule (colonnes d') : 182.
Hermeticus : 627.
Heros : 508.
Heterogeneus : 53, 102, 103, 108, 110-113, 133, 137, 141, 143.
Hexapodus : 455.
Hic : 244.
Hieroglyphica : 223, 224, 343.
HIÉRON : 533.
HIPPOCRATES, *Hippocraticus* : 14, 596.
Hispanicus : 434.
Historia : 4, 8, 40, 93, 168, 169, 215, 218, 223-228, 244, 354, 524, 595, 596.
Historia literaria : 516.
Historia naturalis : 596.
Historicus : 38, 511, 591.
HOBBES : 2, 178, 192, 220, 343, 516, 530.
HODANN : 290, 437, 444, 465, 499, 509, 510.
HOLDEN : 188.
Hombre : 569.
Hominiformis : 459.

Homo : 40 sqq., 93-96, 147, 160, 169, 170, 175, 183, 219, 223, 225, 228, 405, 429, 431, 433, 438, 454, 478, 515, 527. Ad hominem : 184. V. Humanus.
Homœographia : 39.
Homœoptotus : 166.
Homogeneus : 55, 57, 102, 107, 109-112, 119, 141, 142, 149, 361, 476, 520, 545, 547, 557, 564, 576, 577. Homogeneorum lex : 560.
Homonymia : 353.
Honor : 29, 493, 500.
HORAPOLLO : 223.
HORATIUS : 35, 222.
Horizon de la doctrine humaine : 96, 186, 530-533.
Horizontalis : 587.
Horodicticus : 188.
Horologium : 188, 573.
Hortari : 499.
Hortus : 3, 519.
Hospes : 501.
HOSPINIANUS : 221, 330.
Hostis : 501.
Houx : 182.
HUDDE : 107, 561.
Humanitas : 243.
Humanus : 35, 36, 40, 93-96, 167-171, 176, 188, 189, 211-215, 218-222, 225, 232, 420, 514, 516.
HUYGENS : 121, 575.
Hydrargyrum : 44, 449. V. Argentum vivum, Mercurius.
Hydraulica : 223.
Hydrographicus : 419.
Hydromel : 224.
Hydrostatica : 38, 191.
Hymnus : 3, 5, 6, 8, 95, 508.
Hyperbola : 15, 99, 106, 115-117, 122, 123, 135, 143, 174, 431, 523, 559, 561, 584.
Hypochondria : 463.
Hypogastrium : 463.
Hypotenusa : 145, 582.
Hypothesis : 32, 33, 39, 129, 159, 174, 184, 185, 209, 215, 242, 367, 369, 372, 389, 406, 521, 534, 561, 590-593, 615, 621.
Hypotheticus : 20, 49, 75, 77, 221, 238, 260, 262, 271, 377, 389, 407, 408.

Icon : 222-224.
Iconologia : 223.

Ictus : 171, 482.
Idea : 10, 12, 34, 53, 82, 145, 167, 187, 189, 218-220, 226, 235, 243, 282, 300, 344, 375, 402, 430-432, 513, 528, 623.
Idem : 193-196, 252, 259, 261-265, 326, 362, 406, 407, 475.
Identicus : 1, 11, 17, 18, 58, 67, 68, 183, 186, 187, 202, 272, 330, 369, 371-375, 387, 388, 393, 402, 405, 416, 513, 518, 519, 546.
Identitas : 17, 194, 195, 205, 321. V. Principium.
Idographia : 39, 526.
Ignavia : 492.
Ignis : 39, 40, 55, 56, 167, 187, 188, 232, 432, 441, 443.
Ignorantia : 218, 228.
Ilium : 463.
Illatio : 36, 244.
Illatum : 256.
Ille : 244.
Illegitimus : 202.
Imaginabilis : 556.
Imaginarius : 185, 350, 590, 621.
Imaginatio : 34, 38, 71, 73, 98, 129, 152, 181, 290, 338-344, 348, 352, 360, 429, 491, 539, 542, 562, 596, 597, 626, 627.
Imago : 10, 34, 214.
Imitatio : 493.
Immatériel : 154.
Immaturus : 490.
Immediatus : 188, 426, 427, 547, 609, 617-622.
Immobilis : 149.
Immortalis : 344, 514, 626.
Immortalitas : 95, 169, 179, 232, 530.
Impalpabilis : 441.
Impar : 32.
Impatientia : 71.
Impedimentum : 472.
Impensa : 501.
Imperare : 499.
Imperfectio : 9, 22, 24, 220, 299.
Imperfectus : 220, 298, 299, 315, 357; (*gramm.*) : 289.
Impetus : 625.
Impietas : 7.
Implicare (contradictionem) : 149.
Implicatus : 257.
Impossibilis : 17, 18, 23, 62, 63, 69, 171, 204, 207, 253-262, 265, 266, 271, 350,

365, 368-371, 374, 377, 385, 387, 407, 613, 616, 621.
Impossibilitas : 166, 613.
Impressio : 522.
Imprimere : 482.
Improbus : 530.
Imprudens : 70.
Impulsus : 11, 624.
Imus : 404.
In : 287, 291, 434.
Inadæquatus : 220, 512.
Inæqualitas : 606.
Inanimus : 441.
Inarticulatus : 489.
Inassignabilis : 11.
Incantatio : 506.
Incarcerare : 506.
Incertitude : 226, 227.
Incertus : 59, 60, 196, 213, 569.
Incidens : 477.
Incidentia : 489, 561.
Incipere : 474.
Incisor : 459, 460, 462.
Inclinare : 331, 477.
Inclinatio : 492, 528.
Includere : 384, 478, 480, 496.
Incognitus, Incognita : 60, 61, 109, 117, 120, 125-129, 134, 351, 572, 573, 577-580, 583, 585.
Incohærens : 447.
Incombustibilis : 444, 445.
Incommensurabilis : 1, 3, 17, 18, 69, 350, 388, 389, 408. V. Surdus.
Incommodum : 93.
Incommunicans : 250, 251, 268, 269.
Incompatibilis : 69, 70, 87, 88, 360, 534.
Incompletus : 372, 375, 520.
Incomplexus : 17, 232, 237, 346, 365, 368, 372-374, 377, 381.
Inconcinnitas : 617, 618.
Incongruitas : 618.
Inconsequens : 399.
Inconsistens : 399.
Inconstans : 492.
Inconveniens : 525.
Incorporalis, Incorporeus : 12, 40, 224.
Indéfinible : 187.
Indefinitus : 58-60, 125-128, 137, 138, 186, 259, 275, 323, 367, 375, 377, 379, 542, 606.
Indemonstrabilis : 186, 219, 221, 369.
Independens : 473.

Indeterminatus : 13, 61, 64, 102, 134, 195, 265, 438.
Index : 30, 34, 40, 93, 163, 169, 214, 215.
Indi : 5.
Indicatio : 212.
Indicium : 496.
Indifferens : 13, 474, 517.
Indifferentia : 21, 22, 517.
Indigestus : 215.
Indigo : 224.
Indirectus : 184, 203, 204, 207, 415.
Indiscernables (principe des) : 8, 519.
Indistans : 480, 617.
Individualis : 403, 520.
Individuitas : 16.
Individuum : 53, 81, 82, 235, 270, 300, 311, 360, 375, 376, 384, 411, 433, 498, 520.
Indivisibilis : 86, 105, 168, 541, 584, 622, 623.
Indivisus : 621.
Induciæ : 507.
Inductio : 19, 33, 173, 174, 232.
Ineptus : 475.
Inesse : 1, 10, 11, 16, 18, 21, 51, 52, 55-58, 62, 65-69, 85-89, 237, 265, 272, 274, 275, 311, 323, 365, 366, 388, 401, 402, 423, 518.
Inexistere : 250, 251, 269, 270, 547.
Inexistentia : 547.
Inexplicabilis : 13, 408.
Inexprimable : 120.
Infallibilis : 23, 26.
Infallibilitas : 2, 22, 221.
Infantia : 189.
Infelix : 93.
Inferens : 256, 471.
Inferior : 477, 500.
Inferre : 407, 496.
Infidelis : 4.
Infimus : 162, 404, 498.
Infiniment grand : 105, 106, 115.
Infiniment petit, Infinite parvus : 99, 105-107, 115-119, 135, 147, 149, 350, 390, 523, 544, 551, 621, 622.
Infinitesimus : 144.
Infinities : 147, 165.
Infinitivum : 289.
Infinitus : 1-3, 7-10, 15-18, 23, 24, 50, 67, 99, 106, 107, 113, 116, 119, 133, 147, 149, 165, 168, 178, 180, 183, 186, 187, 191, 215, 251, 257, 272, 276, 341,

350, 371-376, 383, 386-389, 408, 430, 480, 522, 523, 528, 529, 532, 539, 544, 553, 556, 581, 610, 612, 615, 619-623, 626, 628; (*log.*) : 83, 376, 378, 386.
Influxus : 13, 14, 513, 521.
Infra : 477.
Ingeniosus : 215.
Ingenium : 161, 170, 212, 218, 220, 495, 562.
Ingrediens : 166.
Inguen : 463.
Inhærere : 437.
Inhæsio : 438.
Initialis : 204, 207.
Injuria : 506.
Innitens : 481.
Innominatus : 428.
Innumerus : 257.
Inscriptio : 223.
Insecabilis : 10.
Insectivorus : 458.
Insectum : 454, 455.
Insensibilis : 224, 441.
Insidiari : 494.
Insignificans : 377.
Insipidus : 488.
Instabilis : 486.
Instans : 270, 541, 620.
Instantaneus : 616.
Instantia : 221, 249.
Instantiæ crucis : 174.
Instinctus : 590.
Institutum : 151.
Instrumentum : 99, 125, 167, 211, 223, 228, 256, 472, 527.
Insula : 443.
Integer : 43-47, 58, 59, 63, 66, 69, 566, 571, 577.
Integralis : 357-361.
Intellectualis : 182, 219, 324, 556.
Intellectio : 535.
Intellectus : 23, 24, 27, 29, 159, 283, 333, 334, 337, 351, 389, 495, 497, 592.
Intelligentia : 71, 496, 519, 590. V. Scientia.
Intelligibilis : 11, 12, 38, 529, 591, 592.
Intensio : 290.
Interjectio : 288, 353.
Intermedius : 605, 606, 616-619, 624.
Interminatus : 149, 150.
Internodium : 454.
Internus : 8, 14, 189, 281, 590.

Interpretari : 497.
Interpretatio : 114, 118, 119, 288.
Interrogare : 494, 497.
Interrogatio : 212.
Intersectio : 117, 120, 144, 152, 544, 554-556, 583, 613.
Intervallum : 166, 242, 605, 608, 609.
Intestinum : 465.
Intimus : 94.
Intra : 478.
Intrinsecus : 9, 519, 521.
Intuitus : 45, 46.
Inutilis : 258, 262.
Invadere : 507.
Invenire : 494.
Inventarium : 162, 163, 214, 215, 219, 228, 229.
Inventio : 32, 33, 37, 153, 155, 157, 161-165, 182, 217, 219, 330, 389, 495, 557.
Inventorius : 30, 31, 34, 165. V. Ars inveniendi.
Inventum : 33, 34, 37, 41, 43, 94, 168, 215, 218.
Inversio : 327, 379, 425-427.
Inversus : 427, 544.
Invidia : 493.
Invitus : 498.
Involvere : 51, 85, 275.
Ira : 492.
Ire : 491.
Iris : 356, 432, 523.
Irrationalis : 166, 613.
Irregularis : 451.
Irrepetibilis : 256.
Irresoluble : 187.
Irridere : 500.
Irrigare : 486.
Isagoge : 561.
Isoperimetrus : 241, 272.
Isosceles : 552.
ITALIA : 420, 592.
Italicus : 434.
Ivo (le P.) : 561.
IZQUIERDO : 560, 561.

JC = Jurisconsultus.
Jacĕre : 485.
Jacĕre : 477, 481.
Jactus : 575.
Jaspis : 449.
Jeu : v. Ludus.
Jocari : 500.

INDEX NOMINUM ET RERUM 649

Josua : 591.
Juba : 466.
Jucundus : 475.
JUDAS : 24, 520.
Judex : 211-213, 504, 505.
Judex controversiarum : 221, 285.
Judicata (res) : 504.
Judicium : 56, 73, 168, 184, 188, 189, 212, 214, 219, 419, 434, 495, 504.
Junctura : 161.
JUNGIUS : 211, 219, 244, 287, 330, 345, 406, 426-429, 516, 538, 581.
JUPITER : 442, 592.
Jurare : 508.
Jurisconsultus : 170, 175, 177, 211-214, 228, 340, 353.
Jurisprudentia : 40, 155, 192, 211, 227, 517.
Jus (droit) : 211, 214, 244, 504, 517, 518; (jus) : 466.
Jus Romanum : 504.
Justitia : 3, 8, 22, 55, 161, 260, 516, 517, 535; Regula justitiæ : 349.
Justus : 55, 331.

Καρδιογνώστης : 20.
KECKERMANN : 330.
KENTMAN : 448.
KEPLER : 178, 341, 345, 561, 593.
KIRCHER (le P.) : 223, 280, 536, 537, 561.
Κόσμος : 535.
Κυρίαι δόξαι : 211.

Labium : 461.
Labor : 492, 495.
Laboratorium : 95, 420.
Labyrinthus : 73, 336, 420, 592, 609, 610.
LA CHAISE (le P. de) : 529.
Lac : 94, 461.
Lacerare : 483.
Lacus : 442.
Lætitia : 492, 517, 527.
Lævis : 487.
Laicus : 503.
Lana : 223, 466.
Lapis : 39, 224, 447-450, 526.
LA ROQUE (l'abbé de) : 428.
Lassitude : 495.
Later : 448, 467.
Latinus : 35, 152, 185, 225, 289, 435.

Latruncularius (ludus) : 212.
Latus (adj.) : 439, 476.
Latus (subst.) : 440, 441, 582.
Latus rectum : 115, 120, 123.
Latus transversum : 107, 116, 120, 123.
Laudare : 493, 499.
Lector : 557.
Lectus : 469.
Legatum : 502.
Legatus : 503.
Legislator : 214.
Legitimus : 43, 74, 76, 184, 198, 202.
Legumen : 453.
Leguminosus : 451.
Lemma : 260, 545.
Lentus : 487.
Leporiformis, Leporinus : 459, 460.
Lethæus : 168.
Leucogæa : 447.
Levis : 492.
Levitas : 480.
Lex : 7, 15, 19-24, 31, 32, 35, 36, 72, 77, 81, 84, 127, 157, 159, 163, 193, 196, 202, 211, 213, 221, 243, 339, 389, 504, 528, 590, 593, 624.
Lex Melioris : 528. V. Continuitas, Homogeneus, Subalternus.
Liber (adj.) : 20-26, 391, 402, 405, 519, 520.
Liber (subst.) : 93-95, 161, 169, 215, 219, 222, 470, 560.
Liber rationum : 214, 215.
Liberalitas : 493.
Libertas : 21, 22, 25, 26, 498, 592.
Libertin : 226.
Libra : 211, 221.
Licitus : 517.
Lien : 465.
Ligare : 483.
Ligata : 498.
Lignaria : 224.
Lignum : 487.
Ligo : 470.
Limitatio : 22, 24, 86, 202.
Limitatus : 475.
Limus : 444, 447.
Lincée : 178.
LINCKER : 536.
Linea : 50, 99-101, 105-109, 114-117, 122-130, 133-138, 148, 149, 152, 155, 181, 191, 242, 248, 257, 265, 383-385, 388, 410, 431, 432, 435, 439, 448, 483,

484, 522, 523, 534, 539, 545, 547, 550, 554, 582-584, 610-613, 619-622. V. Recta, Curva.
Lineamentum : 248.
Linearis : 152, 247, 584.
Lineola : 386, 606, 617.
Lingua : 8, 35, 65, 99, 151, 158, 160, 193, 221, 223, 225, 228, 285, 290, 352, 353, 434; (*anat.*) : 462.
Lingua generalis, universalis, rationalis, philosophica : 3, 27-29, 71, 94, 152, 156, 176, 184, 185, 243, 277, 279, 281-290, 434, 435, 524. V. Scriptura.
Lingua Naturæ : 429.
Linus : 223.
Liquare : 486.
Liquescere : 486.
Liquidus : 55, 56, 444, 461, 613, 614.
Liquor : 167.
Lis : 494.
Litera : 43-50, 58-69, 78, 99, 105-109, 112, 115-119, 125, 135, 139, 141-143, 146, 184, 196, 204, 214, 245, 256, 290, 497, 531-2.
Literalis : 43, 46, 572.
Lithanthraces : 447.
Litigans : 504.
Lobus : 465.
Locare : 501, 502.
Locatus : 480, 590.
Locus : 9-11, 14, 15, 171, 186, 255, 287, 289, 407, 434, 480, 540, 599, 604-609, 614-620, 623; (*géom.*) : 100, 115, 116, 121, 144, 145, 351, 550, 554, 555, 583; (*log.*) : 37, 211, 330, 355.
Locutio : 188.
Logarithmus : 349, 559.
Logica : 36, 43, 53, 71, 72, 175-179, 183, 194, 206, 211, 218, 219, 238, 244, 330, 338, 345-348, 354, 410, 419, 420, 424, 426, 511, 525-528, 531, 532, 556, 597.
Logicus : 70, 71, 77, 80, 207, 209, 221, 226, 232, 243, 249, 253, 338, 356, 382, 406, 410, 412, 415, 417, 427, 515, 525.
Logistica : 37, 349, 525, 531, 550.
Logometra : 211.
Longitudo : 610.
Longus : 439, 476.
Loqui : 497.
Lubricus : 487.
LUCANUS : 169.
Lucifer : 596.

LUCRETIUS : 232.
Lucrum : 500.
Lucta : 495.
Ludere : 494.
LUDOLPH de Cologne : 154.
Ludus : 212, 226, 290, 470, 560, 561, 568, 569.
LULLIUS, *Lullianus* : 177, 330, 355, 435, 511, 561.
Lumen : 9, 10, 178, 341, 489.
Lumen naturale : 516.
Luminare : 442.
Luna : 442, 592.
Luna fixa : 52.
Lusor : 556.
Lutum : 445.
Lux : 38, 432, 489.
Lydius (lapis) : 449.
Lyra : 470.

MACEDO : 27.
Machina : 26, 94, 165, 167, 218, 223, 361, 467, 561, 572, 596, 597.
Machina arithmetica : 573.
Machinatio : 495.
Magazinum : 229, 527.
Magia : 511.
Magister sententiarum (PIERRE LOMBARD) : 25.
Magnes : 447, 449, 573, 592.
Magneticus : 561, 592.
Magnetismus : 593.
Magnitudo : 11-13, 37, 38, 99, 106-144, 147, 152, 178, 181, 190, 226, 262, 265, 273, 348, 349, 361, 407, 522, 525, 542, 548-550, 558, 576, 583-585, 617.
Magnus : 475.
Mahometan : 226.
Major : 475, 518, 564.
Major (propositio) : 195-208, 316, 414.
Major (terminus) : 84, 195-205, 318, 319.
Mala : 462.
MALEBRANCHE : 189, 546.
Maledicere : 499.
Malleabilis : 74, 75.
Malleabilitas : 449.
Malum : 24, 29, 71, 93, 474, 527, 535.
Malus : 468.
Mamma : 463.
Mandibula : 460, 461.
Mansuetus : 492.
Manuale : 160.

Manufacture : 227, 228.
Manus : 71, 460, 464.
Marcescere : 490.
Mare : 442.
Marga : 444, 447.
Marina : 223, 227.
Marinus : 456, 457.
MARIOTTE : 148, 157, 170, 182.
Maritus : 501.
Marmor : 58, 76, 449.
MAROLLIUS : 222.
MARSHALL (William) : 283.
MARTINIUS : 509, 510. V. CORNELIUS.
Mas : 491.
Masculus : 243, 451, 454.
Massa : 14, 218, 438, 441.
MASURIUS : 502.
Materia : 2, 3, 7, 10-18, 22, 38, 98, 123, 174, 185, 186, 191, 214, 219, 342, 472, 515, 520, 534, 590, 596, 614, 622, 625; (*log.*) : 71-73, 77, 84, 184, 221, 256, 432. V. Forma.
Materialis : 184, 261, 403, 520, 626.
Materialista : 224.
Mathematica : 8, 34, 38, 98, 123, 154, 168, 175-178, 225, 333-338, 354, 531.
Mathematicus : 32, 33, 94, 153, 175-181, 189-192, 211, 225, 227, 335, 339-342, 346, 410, 417-420, 438, 439, 476, 526, 542, 563, 584, 590, 597.
Mathesis : 341, 345-348, 525-527, 543, 550, 556, 561.
Mathesis rationis : 193.
Mathesis universalis : 348.
Maturus : 490.
Maxilla : 462.
Maxima : 118, 130, 211, 229.
Maximum : 165, 475, 523.
Mechanica, Mechanicus : 7, 12, 38, 144, 188, 191, 218, 223, 224, 228, 244, 333, 341, 342, 345, 420, 542, 559, 595, 626.
Mechanismus : 12, 16, 335.
Mediastinus : 464.
Mediatus : 619.
Mediceus : 592.
Medicina : 12, 93, 153-156, 176, 188, 212, 215, 226, 333, 334, 337, 409, 526, 528.
Medicus : 4, 170, 212, 213, 343, 418, 420, 595, 596.
Mediocris : 475.
Meditari : 495.
Meditatio : 218, 219, 226-229, 626.

Medium (milieu) : 479; — (moyen) : 13, 14, 37, 167, 169, 256, 472, 475, 527, 573. V. Finis.
Medius (terminus) : 83, 84, 195-202, 205, 248, 317, 319, 327. V. Natura, Scientia, Moyenne.
Medulla : 454.
Medulla spinalis : 461, 463.
Melitites : 447.
Membranaceus : 455.
Membrum : 276.
Memoria : 33, 37, 152, 184, 225, 281, 491.
Memorialis : 70.
Mens : 7, 10, 13-25, 34, 43, 44, 93, 94, 151, 156, 161, 189, 192, 217, 343, 344, 375, 376, 404, 405, 429, 513, 514, 526-530, 535, 594, 614.
Mensa : 469.
Menstruus : 461.
Mensura : 1, 2, 17, 18, 496, 566-568.
Mensurare : 496.
Mentum : 462.
MERCATOR : 180.
Merces : 501.
Mercuriale : 449.
Mercurius : 52, 444, 450. V. Argentum vivum, Hydrargyrum.
MÉRÉ : 575.
Μεριστική : 354.
Meritum : 256, 472.
MERSENNE (le P. Marin) : 27, 178, 191, 591.
Merx : 501.
Mesenterium : 465.
Metagogicus : 388.
Metallica (res) : 526.
Metallicum : 449, 450.
Metallum : 39, 50-56, 65-67, 74, 75, 84, 224, 433, 446-449.
Metaphysica : 25, 152-155, 175-179, 191, 192, 228, 244, 336-341, 348, 353, 556, 569, 626.
Metaphysicus : 17, 20-22, 176, 290, 341, 342, 400, 432, 521, 545, 627.
Meteorologia : 38, 39.
Meteorum : 60-64, 443.
Methodus : 30, 35, 51, 92-94, 98, 123, 145, 146, 153, 158-166, 169-180, 187, 190-192, 214-216, 221, 225, 228, 248, 263, 345, 350, 351, 400, 403, 412, 415, 417, 420, 511, 515, 530, 540, 557-563,

572, 573, 577, 578, 583, 594-600, 613, 628.
Méthode de l'Universalité : 97-145, 174, 571, 574, 577.
Méthode des indivisibles : 105.
Méthode des infinis : 99, 105.
Méthode des tangentes : 121.
Metus : 569.
Mexicanus : 343.
MICRAELIUS : 509, 510.
Microscopium : 224, 335, 452.
Miles : 503.
Milice : 227.
Militaris : 212, 223.
Millenarius : 51.
Minari : 499.
Minerale : 53, 74, 84, 443, 444, 526.
Minimum : 165, 475.
Minimus : 166, 604-606, 614, 615, 623.
Minor : 475, 518, 564.
Minor (propositio) : 195-202, 205, 316, 414.
Minor (terminus) : 84, 195-202, 205, 208, 318, 319.
Minus (alg.) : 69, 78, 79, 86, 89, 127, 146, 275.
Miraculosus : 618.
Miraculum : 7, 8, 12, 19, 20, 154, 508, 509, 617, 618, 626.
Miser : 3, 4, 79 sqq.
Miseratio : 493.
Miseria : 89, 508.
Misericordia : 492.
Misericors : 241.
Missionarius : 3, 4, 8, 279.
Mitis : 492.
Mixtio : 490.
Mixtura : 441.
Mixtus : 38, 98, 123, 441, 490.
Mnemonica : 37, 511.
Mobilis : 125, 605, 608, 616, 617, 620-623.
Modalis : 49, 75, 77, 83.
Modificatio : 14.
Modulus : 163, 223, 596.
Modus (log.) : 36, 43, 76, 77, 83, 202-209, 221, 229-231, 247, 248, 298, 303, 311, 315, 328, 330, 406, 410; (gramm.) : 288.
Moguntinus (Elector) : 536.
Molaris : 460, 462.
Moles : 22, 215.

Molestus : 475.
MOLINA, Molinistæ : 25.
Mollis : 486.
Mollities : 38.
Momentaneus : 602-608, 619-623.
Momentum : 10, 211, 597, 600-609, 615-625.
Monachus : 572.
Monarcha : 218.
Monas : 10, 14, 408, 526, 528.
Moneta : 512.
Mons : 443.
Montisbeligardensis : 419.
Monumentum : 225, 595.
Moralis (scientia) : 40, 153, 155, 175-180, 191, 192, 336, 338, 556.
Moralis : 221, 244, 515.
Morbus : 3, 4, 93, 328, 429, 490, 596.
Mores : 3, 499.
MORIN : 178, 191.
Morochthus : 447.
Morphica : 547.
Morosus : 492.
Mors : 16, 473, 599, 600.
Mortalis : 211.
Mortalité : 560.
Mortuarius : 561.
Mosaica (philosophia) : 7.
Motif : 226.
Motor : 18, 19.
Motrix (vis) : 594.
Motulus : 606.
Motus : 7, 10-13, 22, 38-40, 115, 125, 128, 129, 149, 152, 153, 165, 177, 178, 185, 190, 191, 257, 287, 342, 343, 348, 400, 405, 431, 464, 479-485, 491, 522-525, 528, 547, 550, 551, 590, 593-599, 604-627. V. Quantitas.
Motus perpetuus : 171, 343, 418.
Movere : 479.
Moyen âge : 225.
Moyenne proportionnelle : 121, 145, 588.
Multiplicandus : 496.
Multiplicatio : 47, 54, 60, 63, 64, 67, 86, 87, 100, 107-113, 118, 120, 125, 146, 147, 173, 368, 386, 496, 556, 582.
Multiplicativus : 290.
Multiplicator : 62, 65, 496.
Multiplus : 566, 586, 587.
Multitudo : 476, 496, 529, 613.
Mundanus : 39, 623.
Mundus : 10-13, 18, 39, 50, 117, 124,

178, 179, 192, 405, 442, 519, 522, 529, 530, 535, 622, 623.
Munimentum : 222, 242, 596.
Munus : 503.
Muraria : 224.
Musaicus : 224.
Musica : 8, 99, 223, 244. 277-280.
Mutabilis : 473.
Mutatio : 9, 38, 39, 125, 128, 158, 342, 475, 521, 528, 529, 590, 594, 597, 599, 602, 604, 615, 616, 620-627.
Mutuus : 427.
MYLPFORTIUS : 561.
Myops : 562.
Mysterium : 285, 508, 509, 626, 627.

Naphtha : 444.
Narrare : 497.
Nasus : 461.
Natare : 491.
Natio : 93, 95, 223, 501.
Nativus : 444.
Natura : 3-8, 13-16, 20, 21, 26, 38-40, 51, 61, 64, 81, 85, 94, 95, 113, 117, 124, 151-153, 159, 162-166, 182, 187-190, 211, 212, 215, 219, 224, 225, 252, 258, 333, 334, 402, 405, 416, 419, 430-433, 508, 513, 519, 533, 542, 544, 590, 592, 602, 604, 608, 612, 615, 618, 620, 621, 625-627. V. Theatrum.
Naturæ mediæ : 597.
Naturalis : 15, 19, 22, 56, 71, 73, 151, 167, 182, 189, 441, 596, 597.
Natura prior, posterior : 146, 147, 159, 220, 241, 242, 253, 255, 471, 476.
Nauta : 573.
Nautica : 223, 419, 572.
Navigatio : 419.
Navis : 467.
Necessarius : 1, 2, 13, 16-20, 23, 26, 186, 187, 211, 255, 259, 271, 272, 356, 368, 371, 374, 376, 387-389, 402, 405-408, 519, 520, 534, 535, 624.
Necessitas : 7, 17-24, 221, 271, 391, 402, 405, 499, 519, 525, 534.
Negare : 52, 497.
Negatio : 43, 63-65, 69, 76, 78, 85, 86, 100, 111, 229, 239, 254, 273, 275, 381, 383, 386, 390, 392, 406, 427.
Negativus : 48, 52, 61-63, 66-69, 81, 86-89, 112, 113, 137, 187, 194-202, 205, 221, 238, 256, 262, 274, 293, 308, 309,

316-321, 368, 378, 380, 390, 398, 416, 427, 475, 513, 544. V. Universalis, Particularis.
Negatus : 64, 70.
Negligentia : 93.
Negotium : 495.
Nervus : 461.
NEWTON : 12.
NICAISE : 232.
Nidor : 488.
Niger : 489.
Nihil : 160, 250-256, 265-267, 275, 356, 430, 431, 512, 544, 564, 581, 626. V. Rien.
NILUS : 446.
Nisus : 15.
Nitrum : 94, 445.
Nix : 60-64.
Nobilitas : 500.
Nocturnus : 458.
Nodus : 484.
Nomen : 35, 36, 151, 169, 185, 206-208, 241-245, 282, 286-289, 432, 433, 497, 512.
Nomenclator : 354.
Nominalis : 220, 432.
Nominativus : 35, 36, 434.
Nominator : 44, 45, 66, 118, 579. V. Denominator.
Nominatus : 428.
Non : 68, 70, 230, 252, 256, 259, 262, 273-275, 325, 365, 380, 394-396, 421.
Non-Ens : 232, 233, 236, 237, 252, 259-262, 271, 310, 356, 368, 370, 421, 512.
Noologia : 511.
Norma : 419.
NORTHUMBRIÆ (dux) : 222.
Nota : 76-79, 86-92, 189, 217-220, 257, 360-362, 433, 512-513, 556.
Notatio : 423.
Notio : 11, 16-25, 43, 49-57, 62, 63, 66, 71, 72, 81, 85-89, 120, 124, 158-160, 215, 220, 235, 243, 256, 300, 328, 341-346, 356, 360, 368, 376, 384, 386, 396, 400-403, 424, 426, 435, 512, 520, 521, 528, 539, 612.
Notionalis : 300, 301, 311, 356.
Notitia : 31, 39, 62, 72, 416.
Novenarius : 154-156, 277, 278, 336, 581.
Novus : 480.
Noxius : 475.
Nubes : 442.

Nucha : 462.
Nucifer : 453.
Nucleus : 454.
Nudus : 13.
Numen : 508, 595.
Numerator : 42, 63, 66, 118, 579, 580.
Numericus : 145, 578.
Numerus : 9, 11, 17, 18, 26, 31, 37, 50, 61, 66, 70, 81, 95, 103-108, 117, 139, 143-146, 149, 154, 155, 162, 168, 170, 174-176, 181, 187, 190, 191, 214, 227, 235, 240, 247, 262, 265, 277-279, 290, 336, 346, 348, 358, 377, 381, 388, 389, 420, 424, 429-431, 435, 476, 496, 525, 529, 542, 556, 566, 571, 574-577, 580, 583, 586-589, 611, 612. V. Fractus, Integer.
Numerus characteristicus : 42-92, 245, 247, 358, 385, 386, 396.
Numisma : 223.
Nutritio : 490.

Obex : 468.
Objectio : 189.
Objectum : 25, 27, 475.
Obligatio : 502.
Obliquitas : 285 ; *(gramm.)* : 355, 359.
Obliquus : 145, 477; *(gramm.)* : 221, 244, 287, 357-359, 389, 427, 428.
Obolus : 603.
Observare : 493.
Observatio : 33, 46, 48, 53, 74, 159, 168, 174, 225, 228, 592, 596.
Obsidere : 507.
Obsidio : 223.
Obstaculum : 472.
Obvertere : 481.
Occa : 470.
Occasio : 256, 472.
Occasionalis : v. Causa.
Occultus : 11, 12.
Occupare : 480.
Oceanus : 512, 530.
Ochra : 447.
OCTAVIUS PISANUS : 222.
Ocularis : 460.
Oculus : 40, 49, 71, 189, 222, 361.
Odium : 492.
Odor : 38, 190.
Œconomia, Œconomicus : 39, 223, 244, 499, 527, 528.
Œsophagus : 465.

Offendere : 494, 507.
Offerre : 494.
Officialis : 504.
Officium : 212, 223, 503, 504, 517.
Oleum : 94, 445, 450, 487, 488.
Olfactus : 190.
Omissio : 63.
Omissivus : 62.
Omnipotens : 242.
Omnis : 234, 252, 254, 321, 362, 523.
Omniscius : 10, 15, 25, 262.
Onomatopœia : 151.
'Ονοματοποιεῖν : 35.
Ontologia : 512.
Onus probandi : 189.
Opacus : 489.
Operatio : 94, 97, 105, 107, 110, 114, 117, 122, 141, 148, 168, 349, 350.
Operatrix (idea) : 12.
Opes : 527.
Opinio : 184, 213, 215, 496, 527.
Oportere : 474.
Oppositio : 43, 76, 80, 82, 221, 229, 232, 303, 306, 312, 354, 398, 427.
Oppositus : 17, 18, 29, 102, 104, 108, 109, 112, 117, 126, 130, 137, 186, 208, 209, 255, 369-371, 374, 387, 397, 475, 619.
Optare : 498.
Optica : 13, 38, 244, 559.
Optimus : v. Bonus.
Orare : 508.
Oratio : 434, 498.
Orbita : 593.
Ordinalis : 290.
Ordinarius : 7, 285, 473.
Ordinata, Ordonnée *(math.)* : 115, 118, 120, 121, 558.
Ordinatrix (mens) : 7.
Ordinatus : 16, 544.
Ordo : 7, 14, 29, 33, 34, 37, 71, 73, 77, 85, 141, 158-161, 164, 168, 171, 180, 214, 215, 219, 255, 256, 327, 381, 407, 429, 476, 528, 535, 544, 545.
Ordo *(ecclésiastique)* : 5, 28, 92, 95, 223.
Ordo Caritatis : 3-5.
Organicus : 13-16, 39, 40, 438, 441, 450, 461, 462, 526, 527.
Organismus : 16.
Organum : 15, 190, 223, 228, 335, 337, 429.
Organum pneumaticum : 470.
Originalis : 526.
Origo : 1, 15, 151, 164, 165, 225.

Ornamentum : 223, 467.
Ortivus : 526.
Os (oris) : 461.
Os (ossis) : 461, 464.
Ostensio : 220.
Ostium : 468.
Otium : 495.
Ovalis : 15, 479, 512.
Ovarium : 451, 454, 465.
Oviparus : 456, 459, 460.
Ovulum : 465.
OZANAM : 150.

Pacidiani : 3, 4.
Pacidius : 3, 210, 217, 515, 568, 594.
Palatum : 462.
Palearia : 462.
Palma : 464.
Palmipes : 459.
Palpabilis : 217, 400, 441, 485.
Palus : 442.
Pancreas : 466.
Pandectes : 228.
Pandura : 470.
Panis : 466.
Pannus : 466.
Papilla : 463.
PAPINIANUS : 340.
Parabola : 107, 116, 117, 123, 135, 146, 168, 172, 174, 431.
Parabolique : 122, 146.
Paracentricus : 593.
Paradoxe : 401, 533, 581.
Parænesis : 219.
Parallela, Parallelus : 116, 149, 439, 477, 553, 610, 611.
Parallelogramma : 177, 610.
Paralogismus : 57, 178, 584.
Paramètre : 116.
Parcere : 505.
PARDIES (le P.) : 222.
Parenthèse : 102-104, 133, 137, 139, 143.
Parere : 491.
Parhelium : 523.
Paria : 48.
Paries : 468.
PARIS (*homme*) : 287.
PARIS (*ville*) : 571, 577.
Parole : 99, 176.
Pars : 13-15, 18, 50, 149, 235, 242, 268, 384, 461, 478, 566, 604, 613, 615, 623, 626. V. Partes, Totum.

Parsimonia : 493.
Partes : 504, 505.
Partialis : 357-361.
Participium : 286, 289.
Particula : 15, 16, 522; (*gramm.*) : 35, 36, 71, 152, 221, 244, 255, 287-291, 339, 353, 357-361, 434.
Particularis : 7, 49, 51, 56, 59, 64, 65, 78, 80, 82, 83, 85, 91, 126, 127, 162, 193-202, 205, 206, 221, 247, 248, 254, 255, 294, 312, 318, 321, 328, 387, 398.
Particularis Affirmativa : 43-48, 51, 52, 55-62, 69, 72, 75-85, 88-91, 193, 196-199, 233, 236, 246, 254, 293, 300-306, 311, 317, 318, 322, 328, 369, 370, 378, 383-387, 392-398, 412, 413, 416.
Particularis Negativa : 43, 46, 48, 52, 61-64, 70-72, 75-85, 92, 193, 196, 199, 233, 236, 246, 254, 293, 300-303, 306, 309, 311, 317, 323, 328, 383-386, 392-394, 397, 398, 412.
Particularitas : 61, 76, 78, 85, 194.
Parvitas : 617.
Parvus : 475.
PASCAL (Blaise) : 98, 124, 181, 220, 575, 589.
PASCAL (pape) : 5.
Passerinus : 457.
Passio : 9, 38, 160, 191, 475, 492-494, 521, 622, 623.
Passivus : 188.
Pater familias : 215.
Pati : 504.
Patientia : 492.
PATRITIUS (Franciscus) : 177.
Patronus : 504.
Paulinitas : 26.
PAULUS : 26, 239.
Pauper : 603.
Paupertas : 500, 603.
Pavimentum : 468.
Pax : 213.
Payen : 226.
Peccatum : 67, 517.
Pectus : 463.
Pecunia : 469, 527.
Pedatus : 455.
Pegasus : 374.
PEIRCE : 425.
PEIRESC : 448.
Pellere : 481.
Pelliceum : 460, 466.

Pellis : 460.
Pendulum : 573.
PENELOPE : 619.
Pensio : 557.
Perceptio : 10-16, 388, 495, 514, 528, 539.
Percussio : 482.
Perdere : 494.
Peregrinus : 501.
Perfectio : 3, 9, 22, 24, 93, 222, 405, 429, 431, 474, 517, 521, 527, 534, 535, 612, 614.
Perfectus : 13, 220, 258, 315, 357, 405, 407, 432, 520, 521, 625.
Pericarpium : 454.
Periculum : 256, 473.
Περιεργία : 214.
Periodicus : 574, 580.
Periodus : 71, 289, 498, 574.
Peripateticus : 341.
Peripheria : 478, 549, 554.
Peritonæum : 463.
Permanens : 157, 158, 473.
Permittere : 256, 472.
Permutare : 501, 502.
Perpendicularis : 115, 117, 121, 122, 131, 134, 135, 143, 150, 477, 582.
Perpetuus : 441, 625. V. Motus.
Perplexus : 484.
PERSIA, *Persa* : 5, 287.
PERSIUS : 502.
Persona : 16, 185, 281, 290, 500, 504; (*gramm.*) : 353.
Perspectiva : 15, 163, 223, 526.
Perspicuus : 489.
Pertinere : 256, 473.
Pervius : 483.
Pes : 459, 460, 464.
Petere : 499.
Petrinitas : 26.
Petroleum : 444.
PETRUS : 26, 239, 375, 376, 520.
PETRUS HISPANUS : 330.
Phædo : 7, 598.
Phænomenon : 10, 12, 14, 32-34, 38, 39, 174, 185, 329, 356, 360, 523, 528, 534, 590, 593.
Phantasia : 491.
Pharmacon : 3, 4.
Pharmacopoetica : 224.
Pharos scientiarum : 560, 561.
Philalethes, Alethophilus : 594, 627.

Philosophia : 7, 8, 179, 188, 189, 334, 524-527, 594-597, 608, 626.
Philosophico-Theologicus : 400.
Philosophicus : 170, 185, 221, 592. V. Character, Lingua.
Philosophus : 170, 177, 188, 213, 215, 225, 227, 339, 340, 343, 481, 596, 604, 625, 626.
Phoranomus : 590-593.
Phoronomia : 525, 526, 597.
Photianus : 163.
Phrasis : 71, 72, 169, 352, 353.
Physica : 19, 38, 39, 92, 94, 153-155, 175-178, 192, 218, 225, 228, 244, 335-337, 341, 342, 354, 420, 596, 597.
Physicus : 19-24, 39, 94, 190, 191, 221, 232, 405, 439, 441, 479, 515, 521, 525, 526, 542, 593.
Phytivorus : 457.
Pictor : 10, 562, 590.
Pictura : 224, 470.
PIERRE LE GRAND : 561.
Pietas : 6, 8, 85, 95, 342, 516, 626, 627.
Pignus : 503.
Pilosus : 460.
Pilus : 466.
Pinguedo : 461.
Pinguis : 444, 488.
Pinna : 456, 466.
Pinnula : 466.
Piscis : 456.
Piscivorus : 458.
Pistillus : 454, 470.
Pius : 219, 626.
Placere : 494.
Plaga : 477, 573.
Planeta : 442, 591, 593.
Planetarius : 593.
Planipes : 458.
Planisphærium : 222.
Planta : 86, 164, 182, 224, 450, 452, 453, 526; (*anat.*) : 464.
Planum : 149, 242, 439, 540, 541, 548, 551-555, 576, 583, 601, 613.
Planus : 123, 257, 476.
Plastica (vis) : 12.
PLATO, *Platonicus* : 7, 152, 226, 330, 338, 341, 568, 594.
Plebejus : 500.
Plenus : 10, 11, 186, 480, 615.
Plica : 485, 615.
PLINIUS : 212.

Pluma : 466.
Plumbum : 224, 448.
Plura : 239, 400.
Pluralis : 244, 281.
Plus (*alg.*) : 78, 86, 89, 146.
Plus Ultra : 217, 515.
Pneumaticus : 38, 167. V. Organum.
Pneumatologia : 526.
Pœographia : 38, 526.
Poema : 279.
Pœna : 505.
Pœnitentia : 493.
Poesis : 278.
Poetica : 8.
Poliorcetica : 223.
Politica : 4, 40, 155, 156, 226, 244, 527, 528.
Politicus : 170, 227, 343, 419, 503.
Pollen : 451, 454.
Pollex : 464, 603, 605.
POLONIA : 445.
Polus : 573.
Polygone : 182.
Polynome : 119.
Polypodus : 455.
Polypus : 456.
Pomaceum : 224.
Pompholix : 447.
Pondus : 171.
Pons : 467. *Pons Asinorum* : 70.
POPMA (Ausonius) : 509, 510.
Populariter : 591.
Populus : 93, 170, 225.
Porphyrites : 449.
Porta : 168, 170.
Portare : 481.
Portio : 18.
Porus : 483.
Positio : 8, 9, 63, 77, 147, 274, 407, 477, 528, 540, 541.
Positivus : 62, 63, 67, 86, 87, 137, 247, 253, 268, 356, 475.
Possessio : 245.
Possibilis : 2, 3, 7, 13, 17, 19, 22-24, 63, 115, 166, 182, 220, 253-262, 271, 328, 360, 364, 369-376, 392, 405, 407, 431, 432, 513, 520, 529, 530, 533, 534, 570.
Possibilitas : 18, 23, 24, 160, 329, 373-376, 431, 432, 520, 530, 534, 538, 569.
Possidere : 473, 502.
Post : 477.
Posterior : v. Natura.

Posteritas : 93, 95, 225.
Posticum : 468.
Postulatum : 166, 235, 250, 251, 266-268, 519, 538.
Potens : 376.
Potentia : 13, 38, 330, 342, 343, 429, 474, 517, 590, 604, 626; (*alg.*) : 107, 152, 544, 558, 561, 571.
Potestas : 8, 25, 73, 169, 171, 211, 218, 417, 420, 431, 502, 514, 517, 518, 559, 596; (*alg.*) : 575, 580.
Potus : 466.
Practica : 40, 110, 144, 180, 187, 226, 227.
Practicus : 183, 223, 354, 524, 525, 527.
Præceptum : 93, 211.
Præcognitum : 511.
Prædeterminatio : 22-24.
Prædicamentum : 9, 165, 330, 346, 391, 453, 514.
Prædicatio : 194, 390, 391, 427.
Prædicatum : 1, 10, 11, 16-18, 21, 42-51, 55-62, 65-71, 75-79, 84-92, 193-202, 205, 241-247, 252, 262, 272, 273, 293, 294, 312, 316, 321-324, 327, 352, 362, 374, 379, 388, 392, 398, 402-406, 428, 435, 513, 520, 525, 526. V. Subjectum, Inesse, Quantification.
Præfatio : 218.
Præjudicium : 189.
Prælegatum : 502.
Prælium : 223, 507.
Præmissa : 72-76, 83, 84, 89-92, 176, 195-202, 205-209, 229, 230, 247, 248, 317, 318, 352, 412, 415.
Præparans : 472.
Præpositio : 184, 185, 245, 287-290, 355, 434, 435.
Præscriptio : 502.
Præsens : 480.
Præsentia : 528.
Præstare : 502.
Præsumtio : 211, 215.
Præteritus : 289, 480.
PRÆTORIUS : 223.
Prævidere : 22-24.
Praxis : 33, 354, 596.
Prehendere : 485.
Premere : 482.
Preuve : 154-156, 176, 227.
Presbytes : 562.
PRESTET (le P.) : 546.

Primarius : 25, 230, 400, 582, 593.
Primigenius : 151.
Primitivus : 11, 23, 50, 58, 86, 231, 237, 240, 241, 255, 279, 324, 358-360, 425, 435, 512-514, 526, 574, 575, 585.
Primordia : 619.
Primus (*arith.*) : 59, 71, 72, 77, 78, 162, 187, 245, 277, 586; (*log.*) : 219, 221, 518. V. Absolute.
Principium : 25, 32, 33, 61, 77, 80, 82, 158, 183, 184, 189, 194, 196, 231, 375, 394-397, 513-515, 528, 530, 538. V. Directus, Reflexus.
Principium contradictionis, identitatis : 1, 303, 412, 514, 525, 528.
Principium rationis (reddendæ) : 10, 11, 25, 270, 389, 402, 513-515, 519, 525, 528, 530, 533, 545, 569, 618, 622, 625.
Principium convenientiæ : 526, 528.
Principium inveniendi : 139, 158.
Principium positionis, transitionis : 525.
Prior : 476. V. Natura.
Prisma : 440, 469.
Privatio : 430, 604.
Privativus : 29, 247, 268, 356.
Privatus : 500.
Probabilis : 39, 156, 213, 515. V. Verisimilis.
Probabilista : 213.
Probabilitas : 176, (182-183), 210, 213, 215, 218, 221, 226, 232, 417, 419, 569.
Probare : 496, 505.
Probatio : 210-213, 373, 401, 402, 408, 419, 518.
Problema : 33, 98, 103, 107, 115, 119, 122, 123, 133, 134, 137, 143-145, 161, 162, 165, 166, 169-171, 181, 218, 231, 251, 263, 329, 350, 351, 354, 557-559, 563, 577, 578, 583-585, 596.
Probus : 530.
Processus (in infinitum) : 1.
Processus (judiciarius) : 211, 214, 219.
PROCLUS : 539, 546, 607.
Procurator : 504.
Proditio : 506.
Productum : 42, 58, 59, 62, 66, 67, 77, 105, 112, 126.
Profanare : 508.
Professio : 160, 219, 223, 228.
Profundus : 439.
Progressio : 31, 146, 163, 180, 229, 257, 334, 371, 374, 388, 389, 430, 431, 557, 565, 566, 574, 579, 586, 587.
Progressus : 191, 522, 605.
Projectio : 10, 15, 590.
Promittere : 502.
Pronomen : 244, 286, 288, 290.
Pronus : 477.
Propinquus : 603, 604.
Proportio : 1-3, 9, 37, 145, 155, 177, 349, 476.
Proportionalis : 149, 566, 582, 593, 621. V. Moyenne.
Proportionalitas : 588.
Propositio : 16-19, 32, 35, 42-52, 60-71, 74-79, 82, 85-93, 123, 148, 163-166, 178-180, 183-186, 192-195, 199-206, 216, 221, 232, 238, 241-249, 254, 260, 265, 300, 312, 321, 330, 346, 361, 365, 366, 377, 380-382, 385, 395-398, 403, 406, 434, 498, 582. V. Affirmativus, Negativus; Universalis, Particularis, Singularis; Necessarius, Contingens; Major, Minor; Categoricus, Hypotheticus.
Propositiuncula : 192.
Proprietas (*log.*) : 19, 40, 61, 86, 117-120, 124, 171, 173, 242, 258; (*soc.*) : 517-8.
Proprius : 91, 241, 242, 249, 404, 433, 476.
Prosa : 498.
Proscribere : 505.
PROSPER FAGNANUS : 213.
Prostata : 465.
Prosyllogismus : 417.
Protoplastus : 151.
Proverbium : 352, 353.
Providentia : 6-8, 226, 491.
Provisionalis : 337, 591.
Provocare : 494.
Provolvere : 482.
Proximus : 604, 605, 608, 609, 616, 619.
Prudentia : 56.
Psalmi : 6.
Psychologia : 526.
Pubes : 464.
Publicus : 500.
Pudor : 492.
PUFFENDORF : 180.
Pugna, Pugnare : 503, 507.
Pulcher : 243, 474.
Pulchritudo : 243, 535, 618.

Pullaceus : 457.
Pullulare : 490.
Pulmo : 464, 465.
Pulpa : 454.
Pulsio : 482.
Pulsus : 481.
Pulvinar : 467.
Pulvis : 55, 167, 572, 614.
Pumex : 448, 449, 483.
Punctum : 15, 50, 58, 97, 100, 105, 106, 114, 121-129, 133-138, 143, 149, 152, 166, 270, 409, 439, 448, 522, 523, 540-543, 547-555, 576, 582, 583, 597, 601, 603, 608-624. V. Ambulatoire.
Punctum visûs : 15, 521.
Pungere : 482.
Punire : 505.
Pupillus : 503.
Purpureus : 489.
Purus : 98, 123, 474.
Pyramis : 440.
Pyrita : 449.
Pyrius (pulvis) : 572.
Pyrobolica : 191.
PYTHAGORAS : 530, 588. V. Tabula.
Pythagoricus : 582, 588, 627.
Pyxis : 419, 572.

Quadraticus : 69, 577.
Quadrato-quadratus : 88, 145, 578.
Quadratura : 98, 115, 124, 145, 155, 168, 174, 223, 343, 559, 584, 613.
Quadratus : 31, 32, 116, 120, 249, 439, 577, 578, 582, 611, 612, 628.
Quadrupes : 460.
Quærere : 494.
Quæsitum : 519, 596.
Quæstio : 163, 167, 176, 513.
Qualitas : 9-12, 38-40, 160, 188-191, 281, 348, 391, 433, 441, 485, 490, 525, 526; (*log.*) : 43-46, 71, 77, 80, 85-88, 196, 205, 321, 381.
Quantification du prédicat : 59, 194, 294, 312, 323.
Quantitas : 9, 11, 147, 148, 173, 257, 348, 361, 390, 391, 399, 525, 534, 545, 556, 557, 563, 577, 585, 603; (*log.*) : 43-46, 71, 77-80, 85-88, 196, 205, 300, 312, 321, 323, 381, 428.
Quantitas motus : 405.
Quasi : 285, 289.
Quaternarius : 17.

Quaternio : 258.
Queri : 494.
Quies : 115, 590, 605-609, 616-621, 625.
Quiescere : 479.
Quietula : 605, 606, 621.
Quinarius : 240, 241.
Quindenarius : 240-242.
Quinquenove : 568.
Quod : 283.
Quoddam : 321, 362, 394.
Quotiens : 47, 60, 496, 566.

Radere : 482.
Radicale : 433.
Radicalis : 560.
Radius : 157, 158, 190, 489, 582, 606, 612.
Radix : 453, 454; (*gramm.*): 289; (*math.*): 3, 69, 101, 109, 114, 117-120, 134, 144, 145, 149, 185, 560, 571, 583. V. Extraction.
Raisonnement : v. Ratiocinatio.
RAMUS, *Ramistæ* : 32, 163, 180, 330.
Ramus : 454.
Rapax : 458-460.
Rapina : 506.
Rarus : 486.
RASPE : 151, 206, 210, 214.
Ratio (*log.*) : 1-4, 9-22, 25, 26, 33, 34, 37, 49, 53, 55, 71, 73, 81, 94, 102, 107, 111, 112, 130-133, 136, 146, 159, 161, 164, 183, 185, 211, 212, 221, 242, 256, 257, 376, 387, 389, 402-405, 415, 513, 514, 519, 522, 523, 528, 530, 533-535, 540, 569, 593, 597, 609, 616, 618, 622, 625. V. Principium rationis.
Ratio (*psych.*) : 6-8, 35, 87, 93, 156, 157, 170, 183, 193, 211-214, 219, 226, 242, 333, 335, 343, 373, 419, 515, 528, 592, 608, 617, 618, 622, 626.
Ratio (méthode) : 170-173, 192, 219, 223.
Ratio (*math.*) : 17, 18, 37, 44-47, 58, 107, 116, 120, 139, 149, 152, 265, 290, 349, 435, 545, 549, 550, 557, 563, 566, 576, 577, 606, 611. V. Liber rationum.
Ratiocinatio : 25, 33, 38, 71, 77, 94, 99, 152, 154-156, 176, 177, 185, 192, 196, 225-229, 336, 338, 343, 410, 434, 563, 588, 596, 626.
Rationalis : 15, 16, 25, 35, 36, 94, 166,

221, 454, 495, 525; (*math.*) : 146, 566, 575, 612, 613.
Rationalitas : 63.
Ratisbonensis : 419.
Realis : 8, 93-95, 185, 190, 220, 261, 393, 432, 533, 575; (*math.*) : 137, 138.
Realisatio : 528.
Realitas : 22, 393, 523, 528, 530, 534.
Rebellio : 506.
Recipere : 494.
Reciprocus : 32, 47, 54, 56, 193, 242, 243, 258, 393, 406, 435, 544, 588, 589, 593.
Recta : 97, 105, 115-117, 121-127, 137, 138, 144, 145, 149-152, 166, 174, 257, 409, 431, 432, 439, 485, 534, 538-541, 548-555, 576, 583, 611, 621.
Rectangulum : 99, 105, 106, 116, 582.
Rectangulus : 120, 145, 578, 610.
Rectilineus : 144, 145, 583, 593.
Rector : 170.
Rectus (*géom.*) : 50, 97, 333, 440, 476-478, 534, 582, 588; (*gramm.*) : 49, 51, 221, 357, 427.
Reditus ad vitam : 561.
Reductio : 162, 207-209, 233, 237, 415, 557.
Reduplicatio : 262.
Reduplicativus : 403.
Reflexio : 257, 489.
Reflexivus : 367, 382, 383, 388, 389, 403, 528.
Reflexus (*log.*) : 184; (*phys.*) : 190, 477.
Refractio : 157, 489, 561.
Refractus : 190, 477.
Regnum : 13, 443, 526.
Regressus : 94, 148, 202, 207-209, 303, 304, 308, 309, 351, 411-414, 522.
Regula : 42, 43, 49, 50, 53, 60, 63-67, 70, 73-78, 83, 84, 89, 90, 97-99, 108-113, 118, 123-126, 144, 158, 174, 183, 189, 206, 207, 229, 247-249, 373, 374, 498, 581, 628. V. Justitia.
Regula inveniendi : 157.
Regularis : 285, 440, 451.
Regulus : 446, 449.
Rejectio : 498.
Relatio : 9, 15, 19, 115, 125-128, 131, 132, 158, 168, 188, 215, 275, 276, 287, 349, 355, 362, 371, 381, 399, 427, 434, 435, 475, 476, 499-504, 521, 528, 535, 543, 545, 583, 590.
Relativus : 125, 382.

Religio : 8, 95, 157, 226, 508.
Religiosus : 591, 592.
Relinquere : 494.
Reliquiæ : 223.
Reliquum : 476.
Remedium : 93, 429.
Remus : 469.
RENALDINUS : 148.
RENAN : 151.
Renes : 465.
Renommée : v. Fama.
Renversée : 137.
Repassio : 627.
Repens : 461.
Repertorium : 30, 163.
Repetere : 474.
Repetitio : 256, 258.
Repos : v. Quies.
Repræsentare : 14-16.
Repræsentatio : 385.
Repugnantia : 189.
Requisitum : 25, 50, 55, 60-65, 91, 220, 258, 291, 471-474. 515, 521, 523, 547.
Res : 151, 158, 188, 222, 223, 289, 391-397, 500, 504, 512, 528. V. Judicata, Factum.
Residuus : 75, 78, 108, 147, 250, 267, 496, 566.
Resina : 454.
Resistentia : 11, 342, 615.
Resistere : 481.
Resolubilis : 18, 187, 258.
Resolutio : 11, 17-19, 22, 50, 115, 117, 136, 144, 145, 187, 220, 233, 234, 258, 353, 360-362, 371-376, 383, 387, 388, 402, 518, 539, 563.
Respectivus : 361, 475.
Respectus : 261, 359-362, 388.
Respiratio : 461, 464.
Respondere : 494, 497.
Responsus : 188.
Respublica : 31, 41, 212, 215, 218, 420, 517, 528, 595, 596.
Respublica literaria : 218, 228, 584.
Restringere : 497.
Retro : 477.
Retrogradatio : 592.
Reus : 504.
Revelatio : 29, 626.
Revelatus : 285, 626.
Rex : 420, 503.
Rhetorica : 37.

Richesse : v. Divitiæ.
Ridiculurè : 289.
Rien (zéro) : 99, 106, 109, 126, 137, 138.
V. Nihil.
Rigidus : 487.
Rigor : 71, 410.
Risus : 494.
ROANNEZ (le duc de) : 575, 576.
ROBERVAL : 147, 182, 539, 569.
ROMA : 592, 616, 617.
Roman : 226, 533.
Romanus : 212, 340, 419. V. Jus.
ROSENCREUZ : 562.
Rostrum : 457-459.
Rota : 165, 612.
Rotatio : 551.
Rotundus : 440.
Ruber : 489.
Rubiniformis : 448.
Rubinus : 447.
Rubrica : 447.
Rudera : 14, 526, 527.
RUMELINUS : 224.
Ruminans : 459, 460.
Rupes : 443, 449.
Rusticitas : 500.
Rusticus : 223.
RUTGERUS RULANDUS : 212.

Saccarum : 224, 445.
Saccus : 170, 467.
Sacer : 508.
Sacramentum, Sacrificium : 508.
Sacrum (os) : 463.
Sagacitas : 492.
Sagitta : 471.
Sal : 39, 94, 224, 433, 445, 526.
Sal petræ : 224, 446.
Sal tartari : 487.
Salinus : 445, 450.
Salsus : 488.
Saltare : 491.
Saltus : 163, 350, 557, 581, 588, 605, 606, 609, 616-621, 624.
Salus : 8, 212, 418, 473, 508, 520, 626.
Salutare : 500.
Salvus : 473.
SANCHEZ : 191.
SANCTORIUS : 212.
Sandaraca : 447.
Sanguineus : 455-457.
Sanguis : 94, 188, 461, 465.

Sanitas : 212, 218, 228, 418, 429, 490, 527.
Sapa : 454.
Sapiens : 96, 246, 260, 262, 618. 627.
Sapientia : 6-8, 13, 16, 95, 160, 169, 222, 226, 260, 496, 516, 591, 618, 624, 626.
Sapo : 446.
Sapor : 38, 190, 488.
Satelles : 592.
Satisfactio : 503.
SATURNUS : 442, 592.
SAUVEUR : 568.
Saxum : 449.
Scabiosa : 454.
Scala : 467.
Scalenus : 440.
Scapula : 462.
Scenographia : 521, 591.
Sceptici : 219, 514, 516.
Schacci : 348.
SCHEIBLERUS : 428.
Schema : 34, 35, 247, 249, 253, 295-300, 315, 414.
Schematismus : 35, 70.
SCHICKARD : 222.
Schisma : 506.
Schola : 36, 53, 70, 76, 77, 211, 213, 238, 338, 339, 342, 419.
Scholasticus : 25, 26, 177, 189, 191, 221, 244, 312, 339-342, 428, 512.
Scholium : 32, 37, 199, 201, 221.
SCHOTEN : 99, 124, 129.
SCHRÖDER : 425.
Scientia : 3, 26, 32-35, 40, 41, 44, 55, 93, 95, 153, 158-164, 168, 169, 177, 181-183, 191, 215-218, 222, 226-229, 257, 333-335, 352, 354, 417, 496, 512, 516, 517, 530, 557, 594, 595, 602, 608.
Scientia generalis : 217-219, 228, 229, 332, 511.
Scientia media : 3, 17, 22, 25-27.
Scientia simplicis intelligentiæ : 2, 17.
Scientia visionis : 2, 3, 17, 22, 26.
Scientificus : 159, 573.
Scindere : 483.
SCIOPPIUS : 286.
SCIPIO FERREUS : 145.
Scirpus : 188.
Sclopetus ventaneus : 481.
Scoria : 446, 448, 450.
SCOTUS : 25, 27, 177.
Scribere : 497.

Scriniarius : 224.
Scriptura : 27, 71, 224.
Scriptura universalis : 429.
Scriptura sacra : 591.
Sculptoria : 224.
Sebum : 461.
Sécante : 107.
Secare : 477, 483, 541.
Secta : 95, 345, 506, 516.
Sectio : 98, 122, 123, 165, 166, 242, 439, 498, 547, 548, 553. V. Conica.
Seculum : 51, 93-96, 168, 177, 178, 219, 224.
Secundarius : 230.
Sed : 243.
Segmentum : 145, 582.
Selenitis : 449.
Semen : 433, 451-454, 461, 465, 594.
Semicirculus : 582, 588.
Seminalis : 16.
Semi-privativus : 268.
Semirapax : 458.
Senarius : 17.
Sensibilis : 10, 38, 39, 57, 73, 155, 176, 219, 400, 441, 485, 626.
Sensio : 10, 188.
Sensitivus : 490.
Sensus : 40, 55, 159, 186, 190, 215, 220, 221, 360, 429, 461, 491, 514, 539, 617, 626.
Sententia : 188, 211, 213, 22?.
Sentire : 539.
Separare : 483.
Sepia : 456.
Sequax : 487.
Sequi : 259-261, 407, 491.
Sericus : 223.
Series : 9, 14, 16, 19-24, 34, 147, 163, 165, 271, 431, 534, 535, 581; (*math.*) : 272, 349, 350, 544, 556, 558, 562, 566, 574, 575, 580, 628.
Serius : 495.
Sermo : 71.
Serpere : 491.
Serra : 483.
Serum : 461.
Servus : 503, 527.
Severitas : 192.
Sevum : 461.
Sexus : 491.
Si : 243.
Siccus : 486.

Sidus : 441, 442.
Sigillare : 482.
Signatoria : 424.
Significatio : 35, 36, 71, 100, 125, 126, 160, 252, 275, 276.
Signum : 30, 49, 71, 183, 220, 433, 497; (*log.*) : 43, 49, 51, 61, 64, 65, 83, 85, 196, 221, 230, 294, 365, 395, 427; (*math.*) : 69, 75, 99-120, 125-143, 146, 155, 250, 259, 425.
Silex : 449.
Simia : 55.
Similaris : 39, 40, 94, 257, 358, 359, 362, 426, 441, 448, 461, 527.
Similis: 37, 40, 102, 103, 128, 137, 143, 149, 152, 187, 219, 257, 269, 407, 519-522, 543, 544, 548-552, 561-564, 576, 582, 588, 610, 621.
Similitudo : 69, 152, 188, 214, 224, 342, 348, 349, 434, 519, 525, 528, 543, 547-550, 576.
Simplex : 13-15, 38, 40, 71, 74, 76, 80, 83, 94, 100, 107, 125-132, 141, 143, 159, 163-166, 185, 190, 194-196, 221, 238-243, 254, 256, 358, 473, 512.
Simplicitas : 492.
Simpliciter : 79, 80, 83, 90, 233, 236, 254. V. Conversio.
Simul : 14, 476.
Simulare : 494.
Sine : 287, 291.
Sinensis, Sinicus : 30, 151, 158, 184, 224, 225, 497, 508. V. FOHI.
Singularis : 16, 19-23, 67, 256, 323, 402, 519-521.
Sinister : 477, 478.
Sinus : 107, 154, 587.
Sirenes : 341.
Sistere : 505.
Situs : 9, 37, 38, 100, 128, 133, 135, 181, 342, 348, 361, 477, 525, 538-545, 548, 549, 576, 582-584, 590.
Smaltum : 446.
Smiris : 449.
SNELLIUS : 178.
Sobrietas : 492.
Societas : 3-5, 28, 31, 41, 92-96, 501, 503, 528.
Sociniani : 503.
SOCRATES, *Socraticus* : 7, 359, 594, 598, 600.
Sol : 50, 442, 593.

Solécisme : 156.
Solere : 474.
Solidipes : 459.
Soliditas : 618.
Solidungulus : 459.
Solidus : 98, 103, 107, 123, 144-146, 157, 165, 439, 459, 543, 583, 596, 613-615.
Solitaire : 569.
SOLON : 226.
Solum : 240.
Solutio : 165, 167, 171, 173, 596.
Solvere : 484, 503.
Sommet : 115, 118, 122, 134, 135, 146.
Somnium : 491.
Somnus : 16, 491.
Sonus : 38, 151, 190, 489.
Sophisma : 183, 213, 221, 584.
Sorites : 428, 561.
Soubs-distinction : 102-104, 141, 142.
Souverain : 225.
Spadiceus : 490.
Spargere : 485.
Spathum : 449.
Spatium : 13, 14, 144, 186, 270, 431, 480, 521-523, 528, 540, 590, 605-609, 614-616, 619, 621-623.
Specialis : 51, 57, 88, 159, 165, 166.
Species : 25, 39, 40, 52-57, 62-66, 81, 82, 85-89, 149, 159, 162-164, 232, 253, 354, 384, 399, 403, 404, 428, 433, 498, 523, 526, 547, 583.
Specificus : 19, 62, 63, 433.
Specimen : 73, 169, 170, 174, 218, 239, 421.
Speciosa, Speciosus : 78, 336, 341, 342, 348, 525, 528, 531, 532, 538. V. Analysis, Calculus.
Spectaculum : 470.
Speculatio : 227, 596.
Speculum : 10, 15, 16, 26.
SPEE (le P. Frédéric) : 6.
Spermaceti : 444.
Spes : 492, 569, 570.
Sphæra, Sphæricus : 10, 11, 168, 180, 223, 440, 479, 534, 550, 554, 555, 591, 601, 613, 620, 623.
Sphæra moralis : v. WEIGEL.
Spicilège : 225.
Spigilicum : 165.
Spina : 454.
Spina tergi : 463.
SPINOLA : 183.

SPINOZA : 2, 179, 192, 216, 344, 523, 530.
Spira : 440.
Spiralis : 431.
Spirare : 490.
Spiritualis : 13, 627.
Spiritus : 53, 176, 180, 181, 185, 262, 438, 450, 461, 526.
Spiritus acidus : 445, 446.
Spiritus animales : 405, 472.
Spoliare : 507.
Spondere : 503.
Spongia Exprobrationum : 524.
Sponsio : 502.
Spontaneus : 14, 25, 39, 474.
Sporta : 469.
Squama : 466.
Stabilis : 486.
Stagnum : 442.
STAHL : 221.
Stamen : 452-454.
Stamineus : 451, 452.
Stannum : 449.
Statera : 210, 211, 419.
Statica : 38, 402.
Statio : 592.
Statuaria : 224, 562.
Status : 9, 16, 158, 473, 528, 599-604, 608, 617, 619, 623-627.
STEIN : 192.
Stella : 442.
STELLIOLA : 178.
Stenomarga : 444.
STENONIS : 448.
Sterilis : 490.
Sternum : 463.
Stibium : 449.
Stipulari : 502.
Stoici : 175, 177, 340.
Stomachus : 460.
Structura : 38, 94, 190, 226, 441, 467, 527, 596.
Studium : 30, 93, 95, 158, 214, 218.
Stupor : 16.
STURMIUS : 321.
Suadere : 499.
Subalternatio : 43, 46, 76, 80, 82, 202, 230, 233, 303, 306, 310, 411, 412, 416, 427.
Subalternus : 17, 20, 119, 124, 162, 163, 403, 404.
Subcontrarius : 82.
Subditus : 503.

Subdivisio : 16, 18, 162, 404.
Subjectum : 22, 38, 39, 42-51, 55-71, 75-79, 84-92, 169, 174, 186, 194-202, 205, 241, 242, 245, 247, 252, 258, 262, 271, 293, 294, 312, 316, 321-324, 327, 352, 362, 374, 375, 379, 392, 402-406, 435, 475, 513, 520, 525-529, 594.
Sublatio : 250.
Sublimatum : 446.
Submittere : 505.
Subordinatus : 29.
Substantia : 13-16, 19-23, 40, 53, 160, 245, 256, 342, 356, 403, 407, 423, 438, 473, 512, 515, 520-523, 526-532, 624.
Substantialis : 13, 232. V. Forma.
Substantiatorius : 528.
Substantiatum : 13, 438, 526.
Substantivum : 35, 185, 243, 244, 281, 282, 287-290, 356, 423, 433.
Substituere : 259, 264.
Substitutio : 258-261, 265, 304, 327, 352, 353, 361, 403, 407, 408, 496, 497.
Substractio : 100, 107, 110, 112, 125, 138, 141, 146, 147, 173.
Subsumptio : 233, 406.
Subterraneus : 460.
Subtilis : 486.
Subtrahere : 496.
Successio : 14.
Succinum : 445.
Succus : 39, 445, 454, 526.
Sudor : 461.
Suffrago : 464.
SUISSET (Jean) : 177, 191, 330, 340.
Sulphur : 94, 433, 445-450, 488.
Sulphureus : 444, 445, 450.
Sumere : 494.
Summa : 77, 101, 130, 146, 147, 152, 173, 252, 257, 564, 565, 577, 578, 628.
Summabilis : 581.
Summatrix : 558.
Summulistæ : 312, 330.
Sumtus : 501.
Supellex : 469, 470.
Superficies : 124, 145, 168, 242, 257, 439, 448, 583, 584, 613.
Superior : 500.
Supernaturalis : 12, 232.
Superstitio : 508.
Supinum (*gramm.*) : 282.
Supinus : 477.
Supponere : 495.

Suppositalitas : 221.
Supposititius : 219.
Supposition : 229.
Supra : 477.
Sura : 464.
Surculus : 454.
Surdus (*math.*) : 2, 17, 18, 101, 109, 119, 134, 149, 272, 566.
Surgere : 481, 491.
Sursolide : 107.
Suscipere : 499.
Suspendens : 471.
Sustinere : 481.
Syllaba : 497.
Syllogismometrum : 224.
Syllogismus : 43, 71, 76, 77, 83, 193-198, 205, 206, 221, 233, 246, 247, 254, 292, 300, 302, 306, 307, 318-320, 327, 330, 339, 346, 370, 389, 406, 410-417, 428, 532.
Syllogisticus : 76, 80, 184, 206, 426.
Sylva (rerum) : 73.
Sylvestris : 457.
Symbolicus : 50, 348, 511.
Symbolizare : 53.
Sympathia : 12.
Symptôme : 156.
Syncategorema : 358.
Syncategorematicus : 427.
Syntaxis : 288.
Synthesis : 32, 97, 122, 159, 162, 165, 180, 181, 241, 348-351, 511, 557-560, 563, 572, 588.
Syntheticus : 148, 159, 162-167, 350, 415, 557, 558, 572, 573.
Systema : 25, 229, 593.

Taberna : 214.
Tabula : 26, 31-34, 45-48, 105, 107, 154, 162, 163, 174, 222-224, 229, 249, 330, 349, 350, 403, 419, 509, 544, 558-562.
Tabula Pythagorica : 277.
Tachygraphia : 256.
Tactica : 223.
Tactus : 10, 190.
Tafera : 446.
Talcus : 447, 449, 488.
Talus : 464.
Tangens : 105-107, 117, 121, 146, 166, 540, 582.
Tarditas : 22.
Tarsus : 464.

INDEX NOMINUM ET RERUM

TARTAGLIA : 177.
Tectum : 468, 485.
Tegere : 482.
Tela : 471.
Telescopium : 157, 335, 338.
Tellus : 11, 12, 40, 442.
TEMMIK (le P.) : 529.
Temperamentum : 490.
Temporarius : 621.
Tempus : 10, 13, 14, 18, 19, 255, 270, 282, 289, 342, 376, 405, 407, 434, 479, 522, 525, 528, 529, 534, 593, 597, 602-609, 615-617, 620-625; (*gramm*.) : 353.
Tempus (*anat.*) : 462.
Tempusculum : 606.
Tenacitas : 38, 615.
Tenax : 487.
Tendens : 331.
Tendentia : 481.
Tendre (la carte du) : 224.
Tenebræ : 489.
Tenere : 485.
Tenor : 489.
Tensio : 487.
Tentamen Metaphysicum, Philosophicum : 178, 191.
Tenuis : 476.
Terere : 482.
Teribilis : 487.
Terminatio : 434.
Terminatus : 149, 150, 621.
Terminus (*log.*) : 17, 18, 22, 32, 42-54, 57-61, 64-79, 83-92, 116, 117, 122, 160, 163, 176, 177, 186, 187, 193-199, 205, 206, 221, 229-233, 237, 240-244, 248, 250, 257-263, 274, 312, 316, 320, 346, 356-360, 366, 377, 381-384, 393, 396-398, 406, 407, 416, 438, 530; (*géom*.) : 478, 551, 552, 622. V. Extremus, Major, Medius, Minor.
Ternarius : 17, 240, 241.
Ternio : 164, 258, 260.
Terra : 39, 177, 222, 224, 441-444, 447, 450, 526, 591-593.
Terrenus : 164, 443.
Terrestris : 455-460.
Tessellatus : 224.
Tessera : 575.
Testa : 466.
Testaceus : 456.
Testis : 211, 465; (*anat.*) : 504.

Textorius : 38, 165, 223.
Theatrum Naturæ et Artis : 163.
Theca : 469.
Theologia : 8, 29, 40, 228, 244, 285, 333, 400, 526, 556.
Theologicus : 29, 192. V. Philosophico-Theologicus.
Theologus : 188, 213, 340, 343, 508, 625, 627.
Theophili (Societas) : 5-8.
Theophilus : 595.
Theorema : 33, 38, 43, 98, 115, 119, 121, 137, 139, 144, 154, 159-162, 165, 168-174, 180, 187, 191, 205, 221, 255, 256, 363-4, 389, 406, 517, 538, 557, 562, 569, 579, 588, 625.
Theoreticus : 524, 525.
Theoria : 144.
Thermometrum : 390, 485.
Thesaurus : 3, 93, 211, 417, 420. V. Ærarium.
THÉVENOT : 590.
Thiniensis : v. SPINOLA.
THOMAS (Aquinas) : 25, 519.
Thorax : 463.
Tibia : 464.
Tignum : 467.
Timor : 492.
Tinctoria : 223.
Tiro : 557.
Tirolensis : 445.
Titius : 280.
Toleranter : 581.
Tollere : 481.
Tomentosus : 453.
Tonsilla : 462.
Tonus : 489.
Tophus : 449.
Topicus : 37, 211, 219, 330, 515, 557.
Topographia : 222.
Tornatoria : 38, 224, 525.
Torpidus : 623.
Totalis : 527.
Totum : 37, 51-53, 56, 57, 65, 81, 82, 160, 161, 245, 249, 250, 257, 321, 322, 377, 407, 411, 438, 476, 496, 518, 539, 547, 563, 564, 611, 612.
Tractabilis : 487.
Tractare : 500, 502.
Tractatus : 419.
Tractus : 483, 605, 616, 622, 625.
Tradere : 494.

Traditio : 159, 225.
Trahere : 481.
Tranquillitas : 169.
Transcendens : 164, 350, 359.
Transcendentalis : 399.
Transcreatio : 617, 624, 625.
Transenna : 468.
Transigere : 502.
Transitio : 9, 10, 624.
Transitus: 81, 235, 327, 604, 607, 624, 625.
Translation : 117, 118.
Transpositio : 127, 140, 155, 205-209, 421.
Transsultorius : 588.
Transtrum : 468.
Transversus : 477.
TRENDELENBURG : 354, 436, 437, 509, 510, 517.
TREW (Abdias) : 179, 192.
Triangulum : 47, 52, 56, 67, 84, 116, 145, 152, 209, 240, 261, 322, 349, 362, 439, 549, 552, 558, 563, 578, 582, 583, 588, 589, 610.
Tricenarius : 240-242.
Trigonometria : 559.
Trilaterum : 47, 52, 56, 67, 84, 240, 261, 322, 362.
Trinomium : 561.
Triterminus : 83, 248, 339, 416.
Truncus : 454, 461, 462.
Tu : 244.
Tuba : 470.
Tuberculum : 457.
Tunc : 243.
Tunica : 615.
Turbatus : 488.
Turbinatus : 456.
Turcæ : 5.
Turdinus : 457.
Turfa : 445.
Tutia : 449.
Tutor : 503.
Tutus : 213.
TYCHO (BRAHÉ), *Tychonicus* : 129, 591.
Tympanum : 165, 470.
Typographicus : 223.
Typotheta : 449.

Ubique, Ubivis : 255.
ULPIANUS : 340.
Ultimus : 149.
Ultra : 477.

Umbellifer : 453.
Umbilicus : 463.
Umbra : 158; (terra) : 447.
Unguis : 459.
Ungula : 466.
Ungulus : 459.
Unicornis : 459.
Unicus : 165, 193, 265, 544, 551-555.
Uniformis : 241, 275, 390, 615, 616, 620, 622.
Uniformitas : 119, 543, 609, 620.
Unio : 521, 528.
Unitas : 70, 104-108, 111, 148, 245, 368, 381, 406, 431, 523, 535, 566, 577, 580, 581, 612, 628.
Univalvis : 456.
Universalis : 7, 14, 16, 19-21, 29, 32, 49-53, 56, 59, 61, 64-66, 73, 78-85, 91-93, 114, 115, 119-121, 193-202, 205, 206, 221, 248-250, 256, 270, 294, 312, 315, 316, 321, 328, 367, 398, 402, 407, 519. V. Lingua, Scriptura.
Universalis Affirmativa : 42, 46-48, 51, 52, 55-66, 69-72, 75-85, 88, 91, 92, 193, 196-198, 202, 233-236, 241, 246, 247, 252, 254, 292, 300-311, 322, 369, 370, 382-387, 392-398, 402, 403, 412, 416.
Universalis Negativa : 43-46, 52, 57, 58, 61, 62, 70, 72, 75-85, 89-92, 193, 196-198, 206, 233-236, 246, 254, 293, 300-306, 309, 311, 322, 369, 370, 380, 383-387, 392-394, 397, 398, 412, 413, 416.
Universalitas : 19, 76, 78, 85, 119, 194, 254, 427.
Universum : 10, 14-20, 186, 521, 522, 535, 593.
Univocation : 119.
Unum : 239, 400, 407, 476.
Uranologia : 526, 527.
Urbs : 10, 15, 222, 223.
Urina : 461, 465.
Usus : 35-37, 71, 93, 96, 158, 159, 169, 190, 193, 214, 215, 226, 229, 230, 262, 527.
Ut : 283.
Uterus : 463, 465.
Uti : 473.
Utilis : 93, 95, 475.
Utilitas : 95, 161, 211, 218, 257.
Uvidus : 486.

Uvula : 462.
Uxor : 501.

VACCA : 575.
Vacuum : 7, 11, 186, 480, 521, 615, 623.
Vacuum formarum : 529.
VAGETIUS : 428.
Valde : 475.
Valedicere : 500.
VALLA (Georgius) : 160.
Vallis : 443.
Vallum : 467.
Valor : 101, 107, 109, 113-121, 125, 126, 137-140, 251, 260, 274, 275, 362, 363, 366, 367, 370-373, 388, 500, 574, 579, 580, 584, 585.
Valvula : 465.
Vapor : 167, 488.
Variatio : 9, 14, 16, 101, 102, 122, 224, 256, 434, 521, 522, 532, 544.
Varietas : 10, 11, 38, 134, 137, 138, 144, 215, 238, 257, 403, 534, 535.
Vas : 469, 613, 614.
VASQUEZ : 27.
Vaticana : 223.
Vegetabilis : 443, 490, 526.
Vegetare : 450.
Vehere : 482.
Velificatio : 38.
Vellere : 482.
Velocitas : 545, 593, 612, 614. V. Celeritas.
Velum : 469.
Vena : 449, 461. V. Argenteus.
Vena cava : 465.
Venator : 602.
Vendere : 501, 502.
Venenum : 471.
Venire : 491.
VENN : 425.
Venter : 463.
Ventosa : 188.
Ventriculus : 465.
Ventus : 174, 442.
Verbalis : 188, 285, 432.
Verbum : 35, 36, 151, 158, 185, 222, 257; (*gramm.*) : 185, 281, 282, 285-290, 434.
Verisimilis : 213, 221, 496. V. Probabilis.
Verisimilitudo : 71, 226, 232, 561.
Veritas : 1-4, 11, 13, 16-19, 22, 23, 34-37, 41, 45, 62, 66, 73, 76, 87, 92, 159, 160, 165, 167, 169, 175, 183, 185, 188,
189, 191, 203, 211, 215, 219-221, 226, 228, 232, 242, 255, 259, 264, 328, 334-336, 343, 346, 352, 356, 362, 371, 388, 389, 393, 401, 408, 416-420, 431, 514, 518, 519, 525, 532, 535, 538, 539, 592-595, 602, 624. V. Elementa, Factum.
Versus : 206, 207.
Vertebra : 463.
Vertere : 481.
Verus : 16, 43, 45, 51, 61, 63, 66-69, 72-83, 88, 90, 93-96, 183, 184, 203, 221, 229-231, 235, 239, 243, 255, 260-263, 328, 364, 365, 369-374, 377, 381, 382, 387, 393, 397, 398, 401, 402, 406-408, 421, 513, 518, 590; — 138.
Vescus : 453.
Vesica : 465, 466.
Vestibulum : 168, 468.
Vestigium : 482, 525, 550, 551.
Vestimentum, Vestitus : 223.
Veteres : 25, 338, 348, 558, 561, 583, 584, 593, 597, 603, 605.
Via : 161, 162, 166, 168.
Vices : 473.
Vicinus : 501.
Victus : 466.
VIÈTE : 144, 145, 181, 341, 342, 348, 531, 558.
VIGELIUS : 401.
Vigiliæ : 491.
Vigor : 429.
Vimen : 223.
Vincere : 507.
Vinculum : 101, 109, 110, 122, 134, 141.
Vindicta : 493.
Vinum : 94, 224.
Violentus : 474.
Vir : 223, 243.
VIRGILIUS : 6, 177, 282.
Viridis : 489.
Virtualiter : 18.
Virtus : 4, 6, 93, 224, 498, 517, 626.
Vis : 9, 11, 16, 18, 22, 26, 188, 212, 219, 481, 594, 596, 597, 627. V. Motrix, Attractiva, Plastica.
Vis cogitandi : 429.
Viscus : 464.
Visio : v. Scientia.
Visitare : 500.
Visus : 190. V. Punctum.
Vita : 36, 37, 70, 76, 93, 95, 153, 158,

159, 169, 176, 190, 211, 212, 218, 473, 600, 623, 626.
Vitalis : 12, 13.
Vitium : 224, 498.
Vitrescens : 447, 449.
Vitriarius : 224.
Vitriformis : 449.
Vitriolum : 53, 224, 445, 446.
Vitrum : 446-449.
Vitta : 466.
Vituperare : 499.
Vivens : 13-16, 242.
Viviparus : 456, 459.
Vivus : 10, 526.
Vocabulum : 3, 72, 152, 160, 187, 188, 203, 242, 432.
Vocalis : 196, 203, 497.
Voisinage : 137.
Vola : 464.
Volare : 491.
Volatile : 38.
Volens : 331.
Voluntarius : 12.
Voluntas : 20-29, 34, 35, 219, 228, 283, 337, 402, 418, 419, 498, 499, 528, 539.

Voluptas : 29, 491, 517, 535.
Volutare : 482.
Vortex : 593.
VOSSIUS : 243, 256, 281, 291.
Vox : 151, 244, 288, 352, 353, 488, 490.
Vratislaviensis : 561.

WALLIS : 99.
WARD (Seth) : 178, 191.
WEIGEL (Erhard) : 179, 224, 278.
WHITE (Thomas) : 179, 192.
WILKINS : 151, 184-185, 206, 282-283, 290, 399, 400, 436.

ZABANY (Mathias) : 588
Zelotes : 262.
Zelus : 493, 626.
Zero : 102. V. Nihil, Rien.
Zetetica : 558.
Zincum : 449.
Zodiacus : 29.
Zoophytum : 456.
ZWINGER : 163, 330, 354.

CLASSIFICATION SYSTÉMATIQUE DES FRAGMENTS INÉDITS

LOGIQUE CLASSIQUE (SYLLOGISTIQUE).

Phil., VI, 14, f. 1-2 : *Mathesis rationis*; 3-4 : Sur les figures du syllogisme.
Phil., VII, C, 83-84 : *De formis syllogismorum mathematice definiendis.*
Phil., VII, B, iv, 26 : Règles du syllogisme.
Phil., VII, B, ii, 18-19 : Schèmes linéaires.
Phil., VI, 15 : Schedæ de novis formis et figuris syllogisticis (1715).
Phil., VII, B, iv, 23 (1703); 28; 29; 30.
Phil., VII, C, 13-16; 18; 115-116, 119-134; 148.
Phil., VII, B, ii, 72 : Sur la négation.
Phil., VII, B, iv, 32 : *Catalogus Inventionum in Logicis.*
Phil., VII, C, 19 : *Cyclognomica ex Lullio*, etc.
Phil., VII, C, 149-150, 151, 152-155 : Sur la Logique de Jungius.

LANGUE UNIVERSELLE.

Phil., V, 6, c, 7-8 : Lettre de Descartes à Mersenne.
Phil., VII, B, iii, 13 : Sur Becher.
Phil., VII, B, iii, 10; VI, 12, f, 20 : Sur Wilkins.
Philologie, I, 2 : Sur le P. Kircher.
Phil., VI, 10, a : De linguarum origine.
Phil., VII, B, iii, 3 : *Lingua generalis* (1678); 4 : *Lingua universalis*; 5 : « Lingua rationalis »; 7 : *De Grammatica Rationali* (1678); 8 : *Grammatica*; 12; 23-24.
Phil., VII, C, 9-10 : *Analysis linguarum* (1678).
Phil., VII, B, ii, 12 : Analyse grammaticale.
Phil., VII, B, iii, 21-22; 25-26; 28-39; 40-49 : Grammaire rationnelle.
Phil., VII, B, iii, 59-64 : *Analysis particularum*; 27; 50-58; VII, B, ii, 45; VII, B, iii, 14.
Phil., VII, C, 158-159 : *Characteristica verbalis*; VII, C, 17.
Phil., VI, 10, b : *Linguæ philosophicæ specimen in Geometria edendum* (1680).
Phil., VII, B, ii, 46; iii, 73-76 : Sur Vossius.
Phil., VII, B, iii, 15.

CARACTÉRISTIQUE UNIVERSELLE.

Phil., V, 6, c, 11 : Lettre sur la Caractéristique.
Phil., V, 6, c, 17; VII, B, ii, 53; VII, B, iv, 21; VII, C, 69.
Phil., VII, C, 139-145 : *Analysis Didactica*; 160-161.
Phil., V, 10, f. 1-8, 11-24, 25-38, 39, 40 : *De la Méthode de l'Universalité*; 9-10; 41-42; 43-46; 47 (1674); 50; 53; Math., III, B, 3, b.
Math., IV, 13, a, b, c : *De examine per Novenarium* (1675); IV, 14, a; b.

MATH., IV, 8 : *Specimen Analyseos novæ* (1678); III, A. 37; IV, 13, h (1678); g (1679); IV, 16, a; III, A, 13.
MATH., III, B, 1 : *De dyadicis*; 2 (1679); 3, a; 4; IV, 9 (1701).
MATH., I, 9, c.

ENCYCLOPÉDIE.

PHIL., VII, C, 11-12 : Sur ALSTED.
PHIL., V, 6, c, 9-10; V, 8, g : *Societas sive ordo* (1676).
THEOL., XX, 99 : « Ordo Caritatis Pacidianorum »; 100 : *Societas Theophilorum*.
PHIL., V, 7 : *Consilium de Encyclopædia nova* (1679).
PHIL., VIII, 1-2 : *Introductio ad Encyclopædiam arcanam*.
PHIL., VII, A, 1; VIII, 3 : *Guilielmi Pacidii Plus Ultra*; VII, A, 16.
PHIL., VII, B, 1, 1 : *Nouvelles ouvertures*.
PHIL., VII, A, 24-25 : *Initia Scientiæ generalis*.
PHIL., VII, A, 30 : *Atlas Universalis*.
PHIL., VI, 18; VII, C, 87-88 : Préfaces.
PHIL., VIII, 56-57 : Division de la Philosophie.
PHIL., VII, B, III, 17-18; 19-20; VII, C, 33-34; 52; 53-54; 59; 70; 71-72; 75-78; VII, B, II, 34-35; 36; 59; 73; VII, B, IV, 13-14; VII, C, 32; 35-46; 47; 48-49; 82 : Tables de définitions logiques et métaphysiques.
PHIL., VII, B, V, 1-10 : *De Affectibus* (1679); 11-14; VIII, 4-5.
PHIL., VII, D, II, 1; 2; 3; 4; 5 : Tables de définitions (1702-1704).

SCIENCE GÉNÉRALE
(Méthodologie; Combinatoire; Art d'inventer).

PHIL., VII, C, 156-157 : *De Organo sive Arte Magna Cogitandi*.
PHIL., VI, 11, a, 1-2 (1677?); VII, B, VI, 1-2 : *Essay sur un nouveau plan d'une science certaine*; VI, 12, e : *Projet et Essais pour arriver à quelque certitude* (1686?).
PHIL., VII, B, VI, 3-8 : *Elementa Rationis* (1686?).
PHIL., VII, A, 26-29 : Plan de la Science générale.
PHIL., VI, 11, b : *Methodus docendi*.
PHIL., VII, C, 64 : *Genera et species subalternæ* (1678); 146-147.
PHIL., VI, 12, f, 23; 25 : *De analysi veritatis*; 26 : « Analysis physica »; 27 : « Elementa veritatis æternæ »; 21; VII, C, 51; 80; 99-100; 101.
PHIL., VII, B, II, 37; V, 10, f. 54; VII, B, II, 44; 57-58; VI, 19, c, 13.
PHIL., VI, 11, a, 3 : *Regula inveniendi* (1682); 4.
PHIL., VI, 12, b, c : De Arte inveniendi (1669?); d : *de Arte inveniendi Theoremata* (1674); f, 1-2 : *Collectanea de inventione* (1676).
MATH., I, 26, e : *Modus reducendi problemata* (1680); c, d : Synthèse et Analyse; I, 27, b : *Synthesis, Analysis*.
MATH., I, 9, b; II, A, 26, b : *Combinatoria*; I, 27, c, d : *De Arte combinatoria* (1680?).
PHIL., V, 9 : *De l'Horizon de la doctrine humaine*; VIII, 94-95 (préface).
PHIL., VI, 17 : *Ad Stateram juris*.
MATH., III, B, 14, a : *De numero jactuum in tesseris* (1676); b (1676); c.
MATH., III, A, 8 (1678); 9; 10; 11; 12 : *De incerti æstimatione* (1678).
PHIL., VII, C, 81.
MATH., VII, 5 : *Tentamen Anagogicum*; VII, 5, a : « Specimen Analyseos Anagogicæ » (1698?).
MATH., IX, 1 : Préface du *Phoranomus*.

MÉTAPHYSIQUE.

MATH., X, 11 : *Pacidius Philalethi* (1676).
PHIL., I, 14, c, 8 (1676); VIII, 71 (1676); 20.
PHIL., IV, 3, c, 15 : *Scientia media* (1677).
PHIL., VI, 12, f, 19 : *De principiis*.
PHIL., IV, 3, c, 13-14; I, 14, c, 7.
PHIL., IV, 3, a, 1-4; VII, C, 62-63; 68.
THEOL., VI, 2, f. 11-13 : *Origo veritatum contingentium*.
PHIL., I, 15; VIII, 6-7 : « Primæ veritates »; 100-101.
PHIL., VI, 12, f, 22; 24.
PHIL., VII, C, 65; 66; 50; VII, B, IV, 31; VIII, 85; 86.

MATHÉMATIQUE UNIVERSELLE.

MATH., I, 9, a : *Mathesis generalis*.
PHIL., VII, B, VI, 9-12 : *Elementa Nova Matheseos Universalis*.
MATH., I, 26, b : *Inventorium mathematicum*.
MATH., I, 28 : *Specimen Raticcinationum Mathematicarum sine calculo et figuris*; I, 29.
MATH., I, 9, f : « Analyseos Metaphysicæ propositio »; g; h : *De relationibus*; III, B, 18, b : *Ratio*.
PHIL., V, 10, f. 56; 58; 60 (1676); 61; 63.
PHIL., V, 10, f. 48 (1678); 49; 51; 59 (1678).
MATH., I, 9, d; IV, 12.
MATH., IV, 1, a (1674); b (1674); VIII, 27, a (1676); b; IV, 17, a; b (1676); III, B, 19 (1676); XII, c (1676); IV, 11; 17 (1677).
MATH., III, A, 16 : *Diophantea*; IV, 1, c; IV, 4, a; XII, d (1678); IV, 4, b : *Problema Freniclianum* (1679); XII, b (1681); IV, 4, c (1683); III, B, 12.

CALCUL LOGIQUE.

PHIL., V, 8, a; b; c; d; e; f (Essais d'avril 1679); VII, B, II, 14-15; VII, B, IV, 15-20.
PHIL., VII, B, II, 5-6; 7; 8-9; 10-11; 16-17; 20-21; 41.
MATH., I, 26, a : Calcul des alternatives (1683?).
PHIL., VII, B, II, 1 : *Principia Calculi rationalis*; VII, C, 73-74; VII, B, II, 32-33; 62; 63.
PHIL., VII, C, 20-31 : *Generales Inquisitiones* (1686); VII, B, II, 74.
PHIL., VII, B, II, 70-71; VII, B, IV, 11-12.
PHIL., VII, B, II, 3 (1er août 1690); VII, C, 97 (2 août 1690); VII, C, 103-104.
PHIL., VII, B, II, 64-65; 55-56; 27; 30; 31; 51-52.
PHIL., VII, B, IV, 1-10 : « de Formæ Logicæ comprobatione per linearum ductus »; VII, B, II, 42; MATH., I, 9, i.
PHIL., VII, B, II, 40; 43; 47-48; 49-50.

CALCUL GÉOMÉTRIQUE.

MATH., XII, a (1676).
MATH., IV, 13, f; I, 27, a.
MATH., I, 5, a : *Prima Geometriæ principia*; IV, 13, d : *Primariæ propositiones Elementorum*; I, 2 : *Demonstratio axiomatum Euclidis* (1679); I, 1, b.
MATH., I, 12 : « Analysis situs »; I, 5, b : « Vera Geometriæ Analysis »; I, 14, d : « Calculus Situs »; III, B, 18, a; I, 15 : *De Calculo Situum*.
PHIL., VII, B, II, 54; VII, C, 79.
MATH., I, 3, c; I, 9, e; I, 5, c; d; I, 3, a; e; I, 8; IV, 13, e; I, 14, a; I, 1, a; I, 3, b; d; I, 14, b; c.

DIVERS.

PHIL., VI, 12, f, 6 : Notes diverses.
PHIL., VII, B, 11, 2 :　　id.　　(1693?).
PHIL., VII, C, 60 : Sur les paradoxes.
PHIL., VIII, 43-44 : *Spongia Exprobrationum*.
MATH., I, 29 : Dialogue sur l'Arithmétique.
MATH., III, A, 20 : *Constructor, instrumentum algebraicum* (1674).
MATH., III, A, 26, a : « de Machina Combinatoria. »
MATH., I, 9, j : Note sur le P. PRESTET.
PHIL., VII, C, 55-58 : Sur la *Dialectica juris* de VIGELIUS.
PHIL., VII, B, IV, 22 : Sur la *Chirurgie* de BONTEKOE.

LISTE CHRONOLOGIQUE DES FRAGMENTS DATÉS

1669?	PHIL., VI, 12, c : *De Arte inveniendi.*
1674.	PHIL., V, 10, f. 47 : *Generalia Geometrica de meis accessionibus et methodo universalitatis.*
7 sept. 1674.	PHIL., VI, 12, d : *Schediasma de arte inveniendi Theoremata.*
10 sept. 1674.	MATH., IV, 1, a : *Methodus generalissima solvendi problemata numerorum in integris.*
Sept. 1674.	MATH., IV, 1, b : *Schediasmata de Aequationibus Numericis affectis.*
Déc. 1674.	MATH., III, A, 20 : *Constructor.*
Janv. 1675.	MATH., IV, 13, a : *De examine per Novenarium in Calculo analytico.*
3 janv. 1676.	PHIL., V, 10, f. 60 : *Linea infinita est immobilis.*
Id.	MATH., IV, 17, b : *Ouverture nouvelle des Nombres multiples.*
7 janv. 1676.	MATH., III, B, 14, b : *Sur le calcul des partis.*
Janv. 1676.	MATH., III, B, 14, a : *De numero jactuum in tesseris.*
Févr. 1676.	MATH., VIII, 27, a : *Triangulum Harmonicum.*
1ᵉʳ avril 1676.	MATH., III, B, 19 : *Invenire tres numeros.....*
Mai 1676.	PHIL., V, 6, c, 9-10; 8, g : *Methodus physica. Characteristica. Emendanda. Societas sive ordo.*
28 juin 1676.	MATH., XII, a : *Sur le calcul des aires.*
1ᵉʳ août 1676.	PHIL., VI, 12, f, 1-2 : *Collectanea de inventione.*
Oct. 1676.	MATH., X, 11 : *Pacidius Philalethi S.*
2 déc. 1676.	PHIL., VIII, 71 : *Note sur les possibles.*
1676.	PHIL., I, 14, c, 8 : *Sur les âmes, les atomes, etc.*
1676.	MATH., XII, c : *Summa quadratorum....*
Mai 1677.	PHIL., VIII, 39-42 : *De modo perveniendi ad veram corporum Analysin.*
6-7 sept. 1677.	MATH., IV, 17 : *Numeri primi eorumque genesis mira.*
Nov. 1677.	PHIL., IV, 3, c, 15 : *Scientia media.*
1677?	PHIL., VI, 11, a, 1-2 : *Préface de la Science générale.*
Févr. 1678.	PHIL., VII, B, 111, 3 : *Lingua generlis.*
Avril 1678.	PHIL., VII, B, 111, 7 : *De Grammatica rationali.*
21 juin 1678.	PHIL., V, 10, f. 48 : *Demonstratio pure Analytica...*
Id.	PHIL., V, 10, f. 59 : *Note sur Mariotte.*
Juin 1678.	MATH., IV, 8 : *Specimen Analyseos novæ.....*
11 sept. 1678.	PHIL., VII, C, 9-10 : *Analysis linguarum.*
Sept. 1678.	MATH., III, A, 12 : *De incerti æstimatione.*
Oct. 1678.	MATH., III, A, 8 : *Du jeu de Quinquenove.*
Nov. 1678.	PHIL., VII, C, 64 : *Tabulæ. Divisiones. Methodus. Genera et species subalternæ.*
10 déc. 1678.	MATH., XII, d : *Arithmetica figurata seu Diophantea.*
Id.	MATH., IV, 13, h : *Divisionis compendium generale.*
12 févr. 1679.	MATH., IV, 13, g : *Divisio.*
22 févr. 1679.	MATH., I, 2 : *Demonstratio Axiomatum Euclidis.*

15 mars 1679.	MATH., III, B, 2 : *De progressione dyadica.*
Avril 1679.	PHIL., V, 8, a : *Elementa Characteristicæ Universalis.*
Id.	PHIL., V, 8, b : *Elementa Calculi.*
Id.	PHIL., V, 8, c : *Calculi Universalis Elementa.*
Id.	PHIL., V, 8, d : *Calculi Universalis Investigationes.*
Id.	PHIL., V, 8, e : *Modus examinandi consequentias per numeros.*
Id.	PHIL., V, 8, f : *Regulæ... de bonitate consequentiarum.*
10 avril 1679.	PHIL., VII, B, v, 1-10 : *De Affectibus.*
15-25 juin 1679.	PHIL., V, 7 : *Consilium de Encyclopædia nova conscribenda methodo inventoria.*
Juillet 1679.	MATH., IV, 4, b : *Problema Freniclianum.*
Janv. 1680.	PHIL., VI, 10, b : *Linguæ philosophicæ Specimen in Geometria edendum.*
Id.	MATH., I, 26, e : *Modus reducendi problemata ad alia simpliciora.*
1680?	MATH., I, 27, d : *De Arte Combinatoria.*
Oct. 1681.	MATH., XII, b : *Methodus generalis pro Diophanteis.*
Nov. 1682.	PHIL., VI, 11, a. 3 : *Regula inveniendi.*
8 mars 1683.	MATH., IV, 4, c : « Pro absolvendis Diophanteis ».
1683?	MATH., I, 26, a : Note sur le Calcul des alternatives.
1684.	PHIL., VIII, 37-38 : *De Cognitione, Veritate et Ideis.*
1686.	PHIL., VII, C, 20-31 : *Generales Inquisitiones de Analysi Notionum et Veritatum.*
1686?	PHIL., VII, B, vi, 3-8 : *Elementa Rationis.*
1686?	PHIL., VI, 12, e : *Projet et Essais pour arriver à quelque certitude pour finir une bonne partie des disputes et pour avancer l'art d'inventer.*
1ᵉʳ août 1690.	PHIL., VII, B, II, 3 : *Primaria Calculi logici fundamenta.*
2 août 1690.	PHIL., VII, C, 97 : *Fundamenta Calculi logici.*
1693?	PHIL., VII, B, II, 2 : Notes diverses.
1698?	MATH., VII, 5, b : « *Specimen Analyseos Anagogicæ* ».
Nov. 1701.	MATH., III, B, vi; IV, 9 : Sur les périodes des colonnes dans le système binaire.
Avril 1703.	PHIL., VII, B, IV, 23 : Sur les exemples.
1702-1704.	PHIL., VII, D, II, 1, 2, 3, 4 : Tables de définitions.
28 mai 1704.	PHIL., VII, D, II. 5 : Table de définitions signée de HODANN.
1715.	PHIL., VI, 15 : *Scheda de novis formis et figuris syllogisticis.*

TABLE DES MATIÈRES[1]

	Préface...	I
	Abréviations bibliographiques........................	xv
	Explication des signes...............................	xvi
Theol., VI, 2, f. 11-13 :	*Origo veritatum contingentium ex processu in infinitum ad exemplum Proportionum inter quantitates incommensurabiles*...........................	1
Theol., XX, 99 :	« Ordo Caritatis Pacidianorum ».....................	3
Theol., XX, 100 :	*Societas Theophilorum ad celebrandas laudes DEI opponenda gliscenti per orbem Atheismo*.........	5
Phil., I, 14, c, 7 :	Sur le principe des indiscernables..................	8
Phil., I, 14, c, 8 :	Sur les âmes, les atomes, etc. (1676)...............	10
Phil., I, 15 :	Conséquences métaphysiques du principe de raison.	11
Phil., IV, 3, a, 1-4 :	Sur les vérités nécessaires et contingentes..........	16
Phil., IV, 3, c, 13-14 :	Sur le principe de raison............................	25
Phil., IV, 3, c, 15 :	*Scientia media* (novembre 1677).....................	25
Phil., V, 6, c, 7-8 :	Copie de la *Lettre de Descartes à Mersenne* du 20 novembre 1629, avec une addition de Leibniz.	27
Phil., V, 6, c, 9-10 :	Copie de Phil., V, 8, g.............................	28
Phil., V, 6, c, 11 :	Lettre sur la Caractéristique........................	29
Phil., V, 6, c, 17 :	*Vocabula*...	30
Phil., V, 7 :	*Consilium de Encyclopædia nova conscribenda methodo inventoria* (15-25 juin 1679).............	30
Phil., V, 8, a, 1-8 :	*Elementa Characteristicæ Universalis* (avril 1679)...	42
Phil., V, 8, b, 9-12 :	*Elementa Calculi* (avril 1679).......................	49
Phil., V, 8, c, 13-16 :	*Calculi universalis Elementa* (avril 1679)..........	57
Phil., V, 8, d, 17-18 :	*Calculi universalis investigationes* (avril 1679)......	66
Phil., V, 8, e, 19-20 :	*Modus examinandi consequentias per numeros* (avril 1679)...	70
Phil., V, 8, f, 21-23 :	*Regulæ ex quibus de bonitate consequentiarum formisque et modis syllogismorum categoricorum judicari potest per numeros* (avril 1679).........	77
Phil., V, 8, f, 24-27 :	*Calculus consequentiarum*...........................	84
Phil., V, 8, f, 28-29 :	« Regulæ quibus observatis de bonitate consequentiarum per numeros judicari potest. »...........	89
Phil., V, 8, g, 30-31 :	*Methodus physica. Characteristica. Emendanda. Societas sive ordo* (mai 1676).....................	92
Phil., V, 9 :	*De l'Horizon de la Doctrine humaine*................	96

1. Les titres en italiques sont seuls originaux. Ceux qui sont empruntés au texte sont entre guillemets. Les dates conjecturales sont suivies d'un point d'interrogation.

Phil., V, 10, f. 1-8 :	*De la Méthode de l'Universalité*...................	97
9-10 :	Problème relatif aux Coniques...................	97
11-24 :	*De la Méthode de l'Universalité*...................	97
25-38 :	*De la Méthode de l'Universalité*...................	122
39 :	*Table des Caractères Analytiques*.................	143
40 :	*Table des signes de la Méthode de l'Universalité*...	143
41-42 :	*Essay de la Méthode de l'Universalité : Construction du problème*.......................	143
43-46 :	*Introduction à la Construction d'un problème solide donné*..........................	144
47 :	*Generalia Geometrica de meis accessionibus et methodo universalitatis* (1674)................	144
48, 49 :	*Demonstratio pure Analytica quod minus in minus facit plus* (21 juin 1678)................	146
50 :	*Signa ambigua*...................	146
51 :	*Demonstratio pure analytica*................	146
53 :	*Signorum ambiguorum tractatio per literas*........	146
54 :	*Additio natura prior substractione. Natura priora. Demonstratio axiomatum*................	146
56 :	« Determinatum »...................	147
58 :	*Infinitum*...................	147
59 :	« *Mariottus in specimine logico*... » (21 juin 1678)...	148
60 :	*Linea infinita est immobilis* (3 janvier 1676)........	149
61 :	« Rationes et Numeri... »................	149
63 :	*Extensio interminata*...................	149
64-65 :	Problème d'Ozanam (14 mai 1678)................	150
Phil., VI, 10, a :	De linguarum origine...................	151
Phil., VI, 10, b :	*Linguæ philosophicæ Specimen in Geometria edendum* (janvier 1680)...................	152
Phil., VI, 11, a, 1-2 :	Préface à la *Science générale* (1677?)...........	153
3 :	*Regula inveniendi* (nov. 1682)................	157
4 :	*Principium inveniendi*...................	158
Phil., VI, 11, b :	*Methodus docendi*...................	158
Phil., VI, 12, b, 4-5 :	*De Arte inveniendi in genere*................	161
Phil., VI, 12, c, 6 :	*De Arte inveniendi* (1669?)................	167
Phil., VI, 12, d, 7-8 :	*Schediasma de Arte inveniendi Theoremata* (7 septembre 1674)................	170
Phil., VI, 12, e, 9-13 :	*Projet et Essais pour arriver à quelque certitude pour finir une bonne partie des disputes et pour avancer l'art d'inventer* (1686?)................	175
Phil., VI, 12, f, 1-2 :	*Collectanea de inventione et studiis generalibus* (1er août 1676)................	182
Phil., VI, 12, f, 6 :	Notes diverses...................	182
Phil., VI, 12, f, 19 :	*De principiis*...................	183
Phil., VI, 12, f, 20 :	Note sur Wilkins...................	184
Phil., VI, 12, f, 21 :	« Elementa veritatis universæ. ».............	185
Phil., VI, 12, f, 22 :	« Materiam et Motum esse phænomena... ».........	185
Phil., VI, 12, f, 23 :	« Le nombre des premières propositions est infini. ».	186
Phil., VI, 12, f, 24 :	Sur les qualités sensibles (contre les Cartésiens)....	187
Phil., VI, 12, f, 25 :	*De analysi veritatis et judiciorum humanorum*.......	188
Phil., VI, 12, f, 26 :	« Analyseos physicæ arcanum »................	190
Phil., VI, 12, f, 27 :	« In præfatione Elementorum veritatis æternæ... »...	191
Phil., VI, 14, f, 1-2 :	*Mathesis Rationis*...................	193
Phil., VI, 14, f, 3-4 :	Démonstration des figures du syllogisme............	203
Phil., VI, 15 :	*Schedæ de novis formis et figuris syllogisticis* (1715).	205
Phil., VI, 17 :	*Ad Stateram juris de gradibus probationum et probabilitatum*...................	210

Phil., VI, 18 :	Préface à l'*Encyclopédie*.............................	214
Phil., VI, 19, c, 13 :	Sur ceux qui traitent les sciences par la méthode géométrique..	216
Phil., VII, A, 1 :	Titre du *Plus Ultra*.................................	217
Phil., VII, A, 16 :	*Encyclopædia ex sequentibus autoribus propriisque meditationibus delineanda*........................	217
Phil., VII, A, 24-25 :	*Initia Scientiæ Generalis*............................	217
Phil., VII, A, 26-29 :	Plan de la Science générale.........................	218
Phil., VII, A, 30 :	*Atlas universalis*.....................................	222
Phil., VII, B, I, 1 :	*Nouvelles Ouvertures*...............................	224
Phil., VII, B, II, 1 :	*Principia Calculi rationalis*........................	229
Phil., VII, B, II, 2 :	Notes diverses (1693 ?).............................	232
Phil., VII, B, II, 3 :	*Primaria Calculi logici fundamenta* (1ᵉʳ août 1690)...	232
Phil., VII, B, II, 5-6 :	*De Varietatibus Enuntiationum*...................	238
Phil., VII, B, II, 7 :	*De vero et falso, Affirmatione et Negatione, et de contradictoriis*......................................	239
Phil., VII, B, II, 8-9 :	*Calculus Ratiocinator*...............................	239
Phil., VII, B, II, 16-17 (nunc 10-11) et 10-11 (nunc 12-13) :	*Specimen Calculi universalis* (fin inédite)...........	239
Phil., VII, B, II, 12 (nunc 14) :	Analyse grammaticale..............................	243
Phil., VII, B, II, 14-15 (nunc 16-17) :	Sur les nombres caractéristiques....................	245
Phil., VII, B, II, 18-19 :	Schèmes linéaires des syllogismes...................	247
Phil., VII, B, II, 20-21 :	*Ad Specimen Calculi universalis addenda* (fin inédite).	249
Phil., VII, B, II, 27 :	Essai de Calcul logique............................	250
Phil., VII, B, II, 30 :	Note sur le Calcul logique..........................	251
Phil., VII, B, II, 31 :	Note sur la soustraction logique....................	251
Phil., VII, B, II, 32-33 :	Principes de Calcul logique.........................	252
Phil., VII, B, II, 34-35 :	Définitions logiques................................	252
Phil., VII, B, II, 36 :	Définitions..	253
Phil., VII, B, II, 37 :	Sur les *natura priora*..............................	253
Phil., VII, B, II, 40 :	Définitions logiques................................	253
Phil., VII, B, II, 41 :	*Conversio logica*...................................	253
Phil., VII, B, II, 42 :	Théorème sur l'égalité logique.....................	255
Phil., VII, B, II, 43 :	Definitions logiques................................	255
Phil., VII, B, II, 44 :	Définition de *Conferens*...........................	255
Phil., VII, B, II, 45 :	*Ordinis temporis loci particulæ*.....................	255
Phil., VII, B, II, 46 :	Sur l'*Aristarque* de Vossius........................	256
Phil., VII, B, II, 47-48, 49-50 :	Définitions logiques................................	256
Phil., VII, B, II, 51-52 :	Sur les compensations (addition et soustraction logiques)...	256
Phil., VII, B, II, 53 :	« Theoremata cogitandi compendia »................	256
Phil., VII, B, II, 54 :	Notes diverses sur la Géométrie....................	257
Phil., VII, B, II, 55-56 :	Sur la composition (addition logique)..............	258
Phil., VII, B, II, 57-58 :	Sur les définitions.................................	258
Phil., VII, B, II, 59 :	Qualité et quantité.................................	259
Phil., VII, B, II, 62 :	Essais de Calcul logique............................	259
Phil., VII, B, II, 63 :	Essais de Calcul logique............................	261
Phil., VII, B, II, 64-65 :	Essais de Calcul logique............................	264
Phil., VII, B, II, 70-71 :	Essais de Calcul logique............................	270
Phil., VII, B, II, 72 :	Sur le sens de la négation..........................	273
Phil., VII, B, II, 73 :	Définitions logiques................................	273
Phil., VII, B, II, 74 :	Notes de Calcul logique............................	274

43.

Phil., VII, B, iii, 3 :	*Lingua generalis* (fevrier 1678)........................	277
Phil., VII, B, iii, 4 :	*Lingua universalis*...................................	279
Phil., VII, B, iii, 5 :	« Lingua rationalis. »................................	280
Phil., VII, B, iii, 7 :	*De Grammatica Rationali* (avril 1678)................	280
Phil., VII, B, iii, 8 :	*Grammatica*...	281
Phil., VII, B, iii, 10 :	Note sur Wilkins......................................	282
Phil., VII, B, iii, 12 :	Sur le vocabulaire de la langue universelle...........	283
Phil., VII, B, iii, 13 :	Note sur Becher.......................................	283
Phil., VII, B, iii, 14 :	Sur la différence de *Quod* et de *Ut*................	283
Phil., VII, B, iii, 15 :	Extrait du *Journal des Sçavans* (13 juin 1689).......	284
Phil., VII, B, iii, 17-18 :	Définition des catégories.............................	284
Phil., VII, B, iii, 19-20 :	Catégories logiques...................................	284
Phil., VII, B, iii, 21-22 :	Définitions grammaticales.............................	284
Phil., VII, B, iii, 23-24 :	Sur la Caractéristique et la Langue universelle.......	284
Phil., VII, B, iii, 25-26 :	*Grammaticæ cogitationes*.............................	286
Phil., VII, B, iii, 27 :	Sur les prépositions..................................	287
Phil., VII, B, iii, 28-29 :	*De Interpretatione*..................................	288
Phil., VII, B, iii, 30-33 :	*De syntaxi vocum orationem constituentium*...........	288
Phil., VII, B, iii, 34-37 :	*De usu et constructione præpositionum*...............	288
Phil., VII, B, iii, 38-39 :	*De constructione pronominum*.........................	288
Phil., VII, B, iii, 40-49 :	Grammaire rationnelle.................................	288
Phil., VII, B, iii, 50-58 :	Définitions de particules.............................	290
Phil., VII, B, iii, 59-64 :	*Analysis particularum*...............................	291
Phil., VII, B, iii, 73-76 :	*Ad Vossii Aristarchum*...............................	291
Phil., VII, B, iv, 1-10 :	« De Formæ Logicæ comprobatione per linearum ductus »..	292
Phil., VII, B, iv, 11-12 :	Éléments de Calcul logique............................	321
Phil., VII, B, iv, 13-14 :	Définitions logiques..................................	324
Phil., VII, B, iv, 15-20 :	Notes de Calcul logique...............................	324
Phil., VII, B, iv, 21 :	Sur la Caractéristique................................	326
Phil., VII, B, iv, 22 :	Sur la *Chirurgie* de Bontekoe........................	327
Phil., VII, B, iv, 23 :	Sur la vérité des exemples (avril 1703)...............	327
Phil., VII, B, iv, 26 :	Règles du syllogisme..................................	327
Phil., VII, B, iv, 28 :	*Definitio*...	328
Phil., VII, B, iv, 29 :	Du faux peut-on conclure le vrai ?....................	328
Phil., VII, B, iv, 30 :	Sur la définition des notions empiriques..............	329
Phil., VII, B, iv, 31 :	Sur les causes efficientes et finales.................	329
Phil., VII, B, iv, 32 :	*Catalogus Inventionum in Logicis*....................	330
Phil., VII, B, v, 1-10 :	*De Affectibus* (10 avril 1679).......................	330
Phil., VII, B, v, 11-14 :	Définitions morales...................................	331
Phil., VII, B, vi, 1-2 :	*Essay sur un Nouveau plan d'une science certaine, sur lequel on demande les avis des plus intelligens*...	332
Phil., VII, B, vi, 3-8 :	*Elementa Rationis* (1686 ?)..........................	335
Phil., VII, B, vi, 9-12 :	*Idea libri cui titulus erit : Elementa Nova Matheseos Universalis*.......................................	348
Phil., VII, C, 9-10 :	*Analysis linguarum* (11 septembre 1678)..............	351
Phil., VII, C, 11-12 :	Sur l'*Encyclopédie* d'Alsted.........................	354
Phil., VII, C, 13-16 :	*Schedæ de distinctionibus seu fundamentis divisionum*.	354
Phil., VII, C, 17 :	Notes logico-grammaticales............................	355
Phil., VII, C, 18 :	*Loci logico-pragmatici*..............................	355
Phil., VII, C, 19 :	*Cyclognomica ex Lullio*..............................	355
Phil., VII, C, 20-31 :	*Generales Inquisitiones de Analysi Notionum et Veritatum* (1686)...................................	356
Phil., VII, C, 32 :	Table de définitions..................................	399
Phil., VII, C, 33-34 :	Table de catégories...................................	399

Phil., VII, C, 35-46 :	Tables de définitions...................................	399
Phil., VII, C, 47 :	Table de définitions....................................	399
Phil., VII, C, 48-49 :	De discreta quantitate..................................	399
Phil., VII, C, 50 :	Sur les lois du mouvement.............................	400
Phil., VII, C, 51 :	Note sur l'analyse des notions et des axiomes........	400
Phil., VII, C, 52 :	*Catalogus notionum primariarum*......................	400
Phil., VII, C, 53-54 :	*De Rerum Classibus*...................................	400
Phil., VII, C, 55-58 :	Sur la *Dialectica juris* de Nic. Vigelius.............	401
Phil., VII, C, 59 :	Table de concepts primitifs............................	401
Phil., VII, C, 60 :	Sur les paradoxes......................................	401
Phil., VII, C, 62-63 :	De la nature des vérités nécessaires et contingentes..	401
Phil., VII, C, 64 :	*Tabulæ. Divisiones. Methodus. Genera et species subalternæ* (novembre 1678).........................	403
Phil., VII, C, 65 :	*Distinctio mentis et corporis*..........................	404
Phil., VII, C, 66 :	*De æquipollentia causæ et effectus*.....................	405
Phil., VII, C, 68 :	Sur les propositions contingentes.....................	405
Phil., VII, C, 69 :	Sur la Caractéristique logique et grammaticale.......	406
Phil., VII, C, 70 :	Table de catégories et de définitions.................	407
Phil., VII, C, 71-72 :	Table de définitions...................................	407
Phil., VII, C, 73-74 :	Éléments de Logique..................................	407
Phil., VII, C, 75-78 :	Définitions logiques et métaphysiques................	408
Phil., VII, C, 79 :	Définitions et axiomes géométriques..................	408
Phil., VII, C, 80 :	« Inquisitio in aliquid absolutum ».....................	409
Phil., VII, C, 81 :	Utilité des répertoires en Médecine...................	409
Phil., VII, C, 82 :	Définitions de l'essence et de l'existence............	409
Phil., VII, C, 83-84 :	*De formis syllogismorum Mathematice definiendis*...	410
Phil., VII, C, 87-88 :	Préface de l'Encyclopédie.............................	416
Phil., VII, C, 97 :	*Fundamenta Calculi logici* (2 août 1690)............	421
Phil., VII, C, 99-100 :	*De abstracto et concreto*..............................	423
Phil., VII, C, 101:	*De Abstracto, Concreto*...............................	423
Phil., VII, C, 103-104 :	*Notationes generales*.................................	423
Phil., VII, C, 115-116, 119-134 :	*Logica de Notionibus*.................................	424
Phil., VII, C, 139-145 :	*Analysis Didactica*...................................	424
Phil., VII, C, 146-147 :	*De ratione dividendi*.................................	426
Phil., VII, C, 148 :	*De Notionibus*.......................................	426
Phil., VII, C, 149-150 :	*De dianœa composita lectiones* [de Jungius].........	426
Phil., VII, C, 151 :	*Tabula de dianœa* [de Jungius]......................	426
Phil., VII, C, 152-155 :	Analyse de la *Logica Hamburgensis* de Jungius.....	429
Phil., VII, C, 156-157 :	*De Organo sive Arte Magna cogitandi*...............	429
Phil., VII, C, 158-159 :	*Characteristica verbalis*.............................	432
Phil., VII, C, 160-161 :	« Alphabetum cogitationum humanarum ».......	435
Phil., VII, D, I, 1 :	Lexicon Grammatico-Philosophicum (de Dalgarno)...	435
Phil., VII, D, I, 2-4 :	Tables (de Wilkins)...................................	436
Phil., VII, D, II, 1 :	Table de définitions...................................	437
Phil., VII, D, II, 2 :	Table de définitions (copie de la précédente)........	437
Phil., VII, D, II, 3 :	*Tabula explicata* [et aucta]...........................	509
Phil., VII, D, II, 4 :	Table de définitions...................................	509
Phil., VII, D, II, 5 :	Table alphabétique de définitions....................	509
Phil., VIII, 1-2 :	*Introductio ad Encyclopædiam arcanam*..............	511
Phil., VIII, 3 :	*Guilielmi Pacidii Plus Ultra*.........................	515
Phil., VIII, 4-5 :	Définitions morales...................................	516
Phil., VIII, 6-7 :	« *Primæ veritates* »...................................	518
Phil., VIII, 20 :	Sur l'infini (à propos de Spinoza)....................	523
Phil., VIII, 37-38 :	*De Cognitione, Veritate et Ideis* (1684).............	524

Phil., VIII, 39-42 :	*De modo perveniendi ad veram corporum Analysin* (mai 1677)............	524
Phil., VIII, 43-44 :	*Spongia Exprobrationum*............	524
Phil., VIII, 56-57 :	Division de la Philosophie (classification des sciences).	524
Phil., VIII, 64-65 :	Adresse aux Jésuites............	529
Phil., VIII, 71 :	Note sur les possibles (2 décembre 1676)............	529
Phil., VIII, 85 :	*Existentia*............	530
Phil., VIII, 86 :	Note sur l'idée de substance............	530
Phil., VIII, 94-95 :	Introduction à l'*Horizon de la Doctrine humaine*....	530
Phil., VIII, 100-101 :	Résumé de métaphysique............	533
Philologie, I, 2 :	*Reductio linguarum ad unam* (avec deux Tables imprimées d'Athanase Kircher et une *Bernardi Tabula*, gravée)............	536
Math., I, 1, a :	Sur la définition de la droite............	538
b :	Sur les principes de la Géométrie............	538
Math., I, 2 :	*Demonstratio Axiomatum Euclidis* (22 février 1679)..	539
Math., I, 3, a :	Définitions de l'espace et du point............	540
b :	Définition de la tangente............	540
c :	Définition de *situs* et de *positio*............	540
d :	Sur l'expression *secare*............	541
e :	Sur la situation d'un point............	541
Math., I, 5, a :	*Prima Geometriæ principia*............	541
b :	Sur la « vera Geometriæ Analysis »............	542
c :	Analyse de l'idée d'extension............	542
d :	Sur la notion de point............	543
Math., I, 8 :	*Situs Puncti*............	543
Math., I, 9, a :	*Mathesis generalis*............	543
b :	*Combinatoria*............	544
c :	Notation abrégée des formes algébriques............	544
d :	Sur les puissances de zéro............	544
e :	Sur la situation et l'ordre............	545
f :	« Analyseos Metaphysicæ propositio »............	545
g :	Sur l'idée de donné............	545
h :	*De relationibus*............	545
i :	Sur la définition de l'égalité............	546
j :	Remarque à propos du P. Prestet............	546
Math., I, 12 :	Sur le projet d' « Analysis situs »............	546
Math., I, 14, a :	Définition de la ligne............	547
b :	Génération des figures par le mouvement............	547
c :	Essai d'une Géométrie fondée sur la contenance et la congruence............	547
d :	Essai de « Calculus Situs »............	548
Math., I, 15 :	*De Calculo Situum*............	548
Math., I, 26, a :	Note sur le Calcul des alternatives (1683 ?)............	556
b :	Préface (de l'*Inventorium mathematicum*)............	557
c :	Sur la synthèse et l'analyse............	557
d :	Sur la synthèse et l'analyse............	557
e :	*Modus reducendi problemata ad alia simpliciora* (janvier 1680)............	558
Math., I, 27, a :	Préface d'une Géométrie analytique transcendante...	559
b :	*Synthesis. Analysis. Combinatoria. Algebra*............	560
c :	« De arte combinatoria scribenda »............	560
d :	*De Arte combinatoria* (1680 ?)............	561
Math., I, 28 :	*Specimen Ratiocinationum Mathematicarum sine calculo et figuris*............	563
Math., I, 29 :	Dialogue sur l'enseignement élémentaire de l'Arithmétique............	568

MATH., III, A, 8 :	Du jeu de Quinquenove (octobre 1678)...............	568
MATH., III, A, 9 :	Du jeu de la Bassette.............................	568
MATH., III, A, 10 :	Le jeu du Solitaire................................	569
MATH., III, A, 11 :	Du jeu de l'Hombre................................	569
MATH., III, A, 12 :	De incerti æstimatione (septembre 1678)............	569
MATH., III, A, 13 :	Canon général de la division......................	571
MATH., III, A, 16 :	Diophantea seu Arithmetica figurata...............	571
MATH., III, A, 20 :	Constructor : instrumentum algebraicum (déc. 1674)..	571
MATH., III, A, 26, a :	« De Machina Combinatoria »......................	572
b(^{1}) :	Combinatoria......................................	572
MATH., III, A, 37 :	« Inveni Canonem pro tollendis incognitis quot- cunque..... »..	573
MATH., III, B, 1 :	De dyadicis.......................................	574
MATH., III, B, 2 :	De progressione dyadica (15 mars 1679).............	574
MATH., III, B, 3, a :	Essay d'une nouvelle science des nombres...........	574
b :	De ambiguorum valorum expressionibus generalibus..	574
MATH., III, B, 4 :	Brouillon de MATH., IV, 9 (novembre 1701)..........	575
MATH., III, B, 7 :	Mémoire sur les caractères de Fohi.................	575
MATH., III, B, 12 :	Démonstration du théorème de Fermat...............	575
MATH., III, B, 14, a :	De numero jactuum in tesseris (janvier 1676)........	575
b :	Sur le calcul des partis (7 janvier 1676)...........	575
c :	Question posée par le duc de Roannez...............	576
MATH., III, B, 18, a :	Note sur le Calculus situs.........................	576
b :	Sur la notion de rapport (Ratio)...................	576
MATH., III, B, 19 :	Invenire tres numeros ut duorum quorumlibet summa et differentia sint quadrati (1er avril 1676)........	577
MATH., IV, 1, a :	Methodus generalissima solvendi problemata numero- rum in integris (10 septembre 1674)............:.....	577
b :	Schediasmata de Aequationibus Numericis affectis... (septembre 1674)...................................	578
c :	« De æquationibus... pro diophanteis. ».............	578
MATH., IV, 4, a :	« Tres numeros reperire... »..........................	578
b :	Problema Freniclianum (juillet 1679)...............	578
c :	« Pro absolvendis Diophanteis... » (8 mars 1683)......	578
MATH., IV, 8 :	Specimen Analyseos novæ (juin 1678)................	579
MATH., IV, 9 :	Demonstratio, quod columnæ... sint periodicæ........	580
MATH., IV, 11 :	Conspectus Calculi................................	580
MATH., IV, 12 :	Paradoxe contre la loi de continuité................	581
MATH., IV, 13, a :	De Examine per Novenarium in Calculo analytico (janvier 1675).....................................	581
b :	De Examine per Abjectionem Novenarii.............	581
c :	« Ars examinandi calculos Analyticos ».............	582
d :	Primariæ propositiones Elementorum...............	582
e :	« Situs Puncti »...................................	582
f :	Critique de la Géométrie analytique (cartésienne)....	583
g :	Divisio (12 février 1679)..........................	585
h :	Divisionis compendium generale (10 décembre 1678).	585
MATH., IV, 14, a :	Annotationes quædam.............................	586
b :	Annotationes algebraicæ............................	586
MATH., IV, 16, a :	Ordinatio Divisionis characteristicæ................	586
MATH., IV, 17 :	Numeri primi eorumque genesis mira (6-7 sept. 1677).	586
MATH., IV, 17, a :	Figura Numerorum ordine dispositorum et punctato- rum ut appareant qui Multipli qui primitivi......	586
b :	Ouverture nouvelle de Nombres multiples...... (3 jan- vier 1676)..	587

1. Ce fragment est désigné dans *La Logique de Leibniz* par la lettre o.

MATH., VII, 5 :	*Tentamen Anagogicum*............................	587
MATH., VII, 5, a :	« Specimen Analyseos Anagogicæ » (1698?)..........	588
MATH., VIII, 27, a :	*Triangulum Harmonicum* (février 1676)............	589
b :	*Origo inventionis Trianguli Harmonici*.............	589
MATH., IX, 1 :	*Phoranomus seu de Potentia et Legibus Naturæ.* Préface..	590
MATH., X, 11 :	*Pacidius Philalethi S.* (octobre 1676).............	594
MATH., XII, a :	Sur le calcul des aires (28 juin 1676)..............	628
b :	*Methodus generalis pro Diophanteis* (octobre 1681)...	628
c :	*Summa quadratorum deinceps ab unitate, methodo mea analytica* (1676)...................................	628
d :	*Arithmetica figurata seu Diophantea* (10 déc. 1678)....	628

INDEX NOMINUM ET RERUM.. 629
CLASSIFICATION SYSTÉMATIQUE DES FRAGMENTS INÉDITS.................. 669
LISTE CHRONOLOGIQUE DES FRAGMENTS DATÉS........................... 673
ERRATA ET ADDENDA... 683

ERRATA ET ADDENDA

P. 9, l. 5 du bas, *lire* : denominationes intrinsecæ.
P. 10, l. 7 du haut, *lire* : imagine ad imaginem.
P. 25, à « *Scientia Media* », ajouter cette note : Cf. *Théodicée*, §§ 39, 47.
P. 33, l. 4 du bas, *lire* : scientiæ, sed magis utiles.
P. 45, l. 6 du haut, *lire* : propositionum categoricarum.
P. 55, l. 4 du haut, *lire* : præterea.
P. 71, l. 12 du haut, *lire* : eorum.
— l. 18-20 du haut, *lire* : Lingua sive scriptura..... quibus notiones animi.
P. 93, note 1, *ajouter* : et PHIL., VII, A, 26 (p. 219, note 2).
P. 94, note 2, *ajouter* : Cf. PHIL., VI, 11, b, p. 2.
P. 96, note 2, *ajouter* : et la *Lettre à Honoré Fabri*, 1676 (*Phil.*, IV, 257).
P. 107, l. 12 du haut, *lire* : irreducibilité.
P. 129, l. 15 du bas, *lire* : $y \sqcap \not\equiv b + a$.
P. 130, l. 11 et 12 du haut : AC est un *lapsus calami* de Leibniz ou du copiste; il faut lire : AB.
P. 147, l. 13 du haut, *lire* : f. 58 (un coupon).
P. 164, l. 1 du bas, *lire* : naturam.
P. 180, note 2, *lire* : PHIL., VI, 12, f, 27.
P. 183, note 1, *lire* : ch. VI.
P. 187, note 3, *lire* : ch. VI.
P. 197, l. 10 et 11 du bas : « medius » est un lapsus; il faut lire : « major ».
P. 204, la 2ᵉ figure (p. 3 verso) doit être corrigée comme suit :

$$\frac{D \quad C}{B}$$

P. 260, note 2, *ajouter* : Cf. PHIL., VII, B, 11, 32.
P. 320, l. 7 du haut, *lire* : B est non D. > *Bocardo*.
P. 381, l. 2 du bas, *lire* : quot id cum quo.
P. 384, dans la figure du n° 120, remplacer le 2ᵉ A par un B.
P. 441, l. 3 du haut, *lire* : dicitur *cacumen*.
P. 486, en marge, *lire* : PHIL., VII, D, 11, 2, f. 36.
P. 562, l. 3 du bas, *ajouter cette note* : Cf. PHIL., VI, 11, a (p. 158); *Generales Inquisitiones*, §§ 54 et 88 (p. 370 et 378).
P. 585, l. 6 du haut, *lire* : æquiore animo.
P. 639, *au mot* : Decimalis, *supprimer* : V. Ars.
— *au mot* : Deciphratoria, *ajouter* : V. Ars deciphrandi.

BIBLIOTHEQUE NATIONALE

SERVICE DES NOUVEAUX SUPPORTS

58, rue de Richelieu, 75084 PARIS CEDEX 02 Téléphone 266 62 62

Achevé de micrographier le 14 / 11 / 1977

Défauts constatés sur le document original

Contraste insuffisant ou différent, mauvaise qualité d'impression

Under-contrast or different, bad printing quality